P9-APG-794

DEUTSCHE SAGEN

This is a volume in the Arno Press collection

INTERNATIONAL FOLKLORE

Advisory Editor
Richard M. Dorson

Editorial Board
Issachar Ben Ami
Vilmos Voigt

*See last pages of this volume
for a complete list of titles*

Deutfche Sagen

Jacob and Wilhelm Grimm

ARNO PRESS

A New York Times Company

New York / 1977

Editorial Supervision: LUCILLE MAIORCA

———◆———

Reprint Edition 1977 by Arno Press Inc.

Reprinted from a copy in
  The Princeton University Library

INTERNATIONAL FOLKLORE
ISBN for complete set: 0-405-10077-9
See last pages of this volume for titles.

Manufactured in the United States of America

———◆———

Library of Congress Cataloging in Publication Data

Grimm, Jakob Ludwig Karl, 1785-1863.
    Deutsche Sagen.

    (International folklore)
    Reprint of the 3d ed. (1891) published by the
Nicolaische Verlag, Berlin.
    1. Legends--Germany. I. Grimm, Wilhelm Karl,
1786-1859, joint author. II. Title. III. Series.
PT915.G5 1977   398.2'1'0943   77-70597
ISBN 0-405-10097-3

PT
915
.G5
1977

Deutsche Sagen.

Erster Band.

DISCARDED
University of Wisconsin - Eau Claire

392406

DISCARDED

Deutsche Sagen.

Herausgegeben

von

den Brüdern Grimm.

Erster Band.

Dritte Auflage.

Besorgt von

Herman Grimm.

Berlin 1891.

Nicolaische Verlags-Buchhandlung

R. Stricker.

Unserm Bruder

Ludwig Emil Grimm

aus herzlicher Liebe

zugeeignet.

Vorrede.

Es wird dem Menschen von heimathswegen ein guter Engel bei-
gegeben, der ihn, wann er ins Leben auszieht, unter der vertraulichen Gestalt eines Mitwandernden begleitet; wer nicht ahnt, was
ihm Gutes dadurch widerfährt, der mag es fühlen, wenn er die
Grenzen des Vaterlandes überschreitet, wo ihn jener verläßt. Diese
wohlthätige Begleitung ist das unerschöpfliche Gut der Märchen,
Sagen und Geschichte, welche nebeneinander stehen und uns nacheinander die Vorzeit als einen frischen und belebenden Geist nahe
zu bringen streben. Jedes hat seinen eigenen Kreis. Das Märchen
ist poetischer, die Sage historischer; jenes stehet beinahe nur in
sich selber fest, in seiner angeborenen Blüthe und Vollendung; die
Sage von einer geringern Mannichfaltigkeit der Farbe, hat noch
das Besondere, daß sie an etwas Bekanntem und Bewußtem hafte,
an einem Ort oder einem durch die Geschichte gesicherten Namen.
Aus dieser ihrer Gebundenheit folgt, daß sie nicht, gleich dem
Märchen, überall zu Hause sein könne, sondern irgend eine Bedingung voraussetze, ohne welche sie bald gar nicht da, bald nur
unvollkommener vorhanden sein würde. Kaum ein Flecken wird
sich in ganz Deutschland finden, wo es nicht ausführliche Märchen
zu hören gäbe, manche, an denen die Volkssagen blos dünn und
sparsam gesät zu sein pflegen. Diese anscheinende Dürftigkeit und
Unbedeutendheit zugegeben, sind sie dafür innerlich auch weit eigen-
thümlicher; sie gleichen den Mundarten der Sprache, in denen hin
und wieder sonderbare Wörter und Bilder aus uralten Zeiten
hangen geblieben sind, während die Märchen ein ganzes Stück
alter Dichtung, so zu sagen, in einem Zuge zu uns übersetzen.
Merkwürdig stimmen auch die erzählenden Volkslieder entschieden
mehr zu den Sagen, als zu den Märchen, die wiederum in ihrem
Inhalt die Anlage der frühesten Poesien reiner und kräftiger be-

wahrt haben, als es sogar die übrig gebliebenen größeren Lieder der Vorzeit konnten. Hieraus ergiebt sich ohne alle Schwierigkeit, wie es kommt, daß fast nur allein die Märchen Theile der ur= deutschen Heldensage erhalten haben, ohne Namen, (außer wo diese allgemein und in sich selbst bedeutend wurden, wie der des alten Hildebrand); während in den Liedern und Sagen unseres Volks so viele einzelne, beinahe trockene Namen, Oerter und Sitten aus der ältesten Zeit festhaften. Die Märchen also sind theils durch ihre äußere Verbreitung, theils ihr inneres Wesen dazu bestimmt, den reinen Gedanken einer kindlichen Weltbetrachtung zu fassen, sie nähren unmittelbar, wie die Milch, mild und lieblich, oder der Honig, süß und sättigend, ohne irdische Schwere; dahingegen die Sagen schon zu einer stärkeren Speise dienen, eine einfachere, aber desto entschiedenere Farbe tragen, und mehr Ernst und Nachdenken fordern. Ueber den Vorzug beider zu streiten wäre ungeschickt; auch soll durch diese Darlegung ihrer Verschiedenheit weder ihr Gemeinschaftliches übersehen, noch geleugnet werden, daß sie in unendlichen Mischungen und Wendungen in einander greifen und sich mehr oder weniger ähnlich werden. Der Geschichte stellen sich beide, das Märchen und die Sage, gegenüber, insofern sie das sinnlich natürliche und begreifliche stets mit dem unbegreiflichen mischen, welches jene, wie sie unserer Bildung angemessen scheint, nicht mehr in der Darstellung selbst verträgt, sondern es auf ihre eigene Weise in der Betrachtung des ganzen neu hervorzusuchen und zu ehren weiß. Die Kinder glauben an die Wirklichkeit der Märchen, aber auch das Volk hat noch nicht ganz aufgehört, an seine Sagen zu glauben, und sein Verstand sondert nicht viel darin; sie werden ihm aus den angegebenen Unterlagen genug bewiesen, d. h. das unleugbar nahe und sichtliche Dasein der letzteren über= wiegt noch den Zweifel über das damit verknüpfte Wunder. Diese Eingenossenschaft der Sage ist folglich gerade ihr rechtes Zeichen. Daher auch von dem, was wirkliche Geschichte heißt (und einmal hinter einen gewissen Kreis der Gegenwart und des von jedem Geschlechte durchlebten tritt), dem Volk eigentlich nichts zugebracht werden kann, als was sich ihm auf dem Wege der Sage vermittelt; einer in Zeit und Raum zu entrückten Begebenheit, der dieses Er= forderniß abgeht, bleibt es fremd oder läßt sie bald wieder fallen. Wie unverbrüchlich sehen wir es dagegen an seinen eingeerbten und hergebrachten Sagen haften, die ihm in rechter Ferne nach=

rücken und sich an alle seine vertrautesten Begriffe schließen. Niemals
können sie ihm langweilig werden, weil sie ihm kein eiteles Spiel,
das man einmal wieder fahren läßt, sondern eine Nothwendigkeit
scheinen, die mit ins Haus gehört, sich von selbst versteht, und
nicht anders, als mit einer gewissen, zu allen rechtschaffenen Dingen
nöthigen Andacht, bei dem rechten Anlaß, zur Sprache kommt.
Jene stete Bewegung und dabei immerfortige Sicherheit der Volkssagen stellt sich, wenn wir es deutlich erwägen, als eine der trost-
reichsten und erquickendsten Gaben Gottes dar. Um alles menschlichen Sinnen ungewöhnliche, was die Natur eines Landstrichs
besitzt, oder wessen ihn die Geschichte gemahnt, sammelt sich ein
Duft von Sage und Lied, wie sich die Ferne des Himmels blau
anläßt und zarter, feiner Staub um Obst und Blumen setzt. Aus
dem Zusammenleben und Zusammenwohnen mit Felsen, Seen,
Trümmern, Bäumen, Pflanzen, entspringt bald eine Art von Verbindung, die sich auf die Eigenthümlichkeit jedes dieser Gegenstände
gründet und zu gewissen Stunden ihre Wunder zu vernehmen
berechtigt ist. Wie mächtig das dadurch entstehende Band sei, zeigt
an natürlichen Menschen jenes herzzerreißende Heimweh. Ohne
diese sie begleitende Poesie müßten edele Völker vertrauern und
vergehen; Sprache, Sitte und Gewohnheit würde ihnen eitel und
unbedeckt dünken, ja hinter allem, was sie besäßen, eine gewisse
Einfriedigung fehlen. Auf solche Weise verstehen wir das Wesen
und die Tugend der deutschen Volkssage, welche Angst und Warnung
vor dem Bösen und Freude an dem Guten mit gleichen Händen
austheilt. Noch geht sie an Oerter und Stellen, die unsere Geschichte längst nicht mehr erreichen kann, vielmehr aber fließen sie
beide zusammen und untereinander; nur daß man zuweilen die
an sich untrennbar gewordene Sage, wie in Strömen das auf-
genommene grünere Wasser eines anderen Flusses, noch lange zu
erkennen vermag.

Das erste, was wir bei Sammlung der Sagen nicht aus den
Augen gelassen haben, ist Treue und Wahrheit. Als ein Hauptstück aller Geschichte hat man diese noch stets betrachtet; wir fordern
sie aber eben so gut auch für die Poesie und erkennen sie in der
rechten Poesie eben so rein. Die Lüge ist falsch und bös; was
aus ihr herkommt, muß es auch sein. In den Sagen und Liedern
des Volks haben wir noch keine gefunden: es läßt ihren Inhalt,

II.
Treue der
Sammlung.

wie er ist und wie es ihn weiß; dawider, daß manches abfalle in der Länge der Zeit, wie einzelne Zweige und Aeste an sonst gesunden Bäumen vertrocknen, hat sich die Natur auch hier durch ewige und von selbst wirkende Erneuerungen sicher gestellt. Den Grund und Gang eines Gedichts überhaupt kann keine Menschenhand erdichten; mit derselben fruchtlosen Kraft würde man Sprachen, und wären es kleine Wörtchen darin, ersinnen; ein Recht oder eine Sitte alsobald neu aufbringen, oder eine unwirkliche That in die Geschichte hinstellen wollen. Gedichtet kann daher nur werden, was der Dichter mit Wahrheit in seiner Seele empfunden und erlebt hat, und wozu ihm die Sprache halb bewußt, halb unbewußt, auch die Worte offenbaren wird; woran aber die einsam dichtenden Menschen leicht, ja fast immer verstoßen, nämlich an dem richtigen Maaß aller Dinge, das ist der Volksdichtung schon von selbst eingegeben. Ueberfeine Speisen widerstehen dem Volk, und für unpoetisch muß es gelten, weil es sich seiner stillen Poesie glücklicherweise gar nicht bewußt wird; die ungenügsamen Gebildeten haben dafür nicht blos die wirkliche Geschichte, sondern auch das gleich unverletzliche Gut der Sage mit Unwahrheiten zu vermengen, zu überfüllen und überbieten getrachtet. Dennoch ist der Reiz der unbeugsamen Wahrheit unendlich stärker und dauernder, als alle Gespinste, weil er nirgends Blößen giebt und die rechte Kühnheit hat. In diesen Volkssagen steckt auch eine so rege Gewalt der Ueberraschung, vor welcher die überspannteste Kraft der aus sich blos schöpfenden Einbildung zuletzt immer zu Schanden wird und bei einer Vergleichung beider würde sich ein Unterschied dargeben, wie zwischen einer geradezu ersonnenen Pflanze und einer neu aufgefundenen wirklichen, bisher von den Naturforschern noch unbeobachteten, welche die seltsamsten Ränder, Blüthen und Staubfäden gleich aus ihrem Innern zu rechtfertigen weiß oder in ihnen plötzlich etwas bestätigt, was schon in andern Gewächsen wahrgenommen worden ist. Aehnliche Vergleichungen bieten die einzelnen Sagen untereinander, so wie mit solchen, die uns alte Schriftsteller aufbewahrt haben, in Ueberfluß dar. Darum darf ihr Innerstes bis ins kleinste nicht verletzt und darum müssen Sachen und Thatumstände lügenlos gesammelt werden. An die Worte war sich, so viel thunlich, zu halten, nicht an ihnen zu kleben.

Das zweite, eigentlich schon im ersten mitbegriffene Hauptstück, worauf es bei einer Sammlung von Volkssagen anzukommen scheint, besteht darin, daß man auch ihre Mannigfaltigkeit und Eigenthümlichkeit sich recht gewähren lasse. Denn darauf eben beruht ihre Tiefe und Breite, und daraus allein wird ihre Natur zu erforschen sein. Im Epos, Volkslied und der ganzen Sprache zeigt sich das Gleiche wieder; bald haben jene den ganzen Satz miteinander gemein, bald einzelne Zeilen, Redensarten, Ausdrücke; bald hebt, bald schließt es anders und bahnt sich nur neue Mittel und Uebergänge. Die Aehnlichkeit mag noch so groß sein, keins wird dem andern gleich; hier ist es voll und ausgewachsen, dort steht es ärmer und dürftiger. Allein diese Armuth, weil sie schuld= frei, hat in der Besonderheit fast jedesmal ihre Vergütung und wird eine Armuthseligkeit. Sehen wir die Sprache näher an, so stuft sie sich ewig und unendlich in unermeßlichen Folgen und Reihen ab, indem sie uns ausgegangene neben fortblühenden Wurzeln, zusammengesetzte und vereinfachte Wörter und solche, die sich neu bestimmen oder irgend einem verwandten Sinn gemäß weiter ausweichen, zeigt; ja es kann diese Beweglichkeit bis in dn Ton und Fall der Silben und die einzelnen Laute verfolgt werden. Welches unter dem Verschiedenen nun das Bessere sei und mehr zur Sache gehöre, das ist kaum zu sagen, wo nicht ganz unmöglich und sündlich, sofern wir nicht vergessen wollen, daß der Grund, woraus sie alle zusammen entsprungen, die göttliche Quelle an Maaß unerhört, an Ausstrahlung unendlich selber war. Und, weil das Sonnenlicht über Groß und Klein scheint und jedem hilft, so weit es sein soll, bestehen Stärke und Schwäche, Keime, Knospen, Trümmer und Verfall neben und durcheinander. Darum thut es nichts, daß man in unserm Buch Aehnlichkeiten und Wiederholungen finden wird; denn die Ansicht, daß das verschiedene Unvollständige aus einem Vollständigen sich auflöst, ist uns verwerflich vorge= kommen, weil jenes Vollkommene nichts irdisches sein könnte, sondern Gott selber, in den alles zurückfließt, sein müßte. Hätten wir also dieser ähnlichen Sage nicht geschont, so wäre auch ihre Besonderheit und ihr Leben nicht zu retten gewesen. Noch viel weniger haben wir arme Sagen reich machen mögen, weder aus einer Zusammenfügung mehrer kleinen, wobei zur Noth der Stoff geblieben, Zuschnitt und Färbung aber verloren gegangen wäre, noch gar durch unerlaubte, fremde Zuthaten, die mit nichts zu beschönigen sind und denen der unerforschliche Gedanke des Ganzen aus dem jene Bruchstücke übrig waren, nothwendig fremd sein mußte. Ein Lesebuch soll unsere Sammlung gar nicht werden, in dem Sinn, daß man alles, was sie enthält, hinter einander auszulesen hätte. Jedwede Sage stehet vielmehr geschlossen für sich da, und hat mit der vorausgehenden und nachfolgenden nichts zu thun; wer sich darunter aussucht, wird sich schon begnügen und vergnügen. Uebrigens braucht, so sehr wir uns bemühten, alles lebendig verschiedene zu behüten, kaum erinnert zu werden, daß die bloße Ergänzung einer und derselben Sage aus mehreren Erzählungen, das heißt, die Beseitigung aller nichts bedeutenden Abweichungen, einem ziemlich untrüglichen kritischen Gefühl, das sich von selbst einfindet, überlassen worden ist.

IV. Anordnung der Sammlung. Auch bei Anordnung der einzelnen Sagen haben wir am liebsten der Spur der Natur folgen wollen, die nirgends steife und offenliegende Grenzen absteckt. In der Poesie giebt es nur einige allgemeine Abtheilungen, alle andern sind unrecht und zwängen, allein selbst jene großen haben noch ihre Berührung und greifen in einander über. Der Unterschied zwischen Geschichte, Sage und Märchen gehört nun offenbar zu den erlaubten und nicht zu versäumenden; dennoch giebt es Punkte, wo nicht zu bestimmen ist, welches von dreien vorliege, wie z. B. Frau Holla in den Sagen und Märchen auftritt, oder sich ein sagenhafter Umstand auch einmal geschichtlich zugetragen haben kann. In den Sagen selbst ist nur noch ein Unterschied, nach dem eine äußerliche Sammlung zu fragen hätte, anerkannt worden; der nämlich, wonach wir die mehr geschichtlich gebundenen von den mehr örtlich gebundenen trennen und jene für den zweiten Theil des Werkes zurücklegen. Die Ortssagen aber hätten wiederum nach den Gegenden, Zeiten oder dem Inhalt abgetheilt werden mögen. Eine örtliche Anordnung würde allerdings gewisse landschaftliche Sagenreihen gebildet und dadurch hin und wieder auf den Zug, den manche Art Sagen genommen, gewiesen haben. Allein es ist klar, daß man sich dabei am wenigsten an die heutigen Theilungen Deutschlands, denen zufolge z. B. Meissen: Sachsen, ein großer Theil des wahren Sachsens aber Hannover genannt, im kleinen, einzelnen noch viel mehr untereinander gemengt wird, hätte halten dürfen. War also eine andere Eintheilung, nicht nach Gebirgen und Flüssen, sondern

nach der eigentlichen Richtung und Lage der deutschen Völker=
stämme, unbekümmert um unsere politischen Grenzen, aufzustellen:
so ist hierzu so wenig Sicheres und Gutes vorgearbeitet, daß ge=
rade eine sorgsamere Prüfung der aus gleichem Grund ver=
schmähten und versäumten Mundarten und Sagen des Volks erst
muß dazu den Weg bahnen helfen. Was folglich aus der Unter=
suchung derselben künftig einmal mit herausgehen dürfte, kann
vorläufig jetzt noch gar nicht ihre Einrichtung bestimmen. Ferner,
im allgemeinen einigen Sagen vor den andern höheres Alter zu=
zuschreiben, möchte großen Schwierigkeiten unterworfen und meistens
nur ein mißverständlicher Ausdruck sein, weil sie sich unaufhörlich
wiedergebären. Die Zwerg= und Hünensagen haben einen ge=
wissen heidnischen Anstrich voraus, aber in den so häufigen von
den Teufelsbauten brauchte man blos das Wort Teufel mit Thurst
oder Riese zu tauschen, oder ein andermal bei dem Weibernamen
Jette sich nur der alten Jöten (Hünen) gleich zu erinnern, um
auch solchen Erzählungen ein Ansehen zu leihen, das also noch in
andern Dingen außer den Namen liegt. Die Sagen von Hexen
und Gespenstern könnte man in sofern die neuesten nennen, als sie
sich am öftersten erneuern, auch örtlich betrachtet am lockersten
stehen; inzwischen sind sie im Grund vielmehr nur die unvertilg=
lichsten, wegen ihrer stetigen Beziehung auf den Menschen und
ihre Handlungen, worin aber kein Beweis ihrer Neuheit liegt. Es
bewiese lediglich, daß sie auch alle andere überdauern werden, weil
die abergläubische Neigung unseres Gemüths mehr Gutes und Böses
von Hexen und Zauberern erwartet, als von Zwergen und Riesen;
weshalb merkwürdigerweise gerade jene Sagen sich beinahe allein
noch aus dem Volk Eingang unter die Gebildeten machen. Diese
Beispiele zeigen hinlänglich, wie unthunlich es gewesen wäre, nach
dergleichen Rücksichten einzelne Sagen chronologisch zu ordnen, zu=
dem fast in jeder die verschiedensten Elemente lebendig in einander
verwachsen sind, welche demnächst erst eine fortschreitende Unter=
suchung, die nicht einmal bei der Scheidung einzelner Sagen stehen
bleiben darf, sondern selbst aus diesen wiederum Kleineres heraus=
suchen muß, in das wahre Licht setzen könnte. Letzterer Grund
entscheidet endlich auch ganz gegen eine Anordnung nach dem In=
halt, indem man z. B. alle Zwergsagen oder die von versunkenen
Gegenden u. s. w. unter eigene Abschnitte faßte. Offenbar würden
blos die wenigsten einen einzigen dieser Gegenstände befassen, da

vielmehr in jeder mannigfaltige Verwandtschaften und Berührungen
mit andern anschlagen. Daher uns bei weitem diejenige Anreihung
der Sagen am natürlichsten und vortheilhaftesten geschienen hat,
welche, überall mit nöthiger Freiheit und ohne viel herumzusuchen,
unvermerkt auf einige solcher geheim und seltsam waltenden Ueber=
gänge führt. Dieses ist auch der nothwendig noch überall lücken=
haften Beschaffenheit der Sammlung angemessen. Häufig wird
man also in der folgenden eine deutliche oder leise Anspielung auf
die vorhergehende Sage finden; äußerlich ähnliche stehen oft bei=
sammen, oft hören sie auf, um bei verschiedenem Anlaß anderswo
im Buch von neuem anzuheben. Unbedenklich hätten noch viele
andere Ordnungen derselben Erzählungen, die wir hier mittheilen,
in sofern man weitere Beziehungen berücksichtigen wollte, versucht
werden können, alle aber würden doch nur geringe Beispiele der
unerschöpflichen Triebe geben, nach denen sich Sage aus Sage und
Zug aus Zug in dem Wachsthum der Natur gestaltet.

V.
Erklärende An=merkungen. Einen Anhang von Anmerkungen, wie wir zu den beiden
Bänden der Kinder= und Hausmärchen geliefert, haben wir dieses
Mal völlig weggelassen, weil uns der Raum zu sehr beschränkt
hätte, und erst durch die äußere Beendigung unserer Sammlung
eine Menge von Beziehungen bequem und erleichtert werden wird.
Eine vollständige Abhandlung der deutschen Sagenpoesie, so viel
sie in unsern Kräften steht, bleibt also einer eigenen Schrift vor=
behalten, worin wir umfassende Uebersichten des Ganzen nicht blos
in jenen drei Eintheilungen nach Ort, Zeit und Inhalt, sondern
noch in anderen versuchen wollen.

VI.
Quellen der Sammlung. Diese Sammlung hatten wir nun schon vor etwa zehn Jahren
angelegt, (man sehe Zeitung für Einsiedler oder Trösteinsamkeit.
Heidelberg 1808. Nr. 19 u. 20) seitdem unablässig gesorgt, um für
sie sowohl schriftliche Quellen in manchen allmählig selten werdenden
Büchern des 16. und 17. Jahrh. fleißig zu nutzen und auszuziehen,
als auch vor allen Dingen mündliche, lebendige Erzählungen zu
erlangen. Unter den geschriebenen Quellen waren uns die Arbeiten
des Johannes Prätorius weit die bedeutendsten. Er schrieb in
der zweiten Hälfte des 17. Jahrhunderts und verband mit ge=
schmackloser aber scharfsichtiger Gelehrsamkeit Sinn für Sage und
Aberglauben, der ihn antrieb, beide unmittelbar aus dem bürger=

lichen Leben selbst zu schöpfen und ohne welchen, was er gewiß nicht ahnte, seine zahlreichen Schriften der Nachwelt unwerth und unfruchtbar scheinen würden. Ihm dankt sie zumal die Kenntniß und Beziehung mannichfacher Sagen, welche den Lauf der Saale entlang und an den Ufern der Elbe, bis wo sich jene an diese ausmündet, im Magdeburgischen und in der Altmark bei dem Volke gehn.

Den Prätorius haben spätere, oft ohne ihn zu nennen, ausgeschrieben, selten durch eigene mündliche Zusammlung sich ein gleiches Verdienst zu erwerben gewußt. In den langen Zeitraum zwischen ihm und der Otmarischen Sammlung (1800) fällt kein einzig Buch von Belang für deutsche Sagen, abgesehn von bloßen Einzelheiten. Indessen hatten kurz davor Musäus und Frau Naubert in ihren Vorbereitungen einiger ächten Grundsagen aus Schriften, so wie theilweise aus mündlicher Ueberlieferung, die Neigung darauf hingezogen, wenigstens hingewiesen. In Absicht auf Treue und Frische verdient Otmar's Sammlung der Harzsagen so viel Lob, daß dieses den Tadel der hin und wieder aufgesetzten unnöthigen Bräme und Stilverzierung zudeckt. Viele sind aber auch selbst den Worten nach untadelhaft und man darf ihnen trauen. Seitdem hat sich die Sache zwar immer mehr geregt und ist auch zuweilen wirklich gefördert, im Ganzen jedoch nichts Bedeutendes gesammelt worden, außer ganz neuerlich (1815) ein Dutzend Schweizersagen von Wyß. Ihr Herausgeber hat sie geschickt und gewandt in größere Gedichte versponnen; wir erkennen neben dem Talent, was er darin bewiesen, doch eine Trübung trefflicher einfacher Poesie, die keines Behelfs bedarf und welche wir unserm Sinn gemäß aus der Einkleidung wieder in die nackende Wahrheit einzulösen getrachtet haben, darin auch durch die zugefügt gewesenen Anmerkungen besonders erleichtert waren. Dieses, so wie daß wir aus der Otmarischen Sammlung etwa eben so viel, oder einige mehr aufgenommen, was für unsern Zweck und den uns seinethalben vorschwebenden Grad von Vollständigkeit unentbehrlich; theils hatten wir manche noch aus andern Quellen zu vergleichen, zu berichtigen und in den einfachen Stil zurückzuführen. Es sind außerdem noch zwei andere neue Sammlungen deutscher Volkssagen anzuführen, von Büsching (1812) und Gottschalk (1814), deren die erste sich auch auf auswärtige Sagen, sodann einheimische Märchen, Legenden und Lieder, selbst Vermuthungen über Sagen,

wie Spangenbergs, mit erstreckt, also ein sehr ausgedehntes, unbe=
stimmtes Feld hat. Beide zusammen verdanken mündlicher Quelle
nicht über zwölf bisher ungekannte deutsche Sagen, welche wir
indessen aufgenommen haben würden, wenn nicht jede dieser
Sammlungen selbst noch im Gang wäre und eigene Fortsetzungen
versprochen hätte. Wir haben ihnen also nichts davon angerührt,
übrigens, wo wir dieselben schriftlichen Sagen längst schon aus
denselben oder verschiedenen Quellen ausgeschrieben hatten, unsre
Auszüge darum nicht hintanlegen wollen; denn nach aufrichtiger
Ueberlegung fanden wir, daß wir umsichtiger und reiflicher ge=
sammelt hatten. Beide geben auch vermischt mit den örtlichen
Sagen die geschichtlichen, deren wir mehrere Hunderte für den
nächsten Theil aufbehalten. Wir denken keine fremde Arbeit zu
irren oder zu stören, sondern wünschen ihnen glücklichen Fortgang,
der Gottschalk'schen insbesondere mehr Kritik zur Ausscheidung des
Verblümten und der Falschmünze. Die Dobeneck'sche Abhandlung
endlich von dem Volksglauben des Mittelalters (1815) breitet sich
theils über ganz Europa, theils schränkt sie sich wieder auf das
sogenannt Abergläubische und sonst in anderer Absicht zu ihrem
Schaden ein; man kann sagen: sie ist eine mehr sinnige als reife,
durchgearbeitete Ansicht der Volkspoesie und eigentlich Sammlung
blos nebenbei, weshalb wir auch einige Auszüge aus Prätorius,
wo wir zusammentrafen, nicht ausgelassen haben; sie wird inzwischen
dem Studium dieser Dichtungen zur Erregung und Empfehlung
gereichen. Ausdrücklich ist hier noch zu bemerken, daß wir vor=
sätzlich die vielfachen Sagen von Rübezahl, die sich füglich zu einer
besonderen Sammlung eignen, so wie mehrere Rheinsagen auf die
erhaltene Nachricht: Vogt wolle solche zu Frankfurt in diesem
Jahre erscheinen lassen, zurücklegen.

VII.
Zweck und
Wunsch.

Wir empfehlen unser Buch den Liebhabern deutscher Poesie,
Geschichte und Sprache, und hoffen, es werde ihnen allen, schon
als lautere deutsche Kost, willkommen sein, im festen Glauben,
daß nichts mehr auferbaue und größere Freude bei sich habe, als
das Vaterländische. Ja, eine bedeutungslos sich anlassende Ent=
deckung und Bemühung in unserer einheimischen Wissenschaft kann
leicht am Ende mehr Frucht bringen, als die blendendste Bekannt=
werdung und Anbauung des Fremden, weil alles Eingebrachte
zugleich auch doch etwas Unsicheres an sich trägt, sich gern versteigt

und nicht so warm zu umfassen ist. Es schien uns nunmehr Zeit hervorzutreten und unsere Sammlung zu dem Grad von Vollständigkeit und Mannichfaltigkeit gediehen zu sein, der ihre unvermeidlichen Mängel hinreichend entschuldigen könne und in unsern Lesern das Vertrauen erwecke, daß und in wiefern wir ihre Beihülfe zur Vervollkommnung des Werkes brauchen und nicht mißbrauchen werden. Aller Anfang ist schwer, wir fühlen, daß uns eine große Menge von deutschen Sagen gänzlich fehlt, und daß ein Theil der hier gegebenen genauer und besser noch aus dem Mund des Volks zu gewinnen ist; manches in Reisebeschreibungen des vorigen Jahrhunderts zerstreute mag gleichfalls mangeln. Die Erfahrung beweist, daß auf Briefe und Schreiben um zu sammelnde Beiträge wenig oder nichts erfolgt, bevor durch ein Muster von Sammlung selbst deutlich geworden sein kann, auf welche verachtete und scheinlose Dinge es hierbei ankommt. Aber das Geschäft des Sammelns, sobald es einer ernstlich thun will, verlohnt sich bald der Mühe und das Finden reicht noch am nächsten an jene unschuldige Lust der Kindheit, wann sie in Moos und Gebüsch ein brütendes Vöglein auf seinem Nest überrascht; es ist auch hier bei den Sagen ein leises Aufheben der Blätter und behutsames Wegbiegen der Zweige, um das Volk nicht zu stören und um verstohlen in die seltsam, aber bescheiden in sich geschmiegte, nach Laub, Wiesengras und frischgefallenem Regen riechende Natur blicken zu können. Für jede Mittheilung in diesem Sinn werden wir dankbar sein und danken hiermit öffentlich unserm Bruder Ferdinand Grimm und unsern Freunden August von Haxthausen und Carove, daß sie uns schon fleißig unterstützt haben.

Cassel, am 14. März 1816.

Vorbemerkung des Herausgebers.

————

Jacob und Wilhelm Grimm wollten die Deutschen Sagen nicht als „Lese=
buch" angesehen wissen. So hat man das Buch bis heute auch nicht betrachtet.
Von seinem Erscheinen bis zum Tode der Brüder verflossen beinahe fünfzig Jahre.
Der dann, 1864, herauskommende neue Abdruck brauchte wieder ein Vierteljahr=
hundert, um erschöpft zu werden. Der jetzt erscheinende wendet sich an ein neues
Publikum, vielleicht zum ersten Male an dasjenige, welches die Brüder 1816 im
Stillen erhofften. Mein Wunsch wäre, daß das Buch überall vom Deutschen
Volke gelesen würde und daß es besonders den amerikanischen Deutschen unsere
Sagenwelt erschlösse.

Ich habe, um die Sagen mehr als Lesebuch dem Volke darzubieten, die unter
den Titeln der einzelnen Sagen stehenden Quellenverweise (welche in der Ausg.
von 1864 an ihrer Stelle noch festgehalten worden waren) in das Inhalts=
verzeichnis gebracht und den größten Theil dessen, was das gemeinschaftliche Hand=
exemplar der Brüder an Zusätzen zu den Quellenangaben enthält, in genauem
Anschlusse an das Manuscript, in eckigen Klammern hinzugegeben. Die dem Texte
der Sagen zugefügten, meist geringen Einschiebsel sind dagegen, wie 1864, ohne
weiteres aufgenommen worden. Die durch beide Theile fortlaufende Zählung ist
1864 bereits insofern verändert worden, als die hinzugekommen, sowie die in der
ersten Auflage nachträglich gegebenen Stücke in die allgemeine Zahlenfolge hinein=
gezogen wurden.

Die Eintragungen rühren meist von Jacobs Hand her und fallen dem
Hauptbestande nach in frühe Zeiten. Die Deutschen Sagen erschienen noch in
den Jahren, wo die Brüder durchaus gemeinschaftlich arbeiteten, so daß sich der
jedem von beiden zugehörige Antheil ihrer damaligen Publikationen wohl den
Gedanken, weniger aber dem Materiale nach erkennen läßt. Hätten sie das Buch
später umgearbeitet, was sie wohl kaum ernsthaft beabsichtigten, so würde es
vielleicht von Wilhelm allein übernommen worden sein, wie dieser allein denn
ja auch die weiteren Ausgaben der Märchen besorgte.

Die Brüder haben sich mit ihren Büchern früh nach Berlin gewandt. Die
Märchen erschienen dort in den ersten Auflagen. So auch die Deutschen Sagen
von Anfang an bei Nicolai. Der erste Band 1816 („fertig im Druck Anfang
Mai" findet sich von Jacobs Hand auf dem Titel bemerkt), der zweite 1818.
Der erste Band trägt auf dem Titel nicht diese Bezeichnung, doch spricht die

Vorrede aus, daß die Brüder ihn nur als einen Anfang betrachteten. Jacob war 1815, als Wilhelm in Cassel den Druck des ersten Bandes besorgte, in Paris, wo er Ausgaben des Gregor von Tours und anderer Autoren seiner Art kaufte. Ergriffen von ihrem Inhalte faßte er sofort den Gedanken ihrer Aufnahme in den neuen Theil der Sagen. Der in der Vorrede zum zweiten Bande aber in Aussicht gestellte dritte Theil, welcher die kritische Verarbeitung des gesammten Stoffes bringen sollte (wie der dritte Theil der Märchen), ist nicht erschienen.

Was dem Buche heute noch eine besondere Stellung giebt, ist die Art der Erzählung. Niemand hat vaterländische Dinge episch zu berichten gewußt wie Jacob und Wilhelm Grimm. Jeder von beiden erzählt in seiner Weise anders. Das Vollkommenste, was Jacob in dieser Richtung geschrieben hat, ist sein Inhaltsbericht des Walthariusliedes, während Wilhelm den Märchen ihren eigenthümlichen Ton verlieh. Beider Tonart, so verschieden sie beim engeren Vergleiche erscheinen, ergänzen sich wie das Getön zweier Glocken, die ineinander klingen. Die Deutschen Sagen werden in die Jahrhunderte hinein fortleben wie Jacob und Wilhelm Grimm ihnen Sprache gegeben haben.

Ich schließe mit der Wiedergabe der Worte, unter deren Begleitung die Nicolaische Buchhandlung im Mai 1816 das Buch anzeigte:

Deutsche Sagen.

Herausgegeben

von

den Brüdern Grimm.

gr. 8. Berlin, Nicolaische Buchhandlung. 2 Thlr.

Wie das Kind seine ihm eigene Welt der Mährchen hat, an die es glaubt und in deren Wunderkreis auch der Erwachsene mit Sehnsucht sich zurückdenkt, so hat das Volk seine eigenthümliche Welt der Sagen, die ihm mit dem Zusammen= leben in der Heimath gegeben ist und an der es mit inniger Liebe hängt. Diese ehrwürdigen und lieblichen Töne aus einem frühern ächt volksthümlichen Leben, reden wie freundliche Begleiter zu uns, wohin wir im deutschen Lande unsern Wanderstab setzen. In dieser von den Gebr. Grimm veranstaltete Sammlung ist ihre vereinzelte Menge zusammengestellt. Gegen 400 Sagen von Zwergen, Riesen, Berggeistern, Kobolden, Nixen, Hexen, Elfen, Prinzen, vom Alp, vom Drachen, vom Wärwolf, von versunkenen Schlössern u. s. w., sind hier aufs an= muthigste erzählt.

Dreierlei zeichnet diese Sammlung von allen übrigen aus. Erstlich Treue und Wahrheit der Erzählung, wie sie in der Heimath erzählt wird, selbst in Ton und Wort. Zweitens große Mannigfaltigkeit. Drittens genaue Angabe der Quellen, woher sie geflossen und der Orte, wo sie einheimisch sind. Kein anderes Buch kann so frisch und lebendig die Angst und Warnung vor dem Bösen, wie die innigste Freude an dem Guten und Schönen wecken und nähren wie dieses; kein anderes kann zugleich so in das innigste Geheimniß des volks= thümlichen Lebens und Webens einführen und Vielen mag dadurch das theure deutsche Land noch lieber werden.

Diese gleichzeitige Würdigung des Buches zeigt den freudigen Geist der Tage, in welchen es erschien. Die dann folgenden Jahre, mit der Verdächtigung des Gefühls, dem Deutschland doch seine Befreiung verdankte, waren noch nicht angebrochen. Unter dem Eindrucke der in Frankreich erfochtenen Siege ward 1816 an eine beginnende Aera der geistigen und politischen Größe des Vaterlandes geglaubt, deren Erscheinung zu verhindern allerdings die ganze damalige Welt — man kann wohl so sagen — verbündet war.

Die Zeiten des nun folgenden nationalen Niederganges wären unmöglich gewesen, hätten deutsches geschichtliches Dasein und deutsches Gedankenleben damals schon zur Grundlage unserer Volkserziehung gemacht werden können.

1.

Die drei Bergleute im Kuttenberg.

In Böhmen liegt der Kuttenberg, darin arbeiteten drei Bergleute lange
Jahre und verdienten damit für Frau und Kind das Brot ehrlich. Wann
sie Morgens in den Berg gingen, so nahmen sie dreierlei mit: erstens ihr
Gebetbuch, zweitens ihr Licht, aber nur auf einen Tag mit Oel versehen,
drittens ihr Bischen Brot, das reichte auch nur auf einen Tag. Ehe sie
die Arbeit anhuben, thaten sie ihr Gebet zu Gott, daß er sie in dem Berge
bewahren möchte und darnach fingen sie getrost und fleißig an zu arbeiten.
Es trug sich zu, als sie einen Tag gearbeitet hatten und es bald Abend
war, daß der Berg vornen einfiel und der Eingang verschüttet wurde.
Da meinten sie begraben zu sein und sprachen: „ach Gott! wir armen
Bergleute, wir müssen nun Hungers sterben! wir haben nur einen Tag
Brot zu essen und einen Tag Oel auf dem Licht!" Nun befahlen sie sich
Gott und dachten bald zu sterben, doch wollten sie nicht müßig sein, so
lange sie noch Kräfte hätten, arbeiteten fort und fort und beteten. Also
geschah es, daß ihr Licht sieben Jahr brannte, und ihr kleines Bischen
Brot, von dem sie tagtäglich aßen, ward auch nicht all, sondern blieb eben
so groß und sie meinten, die sieben Jahren wären nur ein Tag. Doch
da sie sich nicht ihr Haar schneiden und den Bart abnehmen konnten,
waren diese ellenlang gewachsen. Die Weiber hielten unterdessen ihre
Männer für todt, meinten, sie würden sie nimmermehr wiedersehen und
dachten daran, andere zu heirathen.

Nun geschah es, daß einer von den dreien unter der Erde so recht
aus Herzensgrund wünschte: „ach! könnt' ich noch einmal das Tageslicht
sehen, so wollt' ich gerne sterben!" Der Zweite sprach: „ach! könnt' ich
noch einmal daheim bei meiner Frau zu Tische sitzen und essen, so wollt'
ich gerne sterben!" Da sprach auch der Dritte: „ach! könnt' ich nur noch
ein Jahr friedlich und vergnügt mit meiner Frau leben, so wollt' ich
gerne sterben!" Wie sie das gesprochen hatten, so krachte der Berg gewaltig
und übermächtig und sprang von einander, da ging der Erste hin zu dem
Riß und schaute hinauf und sah den blauen Himmel, und wie er sich am
Tageslicht gefreut, sank er augenblicklich todt nieder. Der Berg aber that
sich immer mehr von einander, also daß der Riß größer ward, da arbeiteten

die beiden andern fort, hackten sich Treppen, krochen hinauf und kamen
endlich heraus. Sie gingen nun fort in ihr Dorf und in ihre Häuser
und suchten ihre Weiber, aber die wollten sie nicht mehr kennen. Sie
sprachen: „habt ihr denn keine Männer gehabt?" „Ja, antworteten jene,
aber die sind schon sieben Jahre todt und liegen im Kuttenberg begraben!"
Der Zweite sprach zu seiner Frau; „ich bin dein Mann," aber sie wollt'
es nicht glauben, weil er denn ellenlangen Bart hatte und ganz unkenntlich
war. Da sagte er: „hol mir das Bartmesser, das oben in dem Wand-
schrank liegen wird und ein Stückchen Seife dazu." Nun nahm er sich
den Bart ab, kämmte und wusch sich, und als er fertig war, sah sie, daß
es ihr Mann war. Sie freute sich herzlich, holte Essen und Trinken so
gut sie es hatte, deckte den Tisch, und sie setzten sich zusammen hin und
aßen vergnügt mit einander. Wie aber der Mann satt war und den letzten
Bissen Brot gegessen hatte, da fiel er um und war todt. Der dritte Bergmann wohnte ein ganzes Jahr in Stille und Frieden mit seiner Frau
zusammen, als es herum war, zu derselben Stunde aber, wo er aus dem
Berg gekommen war, fiel er und seine Frau mit ihm todt hin. Also hatte
Gott ihre Wünsche ihrer Frömmigkeit wegen erfüllt.

————

2.

Der Berggeist.

Der Berggeist, Meister Hämmerling, gemeiniglich Bergmönch
genannt, zeigt sich zuweilen in der Tiefe, gewöhnlich als Riese in einer
schwarzen Mönchskutte. In einem Bergwerk der Graubündner Alpen
erschien er oft und war besonders am Freitage geschäftig, das ausgegrabene
Erz aus einem Eimer in den andern zu schütten; der Eigenthümer des
Bergwerks durfte sich das nicht verdrießen lassen, wurde aber auch niemals
von ihm beleidigt. Dagegen als einmal ein Arbeiter, zornig über dies
vergebliche Handtieren, den Geist schalt und verfluchte, faßte ihn dieser mit
so großer Gewalt, daß er zwar nicht starb, aber das Antlitz sich ihm umkehrte. Im Annaberg, in der Höhle, welche der Rosenkranz heißt, hat er
zwölf Bergleute während der Arbeit angehaucht, wovon sie todt liegen
geblieben sind, und die Grube ist, obgleich silberreich, nicht ferner angebaut
worden. Hier hat er sich in Gestalt eines Rosses mit langem Hals gezeigt,
furchtbar blickende Augen auf der Stirne. Zu Schneeberg ist er aber als
ein schwarzer Mönch in der St. Georgen-Grube erschienen und hat einen
Bergknappen ergriffen, von der Erde aufgehoben und oben in die Grube,
die vor Zeiten gar silberreich war, so hart niedergesetzt, daß ihm seine
Glieder verletzt waren. Am Harz hat er einmal einen bösen Steiger, der

die Bergleute quälte, bestraft. Denn als dieser zu Tage fuhr, stellte er sich, ihm unsichtbar, über die Grube und als er empor kam, drückte ihm der Geist mit den Knien den Kopf zusammen.

3.

Der Bergmönch im Harz.

Zwei Bergleute arbeiteten immer gemeinschaftlich. Einmal als sie anfuhren und vor Ort kamen, sahen sie an ihrem Geleucht, daß sie nicht genug Oel zu einer Schicht auf den Lampen hatten. „Was fangen wir da an?" sprachen sie mit einander, „geht uns das Oel aus, so daß wir im Dunkeln sollen zu Tag fahren, sind wir gewiß unglücklich, da der Schacht schon gefährlich ist. Fahren wir aber jetzt gleich aus, um von Haus Oel zu holen, so straft uns der Steiger und das mit Lust, denn er ist uns nicht gut." Wie sie also besorgt standen, sahen sie ganz fern in der Strecke ein Licht, das ihnen entgegen kam. Anfangs freuten sie sich, als es aber näher kam, erschraken sie gewaltig, denn ein ungeheurer, riesengroßer Mann ging, ganz gebückt, in der Strecke herauf. Er hatte eine große Kappe auf dem Kopf und war auch sonst wie ein Mönch angethan, in der Hand aber trug er ein mächtiges Grubenlicht. Als er bis zu den beiden, die in Angst da still standen, geschritten war, richtete er sich auf und sprach: „Fürchtet euch nicht, ich will euch kein Leids anthun, vielmehr Gutes", nahm ihr Geleucht und schüttete Oel von seiner Lampe darauf. Dann aber griff er ihr Gezäh und arbeitete ihnen in einer Stunde mehr, als sie selbst in der ganzen Woche bei allem Fleiß herausgearbeitet hätten. Nun sprach er: „sagt's keinem Menschen je, daß ihr mich gesehen habt" und schlug zuletzt mit der Faust links an die Seitenwand; sie that sich auseinander und die Bergleute erblickten eine lange Strecke, ganz von Gold und Silber schimmernd. Und weil der unerwartete Glanz ihre Augen blendete, so wendeten sie sich ab, als sie aber wieder hinschauten, war alles verschwunden. Hätten sie ihre Bilhacke (Hacke mit einem Beil) oder sonst nur einen Theil ihres Gezähs hineingeworfen, wäre die Strecke offen geblieben und ihnen viel Reichthum und Ehre zugekommen; aber so war es vorbei, wie sie die Augen davon abgewendet.

Doch blieb ihnen auf ihrem Geleucht das Oel des Berggeistes, das nicht abnahm und darum noch immer ein großer Vortheil war. Aber nach Jahren, als sie einmal am Sonnabend mit ihren guten Freunden im Wirthshaus zechten und sich lustig machten, erzählten sie die ganze Geschichte, und Montags Morgen, als sie anfuhren, war kein Oel mehr auf der Lampe und sie mußten nun jedesmal wieder, wie die andern, frisch aufschütten.

4.

Frau Hollen Teich.

Auf dem Hessischen Gebirg Meißner weisen mancherlei Dinge schon mit ihren bloßen Namen das Alterthum aus, wie die Teufelslöcher, der Schlachtrasen, und sonderlich der Frau Hollenteich. Dieser an der Ecke einer Moorwiese gelegen, hat gegenwärtig nur 40—50 Fuß Durchmesser; die ganze Wiese ist mit einem halb untergegangenen Steindamm eingefaßt und nicht selten sind auf ihr Pferde versunken.

Von dieser Holle erzählt das Volk vielerlei, gutes und böses. Weiber, die zu ihr in den Brunnen steigen, macht sie gesund und fruchtbar; die neugeborenen Kinder stammen aus ihrem Brunnen und sie trägt sie daraus hervor. Blumen, Obst, Kuchen, das sie unten im Teiche hat und was in ihrem unvergleichlichen Garten wächst, theilt sie denen aus, die ihr begegnen und zu gefallen wissen. Sie ist sehr ordentlich und hält auf guten Haushalt; wann es bei den Menschen schneit, klopft sie ihre Betten aus, davon die Flocken in der Luft fliegen. Faule Spinnerinnen straft sie, indem sie ihnen den Rocken besudelt, das Garn wirrt, oder den Flachs anzündet; Jungfrauen hingegen, die fleißig abspinnen, schenkt sie Spindeln und spinnt selber für sie über Nacht, daß die Spulen des Morgens voll sind. Faulenzerinnen zieht sie die Bettdecken ab und legt sie nackend auf's Steinpflaster; Fleißige, die schon frühmorgens Wasser zur Küche tragen in reingescheuerten Eimern, finden Silbergroschen darin. Gern zieht sie Kinder in ihren Teich, die guten macht sie zu Glückskindern, die bösen zu Wechselbälgen. Jährlich geht sie im Land um und verleiht den Aeckern Fruchtbarkeit, aber auch erschreckt sie die Leute, wenn sie durch den Wald fährt, an der Spitze des wütenden Heers. Bald zeigt sie sich als eine schöne weiße Frau, in oder auf der Mitte des Teiches, bald ist sie unsichtbar und man hört blos aus der Tiefe ein Glockengeläut und finsteres Rauschen.

5.

Frau Holla zieht umher.

In der Weihnacht fängt Frau Holla an herumzuziehen, da legen die Mägde ihren Spinnrocken auf's neue an, winden viel Werk oder Flachs darum und lassen ihn über Nacht stehen. Sieht das nun Frau Holla, so freut sie sich und sagt:

so manches Haar,
so manches gutes Jahr.

Diesen Umgang hält sie bis zum großen Neujahr, d. h. den Heiligen drei Königstag, wo sie wieder umkehren muß nach ihrem Horselberg; trifft sie dann unterwegens Flachs auf dem Rocken, zürnt sie und spricht:

> so manches Haar,
> so manches böses Jahr.

Daher reißen Feierabends vorher alle Mägd sorgfältig von ihren Rocken ab, was sie nicht abgesponnen haben, damit nichts dran bleibe und ihnen übel ausschlage. Noch besser ist's aber, wenn es ihnen gelingt, alles angelegte Werk vorher im Abspinnen herunter zu bringen.

6.

Frau Hollen Bad.

Am Meißer in Hessen liegt ein großer Pfuhl oder See, mehrentheils trüb von Wasser, den man Frau Hollen Bad nennt. Nach alter Leute Erzählung wird Frau Holle zuweilend badend um die Mittagsstunde darin gesehen und verschwindet nachher. Berg und Moore in der ganzen Umgegend sind voll von Geistern, und Reisende oder Jäger oft von ihnen verführt oder beschädiget worden.

7.

Frau Holla und der treue Eckart.

In Thüringen liegt ein Dorf Namens Schwarza, da zog Weihnachten Frau Holla vorüber und vorn im Haufen ging der treue Eckart und warnte die begegneten Leute, aus dem Wege zu weichen, daß ihnen kein Leid widerfahre. Ein paar Bauernknaben hatten gerade Bier in der Schenke geholt, das sie nach Haus tragen wollten, als der Zug erschien, dem sie zusahen. Die Gespenster nahmen aber die ganze breite Straße ein, da wichen die Dorfjungen mit ihren Kannen abseits in eine Ecke; bald nahten sich unterschiedene Weiber aus der Rotte, nahmen die Kannen und tranken. Die Knaben schwiegen aus Furcht stille, wußten doch nicht, wie sie ihnen zu Haus thun sollten, wenn sie mit leeren Krügen kommen würden. Endlich trat der treue Eckart herbei und sagte: „das rieth euch Gott, daß ihr kein Wörtchen gesprochen habt, sonst wären euch eure Hälse umgedreht worden; gehet nun flugs heim und sagt keinem Menschen etwas von der Geschichte, so werden eure Kannen immer voll Bier sein und wird ihnen nie gebrechen." Dieses thaten die Knaben und es war so, die Kannen wurden niemals leer, und drei Tage nahmen sie das Wort in acht. Endlich aber konnten sie's nicht länger bergen, sondern erzählten ihren Eltern von der Sache, da war es aus und die Krüglein versiegten. Andere sagten, es sei dies nicht eben zu Weihnacht geschehen, sondern auf eine andere Zeit.

8.

Frau Holla und der Bauer.

Frau Holla zog einmal aus, begegnete ihr ein Bauer mit der Axt. Da redete sie ihn mit den Worten an, daß er ihr den Wagen verkeilen oder verschlagen sollte. Der Taglöhner that, wie sie ihm hieß und als die Arbeit verrichtet war, sprach sie: „raff die Späne auf und nimm sie zum Trinkgeld mit"; drauf fuhr sie ihres Weges. Dem Manne kamen die Späne vergeblich und unnütz vor, darum ließ er sie meistenteils liegen, blos ein Stück oder drei nahm er für die Langeweile mit. Wie er nach Hause kam und in den Sack griff, waren die Späne eitel Gold. Alsbald kehrte er um, noch die andern zu holen, die er liegen gelassen; so sehr er suchte, so war es doch zu spät und nichts mehr vorhanden.

9.

Die Springwurzel.

Vorzeiten hütete ein Schäfersmann friedlich auf dem Köterberg, da stand, als er sich einmal umwendete, ein prächtiges Königsfräulein vor ihm und sprach: „nimm die Springwurzel und folge mir nach". Die Spring= wurzel erhält man dadurch, daß man einem Grünspecht (Elster oder Wiede= hopf) sein Nest mit einem Holz zukeilt; der Vogel, wie er das bemerkt, fliegt alsbald fort und weiß die wunderbare Wurzel zu finden, die ein Mensch noch immer vergeblich gesucht hat. Er bringt sie im Schnabel und will sein Nest damit wieder öffnen; denn hält er sie vor den Holzkeil, so springt er heraus, wie vom stärksten Schlag getrieben. Hat man sich ver= steckt und macht nun, wie er heran kommt, einen großen Lärm, so läßt er sie erschreckt fallen (man kann aber auch nur ein weißes oder rothes Tuch unter das Nest breiten, so wirft er sie darauf, sobald er sie gebraucht hat). Eine solche Springwurzel besaß der Hirt, ließ nun seine Thiere herumtreiben und folgte dem Fräulein. Sie führte ihn bei einer Höhle in den Berg hinein. Kamen sie zu einer Thüre oder einem verschlossenen Gang, so mußte er seine Wurzel vorhalten und alsbald sprang sie krachend auf. Sie gingen immer fort, bis sie etwa in die Mitte des Bergs gelangten, da saßen noch zwei Jungfrauen und spannen emsig; der Böse war auch da, aber ohne Macht und unten an den Tisch, vor dem die beiden saßen, festgebunden. Ringsum war in Körben Gold und leuchtende Edelsteine aufgehäuft und die Königstochter sprach zu dem Schäfer, der da stand und die Schätze anlusterte: „nimm dir so viel du willst." Ohne Zaudern griff er hinein und füllte seine Taschen, so viel sie halten konnten und wie er, also reich beladen, wieder hinaus wollte, sprach sie: „aber vergiß das

Befte nicht!" Er meinte nicht anders, als das wären die Schätze und glaubte sich gar wohl versorgt zu haben, aber es war das Springwort*). Wie er nun hinaustrat, ohne die Wurzel, die er auf den Tisch gelegt, schlug das Thor mit Schallen hinter ihm zu, hart an die Ferse, doch ohne weiteren Schaden, wiewohl er leicht sein Leben hätte einbüßen können. Die großen Reichthümer brachte er glücklich nach Haus, aber den Eingang konnte er nicht wieder finden.

10.

Fräulein von Boyneburg.

Auf eine Zeit lebten auf der Boyneburg drei Fräulein zusammen. Der jüngsten träumte in einer Nacht, es sei in Gottes Rath beschlossen, daß eine von ihnen im Wetter sollte erschlagen werden. Morgens sagte sie ihren Schwestern den Traum und als es Mittag war, stiegen schon Wolken auf, die immer größer und schwärzer wurden, also daß Abends ein schweres Gewitter am Himmel hinzog und ihn bald ganz zudeckte und der Donner immer näher herbei kam. Als nun das Feuer von allen Seiten herabfiel, sagte die älteste: „ich will Gottes Willen gehorchen, denn mir ist der Tod bestimmt", ließ sich einen Stuhl hinaustragen, saß draußen einen Tag und eine Nacht und erwartete, daß der Blitz sie träfe. Aber es traf sie keiner; da stieg am zweiten Tage die zweite herab und sprach: „ich will Gottes Willen gehorchen, denn mir ist der Tod bestimmt"; und saß den zweiten Tag und die zweite Nacht, die Blitze versehrten sie auch nicht, aber das Wetter wollte nicht fortziehen. Da sprach die dritte am dritten Tage: „nun seh ich Gottes Willen: daß ich sterben soll", da ließ sie den Pfarrer holen, der ihr das Abendmahl reichen mußte, dann machte sie auch ihr Testament und stiftete, daß an ihrem Todestage die ganze Gemeinde gespeist und beschenkt werden sollte. Nachdem das geschehen war, ging sie getrost hinunter und setzte sich nieder und nach wenigen Augenblicken fuhr auch ein Blitz auf sie herab und tödtete sie.

Hernach als das Schloß nicht mehr bewohnt war, ist sie oft als ein guter Geist gesehen worden. Ein armer Schäfer, der all sein Hab und Gut verloren hatte und dem am andern Tage sein letztes sollte ausgepfändet werden, weidete an der Boyneburg, da sah er im Sonnenschein an der Schloßthüre eine schneeweiße Jungfrau sitzen. Sie hatte ein weißes Tuch ausgebreitet, darauf lagen Knotten, die sollten in der Sonne aufklinken. Der Schäfer verwunderte sich, an dem einsamen Ort eine Jungfrau zu finden, trat zu ihr hin und sprach: „ei was schöne Knotten!" nahm ein

*) Der erzählende Schäfer brauchte ganz gleichbedeutend die Spring=Wurzel und das Spring=Wort wie im Gefühl von der alten Verwandtschaft beider Ausdrücke.

paar in die Hand, besah sie und legte sie wieder hin. Sie sah ihn freundlich und doch traurig an, antwortete aber nichts, da ward dem Schäfer angst, daß er fort ging, ohne sich umzusehen und die Heerde nach Haus trieb. Es waren ihm aber ein paar Knotten, als er darin gestanden, neben in die Schuhe gefallen, die drückten ihn auf dem Heimweg, da setzte er sich, zog den Schuh ab und wollte sie herauswerfen, wie er hineingriff, so fielen ihm fünf oder sechs Goldkörner in die Hand. Der Schäfer eilt zur Bohne= burg zurück, aber die weiße Jungfrau war sammt den Knotten verschwunden; doch konnte er sich mit dem Golde schuldenfrei machen und seinen Haus= halt wieder einrichten.

Viele Schätze sollen in der Burg noch verborgen liegen. Ein Mann war glücklich und sah in der Mauer ein Schubfach; als er es aufzog, war es ganz voll Gold. Eine Wittwe hatte nur eine Kuh und Ziege und weil an der Bohneburg schöne Heiternesseln wachsen, wollte sie davon zum Futter abschneiden, wie sie aber eben nach einem Strauch packte, glitt sie aus und fiel tief hinab. Sie schrie und rief nach Hilfe, es war aber niemand mehr in der einsamen Gegend, bis Abends ihre Kinder, denen Angst geworden war, herbei kamen und ihre Stimme hörten. Sie zogen sie an Stricken herauf und nun erzählte sie ihnen, tief da unten sei sie vor ein Gitter gefallen, dahinter habe sie einen Tisch gesehen, der mit Reichthümern und Silberzeug ganz beladen gewesen.

11.

Der Pielberg.

Bei Annaberg in Meissen, liegt vor der Stadt ein hoher Berg, der Pielberg genannt, darauf soll vor Zeiten eine schöne Jungfrau verbrannt und verwünscht sein, die sich noch öfters um Mittag, weshalb sich dann niemand dort darf sehen lassen, in köstlicher Gestalt, mit prächtigen, gelben, hinter sich geschlagenen Haaren zeigt.

12.

Die Schloßjungfrau.

Auf dem Schloßberg unweit Ordruf in Thüringen soll sich manchmal eine Jungfrau sehen lassen, welche ein großes Gebund Schlüssel anhängen hat. Sie kommt dann allezeit um zwölf Uhr Mittags vom Berg herab und geht nach dem unten im Thal befindlichen Hierlings= oder Hörlings= Brunn und badet sich in demselben, worauf sie wiederum den Berg hinauf= steigt. Einige wollen sie genau gesehen und betrachtet haben.

13.

Die Schlangenjungfrau.

Um das Jahr 1520 war einer zu Basel im Schweizerlande mit Namen Leonhard, sonst gemeinlich Lienimann genannt, eines Schneiders Sohn, ein alberner und einfältiger Mensch, und dem dazu das Reden, weil er stammerte, übel abging. Dieser war in das Schlauf=Gewölbe oder den Gang, welcher zu Augst über Basel unter der Erde her sich erstreckt, ein= und darin viel weiter, als jemals einem Menschen möglich gewesen, fortgegangen und hinein gekommen und hat von wunderbarlichen Händeln und Geschichten zu reden wissen. Denn er erzählt und es giebt noch Leute, die es aus seinem Munde gehört haben, er habe ein geweihtes Wachslicht genommen und angezündet und sei mit diesem in die Höhle eingegangen. Da hätte er erstlich durch eine eiserne Pforte und darnach aus einem Gewölbe in das andere, endlich auch durch etliche gar schöne und lustige grüne Gärten gehen müssen. In der Mitte aber stünde ein herrlich und wohlgebautes Schloß oder Fürstenhaus, darin wäre eine gar schöne Jungfrau mit menschlichem Leibe bis zum Nabel, die trüge auf ihrem Haupt eine Krone von Gold und ihre Haare hätte sie zu Felde geschlagen; unten vom Nabel an wäre sie aber eine gräuliche Schlange. Von derselben Jungfrau wäre er bei der Hand zu einem eisernen Kasten geführt worden, auf welchem zwei schwarze bellende Hunde gelegen, also daß sich niemand dem Kasten nähern dürfen, sie aber hätte ihm die Hunde gestillt und im Zaum gehalten, und er ohne alle Hinderung hinzugehen können. Darnach hätte sie einen Bund Schlüssel, den sie am Hals getragen, abgenommen, den Kasten aufgeschlossen, silberne und andere Münzen heraus geholt. Davon ihm dann die Jungfrau nicht wenig aus sonderlicher Mildigkeit geschenkt, welche er mit sich aus der Schluft gebracht; wie er denn auch selbige vorgezeigt und sehen lassen. Auch habe die Jungfrau zu ihm gesprochen, sie sei von königlichem Stamme und Geschlecht geboren, aber also in ein Ungeheuer verwünscht und verflucht, und könne durch nichts erlöst werden, als wenn sie von einem Jüngling, dessen Keuschheit rein und unverletzt wäre, dreimal geküßt werde; dann würde sie ihre vorige Gestalt wieder erlangen. Ihrem Erlöser wolle sie dafür den ganzen Schatz, der an dem Orte verborgen gehalten würde, geben und überantworten. Er erzählte weiter, daß er die Jungfrau bereits zweimal geküßt, da sie denn alle beide Mal, vor großer Freude der unverhofften Erlösung, mit so gräulichen Gebärden sich erzeigt, daß er sich gefürchtet und nicht anders gemeint, sie würde ihn lebendig zerreißen; daher er zum drittenmal sie zu küssen nicht gewagt, sondern weggegangen wäre. Hernach hat es sich begeben, daß ihn etliche in ein Schandhaus mitgenommen, wo er mit einem leichtsinnigen Weibe gesündigt. Also vom Laster befleckt, hat er nie wieder den Eingang zu der Schlaufhöhle finden können; welches er zum öftern mit Weinen beklagt.

14.

Das schwere Kind.

Im Jahr 1686 am achten Juni erblickten zwei Edelleute auf dem Wege nach Chur in der Schweiz an einem Busch ein kleines Kind liegen, das in Linnen eingewickelt war. Der eine hatte Mitleiden, ließ seinen Diener absteigen und das Kind aufheben, damit man es ins nächste Dorf mitnehmen und Sorge für es tragen könnte. Als dieser abgestiegen war, das Kind angefaßt hatte und aufheben wollte, war er es nicht vermögend. Die zwei Edelleute verwunderten sich hierüber und befahlen dem andern Diener, auch abzusitzen und zu helfen. Aber beide mit gesammter Hand waren nicht so mächtig, es nur von der Stelle zu rücken. Nachdem sie es lange versucht, hin und her gehoben und gezogen, hat das Kind anfangen zu sprechen und gesagt: „lasset mich liegen, denn ihr könnt mich doch nicht von der Erde wegbringen. Das aber will ich euch sagen, daß dies ein köstliches fruchtbares Jahr sein wird, aber wenig Menschen werden es er= leben." Sobald es diese Worte ausgeredet hatte, verschwand es. Die beiden Edelleute legten nebst ihren Dienern ihre Aussagen bei dem Rath zu Chur nieder.

15.

Der alte Weinkeller bei Salurn.

Auf dem Rathhause des tyroler Fleckens Salurn, an der Etsch, werden zwei alte Flaschen vorgezeigt und davon erzählt: Im Jahr 1688 ging Christoph Patzeber von St. Michael nach Salurn in Verrichtungen und und wie er bei den Trümmern der alten salurner Burg vorüberkam, wandelte ihn Lust an, das Gemäuer näher zu betrachten. Er sah sich im obern Theil um und fand ungefähr eine unterirdische Treppe, welche aber ganz hell schien, so daß er hinabstieg, und in einen ansehnlichen Keller gelangte, zu dessen beiden Seiten er große Fässer liegen sah. Der Sonnen= strahl fiel durch die Ritzen, er konnte deutlich achtzehn Gefäße zählen, deren jedes ihm däuchte funfzig Irten zu halten: an denen die vorn standen, fehlte weder Hahn noch Krahn und als der Bürger vorwitzig umdrehte, sah er mit Verwunderung einen Wein, köstlich wie Oel fließen. Er kostete das Getränk und fand es von solchem herrlichen Geschmack, als er Zeit= lebens nicht über seine Zunge gebracht hatte. Gern hätte er für Weib und Kind davon mitgenommen, wenn ihm ein Geschirr zu Händen gewesen wäre; die gemeine Sage fiel ihm ein von diesem Schloß, das schon manchen Menschen unschuldigerweise reich gemacht haben sollte, und er sann hin und her, ob er nicht durch diesen Fund glücklich werden möchte. Er schlug daher den Weg nach der Stadt ein, vollbrachte sein Geschäft und kaufte sich zwei große irdene Flaschen nebst Trichter und verfügte sich noch vor Sonnenuntergang in das alte Schloß, wo er alles gerade so wiederfand, als das erstemal. Ungesäumt füllte er seine beiden Flaschen mit Wein, welche etwa zwanzig Maaß fassen konnten, hierauf wollte er den Keller verlassen. Aber im Umdrehen sah er plötzlich an der Treppe, also daß sie ihm den Gang sperrten, drei alte Männer an einem kleinen Tisch sitzen, vor ihnen lag eine schwarze mit Kreide beschriebene Tafel. Der Bürger erschrak heftig, hätte gern allen Wein im Stich gelassen, hub an inbrünstig zu beten und die Kellerherren um Verzeihung zu bitten. Da sprach einer aus den dreien, welcher einen langen Bart, eine Ledermütze auf dem Haupt und einen schwarzen Rock an hatte: komm so oft du willst, so sollst du allezeit erhalten, was dir und den deinen vonnöthen ist. Hierauf verschwand das ganze Gesicht. Patzeber konnte frei und ungehindert fortgehen und gelangte glücklich heim zu seinem Weibe, dem er alles erzählte, was ihm begegnet war. Anfangs verabscheute die Frau diesen Wein, als sie aber sah, wie ohne Schaden sich ihr Hauswirth daran labte, versuchte sie ihn auch und gab allen ihren Hausgenossen dessen zu trinken. Als nun der Vorrath all wurde, nahm er getrost die zwei irdenen Krüge, ging wieder in den Keller und füllte von neuem und das geschah etlichemal ein ganzes Jahr durch; dieser Trunk, der einer kaiserlichen Tafel wohl gestanden hätte, kostete ihn keinen Heller. Einmal aber besuchten ihn drei Nachbaren, denen er von seinem Gnadentrunk zubrachte, und die ihn so trefflich fanden, daß sie Verdacht schöpften und argwohnten, er sei auf unrechtem Wege dazu gekommen. Weil sie ihm ohnedeß feind waren, gingen sie aufs Rathhaus und verklagten ihn; der Bürger erschien und verhehlte nicht, wie er zu dem Wein gelangt war, obgleich er innerlich dachte, daß er nun den letzten geholt haben würde. Der Rath ließ von dem Wein vor Gericht bringen und befand einstimmig, daß dergleichen im Lande nirgends anzutreffen wäre. Also mußten sie zwar den Mann nach abgelegtem Eid heim entlassen, gaben ihm aber auf, mit seinen Flaschen nochmals den vorigen Weg zu unternehmen. Er machte sich auch dahin, aber weder Treppe noch Keller war dort zu spüren und er empfing unsichtbare Schläge, die ihn betäubt und halbtodt zu Boden streckten. Als er so lange Zeit lag, bedäuchte ihn den vorigen Keller, aber fern in einer Tiefe, zu erblicken; die drei Männer saßen wieder da und kreideten still und schweigend bei einer hellen Lampe auf dem Tisch, als hätten sie eine wichtige Rechnung zu schließen; zuletzt wischten sie alle Ziffern aus und zogen ein Kreuz über die ganze Tafel, welche sie hernach bei Seite stellten. Einer stand auf öffnete drei Schlösser

an einer eisernen Thür und man hörte Geld klingen. Auf einer anderen
Treppe kam dann dieser alte Mann heraus zu dem auf der Erde liegenden
Bürger, zählte ihm 30 Thaler in den Hut, ließ aber nicht den geringsten
Laut von sich hören. Hiermit verschwand das Gesicht und die salurner
Uhr aus der Ferne schlug elf. Der Bürger raffte sich auf und kroch aus
den Mauern; auf der Höhe sah er einen ganzen Leichenzug mit Lichtern
vorbeiwallen und deutete das auf seinen eigenen Tod. Inzwischen kam er
nach und nach auf die Landstraße und wartete auf Leute, die ihn nach
Haus schleppten. Darauf berichtete er dem Rath den ganzen Verlauf und
die 30 Thaler bewiesen deutlich, daß sie ihm von keiner oberirdischen Hand
gegeben worden. Man sandte des folgenden Tags acht beherzte Männer
aus zu der Stelle, die gleichwohl nicht die mindeste Spuren entdeckten,
außer in einer Ecke der Trümmer die beiden irdenen Flaschen liegen fanden
und zum Wahrzeichen mitbrachten. Der Patzeber starb zehn Tage darauf
und mußte die Weinzeche mit seinem Leben bezahlen; das gemachte große
Kreuz hatte die Zahl der zehn Tage vielleicht vorbedeutet.

16.

Hünenspiel.

Bei Hörter, zwischen Godelheim und Amelunxen, liegen der Brunsberg
und Wiltberg, auf welchen die Sachsen im Kampf mit Karl dem Großen
sollen ihre Burgen gehabt haben. Nach der Sage des Godelsheimer Volks
wohnten dort ehedem Hünen, die so groß waren, daß sie sich Morgens
wenn sie aufstanden, aus ihren Fenstern grüßend die Hände herüber und
hinüber reichten. Sie warfen sich auch, als Ballspiel, Kugeln zu und ließen
sie hin und her fliegen. Einmal fiel eine solche Kugel mitten in's Thal
herab und schlug ein gewaltiges Loch in den Erdboden, das man noch heute
sieht Die Vertiefung heißt die Knäuelwiese. —

Die Riesen herrschten da zu Land, bis ein mächtiges, kriegerisches Volk
kam und mit ihnen stritt. Da gab es eine ungeheure Schlacht, daß das
Blut durchs Thal strömte und die Weser roth färbte; alle Hünen wurden
erschlagen, ihre Burgen erobert, und das neuangekommene Volk schaltete
von nun an in der Gegend.

Nach einer andern Erzählung sandte der Riese von Brunsberg dem
von Wiltberg täglich einen Brief, der in ein großes Knäuel Garn ge-
wunden, und so warfen sie es hinüber und herüber. Eines Tages fiel
das Knäul im Lauh, einem Holz unter dem Braunberge, nieder und da ist
ein großer Teich geworden, wo lauter weiße Lilien aufwachsen und wo
noch zu dieser Stunde alle Jahr am Ostermontag die weiße Frau kommt
und sich wäscht.

17.

Das Riesenspielzeug.

Im Elſaß auf der Burg Nideck, die an einem hohen Berg bei einem
Waſſerfall liegt, waren die Ritter vorzeiten große Rieſen. Einmal ging
das Rieſenfräulein herab ins Thal wollte ſehen, wie es da unten wäre
und kam bis faſt nach Haslach auf ein vor dem Wald gelegenes Ackerfeld,
das gerade von den Bauern beſtellt ward. Es blieb vor Verwunderung
ſtehen und ſchaute den Pflug, die Pferde und Leute an, das ihr alles etwas
Neues war. „Ei, ſprach ſie, und ging herzu, das nehm ich mir mit.“ Da
kniete ſie nieder zur Erde, ſpreitete ihre Schürze aus, ſtrich mit der Hand
über das Feld, fing alles zuſammen und thats hinein. Nun lief ſie ganz
vergnügt nach Haus, den Felſen hinaufſpringend, wo der Berg ſo jäh
iſt, daß ein Menſch mühſam klettern muß, da that ſie einen Schritt und
war droben.

Der Ritter ſaß gerad am Tiſch, als ſie eintrat. „Ei, mein Kind,
ſprach er, was bringſt du da, die Freude ſchaut dir ja aus den Augen
heraus.“ Sie machte geſchwind ihre Schürze auf und ließ ihn hineinblicken.
„Was haſt du ſo Zappeliges darin?“ „Ei Vater, gar zu artiges Spielding!
ſo was ſchönes hab’ ich mein Lebtag noch nicht gehabt.“ Darauf nahm ſie
eins nach dem andern heraus und ſtellte es auf den Tiſch: den Pflug, die
Bauern mit ihren Pferden; lief herum, ſchaute es an, lachte und ſchlug vor
Freude in die Hände, wie ſich das kleine Weſen darauf hin und her bewegte.
Der Vater aber ſprach: „Kind, das iſt kein Spielzeug, da haſt du was
ſchönes angeſtiftet! Geh nur gleich und trag’s wieder hinab ins Thal.“
Das Fräulein weinte, es half aber nichts. „Mir iſt der Bauer kein Spiel=
zeug, ſagt der Ritter ernſthaftig, ich leid’s nicht, daß du mir murrſt, kram
alles ſachte wieder ein und trag’s an den nämlichen Platz, wo du’s
genommen haſt. Baut der Bauer nicht ſein Ackerfeld, ſo haben wir Rieſen
auf unſerem Felſenneſt nichts zu leben.“

18.

Rieſe Einheer.

Zu Zeiten Karls des Großen lebt ein Rieſ’ und Recke, hieß Einheer,
war ein Schwab, bürtig aus Thurgau, jetzt Schweiz, der wuthe (wadete)
über alle Waſſer, dorft (braucht) über keine Brücke gehen, zoge ſein Pferd
bei dem Schwanz hernach, ſagt allzeit: „nun Geſell, du mußt auch hernach!“
Dieſer reiſet auch in dieſen Kaiſer Karls Kriegen wider die Winden
(Wenden) und Haunen (Hunnen); er mähet die Leut, gleich wie das
Gras mit einer Senſen, alle nieder, hängt ſie an den Spieß, trug’s über die
Achſeln wie Haſen oder Füchs, und da er wieder heim kam und ihn ſeine

guten Gesellen und Nachbarn fragten, was er ausgerichtet hätte? wie es im Kriege gegangen wäre? sagt er aus Unmuth und Zorn: was soll ich viel von diesen Fröschlein sagen! ich trug ihr sieben oder acht am Spieß über die Achsel, weiß nicht, was sie quacken, ist der Mühe nicht werth, daß der Kaiser so viel Volks wider solche Kröten und Würmlein zusammenbrachte, ich wollt's viel leichter zu wegen gebracht haben!" — Diesen Riesen nennt man Einheer, daß (weil) er sich in Kriegen schier einem Heer vergleicht und also viel ausrichtet. Es flohen ihm die Feinde, Winden und Haunen, meinten, es wär der leidige Teufel.

19.

Riesensäulen.

Bei Miltenberg oder Kleinen=Haubach auf einem hohen Gebirg im Walde sind neun gewaltige, große steinerne Säulen zu sehen und daran die Handgriffe, wie sie von den Riesen im Arbeiten herumgedreht worden, damit eine Brücke über den Main zu bauen, solches haben die alten Leute je nach und nach ihren Kindern erzählt, auch daß in dieser Gegend vor Zeiten viele Riesen sich aufgehalten.

20.

Der Köterberg.

Der Köterberg, (an der Gränze des Paderbornschen, Lippeschen und Corveischen) war sonst der Götzenberg genannt, weil die Götter der Heiden da angebetet wurden. Er ist innen voll Gold und Schätze, die einen armen Mann wohl reich machen könnten, wenn er dazu gelangte. Auf der nörd= lichen Seite sind Höhlen, da fand einmal ein Schäfer den Eingang und die Thüre zu den Schätzen, aber wie er eingehen wollte, in demselben Augen= blick kam ein ganz blutiger, entsetzlicher Mann übers Feld daher gelaufen und erschreckte und verscheuchte ihn. Südlich auf einem waldbewachsenen Hügel am Fuße des Berges stand die Harzburg, wovon die Mauern noch zu sehen und noch vor kurzem Schlüssel gefunden sind. Darin wohnten Hünen und gegenüber, auf dem zwei Stunden fernen Zierenberg, stand eine andere Hünenburg! Da warfen die Riesen sich oft Hämmer herüber und hinüber.

21.

Geroldseck.

Geroldseck, ein altes Schloß im Wasgau, von dem man vor Jahren her viel Abenteuer erzählen hören: daß nämlich die uralten deutschen Helden, die Könige Ariovist, Herman, Witechind, der hürnen Siegfried und viele viele andere in demselben Schlosse zu gewisser Zeit des Jahres gesehen würden; welche, wann die Deutschen in den höchsten Nöthen und am Untergang sein würden, wieder da heraus und mit etlichen alten deutschen Völkern denselben zu Hilf erscheinen sollten.

22.

Kaiser Karl zu Nürnberg.

Die Sage geht, daß Karl der Große sich zu Nürnberg auf der Burg in den tiefen Brunnen verflucht habe und daselbst aufhalte. Sein Bart ist durch den Steintisch gewachsen, vor welchem er sitzt.

23.

Friedrich Rothbart auf dem Kyfhäuser.

Von diesem Kaiser gehen viele Sagen im Schwange. Er soll noch nicht todt sein, sondern bis zum jüngsten Tage leben, auch kein rechter Kaiser nach ihm mehr aufgekommen. Bis dahin sitzt er verhohlen in dem Berg Kyfhausen und wann er hervorkommt, wird er seinen Schild hängen an einen dürren Baum, davon wird der Baum grünen und eine bessere Zeit werden. Zuweilen redet er mit den Leuten die in den Berg kommen, zuweilen läßt er sich auswärts sehen. Gewöhnlich sitzt er auf der Bank an dem runden steinernen Tisch, hält den Kopf in die Hand und schläft, mit dem Haupt nickt er stetig und zwinkert mit den Augen. Der Bart ist ihm groß gewachsen, nach einigen durch den steinernen Tisch, nach andern um den Tisch herum, dergestalt daß er dreimal um die Rundung reichen muß, bis zu seinem Aufwachen, jetzt aber geht er erst zweimal darum.

Ein Bauer der 1669 aus dem Dorf Reblingen Korn nach Nordhausen fahren wollte, wurde von einem kleinen Männchen in den Berg geführt, mußte sein Korn ausschütten und sich dafür die Säcke mit Gold füllen. Dieser sah nun den Kaiser sitzen, aber ganz unbeweglich.

Auch einen Schäfer, der einstmals ein Lied gepfiffen, das dem Kaiser wohlgefallen, führte ein Zwerg hinein, da stand der Kaiser auf und fragte: „fliegen die Raben noch um den Berg?" Und auf die Bejahung des Schäfers rief er: „nun muß ich noch hundert Jahre länger schlafen."

24.

Der Birnbaum auf dem Walferfeld.

Bei Salzburg auf dem sogenannten Walferfeld soll dermaleinst eine schreckliche Schlacht geschehen, wo alles hinzulaufen und ein so furchtbares Blutbad sein wird, daß den Streitenden das Blut vom Fußboden in die Schuh rinnt. Da werden die bösen von den guten Menschen erschlagen werden. Auf diesem Walferfeld steht ein ausgedorrter Birnbaum zum Angedenken dieser letzten Schlacht; schon dreimal wurde er umgehauen, aber seine Wurzel schlug immer aus, daß er wiederum anfing zu grünen und ein vollkommener Baum ward. Viele Jahre bleibt er noch dürr stehen, wann er aber zu grünen anhebt, wird die gräuliche Schlacht bald eintreten und wann er Früchte trägt, wird sie anheben. Dann wird der Baierfürst seinen Wappen- schild daran aufhängen und niemand wissen, was es zu bedeuten hat.

25.

Der verzauberte König zu Schildheiß.

Das alte Schloß Schildheiß, in einer wüsten Wald= und Berggegend von Deutschböhmen, sollte aufs neue gebaut und wieder hergestellt werden. Als die Werkmeister und Bauleute die Trümmer und Grundfesten unter- suchten, fanden sie Gänge, Keller und Gewölbe unter der Erde in großer Menge, mehr als sie gedacht; in einem Gewölbe saß ein gewaltiger König im Sessel, glänzend und schimmernd von Edelgestein und ihm zur Rechten stund unbeweglich eine holdselige Jungfrau, die hielt dem König das Haupt, gleich als ruhete es drinnen. Als sie nun vorwitzig und beutegierig näher traten, wandelte sich die Jungfrau in eine Schlange, die Feuer spie, so daß alle weichen mußten. Sie berichteten aber ihren Herrn von der Begebenheit, welcher alsbald vor das bezeichnete Gewölbe ging und die Jungfrau bitterlich seufzen hörte. Nachher trat er mit seinem Hund in die Höhle, in der sich Feuer und Rauch erzeigte, so daß der Ritter etwas zurückwich und seinen Hund der vorausgelaufen war, für verloren hielt. Das Feuer verlosch und wie er sich von neuem näherte, sah er daß die Jungfrau seinen Hund unbe- schädigt im Arme hielt und eine Schrift an der Wand, die ihm Verderben drohte. Sein Muth trieb ihn aber nachher dennoch an, das Abenteuer zu wagen und er wurde von den Flammen verschlungen.

26.

Kaiſer Karl des Großen Auszug.

Zwiſchen Gudensberg und Beſſe in Heſſen liegt der Odenberg, in welchem Kaiſer Karl der Große mit ſeinem ganzen Heer verſunken iſt. Ehe ein Krieg ausbricht, thut ſich der Berg auf, Kaiſer Karl kommt hervor, ſtößt in ſein Hüfthorn und zieht nun mit ſeinem ganzen Heer aus in einen andern Berg.

27.

Der Unterberg.

Der Unterberg oder Wunderberg liegt eine kleine deutſche Meile von der Stadt Salzburg an dem grundloſen Moos, wo vor Zeiten die Hauptſtadt Helfenburg ſoll geſtanden haben. Er iſt im Innern ganz ausgehöhlt, mit Paläſten, Kirchen, Klöſtern, Gärten, Gold= und Silberquellen verſehen. Kleine Männlein bewahren die Schätze und wanderten ſonſt oft um Mitternacht in die Stadt Salzburg, in der Domkirche daſelbſt Gottesdienſt zu halten.

28.

Kaiſer Karl im Unterberg.

In dem Wunderberg ſitzt außer andern fürſtlichen und vornehmen Herren auch Kaiſer Karl, mit goldner Krone auf dem Haupt und ſeinen Scepter in der Hand. Auf dem großen Welſerfeld wurde er verzückt und hat noch ganz ſeine Geſtalt behalten, wie er ſie auf der zeitlichen Welt gehabt. Sei Bart iſt grau und lang gewachſen und bedeckt ihm das goldne Bruſtſtück ſeiner Kleidung ganz und gar. An Feſt= und Ehrentagen wird der Bart auf zwei Theile getheilt, einer liegt auf der rechten Seite, der andere auf der linken, mit einem koſtbaren Perlenband umwunden. Der Kaiſer hat ein ſcharfes und tiefſinniges Angeſicht und erzeigt ſich freundlich und gemeinſchaftlich gegen alle Untergebenen, die da mit ihm auf einer ſchönen Wieſe hin und her gehen. Warum er ſich da aufhält und was ſeines Thuns iſt, weiß niemand und ſteht bei den Geheimniſſen Gottes.

Franz Sartori erzählt, daß Kaiſer Karl der Fünfte, nach andern aber Friedrich an einem Tiſch ſitzt, um den ſein Bart ſchon mehr denn zweimal herumgewachſen iſt. So wie der Bart zum drittenmal die letzte Ecke desſelben erreicht haben wird, tritt dieſer Welt letzte Zeit ein. Der Antichriſt erſcheint, auf den Feldern von Wals kommt es zur Schlacht, die Engelpoſaunen ertönen und der jüngſte Tag iſt angebrochen.

29.

Der Scherfenberger und der Zwerg.

Mainhard, Graf von Tirol, der auf Befehl des Kaisers Rudolf von Habsburg Steier und Kärnthen erobert hatte und zum Herzoge von Kärnthen ernannt ward, lebte mit dem Grafen Ulrich von Heunburg in Fehde. Zu diesem schlug sich auch Wilhelm von Scherfenberg, treulos und undankbar gegen Meinhard. Hernach in dem Kampfe ward er vermißt und Conrad von Aufenstein, der für Mainhard gestritten hatte, suchte ihn auf.

Sie fanden aber den Scherfenfeger im Sande liegen von einem Speer durchstochen und hatte er da sieben Wunden, doch nur eine Pein. Der Aufensteiner fragte ihn, ob er der Herr Wilhelm wäre. „Ja, und seid Ihrs, der Aufensteiner, so stehet hernieder zu mir.“ Da sprach der Scherfenberger mit krankem Munde: „nehmt dieses Fingerlein; derweil es in Eurer Gewalt ist, zerrinnt Euch Reichthum und weltliche Ehre nimmermehr;“ damit reichte er es ihm von der Hand. Indem kam auch Heinrich der Told geritten und hörte, daß es der Scherfenberger war, der da lag. „So ist es der, sprach er, welcher seine Treue an meinem Herrn gebrochen, das rächt nun Gott an ihm in dieser Stund.“ Ein Knecht mußte den Todt- wunden auf ein Pferd legen, aber er starb darauf. Da machte der Told, daß man ihn wieder herab legte, wo er vorher gelegen war. Darnach ward der Scherfenbergen beklagt von Männern und Weibern; mit dem Ring aber, den er dem Aufensteiner gegeben, war es auf folgende Weise zugegangen.

Eines Tages sah der Scherfenberger von der Burg auf dem Feld eine seltsame Augenweide. Auf vier langen vergüldeten Stangen trugen vier Zwerge einen Himmel von klarem und edlem Tuche. Darunter ritt ein Zwerg, eine goldene Krone auf dem Häuptlein, und in allen Gebärden als ein König. Sattel und Zaum des Pferdes war mit Gold beschlagen, Edel- steine lagen darin und so war auch alles Gewand beschaffen. Der Scherfen- berger stand und sah es an, endlich ritt er hin und nahm seinen Hut ab. Der Zwerg gab ihm guten Morgen und sprach: „Wilhelm, Gott grüß Euch!“ „Woher kennt Ihr mich?“ antwortete der Scherfenberger. „Laß dir nicht leid sein, sprach der Zwerg, daß du mir bekannt bist und ich deinen Namen nenne; ich suche deine Mannheit und deine Treue, von der mir viel gesagt ist. Ein gewaltiger König ist mein Genosse um ein großes Land, darum führen wir Krieg und er will mir's mit List angewinnen. Ueber sechs Wochen ist ein Kampf zwischen uns gesprochen, mein Feind aber ist mir zu groß, da haben alle meine Freunde mir gerathen, dich zu ge- winnen. Willst du dich des Kampfes unterwinden, so will ich dich also stark machen, daß, ob er einen Riesen brächte, dir's doch gelingen soll. Wisse guter Held, ich bewahre dich mit einem Gürtel, der dir zwanzig Männer Stärke giebt.“ Der Scherfenberger antwortete: „weil du mir so

wohl trauſt und auf meine Mannheit dich verläßt, ſo will ich zu deinem
Dienſte ſein, wie es auch mit mir gehen wird, es ſoll alles gewagt werden.“
Der Zwerg ſprach: „fürchte dich nicht, Herr Wilhelm, als wäre ich ungeheuer,
nein, mir wohnt chriſtlicher Glaube an die Dreifaltigkeit bei und daß Gott
von einer Jungfrau menſchlich geboren wurde.“ Darüber ward der Scherfen=
berger froh und verſprach, wo nicht Tod oder Krankheit ihn abhalte, daß
er zu rechter Stunde kommen wollte. So kommt mit Roß, Rüſtung und
einem Knaben an dieſe Stätte hier, ſagt aber niemanden etwas davon,
auch Eurem Weibe nicht, ſonſt iſt das Ding verloren.“ Da beſchwur der
Scherfenberger alles. „Sieh hin, ſprach nun das Gezwerg, dies Fingerlein
ſoll unſerer Rede Zeuge ſein; du ſollſt es mit Freuden beſitzen, denn lebſt
Du tauſend Jahre, ſo lang du es haſt, zerrinnet dir dein Gut nimmermehr.
Darum ſei hohen Muthes und halt deine Treue an mir.“ Damit ging es über
die Heide und der Scherfenberger ſah ihm nach, bis es in den Berg verſchwand.

Als er nach Haus kam, war das Eſſen bereit und jedermann fragte,
wo er geweſen wäre, er aber ſagte nichts, doch konnt er von Stund an
nicht mehr ſo fröhlich gebaren wie ſonſt. Er ließ ſein Roß beſorgen, ſein
Panzerhemd beſſern, ſchickte nach dem Beichtiger, that heimlich lautere Beichte
und nahm darnach mit Andacht des Herrn Leib. Die Frau ſuchte von
dem Beichtiger die Wahrheit an den Sachen zu erfahren, aber der wies
ſie ernſtlich ab. Da beſchickte ſie vier ihrer beſten Freunde, die führten den
Prieſter in eine Kammer, ſetzten ihm das Meſſer an den Hals und drohten
ihm auf den Tod, bis er ſagte, was er gehört hatte.

Als die Frau es nun erfahren, ließ ſie die nächſten Freunde des
Scherfenberger kommen, die mußten ihn heimlich nehmen und um ſeinen
Vorſatz fragen. Als er aber nichts entdecken wollte, ſagten ſie ihm vor
den Mund, daß ſie alles wüßten, und als er es an ihren Reden ſah, da
bekannte er allererſt die Wahrheit. Nun begannen ſie ſeinen Vorſatz zu
ſchwächen und baten ihn höchlich, daß er von der Fahrt ablaſſe. Er aber
wollt ſeine Treue nicht brechen und ſprach, wo er das thue, nehme es
fürder an allem Gut ab. Sein Weib aber tröſtete ihn und ließ nicht nach,
bis ſie ihn mit großer Bitte überredete, da zu bleiben; doch war er unfroh.

Darauf über ein halbes Jahr ritt er eines Tages zu ſeiner Feſte
Landſtrotz hinter den Seinigen zu allerletzt. Da kam der Zwerg neben
zu ihm und ſprach: „wer Eure Mannheit rühmt, der hat gelogen! wie
habt ihr mich hintergangen und verrathen! Ihr habt an mir verdient Gottes
und guter Weiber Haß. Auch ſollt ihr wiſſen, daß Ihr in Zukunft ſieglos
ſeid und wäre das gute Ringlein nicht, das ich Euch leider gegeben habe,
Ihr müßtet mit Weib und Kind in Armut leben.“ Da griff der Zwerg
ihm an die Hand und wollt's ihm abzucken, aber der Scherfenberger zog
die Hand zurück und ſteckte ſie in die Bruſt; dann ritt er von ihm über
das Feld fort. Die vor ihm waren, die hatten alle nichts geſehen.

30.

Das stille Volk zu Plesse.

Auf dem hessischen Bergschloß Plesse sind im Felsen mancherlei Quellen, Brunnen, Schluchten und Höhlen, wo der Sage nach Zwerge wohnen und hausen sollen, die man das stille Volk nennt. Sie sind schweigsam und gutthätig, dienen den Menschen gern, die ihnen gefallen. Geschieht ihnen ein Leid an, so lassen sie ihren Zorn doch nicht am Menschen aus, sondern rächen sich am Vieh, das sie plagen. Eigentlich hat dies unterirdische Geschlecht keine Gemeinschaft mit den Menschen und treibt inwendig sein Wesen, da hat es Stuben und Gemächer voll Gold und Edelgestein. Steht ihm ja etwas oben auf dem Erdboden zu verrichten, so wird das Geschäft nicht am Tage, sondern bei der Nacht vorgenommen. Dieses Bergvolk ist von Fleisch und Bein, wie andere Menschen, zeugt Kinder und stirbt; allein es hat die Gabe, sich unsichtbar zu machen und durch Fels und Mauer eben so leicht zu gehen, als wir durch die Luft. Zuweilen erscheinen sie den Menschen, führen sie mit in die Kluft und beschenken sie, wenn sie ihnen gefallen, mit kostbaren Sachen. Der Haupteingang ist beim tiefen Brunnen; das nahgelegene Wirthshaus heißt: zum Rauschenwasser.

———

31.

Des kleinen Volks Hochzeitfest.

Das kleine Volk auf der Eilenburg in Sachsen wollte einmal Hochzeit halten und zog daher in der Nacht durch das Schlüsselloch und die Fensterritzen in den Saal und sie sprangen hinab auf den glatten Fußboden, wie Erbsen auf die Tenne geschüttet werden. Davon erwachte der alte Graf, der im hohen Himmelbette in dem Saal schlief und verwunderte sich über die vielen kleinen Gesellen. Da trat einer von ihnen, geschmückt wie ein Herold, zu ihm heran und lud ihn in ziemenden Worten gar höflich ein, an ihrem Fest Theil zu nehmen. Doch um eins bitten wir, setzte er hinzu, ihr allein sollt zugegen sein, keins von euerm Hofgesinde darf sich unterstehen, das Fest mit anzuschauen auch nicht mit einem einzigen Blick." Der alte Graf antwortete freundlich: „weil ihr mich im Schlaf gestört, so will ich auch mit euch sein." Nun ward ihm ein kleines Weiblein zugeführt, kleine Lampenträger stellten sich auf und eine Heimchenmusik hob an. Der Graf hatte Mühe, das Weibchen beim Tanzen nicht zu verlieren, das ihm so leicht daher sprang und endlich so im Wirbel umdrehte, daß er kaum zu Athmen kommen konnte. Mitten in dem lustigen Tanz aber stand auf einmal alles still, die Musik hörte auf und der ganze Haufe eilte nach den Thürspalten, Mauslöchern und wo sonst ein Schlupfwinkel war. Das Brautpaar aber die Herolde und Tänzer schauten aufwärts nach einer Oeffnung, die sich oben in der Decke des Saals befand und entdeckten dort das Gesicht der alten Gräfin, welche vorwitzig nach der lustigen Wirthschaft herabschaute. Darauf neigten sie sich vor dem Grafen und derselbe, der ihn eingeladen, trat wieder hervor und dankte ihm für die erzeugte Gastfreundschaft. Weil aber, sagte er dann, unsere Freude und unsere Hochzeit also ist gestört worden, daß noch ein anderes menschliches Auge darauf geblickt, so soll fortan euer Geschlecht nie mehr als sieben Eilenburgs zählen." Darauf drängten sie nach einander schnell hinaus, bald war es still und der alte Graf wieder allein im finstern Saal. Die Verwünschung ist bis auf gegenwärtige Zeit eingetroffen und immer einer von den sechs lebenden Rittern von Eilenburg gestorben, ehe der siebente geboren war.

32.
Steinverwandelte Zwerge.

In Böhmen nicht weit von Elnbogen liegt in einem rauhen aber schönen Thal, durch welches sich die Egger bis beinahe ans Karlsbad in mancherlei Krümmungen durchwindet, die berühmte Zwergenhöhle. Die Bewohner der benachbarten Dörfer und Städte erzählen davon folgendes. Diese Felsen wurden in alten Zeiten von kleinen Bergzwergen bewohnt, die im Stillen da ihr Wesen trieben. Sie thaten niemanden etwas zu Leid, vielmehr halfen sie ihren Nachbarn in Noth und Trübsal. Lange Zeit wurden sie von einem gewaltigen Geisterbanner beherrscht, einmal aber, als sie eben eine Hochzeit feiern wollten und darum zu ihrer Kirche ausgezogen waren, gerieth er in heftigen Zorn und verwandelte sie in Stein oder vielmehr, da sie unvertilgbare Geister waren, bannte er sie hinein. Die Reihe dieser Felsen heißt noch jetzt: die verwünschte Zwergenhochzeit und man sieht sie in verschiedenen Gestalten auf den Bergspitzen stehen. In der Mitte eines der Felsen zeigt man das Bild eines Zwergs, welcher, als die übrigen dem Bann entfliehen wollten, zu lange im Gemach verweilte, und, indem er aus dem Fenster nach Hilfe umherblickte, in Stein verwandelt wurde.

Auch zeigt man auf dem Rathhause zu Elnbogen noch jetzt die verbannten ruchlosen und goldgeizigen Burggrafen in einem Klumpen klingenden Metall. Der Sage nach soll niemand, der mit einer Todsünde befleckt ist diesen Klumpen in die Höhe heben können.

33.
Zwergberge.

Zu Aachen ist nicht weit von der Stadt ein Berg, dessen Bewohner zu ihren Hochzeiten von den Städtern Kessel, eherne Töpfe, Schüssel und Bratspieß entlehnen, hernachmals richtig wiederbringen. Aehnliche Zwergberge stehen in der Gegend von Jena und in der Grafschaft Hohenstein.

34.

Zwerge leihen Brot.

Der Pfarrer Hedler zu Selbitz und Marlsreuth erzählte im Jahr 1684 folgendes. Zwischen den zweien genannten Orten liegt im Wald eine Oeffnung, die insgemein das Zwergenloch genannt wird, weil ehedessen und vor mehr als hundert Jahren daselbst Zwerge unter der Erde gewohnet, die von gewissen Einwohnern in Naila, die nothdürftige Nahrung zugetragen erhalten haben.

Albert Steffel, siebenzig Jahr alt und im Jahr 1680 gestorben, und Hans Kohmann, drei und sechzig Jahr alt und 1679 gestorben, zwei ehrliche, glaubhafte Männer haben etlichemal ausgesagt, Kohmanns Großvater habe einst auf seinem bei diesem Loch gelegenen Acker geackert und sein Weib ihm frischgebackenes Brot zum Frühstück aufs Feld gebracht und in ein Tüchlein gebunden am Rain hingelegt. Bald sei ein Zwergweiblein gegangen kommen und habe den Ackermann um sein Brot angesprochen: „ihr Brot sei eben auch im Backofen, aber ihre hungrige Kinder könnten nicht darauf warten und sie wolle es ihnen Mittags von dem ihrigen wieder erstatten." Der Großvater habe eingewilligt, auf den Mittag sei sie wieder gekommen, habe ein sehr weißes Tüchlein gebreitet und darauf einen noch warmen Laib gelegt, neben vieler Danksagung und Bitte, er möge ohne Scheu des Brots essen und das Tuch wolle sie schon wieder abholen. Das sei auch geschehen, dann habe sie zu ihm gesagt, es würden jetzt so viele Hammerwerke errichtet, daß sie, dadurch beunruhigt, wohl weichen und den geliebten Sitz verlassen müßte. Auch vertriebe sie das Schwören und große Fluchen der Leute, wie auch die Entheiligung des Sonntags, indem die Bauern vor der Kirche ihr Feld zu beschauen gingen, welches ganz sündlich wäre.

Vor kurzem haben sich an einem Sonntag mehrere Bauernknechte mit angezündeten Spänen in das Loch begeben, inwendig einen schon verfallenen sehr niedrigen Gang gefunden; endlich einen weiten, fleißig in den Felsen gearbeiteten Platz, viereckig, höher als Manns hoch, auf jeder Seite viel kleine Thürlein. Darüber ist ihnen ein Grausen angekommen und sind herausgegangen, ohne die Kämmerlein zu besehen.

35.

Der Graf von Hoia.

Es ist einmal einem Grafen zu Hoia ein kleines Männlein in der Nacht erschienen und wie sich der Graf entsetzte, hat es zu ihm gesagt, er sollte sich nicht erschrecken, es hätte ein Wort an ihm zu werben und zu bitten, er wolle ihm das nicht abschlagen. Der Graf antwortete, wenn es ihm und den Seinen unbeschwerlich wäre, so wollte er es gern thun.

Da sprach das Männlein: „es wollen die folgende Nacht etliche zu dir auf dein Haus kommen und Ablager halten, denen wollest du Küche und Saal so lange leihen und deinen Dienern gebieten, daß sie sich schlafen legen und keiner nach ihrem Thun und Treiben sehe, auch keiner darum wisse, ohne du allein. Man wird sich dafür dankbarlich erzeigen, du und dein Geschlecht sollen's zu genießen haben, es soll auch im aller= geringsten weder dir noch den Deinen Leid geschehen." Solches hat der Graf eingewilliget. Also sind folgende Nacht, gleich als mit einem reisigen Zug, die Brücke hinauf ins Haus gezogen, allesammt kleine Leute, wie man die Bergmännlein zu beschreiben pflegt. Sie haben in der Küche gekocht, zugehauen und aufgegeben und hat sich nicht anders ansehen lassen, als wenn eine große Mahlzeit angerichtet würde. Darnach, fast gegen Morgen, wie sie wiederum scheiden wollen, ist das kleine Männlein abermal zum Grafen gekommen, und hat ihm neben Danksagung gereicht ein Schwert, ein Salamanderlaken und einen güldenen Ring, in welchem ein rother Löwe oben eingemacht; mit Anzeigung, diese drei Stücke sollte er und seine Nachkömmlinge wohl verwahren und so lange sie dieselben bei einander hätten, würde es einig und wohl in der Graf= schaft zustehen: sobald sie aber von einander kommen würden, sollte es ein Zeichen sein, daß der Grafschaft nichts Gutes vorhanden wäre; und ist der rothe Löwe auch allzeit darnach, wann einer vom Stamm sterben sollte, erblichen.

Es sind aber zu den Zeiten, da Graf Jobst und seine Brüder unmündig waren und Franz von Halle Statthalter im Land, die beiden Stücke, als das Schwert und Salamanderlaken, weggenommen, der Ring aber ist bei der Herrschaft geblieben, bis an ihr Ende. Wohin er aber seit der Zeit gekommen, weiß man nicht.

36.

Zwerge ausgetrieben.

Im Erzgebirge wurden die Zwerge durch Errichtung der Hämmer und Pochwerke vertrieben. Sie beklagten sich schwer darüber, äußerten jedoch, sie wollten wiederkommen, wenn die Hämmer abgingen. Unter dem Berg Sion vor Quedlinburg ist vorzeiten ein Zwergenloch gewesen und die Zwerge haben oft den Einwohnern zu ihren Hochzeiten viel Zinnwerk und dergleichen gern vorgeliehen.

37.

Die Wichtlein.

Die Wichtlein oder Bergmännlein erscheinen gewöhnlich wie die Zwerge, nur etwa dreiviertel Elle groß. Sie haben die Gestalt eines alten Mannes mit einem langen Bart, sind bekleidet wie Bergleute mit einer weißen Hauptkappe am Hemd und einem Leder hinten, haben Laterne, Schlägel und Hammer. Sie thun den Arbeitern kein Leid, denn wenn sie bisweilen auch mit kleinen Steinen werfen, so fügen sie ihnen doch selten Schaden zu, es sei denn, daß sie mit Spotten und Fluchen erzürnt und scheltig gemacht werden. Sie lassen sich vornehmlich in den Gängen sehen, welche Erz geben oder wo gute Hoffnung dazu ist. Daher erschrecken die Bergleute nicht vor ihnen, sondern halten es für eine gute Anzeige, wenn sie erscheinen und sind desto fröhlicher und fleißiger. Sie schweifen in den Gruben und Schachten herum und scheinen gar gewaltig zu arbeiten, aber in Wahrheit thun sie nichts. Bald ist's, als durchgrüben sie einen Gang oder eine Ader, bald, als faßten sie das Gegrabene in den Eimer, bald, als arbeiteten sie an der Rolle und wollten etwas hinauf ziehen, aber sie necken nur die Bergleute damit und machen sie irre. Bisweilen rufen sie, wenn man hinkommt, ist niemand da.

Am Kuttenberg in Böhmen hat man sie oft in großer Anzahl aus den Gruben heraus und hinein ziehen gesehen. Wenn kein Bergknappe drunten, besonders wenn groß Unglück oder Schaden vorstand (sie klopfen dem Bergmann dreimal den Tod an), hat man die Wichtlein hören scharren, graben, stoßen, stampfen und andere Bergarbeiten mehr vorstellen. Bisweilen auch, nach gewisser Maße, wie die Schmiede anf dem Amboß pflegen, das Eisen umkehren und mit Hämmern schmieden. Eben in diesem Bergwerke hörte man sie vielmals klopfen, hämmern und picken, als ob drei oder vier Schmiede etwas stießen; daher sie auch von den Böhmen Hausschmiedlein genannt wurden. In Idria stellen ihnen die Bergleute täglich ein Töpflein mit Speise an einen besonderen Ort. Auch kaufen sie jährlich zu gewissen Zeiten ein rothes Röcklein, der Länge nach einem Knaben gerecht, und machen ihnen ein Geschenk damit. Unterlassen sie es, so werden die Kleinen zornig und ungnädig.

38.

Beschwörung der Bergmännlein.

Zu Nürnberg ist einer gewesen, mit Namen Paul Creuz, der eine wunderbare Beschwörung gebraucht hat. In einen gewissen Plan hat er ein neues Tischlein gesetzt, ein weißes Tuch darauf gedeckt, zwei Milch=schüsslein drauf gesetzt, ferner: zwei Honigschüsslein, zwei Tellerchen und neun Messerchen. Weiter hat er eine schwarze Henne genommen und sie über einer Kohlpfanne zerrissen, so daß das Blut in das Essen hinein= getropft ist. Hernach hat er davon ein Stück gegen Morgen, das andere gegen Abend geworfen und seine Beschwörung begonnen. Wie dies geschehen, ist er hinter einen grünen Baum gelaufen und hat gesehen, daß zwei Bergmännlein sich aus der Erde hervor gefunden, zu Tisch gesetzt, und bei dem kostbaren Rauchwerke, das auch vorhanden gewesen, gleichsam gegessen. Nun hat er ihnen Fragen vorgelegt, worauf sie geantwortet; ja, wenn er das oft gethan, sind die kleinen Geschöpfe so vertraut geworden, daß sie auch zu ihm ins Haus zu Gast gekommen. Hat er nicht recht aufgewartet, so sind sie entweder nicht erschienen oder doch bald wieder verschwunden. Er hat auch endlich ihren König zu Wege gebracht, der dann allein gekommen in einem rothen, scharlachen Mäntlein, darunter er ein Buch gehabt, das er auf den Tisch geworfen und seinem Banner erlaubt hat, so viel und so lange er wollte drinnen lesen. Davon hat sich der Mensch große Weisheit und Geheimnisse eingebildet.

39.
Das Bergmännlein beim Tanz.

Es zeigten alte Leute mit Wahrhaftigkeit an, daß vor etlichen Jahren zu Glaß im Dorf, eine Stunde von dem Wunderberg und eine Stunde von der Stadt Salzburg, Hochzeit gehalten wurde, zu welcher gegen Abend ein Bergmännlein aus dem Wunderberge gekommen. Es ermahnte alle Gäste, in Ehren fröhlich und lustig zu sein und verlangte, mit tanzen zu dürfen; das ihm auch nicht verweigert wurde. Also machte es mit einer und der andern ehrbaren Jungfrau allzeit drei Tänze und zwar mit besonderer Zierlichkeit, so daß die Hochzeitsgäst mit Verwunderung und Freude zu= schauten. Nach dem Tanz bedankte es sich und schenkte einem jeden der Brautleute drei Geldstücke von einer unbekannten Geldmünze, deren jedes man zu vier Kreuzer im Werthe hielt und ermahnte sie dabei, in Frieden und Eintracht zu hausen, christlich zu leben und bei einem frommen Wandel ihre Kinder zum Guten zu erziehen. Diese Münze sollten sie zu ihrem Geld legen und stets seiner gedenken, so würden sie selten in Noth kommen; sie sollten aber dabei nicht hoffährtig werden, sondern mit ihrem Ueberfluß ihren Nachbarn helfen.

Dieses Bergmännlein blieb bei ihnen bis zur Nachtzeit und nahm von jedermann Trank und Speiß, die man ihm darreichte, aber nur etwas weniges. Alsdann bedankte es sich und begehrte einen Hochzeitsmann, der es über den Fluß Salzach gegen den Berg zu schiffen sollte. Bei der Hochzeit war ein Schiffmann, Namens Johann Ständl, der machte sich eilfertig auf und sie gingen mit einander zur Ueberfahrt. Während derselben begehrte

der Schiffmann seinen Lohn: das Bergmännlein gab ihm in Demuth drei
Pfennige. Diesen schlechten Lohn verschmähte der Fährmann sehr, aber das
Männlein gab ihm zur Antwort, er sollte sich das nicht verdrießen lassen,
sondern die drei Pfennige wohl behalten, so würde er an seiner Habschaft
nicht Mangel leiden, wo er anders dem Uebermuth Einhalt thue. Zugleich
gab es dem Fährmann ein kleines Steinlein, mit den Worten: „wenn du
dieses an den Hals hängst, so wirst du in dem Wasser nicht zu Grunde gehen
können." Und dies bewährte sich noch in demselben Jahre. Zuletzt ermahnte
es ihn zu einem frommen und demüthigen Lebenswandel und ging schnell
von dannen.

40.

Das Kellermännlein.

Im Jahr 1665 trug sich zu Lützen folgendes zu: in einem Haus lief
ein klein Männlein aus dem Keller hervor und sprengte vor dem Haus
Wasser aus einer Kelte oder goß sie aus. Lief darauf wieder stillschweigends
nach dem Keller, aber die Magd, die zugegen war, fürchtete sich, fiel auf
ihre Knie und betete einen Psalm. Da fiel das Männlein zugleich mit ihr
nieder, betete so lange als die Magd. Bald darauf kam Feuersbrunst im
Städtlein aus und wurden mehrere neuerbaute Häuser in Asche gelegt,
selbes Haus aber blieb unverletzt übrig. Auch soll nach solchem Begebniß
das Männchen noch einmal erschienen sein und gesprengt haben, allein es
erfolgte an selbigem Orte nichts darauf.

41.

Die Ahnfrau von Rantzau.

In dem holsteinischen adlichen Geschlecht der von Rantzau gehet die
Sage: eines mals sei die Großmutter des Hauses bei Nachtzeit von der
Seite ihres Gemahls durch ein kleines Männlein, so ein Laternlein
getragen, erweckt worden. Das Männlein führte sie aus dem Schloß
in einen hohlen Berg zu einem kreißenden Weib. Selbiger legte sie auf
Begehren die rechte Hand auf das Haupt, worauf das Weibchen alsbald
genas. Der Führer aber führte die Ahnfrau wieder zurück ins Schloß und
gab ihr ein Stück Gold zur Gabe mit dem Bedeuten, daraus breierlei
machen zu lassen: fünfzig Rechenpfennige, einen Hering und eine Spille,
nach der Zahl ihrer dreien Kinder, zweier Söhne und einer Tochter; — auch
mit der Warnung: diese Sachen wohl zu verwahren, ansonst ihr Geschlecht
in Abnahme fallen werde.

Die neuvermählte Gräfin, welche aus einem dänischen Geschlecht ab=
stammte, ruhte an ihres Gemahles Seite, als ein Rauschen geschah: die
Bettvorhänge wurden aufgezogen und sie sah ein wunderbar schönes
Fräuchen, nur ellnbogengroß mit einem Lichte vor ihr stehen. Dieses
Fräuchen hub an zu reden: „fürchte dich nicht, ich thue dir kein Leid an,
sondern bringe dir Glück, wenn du mir die Hülfe leistest, die mir Noth
thut. Steh auf und folge mir, wohin ich dich leiten werde, hüte dich
etwas zu essen von dem, was dir geboten wird, nimm auch kein ander
Geschenk an, außer dem was ich dir reichen will und das kannst du sicher
behalten."

Hierauf ging die Gräfin mit und der Weg führte unter die Erde.
Sie kamen in ein Gemach, das flimmerte von Gold und Edelstein und
war erfüllt mit lauter kleinen Männern und Weibern. Nicht lange, so er=
schien ihr König und führte die Gräfin an ein Bett, wo die Königin in
Geburtsschmerzen lag, mit dem Ersuchen ihr beizustehn. Die Gräfin be=
nahm sich aufs beste und die Königin wurde glücklich eines Söhnleins ent=
bunden. Da entstand große Freude unter den Gästen, sie führten die Gräfin
zu einem Tisch voll der köstlichsten Speisen und drangen in sie zu essen.
Allein sie rührte nichts an, eben so wenig nahm sie von den Edelsteinen,
die in goldnen Schalen standen. Endlich wurde sie von der ersten Führerin
wieder fortgeführt und in ihr Bett zurückgebracht.

Da sprach das Bergfräuchen: du hast unserm Reich einen großen Dienst
erwiesen, der soll dir gelohnt werden. Hier hast du drei hölzerne Stäbe,
die leg unter dein Kopfkissen und morgen früh werden sie in Gold ver=
wandelt sein. Daraus laß machen: aus dem ersten einen Hering, aus
dem zweiten Rechenpfennige, aus dem dritten eine Spindel und offen=
bare die ganze Geschichte niemanden auf der Welt, außer deinem Gemahl.
Ihr werdet zusammen drei Kinder zeugen, die die drei Zweige eures Hauses
sein werden. Wer den Hering bekommt, wird viel Kriegsglück haben, er
und seine Nachkommen; wer die Pfennige, wird mit seinen Kindern hohe
Staatsämter bekleiden; wer die Kunkel, wird mit zahlreicher Nachkommenschaft
gesegnet sein."

Nach diesen Worten entfernte sich die Bergfrau, die Gräfin schlief ein
und als sie aufwachte, erzählte sie ihrem Gemahl die Begebenheit, wie einen
Traum. Der Graf spottete sie aus, allein als sie unter das Kopfkissen
griff, lagen da drei Goldstangen; beide erstaunten und verfuhren genau damit,
wie ihnen geheißen war.

Die Weissagung traf völlig ein und die verschiedene Zweige des Hauses
verwahrten sorgfältig die Schätze. Einige, die sie verloren, sind verloschen.
Die vom Zweig der Pfennige erzählen: einmal habe der König von Dänemark
einem unter ihnen einen solchen Pfennig abgefordert und in dem Augenblick
wie ihn der König empfangen, habe der, so ihn vorher getragen, in seinen
Eingeweiden heftigen Schmerz gespürt.

Nach einer mündlichen Erzählung erhielt die Gräfin eine Schürze voll Späne, die sie in das Camin wirft. Morgens, wo ihr das Ganze wie ein Traum vorkommt, schaut sie in das Camin und sieht, daß es lauter Gold ist. In der folgenden Nacht kommt das Fräuchen wieder und sagt ihr, sie solle aus dem Gold dreierlei machen lassen: eine Spindel, einen Becher und ein Schwert. Wenn das Schwert schwarz werde, so sterbe einer in der Familie durch ein Schwert, und wenn es ganz verschwinde, so sei er von einem Bruder ermordet. Die Gräfin läßt die drei Stücke arbeiten. In der Folge wird das Schwert einmal schwarz und verschwindet dann ganz; es war ein Graf Rantzau ermordet worden und, wie sich hernach ergab, von seinem Bruder, der ihn nicht gekannt hatte.

42.
Herrmann von Rosenberg.

Als Herrmann von Rosenberg sein Beilager hielt, erschienen die Nacht darauf viele Erdgeister, kaum zwei Spannen lang, hatten ihre Musik bei sich und suchten um Erlaubniß nach, die Hochzeit eines ihrer Brautpaare ebenfalls hier begehen zu dürfen; sie gaben sich für still und friedlich aus. Auf erhaltene Verwilligung begingen sie nun ihr Fest.

43.
Die osenberger Zwerge.

Als Winkelmann im Jahr 1653 aus unserm Hessenlande nach Oldenburg reiste und über den Osenberg kommend in dem Dorf Bümmerstedt von der Nacht übereilt wurde, erzählte ihm ein hundertjähriger Krugwirth, daß bei seines Großvaters Zeiten das Haus treffliche Nahrung gehabt, anjetzo wäre es aber schlecht. Wenn der Großvater gebrauet, wären Erdmännlein vom Osenberg gekommen, hätten das Bier ganz warm aus der Bütte abgeholt und mit einem Geld bezahlt, das zwar unbekannt, aber von gutem Silber gewesen. Einsmal hätte ein altes Männlein im Sommer bei großer Wärme Bier holen wollen und vor Durst alsogleich getrunken, aber zu viel, daß er davon eingeschlafen. Hernach beim Aufwachen, wie es sah, daß es sich so verspätet hatte, hub das alte kleine Männlein an bitterlich zu weinen: „nun wird mich mein Großvater des langen Außenbleibens wegen schlagen.“ In dieser Noth lief es auf und davon, vergaß seinen Bierkrug mitzunehmen und kam seitdem nimmer wieder. Den hinterlassenen Krug hatte sein (der Wirthes) Vater und er selbst auf seine ausgesteuerte Tochter erhalten und so lang der Krug im Haus gewesen, die Wirthschaft vollauf Nahrung gehabt. Als er aber vor kurzem zerbrochen worden, wäre das Glück gleichsam mit zerbrochen und alles krebsgängig.

44.
Das Erdmännlein und der Schäferjung.

Im Jahr 1664 hütete unfern Dresden ein Junge die Heerde des Dorfs. Auf einmal sah er einen Stein neben sich, von mäßiger Größe, sich von selbst in die Höhe heben und etliche Sprünge thun. Verstaunt trat er näher zu und besah den Stein, endlich hob er ihn auf. Und indem er ihn aufnahm, hüpfte ein jung Erdmännchen aus der Erde, stellte sich kurz hin vor den Schäferjungen und sprach: „ich war dahin verbannt, du hast mich erlöst und ich will dir dienen; gieb mir Arbeit, daß ich etwas zu thun habe." Bestürzt antwortete der Junge: „nun gut, du sollst mir helfen, Schafe hüten." Das verrichtete das Männchen sorgsam bis der Abend kam. Da fing es an und sagte: „ich will mit dir gehen, wo du hingehst." Der Junge versetzte aber sogleich: „in mein Haus kann ich dich nicht gut mitnehmen, ich habe einen Stiefvater und andre Geschwister mehr, der Vater würde mich übel schlagen, wollte ich ihm noch jemand zubringen, der ihm das Haus kleiner machte." „Ja du hast mich nun einmal angenommen, sprach der Geist, willst du mich selber nicht, mußt du mir anderswo Herberg schaffen." Da wies ihn der Junge ins Nachbars Haus, der keine Kinder hatte. Bei diesem kehrte nun das Erdmännchen richtig ein und konnte es der Nachbar nicht wieder los werden.

45.
Der einkehrende Zwerg.

Vom Dörflein Ralligen am Thunersee und von Schillingsdorf, einem durch Bergfall verschütteten Ort des Grindelwaldthales, vermuthlich von andern Orten mehr, wird erzählt: bei Sturm und Regen kam ein wandernder Zwerg durch das Dörflein, ging von Hütte zu Hütte und pochte regentriefend an die Thüren der Leute, aber niemand erbarmte sich und wollte ihm öffnen, ja sie höhnten ihn noch aus dazu. Am Rand des Dorfes wohnten zwei fromme Armen, Mann und Frau, da schlich das Zwerglein müd und matt an seinem Stab einher, klopfte dreimal bescheidentlich ans Fensterchen, der alte Hirt that ihm sogleich auf und bot gern und willig dem Gaste das wenige dar, was sein Haus vermochte. Die alte Frau trug Brot auf, Milch und Käs, ein paar Tropfen Milch schlürfte das Zwerglein und aß Brosamen von Brot und Käse. „Ich bin's eben nicht gewohnt, sprach es, so derbe Kost zu speisen, aber ich dank euch von Herzen und Gott lohn's; nun ich geruht habe, will ich meinen Fuß weiter setzen." „Ei bewahre, rief die Frau, in der Nacht in das Wetter hinaus, nehmt doch mit einem Bettlein vorlieb." Aber das Zwerglein schüttelte und lächelte: „droben auf der Fluh habe ich allerhand zu schaffen und darf nicht länger ausbleiben, morgen sollt ihr mein schon gedenken." Damit nahm's Abschied und die Alten legten sich zur Ruhe. Der anbrechende Tag aber weckte sie mit Unwetter und Sturm, Blitze fuhren am rothen Himmel und Ströme Wassers ergossen sich. Da riß oben am Joch der Fluh ein gewaltiger Fels los und rollte zum Dorf herunter mitsammt Bäumen, Steinen und Erde. Menschen und Vieh, alles was Athem hatte im Dorf, wurden begraben, schon war die Woge gedrungen bis an die Hütte der beiden Alten; zitternd und bebend traten sie vor ihre Thüre hinaus. Da sahen sie mitten im Strom ein großes Felsenstück nahen, oben drauf hüpfte lustig das Zwerglein, als wenn es ritte, ruderte mit einem mächtigen Fichtenstamm und der Fels staute das Wasser und wehrte es von der Hütte ab, daß sie unverletzt stand und die Hausleute außer Gefahr. Aber das Zwerglein schwoll immer größer und höher, ward zu einem ungeheuren Riesen und zerfloß in Luft, während jene auf gebogenen Knien beteten und Gott für ihre Errettung dankten.

46.
Zeitelmoos.

Auf dem Fichtelberg, zwischen Wunsiedel und Weißenstadt, liegt ein großer Wald, Zeitelmoos genannt und daran ein großer Teich; in dieser Gegend hausen viele Zwerge und Berggeister. Ein Mann ritt einmal bei später Abendzeit durch den Wald und sah zwei Kinder bei einander sitzen, ermahnte sie auch, nach Haus zu gehen und nicht länger zu säumen. Aber diese fingen an überlaut zu lachen. Der Mann ritt fort und eine Strecke weiter traf er dieselben Kinder wieder an, welche wieder lachten.

47.
Das Moosweibchen.

Ein Bauer aus der Gegend von Saalfeld mit Namen Hans Krepel hatte ums Jahr 1635 Holz auf der Heide gehauen und zwar Nachmittags; da trat ein kleines Moosweibchen herzu und sagte zu ihm: „Vater, wenn ihr hernach aufhöret und Feierabend macht, haut doch beim Umfällen des letzten Baums ja drei Kreuze in den Stamm, es wird euch gut sein." Nach diesen Worten ging es weg. Der Bauer, ein grober und roher Kerl, dachte, zu was hilft mir die Quackelei und was kehr ich mich an ein solch Gespenste, unterließ also das Einhauen der drei Kreuze und ging Abends nach Haus. Den folgenden Tag um die nämliche Zeit kehrte er wieder in den Wald, um weiter zu hauen; trat ihn wieder das Moos= weibchen an und sprach: „ach ihr Mann, was habt ihr gestern die drei

Kreuze nicht eingehauen? es sollte euch und mir geholfen haben, denn uns jagt der wilde Jäger Nachmittags und Nachts ohn Unterlaß und tödtet uns jämmerlich, haben auch anders keinen Frieden vor ihm, wenn wir uns nicht auf solche behauene Baumstämme setzen können, davon darf er uns nicht bringen, sondern wir sind sicher." Der Bauer sprach: „hoho, was sollten dabei die Kreuze helfen; dir zu Gefallen mach ich noch keine dahin." Hierauf aber fiel das Moosweibchen den Bauer an und drückte ihn dergestalt, daß er, obgleich stark von Natur, krank und elend wurde. Seit der Zeit folgte er der empfangenen Lehre besser, unterließ das Kreuz= einhauen niemals und es begegnete ihm nichts Widerliches mehr.

48.
Der wilde Jäger jagt die Moosleute.

Auf der Heide oder im Holz an dunkeln Oertern, auch in unter= irdischen Löchern, hausen Männlein und Weiblein und liegen auf grünem Moos, auch sind sie um und um mit grünem Moos bekleidet. Die Sache ist so bekannt, daß Handwerker und Drechsler sie nachbilden und feilbieten. Diesen Moosleuten stellt aber sonderlich der wilde Jäger nach, der in der Gegend zum öftern umzieht und man hört vielmal die Ein= wohner zu einander sprechen: nun der wilde Jäger hat sich ja nächsten wieder zujagt, daß es immer knisterte und knasterte!

Einmal war ein Bauer aus Arntschgereute nah bei Saalfeld aufs Gebirg gegangen zu holzen; da jagte der wilde Jäger, unsichtbar, aber so, daß er den Schall und das Hundegebell hörte. Flugs gab dem Bauer sein Vorwitz ein, er wolle mithelfen jagen, hub an zu schreien, wie Jäger thun, verrichtete daneben sein Tagewerk und ging dann heim. Frühmorgens den andern Tag als er in seinen Pferdestall gehen wollte, da war vor der Thür ein Viertel eines grünen Moosweibchens aufgehängt, gleichsam als ein Theil oder Lohn der Jagd. Erschrocken lief der Bauer nach Wirbach zum Edelmann von Watzdorf und erzählte die Sache, der rieth ihm, um seiner Wohlfahrt willen, ja das Fleisch nicht anzurühren, sonst würde ihn der Jäger hernach drum anfechten, sondern sollte es ja hangen lassen. Dies that er denn auch und das Wildbret kam eben so unvermerkt wieder fort, wie es hingekommen war; auch blieb der Bauer ohne An= fechtnng.

49.
Der Wassermann.

Gegen das Jahr 1630 erzählte in der Pfarrei zu Breulieb, eine halbe Meile von Saalfeld, in Gegenwart des Priesters eine alte Wehmutter folgendes, was ihrer Mutter, ebenfalls Kinderfrau daselbst, begegnet sei.

Diese letzte wurde einer Nacht gerufen, schnell sich anzuziehen und zu kreissenden Frauen mitzukommen. Es war finster, doch machte sie sich auf und fand unten einen Mann warten, zu dem sagte sie: er möchte nur verziehen, bis sie sich eine Leuchte genommen, dann wollte sie nachfolgen; er aber drang auf Eile, den Weg würde er schon ohne Licht zeigen und sie sollten nicht irren. Ja, er verband ihr noch dazu die Augen, daß die Frau erschrak und schreien wollte, allein der Mann sprach ihr Trost ein: Leid werde ihr gar nicht widerfahren, sondern sie könne furchtlos mitgehen. Also gingen sie miteinander; die Frau merkte darauf, daß er mit einer Ruthe ins Wasser schlug, und sie immer tiefer hinunter gingen, bis sie in eine Stube kamen. In der Stube war niemand als die Schwangere. Der Gefährte that ihr nunmehr das Band von den Augen, führte sie vors Bett und ging, nachdem er sie seiner Frauen anbefohlen, selber hinaus. Hierauf half sie das Kindlein zur Welt befördern, brachte die Kindbetterin zu Bett, badete das Kindlein und verrichtete alle nothwendige Sachen dabei. Aus heimlicher Dankbarkeit warnungsweise hob die Wöchnerin an zur Wehmutter zu sprechen: „ich bin sowohl als ihr ein Christenmensch und entführt worden von einem Wassermann, der mich ausgetauscht hat. Wenn ich nun ein Kind zur Welt bringe, frißt er mirs allemal den dritten Tag; kommet nur am dritten Tag zu eurem Teich, da werdet ihr Wasser in Blut verwandelt sehen. Wenn mein Mann jetzt hereinkommt und euch Geld bietet, so nehmet ja nicht mehr Geld von ihm, als ihr sonst zu kriegen pflegt, sonst dreht er euch den Hals um, nehmt euch ja in Acht." Indem kam der Mann, zornig und bös aussehend, hinein, sah um sich und befand, daß alles hübsch aufgelaufen, lobete darum die Wehmutter. Hernach warf er einen großen Haufen Geld auf den Tisch, mit den Worten: „davon nehmt euch, soviel ihr wollt." Sie aber, gescheidt, antwortete etlichemal: „ich gehre von euch nichts mehr, denn von andern, welches dann ein geringes Geld gewesen, und gebt ihr mir das, hab ich gnug dran; oder ist euch auch das zu viel, verlange ich gar nichts, außer daß ihr mich nach Haus bringet." Er hub an: „das hieß dich Gott sprechen." Zahlte ihr so viel Geld und geleitete sie richtig nach Haus. An den Teich zu gehen wagte sich aber den bestimmten Tag die Wehefrau nicht, aus Furcht.

<hr />

50.
Die wilden Frauen im Unterberge.

Die Gröbicher Einwohner und Bauersleute zeigten an, daß zu diesen Zeiten (um das Jahr 1753) vielmals die wilden Frauen aus dem Wunderberge zu den Knaben und Mägdlein, die zunächst dem Loche innerhalb Glanegg das Waidvieh hüteten, herausgekommen und ihnen Brot zu essen gegeben.

Mehrmals kamen die wilden Frauen zu der Aehrenschneidung. Sie kamen früh Morgens herab und Abends, da die andern Leute Feierabend genommen, gingen sie, ohne die Abendmahlzeit mitzunehmen, wiederum in den Wunderberg hinein.

Einstens geschah auch nächst diesem Berge, daß ein kleiner Knab auf einem Pferde saß, das sein Vater zum Umackern eingespannt hatte. Da kamen auch die wilden Frauen aus dem Berge hervor und wollten diesen Knaben mit Gewalt hinweg nehmen. Der Vater aber, dem die Geheimnisse und Begebenheiten dieses Berges schon bekannt waren, eilte den Frauen ohne Furcht zu und nahm ihnen den Knaben ab, mit den Worten: „was erfrecht ihr euch, so oft herauszugehen und mir jetzt sogar meinen Buben wegzunehmen? was wollt ihr mit ihm machen?" Die wilden Frauen antworteten: „er wird bei uns bessere Pflege haben und ihm besser bei uns gehen, als zu Haus; der Knabe wäre uns sehr lieb, es wird ihm kein Leid widerfahren." Allein der Vater ließ seinen Knaben nicht aus den Händen und die wilden Frauen gingen bitterlich weinend von dannen.

Abermals kamen die wilden Frauen aus dem Wunderberge nächst der Kugelmühle oder Kugelstadt genannt, so bei diesem Berge schön auf der Anhöhe liegt und nahmen einen Knaben mit sich fort, der das Waidvieh hütete. Diesen Knaben, den jedermann wohl kannte, sahen die Holzknechte erst über ein Jahr in einem grünen Kleid auf einem Stock dieses Berges sitzen. Den folgenden Tag nahmen sie seine Eltern mit sich, Willens, ihn am Berge aufzusuchen, aber sie gingen alle umsonst, der Knabe kam nicht mehr zum Vorschein.

Mehrmals hat es sich begeben, daß eine wilde Frau aus dem Wunderberg gegen das Dorf Anif ging, welches eine gute halbe Stunde vom Berg entlegen ist. Alldort machte sie sich in die Erde Löcher und Lagerstätte. Sie hatte ein ungemein langes und schönes Haar, das ihr beinahe bis zu den Fußsohlen hinabreichte. Ein Bauersmann aus dem Dorfe sah diese Frau öfter ab= und zugehen und verliebte sich in sie, hauptsächlich wegen der Schönheit ihrer Haare. Er konnte sich nicht erwehren zu ihr zu gehen, betrachtete sie mit Wohlgefallen und legte sich endlich in seiner Einfalt ohne Scheu zu ihr in ihre Lagerstätte. Es sagte eins zum andern nichts, viel weniger, daß sie etwas ungebührliches getrieben. In der zweiten Nacht aber fragte die wilde Frau den Bauern, ob er nicht selbst eine Frau hätte? Der Bauer aber verläugnete seine Ehefrau und sprach nein. Diese aber machte sich viel Gedanken, wo ihr Mann Abends hingehe und Nachts schlafen möge. Sie spähete ihm daher nach und traf ihn auf dem Feld schlafend bei der wilden Frau. „O behüte Gott, sprach sie zur wilden Frau, deine schönen Haare! was thut ihr da miteinander?" Mit diesen Worten wich das Bauersweib von ihnen und der Bauer erschrak sehr hierüber. Aber die wilde Frau hielt dem Bauern seine treulose Verleugnung vor und sprach zu ihm: „hätte deine Frau bösen Haß und Aerger gegen mich zu erkennen gegeben, so würdest du jetzt unglücklich sein und nicht mehr von dieser Stelle kommen; aber weil deine Frau nicht bös war, so liebe sie fortan und hause mit ihr getreu und untersteh dich nicht mehr daher zu kommen, denn es steht geschrieben: „ein jeder lebe getreu mit seinem getrauten Weibe", obgleich die Kraft dieses Gebots einst in große Abnahme kommen wird und damit aller zeitlicher Wohlstand der Eheleute. Nimm diesen Schuh von Gold von mir, geh hin und sieh dich nicht mehr um."

51.

Tanz mit dem Wassermann.

Zu Laibach hat in dem gleichbenannten Fluß ein Wassergeist gewohnt, den man den Nix oder Wassermann hieß. Er hat sich sowohl bei Nacht den Fischern und Schiffleuten als bei Tag andern gezeigt, daß jedermann zu erzählen wußte, wie er aus dem Wasser hervorgestiegen sei und in menschlicher Gestalt sich habe sehen lassen. Im Jahre 1547 am ersten Sonntag im Julius kam nach alter Sitte zu Laibach auf dem alten Markt bei dem Brunnen, der durch eine dabeistehende schöne Linde lustig beschattet war, die ganze Nachbarschaft zusammen. Sie verzehrten in freundlicher und nachbarlicher Vertraulichkeit bei klingendem Spiel ihr Mahl und huben darauf mit dem Tanze an. Nach einer Weil trat ein schöngestalter, wohlgekleideter Jüngling herzu, gleich als wollte er an dem Reigen Theil nehmen. Er grüßte die ganze Versammlung höflich und bot jedem Anwesenden freundlich die Hand, welche aber ganz weich und eiskalt war und bei der Berührung jedem ein seltsames Grauen erregte. Hernach zog er ein wohlaufgeschmücktes und schöngebildetes, aber frisches und freches Mägdlein, von leichtfertigem Wandel, das Ursula Schäferin hieß, zum Tanze auf, die sich in seine Weise auch meisterlich zu fügen und in alle lustige Possen zu schicken wußte. Nachdem sie eine Zeit lang miteinander wild getanzt, schweiften sie von dem Platz, der den Reigen zu umschränken pflegte, immer weiter aus, von jenem Lindenbaum nach dem Sitticher Hofe zu, daran vorbei, bis zu der Laibach, wo er in Gegenwart vieler Schiffleute mit ihr hineinsprang und beide vor ihren Augen verschwanden.

Der Lindenbaum stand bis ins Jahr 1638 wo er Alters halben umgehauen werden mußte.

52.

Der Wassermann und der Bauer.

Der Wassermann schaut wie ein anderer Mensch, nur daß, wenn er den Mund bleckt, man ihm seine grüne Zähne sieht. Auch trägt er grünen

Hut. Er zeigt sich den Mädchen, wenn sie am Teich vorübergehen, mißt Band aus und wirfts ihnen zu.

Einmal lebte er in guter Nachbarschaft mit einem Bauer, der unweit des Sees wohnte, besuchte ihn manchmal und bat endlich, daß der Bauer ihn ebenfalls unten in seinem Gehäus besuchen möchte Der Bauer thats und ging mit. Da war unten im Wasser alles wie in einem prächtigen Palast auf Erden, Zimmer, Säle und Kammern voll mancherlei Reichthum und Zierrath. Der Wassermann führte den Gast aller Enden umher und wies ihm jedes, endlich gelangten sie in ein kleines Stübchen, wo viel neue Töpfe umgekehrt, die Oeffnung bodenwärts, standen. Der Bauer fragte: was das doch wäre? „Das sind die Seelen der Ertrunkenen, die hebe ich unter den Töpfen auf und halte sie damit fest, daß sie nicht entwischen können." Der Bauer schwieg still und kam hernach wieder heraus ans Land. Das Ding mit den Seelen wurmte ihm aber lange Zeit und er paßte dem Wassermann auf, daß er einmal ausgegangen sein würde. Als das geschah, hatte der Bauer den rechten Weg hinunter sich wohl gemerkt, stieg in das Wasserhaus und fand auch jenes Stübchen glücklich wieder; da war er her, stülpte die Töpfe um, einen nach dem andern, alsbald stiegen die Seelen der ertrunkenen Menschen hinauf in die Höhe aus dem Wasser und wurden wieder erlöst.

<hr>

53.

Der Wassermann an der Fleischerbank.

Der Wassermann kam auch wöchentlich in die Stadt zur Fleischerbank, sich da einzukaufen, und wiewohl seine Kleidung etwas anders war, als der übrigen Menschen, ließ ihn doch jeder gewähren und dachte sich weiter nichts besonders dabei. Allein er bezahlte immer nur mit alten durchlöcherten Groschen. Daran merkte ihn zuletzt ein Fleischer und sprach: „wart, den will ich zeichnen, daß er nicht wieder kommt." Jetzt, wie der Wassermann wiederkam und Fleisch kaufen wollte, ersahs der Metzger und ritzte ihn flugs mit dem Messer in den ausgestreckten Finger, worin er das Geld hinreichte, so daß sein Blut floß. Seit der Zeit ist der Wassermann ganz weggeblieben.

<hr>

54.

Der Schwimmer.

In Meissen hat es sich zugetragen, daß etliche Bäckersknechte am Pfingstfest unter der Predigt hinaus gegangen sind und oberhalb der Ziegelscheune, gleich dem Baumgarten gegenüber, in der Elbe gebadet. Einer

3*

unter ihnen, der sich auf seine Fertigkeit im Schwimmen verlassen, hat zu seinen Gesellen gesagt, wofern sie ihm einen Thaler aussetzen, wollte er dreimal nach einander unausgeruht, dies Wasser hin und her beschwimmen. Den zwei andern kam das unglaublich vor, und sie willigten ein. Nachdem der verwegene Mensch es zweimal vollbracht und nun zum drittenmal nach dem Sieben=Eichenschloß zu hinüber schwimmen wollte, da sprang ein großer Fisch, wie ein Lachs, vor ihm in die Höhe und schlug ihm mit sich ins Wasser hinab, also daß er ertrinken mußte. Man hat ihn noch selbiges Tages gesucht und oberhalb der Brücke gefunden: am ganzen Leibe waren gezwickte Mäler, von Blut unterlaufen, zu sehen und man konnte gar leicht die Narben erkennen, die ihm der Nix oder Wassergeist gemacht.

55.

Bruder Nickel.

Auf der Insel Rügen liegt in einem dichten Walde ein tiefer See, fischreich, aber trüb von Wasser, und kann man nicht wohl darauf fischen. Doch aber unterstandens vor langen Jahren etliche Fischer und hatten ihren Kahn schon auf den See gebracht. Den andern Tag holten sie zu Haus ihre Netze, als sie wiederkehrten, war das Schiffel oder der Kahn verschwunden; da schaute der eine Fischer um und sah das Fahrzeug oben auf einem hohen Buchbaum stehen, deswegen schrie er: „wer Teufel hat mir den Kahn auf den Baum gebracht? Da antwortete aus der Nähe eine Stimme, aber man sah niemand, und sprach: „das haben nicht alle Teufel, sondern ich mit meinem Bruder Nickel gethan!"

56.

Nixenbrunnen.

Nicht weit von Kirchhain in Hessen liegt ein sehr tiefer See, welcher der Nixenbronn heißt, und oftmals erscheinen die Nixen, an dessen Gestad sich zu ersonnen. Die Mühle daran heißt gleichfalls die Nixenmühle. Auch zu Marburg soll 1615 in der Lahn bei der Elisabether Mühle ein Wassernix gesehen worden sein.

57.

Magdeburger Nixen.

Zu Magdeburg an einer Stelle der Elbe ließ sich oft die Nixe sehen, zog die überschwimmenden Leute hinab und ersäufte sie. Kurz vor der Zerstörung der Stadt durch Tilly schwomm ein hurtiger Schwimmer um ein Stück Geld hinüber, als er aber herüber wollt und an den Ort gerieth, wurde er festgehalten und hinuntergerissen. Niemand konnte ihn retten und zuletzt schwomm sein Leichnam ans Ufer. Zuweilen soll sich das Meerwunder am hellen Tag und bei scheinender Sonne zeigen, sich ans Ufer setzen, oder auf die Aeste anstehender Bäume und wie schöne Jung= frauen lange, goldgelbe Haare kämmen. Wenn aber Leute nahen, hüpft es ins Wasser. Einmal, weil das Brunnenwasser hart zu kochen ist, das Elbwasser aber weit und mühselig in die Stadt getragen werden muß, wollte die Bürgerschaft eine Wasserleitung bauen lassen. Man fing an, große Pfähle in den Fluß zu schlagen, konnte aber bald nicht weit vor= rücken. Denn man sah einen nackenden Mann in der Flut stehen, der mit Macht alle eingesetzten Pfähle ausriß und zerstreute, so daß man den vorgenommenen Bau wieder einstellen mußte.

58.
Der Döngessee.

Bei dem Dorfe Dönges in Hessen liegt der Dönges= oder Hautsee, der an einem gewissen Tage im Jahr ganz blutroth wird. Davon giebt es folgende Sage. Einmal war im Dorfe Dönges Kirmes und dazu kamen auch zwei fremde, unbekannte, aber schöne Jungfrauen, die mit den Bauersburschen tanzten und sich lustig machten, aber Nachts zwölf Uhr verschwunden waren, während doch Kirmes Tag und Nacht fortdauert. Indeß waren sie am andern Tag wieder da und ein Bursche, dem es lieb gewesen, wenn sie immer geblieben wären, nahm einer von ihnen während des Tanzes die Handschuhe weg. Sie tanzten nun wieder mit, bis Mitternacht herannahte, da wollten sie fort und die eine ging und suchte nach ihren Handschuhen in allen Ecken. Da sie solche nirgends finden konnte, ward sie ängstlich, als es aber während des Suchens zwölf Uhr schlug, so liefen sie beide in größter Angst fort, gerade nach dem See und stürzten sich hinein. Am andern Tag war der See blutroth und wird es an selbigem noch jedesmal im Jahr. An den zurückgebliebenen Hand= schuhen waren oben kleine Kronen zu sehen.

Es wird auch erzählt, daß in einer Nacht zwei Reiter vor das Haus einer Kinderfrau kamen, sie weckten und sie mitgehen hießen. Als sie sich weigerte, brauchten sie Gewalt, banden sie aufs Pferd und jagten mit ihr fort zum Döngessee, wo sie ihrer Königin in Kindesnöthen Beistand leisten sollte. Sie sah viel wundersame Dinge, große Schätze und Reichthümer, mußte aber schwören, keinem Menschen je etwas davon zu sagen. Nachdem sie einen ganzen Tag unten geblieben war, ward sie, reichlich beschenkt, in der Nacht wieder heraufgebracht. Nach vielen Jahren erkrankte sie und konnte nicht sterben, bis sie dem Pfarrer alles entdeckt hatte.

59.

Mummelsee.

Im Schwarzwald, nicht weit von Baden, liegt ein See, auf einem hohen Berg, aber unergründlich. Wenn man ungerad, Erbsen, Steinlein, oder was anders, in ein Tuch bindet und hinein hängt, so verändert es sich in gerad, und also, wenn man gerad hineinhängt, in ungerad. So man einen oder mehr Steine hinunterwirft, trübt sich der heiterste Himmel und ein Ungewitter entsteht, mit Schloßen und Sturmwinden. Die Wassermännlein tragen auch alle hineingeworfenen Steine sorgfältig wieder heraus ans Ufer.

Da einst etliche Hirten ihr Vieh bei dem See gehütet, so ist ein brauner Stier daraus gestiegen, sich zu den übrigen Rindern gesellend, alsbald aber ein Männlein nachgekommen, denselben zurückzutreiben, auch da er nicht gehorchen wollen, hat es ihn verwünscht, bis er mitgegangen.

Ein Bauer ist zur Winterszeit über den hartgefrorenen See mit seinen Ochsen und einigen Baumstämmen ohne Schaden gefahren, sein nachlaufendes Hündlein aber ertrunken, nachdem das Eis unter ihm gebrochen.

Ein Schütz hat im Vorübergehen ein Waldmännlein darauf sitzen sehen, den Schooß voll Geld und damit spielend; als er darauf Feuer geben wollen, so hat es sich niedergetaucht und bald gerufen: wenn er es gebeten, so hätte es ihn leicht reich gemacht, so aber er und seine Nach= kommen in Armuth verbleiben müßten.

Eines Males ist ein Männlein auf späten Abend zu einem Bauern auf dessen Hof gekommen, mit der Bitte um Nachtherberg. Der Bauer, in Ermangelung von Betten, bot ihm die Stubenbank oder den Heuschober an, allein es bat sich aus, in den Hanfräpen zu schlafen. „Meinethalben, hat der Bauer geantwortet, wenn dir damit gedienet ist, magst du wohl gar im Weiher oder am Brunnentrog schlafen." Auf diese Verwilligung hat es sich gleich zwischen die Binsen und das Wasser eingegraben, als ob es Heu wäre, sich darin zu wärmen. Frühmorgens ist es herausgekommen, ganz mit trockenen Kleidern, und als der Bauer sein Erstaunen über den wundersamen Gast bezeiget, hat es erwiedert: ja, es könne wohl sein, daß seines gleichen nicht in etlich hundert Jahren hier übernachtet. Von solchen Reden ist es mit dem Bauer so weit ins Gespräch kommen, daß es solchem vertraut, es sei ein Wassermännlein, welches sein Gemahl verloren und in dem Mummelsee suchen wolle, mit der Bitte, ihm den Weg zu zeigen. Unterwegs erzählte es noch viel wunderliche Sachen, wie es schon in viel Seen sein Weib gesucht und nicht gefunden, wie es auch in solchen Seen beschaffen sei. Als sie zum Mummelsee gekommen, hat es sich untergelassen, doch zuvor den Bauer zu verweilen gebeten, so lange, bis zu seiner Wiederkunft, oder bis es ihm ein Wahrzeichen senden werde. Wie er nun ungefähr ein paar Stunden bei dem See aufgewartet, so ist der Stecken, den das Männlein gehabt, sammt ein paar Handvoll Bluts mitten im See durch das Wasser heraufgekommen und etliche Schuh hoch in die Luft gesprungen, dabei der Bauer wohl abnehmen können, daß solches das verheißene Wahrzeichen gewesen.

Ein Herzog zu Würtemberg ließ ein Floß bauen, und damit auf den See fahren, dessen Tiefe zu ergründen. Als aber die Messer schon neun Zwirnnetz hinuntergelassen und immer noch keinen Boden gefunden hatten, so fing das Floß gegen die Natur des Holzes zu sinken an, also daß sie von ihrem Vorhaben ablassen und auf ihre Rettung bedacht sein mußten. Vom Floß sind noch Stücke am Ufer zu sehen.

60.
Die Elbjungfer und das Saalweiblein.

Zu Magdeburg weiß man von der schönen Elbjungfer, die zuweilen aus dem Fluß heraufkam, um an dem Fleischermarkt einzukaufen. Sie trug sich bürgerlich, aber sehr reinlich und sauber, hatte einen Korb in der Hand und war von sittsamer Geberde. Man konnte sie in nichts von andern Mädchen unterscheiden, außer wer genau acht gab und es wußte, der eine Zipfel ihrer schloßenweißen Schürze war immer naß, zum Zeichen ihrer Abkunft aus dem Fluß. Ein junger Fleischergesell verliebte sich in sie und ging ihr nach, bis er wußte, woher sie kam und wohin sie zurückkehrte, endlich stieg er mit ins Wasser hinab. Einem Fischer, der den Geliebten beistand und oben am Ufer wartete, hatte sie gesagt, wenn ein hölzerner Teller mit einem Apfel aus dem Strom hervorkomme, sei's gut, sonst aber nicht. Bald aber schoß ein rother Strahl herauf, um Beweis, daß den Verwandten der Elbjungfer der Bräutigam mißfallen und sie ihn getödtet. Es giebt aber hiervon auch abweichende andere Erzählungen, nach welchen die Braut hinabgestiegen und der Jüngling am Ufer sitzen geblieben war, um ihren Bescheid abzuwarten. Sie wollte unten bei ihren Eltern um die Erlaubniß zur Heirath bitten, aber die Sache erst ihren Brüdern sagen; statt aller Antwort erschien oben ein Blutflecken; sie hatten sie selbst ermordet. —

Aus der Saale kamen auch zuweilen die Nixfrauen in die Stadt Saalfeld und kauften Fleisch auf der Bank. Man unterschied sie allein an den großen und gräßlichen Augen und an dem triefenden Schweif ihrer Röcke unten. Sie sollen vertauschte Menschenkinder sein, statt deren die Nixen ihre Wechselbälge oben gelassen haben. Zu Halle vor dem Thore liegt gleichfalls ein rund Wasser, der Nixteich genannt, aus dem die Weiber kommen in die Stadt, ihre Nothdurft zu kaufen, und eben= mäßig an ihren nassen Kleidersäumen zu erkennen sind. Sonst haben sie Kleider, Sprache, Geld, wie wir andern auch.

Unweit Leipzig ist ein Nixweiblein oft auf der Straße gesehen worden. Es ist unter andern Bauersweiblein auf den Wochenmarkt mit einem Tragkorbe gegangen, Lebensmittel einzukaufen. Eben so ging es auch wieder zurück, redete aber mit Niemandem ein einziges Wort; grüßte und dankte auch keinem auf der Straße, aber, wo es etwas einkaufte, wußte es so genau, wie andere Weiber, zu dingen und zu handeln. Einmal gingen ihr zweie auf dem Fuß nach und sahen, wie sie an einem kleinen Wasser ihren Tragkorb niedersetzte, der im Augenblick mit dem Weiblein verschwunden war. In der Kleidung war zwischen ihr und andern kein Unterschied, außer daß ihre Unterkleider zwei Hände breit naß waren.

61.

Wasserrecht.

Bei Leipzig, wo die Elster in die Pleiffe fällt, pflegt im Sommer das junge Volk zu baden, aber das Wasser hat da einen betrüglichen Lauf, zuweilen Untiefen, zuweilen Sandbänke, besonders an einem Ort, welcher das Studentenbad genannt wird. Davon, wie von andern Flüssen, ist gemeine Sage, daß es alle Jahr einen Menschen haben müsse, wie auch fast jeden Sommer ein Mensch darin ertrinkt und wird davon geglaubt, daß die Wassernixe einen hinunter ziehe.

Man erzählt, daß die Nixen vorher auf dem Wasser zu tanzen pflegen, wann einer ertrinken wird.

Kindern, die baden wollen und am Ufer stehen, rufen die Eltern in Hessen warnend zu: „der Nöcken (Nix) möchte dich hineinziehen!" Folgenden Kinderreim hat man:

> Nix in der Grube,
> du bist ein böser Bube,
> wasch dir deine Beinchen
> mit rothen Ziegelsteinchen!

62.

Das ertrunkene Kind.

Man pflegt vielerlei von den Wassern zu erzählen und daß der See oder der Fluß alle Jahre ein unschuldiges Kind haben müsse; aber er leide keinen todten Leichnam und werfe ihn früh oder spät ans Ufer aus, ja sogar das letzte Knöchelchen, wenn es zu Grunde gesunken sei, müsse wieder hervor. Einmal war einer Mutter ihr Kind im See ertrunken, sie rief Gott und seine Heiligen an, ihr nur wenigstens die Gebeine zum Be= gräbniß zu gönnen. Der nächste Sturm brachte den Schädel, der folgende den Rumpf ans Ufer, und nachdem alles beisammen war, faßte die Mutter sämmtliche Beinlein in ein Tuch und trug sie zur Kirche. Aber, o Wunder als sie in den Tempel trat, wurde das Bündel immer schwerer, und endlich, als sie es auf die Stufen des Altars legte, fing das Kind zu schreien an und machte sich zu jedermanns Erstaunen aus dem Tuche los. Nur fehlte ein Knöchelchen des kleinen Fingers an der rechten Hand, welches aber die Mutter nachher noch sorgfältig aufsuchte und fand. Dies Knöchelchen wurde in der Kirche unter anderen Reliquien zum Gedächtniß aufgehoben. — Die Schiffer und Fischerleute bei Cüstrin in der Neumark reden ebenfalls von einem den Oberstrom beherrschenden unbekannten Wesen, das jährlich sein bestimmtes Opfer haben müsse. Wem nun dies Schicksal zugedacht sei, für den werde der Wassertod unvermeidlich. Die Halloren zu Halle fürchten besonders den Johannestag.

Ein Graf Schimmelmann ging an diesem Tage doch in die Saale und ertrank.

63.

Schlitzöhrchen.

Leute, die unter Mellrichstadt über das Flüßchen Streu gehen, werden durch einen Wassergeist, Schlitzöhrchen genannt, in den Fluß getaucht und oftmals ersäuft.

64.

Die Wassernixe und der Mühlknappe.

Zwei Mühlknappen gehen an einem Fluß; als der eine ungefähr übers Wasser sieht, erblickt er eine Nixe darauf sitzend und ihre Haare kämmend. Er faßt seine Büchse und legt an, sie zu schießen, aber die Nixe springt in den Fluß, winkt mit den Fingern und verschwindet darauf. Das alles war so geschwind und unvermerkt vorgegangen, daß der andere Knappe, der voran gewandert, nichts davon gesehen und erfahren, bis es ihm sein Gefährte bald erzählte. Drauf hat es sich begeben, daß dieser Gefährte am dritten Tage ertrank, wie er sich hat baden wollen.

65.

Vor den Nixen hilft Dosten und Dorant.

Eine hallische Wehmutter erzählte, daß Folgendes ihrer Lehrmeisterin begegnet: diese wurde Nachts zum Thor, welches offen stand, von einem Manne hinaus an die Saale geführt. Unterwegs bedräute sie der Mann, kein Wort zu sagen und ja nicht zu mucksen, sonst drehte er ihr bald den

Hals um, übrigens sollte sie nur getrost sein. Sie gedachte an Gott, der würde sie behüten und ergab sich drein, denn sie ginge in ihrem Beruf. An der Saale nun that sich das Wasser auf und weiter hinunter auch das Erdreich, sie stiegen allmälig hinab, da war ein schöner Palast, worin ein niedliches Weiblein lag. Der half die Wehmutter in Kindesnöthen, unterdessen ging der Mann wieder hinaus. Nach glücklicher Verrichtung ihres Amts redete mitleidend das Weibchen: „ach liebe Frau, nun jammert mich, daß ihr hier bleiben müßt bis an den jüngsten Tag, nehmt euch wohl in Acht; mein Mann wird euch jetzt eine ganze Mulde voll Ducaten vorsetzen, nehmt nicht mehr, als euch auch andre Leute zu geben pflegen für eure Mühwaltung. Weiter, wenn ihr zur Stube hinauskommt und unterwegs seid, greifet flugs an die Erde, da werdet ihr Dosten*) und Dorant**) erfassen, solches haltet fest und lasset's aus der Hand nicht fahren. Dann werdet ihr wieder auf freien Fuß kommen und zu eurer Stelle gerathen." Kaum hatte sie ausgeredet, als der Nix, gelbkraus von Haar und bläulich von Augen, in die Stube trat; er hatte eine große Mulde voll Gold und setzte sie in dem schönen hellen Zimmer der Wehfrau vor, sprechend: „sieh da, nimm so viel du willt." Drauf nahm sie einen Goldgülden. Der Nix verzog sein Gesicht und machte grausame Augen, und sprach: „das hast du nicht von dir selber, sondern mit eines Weibes Kalbe gepflügt, die soll schon dafür leiden! und nun komm und geh mit mir." Drauf war sie aufgestanden und er führte sie hinaus; da bückte sie sich flugs und griff in ihre Hand Dosten und Dorant. Der Führer sagte dazu: „das heißt dich Gott sprechen und das hast du auch von meinem Weibe gelernt. Nun geh nur hin, wo du herkommen bist." Hierauf war sie aus dem Fluß ans Ufer gewesen, ging zur Stadt ein, deren Thore noch offen standen, und erreichte glücklich ihr Haus.

Eine andere Hebamme, bürtig aus Eschätz bei Querfurt, erzählte nach=stehendes: in ihrer Heimath war der Ehmann ausgegangen und hatte seine Frau als Kindbetterin zu Haus lassen müssen. Um Mitternacht kam der Nix vors Haus, nahm die Sprache ihres Mannes an und rief zum Garten=fenster hinein: sie solle schnell herauskommen, er habe ihr etwas sonder=lichs zu weisen. Dies schien der Frau wunderlich und sie antwortete: „komm du doch herein, aufzustehen mitten in der Nacht schickt sich für mich nicht. Du weißt ja wo der Schlüssel liegt, draußen im Loch über der Hausthür." „Das weiß ich wohl, du mußt aber herausgehen" und plagte sie so lang mit den Worten, daß sie sich zuletzt aufmachte und in den Garten trat. Das Gespenst ging aber vor ihr her und immer tiefer hinab; sie folgte nach, bis zu einem Wasser unweit des Hauses fließend, mittler=weile sprach der Nix:

> heb auf dein Gewand
> daß du nicht fallst in Dosten und Dorant,

---

*) Origanum vulg. Wohlgemuth.
**) Marrubium vulg. Helskraut, Gotteshülf.

welche Kräuter eben viel im Garten wuchsen. Indem aber erblickte sie
das Wasser und fiel mit Fleiß ins Kräutich hinein, augenblicklich verschwand
der Nix und konnte ihr nichts mehr annoch abgehaben. Nach Mitternacht
kehrte der Ehmann heim, fand Thür und Stube offen, die Kindermutter
nicht im Bett, hub an erbärmlich zu rufen, bis er leise ihre Stimme im
Garten vernahm und er sie aus dem Kraut wieder ins Zimmer brachte.
Die Wehemütter halten deshalb gar viel auf diese Kräuter und legen sie
allenthalben in Betten, Wiegen, Keller, tragen es an sich und lassen andere
es bei sich stecken. Die leipziger Krautweiber führen es häufig feil
zu Markte.

Einmal soll auch ein Weib um Mittag in den Keller gegangen sein
Bier abzulassen. Da fing ein Gespenst drinnen an und sprach:

> hättest du bei dir nicht Dosten
> wollt ich dir das Bier helfen kosten.

und man hört diesen Reim noch in andern Geschichten wiederkehren.

66.
Des Nixes Beine.

Eine Wehmutter, bürtig von Eschätz, eine halbe Meile von Querfurt,
erzählte, zu Mitternacht sei in Merseburg ein Weib vor ein Balbierhaus
gekommen, der nahe am Wasser gewohnet und haben dem Fenster hinein=
geschrien: die Wehemutter solle doch herausgehen, welches sie anfänglich
nicht thun wollen. Endlich sei der Balbier mitgegangen, habe ein Licht
bei sich gehabt und flugs nach des befürchteten Nixes Beinen gesehen.
Darauf es sich niedergeduckt. Wie solches der Balbier gemerkt, da hat er
es greulich ausgescholten und gehen heißen, darauf es verschwunden.

67.
Die Magd bei dem Nix.

Folgendes hat sich auf einem Dorf bei Leipzig zugetragen: eine
Dienstmagd kam unter das Wasser und diente drei Jahre lang bei dem
Nix. Sie hatte es an einem guten Leben und allen Willen, ausgenommen,
daß ihr Essen ungesalzen war. Dies nahm sie auch zur Ursache, wieder
wegzuziehen. Allein sie sagte noch weiter: „nach dieser Zeit habe ich nicht
über sieben Jahre zu leben, davon bleiben mir jetzo noch dreie." Sonst
war sie immer traurig und simpel. Prätorius hörte die Geschichte im
Jahr 1664.

68.

Die Frau von Alvensleben.

Vor etlichen hundert Jahren lebte zu Calbe in dem Werder aus dem alvenslebischen Geschlecht eine betagte, gottesfürchtige, den Leuten gnädige und zu dienen bereitsame Edelfrau; sie stand vornehmlich den Bürgersweibern bei in schweren Kindesnöthen und wurde in solchen Fällen von jedermänniglich begehrt und hochgeehret. Nun ereignete sich aber folgendes: zu nächtlichen Zeiten kam eine Magd vor das Schloß, klopfte an und rief ängstlich: sie möge ihr doch nicht zuwider sein lassen, womöglich alsobald aufzustehen und mit hinaus vor die Stadt zu folgen, wo eine schwangere Frau in Kindesnoth liege, weil die äußerste Stunde und Gefahr da sei und ihre Frau ihrem Leibe gar keinen Rath wisse. Die Adelfrau sprach: „es ist gleich mitten in der Nacht, alle Stadtthore sind gesperrt, wie wollen wir hinauskommen?" Die Magd antwortete: das Thor sei schon im voraus geöffnet, sie solle nur fortmachen (doch sich hüten, wie einige hinzusetzen, an dem Ort, wo sie hingeführt werden würde, nichts zu essen noch zu trinken, auch das ihr angebotene nicht anzurühren). Darauf stand die adlige Frau aus dem Bett, zog sich an, kam herunter und ging mit der Magd fort, welche angeklopft hatte; das Thor fand sie aufgethan und wie sie weiter ins Feld kamen, war da ein schöner Gang, der mitten in einen Berg führte. Der Berg stand aufgesperrt und ob sie wohl sah, das Ding wäre unklar, beschloß sie doch unerschrocken weiter zu gehen, bis sie endlich vor ein kleines Weiblein gelangte, das auf dem Bette lag in großen Geburtswehen. Die adliche Frau aber reichte ihr Hülfe (nach einigen brauchte sie nur die Hand ihr auf den Leib zu legen) und glücklich wurde ein Kindlein zum Tageslicht geboren. Nach geförderter Sache sehnte sie sich wieder aus dem Berg heimzugehen, nahm von der Kindbetterin Abschied (ohne etwas von den Speisen und Getränken, die ihr geboten waren, berührt zu haben) und die vorige Magd gesellte sich ihr aufs neue zu und brachte sie unverletzt nach dem Schlosse zurück. Vor dem Thorweg aber stand die Magd still, bedankte sich höchlich in ihrer Frauen Namen und zog einen gülbenen Ring vom Finger herab, den verehrte sie der adlichen Frau mit den Worten: „nehmet dies theure Pfand wohl in acht und lasset es nicht von euch noch von eurem Geschlecht kommen; die von Alvensleben werden blühen, so lange sie diesen Ring besitzen, kommt er ihnen dermaleinst ab, so muß der ganze Stamm erlöschen." Hiermit verschwand die Magd.

Dieser Ring soll noch heutigestages richtig und eigentlich bei dem Hause verwahrt werden und zu guter Sicherheit in Lübek hinterlegt sein. Andere aber behaupten, er sei bei der Theilung in zwei Linien mit Fleiß entzwei getheilt worden. Noch andere: die eine Hälfte sei zerschmolzen, seitdem gehe es dem einen Stamm übel, die andere Hälfte liege bei dem andern Stamme zu Zichtow. Auch wird erzählt: die hülfreiche Frau war ein Eheweib, als sie drauf den folgenden Morgen ihrem Ehherrn die Geschichte erzählt, die ihr Nachts begegnet, habe er ihrs nicht wollen glauben, bis sie gesprochen: „ei wollt ihr mir nicht glauben, so holt nur die Schlüssel zu jener Stube vom Tische her, darinnen wird der Ring noch liegen." Es befand sich so ganz richtig. Es ist ein wunderliches um die Geschenke, die Menschen von den Geistern empfangen haben.

69.
Die Frau von Hahn und der Nix.

Eine vornehme Frau von Adel aus dem Geschlechte der von Hahn wurde einstmal durch einer Wassernixe Zofe abgerufen und genöthigt, mit unter den Fluß zur Wehmutter zu gehen. Das Wasser theilte sich von einander und sie geriethen auf einem luftigen Weg tief ins Erdreich hinein, wo sie einem kleinen Weiblein in Kindesschmerzen hülfreiche Hand leistete. Nachdem alles glücklich verrichtet und die Frau von Hahn wegfertig war, willens nach Haus zu eilen, kam ein kleiner Wassermann herein, langte ihr ein Geschirr voll Asche und sagte: sie solle für ihre Mühe heraus= nehmen, so viel ihr beliebe. Sie aber weigerte sich und nahm nichts; da sprach der Nix: „das heißt dich Gott sprechen, sonst hätte ich dich wollen umbringen." Darauf ging sie fort und wurde von der vorigen Zofe rück= lings nach Haus gebracht. Wie sie beide da waren, zog die Magd drei Stücke Goldes hervor, verehrte sie der ablichen Frau und ermahnte: diesen Schatz wohl zu verwahren und nicht abhändig kommen zu lassen, sonst werde ihr Haus ganz durch Armut verderben, im andern Fall aber Hülle und Fülle in allen Sachen haben. Drauf ging die Zofe weg und die drei Stücke wurden unter die drei Söhne ausgetheilt; noch heut blühen zwei Stämme des Hauses, die ihren Schatz sorgsam aufheben; das dritte Stück hingegen soll neulich von einer Frau verwahrlost worden sein, drüber sie armselig in Prag verstarb und ihre Linie eine Endschaft ge= nommen hat.

70.
Frau von Bonikau.

Als die Frau von Bonikau in Sachsen einmal im Kindbett lag und allein war, kam ein klein Weibchen zu ihr: sie bäte sie zu erlauben, daß sie eine Hochzeit in ihrer Kammer halten mochte, sie wollte sich wohl in Acht nehmen, daß Niemand als sie dabei sein würde. Als die Frau von Bonikau eingewilligt, kam einsmals eine große Gesellschaft von den Erdmännchen und Weibchen in die Kammer. Man brachte ein klein Tischchen und deckte es, setzte viel Schüsseln darauf, und die ganze Gesellschaft und Hochzeit setzte sich an die Tafel. Als sie in vollem Essen waren, kommt eins von den kleinen Weibchen gelaufen und ruft mit lauter Stimme:

> Gottlob und Dank, wir sind aus großer Noth,
> Denn die alte Schump ist todt.

71.
Das Streichmaß, der Ring und der Becher.

Im Herzogthum Lothringen, als es noch lange zu Deutschland gehörte, herrschte zwischen Nanzig und Luenstadt (Luneville) der letzte Graf von Orgewiler. Er hatte keine Schwertmagen mehr und vertheilte auf dem Todbette seine Länder unter seine drei Töchter und Schwiegersöhne. Die älteste Tochter hatte Simons von Bestein, die mittlere Herr von Crony und die jüngste ein deutscher Rheingraf geheirathet. Außer den Herrschaften theilte er noch seinen Erben drei Geschenke aus, der ältesten Tochter einen Streichlöffel (Streichmaß), der mittleren einen Trinkbecher und der dritten einen Kleinodring, mit der Vermahnung, daß sie und ihre Nachkömmlinge diese Stücke sorgfältig aufheben sollten, so würden ihre Häuser beständig glücklich sein.

Die Sage, wie der Graf diese Stücke bekommen, erzählt der Marschall von Bassompierre (Bassenstein), Urenkel des Simons, selbst: der Graf war vermählt, hatte aber noch eine geheime Liebschaft mit einer wunderbaren schönen Frau, die wöchentlich alle Mondtage in ein Sommerhaus des Gartens zu ihm kam. Lange blieb dieser Handel seiner Gemahlin verborgen, wann er sich entfernte, bildete er ihr ein, daß er des Nachts im Wald auf den Anstand ginge. Aber nach ein paar Jahren schöpfte die Gräfin Verdacht und trachtete die rechte Wahrheit zu erfahren. Eines Sommermorgens frühe schlich sie ihm nach und kam in die Sommerlaube. Da sah sie ihren Gemahl schlafen in den Armen eines wunderschönen Frauenbildes, weil sie aber beide so sanft schliefen, wollte sie sie nicht wecken, sondern nahm ihren Schleier vom Haupt und breitete ihn über der Schlafenden Füße. Als die schöne Buhlerin erwachte und des Schleiers innen ward, that sie einen hellen Schrei, hub an jämmerlich zu klagen und sagte: „hinführo, mein Liebster, sehen wir uns nimmermehr wieder, nun muß ich hundert Meilen weit weg und abgesondert von dir bleiben." Damit verließ sie den Grafen, verehrte ihm aber vorher noch obgemeldete drei Gaben für seine drei Töchter, die möchten sie niemals abhanden kommen lassen.

Das Haus Baffenstein hatte lange Zeit durch aus der Stadt Spinal (Epinal) einen Fruchtzins zu ziehen, wozu dieser Maßlöffel (cuillier de la mesure) stets gebraucht wurde.

72.

Der Kobold.

An einigen Orten hat fast jeder Bauer, Weib, Söhne und Töchter, einen Kobold, der allerlei Hausarbeit verrichtet, in der Küche Wasser trägt, Holz haut, Bier holt, kocht, im Stall die Pferde striegelt, den Stall mistet und dergleichen. Wo er ist, nimmt das Vieh zu und alles gedeiht und gelingt. Noch heute sagt man sprüchwörtlich von einer Magd, der die Arbeit recht rasch von der Hand geht: „sie hat den Kobold." Wer ihn aber erzürnt, mag sich vorsehen.

Sie machen, eh sie in die Häuser einziehen wollen, erst eine Probe. Bei Nachtzeit nämlich schleppen sie Sägespäne ins Haus, in die Milch= gefäße aber bringen sie Koth von unterschiedenem Vieh. Wenn nun der Hausvater genau achtet, daß die Späne nicht zerstreut, der Koth in den Gefäßen gelassen und daraus die Milch genossen wird, so bleibt der Kobold im Haus, so lange nur noch einer von den Hausbewohnern am Leben ist.

Hat die Köchin einen Kobold zu ihrem heimlichen Gehülfen angenommen, so muß sie täglich um eine gewisse Zeit und an einem besondern Ort im Haus ihm sein zubereites Schüsselchen voll gutes Essen hinsetzen und ihren Weg wieder gehen. Thut sie das, so kann sie faullenzen, am Abend früh zu Bette gehen und wird dennoch ihre Arbeit früh Morgens beschickt finden. Vergißt sie das einmal, so muß sie in Zukunft nicht nur ihre Arbeit selbst wieder thun, sondern sie hat nun auch eine unglückliche Hand, indem sie sich im heißen Wasser verbrennt, Töpfe und Geschirr zerbricht, das Essen umschüttet, also daß sie von ihrer Herrschaft nothwendig aus= gescholten wird. Darüber hat man den Kobold öfters lachen und kichern gehört.

Verändert sich auch das Gesinde, so bleibt er doch, ja die abziehende Magd muß ihn ihrer Nachfolgerin anempfehlen, damit diese sein auch warte. Will diese nicht, so hat sie beständiges Unglück, bis sie wieder abgeht.

Man glaubt, sie seien rechte Menschen, in Gestalt kleiner Kinder, mit einem bunten Röcklein. Darzu etliche setzen, daß sie theils Messer im Rücken hätten, theils noch anders und gar gräulich gestaltet wären, je nachdem sie so und so, mit diesem oder jenem Instrument vorzeiten umgebracht wären, denn sie halten sie für die Seelen der vorweilen im Hause Ermordeten.

Zuweilen ist die Magd lüstern, ihr Knechtchen, Kurb Chimgen oder Heinzchen, wie sie den Kobold nennen, zu sehen und wenn sie nicht nachläßt, nennt der Geist den Ort, wo sie ihn sehen solle, heißt sie aber zugleich einen Eimer kalt Wasser mitbringen. Da begiebt sichs dann, daß sie ihn etwa auf dem Boden auf einem Kißchen nackt liegen sieht, und ein großes Schlachtmesser ihm im Rücken steckt. Manche ist so sehr erschrocken, daß sie ohnmächtig niedergefallen, worauf der Kobold alsbald aufsprang und sie mit dem kalten Wasser über und über begoß, damit sie wieder zu sich selbst kam. Darnach ist ihr die Lust vergangen, den Kobold zu sehen.

<hr />

73.

Der Bauer mit seinem Kobold.

Ein Bauer war seines Kobolds ganz überdrüssig geworden, weil er allerlei Unfug anrichtete, doch mochte er es anfangen, wie er immer wollte, so konnte er ihn nicht wieder los werden. Zuletzt ward er Raths, die Scheune anzustecken, wo der Kobold seinen Sitz hatte und ihn zu verbrennen. Deswegen führte er erst all sein Stroh heraus und bei dem letzten Karrn zündete er die Scheune an, nachdem er den Geist wohl versperrt hatte. Wie sie nun schon in voller Gluth stand, sah sich der Bauer von ungefähr um, siehe, da saß der Kobold hinten auf dem Karrn und sprach: „es war Zeit, daß wir herauskamen! es war Zeit, daß wir herauskamen!" Mußte also wieder umkehren und den Kobold behalten.

<hr />

74.

Der Kobold in der Mühle.

Es machten einmal zwei Studenten von Rinteln eine Fußreise. Sie gedachten in einem Dorfe zu übernachten, weil aber ein heftiger Regen fiel und die Finsterniß so sehr überhand nahm, daß sie nicht weiter konnten, gingen sie zu einer in der Nähe liegenden Mühle, klopften und baten um Nachtherberge. Der Müller wollte anfangs nicht hören, endlich gab er ihren inständigen Bitten nach, öffnete die Thüre und führte sie in eine Stube. Sie waren beide hungrig und durstig und da auf dem Tisch eine Schüssel mit Speise und eine Kanne mit Bier stand, baten sie den Müller darum und waren bereitwillig, es zu bezahlen. Der Müller aber schlugs ab, selbst nicht ein Stück Brot wollt er ihnen geben und nur die harte Bank zum Ruhbett vergönnen. „Die Speise und der Trank, sprach er, gehört dem Hausgeist, ist euch das Leben lieb, so laßt beides unberührt, sonst aber habt ihr kein Leid zu befürchten, lärmts in der Nacht vielleicht, so bleibt nur still liegen und schlafen." Mit diesen Worten ging er hinaus und schloß die Thüre hinter sich zu.

Die zwei Studenten legten sich zum Schlafe nieder, aber etwa nach einer Stunde griff den einen der Hunger so übermächtig an, daß er sich aufrichtete und die Schüssel suchte. Der andere, ein Magister, warnte ihn, er sollte dem Teufel lassen, was dem Teufel gewidmet wäre, aber er antwortete: „ich habe ein besser Recht dazu als der Teufel," setzte sich an den Tisch und aß nach Herzenslust, so daß wenig von dem Gemüse übrig blieb. Darnach faßte er die Bierkanne, that einen guten, pommerschen Zug und nachdem er also seine Begierde etwas gestillt, legte er sich wieder zu seinem Gesellen. Doch als ihn über eine Weile der Durst aufs neue plagte, stand er noch einmal auf und that einen zweiten so herzhaften Zug, daß er dem Hausgeist nur die Neige hinterließ. Nachdem er sichs also selbst gesegnet und wohl bekommen geheißen, legte er sich urd schlief ein.

Es blieb alles ruhig bis zu Mitternacht, aber kaum war die herum, so kam der Kobold mit großem Lärm hereingefahren, wovon beide mit Schrecken erwachten. Es brauste ein paar Mal in der Stube auf und ab, dann setzte er sich, als wollte er seine Mahlzeit halten, zu dem Tisch und sie hörten deutlich, wie er die Schüssel herbeirückte. Gleich drauf setzte er sie, als wär er ärgerlich, hart nieder, ergriff die Kanne und drückte den Deckel auf, ließ ihn aber gleich wieder ungestüm zuklappen. Nun begann er seine Arbeit, wischte den Tisch, darnach die Tischfüße sorgfältig ab und kehrte dann, wie mit einem Besen, den Boden fleißig ab. Als das geschehen war, ging er noch einmal zur Schüssel und Kanne zurück, ob es jetzt vielleicht besser damit stehe, stieß aber beides wieder zornig hin. Darauf fuhr er in seiner Arbeit fort, kam zu den Bänken, wusch, scheuerte, rieb sie, unten und oben: als er zu der Stelle gelangte, wo die beiden Studenten lagen, zog er vorüber und nahm das übrige Stück unter ihren Füßen in die Arbeit. Wie er zu Ende war, fing er an der Bank oben zum zweitenmal an und überging auch zum zweitenmal die Gäste. Zum drittenmal aber, als er an sie kam, strich er dem einen, der nichts genossen hatte, über die Haare und den ganzen Leib, ohne ihm im geringsten weh zu thun. Den andern aber packte er an den Füßen, riß ihn von der Bank herab, zog ihn ein paar Mal auf dem Erdboden herum, bis er ihn endlich liegen ließ und hinter den Ofen lief, wo er ihn laut auslachte. Der Student kroch zu der Bank zurück, aber nach einer Viertelstunde begann der Kobold seine Arbeit von neuem: kehrte, säuberte, wischte. Die beiden lagen da, in Angst zitternd, den einen fühlte er, als er an ihn kam, ganz lind an, aber den andern warf er wieder zur Erde und ließ hinter dem Ofen ein grobes und spottendes Lachen hören.

Die Studenten wollten nun nicht mehr auf der Bank liegen, standen auf und·erhuben vor der verschlossenen Thüre ein lautes Geschrei, aber es hörte niemand darauf. Sie beschlossen endlich, sich auf den platten Boden hart nebeneinander zu legen, aber der Kobold ließ sie nicht ruhen. Er begann sein Spiel zum drittenmal, kam und zog den schuldigen herum und lachte ihn aus. Dieser war zuletzt wüthend geworden, zog seinen Degen, stach und hieb in die Ecke, wo das Gelächter her schallte, und forderte den Kobold mit Drohworten auf, hervor zu kommen. Dann setzte er sich mit seiner Waffe auf die Bank, zu erwarten, was weiter geschehen würde, aber der Lärm hörte auf und alles blieb ruhig.

Der Müller verwies ihnen am Morgen, daß sie seiner Ermahnnng nicht nachgelebt und die Speise nicht unangerührt gelassen; es hätte ihnen leicht das Leben kosten können.

<hr>

75.

Hütchen.

An dem Hofe des Bischof Bernhard von Hildesheim hielt sich ein Geist auf, der sich vor jedermann in einem Bauernkleide unter dem Schein der Freundlichkeit und Frömmigkeit sehen ließ: auf dem Haupt trug er einen kleinen Filzhut, wovon man ihm den Namen Hütchen, auf Nieder= sächsisch Hödeken gegeben hatte. Er wollte die Leute gern überreden, daß es ihm vielmehr um ihren Vortheil, als ihren Schaden zu thun wäre, daher warnte er bald den einen vor Unglück, bald war er dem andern in einem Vorhaben behilflich. Es schien, als trüge er Lust und Freude an der Menschen Gemeinschaft, redete mit jedermann, fragte und antwortete gar gesprächig und freundlich.

Zu dieser Zeit wohnte auf dem Schlosse Winzenburg ein Graf aus Schwaben bürtig, Namens Hermann, welcher das Amt als eine eigene Grafschaft besaß. Einer seiner Diener hatte eine schöne Frau, auf die er ein lüsternes Auge warf und die er mit seiner Leidenschaft verfolgte, aber sie gab ihm wenig Gehör. Da sann er endlich auf schlechte Mittel und als ihr Mann einmal an einen weit entlegenen Ort verreist war, raubte er ihr mit Gewalt, was sie ihm freiwillig versagte. Sie mußte das Unrecht verschweigen, so lang ihr Mann abwesend war, bei seiner Rückkehr aber eröffnete sie es ihm mit großem Schmerz und wehmüthigen Gebärden. Der Edelmann glaubte, dieser Schandflecken könne nur mit dem Blute des Thäters abgewaschen werden, und da er die Freiheit hatte, wie ihm beliebte, in des Grafen Gemach zu gehen, so nahm er die Zeit wahr, wo dieser noch mit seiner Gemahlin zur Ruhe lag, trat hinein, hielt ihm die begangene That mit harten Worten vor und als er merkte, daß jener sich aufmachen und zur Gegenwehr anschicken mögte, faßte er sein Schwert und erstach ihn im Bette an der Seite der Gräfin. Diese entrüstete sich aufs allerheftigste, schalt den Thäter gewaltig und da sie gerade schwangeren Leibes war, sprach sie dräuend: „derjenige, den ich unter dem Gürtel trage, soll diesen Mord an dir und den Deinigen rächen, daß die ganze Nachwelt daran ein Beispiel nehmen wird." Der Edelmann, als er die Worte hörte, kehrte wieder um und durchstach die Gräfin wie ihren Herrn.

Graf Hermann von Winzenburg war der letzte seines Stammes und demnach mit seinem und der schwangern Gräfin Tod das Land ohne Herrn. Da trat Hütchen in selbiger Morgenstunde, in welcher die That geschehen war, vor das Bett des schlafenden Bischofs Bernhard, weckte ihn und sprach; „steh auf, Glatzkopf, und führe dein Volk zusammen! die Grafschaft Winzenburg ist durch die Ermordung ihres Herrn lebig und verlassen, du kannst sie mit leichter Mühe unter deine Botmäßigkeit bringen." Der Bischof stand auf, brachte sein Kriegsvolk eilig zusammen und besetzte und überzog damit die Grafschaft, so daß er sie, mit Einwilligung des Kaisers, auf ewig dem Stift Hildesheim einverleibte.

Die mündliche Sage erzählt noch eine andere wahrscheinlich frühere Geschichte. Ein Graf von Winzenburg hatte zwei Söhne, die in Unfrieden lebten; um einen Streit wegen der Erbschaft abzuwenden, war mit dem Bischof zu Hildesheim festgemacht, daß derjenige mit der Grafschaft belehnt werden solle, welcher zuerst nach des Vaters Tod sich darum bei dem Bischof melden würde. Als nun der Graf starb, setzte sich der älteste Sohn gleich auf sein Pferd und ritt fort zum Bischof, der jüngste aber hatte kein Pferd und wußte nicht, wie er sich helfen sollte. Da trat Hütchen zu ihm und sprach: „ich will dir beistehen, schreib einen Brief an den Bischof und melde dich darin um Belehnung, er soll eher dort sein, als dein Bruder auf seinem jagenden Pferd." Da schrieb er ihm den Brief und Hütchen nahm und trug ihn auf einem Wege, der über Gebirge und Wälder geradausging, nach Hildesheim, und war in einer halben Stunde schon da, lange eh der älteste herbeigeeilt kam und gewann also dem jüngsten das Land. Dieser Pfad ist schwer zu finden und heißt noch immer Hütchens Rennpfad.

Hütchen erschien an dem Hofe des Bischofs gar oft und hat ihn, ungefragt, vor mancherlei Gefahr gewarnt. Großen Herren offenbarte er die Zukunft. Bisweilen zeigte es sich, wenn es sprach, bisweilen redete es unsichtbar. Es hatte den großen Hut aber immer so tief in den Kopf gedrückt, daß man niemals sein Gesicht sehen konnte. Die Wächter der Stadt hat es fleißig in Acht genommen, daß sie nicht schliefen, sondern hurtig wachen mußten. Niemand fügte es etwas Leid zu, es wäre denn am ersten beschimpft worden; wer seiner aber spottete, dem vergaß es solches nicht, sondern bewies ihm wiederum einen Schimpf. Gemeinlich ging es den Köchen und Köchinnen zur Hand, schwatzte auch vielmal mit ihnen in der Küche. Eine Mulde im Keller war seine Schlafstätte und es hatte ein Loch, wo es in die Erde gekrochen ist. Als man nun seiner

4*

gar gewohnt worden und sich niemand weiter vor ihm gefürchtet hat, begann ein Küchenjunge es zu spotten und höhnen, mit Lästerworten zu hudeln und so oft er nur vermochte, mit Dreck aus der Küche auf es loszuwerfen oder es mit Spülwasser zu begießen. Das verdroß Hütchen sehr, weshalb es den Küchenmeister bat, den Jungen abzustrafen, damit er solche Büberei unterwegen ließe, oder er selbst müßte die Schmach an ihm rächen. Der Küchenmeister lachte ihn aus und sprach: „bist du ein Geist und fürchtest dich vor dem kleinen Knaben!" Darauf antwortete Hütchen: „weil du auf meine Bitten den Buben nicht abstrafen willst, will ich nach wenig Tagen dir zeigen, wie ich mich vor ihm fürchte;" und ging damit im Zorn weg. Nicht lange darauf saß der Junge nach dem Abendessen allein in der Küche und war vor Müdigkeit eingeschlafen; da kam der Geist, erwürgte ihn und zerhackte ihn in kleine Stücke. Dann warf er selbige vollends in einen großen Kessel und setzte ihn ans Feuer. Als der Küchenmeister kam und in dem Kessel Menschenglieder kochen sah, auch aus den übrigen Umständen merkte, daß der Geist ein fremdes Gericht zurichten wolle, fing er an, ihn greulich zu schelten und zu fluchen. Hütchen, darüber noch heftiger erbittert, kam und zerdrückte über alle Braten, die für den Bischof und dessen Hofleute am Spieße zum Feuer gebracht waren, abscheuliche Kröten, also daß sie von Gift und Blut träufelten. Und weil ihn der Koch deswegen wiederum schmähete und schändete, stieß er ihn, als er einstens aus dem Thore gehen wollte, von der Brücke, die ziemlich hoch war, in den Graben. Weil man auch in Sorgen stand, er möchte des Bischofs Hof und andere Häuser anzünden, mußten alle Hüter auf den Mauern, sowohl der Stadt, als des Schlosses, fleißig wachen. Aus dieser und andern Ursachen suchte der Bischof Bernhard seiner los zu werden und zwang ihn endlich auch durch Beschwörung, zu weichen.

Sonst beging der Geist noch unterschiedliche, abenteuerliche Streiche, welche doch selten jemand schadeten. In Hildesheim war ein Mann, der ein leichtfertiges Weib hatte, als er nun verreisen wollte, sprach er zu Hütchen: „mein guter Gesell, gieb ein wenig Achtung auf mein Weib, dieweil ich aus bin, und siehe zu, daß alles recht zugeht." Hütchen that es und wie das Weib, nach der Abreise des Mannes, ihre Buhler kommen ließ und sich mit ihnen lustig machen wollte, stellte sich der Geist allzeit ins Mittel, verjagte sie durch Schreckgestalten oder wenn einer sich ins Bett gelegt, warf er unsichtbarer Weise ihn so unsauber heraus, daß ihm die Rippen krachten. So ging es einem nach dem andern, wie sie das leichtfertige Weib in die Kammer führte, so daß keiner ihr nahen durfte. Endlich, als der Mann wieder nach Hause kam, lief ihm der ehrbare Hüter voller Freuden entgegen und sprach: „deine Wiederkunft ist mir trefflich lieb, damit ich der Unruhe und Mühe, die du mir aufgeladen hast, einmal abkomme." Der Mann fragte: „wer bist du denn?" er antwortete: „ich bin Hütchen, dem du bei deiner Abreise dein Weib in seine

Hut anbefohlen. Dir zu gefallen habe ich sie diesmal gehütet und vor dem Ehebruch bewahrt, wiewohl mit großer und unablässiger Mühe. Allein ich bitte, du wollest sie meiner Hut nicht mehr untergeben, denn ich will lieber der Schweine in ganz Sachsen als eines einzigen solchen Weibes Hut auf mich nehmen und Gewährschaft vor sie leisten, so vielerlei List und Ränke hat sie erdacht, mich zu hintergehen."

Zu einer Zeit befand sich zu Hildesheim ein Geistlicher, welcher sehr wenig gelernt hatte. Diesen traf die Reihe, daß er zu einer Kirchen= versammlung von der übrigen Geistlichkeit sollte verschickt werden, aber er fürchtete sich, daß er in einer so ansehnlichen Versammlung durch seine Unwissenheit Schimpf einlegen möchte. Hütchen half ihm aus der Noth und gab ihm einen Ring, der von Lorbeerlaub und andern Dingen zu= sammen geflochten war und machte dadurch diesen Gesandten dermaßen gelehrt und auf eine gewisse Zeit beredt, daß sich auf der Kirchen= versammlung jedermann über ihn verwunderte und ihn zu den berühmtesten Rednern zählte.

Einem armen Nagelschmiede zu Hildesheim ließ Hütchen ein Stück Eisen zurück, woraus goldene Nägel geschmiedet werden konnten und dessen Tochter eine Rolle Spitzen, von der man immer abmessen konnte, ohne daß sie sich verminderte.

76.

Hinzelmann.

Auf dem alten Schlosse Hudemühlen, das im Lüneburgischen nicht weit von der Aller liegt und von dem nur noch Mauern stehen, hat sich lange Zeit ein wunderlicher Hausgeist aufgehalten. Zuerst ließ er sich im Jahre 1584 hören, indem er durch bloßes Poltern und Lärmen sich zu erkennen gab. Darnach fing er an bei hellem Tage mit dem Gesinde zu reden, welches sich vor der Stimme, die sich hören ließ, ohne daß Jemand zu sehen war, erschreckte, nach und nach aber daran gewöhnte und nicht mehr darauf achtete. Endlich ward er ganz muthig und hub an vor dem Hausherrn selbst zu reden und führte Mittags und Abends während der Mahlzeit mit den Anwesenden, fremden und einheimischen, allerhand Ge= spräche. Als sich nun die Furcht verlor, ward er gar freundlich und zu= traulich, sang, lachte und trieb allerlei Kurzweil so lang ihn Niemand bös machte; dabei war seine Stimme zart, wie die eines Knaben oder einer Jungfrau. Als er gefragt wurde, woher er sei und was er an diesem Ort zu schaffen habe, sagte er, daß er aus dem böhmischen Gebirg ge= kommen wäre und im Böhmer Walde seine Gesellschaft hätte, die wolle ihn nicht leiden; daher sei er nun gezwungen, sich so lang zu entfernen und bei guten Leuten Zuflucht zu suchen, bis seine Sachen wieder besser

ständen. Sein Name sei Hinzelmann, doch werde er auch Lüring ge=
nannt; er habe eine Frau, die heiße Hille Bingels. Wann die Zeit
gekommen, wolle er sich in seiner wahren Gestalt sehen lassen, jetzt aber
wäre es ihm nicht gelegen. Uebrigens wäre er ein guter und ehrlicher
Geselle, wie einer.

Der Hausherr, als er sah, daß sich der Geist je mehr und mehr zu
ihm that, empfand ein Grauen und wußte nicht, wie er ihn los werden
sollte. Auf Anrathen seiner Freunde entschloß er sich endlich, sein Schloß
auf eine Zeit zu verlassen und nach Hannover zu ziehen. Auf dem Weg
bemerkte man eine weiße Feder, die neben dem Wagen herflog, wußte aber
nicht, was sie zu bedeuten habe. Als der Edelmann zu Hannover an=
gelangt war, vermißte er eine goldene Kette von Werth, die er um den
Hals getragen hatte, und warf Verdacht auf das Gesinde des Hauswirths;
dieser aber nahm sich seiner Leute an und verlangte Genugthuung für die
ehrenrührige Anklage. Der Edelmann, der nichts beweisen konnte, saß un=
muthig in seinem Zimmer und überlegte, wie er sich aus diesem ver=
drießlichen Handel ziehen könnte, als er auf einmal neben sich Hinzelmanns
Stimme hörte, der zu ihm sprach: „warum bist du so traurig? ist dir etwas
Widerwärtiges begegnet, so entdecke mir's, ich weiß dir vielleicht Hülfe.
Soll ich auf etwas rathen, so sage ich, du bist wegen einer verlorenen
Kette verdrießlich.“ „Was machst du hier?“ antwortete der erschrockene
Edelmann, „warum bist Du mir gefolgt? weißt du von der Kette?“
Hinzelmann sagte: „freilich bin ich dir gefolgt und habe dir auf der Reise
Gesellschaft geleistet und war allzeit gegenwärtig. Hast du mich nicht ge=
sehen? ich war die weiße Feder, die neben deinem Wagen flog. Wo die
Kette ist, will ich dir sagen: such nur unter dem Hauptkissen in deinem
Bett, da wird sie liegen.“ Als sie sich da gefunden hatte, ward dem Edel=
mann der Geist noch ängstlicher und lästiger und er redete ihn heftig an,
warum er ihn durch die Kette mit dem Hauswirth in Streit gebracht, da
er doch seinetwegen schon die Heimath verlassen. Hinzelmann antwortete:
„was weichst du vor mir? ich kann dir ja allenthalben leichtlich folgen
und sein, wo du bist! Es ist besser, daß du in dein Eigenthum zurückkehrst
und meinetwegen nicht daraus entweichst. Du siehst wohl, wenn ich wollte,
könnte ich das deinige all hinwegnehmen, aber darauf steht mein Sinn
nicht.“ Der Edelmann besann sich darauf und faßte den Entschluß zurück=
zugehen und dem Geist, im Vertrauen auf Gott, keinen Fuß breit zu
weichen.

Zu Hudemühlen zeigte sich Hinzelmann nun gar zuthätig und fleißig
in allerhand Arbeit. In der Küche handtierte er Nachts und wenn die
Köchin Abends nach der Mahlzeit Schüssel und Teller unabgewaschen durch
einander in einen Haufen hinsetzte, so waren sie Morgens wohl gesäubert,
glänzend wie Spiegel, in guter Ordnung hingestellt. Daher sie sich auf
ihn verlassen und gleich Abends nach der Mahlzeit ohne Sorgen zu Ruhe

legen konnte. Auch verlor sich niemals etwas in der Küche, oder war ja
etwas verlegt, so wußte es Hinzelmann gleich in der verborgnen Ecke, wo
es steckte, wieder zu finden und gab es seinem Herrn in die Hände. Hatte
man fremde Gäste zu erwarten, so ließ sich der Geist sonderlich hören und
sein Arbeiten dauerte die ganze Nacht: da scheuerte er die Kessel, wusch
die Schüsseln, säuberte Eimer und Zuber. Die Köchin war ihm dafür
dankbar, that nicht nur, was er begehrte, sondern bereitete ihm freiwillig
seine süße Milch zum Frühstück. Auch übernahm der Geist die Aufsicht
über die andern Knechte und Mägde, gab Achtung, was ihre Verrichtung
war, und bei der Arbeit ermahnte er sie mit guten Worten fleißig zu sein.
Wenn sich aber jemand daran nicht kehrte, ergriff er auch wohl den Stock
und gab ihm damit die Lehre. Die Mägde warnte er oft vor dem Un=
willen ihrer Frau und erinnerte sie an irgend eine Arbeit, die sie nun
anfangen sollten. Eben so geschäftig zeigte sich der Geist auch im Stalle:
er wartete der Pferde, striegelte sie fleißig, daß sie glatt anzusehen waren
wie ein Aal, auch nahmen sie sichtbarlich zu, wie in keiner Zeit, also daß
sich jedermann darüber verwunderte.

Seine Kammer war im obersten Stockwerk zur rechten Seite und sein
Hausgeräthe bestand aus drei Stücken. Erstlich aus einem Sessel oder
Lehnstuhl, den er selbst von Stroh in allerhand Farben gar kunstreich ge=
flochten, voll zierlicher Figuren und Kreuze, die nicht ohne Verwunderung
anzusehen waren. Zweitens aus einem kleinen runden Tisch, der auf sein
vielfältiges Bitten verfertigt und dahin gesetzt war. Drittens aus einer
zubereiteten Bettstatt, die er gleichfalls verlangt hatte. Man hat nie ein
Merkmal gefunden, daß ein Mensch darin geruht, nur fand man ein
kleines Grüblein, als ob eine Katze da gelegen. Auch mußte ihm das Ge=
sinde, besonders die Köchin, täglich eine Schüssel voll süßer Milch mit
Brocken von Weißbrot zubereiten und auf sein Tischlein stellen, welche
hernach rein ausgegessen war. Zuweilen fand er sich an der Tafel des
Hausherrn ein, wo ihm an einer besonderen Stelle Stuhl und Teller ge=
setzt werden mußte. Wer vorlegte, gab ihm die Speise auf seinen Teller
und ward das vergessen, so gerieth der Hausgeist in Zorn. Das vor=
gelegte verschwand und ein gefülltes Glas Wein war eine Weile weg und
wurde dann leer wieder an seine Stelle gesetzt. Doch fand man die
Speisen hernach unter den Bänken oder in einem Winkel des Zimmers
liegen.

In der Gesellschaft junger Leute war Hinzelmann lustig, sang und
machte Reime, einer der gewöhnlichsten war:

> Ortgieß läßt du mick hier gan,
> Glücke sallst du han;
> Wultu mick aver verdrieven
> Unglück warst du kriegen.

wiewohl er auch die Lieder und Sprüche anderer wiederholte zur Kurzweil oder um sie damit aufzuziehen. Als der Pfarrer Feldmann einmal auf Hudemühlen zu Gast geladen war und vor die Thüre kam, hörte er oben im Saal jemand singen, jauchzen und viel Wesens treiben, weshalb er dachte, es wären Abends vorher Fremde angekommen, die oben ihre Zimmer hätten und sich also lustig bezeigten. Er sagte darum zu dem Hofmeier, der auf dem Platz stand und Holz gehackt hatte: „Johann, was habt ihr droben vor Gäste?" Der Hofmeier antwortete: Niemand fremdes, es ist unser Hinzelmann, der sich so lustig stellt, es wird sonst kein lebendiger Mensch im Saal sein." Als der Pfarrer nun in den Saal hinaufstieg, sang ihm Hinzelmann entgegen:

„mien Duhme (Daumen), mien Duhme,
mien Ellboeg sind twey!"

Der Pfarrer verwunderte sich über diesen ungewöhnlichen Gesang und sprach zu Hinzelmann: „was soll das für eine Musik sein, damit du nun aufgezogen kommst?" „Ei," antwortete der Geist, „das Liedlein hab ich von euch gelernt, denn ihr habt es oft gesungen und das ich hab es noch vor etlichen Tagen, als ihr an einem gewissen Ort zur Kindtauf waret, von Euch gehört."

Hinzelmann neckte gern, ohne aber jemand Schaden dabei zu thun. Knechte und Arbeitsleute, wenn sie Abends beim Trank saßen, brachte er in Handgemeng und sah ihnen dann mit Lust zu. Wenn ihnen der Kopf ein wenig warm geworden war und es ließ einer etwa unter den Tisch etwas fallen und bückte sich darnach, so gab er ihm rückwärts eine gute Ohrfeige, seinem Nachbar aber zwickte er ins Bein. Da geriethen die beiden an einander, erst mit Worten, dann mit Werken und nun mischten sich die andern hinein, so daß jeder seine Schläge austheilte und erhielt und am andern Morgen die blauen Augen und geschwollenen Gesichter als Wahrzeichen überall zu sehen waren. Daran ergötzte sich Hinzelmann von Herzen und erzählte hernach, wie er es angefangen, um sie hintereinander zu bringen. Doch wußte er es immer so zu stellen, daß niemand am Leben oder an der Gesundheit Schaden litt. Auf dem fürstlichen Schlosse zu Ahlden wohnte zu der Zeit Otto Aschen von Mandelslohe, Drost und braunschweigischer Rath; diesem spielte Hinzelmann auch zuweilen einen Possen. Als einmal Gäste bei ihm waren, stiftete er einen Zank, so daß sie zornig auffuhren und nach ihren Degen greifen wollten. Keiner aber konnte den seinigen finden und sie mußten es bei ein paar Querhieben mit der dicken Faust bewenden lassen. Dieses Streichs hat sich Hinzelmann gar sehr gefreut und mit vielem Lachen erzählt, daß er Urheber des Zanks gewesen, vorher aber alles tödtliche Gewehr versteckt und bei Seite gebracht. Er habe dann zugeschaut, wie ihm sein Anschlag so wohl gelungen wäre, daß sie sich weidlich herum geschmissen.

Zu einer Zeit war ein Edelmann zu Hudemühlen eingetroffen, welcher sich erbot, den Hausgeist auszutreiben. Als er ihn nun in einem Gemach merkte, deffen Thüren und Fenster überall fest geschlossen waren, ließ er erst diese Kammer, so wie das ganze Haus, mit bewaffneten Leuten besetzen und ging darauf selbst, von einigen begleitet, mit gezogenem Degen hinein. Sie sahen nichts, fingen aber an links und rechts nach allen Seiten zu hauen und zu stechen in der Meinung, den Hinzelmann, wo er nur einen Leib habe, damit gewißlich zu erreichen und zu tödten; indessen fühlten sie nicht, daß ihre Klingen etwas anders, als die leere Luft durchschnitten. Wie sie glaubten, ihre Arbeit vollbracht zu haben und müd' von dem vielen Fechten hinausgehen wollten, sahen sie, als sie die Thüre des Gemachs öffneten, eine Gestalt gleich einem schwarzen Marder hinausspringen und hörten die Worte: „ei! ei! wie fein habt ihr mich doch ertappt!" Hernach hat sich Hinzelmann über diese Beleidigung bitterlich beschwert und gesagt: er würde leicht Gelegenheit haben sich zu rächen, wenn er nicht den beiden Fräulein im Hause Verdruß ersparen wollte. Als dieser Edelmann nicht lang darauf in eine leere Kammer des Hauses ging, erblickte er auf einer wüsten Bettstatt eine zusammengeringelte große Schlange liegen, die sogleich verschwand, aber er hörte die Worte des Geistes: „bald hätteft du mich erwischt!"

Ein anderer Edelmann hatte viel von Hinzelmann erzählen gehört und war begierig, selbst etwas von ihm zu erfahren. Als er nun nach Hudemühlen kam, ward sein Wunsch erfüllt und der Geist ließ sich in dem Zimmer aus einem Winkel bei einem großen Schrank hören, wo etliche leere Weinkrüge mit langen Hälsen hingesetzt waren. Weil nun die Stimme zart und fein war und ein wenig heiser, gleich als spräche sie aus einem hohlen Gefäße, so meinte der Edelmann, er sitze vielleicht in einem dieser Krüge, lief hinzu, faßte sie und wollte sie zustopfen, um auf diese Weise den Geist zu erhaschen. Als er damit umging, fing Hinzelmann an überlaut zu lachen und sprach: „hätte ich nicht vorlängst von anderen Leuten gehört, daß du ein Narr wärst, so könnte ich's nun selbst mit ansehen, weil du meinst, ich säße in den leeren Krügen und deckst sie mit der Hand zu, als hättest du mich gefangen. Ich achte dich nicht der Mühe werth, sonst wollte ich dich schon witzigen, daß du eine Zeit lang meiner gedenken solltest. Aber ein wenig gebadet wirst du doch bald werden." Damit schwieg er und ließ sich nicht wieder hören, so lange der Edelmann da war; ob dieser hernach wirklich ins Wasser gefallen, wird nicht gemeldet, doch ist's zu vermuthen.

Es kam auch ein Teufelsbanner, ihn auszujagen. Als dieser mit seinen Zauberworten die Beschwörung anhub, war Hinzelmann zuerst still und ließ nichts von sich hören, aber wie jener nun die kräftigsten Sprüche gegen ihn ablesen wollte, riß er ihm das Buch aus den Händen, zerstückelte es, daß die Blätter in dem Zimmer herum flogen, packte den Banner dann selbst und drückte und kratzte ihn, daß er voll Angst fortlief. Auch hierüber beklagte er sich und sprach: „ich bin ein Christ, wie ein anderer

Menſch und hoffe ſelig zu werden." Als er gefragt wurde, ob er die Kobolde und Poltergeiſter kenne, antwortete er: „was gehen mich dieſe an? das ſind Teufelsgeſpenſter, zu welchen ich nicht gehöre. Von mir hat ſich niemand Böſes, vielmehr alles Gute zu verſehen. Laßt mich unangefochten, ſo werdet ihr überall Glück ſpüren: das Vieh wird gedeihen, die Güter in Aufnahme kommen und alles wohl von Statten gehen."

Laſter und Untugenden waren ihm zuwider; einen von den Haus= genoſſen ſtrafte er wegen ſeiner Kargheit oft mit harten Worten und ſagte zu den übrigen, daß er ihn um ſeines Geizes Willen gar nicht leiden könnte. Einem andern verwies er ſeine Hoffahrt, die er von Herzen haſſe. Als einmal zu ihm geſagt wurde, wenn er ein guter Chriſt ſein wolle, ſo müßte er Gott anrufen und die Gebete der Chriſten ſprechen, fing er an das Vater unſer zu ſagen und ſprach es bis zur ſechſten Bitte, die Worte „erlöſe uns von dem Böſen" murmelte er nur leiſe. Er ſagte auch den chriſtlichen Glauben her, aber zerriſſen und ſtammelnd. Denn als er zu den Worten gelangte: „ich glaube eine Vergebung der Sünden, Auferſtehung des Fleiſches und ein ewiges Leben," brachte er ſie mit heiſerer und undeutlicher Stimme hervor, alſo daß man ihn nicht recht hören und verſtehen konnte. Der Prediger zu Eickelohe, weiland Hr. Mar= quard Feldmann, berichtet, daß ſein Vater um die Zeit der Pfingſten auf Hudemühlen zu Gaſt gebeten worden; da habe Hinzelmann den ſchönen Geſang: „nun bitten wir den heiligen Geiſt" wie eine Jungfrau oder ein junger Knabe mit ſehr hoher und nicht unangenehmer Stimme bis ganz zu Ende geſungen. Ja, nicht allein dieſen, ſondern viele andere geiſtliche Geſänge habe er auf Verlangen angeſtimmt, beſonders wenn ihn die= jenigen darum begrüßt, die er für ſeine Freunde gehalten und mit welchen er vertraulich geweſen.

Darum ward der der Geiſt gewaltig bös, wenn man ihn nicht ehrlich und nicht als einen Chriſten behandelte. Einmal reiſte ein Edelmann aus dem Geſchlecht von Mandesloh nach Hudemühlen. Er ſtand wegen ſeiner Gelehrſamkeit in großem Anſehen, war Domherr bei dem Stift Verden und Geſandter bei dem Kurfürſt von Brandenburg und dem Könige von Dänemark. Als er nun von dem Hausgeiſt hörte, und daß er als ein Chriſt wollte angeſehen ſein, ſprach er, er könnte nicht glauben, daß es gut mit ihm ſtehe, er müſſe ihn vielmehr für den böſen Feind und den Teufel halten, denn Menſchen ſolcher Art und Geſtalt habe Gott nicht erſchaffen, die Engel aber lobten Gott ihren Herrn und ſchirmten und ſchützten die Menſchen; damit ſtimme das Poltern und Toben und die abenteuerlichen Händel des Geiſtes nicht überein. Hinzelmann, der während ſeiner Anweſenheit ſich noch nicht hatte hören laſſen, machte ein Geräuſch und ſprach: „was ſagſt du, Barthold? (alſo hier der Edelmann) bin ich der böſe Feind? Ich rathe dir, ſage nicht zu viel, oder ich werde dir ein anderes zeigen und dir weiſen, daß du ein ander Mal ein beſſeres **Urtheil** von mir fällen sollst." Der Herr entsetzte sich, als er, ohne Jemand zu sehen, eine Stimme sprechen hörte, brach die Rede ab und wollte nichts mehr von ihm hören, sondern ihn in seinen Würden lassen. Zu einer andern Zeit kam ein Edelmann, welcher bei Tisch, als er den Stuhl und den Teller für Hinzelmann sah, ihm nicht zutrinken wollte. Darüber beschwerte sich der Geist und sprach: „ich bin ein so ehrlicher und guter Gesell als dieser: warum trinkt er mich vorüber?" Darauf antwortete der Edelmann: „weiche von hinnen und trinke mit deinen höllischen Gesellen, hier hast du nichts zu schaffen!" Als Hinzelmann das hörte, ward er so heftig erbittert, daß er ihn bei dem Schnallriemen packte, damit er nach damaliger Sitte seinen Mantel unter dem Halse zugeschnallt hatte, nieder zur Erde zog und also würgte und drückte, daß allen Anwesenden angst wurde, er möchte ihn umbringen und jener, nachdem der Geist von ihm abgelassen, sich erst nach einigen Stunden wieder erholen konnte. Wiederum reiste einmal ein guter Freund des Hausherrn bei Hude-mühlen vorbei, trug aber Bedenken wegen des Hausgeistes, von dessen Schalkheit ihm vieles war erzählt worden, einzukehren und schickte seinen Diener, um zu melden, daß er nicht einsprechen könne. Der Hausherr ließ ihn inständig bitten, bei ihm die Mittagsmahlzeit zu nehmen, aber der Fremde entschuldigte sich höflich damit, daß er sich nicht aufhalten dürfte; doch setzte er hinzu, es errege ihm zu großen Schrecken, mit einem Teufels= gespenst an einem Tisch zu sitzen, zu essen und zu trinken. Bei dieser Unterredung draußen hatte sich Hinzelmann auch eingefunden, denn man hörte, nachdem sich der Fremde also geweigert, die Worte: „warte, mein guter Geselle, die Rede soll Dir schon bezahlt werden!" Als nun der Reisende fortfuhr und auf die Brücke kam, welche über die Meisse geht, stiegen die Pferde mit den vordern Füßen in die Höhe, verwickeln sich ins Geschirr, daß wenig fehlte, so wäre er mit Roß und Wagen ins Wasser gestürzt. Wie alles wieder zurecht gebracht war und der Wagen einen Schuß weit gefahren, wurde er zwischen Eickelohe und Hudemühlen auf ebener Erde in den Sand umgekehrt, doch ohne daß die darin Sitzenden weiteren Schaden nahmen.

Wie Hinzelmann gern in Gesellschaft und unter Leuten war, so hielt er sich doch am liebsten bei den Frauen auf und war mit ihnen gar freundlich und umgänglich. Auf Hudemühlen waren zwei Fräulein, Anna und Ka-tharine, welchen er besonders zugethan war, ihnen klagte er sein Leid, wenn er war erzürnt worden und führte sonst allerhand Gespräche mit ihnen. Wenn sie über Land reisten, wollte er sie nicht verlassen und be-gleitete sie in Gestalt einer weißen Feder allenthalben. Legten sie sich Nachts schlafen, so ruhte er unten zu ihren Füßen auf dem Deckbett und man sah am Morgen eine kleine Grube, als ob ein Hündlein da gelegen hätte. Beide Fräulein verheiratheten sich nicht, denn Hinzelmann schreckte alle Freier ab. Manchmal kam es so weit, daß eben die Verlobung sollte gehalten werden, aber der Geist wußte es doch immer wieder rückgängig zu machen. Den einen, wenn er bei dem Fräulein seine Worte vortragen wollte, machte er ganz irre und verwirrt, daß er nicht wußte, was er sagen wollte. Bei dem Andern erregte er solche Angst, daß er zitterte und bebte. Gemeinlich aber machte er an die gegenüber stehende weiße Wand eine Schrift mit großen goldenen Buchstaben ihnen vor die Augen: „nimm Jungfer Anne und laß mir Jungfer Katharine." Kam aber einer und wollte sich bei Jungfer Anne beliebt machen und um sie werben, so veränderte sich auf einmal die goldene Schrift und lautete umgekehrt: „nimm Jungfer Katharine und laß mir Jungfer Anne." Wenn sich jemand nicht daran kehrte und bei seinem Vorsatz blieb, und etwa im Hause übernachtete, quälte er ihn so und narrte ihn im Dunkeln mit Poltern, Werfen und Toben, daß er sich aller Heirathsgedanken entschlug und froh war, wenn er mit heiler Haut davon kam. Etliche hat er, wenn sie auf dem Rückweg waren, mit den Pferden über und über geworfen, daß sie Hals und Beine zu brechen meinten und nicht wußten, wie ihnen geschehen. Also blieben die zwei Fräulein unverheirathet, erreichten ein hohes Alter und starben beide innerhalb acht Tagen.

Einmal hatte eine dieser Fräulein von Hudemühlen einen Knecht nach Rethem geschickt, dies und jenes einzukaufen. Während dessen Abwesenheit fing der Geist in dem Gemache der Fräulein plötzlich an wie ein Storch zu klappern und sprach dann: „Jungfer Anne, heut magst du deine Sachen im Mühlengraben wieder suchen!" Sie wußte nicht, was das heißen sollte, bald aber trat der Knecht ein und erzählte, daß er auf dem Heimritt unterwegs einen Storch nicht weit von sich sitzen gesehen, auf den er aus langer Weile geschossen. Es habe auch nicht anders geschienen, als ob er ihn getroffen, der Storch aber wäre dennoch sitzen geblieben und, nachdem er angefangen laut zu klappern, endlich fortgeflogen. Nun zeigte sich, daß Hinzelmann das gewußt, bald aber traf auch seine Weissagung ein. Der Knecht, einigermaßen berauscht, wollte sein von Schweiß und Staub bedecktes Pferd rein baden und ritt es in das vor dem Schloß liegende Mühlenwasser, verfehlte aber in der Trunkenheit des rechten Orts, gerieth in einen tiefen Abgrund und, da er sich nicht auf dem Pferd erhalten konnte, fiel er hinab und ertrank. Die geholten Sachen hatte er noch nicht abgelegt, daher sie sammt dem Leichnam aus dem Wasser mußten herausgesucht werden.

Auch andern hat Hinzelmann die Zukunft voraus gesagt und sie gewarnt. Es kam ein Oberster nach Hudemühlen, der bei dem König Christian III. von Dänemark in besonderm Ansehen stand und in den Kriegen mit der Stadt Lübeck tapfere Dienste geleistet hatte. Dieser war ein guter Schütze und großer Liebhaber der Jagd, also daß er manche Stunde damit zubrachte, in dem umliegenden Gehölze den Hirschen und wilden Sauen nachzustellen. Als er sich eben wieder zu einer Jagd bereitete, kam Hinzelmann und sprach: „Thomas, (das war sein Name) ich warne dich, daß du im Schießen dich vorsiehst, sonst hast du in kurzem ein Unglück.“ Der Oberst achtete nicht darauf und meinte, das hätte nichts zu bedeuten. Wenige Tage hernach, als er auf ein Reh losbrannte, zersprang die Büchse von dem Schuß und schlug ihm den Daumen aus der linken Hand. Wie es geschehen war, fand sich gleich Hinzelmann bei ihm und sprach: „sieh, nun hast du's, wovor ich dich gewarnt; hättest du dich diese Zeit über des Schießens enthalten, der Unfall wäre dir nicht begegnet.“

Es war ein andermal ein Herr von Falkenberg, auch ein Kriegsmann, zum Besuch auf Hudemühlen angelangt. Da er ein frisches und fröhliches Herz hatte, fing er an, den Hinzelmann zu necken und allerhand kurzweilige Reden zu gebrauchen. Dies wollte dem Geist in die Länge nicht gefallen, sondern er begann sich unwillig zu geberden und fuhr endlich mit den Worten heraus: „Falkenberg, du machst dich jetzt trefflich lustig über mich, aber komm nur hin vor Magdeburg, da wird man dir die Kappe ausbürsten, daß du deiner Spottreden vergessen wirst.“ Der Edelmann erschrak, glaubte, daß mehr hinter diesen Worten stecke, brach die Unterredung mit Hinzelmann ab und zog bald darauf fort. Nicht lange nachher begann die Belagerung von Magdeburg unter dem Kurfürst Moritz, wobei auch dieser Herr von Falkenberg unter einem vornehmen deutschen Fürsten zugegen war. Die Belagerten wehrten sich tapfer und gaben Tag und Nacht mit Doppelhaken und anderm Geschütz Feuer und es traf sich, daß diesem Falkenberg von einer Falkonettkugel das Kinn ganz hinweggeschossen wurde und er drei Tage darauf, nach den größten Schmerzen, an dieser Wunde starb.

Ein Mann aus Hudemühlen war einmal sammt andern Arbeitsleuten und Knechten im Feld und mähte Korn, ohne an etwas Unglückliches zu denken. Da kam Hinzelmann zu ihm auf den Acker und rief: „lauf! lauf in aller Eile nach Haus und hilf deinem jüngsten Söhnlein, daß ist eben jetzt mit dem Gesicht ins Feuer gefallen und hat sich sehr verbrannt.“ Der Mann legte erschrocken seine Sense nieder und eilte heim, zu sehen, ob Hinzelmann die Wahrheit geredet. Kaum aber war er über die Thürschwelle geschritten, als man ihm schon entgegen lief und das Unglück erzählte, wie er denn auch sein Kind über das ganze Gesicht elendiglich verbrannt sah. Es hatte sich auf einen kleinen Stuhl bei dem Feuer gesetzt, wo ein Kessel überhing. Als es nun mit einem Löffel hineinlangen wollte und sich mit dem Stuhl vorwärts überbog, fiel es mit dem Gesicht mitten ins Feuer. Indeß, weil die Mutter in der Nähe war, lief sie herzu und riß es aus den Flammen wieder heraus, also daß es zwar etwas verbrannt war, doch aber dem Tode noch entrissen ward. Merkwürdig ist, daß fast in demselben Augenblick, wo das Unglück geschehen, der Geist

es auch schon dem Vater im Felde verkündigte und ihn zur Rettung auf=
mahnte.

Wen · der Geist nicht leiden konnte, den plagte er oder strafte ihn für
seine Untugenden. Den Schreiber zu Hudemühlen beschuldigte er gar zu
großer Hoffahrt, ward ihm darum gehässig und that ihm Tag und Nacht
mancherlei Drangsal an. Einsmals erzählte er ganz fröhlich, er habe dem
hochmüthigen Schreiber eine rechtschaffene Ohrfeige gegeben. Als man den
Schreiber darum fragte, und ob der Geist bei ihm gewesen, antwortete er:
„ja mehr als zu viel ist er bei mir gewesen, er hat mich diese Nacht ge=
quält, daß ich vor ihm nicht zu bleiben wußte." Er hatte aber eine Lieb=
schaft mit dem Kammermädchen, und als er sich nun einmal Nachts bei
ihr zu einem vertraulichen Gespräch eingefunden · und sie in größter Lust
beisammen saßen und meinten, daß niemand als die vier Wände sie sehen
könnte, kam der arglistige Geist, trieb sie auseinander und stöberte den
guten Schreiber unsanft zur Thüre hinaus, ja er faßte überdem einen
Besenstil und setzte ihm nach, der über Hals und Kopf nach seiner Kammer
eilte und seine Liebe ganz vergaß. Hinzelmann soll ein Spottlied. auf den
unglücklichen Liebhaber gemacht, solches zur Kurzweil oft gesungen und
den Durchreisenden unter Lachen vorgesagt haben.

Es war jemand zu Hudemühlen˚ plötzlich gegen Abend von heftigem
Magenweh angefallen und eine Magd in den Keller geschickt, einen Trunk
Wein zu holen, darin der Kranke die Arznei nehmen sollte. Als nun die
Magd vor dem Fasse saß und eben den Wein zapfen wollte, fand sich
Hinzelmann neben ihr und sprach: „du wirst dich erinnern, daß du mich
vor einigen Tagen gescholten und geschmäht hast, dafür sollst du diese Nacht
zur Strafe im Keller sitzen. Mit dem Kranken hat es ohnehin keine Noth,
in einer halben Stunde wird all sein Weh vorüber sein und der Wein,
den du ihm brächtest, würde ihm eher schaden, als nützen. Bleib nur hier
sitzen, bis der Keller wieder aufgemacht wird." Der Kranke wartete lang,
als der Wein nicht kam, ward eine andere hinabgeschickt, aber sie fand den
Keller außen mit einem Hängeschloß fest verwahrt, und die Magd darin
sitzen, die ihr erzählte, daß Hinzelmann sie also eingesperrt habe. Man
wollte zwar den Keller öffnen und die Magd heraus haben, aber es war
kein Schlüssel zu dem Schloß aufzufinden, so fleißig auch gesucht ward.
Folgenden Morgen war der Keller offen und Schloß und Schlüssel lagen
vor der Thüre, so daß die Magd wieder herausgehen konnte. Bei dem
Kranken hatten, wie der Geist gesagt, nach einer halben Stunde sich alle
Schmerzen verloren.

Dem Hausherrn zu Hudemühlen hat sich der Geist niemals gezeigt,
wenn er ihn bat, er möchte sich, wo er wie ein Mensch gestaltet sei, vor
ihm sehen lassen, antwortete er, die Zeit wäre noch nicht gekommen, er
sollte warten, bis es ihm anständig sei. Als der Herr in einer Nacht
schlaflos im Bette lag, merkte er ein Geräusch an der einen Seite der

Kammer und vermuthete, es müsse der Geist gegenwärtig sein. Er sprach demnach: „Hinzelmann, bist du da, so antworte mir." „Ja, ich bin es, erwiederte er, was willst du?" Da eben vom Mondschein die Kammer ziemlich erhellt war, däuchte den Herrn, als ob an dem Orte, wo der Schall herkam, der Schatten einer Kindesgestalt zu sehen wäre. Als er nun merkte, daß sich der Geist ganz freundlich und vertraulich anstellte, ließ er sich mit ihm in ein Gespräch ein und sprach endlich: „laß dich doch einmal von mir sehen und anfühlen." Hinzelmann aber wollte nicht. „So reich mir wenigstens deine Hand, damit ich erkennen kann, ob du Fleisch und Bein hast, wie ein Mensch." „Nein, sprach Hinzelmann, ich traue dir nicht, du bist ein Schalk, du möchtest mich ergreifen und hernach nicht wieder gehen lassen." Nach langen Anhalten aber und als er ihm bei Treu und Glauben versprochen, ihn nicht zu halten, sondern alsobald wieder gehen zu lassen, sagte er: „siehe, da ist meine Hand!" Wie nun der Herr darnach griff, däuchte ihn, als wenn er die Finger einer kleinen Kinderhand fühlte; der Geist aber zog sie gar geschwind wieder zurück. Der Herr begehrte ferner, er sollte ihn nun sein Angesicht fühlen lassen, worin er endlich willigte, und wie jener darnach tastete, kam es ihm vor, als ob er gleichsam an Zähne oder an ein fleischloses Todtengerippe rührte; das Gesicht aber zog sich ebenfalls im Augenblick zurück, also daß er seine eigentliche Gestalt nicht wahrnehmen konnte; nur bemerkte er, daß es, wie die Hand, kalt und ohne menschliche Lebenswärme war.

Die Köchin, welche mit ihm ganz vertraulich war, meinte, sie dürfte ihn wohl um etwas bitten, wo es ein anderer unterlassen müßte, und als ihr nun die Lust kam, den Hinzelmann, den sie täglich reden hörte, mit Essen und Trinken versorgte, leiblich zn sehen, bat sie ihn inständig, ihr das zu gewähren. Er aber wollte nicht und sagte, dazu wäre jetzt noch nicht die Gelegenheit, nach Ablauf gewisser Zeit wollte er sich von jedermann sehen lassen. Aber durch diese Weigerung ward ihre Lust nur noch heftiger erregt und sie lag ihm je mehr und mehr an, ihr die Bitte nicht zu versagen. Er sagte, sie würde den Vorwitz bereuen, wenn er ihrer Bitte nachgeben wollte, als dies aber nicht fruchtete uud sie gar nicht abstehen wollte, sprach er endlich: „Morgen vor Aufgang der Sonne komm in den Keller und trag in jeder Hand einen Eimer voll Wasser, so soll dir deine Bitte gewährt werden." Die Magd fragte: „wozu soll das Wasser?" „Das wirst du erfahren, antwortete der Geist, ohne das würde dir mein Anblick schädlich sein." Am andern Morgen war die Köchin in aller Frühe bereit, nahm in jede Hand einen Eimer mit Wasser und ging in den Keller hinab. Sie sah sich darin um, ohne etwas zu erblicken, als sie aber die Augen auf die Erde warf, ward sie vor sich eine Mulde gewahr, worin ein nacktes Kind, der Größe nach etwa von dreien Jahren, lag: in seinem Herzen steckten zwei Messer kreuzweis übereinander und sein ganzer Leib war mit Blut beflossen. Von diesem Anblick erschrak die

Magd dermaßen, daß ihr alle Sinne vergingen und sie ohnmächtig zur Erde fiel. Alsbald nahm der Geist das Wasser, das sie mitgebracht und goß es ihr über den Kopf aus, wodurch sie wieder zu sich selber kam. Sie sah sich nach der Mulde um, aber es war alles verschwunden und sie hörte nur Hinzelmanns Stimme, der zu ihr sprach: „siehst du nun, wie nützlich das Wasser dir gewesen, war solches nicht bei der Hand, so wärst du hier im Keller gestorben. Ich hoffe, nun wird deine heiße Begierde, mich zu sehen, abgekühlt sein." Er hat hernach die Köchin oft mit diesem Streiche geneckt, und ihn Fremden mit vielem Lachen erzählt*).

Der Prediger Feldmann von Eickelohe schreibt in einem Brief vom 15. December 1597, Hinzelmann habe eine kleine Hand, gleich der eines Knaben oder einer Jungfrau, öfters sehen lassen, sonst aber hätte man nichts von ihm erblicken können.

Unschuldigen, spielenden Kindern hat er sich immer gezeigt. Der Pfarrer Feldmann wußte sich zu besinnen, daß, als er 14 bis 15 Jahre alt gewesen und sich nicht sonderlich um ihn bekümmert, er den Geist in Gestalt eines kleinen Knaben die Treppe gar geschwind habe hinaufsteigen gesehen. Wenn sich Kinder um das Haus Hudemühlen versammelten und mit einander spielten, fand er sich unter ihnen ein und spielte mit in der Gestalt eines kleinen schönen Kindes, also daß alle andern Kinder ihn deutlich sahen und hernach ihren Eltern daheim erzählten, wie, wenn sie im Spiel begriffen wären, ein fremdes Kindlein zu ihnen käme und mit ihnen Kurzweil triebe. Dies bekräftigte eine Magd, die einmal in ein Gemach getreten, wo vier oder sechs Kinder mit einander gespielt; unter diesen hat sie ein unbekanntes Knäblein gesehen von schönem Angesicht mit gelben, über die Schulter hängenden, krausen Haaren, in einem rothen Sammetrock gekleidet, welches, wie sie es recht betrachten wollte, aus dem Haufen sich verlor und verschwand. Auch von einem Narren, der sich dort aufhielt und Claus hieß, hat sich Hinzelmann sehen lassen und allerhand Kurzweil mit ihm getrieben. Wenn man den Narren nirgends finden konnte und hernach befragte, wo er so lange gewesen, antwortete er: „ich war bei dem kleinen Männlein und habe mit ihm gespielt." Fragte man weiter, wie groß das Männlein gewesen, zeigte er mit der Hand eine Größe, wie etwa eines Kindes von vier Jahren.

Als die Zeit kam, wo der Hausgeist wieder fortziehen wollte, ging er zu dem Herren und sprach: „siehe, da will ich dir etwas verehren, das nimm wohl in acht und gedenk meiner dabei." Damit überreichte er ihm erstlich ein kleines Kreuz (es ist ungewiß nach des Verfassers Worten, ob aus Seide oder Saiten) gar artig geflochten. Es war eines Fingers lang, inwendig hohl und gab, wenn man es schüttelte, einen Klang von sich. Zweitens einen Strohhut, den er gleichfalls selbst verfertigt hatte und

---

*) Etwas anders erzählt von einem Geist Heinzlin in Luthers Tischreden ed. Auri- faber 1571. S. 441 a.

worin gar künſtlich Geſtalten und Bilder durch das bunte Stroh zu ſehen waren. Drittens einen ledernen Handſchuh mit Perlen beſetzt, die wunderbare Figuren bildeten. Dann fügte der Geiſt die Weiſſagung hinzu: „ſo lange dieſe Stücke unzertheilt bei deinem Hauſe in guter Ver= wahrung bleiben, wird das ganze Geſchlecht blühen und ihr Glück immer höher ſteigen. Werden dieſe Geſchenke aber zergliedert, verloren oder ver= ſchleudert, ſo wird euer Geſchlecht abnehmen und ſinken." Und als er wahrnahm, daß der Herr keinen ſonderlichen Werth auf die Geſchenke zu legen ſchien, ſprach er weiter: „ich fürchte, daß du dieſe Dinge nicht viel achteſt und ſie abhanden kommen läſſeſt, darum will ich dir rathen, daß du ſie deinen beiden Schweſtern Anne und Katharine aufzuheben übergiebſt, die beſſer dafür ſorgen werden." Darauf gab der Hausherr dieſe Geſchenke ſeinen Schweſtern, welche ſie annahmen und in guter Verwahrung hielten und nur aus ſonderlicher Freundſchaft jemand zeigten. Nach ihrem Tode fielen ſie auf ihren Bruder zurück, der ſie zu ſich nahm und bei dem ſie, ſo lang er lebte, blieben. Dem Pfarrer Feldmann hat er ſie bei einer vertraulichen Unterredung auf ſeine Bitte gezeigt. Als dieſer Herr auch ſtarb, kamen ſie auf deſſen einzige Tochter Adelheid, an L. v. H. ver= heiratet, mit andern Erbſchaftsſachen und blieben eine Zeitlang in ihrem Beſitz. Wo dieſe Geſchenke des Hausgeiſtes hernach hingekommen, hat ſich der Sohn des Pfarrers Feldmann vielfach erkundigt und erfahren, daß der Strohhut dem Kaiſer Ferdinand II. ſei verehrt worden, der ihn für etwas gar wunderbares geachtet. Der lederne Handſchuh war noch zu dieſer Zeit in Verwahrung eines Edelmannes. Er war kurz und reichte genau nur über die Hand, oben über der Hand iſt mit Perlen eine Schnecke geſtickt. Wohin das kleine Kreuz gekommen, blieb unbekannt.

Der Geiſt ſchied freiwillig, nachdem er vier Jahr zu Hudemühlen ſich aufgehalten, vom Jahr 1584 bis 1588. Ehe er von dannen gezogen, hat er noch geſagt, er werde einmal wiederkommen, wenn das Geſchlecht in Abnahme gerathe, und dann werde es aufs neue wieder blühen und aufſteigen.

77.
Klopfer.

Im Schloß zu Flügelau hauſte ein guter Geiſt, der den Mädchen alles zu Gefallen that; ſie durften nur ſagen: „Klopfer hols!" ſo war's da. Er trug Briefe weg, wiegte die Kinder und brach das Obſt. Aber wie man einmal von ihm haben wollte, er ſollte ſich ſehen laſſen, und nicht nachließ, bis er's that, fuhr er feurig durch den Rauchfang hinaus, und das ganze Schloß brannte ab, das noch nicht wieder aufgebaut iſt. Es iſt kurze Zeit vor dem Schwedenkriege geſchehen.

78.

Stiefel.

In dem Schloffe Calenberg hauste ein kleiner Geift Namens Stiefel. Er war einmal an einem Bein beschädigt worden und trug seitdem einen großen Stiefel, der ihm das ganze Bein bedeckte, weil er fürchtete, es möchte ihm ausgeriffen werden.

79.

Ekerken.

Bei dem Dorf Elten, eine halbe Meile von Emmerich im Herzogthum Cleve, war ein Geift, den die gemeinen Leute Ekerken (Eichhörnchen) zu nennen pflegten. Er sprang auf der Landstraße umher und neckte und plagte die Reisenden auf alle Weise. Etliche schlug er, andere warf er von den Pferden ab, anderen kehrte er Karrn und Wagen unterst zu oberft. Man sah aber mit Augen von ihm nichts, als eine menschlich ge= staltete Hand.

80.

Nachtgeift zu Kendenich.

Auf dem alten Ritterfitz Kendenich, etwa zwei Stunden von Cöln am Rhein, ift ein mooriger, von Schilf und Erlensträuchen dicht bewachsener Sumpf. Dort fitzt eine Nonne verborgen und keiner mag am Abend an ihr vorübergehen, dem fie nicht auf den Rücken zu springen sucht. Wen fie erreicht, der muß fie tragen, und fie treibt und jagt ihn durch die ganze Nacht, bis er ohnmächtig zur Erde stürzt.

81.

Der Alp.

Wenn gleich vor den Alpen Fenster und Thüre verschlossen werden, so können fie durch die kleinsten Löcher doch hereinkommen, welche fie mit sonderlicher Luft auffuchen. Man kann in der Stille der Nacht das Ge= räusch hören, welches fie dabei in der Wand machen. Steht man nun geschwind auf und verstopft das Loch, so müffen fie bleiben, können auch nicht von dannen, selbst wenn Thür und Thor geöffnet würden. Man muß ihnen hierauf das Versprechen abnehmen, daß fie diesen Ort niemals beunruhigen wollen, bevor man fie in Freiheit setzt. Sie haben bei solchen

Gelegenheiten erbärmlich geklagt, wie sie zu Haus ihre Kinderchen hätten, die verschmachten müßten, so sie nicht los kämen.

Der Trud oder Alp kommt oft weit her bei seinen nächtlichen Be= suchen. Einstmals sind Hirten mitten in der Nacht im Felde gewesen und haben nicht weit von einem Wasser ihrer Heerden gewartet. Da kommt ein Alp, steigt in den Kahn, löst ihn vom Ufer ab und rudert mit einer selbst mitgebrachten Schwinge hinüber, steigt alsdann aus, befestigt den Kahn jenseits und verfolgt seinen Weg. Nach einer Weile kehrt er zurück und rudert eben so herüber. Die Hirten aber, nachdem sie solchem mehrere Nächte zugesehen und es geschehen lassen, bereden sich, diesen Kahn weg= zunehmen. Wie nun der Alp wiederkommt, so hebt er an kläglich zu winseln und droht den Hirten, den Kahn gleich herüber zu schaffen, wenn sie Frieden haben wollten; welches sie auch thun müssen.

Jemand legte, um den Alp abzuhalten, eine Hechel auf den Leib, aber der Alp drehte sie gleich um und drückte ihm die Spitzen in den Leib. Ein besseres Mittel ist es, die Schuhe vor dem Bette umzukehren, also daß die Hacken das Spannbett am nächsten bei sich haben. Wenn er drückt und man kann den Daumen in die Hand bringen, so muß er weichen. Nachts reitet er oft die Pferde, so daß man ihnen Morgens an= merkt, wie sie abgemattet sind. Mit Pferdeköpfen kann er auch vertrieben werden. Wer vor dem Schlafengehen seinen Stuhl nicht versetzt, den reitet der Mahr des Nachts. Gern machen sie den Leuten Weichselzöpfe (Schröt= leinszöpfe, Mahrenflechten), indem sie das Haar saugen und verflechten. Wenn die Muhme ein Kind windelt, muß sie ein Kreuz machen und einen Zipfel aufschlagen, sonst windelt es der Alp noch einmal.

Sagt man zu dem drückenden Alp:

> Trud komm morgen,
> so will ich borgen!

weicht er alsbald und kommt am andern Morgen in Gestalt eines Menschen, etwas zu borgen. Oder ruft man ihm nach: „komm Morgen und trink mit mir,“ so muß derjenige kommen, der ihn gesandt hat.

Nach Prätorius stoßen seine Augenbraunen in gleichen Linien zu= sammen, andere erzählen, daß Leute, denen die Augenbrauen auf der Stirne zusammengewachsen sind, andern, wenn sie Zorn oder Haß auf sie haben, den Alp mit bloßen Gedanken zuschicken können. Er kommt dann aus den Augenbraunen, sieht aus wie ein kleiner weißer Schmetterling und setzt sich auf die Brust des andern Schlafenden.

82.

Der Wechselbalg.

Zu Heßloch, bei Odernheim im Gau gelegen, hat sich's zugetragen, daß der Kellner eines geiftlichen Herrn mit der Köchin wie feiner Ehefrau gelebt, nur daß er sich nicht durfte öffentlich einsegnen laſſen. Sie zeugten ein Kind miteinander, aber das wollte nicht wachsen und zunehmen, sondern es schrie Tag und Nacht und verlangte immer zu eſſen. Endlich hat sich die Frau berathen und wollte es gen Neuhausen auf die Cyriaкswieſe tragen und wiegen laſſen und aus dem Cyriaksbrunnen ihm zu trinken geben, so möchte es beſſer mit ihm werden. Denn es war damals Glauben, ein Kind müſſe dann nach neun Tagen sich zum Leben oder Tod ver= ändern*). Wie nun die Frau bei Westhofen in den Klauer kommt mit dem Kinde auf dem Rücken, welches ihr so schwer geworden, daß sie keucht und der Schweiß ihr übers Angeficht läuft, begegnet ihr ein fahrender Schüler, der redet sie an: „ei Frau, was tragt ihr da für ein wüftes Ge= schöpf, er wäre kein Wunder, wenn es euch den Hals eindrückte." Sie antwortete, es wäre ihr liebes Kind, das wollte nicht gedeihen und zu= nehmen, daher es zu Neuhausen sollte gewogen werden. Er aber sprach: „das ist nicht euer Kind, es ist der Teufel**), werft ihn in den Bach!" Als sie aber nicht wollte, sondern beharrte, es wäre ihr Kind und es küßte sprach er weiter: „euer Kind stehet daheim in der Stubenkammer hinter der Arke in einer neuen Wiege, werfet diesen Unhold in den Bach!" da hat sie es mit Weinen und Jammern gethan. Alsobald ist ein Geheul und Gemurmel unter der Brücke, auf der sie stand, gehört worden, gleich wie von Wölfen und Bären. Und als die Mutter heimgekommen, hat sie ihr Kindlein frisch und gesund und lachend in einer neuen Wiege gefunden.

83.

Die Wechselbälge im Waſſer.

Bei Halberstadt hatte ein Bauer einen Kielkropf, der seine Mutter und fünf Muhmen ausgesogen, dabei unmäßig gegeſſen hatte (denn sie eſſen mehr, als zehn andere Kinder), und sich so angestellt, daß sie feiner gar müd geworden. Es ward ihm der Rath gegeben, er solle das Kind zur Wallfahrt gen Heckelstadt zur Jungfrau Maria geloben und daſelbst wiegen laſſen. Diesem Rath folgte der gute Bauer, setzte es in einen Rückkorb und trug es hin. Wie er aber über ein Waſſer geht und auf

*) Ein Wechselbalg wird gewöhnlich nicht älter als sieben Jahre; nach andern jedoch sollen sie 18—19 Jahre leben.
**) Denn der Teufel nimmt die rechten Kinder aus der Wiege, führt sie fort und legt seine dafür hinein. Daher der Name Wechselbalg.

der Brücke ist, ruft's unten im Wasser: „Kielkropf! Kielkropf!" da ant=
wortete das Kind in dem Korbe, das niemals zuvor ein Wort geredet
hatte: „ho! ho!" Dessen war der Bauer ungewohnt und sehr erschrocken.
Darauf fragte der Teufel im Wasser ferner: „wo willt du hin?" Der
Kielkropf oben antwortete: „ick well gen Heckelstadt to unser leven
Fruggen:

> mit laten wigen
> dat ick möge gedigen" (gedeihen).

Wie der Bauer hörte, daß der Wechselbalg ordentlich reden konnte, ward
er zornig und warf ihn sammt dem Korb ins Wasser. Da sind die zwei
Teufel zusammen gefahren, haben geschrien: „ho! ho! ha!" mit einander
gespielt und sich überworfen und sind darnach verschwunden.

<hr />

84.

Der Alraun.

Es ist Sage, daß, wenn ein Erddieb, dem das Stehlen durch Her=
kunft aus einem Diebesgeschlecht angeboren ist, oder dessen Mutter, als
sie mit ihm schwanger ging, gestohlen, wenigstens groß Gelüsten dazu
gehabt, (nach andern, wenn er zwar ein unschuldiger Mensch, in der Tortur
aber sich für einen Dieb bekennet, und der ein reiner Jüngling ist, gehenkt
wird und das Wasser läßt (aut sperma in terram effundit), so wächst
an dem Ort der Alraun oder das Galgenmännlein. Oben hat er
breite Blätter und gelbe Blumen. Bei der Ausgrabung desselben ist
große Gefahr, denn wenn er herausgerissen wird, ächzt, heult und schreit
er so entsetzlich, daß der, welcher ihn ausgräbt, alsbald sterben muß. Um
ihn daher zu erlangen, muß man am Freitag vor Sonnenaufgang, nachdem
man die Ohren mit Baumwolle, Wachs oder Pech wohl verstopft, mit
einem ganz schwarzen Hund, der keinen andern Flecken am Leib haben
darf, hinausgehen, drei Kreuze über den Alraun machen und die Erde
rings herum abgraben, so daß die Wurzel nur noch mit kleinen Fasern
in der Erde stecken bleibt. Darnach muß man sie mit einer Schnur dem
Hund an den Schwanz binden, ihm ein Stück Brot zeigen und eilig
davon laufen. Der Hund nach dem Brot gierig, folgt und zieht die
Wurzel heraus, fällt aber, von ihrem ächzenden Geschrei getroffen, alsbald
todt hin. Hierauf nimmt man sie auf, wäscht sie mit rothem Wein
sauber ab, wickelt sie in weiß und rothes Seidenzeug, legt sie in ein
Kästlein, badet sie alle Freitag und giebt ihr alle Neumond ein neues
weißes Hemdlein. Fragt man nun den Alraun, so antwortet er und
offenbart zukünftige und heimliche Dinge zu Wohlfahrt und Gedeihen.
Der Besitzer hat von nun an keine Feinde, kann nicht arm werden und
hat er keine Kinder, so kommt Ehesegen. Ein Stück Geld, das man ihm

Nachts zulegt, findet man am Morgen doppelt; will man lange seines Dienstes genießen und sicher gehen, damit er nicht abstehe oder sterbe, so überlade man ihn nicht, einen halben Thaler mag man kühnlich alle Nacht ihm zulegen, das höchste ist ein Dukaten, doch nicht immer, sondern nur selten.

Wenn der Besitzer des Galgenmännleins stirbt, so erbt es der jüngste Sohn, muß aber dem Vater ein Stück Brot und ein Stück Geld in den Sarg legen und mit begraben lassen. Stirbt der Erbe vor dem Vater, so fällt es dem ältesten Sohn anheim, aber der jüngste muß eben so schon mit Brot und Geld begraben werden.

85.

Spiritus familiaris.

Er wird gemeinlich in einem wohl verschlossenen Gläslein aufbewahrt, sieht aus nicht recht wie eine Spinne, nicht recht wie ein Skorpion, bewegt sich aber ohne Unterlaß. Wer ihn kauft, in dessen Tasche bleibt er, er mag das Fläschlein hinlegen, wohin er will, immer kehrt es von selbst zu ihm zurück. Er bringt großes Glück, läßt verborgene Schätze sehen, macht bei Freunden geliebt, bei Feinden gefürchtet, im Krieg fest wie Stahl und Eisen, also daß sein Besitzer immer den Sieg hat, auch behütet es vor Haft und Gefängniß. Man braucht ihn nicht zu pflegen, zu baden und kleiden, wie ein Galgenmännlein.

Wer ihn aber behält, bis er stirbt, der muß mit ihm in die Hölle, darum sucht ihn der Besitzer wieder zu verkaufen. Er läßt sich aber nicht anders verkaufen, als immer wohlfeiler, damit ihm einer bleibe, der ihn nämlich mit der geringsten Münze eingekauft hat.

Ein Soldat, der ihn für eine Krone gekauft und den gefährlichen Geist kennen lernte, warf ihn seinem vorigen Besitzer vor die Füße und eilte fort; als er zu Hause ankam, fand er ihn wieder in seiner Tasche. Nicht besser ging es ihm, als er ihn in die Donau warf.

Ein Augsburgischer Roßtäuscher und Fuhrmann zog in eine berühmte deutsche Stadt ein. Der Weg hatte seine Thiere sehr mitgenommen, im Thore fiel ihm ein Pferd, im Gasthaus das zweite und binnen wenig Tagen die übrigen sechs. Er wußte sich nicht zu helfen, ging in der Stadt umher und klagte den Leuten mit Thränen seine Noth. Nun begab sich, daß ein anderer Fuhrmann ihm begegnete, dem er sein Unglück erzählte. Dieser sprach: „seid ohne Sorgen, ich will euch ein Mittel vorschlagen, dessen ihr mir danken sollt." Der Roßtäuscher meinte, das wären leere Worte. „Nein, nein, Gesell, euch soll geholfen werden. Geht in jenes Haus und fragt nach einer Gesellschaft, die er ihm nannte, der erzählt euren Unfall und bittet um Hilfe." Der Roßtäuscher folgte dem

Rath, ging in das Haus und fragte einen Knaben, der da war, nach der Gesellschaft. Er mußte auf Antwort warten. Endlich kam der Knabe wieder und öffnete ihm ein Zimmer, in welchem etliche alte Männer an einer runden Tafel saßen. Sie redeten ihn mit Namen an und sagten: „dir sind acht Pferde gefallen, darüber bist du niedergeschlagen und nun kommst du, auf Anrathen eines deiner Gesellen, zu uns, um Hilfe zu suchen: du sollst erlangen, was du begehrst.“ Er mußte sich an einen Nebentisch setzen, und nach Verlauf weniger Minuten überreichten sie ihm ein Schächtelchen mit den Worten: „dies trage bei dir und du wirst von Stund an reich werden, aber hüte dich, daß du die Schachtel, wo du nicht wieder arm werden willst, niemals öffnest.“ Der Roßtäuscher fragte, was er für dieses Schächtelchen zu zahlen habe, aber die Männer wollten nichts dafür; nur mußte er seinen Namen in ein großes Buch schreiben, wobei ihm die Hand geführt ward. Der Roßtäuscher ging heim, kaum aber war er aus dem Haus gereiten, so fand er einen ledernen Sack mit dreihundert Ducaten, womit er sich neue Pferde kaufte. Ehe er die Stadt verließ, fand er in dem Stalle, wo die neuen Pferde standen, noch einen großen Topf mit alten Thalern. Kam er sonst wohin und setzte das Schächtlein auf die Erde, so zeigte sich da, wo Geld verloren oder vorzeiten vergraben war, ein hervorbringendes Licht, also daß er es leicht heben konnte. Auf diese Weise erhielt er ohne Diebstahl und Mord große Schätze zusammen.

Als die Frau des Roßtäuschers von ihm vernahm, wie es zuging, erschrak sie und sprach: „du hast etwas böses empfangen, Gott will nicht, daß der Mensch durch solche verbotene Dinge reich werde, sondern hat gesagt, im Schweiße deines Angesichts sollst du dein Brot essen. Ich bitte dich um deiner Seligkeit willen, daß du wieder nach der Stadt zurückreisest und der Gesellschaft deine Schachtel zustellst.“ Der Mann, von diesen Worten bewogen, entschloß sich und sendete einen Knecht mit dem Schächtelein hin, um es zurückzuliefern: aber der Knecht brachte es wieder mit der Nachricht zurück, daß diese Gesellschaft nicht mehr zu finden sei, auch niemand wisse, wo sie sich gegenwärtig aufhalte. Hierauf gab die Frau genau Acht, wo ihr Mann das Schächtlein hinsetze und bemerkte, daß er es in einem besonders von ihm gemachten Täschchen in dem Bund seiner Beinkleider verwahre. In einer Nacht stand sie auf, zog es hervor und öffnete es: da flog eine schwarze summende Fliege heraus und nahm ihren Weg durch das Fenster hin. Sie machte den Deckel wieder darauf und steckte es an seinen Ort, unbesorgt, wie es ablaufen würde. Allein von Stund an verwandelte sich all das vorherige Glück in das empfindlichste Unglück. Die Pferde fielen um oder wurden gestohlen. Das Korn auf dem Boden verdarb, das Haus brannte zu dreienmalen ab und der eingesammelte Reichthum verschwand zusehends. Der Mann gerieth in

Schulden und ward ganz arm, so daß er in Verzweiflung erst seine Frau mit einem Messer tödtete, dann sich selbst eine Kugel durch den Kopf schoß.

86.

Das Vogelnest.

Noch jetzt herrscht in mehreren Gegenden der Glaube, daß es gewisse Vogelnester (auch Zwissel= und Zeisselnestlein genannt) gebe, die, selbst gewöhnlich unsichtbar, jeden, der sie bei sich trägt unsichtbar machen. Um sie nun zu finden, muß man sie zufällig in einem Spiegel oder Wasser erblicken. Vermuthlich hängt die Sage mit dem Namen einer Gattung des Zweiblatts, bifoglio, zusammen, die in fast allen europäischen Sprachen Vogelnest heißt und etwas alraunhaft zu sein scheint. Den näheren Verlauf ergiebt der angeführte Roman des 17. Jahrhunderts am deutlichsten, gewiß aus volksmäßiger Quelle:

Unter solchem Gespräch sah ich am Schatten oder Gegenschein eines Baums im Wasser etwas auf der Zwickgabel liegen, das ich gleichwohl auf dem Baum nicht sehen konnte, solches wies ich meinem Weib Wunderswegen. Als sie solches betrachtet und die Zwickgabel gemerkt, darauf es lag, kletterte sie auf den Baum und holte es herunter, was wir im Wasser gesehen hatten. Ich sah ihr gar eben zu und wurde gewahr, daß sie in demselben Augenblick verschwand, als sie das Ding, dessen Schatten (Abbild) wir im Wasser erblickt, in die Hand genommen hatte; allein ich sah noch wohl ihre Gestalt im Wasser, wie sie nämlich den Baum wieder abkletterte und ein kleines Vogelnest in der Hand hielt, daß sie vom Zwickast herunter genommen. Ich fragte sie: was sie für ein Vogelnest hätte? Sie hingegen fragte mich: ob ich sie denn sähe? Ich antwortete, „auf dem Baum selbst sehe ich dich nicht, aber wohl deine Gestalt im Wasser.“ „Es ist gut, sagte sie, wenn ich herunterkomme, wirst du sehen, was ich habe.“ Es kam mir gar wunderlich vor, daß ich mein Weib sollte reden hören, die ich doch nicht sah, und noch seltsamer, daß ich ihren Schatten an der Sonne wandeln sah und sie selbst nicht. Und da sie sich besser zu mir in den Schatten näherte, so daß sie selbst keinen Schatten mehr warf, weil sie sich nunmehr außerhalb dem Sonnenschein im Schatten befand, konnte ich gar nichts mehr von ihr merken, außer, daß ich ein kleines Geräusch vernahm, welches sie beides mit ihrem Fußtritt und ihrer Kleidung machte, welches mir vorkam, als ob ein Gespenst um mich her gewesen wäre; sie setzte sich zu mir und gab mir das Nest in die Hand, sobald ich dasselbige empfangen, sah ich sie wiederum, hingegen sie aber mich nicht; solches probirten wir oft mit einander und befanden jedesmal, daß dasjenige, so das Nest in Händen hatte, ganz unsichtbar war. Drauf wickelte sie das

Neſtlein in ein Naſentüchel, damit der Stein, oder das Kraut oder Wurzel, welches ſich im Neſt befand und ſolche Wirkung in ſich hatte, nicht heraus= fallen ſollte und etwas verloren würde, und nachdem ſie ſolches neben ſich gelegt, ſahen wir einander wiederum, wie zuvor, ehe ſie auf den Baum geſtiegen; das Neſtnastüchel ſahen wir nicht, konnten es aber an dem= jenigen Ort wohl fühlen, wohin ſie es geleget hatte*).

87.
Der Brutpfennig.

Der Brutpfennig oder Heckegroſchen ſoll auf folgende heilloſe Weiſe erlangt werden: die ſich dem Teufel verbinden wollen, gehen auf Weihnachts= abend, ſo es beginnet zu dunkeln, nach einem Scheideweg unter dem offen= baren Himmel. Mitten auf dieſem Flecken legen ſie dreißig Pfennige oder auch Groſchen, Thaler in einem runden Ring der Reihe nach neben ein= ander hin und heben an, die Stücke vorwärts und rückwärts zu zählen. Dies Zählen muß gerade geſchehen in der Zeit, wenn man zur Meſſe läutet. In dem Zählen nun ſucht der hölliſche Geiſt durch allerhand ſchreckliche Geſichter von glühenden Ofen, ſeltſamen Wagen und haupt= loſen Menſchen irre zu machen, denn wenn der Zählende im geringſten wankt und ſtolpert, wird ihm der Hals umgedreht. Wofern er aber richtig vor= und nachgezählt, ſo wirft der Teufel zu den dreißig Stücken das ein= und dreißigſte in gleicher Münze hin. Dieſer ein und dreißigſte Pfennig hat die Eigenſchaft, daß er alle und jede Nacht einen gleichen ausbrütet.

Eine Bäuerin zu Pantſchdorf bei Wittenberg, die einen ſolchen Brut= pfennig hatte, wurde auf dieſe Art als Hexe kund gemacht: ſie mußte ein= mal nothwendig ausgehen und hieß die Magd, die Milch von der ge= melkten Kuh (eh ſie die andern melkte) alsbald ſieden, auf weiß Brot in einer daſtehenden Schüſſel gießen und in eine gewiſſe Kiſte ſetzen, welche ſie ihr zeigte. Die Dienſtmagd vergaß das entweder oder dachte, es wäre gleichviel, ob ſie die Milch vor oder nach dem Melken der anderen Kühe aufkochte, und that alſo erſt ihre ganze Arbeit. Nachher nahm ſie die ſiedende Milch vom Feuer und in der einen Hand den Topf haltend, mit der andern im Begriff, die bezeichnete Kiſte zu öffnen, ſah ſie in dieſer ein pechſchwarz Kalb ſitzen, das den Mund auffſperrte. Vor Schrecken goß ſie die geſottene Milch in ſeinen Rachen und in ſelbem Augenblick floh das Kalb davon und ſteckte das ganze Haus in Brand. Die Frau wurde ein= gezogen und bekannte; ihren Brutpfennig haben die Bauern noch lange Zeit in der gemeinen Kaſſa aufbewahret.

---

*) Die Geſchichte trägt ſich in Bayern zu. S. Simpliciſſimus II. 92. 94. 277. 338. 340. 362. Vergl. noch Simpl. II. 229.

88.

Wechselkind mit Ruthen gestrichen.

Im Jahre 1580 hat sich folgende wahrhaftige Geschichte begeben: nahe bei Breslau wohnet ein namhaftiger Edelmann, der hat im Sommer viel Heu und Grummet aufzumachen, dazu ihm seine Unterthanen fröhnen müssen. Unter diesen ward auch berufen eine Kindbetterin, so kaum acht Tage im Kindbett gelegen. Wie sie nun siehet, daß es der Junker haben wollte und sie sich nicht weigern kann, nimmt sie ihr Kind mit ihr hinaus, legt es auf ein Häuflein Gras, geht von ihm und wartet dem Heumachen ab. Als sie eine gute Weile gearbeitet, und ihr Kindlein zu säugen gehet, siehet sie es an, schreiet heftig und schlägt die Hände überm Kopf zusammen, und klaget männiglich, dies sei nicht ihr Kind, weil es geizig ihr die Milch entziehe und so unmenschlich heule, das sie an ihrem Kinde nicht gewohnt sei. Wie dem allen, so behielt sie es etliche Tag über, das hielt sich so ungebührlich, daß die gute Frau nahe zu Grund gerichtet wäre. Solches klaget sie dem Junker, der sagt zu ihr! „Frau, wenn es euch bedünket, daß dies nicht euer Kind, so thut eins und tragt es auf die Wiese, da ihr das vorige Kind hingeleget habt, und streichet es mit der Ruthe heftig, so werdet ihr Wunder sehen."

Die Frau folgte dem Junker, ging hinaus und strich das Wechselkind mit der Ruthe, daß es sehr geschrien hat; da brachte der Teufel ihr gestohlen Kind und sprach: „da haft's!" und mit dem nahm er sein Kind hinweg.

Diese Geschichte ist lautbar und beiden Jung und Alten in derselbigen Gegend um und in Breslau landkündig.

89.

Das Schauen auf die Kinder.

Ein glaubwürdiger Bürger aus Leipzig erzählte: als sein erstes Kind schon etliche Wochen alt gewesen, habe man es zu drei unterschiedlichen Nächten in der Wiege aufgedeckt und in der Quer liegend gefunden, da doch die Wiege hart vor dem Wochenbette der Mutter gestanden. Der Vater nahm sich also vor, in der vierten Nacht aufzubleiben und auf sein Kind gute Acht zu haben. Er harrte eine lange Weile und wartete stetig bis nach Mitternacht, da war dem Kinde noch nichts begegnet, deswegen, weil er es selber betrachtet und angeschauet hatte. Aber indem fielen ihm die Augen ein wenig zu und als die Mutter kurz darauf erwachte und sich umsah, war das Kind wieder in die Quer gezogen und das Deckbett von der Wiege mitten über ihr Bett geworfen, da sie es sonsten nur immer aufzuschlagen und zu Füßen in der des Kinds in der Wiege zu legen pflegen, nach allgemeinem Gebrauche. Denke einer in so geschwinder Eile, daß sich alle verwundern mußten. Aber weiter hatte das Ungethüm keine Macht zum Kinde gehabt.

90.
Die Roggenmuhme.

In der Mark Brandenburg geht unter den Landleuten eine Sage von der Roggenmuhme, die im Kornfeld stecke, weshalb die Kinder sich hinein= zugehen fürchten.

In der Altmark schweiget man die Kinder mit den Worten, „Halt's Maul, sonst kommt die Roggenmöhme mit ihrem schwarzen langen Hitzen und schleppt dich hinweg!"

Im Braunschweigischen, Lüneburgischen heißt sie das Kornwyf. Wenn die Kinder Kornblumen suchen, erzählen sie sich davon, daß es die Kleinen raube, und wagen sich nicht zu weit ins grüne Feld.

Im Jahre 1662 erzählte auch die saalfelder Frau dem Prätorius: ein dortiger Edelmann habe eine Sechswöchnerin von seinen Unterthanen gezwungen, zur Erntezeit Garben zu binden. Die Frau nahm ihr junges, säugendes Kindlein mit auf den Acker und legte es, um die Arbeit zu fördern, zu Boden. Ueber eine Weile sah der Edelmann, welcher zugegen war, ein Erdweib mit einem Kinde kommen und es um das der Bäuerin tauschen. Dieses falsche Kind hob an zu schreien, die Bäuerin eilte herzu es zu stillen, aber der Edelmann wehrte ihr und hieß sie zurückbleiben, er wolle ihr schon sagen, wann's Zeit wäre. Die Frau meinte, er thäte so der fleißigeren Arbeit wegen und fügte sich mit großem Kummer. Das Kind schrie unterdessen unaufhörlich fort, da kam die Roggenmutter von neuem, nahm das weinende Kind zu sich und legte das gestohlene wieder hin. Nachdem alles das der Edelmann mit angesehen, rief er der Bäuerin und hieß sie nach Hause gehen. Seit der Zeit nahm er sich vor, nun und nimmermehr eine Kindbetterin zu Diensten zu zwingen.

91.
Die zwei unterirdischen Weiber.

Folgende Begebenheit hat Prätorius von einem Studenten erfahren, dessen Mutter gesagt hatte, sie sei zu Dessau geschehen.

Nachdem eine Frau ein Kind zur Welt gebracht, hat sie es bei sich gelegt und ist noch vor dessen Taufe in einen tiefen Schlaf verfallen. Zur Mitternacht sind zwei unterirdische Weiber gekommen, haben Feuer

auf dem Hausheerde gemacht, einen Kessel voll Wasser übergesetzt, ihr
mitgebrachtes Kind darin gebadet und abgewaschen, solches hernach in die
Stube getragen und mit dem andern schlafenden Kind ausgetauschet.
Hierauf sind sie damit weggegangen, bei dem nächsten Berg aber um das
Kind in Streit gerathen, darüber es eine der andern zugeworfen und
gleichsam damit geballet haben, bis das Kind darüber geschrien und die
Magd im Hause erwachet. Als sie der Frauen Kind angeblickt und die
Verwechselung gemerkt, ist sie vors Haus gelaufen und hat die Weiber
noch also mit dem gestohlenen Kind handtieren gefunden, darauf sie hinzu-
getreten und hat mit gefangen, sobald sie aber das Kind in ihre Arme
bekommen, ist sie eilends nach Haus gelaufen und hat die Wechselbutte
vor die Thüre geleget, welche darauf die Bergfrauen wieder zu sich
genommen.

92.

König Grünewald.

Auf dem Christenberg in Oberhessen wohnte vor Alters ein König
und stand da sein Schloß. Und er hatte auch eine einzige Tochter, auf
die er gar viel hielt und die wunderbare Gaben besaß. Nun kam einmal
sein Feind, ein König, der hieß Grünewald und belagerte ihn in seinem
Schlosse, und als die Belagerung lange*) dauerte, so sprach dem König
im Schlosse seine Tochter immer noch Muth ein. Das währte bis zum
Maientag. Da sah auf einmal die Tochter, wie der Tag anbrach, das
feindliche Heer herangezogen kommen mit grünen Bäumen. Da wurde es
ihr angst und bang, denn sie wußte, daß alles verloren war und sagte
ihrem Vater:

Vater gebt euch gefangen,
der grüne Wald kommt gegangen!

Darauf schickte sie ihr Vater ins Lager König Grünewalds, bei dem sie
ausmachte, daß sie selbst freien Abzug haben sollte und noch dazu mitnehmen dürfte, was sie auf einen Esel packen könnte. Da nahm sie ihren
eigenen Vater**), packte ihn drauf sammt ihren besten Schätzen und zog
nun fort. Und als sie eine gute Strecke in einem fortgegangen und ermüdet waren, sprach die Königstochter „hier wollemer ruhen!" Daher
hat ein Dorf den Namen, das dort liegt (Wollmar, eine Stunde von
Christenberg, in der Ebene). Bald zogen sie weiter durch Wildnisse hin
ins Gebirg, bis sie endlich einen Flecken fanden; da sagte die Königstochter:
„hier hat's Feld!" und da blieben sie und bauten ein Schloß und nannten

---

*) Neun Jahre. Einmal täuschte er die Feinde durch gebackene Kuchen, die er von der
Burg hinabrollen ließ, während die Belagerer hungerten. Daher noch der Name des Hunger-
thals in der Gegend.
**) Nach andern thut es die Königin, nicht die Tochter.

es Hatzfeld. Dort sind noch bis auf den heutigen Tag die Ueberbleibsel und die Stadt dabei hat auch von der Burg den Namen. (Hatzfeld ein Städtchen an der Eder, im Gebirg, gegen vier Stunden vom Christenberge westlich.)

93.
Blümelisalp.

Mehr als eine Gegend der Schweiz erzählt die Sage von einer jetzt in Eis und Felstrümmern überschütteten, vor alten Zeiten aber beblümten, herrlichen und fruchtbaren Alpe. Zumal im Berner Oberland wird sie von den Klariden (einem Gebirg) berichtet:

Ehmals war hier die Alpweide reichlich und herrlich, das Vieh gedieh über alle Maaßen, jede Kuh wurde des Tages dreimal gemolken und jedesmal gab sie zwei Eimer Milch, den Eimer von dritthalb Maaß. Dazumal lebte am Berg ein reicher, wohlhabender Hirte, und hob an, stolz zu werden und die einfache alte Sitte des Landes zu verhöhnen. Seine Hütte ließ er sich stattlicher einrichten und buhlte mit Cathrine, einer schönen Magd, und im Uebermuth baute er eine Treppe ins Haus aus seinen Käsen und die Käse legte er aus mit Butter und wusch die Tritte sauber mit Milch. Ueber diese Treppe gingen Cathrine, seine Liebste, und Brändel, seine Kuh, und Rhyn, sein Hund aus und ein.

Seine fromme Mutter aber wußte nichts von dem Frevel und eines Sonntags im Sommer wollte sie die Senne ihres Sohnes besuchen. Vom Weg ermüdet ruhte sie oben aus und bat um einen Labetrunk. Da verleitete den Hirten die Dirne, daß er ein Milchfaß nahm, saure Milch hineinthat und Sand darauf streute, das reichte er seiner Mutter. Die Mutter aber, erstaunt über die ruchlose That, ging rasch den Berg hinab und unten wandte sie sich, stand still und verfluchte die Gottlosen, daß sie Gott strafen möchte.

Plötzlich erhob sich ein Sturm und ein Gewitter verheerte die gesegneten Fluren. Senne und Hütte wurden verschüttet, Menschen und Thiere verdarben. Des Hirten Geist, sammt seinem Hausgesinde, sind verdammt, so lange, bis sie wieder erlöst worden, auf dem Gebirg umzugehen, „ich und mein Hund Rhyn, und mi Chu Brandli und mine Kathry, müssen ewig uf Klaride syn!“ Die Erlösung hangt aber daran, daß ein Senner am Charfreitag die Kuh, deren Euter Dornen umgeben, stillschweigend ausmelke. Weil aber die Kuh, der stechenden Dornen wegen, wild ist und nicht still hält, so ist das eine schwere Sache. Einmal hatte einer schon den halben Eimer vollgemolken, als ihm plötzlich ein Mann auf die Schulter klopfte und fragte: „schäumt's auch wacker?“ Der Melker aber vergaß sich und antwortete: „o ja!“ da war alles vorbei und Brändlein, die Kuh, verschwand aus seinen Augen.

94.

Die Lilie.

Im Land zu H. war ein Edelmann, A. v. Th. genannt, der konnte Köpfe abhauen und wieder aufsetzen. Er hatte bei sich beschlossen, hinfort des teuflischen, gefährlichen Dings müßig zu gehen, eh er einmal darüber in ein Unglück geriethe, wie dann doch geschahe. Bei einer Gasterei ließ er sich von guten Gesellen überreden, diese Ergötzlichkeit ihnen noch einmal zu guter Letzt zu zeigen. Nun wollte, wie leicht zu erachten, niemand gern seinen Kopf dazu leihen; letzlich ließ sich der Hausknecht dazu brauchen, doch mit dem gewissen Geding, daß ihm sein Kopf wieder fest gemacht würde. Nun hieb ihm der Edelmann den Kopf ab, aber das Wiederaufsetzen wollte nicht gehen. Da sprach er zu den Gästen: „es ist einer unter euch, der mich verhindert, den will ich vermahnt haben und gewarnt, daß er es nicht thue." Da versuchte ers abermal, konnte aber nichts ausrichten. Da vermahnte und dräute er zum andernmal, ihn unverhindert zu lassen. Da das auch nicht half und er beim drittenmal den Kopf nicht wieder aufsetzen konnte, ließ er auf dem Tisch eine Lilie wachsen, der hieb er das Haupt und die Blume oben ab. Alsbald fiel einer von den Gästen hinter sich von der Bank und war ihm der Kopf ab. Nun setzte er dem Hausknecht den seinen wieder auf und flohe aus dem Lande, bis die Sache vertragen ward und er Verzeihung erhielt.

95.

Johann von Passau.

Doctor Martinus Luther erzählt: ein Edelmann hatte ein schön jung Weib gehabt, die war ihm gestorben, und auch begraben worden. Nicht lange darnach, da liegt der Herr und der Knecht in einer Kammer beieinander, da kommt des Nachts die verstorbene Frau und lehnet sich über des Herren Bette, gleich als redete sie mit ihm. Da nun der Knecht sah, daß solches zweimal nach einander geschah, fragte er den Junkherrn, was es doch sei, daß alle Nacht ein Weibsbild in weißen Kleidern vor sein Bett komme, da saget er nein, er schlafe die ganze Nacht aus, und sehe nichts. Als es nun wieder Nacht ward, giebt der Junker auch acht drauf und wachet im Bette, da kömmt die Frau wieder vor das Bett, der Junker fraget: wer sie sei, und was sie wolle? Sie antwortet: sie sei seine Hausfrau. Er spricht: „bist du doch gestorben und begraben!" Da antwortete sie: „ja, ich habe deines Fluchens halben und um deiner Sünde willen sterben müssen, willst du mich aber wieder zu dir haben, so will ich wieder deine Hausfrau werden." Er spricht: „ja, wenns nur sein könnte;" aber sie bedingt aus und ermahnt ihn, er müsse nicht fluchen,

wie er denn einen sonderlichen Fluch an ihm gehabt hatte, denn sonst
würde sie bald wieder sterben; dieses sagt ihr der Mann zu, da blieb die
verstorbene Frau bei ihm, regierte im Haus, schlief bei ihm, aß und trank
mit ihm und zeugete Kinder.

Nun begiebt sich's, daß einmal der Edelmann Gäste kriegt und nach
gehaltener Mahlzeit auf den Abend das Weib Pfefferkuchen zum Obst aus
einem Kasten holen soll und bleibet lange außen. Da wird der Mann
scheltig und fluchet den gewöhnlichen Fluch, da verschwindet die Frau von
Stund an und war mit ihr aus. Da sie nun nicht wieder kommt, gehen
sie hinauf in die Kammer, zu sehen, wo die Frau bliebe. Da liegt ihr
Rock, den sie angehabt, halb mit den Ermeln in den Kasten, das andere
Theil aber heraußen, wie sich das Weib hatte in den Kasten gebücket,
und war das Weib verschwunden und siber der Zeit nicht gesehen worden.

96.

Das Hündlein von Bretta.

In der Rheinpfalz, besonders im Kraichgau, geht unter den Leuten
das Sprüchwort um, wenn von übel belohnter Treue die Rede ist: „es
geschieht dir, wie dem Hündchen zu Bretten." Die Volkssage davon muß
schon alt sein und namentlich spielt auch Fischart an zwei verschiedenen
Stellen darauf an.

In dem Städtchen Bretten lebte vorzeiten ein Mann, welcher ein
treues und zu mancherlei Dienst abgerichtetes Hündlein hatte, das pflegte
er auszuschicken, gab ihm einen Korb ins Maul, worin ein beschriebener
Zettel mit dem nöthigen Gelde lag und so langte es Fleisch und Brat=
wurst beim Metzger, ohne je einen Bissen davon anzurühren. Einmal
aber sandte es sein Herr, der evangelisch war, an einem Freitag zu einem
Metzger, der katholisch war und streng auf die Fasten hielt. Als nun der
Metzger auf dem Zettel eine Wurst bestellt fand, hielt er das Hündlein
fest, haute ihm den Schwanz ab und legte den in den Korb mit den
Worten: „da hast du Fleisch!" Das Hündlein aber, beschimpft und ver=
wundet, trug den Korb treulich über die Gasse nach Haus, legte sich
nieder und verstarb. Die ganze Stadt trauerte und das Bild eines
Hündleins ohne Schwanz wurde in Stein ausgehauen übers Stadt=
thor gesetzt.

Andere erzählen so: es habe seinem armen Herrn Fleisch und Würste
gestohlen zugetragen, bis es endlich ein Fleischer ertappt und mit dem
Verlust des Schwanzes gestraft.

97.
Das Dorf am Meer.

Eine Heilige ging am Strand, sah nur zum Himmel und betete, da kamen die Bewohner des Dorfs Sonntags Nachmittag, ein jeder geputzt in seidenen Kleidern, seinen Schatz im Arm, und spotteten ihrer Frömmigkeit. Sie achtete nicht darauf und bat Gott, daß er ihnen diese Sünde nicht zurechnen wolle. Am andern Morgen aber kamen zwei Ochsen und wühlten mit ihren Hörnern in einem nahegelegenen großen Sandberg bis es Abend war; und in der Nacht kam ein mächtiger Sturmwind und wehte den ganzen aufgelockerten Sandberg über das Dorf hin, so daß es ganz zugedeckt wurde und alles darin, was Athem hatte, verdarb. Wenn die Leute aus benachbarten Dörfern herbeikamen und das verschüttete aufgraben wollten, so war immer, was sie Tags über gearbeitet, Nachts wieder zugeweht. Das dauert bis auf den heutigen Tag.

98.
Die verschütteten Silbergruben.

Die reichsten Silberbergwerke am Harz waren die schon seit langen Jahren eingegangenen beiden Gruben: der große Johann und der goldene Altar (bei Andreasberg?). Davon geht folgende Sage. Vorzeiten, als die Gruben noch bebaut wurden, war ein Steiger darüber gesetzt, der hatte einmal, als der Gewinn groß war, ein paar reiche Stufen bei Seite gelegt, um, wenn der Bau schlechter und ärmer sein würde, damit das fehlende zu ersetzen und immer gleichen Gewinn hervorzubringen. Was er also in guter Absicht gethan, das ward von andern, die es bemerkt hatten, als ein Verbrechen angeklagt, und er zum Tode verurtheilt. Als er nun niederkniete und ihm das Haupt sollte abgeschlagen werden, da betheuerte und beschwur er nochmals seine Unschuld und sprach: „so gewiß bin ich unschuldig, als mein Blut sich in Milch verwandeln und der Bau der Grube aufhören wird; wann in dem gräflichen Haus, dem diese beiden Bergwerke zugehören, ein Sohn geboren wird mit Glasaugen und mit Rehfüßen, und er bleibt am Leben, so wird der Bau wieder beginnen, stirbt er aber nach seiner Geburt, so bleiben sie auf ewig verschüttet." Als der Scharfrichter den Hieb gethan und das Haupt herabfiel, da sprangen zwei Milchströme statt des Bluts schneeweiß aus dem Rumpf in die Höhe und bezeugten seine Unschuld. Auch die beiden Gruben gingen alsbald ein. Nicht lange nachher ward ein junger Graf mit Glasaugen und Rehfüßen geboren, aber er starb gleich nach der Geburt und die Silberbergwerke sind nicht wieder aufgethan, sondern bis·auf diesen heutigen Tag verschüttet.

99.

Die Fundgrübner.

Die reichsten Berggänge pflegen von armen und geringen Grübnern entdeckt zu werden, darüber es mancherlei Sagen hat. In dem böhmischen Bergwerk auf der Eule war ein Bergmann, des Namens der rothe Leu, so reich geworden, daß er König Wenzel zu Gaste lud, ihm eine Tonne Goldes schenkte, und dem König Karl hundert geharnischte Reuter aus= rüstete. Dieser rothe Leu hatte anfangs sein ganzes Vermögen zugesetzt und schon sein Weib ihren Schleier (ihr Eingebrachtes) verkaufen müssen. Eines Tages stieß sich die Frau von ungefähr blutrünstig in die Ferse an einem großen Knauer. Der Mann wollte ihn wegstufen und traf auf ge= diegenes Gold, wodurch er plötzlich reich wurde. Aber Stolz und Hoch= muth kamen über ihn, in seinem Hause mußte alles seiden, silbern und golden sein und das Weib sprach: es wäre Gott unmöglich, daß sie wieder arm werden sollten. Nach und nach wurde der rothe Leu bettelarm und starb auf dem Misthaufen.

Im Salzburger Werk zu Gastein und Nauriß lebte ein mächtiger Fundgrübner, genannt der alte Weinmoser. In der Stunde, wo er seinen Schuldnern entlaufen wollte und schon in der Thür stand, wurde ihm reicher Ausbruch und Handstein entgegengebracht. Die hielten Gold und Silber, wurden mit Macht geschüttet und gaben ihm und anderen bald große Reichthümer. Und da ihm auf seinem Sterbebette schöne Hand= steine neuerdings aus der Grube getragen wurden, sagte er doch: „der rechte und schönste Gang ist Jesus mein Herr und Heiland, auf dem will ich bald eingehen ins ewige Leben."

100.

Ein gespenstiger Reuter.

Ein unbekannter Mann hatte sich gegen das Ende des 17. Jahr= hunderts bei einem Grafen von Roggendorf zum Bereiter angegeben und wurde, nach geleisteter Probe, zu Diensten angenommen und ihm eine ehrliche Bestallung gemacht. Es begab sich aber, daß einer von Adel bei Hof anlangte und mit diesem Bereiter an die Tafel gesetzt wurde. Der Fremde ersah ihn mit Erstaunen, war traurig und wollte keine Speise zu sich nehmen, ob ihm wohl der Graf deßwegen freundlichst zugesprochen. Nachdem nun die Tafel aufgehoben war und der Graf den Fremden noch= mals nach der Ursache seines Trauerns befragte, erzählte er, daß dieser Bereiter kein natürlicher Mensch, sondern vor Ostende ihm an der Seite erschossen sei, auch von ihm, dem Erzähler, selbst zu Grabe begleitet worden. Er gab auch alle Umstände an: des Todten Vaterland, Namen, Alter und das traf alles mit dem, was der Bereiter von sich selbst gesagt, ein, so daß der Graf daran nicht zweifeln konnte. Er nahm daher Ursach, diesem Gespenst Urlaub zu geben mit Vorwenden, daß seine Einkünfte geringert und er seine Hofhaltung einzuziehen gesonnen. Der Bereiter sagte, daß ihn zwar der Geist verschwätzt, weil aber der Graf nicht Ursache hätte ihn abzuschaffen, und er ihm getreue Dienste geleistet und noch leisten wolle, bitte er, ihn ferner an dem Hofe zu erdulden. Der Graf aber beharrte auf dem einmal gegebenen Urlaub. Deßwegen begehrte der Bereiter kein Geld, wie bedingt war, sondern ein Pferd und Narrenkleid mit silbernen Schellen, welches ihm der Graf gerne geben ließ und noch mehr wollte reichen lassen, das der Bereiter anzunehmen verweigerte.

Es fügte sich aber, daß der Graf nach Ungarn verreiste und bei Raab, auf der Schütt, diesen Bereiter mit vielen Kuppelpferden in dem Narren= kleid antraf, welcher seinen alten Herrn, wie er ihn erblickte, mit großen Freuden begrüßte und ein Pferd zu verehren anbot. Der Graf bedankt sich und will es nicht nehmen, als der Bereiter aber einen Diener ersieht, den er sonst am Hof wohl gekannt, giebt er diesem das Pferd. Der Diener setzt sich mit Freuden drauf, hat es aber kaum bestiegen, so springt das Pferd in die Höh und läßt ihn halb todt auf die Erde fallen. Zu= gleich ist der Roßtäuscher mit seiner ganzen Kuppel verschwunden.

101.
Der falsche Eid.

Im Odenwald beim Kloster Schönau liegt ein Ort, genannt zum falschen Eid. Da hat auf eine Zeit ein Bauer geschworen, der Acker gehöre sein, alsbald öffnete sich der Erdboden unter seinen Füßen und er versank, daß nichts übrig blieb, als sein Stab und zwei Schuhe. Davon hat die Stelle den Namen erhalten.

Sonst weiß man auch von Meineidigen, daß ihnen die aufgerichteten Finger erstarren und nicht mehr gebogen werden mögen, oder daß sie verschwarzen; auch daß sie nach dem Tode der Leute zum Grab heraus= wachsen.

102.
Zwölf ungerechte Richter.

Nah bei westphälisch Minden liegt ein Grund, davon wird erzählt, zwölf Richter hätten den Boden einem zugesprochen, dem er nicht gehörig, darüber sich die Erde aufgethan und sie bis an die Knie alsbald verschluckt; wie dessen noch Wahrzeichen vorhanden sind.

103.

Die heiligen Quellen.

Das schweizer Landvolk redet noch von den heiligen Quellen, die im Rütli plötzlich entsprungen, als da der große Eidschwur geschah, und wie einem der Schwörenden, der den Bund verrathen, sogleich Feuer zu Mund und Nase ausgefahren sei, auch sein Haus von selbst angefangen habe zu brennen.

———

104.

Der quillende Brunnen.

An einem Berge in Franken quillet ein Brunnen, wobei ein vornehmes abliges Geschlecht sein Stammhaus hat. Das ganze Jahr über hat er schönes, lauteres überflüssiges Wasser, das nicht eher aufhöret, als wenn jemand aus demselbigen Geschlecht soll sterben. Alsdann vertrocknet er sogar, daß man auch fast kein Zeichen oder Spur mehr findet, es sei jemals ein Brunn daselbst gewesen. Als zur Zeit ein alter Herr des gedachten abligen Stammes in fremden Landen tödtlich niederlag, und bereits achtzigjährig seinen baldigen Tod muthmaßte, fertigte er in seine Heimath einen Boten ab, der sich erkundigen sollte: ob der Brunn vertrockne? Bei der Ankunft des Boten war das Wasser versiegt, allein man gebot ihm ernstlich, es dem alten Herrn zu verschweigen, vielmehr zu sagen: der Brunn befinde sich noch richtig und voll Wassers; damit ihm keine traurigen Gedanken erweckt würden. Da lachte der Alte und strafte sich selbst, daß er von dem Brunnen abergläubisch zu wissen gesuchet, was im Wohlgefallen Gottes stände, schickte sich zu einem seeligen Abschied an. Plötzlich aber wurde es besser mit seiner Krankheit und nicht lange, so kam er dieses Lagers völlig wieder auf. Damit der Brunnen nicht vergebens versiegte und ihm seine seit langen Jahren eingetroffene Bedeutung bestünde, trug es sich zu, daß des Geschlechts ein Junger von Adel von einem untreuen Pferde abgeworfen, gleich zu der nämlichen Zeit Todes verfuhr.

———

105.

Hungerquelle.

Zu Halle auf dem Markt an dem rothen Thurm ist ein Quellbrunnen, der an der Mitternachtseite zu Tag ausfließet und für eine Hungerquelle ausgegeben wird, indem aus dessen starkem oder schwachem Ueberlaufen der gemeine Mann Theurung oder wohlfeile Zeit weissagt. Die Bauern, welche in die Stadt kommen, pflegen nach dieser Quelle zu sehen und wenn sie auslief, sagten sie: **heuer wird es theuer.**

Dergleichen, gewöhnlich versiegende, Quellen fließen bloß in naffen, unfruchtbaren Jahren. Von einem guten, warmen Sommer heißt es: Sonnenjahre Wonnenjahre.

106.

Der Liebenbach.

Die Stadt Spangenberg in Hessen erhält ihr Trinkwasser durch einen Bach, welcher die gute Quelle des gegenüber liegenden Bergs herbeileitet. Von der Entstehung dieses Bachs wird folgendes erzählt: Ein Jüngling und ein Mädchen in der Stadt liebten sich herzlich, aber die Eltern wollten lange nicht zu ihrer Verheirathung einwilligen. Endlich gaben sie nach unter der Bedingung, daß die Hochzeit erst dann solle gefeiert werden, wenn die zwei Liebenden die gute, frische Quelle von dem gegenüber liegenden Berge ganz allein herüber geleitet hätten; dadurch würde die Stadt Trinkwasser erhalten, woran sie bisher Mangel gelitten. Da fingen beide an, den Bach zu graben und arbeiteten ohn Unterlaß. So haben sie vierzig Jahre gegraben, als sie aber fertig waren, starben sie beide in demselben Augenblick.

107.

Der Helfenstein.

Eine Meile von Trautenau in Böhmen, auf dem Riesenberg, liegt der Helfenstein, ein hoher Fels, auf dem sonst ein Raubschloß gestanden, nachher aber versunken ist und weiß niemand, wo die Menschen, die darin lebten, hingekommen sind. Im Jahre 1614 war, viertelwegs davon, zu Maeschendorf, eine junge Magd, die ging nicht weit von diesem Fels Vieh hüten und hatte noch mehr Kinder bei sich. Zu diesen sprach sie: „kommt, laßt uns hin zum Helfenstein, ob wir ihn vielleicht offen finden und das große Weinfaß sehen.“ Da sie hingehen, ist der Felsen offen und eine Eisenthür aufgethan, daran ein Schloß mit vielen Schlüsseln hängt. Aus Neugierde treten sie näher und endlich hinein. Es ist ein ziemlich weites Vorgemach, aber hinten wieder eine Thür. Sie gehen durch, in dem zweiten Gemach liegt allerhand Hausrath, besonders ein groß zehneimerig Faß Wein, davon waren die meisten Dauben abgefallen, allein es hatte sich eine fingersdicke Haut angesetzt, so daß der Wein nicht herauslaufen konnte. Als sie es alle vier mit Händen angriffen, schlotterte es und gab nach, wie ein Ei mit weichen Schalen. Indem sie nun solches betrachten, kommt ein wohlgeputzter Herr aus einer schönen Stube, rothen Federbusch auf dem Hut, in der Hand eine große zinnerne Kanne, Wein zu holen.

Beim Thüraufmachen hatten sie gesehen, daß es in der Stube lustig her=
gehet, an zwei Tischen schöne Manns= und Weibsbilder, haben Musik und
sind fröhlich. Der aber den Wein zapft, heißt sie willkommen und in die
Stube gehen. Sie erschrecken und wünschen sich weit davon, doch spricht
die eine, sie wären zu unsauber und nicht angeschickt, zu so wohlgeputzten
Leuten zu gehen. Er bietet ihnen dennoch Trinken an und reicht die Kanne.
Wie sie sich entschuldigt, heißt er sie warten, bis er für sie eine andere
Kanne geholt. Als er nun weg ist, spricht die Aelteste: „laßt uns hinaus=
gehen, es möchte nicht gut werden; man sagt, die Leute seien in den
Bergen hie verfallen.“ Da gehen sie eilends heraus, hinter sich hören sie
nach wenig Schritten ein Knallen und Fallen, daß sie heftig erschrecken.

Nach einer Stunde sagt die Aelteste wieder: „laßt uns noch einmal
hin und sehen, was das gewesen ist, das so gekracht hat.“ Die andern
wollten nicht, da aber die Große so kühn war, allein hinzugehen, folgten
die andern nach. Sie sehen aber weder Eingang noch eiserne Thür, der
Fels war fest zu. Wie sie das Vieh eingetrieben, erzählten sie alles den
Eltern, diese berichten es dem Verwalter; allein der Fels blieb zu, so oft
man ihn auch in Augenschein genommen.

108.
Die Wiege aus dem Bäumchen.

Bei Baden in Oesterreich stehen die Trümmer des alten Bergschlosses
Rauheneck. In diesen soll ein großer Schatz verborgen liegen, den aber
nur der heben kann, der als Kind in einer Wiege geschaukelt sein wird,
die aus dem Holz des Baumes gezimmert worden ist, der jetzt nur erst
als ein schwaches Reis aus der Mauer des hohen Thurmes zu Rauheneck
sprießt. Verdorrt das Bäumchen und wird es abgehauen, so muß die
Hebung des Schatzes warten, bis es von neuem ausschlägt und wieder
wächst.

109.
Hessenthal.

Die alte Burg Schellenpyrmont liegt nun in Trümmern, da soll der
Sage nach vormals Thusneldens Sitz gewesen sein. Thusnelde hatte
einen Vogel, der reden konnte. Eines Tags kam er aus dem Hessenthal,
einem Waldgrunde am Burgberg, herauf und schrie in einem fort:
„Hessenthal blank, Hessenthal blank!“
damit die in dies Thal schon vorgedrungenen Römer mit ihren blanken
Rüstungen anzudeuten, und die Deutschen gewannen nun Zeit, sich gegen
den Ueberfall des Feindes zu rüsten.

110.

Reinstein.

Unter der uralten Burg Reinstein unweit Blankenburg am Harz liegt ein großes Felsenloch, angefüllt mit allerhand kleinen Steinen, wie man sie sonst nicht auf Gebirgen, sondern blos in Ebenen findet. Wenn jemand von solchen Steinen viel oder wenig nimmt, führt, oder trägt, so kommen sie doch wieder an denselben Ort, da sie sind weggenommen worden, so daß die Höhle immer voll von Steinen bleibt. Es soll aber noch keinem gefrommt haben, dergleichen Steine wegzubringen. Auf dem Fels, sonderlich um die Gegend der Höhle, hört man zur Mittagsstunde oft Schellen läuten, zuweilen auch ein Gehämmer wie von vielen Schmieden.

111.

Der stillstehende Fluß.

Von der Fulde heißt es, so oft ein Fürst aus dem Lande Hessen, sonderlich ein regierender Herr oder dessen Gemahlin bald sterben soll, daß sie wider ihren natürlichen Lauf ganz still stehe und gleichsam der Strom seine Trauer zu erkennen gebe. Man hält das für eine sichere Todesanzeige und haben es die Einwohner mehrmals beobachtet.

112.

Arendsee.

Von dem Arendsee in der Altmark wird folgendes erzählt: an der Stelle, wo jetzt der See und der Ort dieses Namens liegt, stand vor Alters ein großes Schloß. Dieses ging urplötzlich unter und nicht mehr kam davon, als ein Mann und ein Weib. Wie die beiden nun fortgingen, sah sich das Weib ungefähr um und ward der schleunigen Veränderung innen. Verwundert brach sie in die Worte aus: „Arend see!" (Arend sieh! denn jenes war ihres Mannes Name) und darum gab man nachher dem Städtlein die Benennung, das an dem See auferbaut wurde. In diesem See ragt der feinste, weiße Streusand hervor und wann die Sonne hell scheint, soll man (wie auch beim See Brok neben dem Offenberg) noch alle Mauern und Gebäude des versunkenen Schlosses sehen. Einige haben einmal vorgehabt, das Wasser zu gründen, und ein Seil eingelassen; wie sie das herauszogen, fand sich ein Zettel dran mit dem Gebote: laſſet ab von euerem Unternehmen, sonst wird euerm Orte widerfahren, was diesem geschehen ist.

113.

Der Ochsenberg.

In der alten Mark, nicht weit vom zertrümmerten Schloß Alvens=
leben, liegt ein großes, wacker lustiges Dorf, mit Namen Ursleben. Einen
Büchsenschuß hinter dem Dorf stehet ein großer See, genannt Brock
(Bruch), an dessen Stätte war vor alten Zeiten ein schönes Schloß, das
hernach unterging, und seitdem war das große Wasser aufgekommen.
Nämlich es sollen alle Leute drinnen versunken sein, ausgenommen eine
einzige Edeljungfer, die ein Traum kurz vorher warnete. Als nun das
Vieh und die Hühner sonderlich traurige Zeichen eines bevorstehenden
großen Unglücks laut werden ließen, setzte sich diese Jungfrau auf einen
Ochsen und ritt davon. Mit genauer Noth erreichte sie einen dabei ge=
legenen Hügel, hinter ihr drein sank das Schloß zusammen, und wie sie
auf dem Ochsen sitzend sich vom Hügel umsah, war das Gewässer überall
aufgestiegen. Davon heißt der Hügel noch Ossenberg bis auf den
heutigen Tag.

114.

Die Moorjungfern.

Auf der Rhöne ist ein Sumpf, genannt das rothe Moor. Nach der
Volkssage stand daselbst vorzeiten ein Dorf, Namens Poppenrode, das
ist nunmehr versunken. Auf der Moorfläche bei Nacht schweben Lichtchen,
das sind Moorjungfern. An einem andern Ort ebendaselbst liegt auch das
schwarze Moor, schon in alten Urkunden so genannt, und die Sage weiß
auch hier von einem versunkenen Dorf, von welchem noch ein Pflaster
übrig ist, Namens: die steinerne Brücke.

115.

Andreasnacht.

Es ist Glaube, daß ein Mädchen in der Andreasnacht, Thomasnacht,
Christnacht und Neujahrsnacht seinen zukünftigen Liebsten einladen und
sehen kann. Es muß einen Tisch für zwei decken, es dürfen aber keine
Gabeln dabei sein. Was der Liebhaber beim Weggehen zurückläßt, muß
sorgfältig aufgehoben werden, er kommt dann zu derjenigen, die es besitzt
und liebt sie heftig. Es darf ihm aber nie wieder zu Gesicht kommen,
weil er sonst der Qual gedenkt, die er in jener Nacht von übermenschlicher
Gewalt gelitten und er des Zaubers sich bewußt wird, wodurch großes
Unglück entsteht.

Ein schönes Mädchen in Oesterreich begehrte einmal um Mitternacht, unter den nöthigen Gebräuchen, seinen Liebsten zu sehen, worauf ein Schuster mit einem Dolche daher trat, ihr denselben zuwarf und schnell wieder verschwand. Sie hob den nach ihr geworfenen Dolch auf und schloß ihn in eine Truhe. Bald kam der Schuster und hielt um sie an. Etliche Jahre nach ihrer Verheirathung ging sie einstmals Sonntags, als die Vesper vorbei war, zu ihrer Truhe, etwas hervorzusuchen, das sie folgenden Tag zur Arbeit vornehmen wollte. Als sie die Truhe geöffnet, kommt ihr Mann zu ihr und will hineinschauen; sie hält ihn ab, aber er stößt sie mit Gewalt weg, sieht in die Truhe und erblickt seinen verlornen Dolch. Alsbald ergreift er ihn und begehrt kurz zu wissen, wie sie solchen bekommen, weil er ihn zu einer gewissen Zeit verloren hätte. Sie weiß in der Bestürzung und Angst sich auf keine Ausrede zu besinnen, sondern bekennet frei, es sei derselbe Dolch, den er ihr in jener Nacht hinterlassen, wo sie ihn zu sehen begehrt. Da ergrimmte der Mann und sprach mit einem fürchterlichen Fluch: „Hur! so bist Du die Dirne, die mich in jener Nacht so unmenschlich geängstiget hat!" und stößt ihr damit den Dolch mitten durchs Herz.

Diese Sage wird an verschiedenen Orten von andern Menschen erzählt. Mündlich: von einem Jäger, der seinen Hirschfänger zurückläßt; in dem ersten Wochenbett schickt ihn die Frau über ihren Kasten, Weißzeug zu holen und denkt nicht, das dort das Zaubergeräth liegt, das er findet und womit er sie tödtet.

116.
Der Liebhaber zum Essen eingeladen.

Zu Saalfeld in Thüringen war eine Schösserin (Steuereinnehmerin), die sich heimlich in ihren Schreiber verliebte. Durch Zauberei aber wollte sie ihn gewinnen, ließ ein frisches Brot backen und steckte mitten in der heiligen Christnacht kreuzweise zwei Messer hinein, indem sie etliche Worte dazu murmelte. Darauf kam der Schreiber aus dem Schlafe ganz nackigt zur Stube hereingesprungen, setzte sich nieder am Tisch und sah sie scharf an. Sie stand auf und lief davon, da zog er beide Messer aus dem Brot und warf sie hinter ihr drein und hätte sie bald sehr verletzt. Hernach ging er wieder zurück; eine Muhme, die in der Stube zugegen war, erschrak so heftig, daß sie etliche Wochen krank niederliegen mußte. Der Schreiber soll den folgenden Tag zu den Hausleuten gesagt haben: er möchte nur gern wissen, welche Frau ihn verwichene Nacht so geängstet habe; er wäre so abgemattet, daß er es kaum sagen könne, denn er hätte sollen mit fortkommen und sich nicht genugsam erwehren können; er hätte auch beten mögen, was er gewollt, so wäre er getrieben worden.

Dieselbe alte Frau, die diese Geschichte erzählte, fügte hinzu: auch
zu Coburg haben einmal einige Edeljungfrauen von neunerlei Essen etwas
aufgehoben und um Mitternacht aufgestellt und sich dabei zu Tische gesetzt.
Darauf kamen ihre Liebsten alle, jeder brachte ein Messer mit und wollten
sich zu ihnen niederlassen. Darüber entsetzten sich die Jungfrauen und
flohen; einer aber nahm das Messer und warf hinterher; sie schaute um,
blickte ihn an und hob das Messer auf. Ein andermal soll statt des
eingeladenen Buhlen der leibhaftige Tod in die Stube gekommen sein und
sein Stundenglas bei einer niedergesetzt haben, die denn auch das Jahr
über verstarb.

In Schlesien haben sich drei Hoffräulein in einer heiligen Nacht an
einen gedeckten Tisch gesetzt und ihre zukünftigen Liebhaber erwartet, deren
jedem ein Teller hingestellt war. Sie sind auch auf diese Einladung
erschienen, aber nur zweie, die sich zu zwei Jungfrauen gesetzt; der dritte
ist ausgeblieben. Als nun die Verlassene darüber traurig und ungeduldig
geworden, endlich nach langem vergeblichen Warten aufgestanden und sich
ans Fenster gestellt, hat sie gegenüber einen Sarg erblickt, darin eine
Jungfrau gelegen, ihr ganz gleich gestaltet, worüber sie erkrankte und
bald darauf starb. Nach einer mündlichen Erzählung kommt die Todten-
lade in die Stube, sie geht darauf zu, die Bretter thun sich auf und sie
fällt todt hinein.

<hr />

117.
Die Christnacht.

Abergläubische Mägde, um Träume von ihren Liebsten zu bekommen,
kaufen frühe des Tags vor dem heiligen Abend um einen Pfennig
Semmel und zwar das letzte Stößchen, das auf einem Ende zu ist.
Weiter schneiden sie ein bischen Rinde unten ab, binden es unter den
rechten Arm und gehen fleißig den ganzen Tag damit herum, Hernach
beim Schlafengehen legen sie es unter den Kopf in der Christnacht und
sprechen dabei:

> „jetzt hab ich mich gelegt und Brot bei mir,
> wenn doch nun mein Feinslieb käme und äße mit mir!“

Darüber soll es geschehen, daß zur Mitternacht von solcher Semmelrinde
etwas genagt wird, und daran kann man frühmorgens erkennen, daß
der Liebste sie das Jahr über heirathen werde. Ist aber das Brot
unverletzt gelassen, so haben sie schlechte Hoffnung. Also soll es sich
begeben haben (1657 zu Leipzig), daß da ihrer zwei beieinander in einem
Bette schliefen, die eine hatte solches Brot unter sich liegen, die andere
nicht. Diese hörte Nachts ein Knarren und Nagen, fürchtete sich und
rüttelte ihre Gespielin, die aber in festem Schlaf lag und nichts gewahr
wurde, bis sie aus den Träumereien erwachte. Als sie nun Morgens

das Brot besichtigten, war ein Kreuz hineingefressen. Das Weibsbild soll bald darauf einen Soldaten zum Mann bekommen haben.

Die alte Saalfelder Frau erzählte, daß andere ein Gefäß mit Wasser nehmen und es mit einem gewissen kleinen Maaß in ein ander Gefäß messen. Sie thun dies aber etlichemal und sehen zu, ob sie in den wiederholten Bemessungen mehr Wasser antreffen, als zuerst. Daraus schließen sie, daß sie das folgende Jahr über zunehmen werden an Hab und Gütern. Befinden sie einerlei Maaß, so glauben sie, daß ihr Schicksal stillstehe, und sie weder Glück noch Unglück haben werden. Ist aber zuletzt weniger Wasser, so entnehmen sie, daß ihr gutes Wohlergehn und Gedeihen zurückgehe. Der Saalfelder Frau war das mittelste einmal zu Händen gekommen.

Andere nehmen einen Erbschlüssel und einen Knäul Zwirn, binden den Zwirn fest an den Schlüssel und bewinden das Knaul, damit es nicht weiter ablaufe, als sie es vorher haben laufen lassen. Sie lassen es aber bei ein Ellen oder sechs los; dann stecken sie dies Gebäumel zum Fenster aus und bewegen es von einer Seite zur andern an den äußerlichen Wänden und sprechen dabei; „horch! horch!" so sollen sie von der Seite und Gegend oder dem Orte her eine Stimme vernehmen, dahin sie werden zu freien und zu wohnen kommen. Andere greifen zur Thüre hinaus und haben, wenn sie die Hand hereinziehen, einige Haare von ihrem zukünftigen Liebsten darin.

118.
Das Hemdabwerfen.

Zu Coburg saßen am Weihnachtsabend mehrere Mädchen zusammen, waren neugierig und wollten ihre künftigen Liebhaber erkundigen. Nun hatten sie Tags vorher neunerlei Holz geschnitten und als die Mitternacht kam, machten sie ein Feuer im Gemach und die erste zog ihre Kleider ab, warf ihr Hemd vor die Stubenthüre hinaus und sprach bei dem Feuer sitzend:

> „hier sitz ich splitterfasenackt und bloß,
> wenn doch mein Liebster käme
> und würfe mir mein Hemde in den Schooß!"

Hernach wurde ihr das Hemd wieder hereingeworfen und sie merkte auf das Gesicht dessen, der es that; dies kam mit dem überein, der sie nachdem freite. Die andern Mädchen kleideten sich auch aus, allein sie fehlten darin, daß sie ihre Hemden zusammen in einen Klump gewickelt hinauswarfen. Da konnten sich die Geister nicht finden, sondern huben an zu lärmen und zu poltern, dermaßen, daß den Mädchen grausete. Flugs gossen sie ihr Feuer aus und krochen zu Bette bis frühe, da lagen ihre Hemden vor den Thüren in viel tausend kleine Fetzen zerrissen.

119.

Kryſtallſchauen.

Eine ſchöne und adlige Jungfrau und ein edler Jüngling trugen
heftige Liebe zu einander, ſie aber konnte von ihren Stiefeltern die Erlaubniß zur Verheirathung nicht erlangen, worüber ſie beide in großer
Trauer lebten. Nun begab ſich, daß ein altes Weib, welches Zutritt im
Hauſe hatte, zu der Jungfrau kam, ſie tröſtete und ſprach: „der, den ſie
liebe, werde ihr gewiß noch zu Theil werden." Die Jungfrau, die das
gern hörte, fragte, wie ſie das wiſſen könne? „Ei, Fräulein", ſprach die
Alte, „ich habe die Gnade von Gott, zukünftige Dinge vorher zu entdecken,
darum kann mir dieſes ſo wenig, als viel anderes, verborgen ſein. Euch
allen Zweifel zu benehmen, will ich euch, wie es damit gehen wird, in
einem Kryſtall ſo klärlich beweiſen, daß ihr meine Kunſt loben ſollt. Aber
wir müſſen eine Zeit dazu wählen, wo eure Eltern nicht daheim ſind;
dann ſollt ihr Wunder ſehen."

Die Jungfrau wartete, bis ihre Eltern auf ein Landgut gefahren
waren und ging dann zu dem Lehrer ihres Bruders, dem Johann Rüſt,
der hernach als Dichter berühmt geworden, vertraute ihm ihr Vorhaben
und bat ihn gar ſehr, mit zu gehen und dabei zu ſein, wenn ſie in den
Kryſtall ſchaue. Dieſer ſuchte ihr einen ſolchen Vorwitz als ſündlich auszureden, der Urſache zu großem Unglück werden könne; aber es war vergeblich, ſie blieb bei ihrem Sinn, ſo daß er ſich endlich auf ihr inſtändiges
Bitten bewegen ließ, ſie zu begleiten. Als ſie in die Kammer traten, war
das alte Weib beſchäftigt, ihre Geräthſchaften aus einem kleinen Korbe
herauszuziehen, ſah aber ungern, daß dieſer Rüſt die Jungfrau begleitete
und ſagte, ſie könne ihm an den Augen abſehen, daß er von ihrer Kunſt
nicht viel halte. Hierauf hub ſie an und breitete ein blauſeiden Tüchlein
darin wunderliche Bilder von Drachen, Schlangen und anderm Gethier ein-
genäht waren, über die Tafel, ſetzte auf dieſes Tuch eine grüne gläſerne
Schale, legte darein ein anderes goldfarbenes Seidentuch und ſetzte endlich
auf dieſes eine ziemlich große kryſtallene Kugel, welche ſie aber mit einem
weißen Tuch wieder deckte. Dann begann ſie, unter wunderlichen Gebärden, etwas bei ſich ſelbſt zu murmeln und nachdem das geendigt war,
nahm ſie mit großer Ehrerbietung die Kugel rief die Jungfrau und ihren
Begleiter zu ſich ans Fenſter und hieß ſie hineinſchauen.

Anfangs ſahen ſie nichts, nun aber trat in dem Kryſtall die Braut
hervor in überaus köſtlicher Kleidung; eben ſo prächtig angethan, als wäre
heut ihr Hochzeittag. So herrlich ſie erſchien, ſo ſah ſie doch betrübt und
traurig aus, ja ihr Antlitz hatte eine ſolche Todtenfarbe, daß man ſie ohne
Mitleid nicht betrachten konnt. Die Jungfrau ſchaute ihr Bild mit
Schrecken an, der aber bald noch größer ward, als gerade gegenüber ihr

Liebster hervorkam, mit so grausamen und gräßlichen Gesichtszügen, der sonst ein so freundlicher Mensch war, daß man hätte erzittern mögen. Er trug, wie einer der von einer Reise kommt, Stiefel und Sporn und hatte einen grauen Mantel mit goldnen Knöpfen um. Er holte daraus zwei neublinkende Pistolen hervor und, indem er in jede Hand eine faßte, richtete er die eine auf sein Herz, die andere setzte er der Jungfrau an die Stirne. Die Zuschauer wußten vor Angst weder aus noch ein, sahen aber, wie er die eine Pistole, die er an die Stirne seiner Liebsten gesetzt, losdrückte, wobei sie einen dumpfen, fernen Schall vernahmen. Nun geriethen sie in solches Grausen, daß sie sich nicht bewegen konnten bis sie endlich zitternd und mit schwankenden Tritten zur Kammer hinausgelangten und sich etwas wieder erholten.

Dem alten Weib, welches nicht gedacht, daß die Sache also ablaufen würde, war selbst nicht ganz wohl zu Muth; es eilte daher über Hals und Kopf hinaus und ließ sich so bald nicht wieder sehen. Bei der Jungfrau konnte der Schrecken die Liebe nicht auslöschen, aber die Stiefeltern beharrten auch bei dem Entschluß, ihre Einwilligung zu verweigern. Ja, sie brachten es endlich durch Drohen und Zwang dahin, daß sie sich mit einem vornehmen Hofbeamten in der Nachbarschaft verloben mußte; daraus erwuchs der Jungfrau erst das rechte Herzeleid, denn sie verbrachte nun ihre Zeit in nichts als Seufzen und Weinen, und ihr Liebster wurde fast in die äußerste Verzweiflung gerissen.

Inzwischen ward die Hochzeit angesetzt und, da einige fürstliche Personen zugegen sein sollten, um so viel herrlicher zugerichtet. Als der Tag kam, wo die Braut im größten Gepränge sollte abgeholt werden, schickte dazu die Fürstin ihren mit sechs Pferden bespannten Leibwagen sammt einigen Hofdienern und Reitern; an welchen Zug sich die vornehmsten Anverwandte und Freunde der Braut anschlossen und also in stattlicher Ordnung auszogen. Dieses alles hatte der erste Liebhaber ausgekundschaftet und war als ein Verzweifelter entschlossen, dem andern seine Liebste lebendig nicht zu überlassen. Er hatte zu dem Ende ein paar gute Pistolen gekauft und wollte mit der einen die Braut, mit der andern hernach sich selbst tödten. Zu dem Ort der Ausführung war ein etwa zehn bis zwölf Schritte vor dem Thor gelegenes Haus, bei welchem die Braut vorbei mußte, von ihm ausersehen. Als nun der ganze prächtige Zug von Wagen und Reitern, den eine große Menge Volks begleitete, daher kam, schoß er mit der einen Pistole in den Brautwagen hinein. Allein der Schuß geschah ein wenig zu früh, also daß die Braut unversehrt blieb, einer andern Edelfrau aber, die im Schlag saß, ihr etwas hoher Kopfputz herabgeschossen ward. Da diese in Ohnmacht sank und jedermann herbei eilte, hatte der Thäter Zeit, durch das Haus zur Hinterthür hinaus zu entfliehen und, indem er über ein ziemlich breites Wasser glücklich sprang, sich zu retten. Sobald die Erschrockene wieder zu sich selbst gebracht war, setzte sich der Zug aufs neue in Bewegung und die Hochzeit wurde mit der größten Pracht gefeiert. Doch die Braut hatte dabei ein trauriges Herz, welche nun der Kryftallschauung nachdachte und sich den Erfolg davon zu Gemüthe zog. Auch war ihre Ehe unglücklich, denn ihr Mann war ein harter und böser Mensch, der das tugendhafte und holdselige Fräulein, ungeachtet ihm ein liebes Kind geboren war, auf das graufamste behandelte.

120.

Zauberkräuter kochen.

Im Jahre 1672 hat sich zu Erfurt begeben, daß die Magd eines Schreiners und ein Färbersgefell, die in einem Haufe gedient, einen Liebeshandel mit einander angefangen, welcher in Leichtfertigkeit einige Zeit gedauert. Hernach ward der Gefell deffen überdrüffig, wanderte weiter und ging in Langenfalza bei einem Meister in Arbeit. Die Magd aber konnte die Liebesgedanken nicht los werden und wollte ihren Buhlen durchaus wieder haben. Am heiligen Pfingsttage, da alle Hausgenoffen, der Lehrjunge ausgenommen, in der Kirche waren, that sie gewiffe Kräuter in einen Topf, setzte ihn zum Feuer und sobald solche zu sieden kamen, hat auch ihr Buhle zugegen sein müffen. Nun trug sich zu, daß, als der Topf beim Feuer stand und brodelte, der Lehrjunge, unwiffend, was darin ist, ihn näher zur Gluth rückt und seine Pfanne mit Leim an deffen Stelle setzt. Sobald jener Topf mit den Kräutern näher zu der Feuerhitze gekommen, hat sich etliche mal darin eine Stimme vernehmen laffen und gesprochen: „komm, komm, Hanfel, komm! komm, komm, Hanfel, komm!" Indem aber der Bube seinen Leim umrührt, fällt es hinter ihm nieder wie ein Sack und als er sich umschaut, sieht er einen jungen Kerl daliegen, der nichts als ein Hemd am Leibe hat, worüber er ein jämmerlich Geschrei anhebt. Die Magd kam gelaufen, auch andere im Haus wohnende Leute, zu sehen, warum der Bube so heftig geschrieen, und fanden den guten Gefellen als einen aus tiefem Schlaf erwachten Menschen also im Hemde liegen. Indeffen ermunterte er sich etwas und erzählte auf Befragen, es wäre ein großes schwarzes Thier, ganz zottigt, wie ein Bock gestaltet, zu ihm vor sein Bett gekommen und habe ihn also geängstigt, daß es ihn alsbald auf seine Hörner gefaßt und zum großen Fenster mit ihm hinausgefahren. Wie ihm weiter geschehen, wiffe er nicht, auch habe er nichts sonderliches empfunden, nun aber befinde er sich so weit weg, denn gegen acht Uhr habe er noch zu Langenfalza im Bett gelegen und jetzt wäre er zu Erfurt kaum halber neun. Er könne nicht anders glauben, als daß die Katharine, seine vorige Liebste, dieses zu Wege gebracht, indem sie bei seiner Abreise zu ihm gesprochen, wenn er nicht bald wieder zu ihr käme, wollte sie ihn auf dem Bock holen lassen. Die Magd hat, nachdem man ihr gedroht, sie als eine Hexe der Obrigkeit zu über= antworten, anfangen herzlich zu weinen und gestanden, daß ein altes Weib, dessen Namen sie auch nannte, sie dazu überredet und ihr Kräuter ge= geben, mit der Unterweisung: wenn sie die sachte würde kochen lassen müsse ihr Buhle erscheinen, er sei auch so weit er immer wolle.

121.
Der Salzknecht in Pommern.

In Pommern hatte ein Salzknecht ein altes Weib, das eine Zauberin war, bei dem er nicht gern bliebe und darum einsmals vorgab, er wolle nach Hessen in seine Heimath wandern, allda seine Freunde zu besuchen. Weil sie aber besorgte, er würde nicht wiederkommen, wollte sie ihn nicht weglassen, nichtsdestoweniger reiste er fort. Wie er nun etliche Tage zu= rückgelegt, kommt hinter ihm auf dem Weg ein schwarzer Bock, schlupft ihm zwischen die Beine, erhebt und führt ihn wieder zurück und zwar, nicht über die Landwege, sondern geradezu durch dick und dünn, durch Feld und Wald, über Wasser und Land, und setzt ihn in wenig Stunden vor dem Thor nieder, in Angst, Zittern, Schweiß und Ohnmacht. Das Weib aber heißt ihn mit höhnischen Worten willkommen und spricht: „schau! bist du wieder da? so soll man dich lehren daheim bleiben!" Hierauf that sie ihm andere Kleider an und gab ihm zu essen, daß er wieder zu sich selbst käme.

122.
Jungfer Eli.

Vor hundert und mehr Jahren lebte in dem münsterischen Stift Frekenhorst eine Abtissin, eine sehr fromme Frau, bei dieser diente eine Haushälterin, Jungfer Eli genannt, die war bös und geizig und wenn arme Leute kamen, ein Almosen zu bitten, trieb sie sie mit einer Peitsche fort und band die kleine Glocke vor der Thür fest, daß die Armen nicht läuten konnten. Endlich ward Jungfer Eli todtkrank, man rief den Pfarrer, sie zum Tode vorzubereiten und als der durch der Abtissin Baumgarten ging, sah er Jungfer Eli in ihrem grünen Hütchen mit weißen Federn auf dem Apfelbaum sitzen, wie er aber ins Haus kam, lag sie auch wieder in ihrem Bette und war böse und gottlos, wie immer, wollte nichts von Besserung hören, sondern drehte sich um nach der Wand, wenn ihr der Pfarrer zureden wollte und so verschied sie. Sobald sie die Augen schloß, zersprang die Glocke und bald darauf fing sie an, in

der Abtei zu spuken. Als eines Tags die Mägde in der Küche saßen und
Bizebohnen schnitten, fuhr sie mit Gebraus zwischen ihnen her, gerade wie
sie sonst leibte und lebte und rief: „schniet ju nich in de Finger, schniet
ju nich in de Finger!" und gingen die Mägde zur Milch, so saß Jungfer
Eli auf dem Stege und wollte sie nicht vorbeilassen, wenn sie aber riefen:
„in Gottes Namen gah wieder her" mußte sie weichen und dann lief sie
hinterher, zeigte ihnen eine schöne Torte und sprach; „Tart! Tart!"
wollten sie die nun nicht nehmen, so warf sie die Torte mit höllischem
Gelächter auf die Erde und da war's ein Kuhfladen. Auch die Knechte
sahen sie, wenn sie Holz haueten, da flog sie immer von einem Baumzweig
im Wald zum andern. Nachts polterte sie im Hause herum, warf Töpfe
und Schüsseln durcheinander und störte die Leute aus dem Schlaf. Endlich
erschien sie auch der Abtissin selbst auf dem Wege nach Warendorf, hielt
die Pferde an und wollte in den Wagen hinein, die Abtissin aber sprach:
„ich hab nichts zu schaffen mit dir, hast du Uebel gethan, so ist's nicht
mein Wille gewesen." Jungfer Eli wollte sich aber nicht abweisen lassen.
Da warf die Abtissin einen Handschuh aus dem Wagen und befahl ihr,
den wieder aufzuheben und während sie sich bückte,, trieb die Abtissin den
Fuhrmann an und sprach: „fahr zu, so schnell du kannst und wenn auch
die Pferde drüber zu Grunde gehen!" So jagte der Fuhrmann und sie
kamen glücklich nach Warendorf. Die Abtissin endlich, des vielen Lärmens
überdrüssig, berief alle Geistliche der ganzen Gegend, die sollten Jungfer
Eli verbannen. Die Geistlichen versammelten sich auf dem Herrenchor und
fingen an, das Gespenst zu citiren, allein sie wollte nicht erscheinen und
eine Stimme rief: „he kickt, he kickt!" Da sprach die Geistlichkeit; „hier
muß jemand in der Kirche verborgen sein, der zuhorcht;" suchten und
fanden einen kleinen Knaben, der sich aus Neugierde drin versteckt hatte.
Sobald der Knabe hinausgejagt war, erschien Jungfer Eli und ward in
die Davert verbannt. Die Davert ist aber ein Wald im Münsterschen,
wo Geister umgehen und wohin alle Gespenster verwiesen werden. Alle
Jahr einmal fährt nun noch, wie die Sage geht, Jungfer Eli über die
Abtei zu Freckenhorst mit schrecklichem Gebraus und schlägt einige Fenster=
scheiben ein oder dergleichen und alle vier Hochzeiten kommt sie einen
Hahnenschritt näher.

123.

Die weiße Frau.

Die schloßweiße Frau erscheint in Wäldern und auf Wiesen, bis=
weilen kommt sie in Pferdeställe mit brennenden Wachskerzen, kämmt und
putzt die Pferde und Wachstropfen fallen auf die Mähnen der Pferde.
Sie soll, wann sie ausgehet, hell sehen, in ihrer Wohnung aber blind sein.

124.

Taube zeigt einen Schatz.

Als Herzog Heinrich von Breslau die Stadt Krakau erobert hatte, ging er in das Münster daselbst, kniete als ein frommer Mann vor dem Altar unserer Frauen nieder und dankte ihr, daß sie ihm Gnade erzeigt und sein Leid in Freud gewendet hätte. Und als er aufgestanden war, erblickte er eine Taube, sah ihrem Fluge nach und bemerkte, wie sie sich über einem Pfeiler auf das Gesims eines Bogen setzte. Dann nahm er wahr, wie sie mit dem Schnabel in die Mauer pickte und mit den Füßen Mörtel und Stein hinter sich schob. Bald darauf lag unten ein Goldstück, das herabgefallen war. Der Herzog nahm es auf und sprach: „das hat die Taube herausgestochen, deß sollte leicht noch mehr da sein." Alsbald ließ er eine Leiter holen und schickte nach einem Maurer, der sollt sehen, was sich oben fände. Der Maurer stieg hinauf, nahm den Meißel in die Hand und bei dem ersten Schlag in die Wand entdeckte er, daß da ein großer Schatz von Gold lag. Da rief er: „Herr, gebt mir einen guten Lohn, hier liegt des glänzenden Goldes unmaßen viel." Der Herzog ließ die Mauer aufbrechen und den Hort herabnehmen, den Gott ihm gab. Als man es wog, waren es fünfzig tausend Mark.

125.

Taube hält den Feind ab.

Im dreißigjährigen Krieg wurde die Stadt Höxter oder Huxar im Corvei'schen von den kaiserlichen Soldaten eingeschlossen und konnte nicht eingenommen werden; endlich kam der Befehl, sie sollte mit schwerem Geschütz geängstigt und gezwungen werden. Wie nun bei einbrechender Nacht der Fähndrich die erste Kanone losbrennen wollte, flog eine Taube und pickte ihm auf die Hand, so daß er das Zündloch verfehlte. Da sprach er: „es ist Gottes Willen, daß ich nicht schießen soll" und ließ ab. In der Nacht kamen die Schweden und die Kaiserlichen mußten abziehen; so war die Stadt diesmal gerettet.

.

126.

Der Glockenguß zu Breslau.

Als die Glocke zu S. Maria Magdalena in Breslau gegossen werden sollte und alles dazu fast fertig war, ging der Gießer zuvor zum Essen, verbot aber dem Lehrjungen bei Leib und Leben, den Hahn am Schmelz=

keffel anzurühren. Der Lehrjunge aber war vorwitzig und neugierig, wie das glühende Metall doch aussehen möge, und wie er so den Krahn bewegte und anregte, fuhr er ihm wider Willen ganz heraus und das Metall rann und rann in die zubereitete Form. Höchst bestürzt weiß sich der arme Junge gar nicht zu helfen, endlich wagt er's doch und geht weinend in die Stube und bekennt seinem Meister, den er um Gotteswillen um Verzeihung bittet. Der Meister aber wird vom Zorn ergriffen, zieht das Schwert und ersticht den Jungen auf der Stelle. Dann eilt er hinaus, will sehen, was noch vom Werk zu retten sei und räumt nach der Verkühlung ab. Als er abgeräumt hatte, siehe, so war die ganze Glocke trefflich wohl ausgegossen und ohne Fehl; voll Freude kehrte der Meister in die Stube zurück und sah nun erst, was für Uebels er gethan hatte. Der Lehrjunge war verblichen, der Meister wurde eingezogen und von den Richtern zum Schwert verurtheilt. Inmittelst war auch die Glocke aufgezogen worden, da bat der Glockengießer flehentlich: ob sie nicht noch geläutet werden dürfte, er möchte ihren Resonnanz auch wohl hören, da er sie doch zugerichtet hätte, wenn er die Ehre vor seinem letzten Ende von den Herren haben könnte. Die Obrigkeit ließ ihm willfahren und seit der Zeit wird mit dieser Glocke allen armen Sündern, wenn sie vom Rathhaus herunterkommen, geläutet. Die Glocke ist so schwer, daß wenn man funfzig Schläge gezogen hat, sie andere funfzig von selbst gehet.

127.
Der Glockenguß zu Attendorn.

Zu Attendorn, einem cölnischen Städtchen in Westphalen, wohnte bei Menschengedenken eine Wittwe, die ihren Sohn nach Holland schickte, dort die Handlung zu lernen. Dieser stellte sich so wohl an, daß er alle Jahr seiner Mutter von dem Erwerb schicken konnte. Einmal sandte er ihr eine Platte von purem Gold, aber schwarz angestrichen, neben andern Waaren. Die Mutter, von dem Werth des Geschenks unberichtet, stellte die Platte unter eine Bank in ihrem Laden, allwo sie stehen blieb, bis ein Glockengießer ins Land kam, bei welchem die Attendorner eine Glocke gießen und das Metall dazu von der Bürgerschaft erbetteln zu lassen beschlossen. Die, so das Erz sammelten, bekamen allerhand zerbrochene eherne Häfen, und als sie vor dieser Wittwe Thür kamen, gab sie ihnen ihres Sohnes Gold, weil sie es nicht kannte und sonst kein zerbrochen Geschirr hatte.

Der Glockengießer, so nach Arensberg verreist war, um auch dort einige Glocken zu verfertigen, hatte einen Gesellen zu Attendorn hinterlassen, mit Befehl, die Form zu fertigen und alle sonstigen Anstalten zu treffen, doch den Guß einzuhalten, bis zu seiner Ankunft. Als aber der Meister nicht kam und der Gesell selbst gern eine Probe thun wollte, so

fuhr er mit dem Guß fort und verfertigte den Attendornern eine von Ge=
stalt und Klang so angenehme Glocke, daß sie ihm solche bei seinem Ab=
schied (denn er wollte zu seinem Meister nach Arensberg, ihm die Zeitung
von der glücklichen Verrichtung zu bringen) so lang nachläuten wollten,
als er sie hören könnte. Ueber das folgten ihm etliche nach, mit Kannen
in den Händen und sprachen ihm mit dem Trunk zu. Als er nun in
solcher Ehr und Fröhlichkeit bis auf die steinerne Brücke (zwischen Atten=
dorn und dem fürstenbergischen Schloß Schnellenberg) gelanget, begegnet
ihm der Meister, welcher alsobald mit den Worten: „was hast du gethan,
du Bestia!" ihm eine Kugel durch den Kopf jagte. Zu den Geleitsleuten
aber sprach er: „der Kerl hat die Glocke gegossen, wie ein anderer Schelm,
er wäre erbietig, solche umzugießen und der Stadt ein ander Werk zu
machen." Ritte darauf hinein und wiederholte seine Reden, als ob er den
Handel gar wohl ausgerichtet. Aber er wurde wegen der Mordthat er=
griffen und gefragt, was ihn doch dazu bewogen, da sie mit der Arbeit
des Gesellen doch vollkommen zufrieden gewesen? Endlich bekannte er, wie
er an dem Klang abgenommen, daß eine gute Masse Gold bei der Glocke
wäre, so er nicht dazu kommen lassen, sondern weggezwackt haben wollte,
dafern sein Gesell befohlnermaßen mit dem Guß seine Ankunft abgewartet,
weswegen er ihm den Rest gegeben.

Hierauf wurde dem Glockenmeister der Kopf abgeschlagen, dem Gesell
aber auf der Brücke, wo er sein End genommen, ein eisern Kreuz zum
ewigen Gedächtniß aufgerichtet. Unterdessen konnte niemand erfinnen, wo=
her das Gold zu der Glocke gekommen, bis der Wittwe Sohn mit Freuden
und großem Reichthum beladen nach Haus kehrte und vergeblich betrauerte,
daß sein Gold zween um das Leben gebracht, einen unschuldig und einen
schuldig, gleichwohl hat er dieses Gold nicht wieder verlangt, weil ihn Gott
anderwärts reichlich gesegnet.

Längst hernach hat das Wetter in den Kirchthurm geschlagen und wie
sonst alles verzehrt, außer dem Gemäuer, auch die Glocke geschmelzt.
Worauf in der Asche Erz gefunden worden, welches an Gehalt den Gold=
gülden gleich gewesen, woraus derselbige Thurm wieder hergestellt und mit
Blei gedeckt worden.

128.

Die Müllerin.

Zwischen Ems und Wels in Oesterreich auf einer einsamen Mühle
lebte ein Müller, der war an einem Sonntag Morgen, nach üblicher Weise,
mit allen seinen Knechten in die Kirche gegangen und nur seine Frau, die
ihre Niederkunft bald erwartete, daheim geblieben. Als die Müllerin so
allein saß, kam die Hebamme, gleichsam zum Besuch, zu sehen, wie es mit

ihr stehe. Die Müllerin war ihr freundlich, trug etwas auf und sie setzten sich zusammen an den Tisch. Während sie aßen, ließ die Hebamme das Messer fallen und sprach: „hebt mir einmal das Messer auf!" „Ei! ant= wortete die Müllerin, ihr redet wunderlich, ihr wißt doch, daß mir das Bücken saurer wird, als euch," doch ließ sie's hingehen, hob das Messer auf, reichte es ihr, und wie sie es reichte noch im Bücken, faßte die Heb= amme das Messer in die Faust, zückte und sprach: „nun gebt mir euer Geld, das baar bei euch liegt, oder ich stech euch die kalte Klinge in die Brust!" Die Müllerin erschrak, faßte sich aber und sagte: „komm mit mir hinüber in die Kammer, da liegt im Schrank, was wir haben, und nehmt's." Die Hebamme folgte ihr, nahm das Geld aus dem Schrank, und weil es ihrer Habsucht nicht genug war, suchte sie noch weiter in andern Gefächern. Diesen Augenblick benutzte die Müllerin, trat schnell hinaus und schloß die Thüre fest zu, und da vor den Fenstern starke eiserne Gitter standen, so war die Hebamme in der Kammer eingefangen. Nun rief die Frau ihr siebenjähriges Söhnlein und sprach: „eil dich und lauf zum Vater in die Kirche, ich bät ihn, eilend mit seinen Knechten heimzu= kommen, ich wär in großer Gefahr." Das Kind lief fort, aber nicht weit von der Mühle traf es auf den Mann der Hebamme, der verabredeter= maßen kam, den Raub fortzutragen. Als er das Kind sah, faßte er's und riß es mit sich zur Mühle zurück. Die Müllerin, die ihren Mann erwartend, am Fenster stand, sah ihn kommen, verschloß alsbald die Haus= thüre und schob alle Riegel vor. Als der Mann heran war, rief er, sie sollte ihm öffnen und, da sie es nicht that, stieß er wüthend dagegen und hoffte sie einzutreten. Die Müllerin schrie nun mit allen Kräften zu einem Fenster hinaus nach Hülfe, aber, weil die Mühle zu fern, auch mit Ge= büsch umwachsen lag, ward sie von niemand gehört. Indeß wich die Thür den Stößen des Mannes nicht und da er sah, in welche Gefahr er und seine Frau gerathe, wenn er sich so lang aufhalte, bis der Müller aus der Kirche käme, zog er sein Messer und rief der Müllerin: wo ihr nicht gleich öffnet, so stech ich das Kind vor euern Augen nieder und zünde die Mühle euch über dem Kopf an"; faßte auch das Kind, daß es laut zu schreien anfing. Da eilte die Müllerin und wollte die Thür öffnen, aber wie sie davor stand, ging ihr der Gedanken durchs Herz, daß der Mörder sie nur herauslocken wolle, um sie selbst und mit ihr das Kind in ihrem Leibe zu tödten, so daß sie ein paar Augenblicke schwankte. Der Mann zauderte nicht, stach dem Knaben das Messer in die Brust, lief dann um die Mühle und suchte einen Eingang. Da fiel der Müllerin, die von dem allen nichts wußte, ein, sie wollte die Räder in Bewegung setzen, vielleicht lockte das am Sonntag ungewöhnliche Klappern Menschen zu ihrer Hülfe herbei. Der Mörder aber wollte gerade durch das stehende Rad in die Mühle eindringen, hatte eben den Fuß auf eine Speiche gesetzt und wär' ohne Zweifel hineingeschlüpft, als in dem nämlichen Augenblick, nach Gottes wundervoller Schickung, das losgelassene Rad anhub sich zu drehen, ihn hinunterschlug und jämmerlich zermalmte.

Bald darauf kam der Müller mit seinen Knechten heim. Als er die Kammer aufschloß, worin die Hebamme gefangen war, lag sie todt auf der Erde und war vor Angst und Schrecken vom Schlag gerührt.

<hr />

129.

Johann Hübner.

Auf dem Geissenbirge in Westphalen stehen noch die Mauern von einer Burg, da vor Alters Räuber gewohnt. Sie gingen Nacht ins Land umher, stahlen den Leuten das Vieh und trieben es dort in den Hof, wo ein großer Stall war und darnach verkauften sie's weit weg an fremde Leute. Der letzte Räuber, der hier gewohnt hat, hieß Johann Hübner. Er hatte eiserne Kleider an und war stärker als alle andere Männer im ganzen Land. Er hatte nur ein Auge und einen großen krausen Bart und Haare. Am Tage saß er mit seinen Knechten in einer Ecke, wo man noch das zerbrochene Fenster sieht, da tranken sie zusammen. Johann Hübner sah mit dem einen Auge sehr weit durchs ganze Land umher; wenn er dann einen Reiter sah, da rief er: „heloh! da reitet ein Reiter! ein schönes Roß! Heloh!" Dann zogen sie hinaus, gaben acht, wann er kam, nahmen ihm das Roß und schlugen ihn todt. Nun war ein Fürst von Dillenburg, der schwarze Christian genannt, ein sehr starker Mann, der hörte viel von den Räubereien des Johann Hübners, denn die Bauern kamen immer und klagten über ihn. Dieser schwarze Christian hatte einen klugen Knecht, der hieß Hanns Flick, den schickte er über Land, dem Johann Hübner aufzupassen. Der Fürst aber lag hinten im Giller und hielt sich da mit seinen Reitern verborgen, dahin brachten ihm auch die Bauern Brot nud Butter und Käse. Hanns Flick aber kannte den Johann Hübner nicht, streifte im Land umher und fragte ihn aus. Endlich kam er an eine Schmiede, wo Pferde beschlagen wurden, da stunden viele Wagenräder an der Wand, die auch beschlagen werden sollten. Auf dieselben hatte sich ein Mann mit dem Rücken gelehnt, er hatte nur ein Auge und ein eisernes Wamms an. Hanns Flick ging zu ihm und sagte: „Gott grüß dich, eiserner Wamsmann mit einem Auge! heißest du nicht Johann Hübner vom Geissenberg?" Der Mann antwortete: „Johann Hübner vom Geissenberg liegt auf dem Rad." Hanns Flick verstunde das Rad auf dem Richtplatz und sagte: „war das kürzlich?" „Ja, sprach der Mann, erst heut." Hanns Flick glaubte doch nicht recht und blieb bei der Schmiede und gab auf den Mann acht, der auf dem Rade lag. Der Mann sagte dem Schmied ins Ohr, er solle ihm sein Pferd verkehrt be=schlagen, so daß das vorderste Ende des Hufeisens hinten käme. Der

Schmied that es und Johann Hübner ritt weg. Wie er auffaß, sagte er dem Hanns Flick: „Gott grüß dich, braver Kerl, sage deinem Herren, er solle mir Fäuste schicken, aber keine Leute, die hinter den Ohren laufen." Hanns Flick blieb stehen und sah, wo er übers Feld in den Wald ritt, lief ihm nach, um zu sehen, wo er bliebe. Er wollte seiner Spur nachgehen, aber Johann Hübner ritt hin und her, in Kreuz und Quer und Hanns Flick wurde bald in den Fußtapfen des Pferdes irre, denn wo jener hingeritten war, da gingen die Fußtapfen zurück. Also verlor er ihn bald und wußte nicht, wo er geblieben war. Endlich aber ertappte er ihn doch, wie er Nachts bei Mondenschein mit seinen Knechten auf der Heide im Wald lag und geraubt Vieh hütete. Da eilte er und sagte es dem Fürsten Christian, der ritt in der Stille mit seinen Kerlen unten durch den Wald und sie hatten den Pferden Moos unter die Füße gebunden. So kamen sie nah herbei, sprangen auf ihn zu und kämpften miteinander. Der schwarze Christian und Johann Hübner schlugen sich auf die eisernen Hüte und Wämser, daß es klang, endlich aber blieb Johann Hübner todt und der Fürst zog in das Schloß auf dem Geissenberg. Den Johann Hübner begruben sie in einer Ecke, der Fürst legte viel Holz um den großen Thurm und sie untergruben ihn auch. Am Abend, als im Dorfe die Kühe gemolken wurden, fiel der Thurm um und das ganze Land zitterte von dem Fall. Man sieht noch die Steine den Berg hinunter liegen. Der Johann Hübner erscheint oft um Mitternacht, mit seinem einen Auge sitzt er auf einem schwarzen Pferd und reitet um den Wall herum.

130.
Eppela Gaila.

Vor nicht lange sagen die nürnberger Gassenbuben noch diesen alten Reim:

> Eppela Gaila von Dramaus
> reit allzeit zum vierzehnt aus;

und:

> Da reit der Nürnberger Feind aus
> Eppela Gaila von Dramaus.

In alten Zeiten wohnte im Baireuthischen bei Drameysel (einem kleinen, nach Muggendorf eingepfarrten Dörfchen) Eppelin von Gailing, ein kühner Ritter, der raubte und heerte dort herum und sonderlich aufgesessen war er den Nürnbergern, denen schadete er, wo er mochte. Er verstand aber das Zaubern und zumal so hatt' er ein Rößlein, das konnte wohl reiten und traben, damit setzte er in hohen Sprüngen über Felsen und Risse und sprengte es über den Fluß Wiesent, ohne das Wasser zu rühren, und über Heuwagen auf der Wiese ritt er, daß seines Rosses Huf kein Hälmlein verletzte. Zu Gailenreuth lag sein Hauptsitz, aber rings

herum hatte er noch andere seiner Burgen und im Nu wie der Wind
flog er von einer zur andern. Von einer Bergseite war er flugs an der
gegenüber stehenden und ritt oftmals nach Sanct Lorenz in Muggendorf.
Zu Nürnberg hielten ihn weder Burgmauern auf, noch der breite Stadt=
graben und viel andere Abenteuer hat er ausgeübt. Endlich aber fingen
ihn die Nürnberger und zu Neumarkt ward er mit seinen Helfershelfern
an den Galgen gehängt. In der Nürnberger Burg stehen noch seine
Waffen zur Schau und an der Mauer ist noch die Spur vom Hufe seines
Pferdes zu sehen, die sich eingedrückt hatte, als er darüber sprang.

131.

Der Blumenstein.

Als auf dem Blumenstein bei Rotenburg in Hessen noch Ritter
lebten, wettete eines Abends ein junges, muthiges Bauernmädchen in dem
benachbarten Dorf Höhnebach, daß es um Mitternacht bei Mondschein
hinaus auf die furchtbare Burg gehen und ein Ziegelstück herabholen
wollte. Sie wagte auch den Gang, holte das Wahrzeichen und wollte
eben wieder zurückgehen, als ihr ein Hufschlag in der stillen Nacht entgegen=
klang. Schnell sprang sie unter die Zugbrücke und kaum stand sie darunter,
so kam auch schon der Ritter herein und hatte eine schöne Jungfrau vor
sich, die er geraubt und deren köstliche Kleidungsstücke er hinten aufgepackt
hatte. Indem er über die Brücke ritt, fiel ein Bündel davon herab, den
hob das Bauernmädchen auf und eilte schnell damit fort. Kaum aber
hatten sie die Hälfte des Spißes, eines Berges, der zwischen Hohnebach und dem
Blumenstein liegt, erstiegen, so hörte sie, wie der Ritter schon wieder über
die Zugbrücke ausritt und wahrscheinlich den verlorenen Bündel suchen
wollte. Da blieb ihr nichts übrig, als den Weg zu verlassen und sich in
den dicken Wald zu verbergen, bis er vorüber war. Und so rettete es
seine Beute und brachte das Wahrzeichen glücklich nach Haus.

Andere erzählen ähnlich von andern Orten mit folgender weiterer
Ausführung. Das Mädchen sah wie der Reiter die Jungfrau mordete.
Sie ließ ihr Bündel, vom Räuber ungesehen, fallen, das hob das Mädchen
auf. Beim Oeffnen fand es kostbare Kleider und andern Schmuck darin,
darum verschwieg es den Fund, sagte lieber, es wäre aus zu großer Angst
nicht an dem Ort gewesen. Mit der Zeit brachte es nach und nach ein
Stück davon hervor, als wenn es sie selbst angeschafft hätte, endlich bei
einem Tanz hatte es alle die prächtigen Kleider an. Da war ein Fremder,
der es fest anschaute, mit ihr tanzte und zuletzt heimführen wollte. Auf
dem Weg nach des Mädchens Dorf zog er plötzlich ein Messer und wollte
es erstechen; sie rief aber um Hülfe und er wurde verhaftet. Er war
jener Mörder.

132.

Seeburger See.

Zwei kleine Stunden von Göttingen liegt der Seeburger See. Er vermindert sich jährlich, ist jetzt 30—40 Fuß tief und von einer guten halben Stunde Umkreis. In der Gegend sind noch mehr Erdfälle und gefährliche Tiefen, die auf das Dasein eines unterirdischen Flusses vermuthen lassen. Die Fischer erzählen folgende Sage.

In alten Zeiten stand da, wo jetzt der See ist, eine stolze Burg, auf welcher ein Graf, Namens Isang, wohnte, der ein wildes und gottloses Leben führte. Einmal brach er durch die heiligen Mauern des Klosters Lindau, raubte eine Nonne und zwang sie, ihm zu Willen zu sein. Kaum war die Sünde geschehen, so entdeckte sich, daß diejenige, die er in Schande gebracht, seine bis dahin ihm verborgen gebliebene Schwester war. Zwar erschrak er und schickte sie mit reicher Buße ins Kloster zurück, aber sein Herz bekehrte sich doch nicht zu Gott, sondern er begann aufs neue nach seinen Lüsten zu leben. Nun geschah es, daß er einmal seinen Diener zum Fischmeister schickte, einen Aal zu holen, der Fischmeister aber dafür eine silberweiße Schlange gab. Der Graf, der etwas von der Thiersprache verstand, war damit gar wohl zufrieden, denn er wußte, daß, wer von einer solchen Schlange esse, zu allen Geheimnissen jener Sprache gelange. Er hieß sie zubereiten, verbot aber dem Diener bei Lebensstrafe, nichts davon zu genießen. Darauf aß er so viel, als er vermochte, aber ein weniges blieb übrig und wurde auf der Schüssel wieder hinausgetragen; da konnte der vom Verbot gereizte Diener seiner Lust nicht widerstehen und aß es. Dem Grafen aber fielen nach dem Genuß alsbald alle je begangenen Sünden und Frevel aufs Herz und standen so hell vor ihm, daß die Gedanken sich nicht davon abwenden konnten und er vor Angst sich nicht zu lassen wußte. „Mir ist so heiß", sprach er, „als wenn ich die Hölle angeblasen hätte!" Er ging hinab in den Garten, da trat ihm ein Bote entgegen und sprach: „eben ist eure Schwester an den Folgen der Sünde, zu der ihr sie gezwungen habt, gestorben." Der Graf wendete sich in seiner Angst nach dem Schloßhof zurück, aber da ging alles Gethier, das darin war: die Hühner, Enten, Gänse, auf und ab und sprachen von seinem ruchlosen Leben und entsetzlichen Frevel, den er all verbracht, und die Sperlinge und die Tauben auf dem Dache mengten sich in das Gespräch und riefen Antwort herab. „Nun aber, sagten sie, haben die Sünden ihr volles Maaß und das Ende ist gekommen: in kurzer Stunde werden die prächtigen Thürme umfallen und die ganze Burg wird versunken sein." Eben als der Hahn gewaltig auf dem Dache krähte, trat der Diener, der von der Schlange gegessen hatte, herzu und der Graf, der ihn versuchen wollte, fragte: „was ruft der Hahn?" Der Diener, der in der Angst sich vergaß und es wohl verstand, antwortete: „er ruft: eil! eil! eh die Sonne untergeht, willst du dein Leben retten, eil! eil! aber zieh allein!" „O du Verräther, sprach der Graf, so hast du doch von der Schlange gegessen, packe zusammen, was du hast, wir wollen entfliehen." Der Diener lief hastig ins Schloß, aber der Graf sattelte sich selber sein Pferd und schon war er aufgesessen und wollte hinaus, als der Diener zurückkam, leichenblaß und athemlos ihm in die Zügel fiel und flehentlich bat, ihn mitzunehmen. Der Graf schaute auf und als er sah, wie die letzte Sonnenröthe an den Spitzen der Berge glühte und hörte, wie der Hahn laut kreischte: „eil! eil! eh die Sonne untergeht, aber zieh allein!" da nahm er sein Schwert, zerspaltete ihm den Kopf und sprengte über die Zugbrücke hinaus. Er ritt auf eine kleine Anhöhe bei dem Städtchen Gieboldehausen, da schaute er sich um, und als er die Thurmspitzen seines Schlosses noch im Abendroth glänzen sah, däuchte ihm alles ein Traum und eine Betäubung seiner Sinne. Plötzlich aber fing die Erde an unter seinen Füßen zu zittern, erschrocken ritt er weiter und als er zum zweiten-mal sich umschaute, waren Wall, Mauern und Thürme verschwunden und an des Schlosses Stelle ein großer See.

Nach dieser wundervollen Errettung bekehrte sich der Graf und büßte seine Sünden im Kloster Gieboldehausen, welchem er seine übrigen reichen Besitzungen schenkte. Nach seiner Verordnung werden noch jetzt reuigen Sündern an einem gewissen Tage Seelenmessen gelesen. In dem Dorfe Berenshausen stiftete er den Chor und die Altarstühle, worüber sogar noch ein Schenkungsbrief da sein soll. Auch werden noch jetzt aus dem See behauene Quadern und Eichenbohlen herausgeholt; vor einiger Zeit sogar zwei silberne Töpfe mit erhabenen Kränzen in getriebener Arbeit, von denen der Wirth in Seeburg einen gekauft hat.

133.
Der Burgsee und Burgwall.

In der Stubnitz auf der pommerschen Insel Rügen liegt ein mächtiger Erdwall, von hohen Buchen bewachsen und einen langrunden Kreis um-schließend, in dessen Mitte mancherlei Baumwurzeln und Steine verstreut liegen. Hart neben dem östlichen Rand des Walles fließt in einem runden und tiefen Kessel ein See, der schwarze See oder Burgsee genannt. Jener Wall heißt der Burgwall. Nach der Landsage soll in diesem Wall vor alten Zeiten der Teufel angebetet und zu seinem Dienst eine Jungfrau unterhalten worden sein. Wenn er der Jungfrau überdrüssig wurde, so führten sie seine Priester zu dem schwarzen See und ersäuften sie darin.

134.

Der heil. Niclas und der Dieb.

Zu Greifswald in Pommern stund in der Gertrudencapelle St. Niclasen
Bild. Eines Nachts brach ein Dieb ein, wollte den Gotteskasten berauben
und rief den Heiligen an: „o heiliger Niclaus, ist das Geld mein oder
dein? komm, laß uns wettlaufen darum, wer zuerst zum Gotteskasten
kommt, soll gewonnen haben.‟ Hub damit zu laufen an, aber das Bild
lief auch und überlief den Dieb zum drittenmal; der antwortete und sprach:
„mein heil. Niclaus, du hast's redlicher gewonnen, aber das Geld ist dir
doch nicht nutz, bist von Holz und bedarfst keines; ich will's nehmen und
guten Muth dabei haben.‟ — Bald darauf geschah, daß dieser Räuber
starb und begraben wurde, da kamen die Teufel aus der Hölle, holten den
Leib aus dem Grab, warfen ihn bei dem beraubten Gotteskasten, hängten
ihn zuletzt vor der Stadt an eine Windmühle auf, und führten ihn auf
ihren Flügeln wider Winds herum. Diese Mühle stand noch im Jahre
1633 und ging immer mit Gegenwind unter den andern umstehenden
natürlich getriebenen Mühlen.

Nach Andern war es der Verwalter, der das Opfergeld angegriffen,
oder wie man sagt, mit dem Marienbild um die Wette gelaufen war.

Wo des Teufels Fuß die Erde berührte, versengte er das frische Gras
und trat tiefe Stapfen, die stehen blieben und nie mehr mit Gras
bewuchsen, bis die ganze Kirche, zu der sonst große Wallfahrten ge=
schahen, sammt dem Kirchhof verschüttet und zu Festungswällen verbaut
wurde.

135.

Riesensteine.

Man findet hin und wieder greuliche Steine, worin die Male von
Händen und Füßen eingedrückt sind und wovon die Sage ist, dieses rühre
von Riesen her, die sich vor Alters damit geworfen, oder darauf gestanden.
Ein solcher Stein liegt zu Leipzig beim Kuhthurm am Wege und die Spur
einer großen Hand mit sechs Fingern steht darauf gedruckt. Ein andrer
großer Stein ist auf dem Wege von Leipzig nach dem Dorf Hohentiegel
zu finden, dem Dorfe näher als der Stadt, darauf man eine Schmarre
sieht, als wäre sie mit einem Schlachtschwerte eingehauen.

Als Salzwedel vor uralters hart belagert wurde von einem grau=
samen Feind, der sie doch nicht einbekommen mochte, weil Engel auf der
Stadtmauer hin und hergegangen, die Pfeile auffingen und die Stadt be=
hüteten; da erbitterte der Feldherr, und wie im Lager ein großer Stein
vor ihm lag, zog er sein Schlachtschwert und sprach: „soll ich die Stadt

nicht gewinnen, so gebe Gott, daß ich in diesen Stein haue, wie in einen Butterweck." Als er nun hieb, gab der Stein nach, als ob er ganz weich wäre. Dieser Stein wurde dem Prätorius an derselben Stelle im Jahr 1649 gezeigt, auf dem Wege zwischen Salzwedel und Tielsen, und er betastete ihn und sah mit eigenen Augen die tiefe Spalte, die er durch die Mitte hatte.

136.
Spuren im Stein.

Bei der Mindner Glashütte ist ein Wald, der heißt der Geismarwald, da hat vor dem dreißigjährigen Krieg eine Stadt Namens Geismar gestanden. Daneben ist ein andrer Berg, welcher der Todtenberg heißt, und dabei ist eine Schlacht vorgefallen. Der Feldherr war anfänglich geschlagen, hatte sich in den Geismarwald zurückgezogen, saß da auf einem Stein und dachte nach, was zu thun am besten wäre. Da kam einer seiner Hauptleute und wollte ihn bereden, die Schlacht von neuem anzufangen und den Feind muthig anzugreifen, wo er jetzt noch siege, sei alles gerettet. Der Feldherr aber antwortete: „nein, ich kann so wenig siegen, als dieser Stein, auf dem ich sitze, weich werden kann!" Mit diesen Worten stand er auf, aber seine Beine und selbst seine Hand, womit er sich beim Aufstehen auf den Stein gestützt, waren darin eingedrückt. Wie er das Wunder sah, ließ er zur Schlacht blasen, griff den Feind mit frischer Tapferkeit an und siegte. Noch heut zu Tag steht der Stein und man sieht die Spuren darin ausgedrückt.

137.
Der Riesenfinger.

Am Strand der Saale, besonders in der Nähe von Jena, lebte ein wilder und böser Riese; auf den Bergen hielt er seine Mahlzeit und auf dem Landgrafenberg heißt noch ein Stück der Löffel, weil er da seinen Löffel fallen ließ. Er war auch gegen seine Mutter gottlos und wenn sie ihm Vorwürfe über sein wüstes Leben machte, so schalt er sie und schmähte und ging nur noch ärger mit den Menschen um, die er Zwerge hieß. Einmal, als sie ihn wieder ermahnte, ward er so wüthend, daß er mit den Fäusten nach ihr schlug. Aber bei diesem Gräuel verfinsterte sich der Tag zu schwarzer Nacht, ein Sturm zog daher und der Donner krachte so fürchterlich, daß der Riese niederstürzte. Alsbald fielen die Berge über ihn her und bedeckten ihn, aber zur Strafe wuchs der kleine Finger ihm aus dem Grabe heraus. Dieser Finger aber ist ein langer schmaler Thurm auf dem Hausberg, den man jetzt den Fuchsthurm heißt.

138.

Riesen aus dem Unterberge.

Alte Männer aus dem Dorfe Feldkirchen, zwei Stunden von Salz=
burg, haben im Jahr 1645 erzählt, als sie noch unschuldige Buben ge=
wesen, hätten sie aus dem Wunderberge Riesen herabgehen gesehen, die sich
an die nächst dieses Berges stehende Gröbicher Pfarrkirche angelehnt, da=
selbst mit Männern und Weibern gesprochen, dieselben eines christlichen
Lebens und zu guter Zucht ihrer Kinder ermahnt, damit diese einem be=
vorstehenden Unglück entgingen. Sodann hätten sich die Riesen wiederum
nach ihrem Wunderberg begeben. Die Gröbicher Leute waren von den
Riesen oft ermahnt, durch erbauliches Leben sich gegen verdientes Unglück
zu sichern.

139.

Der Jettenbühel zu Heidelberg.

Der Hügel bei Heidelberg, auf dem jetzt das Schloß stehet, wurde
sonst der Jettenhügel genannt und dort wohnte ein altes Weib, Namens
Jetta, in einer Capelle, von der man noch Ueberreste gesehen, als der
Pfalzgraf Friedrich Kurfürst geworden war und ein schönes Schloß (1544)
baute, daß der neue Hof hieß. Diese Jetta war wegen ihres Wahrsagens
sehr berühmt, kam aber selten aus ihrer Capelle und gab denen, die sie
befragten, die Antwort zum Fenster heraus, ohne daß sie sich sehen ließ.
Unter andern verkündete sie, wie sie es in seltsamen Versen vorbrachte, es
wäre über ihren Hügel beschlossen, daß er in künftigen Zeiten von könig=
lichen Männern, welche sie mit Namen nannte, sollte bewohnt, beehrt und
geziert und das Thal unter demselben mit vielem Volk besetzt werden.
Es war damals noch Wald.

Als Jetta einst bei einem schönen Tage nach dem Brunnen ging, der
sehr lustig am Fuß des Geisberges nah am Dorf Schlürbach, eine halbe
Stunde von Heidelberg liegt und trinken wollte, wurde sie von einem
Wolf, der Junge hatte, zerrissen. Daher er noch jetzt der Wolfsbrunnen
heißt. Nah dabei ist unter der Erde ein gewölbter Gang, von dem Volk
das Heidenloch genannt.

140.

Riese Haym.

Es war vor Zeiten ein Riese, genannt Haym oder Haymon. Als
nun ein giftiger Drache in der Wildniß des Innthals hauste und den
Einwohnern großen Schaden that, so machte sich Haymon auf, suchte und

töbtete ihn. Dafür unterwarfen sich die Bewohner des Innthals seiner Herrschaft. Darnach erwarb er noch größeren Ruhm, indem er die Brücke über den Inn, daher die Stadt Innsbruck den Namen führt, fester baute, weshalb sich viel fremde Leute unter ihn begaben. Der Bischof von Chur aber taufte ihn und Haymon erbaute zu Christi Ehren das Kloster Wilten, wo er bis an sein Ende lebte und begraben liegt.

Zu Wilten ist sein Grab zu sehen, vierzehn Schuh, drei Zwergfinger lang, auf dem Grabe ist seine Gestalt in Rüstung aus Holz geschnitten. Auch zeigt man in der Sacristei die Drachenzunge, sammt einem alten Kelch, worauf die Passion abgebildet ist, den man vor mehr als 1100 Jahren, wie man das Fundament des Klosters grub, in der Erde gefunden, also daß der Kelch bald nach Christi Himmelfahrt gemacht war. Neben Haymes Grab hängt eine Tafel, worauf sein Leben geschrieben steht.

141.
Die tropfende Rippe.

Im Cillerkreise der Steiermark liegt ein Ort Oberburg, auf slavisch Gornigrad, in dessen Kirche hangt eine ungeheure Rippe, dergleichen kein jetzt bekanntes Landthier hat. Man weiß nicht, wann sie ausgegraben worden, die Volkssage schreibt sie einer Heidenjungfrau (slavisch: ajdowska bekliza) zu, mit der Anmerkung, daß von dieser Rippe alljährlich ein einziger Tropfen abfällt und der jüngste Tag in der Zeit komme, wo sie ganz vertröpfelt sein wird.

142.
Jungfrausprung.

Unweit Grätz in Steier liegt ein Ort, insgemein die Wand genannt, daselbst ist ein hoher Berg, welcher den Namen Jungfrau schon von etlichen hundert Jahren her führt. Als nämlich auf eine Zeit ein üppiger und gottloser Gesell einem ehrbaren Bauernmägdlein lang und ungestüm nachstrebte und er sie zuletzt nach vielen Ausspähungen auf besagtem Berg ertappte, erschrak sie und wagte einen Sprung. Sie sprang von dem Berg über den ganzen Fluß, Mur genannt, bis auf einen andern hohen Bühel jenseits. Davon heißt der Berg Jungfrausprung.

143.

Der Stierenbach.

Mitten durch das Thal der Surenalp ergießt sich der Stierenbach, der aus dem Surenersee entspringt und einer gemeinen Sage nach, die sowohl die Leute in Uri, als in Engelsberg erzählen, durch folgende Geschichte den Namen erhalten haben soll. Vor mehreren hundert Jahren lebte hier ein Alpenhirt, der in seiner Heerde ein Lamm hatte, worauf er besonders viel hielt und dem er so zugethan war, daß er darauf verfiel, es taufen zu lassen und ihm einen Christennamen beizulegen. Was geschieht? Der Himmel, um diesen Frevel zu rächen, wandelte das Lamm in ein scheußliches Gespenst, welches bei Tag und Nacht auf der frucht= baren Alpe umherging, alle Gräser und Kräuter abweidete und den Strich so verheerte, daß die Engelsberger fürder kein Vieh mehr darauf halten konnten. Zu denen von Uri kam aber ungefähr ein fahrender Schüler und rieth, wie sie das Unthier zu vertreiben hätten. Nämlich sie sollten neun Jahr lang ein Stierkalb mit purer Milch auffüttern, das erste Jahr von einer einzigen Kuh, das zweite von der Milch zweier, das dritte dreier Kühe und so fort; nach Ablauf der neun Jahre den solcher= gestalt mit Milch auferzogenen Ochsen durch eine reine Jungfrau auf die Alpe führen lassen. Die Urer hofften auf guten Lohn von den Engels= bergern und nährten einen solchen Stier auf der Alpe Waldnacht, wo man noch heut zu Tag seinen Stall weiß, genannt den Stiergaden. Wie nun der Stier zu seinen Jahren gekommen war, leitete ihn eine unbefleckte Jungfrau über den Felsengrat und ließ ihn da laufen. Der Stier, als er sich frei sah, ging sogleich auf das Gespenst los und fing einen Kampf mit ihm an. Der Streit war so hart und wüthig, daß der Stier zwar das Ungeheuer zuletzt überwand, aber der Schweiß von seinem Leib heruntertroff. Da stürzte er zu einem vorbeifließenden Bach und trank so viel Wasser, daß er auf der Stelle des Todes war. Davon hat der Bach seitdem den Namen Stierenbach und außerdem zeigen die Ein= wohner noch jetzo die Felsen und Steine vor, in denen sich die Hinter= klauen des Stiers während des heftigen Kampfes eingedrückt haben.

144.

Die Männer im Zottenberg.

Im 16. Jahrhundert lebte in Schweidnitz ein Mann, Johannes Beer genannt. Im Jahr 1570 als er seiner Gewohnheit nach zu seiner Lust auf den nahgelegenen Zottenberg ging, bemerkte er zum erstenmal eine Oeffnung, aus der ihm beim Eingang ein gewaltiger Wind entgegenwehte. Erschrocken ging er zurück, bald darauf aber, am Sonntag Quasimodogeniti, beschloß er von neuem die Höhle zu untersuchen. Er kam in einen engen, geraden Felsengang, ging einem fernschimmernden Lichtstrahl nach und gelangte endlich zu einer beschlossenen Thüre, in der eine Glasscheibe war, die jenes wundersame Licht warf. Auf dreimaliges Anklopfen ward ihm geöffnet und er sah in der Höhle an einem runden Tisch drei lange abgemergelte Männer in altdeutscher Tracht sitzen, betrübte und zitternde. Vor ihnen lag ein schwarzsammtenes', goldbeschlagenes Buch. Hierauf redete er sie mit: „pax vobis!" an und bekam zur Antwort: „hic nulla pax!" Weiter vorschreitend rief er nochmals: „pax vobis in nomine domini!" erzitternd mit kleiner Stimme versetzten sie: „hic non pax." Indem er vor den Tisch kam, wiederholte er; „pax vobis in nomine domini nostri Jesu Christi!" worauf sie verstummten und ihm jenes Buch vorlegten, welches geöffnet den Titel hatte: liber obedientiae. Auf Beer's Frage: wer sie wären? gaben sie zur Antwort: sie kennten sich selber nicht. „Was sie hier machten?" — „Sie erwarteten in Schrecken das jüngste Gericht und den Lohn ihrer Thaten." — „Was sie bei Leibesleben getrieben?" Hier zeigten sie auf einen Vorhang, hinter dem allerlei Mordgewehre hingen, Menschengerippe und Hirnschädel. „Ob sie sich zu diesen bösen Werken bekennten?" — „Ja!" — „Ob es gute oder böse? — „Böse." — „Ob sie ihnen leid wären?" Hierauf schwiegen sie still, aber erzitterten: „sie wüßten's nicht!"

Die schlesische Chronik gedenkt eines Raubschlosses auf dem Zottenberge, dessen Ruinen noch zu sehen sind.

145.

Verkündigung des Verderbens.

Als die Magdeburger im Jahr 1550 am 22. September mit dem Herzog Georg von Mecklenburg Schlacht halten sollten, ist ihnen bei ihrem Auszuge vor dem Dorf Barleben, eine Meile Wegs von der Stadt ein langer, ansehnlicher, alter Mann, der Kleidung nach einem Bauersmanne nicht unähnlich, begegnet und hat gefragt, wo sie mit dem Kriegsvolk und der Kriegsrüstung hinausgedächten? Und da er ihres Vorhabens berichtet worden, hat er sie gleich mit aufgehobenen Händen herzlich gebeten und gewarnt, von ihrem Vorsatze abzustehen, wieder heim zu kehren, ihre Stadt in Acht zu nehmen und ja des Orts und sonderlich in dieser Zeit nichts zu beginnen, weil eben auch vor zweihundert Jahren die Magdeburger auf den St. Moriz-Tag und an demselben Orte, an dem Wasser Ohra geschlagen worden; wie ein jeder, der es wüßte, in der Tafel der St. Johannes-Kirche zu Magdeburg lesen könnte. Und würde ihnen, wofern sie fortführen, gewiß auch diesmal glücklicher nicht ergehen. Ob nun wohl etliche sich über das Wesen und die Rede des Mannes verwunderten, so haben doch ihrer sehr viel ihn gespottet und die Warnung höhnisch verlacht, von welchen Spöttern hernach doch keiner in der Schlacht unterschlagen oder ungefangen geblieben sein soll. Man sagt, er sei als ein gar alter eisgrauer Mann erschienen, aber solches schönen, holdseligen, röthlichen und jungen Angesichts, daß es zu verwundern gewesen. Und demnach es leider gefolgt, wie er geweissagt, hat man allenthalben Nach= forschung nach solchem Manne gehabt, aber niemand erfahren können, der ihn zuvor oder nachher gesehen hätte.

146.
Das Männlein auf dem Rücken.

Als im März 1669 nach Torgau hin ein Seiler seines Wegs ge= wandelt, hat er einen Knaben auf dem Felde angetroffen, der auf der Erde zum Spiel niedergesessen und ein Bret vor sich gehabt. Wie nun der Seiler solches im Ueberschreiten verrückt, hat das Knäblein gesprochen: „warum stoßt ihr mir mein Bret fort? mein Vater wird's euch danken!" Der Seiler geht immer weiter und nach hundert Schritten begegnet ihm ein klein Männlein, mit grauem Bart und ziemlichem Alter, von ihm be= gehrend, daß er es tragen möge, weil es zum Gehen ermüdet sei. Diese Anmaßung verlacht der Seiler, allein es springet auf seine Schultern, so daß er es ins nächste Dorf hocken muß. Nach zehn Tagen stirbt der Seiler. Als darüber sein Sohn kläglich jammert, kommt das kleine Bübchen zu ihm mit dem Bericht, er solle sich zufrieden geben, es sei dem Vater sehr wohl geschehen. Weiter wolle er ihn, benebenst der Mutter, bald nachholen, denn es würde in Meißen bald eine schlimme Zeit erfolgen.

147.
Gottschee.

In der untercrainischen Stadt Gottschee wohnen Deutsche, die sich in Sprache, Tracht und Sitten sehr von den andern Crainern unterscheiden. Nahe dabei liegt eine alte, denselben Namen tragende und dem Fürsten Auersperg zuhörende Burg, von der die umwohnenden Leute mancherlei Dinge erzählen. Noch jetzt wohnt ein Jägersmann mit seinen Hausleuten in dem bewohnbaren Theil der verfallenen Burg und dessen Vorfahren einem soll einmal ganz besonders mit den da hausenden Geistern folgendes begegnet sein.

Die Frau dieses Jägers war in die Stadt hinunter gegangen, er selbst, von Schläfrigkeit befallen, hatte sich unter eine Eiche vor dem

Schloß gestreckt. Plötzlich so sah er den ältesten seiner beiden Knaben, die er schlafend im Haus verlassen, auf sich zukommen, wie als wenn er geführt würde. Zwar keinen Führer erblickte er, aber das fünfjährige Kind hielt die Linke stets in der Richtung, als ob es von jemanden daran gefaßt wäre. Mit schnellen Schritten eilte es vorbei und einem jähen Abgrund zu. Erschrocken sprang der Vater auf, sein Kind zu retten Willens, faßte es rasch und mühte sich, die linke Hand von dem unsicht= baren Führer loszumachen. Mit nicht geringer Anstrengung bewerkstelligte er das zuletzt und riß die Hand des Kindes los aus einer andern, die der Jäger nicht sah, aber eiskalt zu sein fühlte. Das Kind war übrigens unerschrocken und erzählte: wie daß ein alter Mann gekommen sei, mit langem Bart, rothen Augen, in schwarze Kleider angethan und ein ledernes Käppchen auf, habe sich freundlich angestellt und ihm viele schöne Sachen versprochen, wenn es mit ihm gehen wolle, darauf sei es ihm an der Hand gefolgt.

Abends desselben Tages hörte der Jäger sich bei seinem Namen rufen; als er die Thür aufmachte, stand der nämliche Alte draußen und winkte. Der Jäger folgte und wurde an eben denselben Abgrund geleitet. Der Felsen that sich auf, sie stiegen eine Steintreppe ab. Unterwegs begegnete ihnen eine Schlange, nachher gelangten sie in eine immer heller werdende Gruft. Sieben Greise, mit kahlen Häuptern, in tiefem Schweigen saßen in einem länglichen Raume. Weiter ging der Jäger durch einen engen Gang in ein kleines Gewölbe, wo er einen kleinen Sarg stehen sah, dann in ein größeres, wo ihm der Greis 28 große Särge zeigte, in den Särgen lagen Leichname beiderlei Geschlechts. Unter den Verblichenen fand er einige bekannte Gesichter, wovon er sich jedoch nicht zu erinnern wußte, wo sie ihm vorgekommen waren. Nach diesem wurde der Jäger in einen hellerleuchteten Saal geführt, worin 38 Menschen saßen, worunter vier sehr junge Frauen, und ein Fest begingen. Allein alle waren todtenblaß und keiner sprach ein Wort. Durch eine rothe Thür führte der Alte den Jäger zu einer Reihe altfränkisch gekleideter Leute, deren verschiedene der Jäger auch zu erkennen meinte, der Greis küßte den ersten und den letzten. Nunmehr beschwor der Jäger den Führer, ihm zu sagen, wer diese alle seien und ob ein Lebendiger ihnen die noch entbehrte Ruhe wiedergeben könne? „Lauter Bewohner dieses Schlosses sind es, versetzte hohlstimmig der Alte, die weitere Bewandniß kannst du aber jetzt noch nicht erfahren, sondern will es demnächst einmal." Nach diesen Worten wurde der Jäger sanft hinausgeschoben und merkte, daß er in einem naßfeuchten Gewölbe war. Er fand eine alte verfallene Treppe und diese in die Höhe steigend gelangte er in einen etwas weiteren Raum, von wo aus er durch ein kleines Loch vergnügt den Himmel und die Sterne erblickte. Ein starkes Seil, woran er stieß und das Rauschen von Wasser ließ ihn muthmaßen, er befinde sich auf dem Grunde einer hinter dem Schlosse befindlichen

Cisterne, von wo aus man das Wasser mittelst eines Rades hinaufwand. Allein unglücklicherweise kam niemand in drei ganzen Tagen zum Brunnen, erst am Abend des vierten ging des Jägers Frau hin, die sehr staunte, als sie in dem schweren Eimer ihren todtgeglaubten Mann herauszog.

Die Verheißung des alten Wegweisers blieb indessen unerfüllt, doch erfuhr der Jäger, daß er ihn in dem Vorgeben, diese Geister seien die alten Schloßbewohner, nicht belogen hätte. Denn als er einige Zeit darauf in dem fürstlichen Saal die Bilder der Ahnen betrachtete, erkannte er in ihren Gesichtszügen die in der Höhle gesehenen Leute und Leichen wieder.

148.
Die Zwerge auf dem Baum.

Des Sommers kam die Schaar der Zwerge häufig aus den Flühen herab ins Thal und gesellte sich entweder hülfreich oder doch zuschauend den arbeitenden Menschen, namentlich zu den Mädern im Heuet (der Heuernte). Da setzten sie sich denn wohl vergnügt auf den langen und dicken Ast eines Ahorns ins schattige Laub. Einmal aber kamen boshafte Leute und sägten bei Nacht den Ast durch, daß er bloß noch schwach am Stamme hielt, und als die arglosen Geschöpfe sich am Morgen darauf niederließen, krachte der Ast vollends entzwei, die Zwerge stürzten auf den Grund, wurden ausgelacht, erzürnten sich heftig und schrien:

> O wie ist der Himmel so hoch
> und die Untreu' so groß!
> heut hierher und nimmermehr!

Sie hielten Wort und ließen sich im Lande niemals wiedersehen.

149.
Die Zwerge auf dem Felsstein.

Es war der Zwerglein Gewohnheit, sich auf einen großen Felsstein zu setzen und von da den Heuern zuzuschauen. Aber ein paar Schalke machten Feuer auf den Stein, ließen ihn glühend werden und fegten dann alle Kohlen hinweg. Am Morgen kam das winzige Volk und verbrannte sich jämmerlich; rief voll Zornes:

> „O böse Welt, o böse Welt!"

und schrie um Rache und verschwand auf ewig.

150.

Die Füße der Zwerge.

Vor alten Zeiten wohnten die Menschen im Thal und rings um sie in Klüften und Höhen die Zwerge, freundlich und gut mit den Leuten, denen sie manche schwere Arbeit Nachts verrichteten; wenn nun das Landvolk frühmorgens mit Wagen und Geräthen herbeizog und erstaunte, daß alles schon gethan war, steckten die Zwerge im Gesträuch und lachten hell auf. Oftmals zürnten die Bauern, wenn sie ihr noch nicht ganz zeitiges Getreide auf dem Acker niedergeschnitten fanden, aber als bald Hagel und Gewitter hereinbrach und sie wohl sahen, daß vielleicht kein Hälmlein dem Verderben entronnen sein würde, da dankten sie innig dem voraussichtigen Zwergvolk. Endlich aber verscherzten die Menschen durch ihren Frevel die Huld und Gunst der Zwerge, sie entflohen und seitdem hat sie kein Aug' wieder erblickt. Die Ursache war diese: ein Hirt hatte oben am Berg einen trefflichen Kirschbaum stehen. Als die Früchte eines Sommers reiften, begab sich, daß dreimal hintereinander Nachts der Baum geleert wurde und alles Obst auf die Bänke und Hürden getragen war, wo der Hirt sonst die Kirschen aufzubewahren pflegte. Die Leute im Dorfe sprachen: „das thut niemand anders, als die redlichen Zwerglein, die kommen bei Nacht in langen Mänteln mit bedeckten Füßen daher getrippelt, leise wie Vögel und schaffen den Menschen emsig ihr Tagwerk. Schon vielmal hat man sie heimlich belauscht, allein man stört sie nicht, sondern läßt sie kommen und gehen." Durch diese Reden wurde der Hirt neugierig und hätte gern gewußt, warum die Zwerge so sorgfältig ihre Füße bärgen und ob diese anders gestaltet wären als Menschenfüße. Da nun das nächste Jahr wieder der Sommer und die Zeit kam, daß die Zwerge heimlich die Kirschen abbrachen und in den Speicher trugen, nahm der Hirt einen Sack voll Asche und streute die rings um den Baum herum aus. Den andern Morgen mit Tagesanbruch eilte er zur Stelle hin, der Baum war richtig leer gepflückt, und er sah unten in der Asche die Spuren von vielen Gänsfüßen eingedrückt. Da lachte der Hirt und spottete, daß der Zwerge Geheimniß verrathen war. Bald aber zerbrachen und verwüsteten diese ihre Häuser und flohen tiefer in die Berge hinab, grollen dem Menschengeschlecht und versagen ihm ihre Hülfe. Jener Hirt, der sie verrathen hatte, wurde siech und blödsinnig fortan bis an sein Lebensende.

<hr />

151.

Die wilden Geister.

Unter den vicentinischen und veronesischen Deutschen wagts von der zweiten Hälfte Dezember bis gegen das Ende der ersten Jännerhälfte selbst der kühnsten Jager keiner, die Wildbahn zu besuchen. Sie fürchten den wilden Mann und die Waldfrau. Die Hirten treiben zu dieser Zeit das Vieh nicht, Kinder holen das Wasser in irdenen Gefäßen von der nächsten Quelle und die Heerden werden im Stall getränkt. Auch spinnen die Weiber der Waldfrau ein Stück Haar am Rocken und werfen es ihr ins Feuer, um sie zu versühnen. Am Vorabend des Festes wird die Hausküche und jeder Ort, wo ein Rauchfang ist oder eine Oeffnung, aus der Luft herabfährt, mit Asche bestreut. Dann achtet man auf die Fußtritte in der Asche und sieht an ihrer Lage, Größe und zumal daran: ob sie ein= oder ausgehen? welche gute oder böse Geister das Haus besuchen.

———

152.

Die Heilingszwerge.

Am Fluß Eger zwischen dem Hof Wildenau und dem Schlosse Aicha ragen ungeheure große Felsen hervor, die man vor Alters den Heiligen= felsen nannte. Am Fuß derselben erblickt man eine Höhle, inwendig ge= wölbt, auswendig aber nur durch eine kleine Oeffnung, in die man, den Leib gebückt, kriechen muß, erkennbar. Die Höhle wurde von kleinen Zwerg= lein bewohnt, über die zuletzt ein unbekannter alter Mann, des Namens Heiling, als Fürst geherrscht haben soll. Einmal vorzeiten ging ein Weib aus dem Dorfe Taschwitz bürtig, am Vorabend von Peter Pauli, in den Forst und wollte Beeren suchen; es wurde ihr Nacht und sie sah neben diesem Felsen ein schönes Haus stehen. Sie trat hinein und als sie die Thür öffnete, saß ein alter Mann an einem Tische, schrieb emsig und eifrig. Die Frau bat um Herberge und wurde willig angenommen. Außer dem alten Mann war aber kein lebendes Wesen im ganzen Gemach, allein es rumorte heftig in allen Ecken, der Frau ward greulich und schauerlich und sie fragte den Alten: „wo bin ich denn eigentlich?" Der Alte versetzte: „daß er Heiling heiße, bald aber auch abreisen werde, denn zwei Drittel meiner Zwerge sind schon fort und entflohen." Diese sonder= bare Antwort machte das Weib nur noch unruhiger und sie wollte mehr fragen, allein er gebot ihr Stillschweigen und sagte nebenbei: „wäret ihr nicht gerade in dieser merkwürdigen Stunde gekommen, solltet ihr nimmer Herberge gefunden haben." Die furchtsame Frau kroch demüthig in einen Winkel und schlief sanft und wie sie den Morgen mitten unter dem Felsstein erwachte, glaubte sie geträumt zu haben, denn nirgends war ein Gebäude da zu ersehen. Froh und zufrieden, daß ihr in der gefährlichen Gegend kein Leid widerfahren sei, eilte sie nach ihrem Dorfe zurück, es war alles so verändert und seltsam. Im Dorf waren die Häuser neu und anders aufgebaut, die Leute, die ihr begegneten, kannte sie nicht und wurde auch nicht von ihnen erkannt. Mit Mühe fand sie endlich die Hütte,

8*

wo sie sonst wohnte, und auch die war besser gebaut; nur dieselbe Eiche beschattete sie noch, welche einst ihr Großvater dahin gepflanzt hatte. Aber wie sie in die Stube treten wollte, ward sie von den unbekannten Bewohnern als eine Fremde von der Thür gewiesen und lief weinend und klagend im Dorfe umher. Die Leute hielten sie für wahnwitzig und führten sie vor die Obrigkeit, wo sie verhört und ihre Sache untersucht wurde; sieh da, es fand sich in den Gedenk= und Kirchenbüchern, daß grad vor hundert Jahren an eben diesem Tag eine Frau ihres Namens, welche nach dem Forst in die Beeren gegangen, nicht wieder heimgekehrt sei und auch nicht mehr zu finden gewesen war. Es war also deutlich erwiesen, daß sie volle hundert Jahr im Felsen geschlafen hatte und die Zeit über nicht älter geworden war. Sie lebte nun ihre übrigen Jahre ruhig und sorgenlos aus und wurde von der ganzen Gemeinde anständig verpflegt zum Lohn für die Zauberei, die sie hatte erdulden müssen.

153.
Der Abzug des Zwergvolks über die Brücke.

Die kleinen Höhlen in den Felsen, welche man auf der Südseite des Harzes, sonderlich in einigen Gegenden der Grafschaft Hohenstein findet, und die größtentheils so niedrig sind, daß erwachsene Menschen nur hineinkriechen können, theils aber einen räumigen Aufenthaltsort für größere Gesellschaften darbieten, waren einst von Zwergen bewohnt und heißen nach ihnen noch jetzt Zwerglöcher. Zwischen Walkenried und Neuhof in der Grafschaft Hohenstein hatten einst die Zwerge zwei Königreiche. Ein Bewohner jener Gegend merkte einmal, daß seine Feldfrüchte alle Nächte beraubt wurden, ohne daß er den Thäter entdecken konnte. Endlich ging er auf den Rath einer weisen Frau bei einbrechender Nacht an seinem Erbsenfelde auf und ab und schlug mit einem dünnen Stabe über dasselbe in die bloße Luft hinein. Es dauerte nicht lange, so standen einige Zwerge leibhaftig vor ihm. Er hatte ihnen die unsichtbar machenden Nebelkappen abgeschlagen. Zitternd fielen die Zwerge vor ihm nieder und bekannten: daß ihr Volk es sei, welches die Felder der Landesbewohner beraubte, wozu aber die äußerste Noth sie zwänge. Die Nachricht von den eingefangenen Zwergen brachte die ganze Gegend in Bewegung. Das Zwergvolk sandte endlich Abgeordnete und bot Lösung für sich und die gefangenen Brüder, und wollte dann auf immer das Land verlassen. Doch die Art des Abzuges erregte neuen Streit. Die Landeseinwohner wollten die Zwerge nicht mit ihren gesammelten und versteckten Schätzen abziehen lassen und das Zwergvolk wollte bei seinem Abzuge nicht gesehen sein. Endlich kam man dahin überein, daß die Zwerge über eine schmale Brücke bei Neuhof ziehen, und daß jeder von ihnen in ein dorthin gestelltes Ge=

fäß einen bestimmten Theil seines Vermögens als Abzugszoll werfen sollte, ohne daß einer der Landesbewohner zugegen wäre. Dies geschah. Doch einige Neugierige hatten sich unter die Brücke gesteckt, um den Zug der Zwerge wenigstens zu hören. Und so hörten sie denn viele Stunden lang das Getrappel der kleinen Menschen; es war ihnen, als wenn eine sehr große Heerde Schafe über die Brücke ging. — Seit dieser letzten großen Auswanderung des Zwergvolks lassen sich nur selten einzelne Zwerge sehen. Doch zu den Zeiten der Elterväter stahlen zuweilen einige in den Berghöhlen zurückgebliebene aus den Häusern der Landesbewohner kleine kaum geborene Kinder, die sie mit Wechselbälgen vertauschten.

154.
Der Zug der Zwerge über den Berg.

Auch auf der Nordseite des Harzes wohnten einst viele tausend Zwerge oder Kröpel in den Felsklüften und den noch vorhandenen Zwerglöchern. Bei Seehausen, einem magdeburgischen Städtchen, zeigt man ebenfalls solche Kröpellöcher. Aber nur selten erschienen sie den Landesbewohnern in sichtbarer Gestalt, gewöhnlich wandelten sie, durch ihre Nebelkappen geschützt, ungesehen und ganz unbemerkt unter ihnen umher. Manche dieser Zwerge waren gutartig und den Landesbewohnern unter gewissen Umständen sehr behülflich; bei Hochzeiten und Kindtaufen borgten sie mancherlei Tischgeräthe aus den Höhlen der Zwerge. Nur durfte sie niemand zum Zorn reizen, sonst wurden sie tückisch und bösartig und thaten dem, der sie beleidigte, allen möglichen Schaden an. In dem Thal zwischen Blankenburg und Quedlinburg bemerkte einmal ein Bäcker, daß ihm immer einige der gebackenen Brote fehlten und doch war der Dieb nicht zu entdecken. Dieser beständig fortdauernde geheime Diebstahl machte, daß der Mann allmählig verarmte. Endlich kam er auf den Verdacht, die Zwerge könnten an seinem Unheil Schuld sein. Er schlug also mit einem Geflechte von schwanken Reisern so lange um sich her, bis er die Nebelkappen einiger Zwerge traf, die sich nun nicht mehr verbergen konnten. Es wurde Lärm. Man ertappte bald noch mehrere Zwerge auf Diebereien und nöthigte endlich den ganzen Ueberrest des Zwergvolks auszuwandern. Um aber die Landeseinwohner einigermaßen für das Gestohlene zu entschädigen und zugleich die Zahl der Auswandernden überrechnen zu können, wurde auf dem jetzt sogenannten Kirchberg bei dem Dorfe Thale, wo sonst Wendhausen lag, ein groß Gefäß hingestellt, worin jeder Zwerg ein Stück Geld werfen mußte. Dieses Faß fand sich nach dem Abzuge der Zwerge ganz mit alten Münzen angefüllt. So groß war ihre Zahl. Das Zwergvolk zog über Wahrnstedt (unweit Quedlinburg) immer nach Morgen zu. Seit dieser Zeit sind die Zwerge aus der Gegend verschwunden. Selten ließ sich seitdem hier und da ein einzelner sehen.

155.

Die Zwerge bei Dardesheim.

Dardesheim ist ein Städtchen zwischen Halberstadt und Braunschweig. Dicht an seiner nordöstlichen Seite fließt ein Quell des schönsten Wassers, welcher der Smansborn (Leßmannsborn) heißt und aus einem Berge quillt, in dem vormals die Zwerge wohnten. Wenn die ehemaligen Einwohner der Gegend ein Feierkleid oder zu einer Hochzeit ein seltenes Geräthe brauchten, so gingen sie vor diesen Zwergberg, klopften dreimal an und sagten mit deutlicher, vernehmlicher Stimme ihr Anliegen, und

> frühmorgens eh die Sonne aufgeht,
> schon alles vor dem Berge steht.

Die Zwerge fanden sich hinlänglich belohnt, wenn ihnen etwas von den festlichen Speisen vor den Berg hingesetzt wurde. Nachher allmälig störten Streitigkeiten das gute Vernehmen des Zwergvolks und der Landeseinwohner. Anfangs auf kurze Zeit, aber endlich wanderten die Zwerge aus, weil ihnen die Neckworte und Spöttereien vieler Bauern unerträglich waren, so wie der Undank für erwiesene Gefälligkeiten. Seit der Zeit sieht und hört man keine Zwerge mehr.

156.

Schmidt Riechert.

Den Dardesheimer Zwergberg zieht auf der östlichen Seite ein Stück Acker hinan. Dieses Feld hatte einst ein Schmidt, Namens Riechert, mit Erbsen bestellt. Er bemerkte, als sie am wohlschmeckendsten waren, daß sie häufig ausgepflückt wurden. Um dem Erbsendieb aufzulauern, baute sich Riechert ein Hüttchen auf seinen Acker und wachte Tags und Nachts dabei; bei Tage entdeckte er keine Veränderung, aber alle Morgen sah er, daß seines Wachens unerachtet über Nacht das Feld bestohlen war. Voll Verdruß über seine mißlungene Mühe, beschloß er die noch übrigen Erbsen auf dem Acker auszudreschen. Mit Tagesanbruch begann Schmidt Riechert seine Arbeit. Aber noch hatte er nicht die Hälfte der Erbsen ausgedroschen, so hörte er ein klägliches Schreien, und beim Nachsuchen fand er auf der Erde unter den Erbsen einen der Zwerge, dem er mit seinem Dreschflegel den Schädel eingeschlagen hatte, und der nun sichtbar wurde, weil ihm seine Nebelkappe verloren gegangen war. Der Zwerg floh eilends in den Berg zurück.

157.

Grinkenschmidt.

In den Detterberge, drei Stunden von Mönster, do wuhrnde vor ollen Tieden en wilden Man, de hedde Grinkenschmidt, un de lag in en deip Lok unner de Erde, dat is nu ganz met Greß und Strüker bewassen; men man kann doch noch seihn, wo et west ist. In düt Lok habbe he sine Schmiede, un he mock so eislikerohre Saken, de duerden ewig, un sine Schlörter konn kien Mensk orpen kriegen sonner Schlürtel. An de Kerkendöhr to Nienberge fall auk en Schlott von em sien, do sind de Deiwe all vör west, men se könnt et nich to Schande maken. Wenn der denn ne Hochtied was, queimen de Bueren und lenden von Grienken en Spitt, do mosten se em en Broden vör gierwen. Kam auk es en Buer vör dat Lok und sede: „Grinkenschmidt, giff mi en Spitt" — „krigst kien Spitt, giff mi en Broden" — „krigst kinen Broden, holt dien Spitt." Do word Grienken so hellig aße der to, un reep: „wahr du, dat ik kienen Broden nierme." De Buer gonk den Berg enbilink no sin Hues, do lag sien beste Perd in en Stall un en Been was em utrierten, dat was Grinkenschmidt sien Broden.

wuhrnde, nierme, utrierten: wohnte, nehme, ausgerissen, eisliikerohr: sehr rar, sonner: ohne, Spitt: Spieß, Broden: Braten, so hellig aße der to: so böse als möglich, enbilink: entlang.

158.

Die Hirtenjungen.

Am Johannistag kamen zwei Hirtenknaben, indem sie den jungen Vögeln nachstellten, in die Gegend des Heilingsfelsen und erblickten unten an demselben eine kleine Thüre offenstehen. Die Neugierde trieb sie hinein; in der Ecke standen zwei große Truhen, eine geöffnet, die andere verschlossen. In der offnen lag ein großer Haufen Geld, sie griffen hastig danach und füllten ihre Brotsäcklein voll. Drauf kam's ihnen greulich; sie eilten nach der Thüre, glücklich trat der erste durch. Als aber der zweite folgte, knarrten die Angel fürchterlich, er machte einen jähen großen Sprung nach der Schwelle, die Thür fuhr schnell zu und riß ihm noch den hölzernen Absatz seines linken Schuhes ab. So kam er noch heil davon und sie brachten das Geld ihren erfreuten Eltern heim.

159.

Die Nußkerne.

Zwei junge Bursche, der Peter und Knipping zu Wehren im Corvei'=
schen, wollten Vogelnester suchen, der Peter aber, weil er erstaunend faul
war, nachdem er ein wenig umgeschaut, legte sich unter einen Baum und
schlief ein. Auf einmal war's ihm, als packte ihn einer an den Ohren, so
daß er aufwachte und herumsah, aber niemand erblickte. Also legte er den
Kopf wieder und schlief aufs neue ein. Da kams zum zweitenmal und
packte ihn an den Ohren, als er aber niemand gewahr werden konnte,
schlief er zum drittenmal ein. Aber zum drittenmal ward er wieder ge=
zupft, da war er das Ding müde, stand auf und wollte sich einen andern
Ort suchen, wo er in Ruhe liegen könnte. Auf einmal aber sah er vor
sich das Fräulein von Willberg gehen, das knackte Nüsse entzwei und
steckte die Schalen in die Tasche und warf die Kerne auf die Erde. Als
die Nüsse zu Ende gingen, war sie verschwunden. Der Peter aber war
immer hinter ihr hergegangen, hatte die Nüsse aufgelesen und gegessen.
Darauf kehrte er um, suchte den Knipping und erzählte ihm alles, was er
gesehen hatte. Da gingen sie nach Haus, holten noch andere zur Hilfe und
fingen an, da, wo das Fräulein verschwunden war, zu graben und kamen
da auf eine alte Küche, darin noch altes Kochgeräth stand, endlich in einen
Keller mit Tonnen voll Geld. Sie nahmen so viel, als sie tragen konnten
und wollten den andern Tag wieder kommen, aber alles war fort und sie
konnten die Stätte gar nicht wieder finden, sie mochten suchen, wo sie
wollten. Der Peter baute sich von seinem Geld ein Haus, darin er
noch lebt.

160.

Der soester Schatz.

Im dreißigjährigen Krieg befand sich unweit der Stadt Soest in
Westphalen ein altes Gemäuer, von dem die Sage ging, daß darin eine
eiserne Truhe voll Geldes wäre, welche ein schwarzer Hund hütete, sammt
einer verfluchten Jungfrau. Nach der Erzählung der Großeltern werde
einstens ein fremder Edelmann ins Land kommen, die Jungfrau erlösen
und mit einem feurigen Schlüssel den Kasten eröffnen. Mehrere fahrende
Schüler und Teufelsbanner hätten sich bei Mannsgedenken dahin begeben,
um zu graben, wären aber so seltsam empfangen und abgewiesen worden,
daß es seithero niemand weiter gelüstet; besonders nach ihrer Eröffnung,
daß der Schatz keinem zu Theil werden könne, der nur ein einziges Mal
Weibermilch getrunken. Vor kurzer Zeit noch wäre ein Mägdlein aus
ihrem Dorf nebst etlichen Geisen an den Ort zu weiden gewesen, und als

deren eine sich in das Gemäuer verlaufen, nachgefolgt. Da sei eine Jung=
frau inwendig im Hof gewesen und habe es angeredet: was es da zu
schaffen? auch nach erhaltenem Bescheid, auf ein Körblein Kirschen weisend,
weiter gesagt: „so gehe und nimm dort von dem, was du vor dir siehest,
mit sammt deiner Geis, komm aber nicht wieder, noch sieh dich um, damit
dir nichts Arges geschehe!“ Darauf habe das erschrockene Kind sieben
Kirschen ertappet und sei in Angst aus der Mauer gekommen: die Kirschen
seien aber sogleich zu Geld geworden.

161.
Das quellende Silber.

Im Februar des Jahrs 1605, unter dem Herzog Heinrich Julius von
Braunschweig, trug sich zu, daß eine Meile Wegs von Quedlinburg, zum
Thal genannt, ein armer Bauer seine Tochter in den nächsten Busch
schickte, Brennholz aufzulesen. Das Mädchen nahm dazu einen Tragkorb
und einen Handkorb mit und als es beide angefüllt hatte und nach Haus
gehen wollte, trat ein weißgekleidetes Männlein zu ihm hin und fragte:
„was trägst du da?“ „Aufgelesenes Holz, antwortete das Mädchen, zum
Heizen und Kochen.“ „Schütte das Holz aus, sprach weiter das Männlein,
nimm deine Körbe und folge mir; ich will dir etwas zeigen, das besser
und nützlicher ist, als das Holz.“ Nahm es dabei an der Hand, führte
es zurück an einen Hügel und zeigte ihm einen Platz, etwa zweier ge=
wöhnlichen Tische breit, ein schön lauter Silber von kleiner und großer
Münze von mäßiger Dicke, darauf ein Bild, wie eine Maria gestaltet und
rings herum ein Gepräge von uralter Schrift. Als dieses Silber in
großer Menge gleichsam aus der Erde hervorquoll, entsetzte sich das Mägd=
lein davor und wich zurück; wollte auch nicht seinen Handkorb von Holz
ausschütten. Hierauf that’s das weiße Männlein selbst, füllte ihn mit dem
Geld und gab ihn dem Mägdlein und sprach: „das wird dir besser sein,
als Holz.“ Es nahm ihn voll Bestürzung und als das Männlein begehrte,
es sollte auch seinen Tragkorb ausschütten und Silber hinein fassen, wehrte
es ab und sprach: es müsse auch Holz mit heim bringen, denn es wären
kleine Kinder daheim, die müßten eine warme Stube haben und dann
müßte auch Holz zum Kochen da sein.“ Damit war das Männlein zu=
frieden und sprach: „nun so ziehe damit hin“ und verschwand darauf.

Das Mädchen brachte den Korb voll Silber nach Haus und erzählte,
was ihm begegnet war. Nun liefen die Bauern haufenweis mit Hacken
und anderm Geräth in das Wäldchen und wollten sich ihren Theil vom
Schatz auch holen, aber niemand konnte den Ort finden, wo das Silber
hervorgequollen war.

Der Fürst von Braunschweig hat sich von dem geprägten Silber ein Pfund holen lassen, so wie sich auch ein Bürger aus Halberstadt, N. Everkan, eins gelöst.

_____

162.
Goldsand auf dem Unterberg.

Im Jahre 1753 ging ein ganz mittelloser, beim Hofwirth zu St. Zeno stehender Dienstknecht, Namens Paul Mayr, auf den Berg. Als er unweit dem Brunnenthal fast die halbe Höhe erreicht hatte, kam er zu einer Steinklippe, worunter ein Häuflein Sand lag. Weil er schon so manches gehört hatte und nicht zweifelte, daß es Goldsand wäre, füllte er sich alle Taschen damit und wollte vor Freude nach Haus gehen; aber in dem Augenblick stand ein fremder Mann vor seinem Angesicht und sprach: „was trägst du da?" Der Knecht wußte vor Schrecken und Furcht nichts zu antworten, aber der fremde Mann ergriff ihn, leerte ihm die Taschen aus und sprach: „jetzt gehe nimmer den alten Weg zurück, sondern einen andern und sofern du dich hier wieder sehen läßt, wirst du nicht mehr lebend davon kommen." Der gute Knecht ging heim, aber das Gold reizte ihn also, daß er beschloß, den Sand noch einmal zu suchen, und einen guten Gesellen mitnahm. Es war aber alles umsonst und dieser Ort ließ sich nimmermehr finden.

Ein andermal verspätete sich ein Holzmeister auf dem Berge und mußte in einer Höhle die Nacht zubringen. Anderen Tages kam er zu einer Steinklippe, aus welcher ein glänzend schwerer Goldsand herabrieselte. Weil er aber kein Geschirr bei sich hatte, ging er ein ander Mal hinauf und setzte das Krüglein unter. Und als er mit dem angefüllten Krüglein hinweg ging, sah er unweit dieses Orts eine Thür sich öffnen, durch die er schaute, und da kam es ihm natürlich vor, als sehe er in den Berg hinein und darin eine besondere Welt mit einem Tageslicht, wie wir es haben. Die Thür blieb aber kaum eine Minute lang offen; wie sie zuschlug, hallte es in den Berg hinein, wie in ein großes Weinfaß. Dieses Krüglein hat er sich allzeit angefüllt nach Haus tragen können, nach seinem Tode aber ist an dem Gold kein Segen gewesen. Jene Thüre hat in folgender Zeit niemand wieder gesehen.

_____

163.
Goldkohlen.

Im Jahre 1753 ging von Salzburg eine Kräutelbrockerin auf den Wunderberg; als sie eine Zeit lang auf demselben herumgegangen war, kam sie zu einer Steinwand, da lagen Brocken, grau und schwarz, als wie

Kohlen. Sie nahm davon etliche zu sich und als sie nach Haus gekommen, merkte sie, daß in solchen klares Gold vermischt war. Sie kehrte alsbald wieder zurück auf den Berg, mehr davon zu holen, konnte aber alles Suchens ungeachtet den Ort nicht mehr finden.

164.
Der Brunnen zu Steinau.

Im Jahre 1271 waren dem Abt Berold zu Fulda seine eigenen Unterthanen feind und verschworen sich wider sein Leben. Als er einmal in der St. Jacobs Capelle Messe las, überfielen ihn die Herrn von Steinau, von Eberstein, Abert von Brandau, Ebert von Spala, und Ritter Conrad und erschlugen ihn. Bald hernach wurden die Räuber selbbdreißig, mit zwanzig Pferden, zu Hasselstein auf dem Kirchenraub betrappt, mit dem Schwert hingerichtet und ihre Wohnungen zerbrochen. Dieser That haben die Herrn von Steinau in ihrem Wappen hernachmals drei Räder mit drei Scheermessern führen müssen und an der Stätte, da sie das Verbündniß über den Abt gemacht, nämlich bei Steinau (an der Straße im Hanauischen*) an einem Brunnen auf einem Rasen wächst noch zur Zeit kein Gras.

165.
Die fünf Kreuze.

Vor dem Klausthor in Höxter, welches nach Pyrmont führt, gleich linker Hand stehen an dem Wege fünf alte Steine, welche die fünf Kreuze heißen, vermuthlich weil es versunkene Kreuze sind. Nun geht die Sage, es seien fünf Hühnen dabei erschlagen worden: nach andern fünf Grafen von Reischach; wieder nach andern sind fünf Bürger von Tilly im dreißigjährigen Krieg aufgehängt worden.

166.
Der Schwerttanz zu Weißenstein.

Unfern Marburg auf dem Wege nach Wetter liegt ein Dorf Wehre und dabei ein spitzer Berg, auf dem vor alten Zeiten eine Raubburg gestanden haben soll, genannt der Weißenstein, und Trümmer davon sind noch übrig. Aus diesem Schloß wurde den Umliegenden großer Schaden zugefügt, allein man konnte den Räubern nicht beikommen, wegen der

---

*) Wahrscheinlicher Steinau an der Haun, stundenweit von Fuld.

Feste der Mauer und Höhe des Bergs. Endlich verfielen die Bauern aus Wehre auf eine List. Sie versahen sich heimlich mit allerhand Wehr und Waffen, gingen zum Schloß hinauf und gaben den Edelleuten vor, daß sie ihnen einen Schwerttanz *) bringen wollten. Unter diesem Schein wurden sie eingelassen; da entblößten sie ihre Waffen und hieben das Raub= volk tapfer nieder, bis sich die Edelleute auf Gnaden ergaben und von den Bauern sammt der Burg ihrem Landesfürsten überliefert wurden.

167.
Der Steintisch zu Bingenheim.

In dem hessischen Ort Bingenheim in der Wetterau wurden ehemals vor dem Rathhaus unter der Linde jährlich drei Zentgerichte gehalten, wozu sich viel vornehmer Adel, der in der fuldischen Mark angesessen war, leiblich einfand. Unter der Linde stand ein steinerner Tisch, von dem erzählt wurde: er sei aus dem hohen Berg, einem gegen Staden hin gelegenen Walde, dahin gebracht worden. In diesem Wald hätten früherhin wilde Leute gehaust, deren Handgriffe man noch in den Steinen sähe und von denen sich noch drei ausgehölte Steinsitze vorfinden. Im Jahr 1604 bei Sommerzeit habe man in gedachtem Wald an hellem Tag drei Leute in weißer Gestalt umwandern sehen.

168.
Der lange Mann in der Mordgasse zu Hoff.

Vor diesem Sterben (der Pest zu Hof im Jahr 1519) hat sich bei Nacht ein großer, schwarzer, langer Mann in der Mordgasse sehen lassen, welcher mit seinen ausgebreiteten Schenkeln die zwei Seiten der Gassen betreten und mit dem Kopf hoch über die Häuser gereicht hat; welchen meine Ahnfrau Walburg Widmännin, da sie einen Abend durch gedachte Gasse gehen müssen, selbst gesehen, daß er den einen Fuß bei der Einfurt des Wirthshauses den andern gegenüber auf der andern Seite bei dem großen Haus gehabt. Als sie aber vor Schrecken nicht gewußt, ob sie zurück oder fortgehen sollen, hat sie es in Gottes Namen gewagt, ein Kreuz vor sich gemacht, und ist mitten durch die Gasse und also zwischen seinen Beinen hindurch gegangen, weil sie ohne das besorgen müssen, solch Gespenst möchte ihr nacheilen. Da sie kaum hindurch gekommen, schlägt das Gespenst seine beiden Beine hinter ihr so hart zusammen, daß sich ein

---

*) Die Sitte des hessischen Schwerttanzes, sammt dem Lied der Schwerttänzer wird anderswo mitgetheilt werden.

folch großes Gepraffel erhebet, als wann die Häuser der ganzen Mordgaffe einfielen. Es folgte darauf die große Pest und fing das Sterben in der Mordgaffe am erften an.

169.

Krieg und Frieden.

Im Jahre 1644 am achtzehnten August zog Kurfürst Johann Georg der Erfte an der Stadt Chemniz vorbei. Da fingen feine Leute in dem Gehölz der Gegend ein wildes Weiblein, das nur eine Elle groß, fonft aber recht menfchlich geftaltet war. Angeficht, Hände und Füße waren glatt, aber der übrige Leib rauch. Es fing an zu reden und fagte: „ich verkündige und bringe den Frieden im Lande." Der Kurfürft befahl, man follte es wieder frei gehen laffen, weil vor etwa fünf und zwanzig Jahren auch ein Männlein von gleicher Geftalt gefangen worden, welches den Unfrieden und Krieg verkündigt.

170.

Rodenfteins Auszug.

Nah an dem zum gräflich erbachifchen Amt Reichenberg gehörigen Dorf Oberkainsbach, unweit dem Odenwald, liegen auf einem Berge die Trümmer des alten Schloffes Schnellerts; gegenüber eine Stunde davon, in der robfteiner Mark, lebten ehemals die Herrn von Rodenftein, deren männlicher Stamm erlofchen ift. Noch find die Ruinen ihres alten Raub= fchloffes zu fehen.

Der letzte Befitzer deffelben hat fich befonders durch feine Macht, durch die Menge feiner Knechte und des erlangten Reichthums berühmt gemacht; von ihm geht folgende Sage. Wenn ein Krieg bevorfteht, fo zieht er von feinem gewöhnlichen Aufenthaltsort Schnellerts bei grauender Nacht aus, begleitet von feinem Hausgefind und fchmetternden Trompeten. Er zieht durch Hecken und Gefträuche, durch die Hofraithe und Scheune Simon Daum's zu Oberkainsbach bis nach dem Rodenftein, flüchtet gleichfam, als wolle er das feinige in Sicherheit bringen. Man hat das Knarren der Wagen und ein ho! ho! Schreien, die Pferde antreiben, ja felbft die einzelnen Worte gehört, die einherziehendem Kriegsvolk vom Anführer zugerufen werden und womit ihm befohlen wird. Zeigen fich Hoffnungen zum Frieden, dann kehrt er in gleichem Zuge vom Rodenftein nach dem Schnellerts zurück, doch in ruhiger Stille und man kann dann gewiß sein, daß der Frieden wirklich abgeschlossen wird*). Ehe Napoleon im Frühjahr 1815 landete, war bestimmt die Sage, der Rodensteiner sei wieder in die Kriegburg ausgezogen.

171.

Der Tannhäuser.

Der edle Tannhäuser, ein deutscher Ritter, hatte viele Länder durch= fahren und war auch in Frau Venus Berg zu den schönen Frauen ge= rathen, das große Wunder zu schauen. Und als er eine Weile darin gehaust hatte, fröhlich und guter Dinge, trieb ihn endlich sein Gewissen, wieder herauszugehen in die Welt und begehrte Urlaub. Frau Venus aber bot alles auf, um ihn wanken zu machen: sie wolle ihm eine ihrer Gespielen geben zum ehelichen Weibe und er möge gedenken an ihren rothen Mund, der lache zu allen Stunden. Tannhäuser antwortete: kein ander Weib gehre er, als die er sich in den Sinn genommen, wolle nicht ewig in der Hölle brennen und gleichgültig sei ihm ihr rother Mund, könne nicht länger bleiben, denn sein Leben wäre krank geworden. Und da wollte ihn die Teufelin in ihr Kämmerlein locken, der Minne zu pflegen, allein der edle Ritter schalt sie laut und rief die himmlische Jungfrau an, daß sie ihn scheiden lassen mußte. Reuevoll zog er die Straße nach Rom zu Papst Urban, dem wollte er alle seine Sünden beichten, damit ihm Buße auf= gelegt würde und seine Seele gerettet wäre. Wie er aber beichtete, daß er auch ein ganzes Jahr bei Frauen Venus im Berg gewesen, da sprach der Papst: „wann der dürre Stecken grünen wird, den ich in der Hand halte, sollen dir deine Sünden verziehen sein, und nicht anders." Der Tannhäuser sagte: „und hätte ich nur noch ein Jahr leben sollen auf Erden, so wollte ich solche Reue und Buße gethan haben, daß sich Gott erbarmt hätte"; und vor Jammer und Leid, daß ihn der Papst verdammte, zog er wieder fort aus der Stadt und von neuem in den teuflischen Berg, ewig und immerdar drinnen zu wohnen. Frau Venus aber hieß ihn willkommen, wie man einen langabwesenden Buhlen empfängt; danach wohl auf den dritten Tag, hub der Stecken an zu grünen und der Papst sandte

---

*) Bei dem erbachischen Amt Reichenberg zu Reichelsheim hat man viele Personen deshalb abgehört; die Protokolle fangen mit dem Jahre 1742 an und endigen mit 1764. Im Juli 1792 war ein Auszug. Im Jahre 1816 erneuern sich in der Rheingegend ähnliche Gerüchte und Aussagen. Einige nennen statt des Rodensteiners den Lindenschmied, von dem das bekannte Volkslied anhebt: „es ist noch nicht lang, daß es geschah, daß man den Lindenschmied reiten sah auf seinem hohen Rosse, er ritt den Rheinstrom auf und ab, er hats gar wohl genossen." Andere sagen, daß Schnellert aus seiner Burg nach dem Rodenstein auszöge, um seinen geschwornen Todfeind, den Rodensteiner, auch noch als Geist zu befehden. — Eine Abbildung der Ruine Rodenstein vor Theodor von Haupts Aehrenlese aus der Vorzeit 1816. Daselbst der Schnellertsgeist als Kriegs= und Friedensherold nach amt= lichen Berichten und Zeugenaussagen S. 281 bis 316.

Botschaft in alle Land, sich zu erkundigen, wohin der edle Tannhäuser gekommen wäre. Es war aber nun zu spät, er saß im Berg und hatte sich sein Lieb erkoren, daselbst muß er nun sitzen, bis zum jüngsten Tag, wo ihn Gott vielleicht anderswohin weisen wird. Und kein Priester soll einem sündigen Menschen Mißtrost geben, sondern verzeihen, wenn er sich anbietet zu Buß und Reue.

172.

Der wilde Jäger Hackelberg.*)

Vorzeiten soll im Braunschweiger Land ein Jägermeister gewesen sein, Hackelberg genannt, welcher zum Waidwerk und Jagen solche große Lust getragen, daß, da er jetzt an seinem Todbett lag, und vom Jagen so ungern abgeschieden, er von Gott soll begehrt und gebeten haben (ohn=zweifellich aus Ursach seines christlichen und gottseligen Lebens halber, so er bisher geführt), daß er für ein Theil Himmelreich bis zum jüngsten Tag am Sölling möcht jagen. Auch deswegen in ermeldete Wildniß und Wald sich zu begraben befohlen, wie geschehen. Und wird ihm sein gott=loser, ja teuflischer Wunsch verhängt, denn viermal wird ein gräulich und erschrecklich Hornblasen und Hundegebell die Nacht gehört: jetzt hie, ein andermal anderswo in dieser Wildniß, wie mich diejenigen, die solch Gefährd auch selbst angehört, berichtet. Zudem soll es gewiß sein, daß, wenn man Nachts ein solch Jagen vermerkt und am folgenden Tag gejagt wird, einer ein Arm, Bein, wo nicht den Hals gar bricht, oder sonst ein Unglück sich zuträgt.

Ich bin selbst (ist mir recht im Jahr 1558), als ich von Einbeck übern Solling nach Ußlar geritten und mich verirrte, auf des Hackelbergers Grab ungefähr gestoßen. War ein Platz, wie eine Wiese, doch von unartigem Gewächs und Schilf in der Wildniß, etwas länger denn breit, mehr denn ein Acker zu achten; darauf kein Baum sonst stund wie um die Ende. Der Platz kehrte sich mit der Länge nach Aufgang der Sonne, und am Ende lag die Zwerch, ein erhabener rother (ich halt Wacken=) Stein, bei acht oder neun Schuhen lang und fünfe, wie mich däuchte, breit. Er war aber nicht, wie ein anderer Stein, gegen Osten, sondern mit dem einen Vorhaupt gegen Süden, mit dem andern gegen Norden gekehret.

Man sagte mir, es vermögte niemand dieses Grab aus Vorwitz oder mit Fleiß, wie hoch er sich deß unterstünde, zu finden, käme aber jemand ungefähr, lägen etliche gläuliche schwarze Hunde daneben. Solches Gespensts und Wusts ward ich aber im geringsten nicht gewahr, sonst hatte ich wenig Haare meines Haupts, die nicht empor stiegen.

---

*) Im Hackel? der Hackel ein Forst unweit Halberstadt, bei der alten Dornburg vgl. Nr. 312.

173.
Der wilde Jäger und der Schneider.

Ein Schneider saß einmal auf seinem Tische am Fenster und arbeitete, da fuhr der wilde Jäger mit seinen Hunden über das Haus her und das war ein Lärmen und Bellen, als wenn die Welt verginge. Man sagt sonst den Schneidern nach, sie seien furchtsam, aber dieser war es nicht, denn er spottete des wilden Jägers und schrie: „huhu, huhu, klifflaff, klifflaff!" und hetzte die Hunde noch mehr an; da kam aber ein Pferdefuß ins Fenster hereingefahren und schlug den Schneider vom Tische herab, daß er wie todt niederfiel. Als er wieder zur Besinnung kam, hörte er eine fürchterliche Stimme:

> must du met mi jagen,
> dan sost du auk met mi knagen!

ich weiß gewiß, er wird nie wieder den wilden Jäger geneckt haben.

174.
Der Höselberg*).

Im Lande zu Thüringen nich' fern von Eisenach liegt ein Berg, genant der Höselberg, worin der Teufel haust und zu dem die Hexen wallfahrten. Zuweilen erschallt jämmerliches Heulen und Schreien her daraus das die Teufel und armen Seelen ausstoßen; im Jahre 1398 am hellen Tage erhoben sich bei Eisenach drei große Feuer, brannten eine Zeitlang in der Luft, thaten sich zusammen und wieder von einander und fuhren endlich alle drei in diesen Berg. Fuhrleute, die ein andermal mit Wein vorbeigefahren kamen, lockte der böse Feind mit einem Gesicht hinein und wies ihnen etliche bekannte Leute, die bereits in der höllischen Flamme saßen.

Die Sage erzählt: einmal habe ein König von England mit seiner Gemahlin, Namens Reinschweig, gelebt, die er aus einem geringen Stand, blos ihrer Tugend willen, zur Königin erhoben. Als nun der König gestorben war, den sie aus der Maßen lieb hatte, wollte sie ihrer Treu an ihm nicht vergessen, sondern gab Almosen und betete für die Erlösung seiner Seele. Da war gesagt, daß ihr Herr sein Fegefeuer zu Thüringen im Höselberg hätte, also zog die fromme Königin nach Deutschland und baute sich unten am Berg eine Kapelle, um zu beten, und rings umher entstand ein Dorf. Da erschienen ihr die bösen Geister, und sie nannte den Ort Satansstedt, woraus man nach und nach Sattelstedt gemacht hat.

------

*) Man findet gleichbedeutig: Horsel= Hursel= Hosel= Oselberg. Die eigentliche Ableitung von Ursel, Usel (favilla) liegt nahe. Man hat auch Hieselberg. Die Hörsel, ein Flüßchen, fällt in die Serra und heißt beim Ursprung Leine.

175.

Des Rechenbergers Knecht.

Es sagte im Jahre 1520 Herr Hans von Rechenberg im Beisein Sebastians Schlich und anderer viel ehrlicher und rechtlicher Leute, wie seinem Vater und ihm ein Knecht zur Zeit, da König Matthias in Ungarn gegen die Türken gestritten, treulich und wohl gedienet hätte viel Jahr, also daß sie nie einen bessern Knecht gehabt. Auf eine Zeit aber ward ihm Botschaft an einen großen Herrn auszurichten vertrauet und da Herr Hans meinte, der Knecht wäre längst hinweg, ging er von ohngefähr in den Stall, da fand er den Knecht auf der Streu bei den Pferden liegen und schlafen, ward zornig und sprach, wie das käme? Der Knecht stand auf und zog einen Brief aus dem Busen, sagte: „da ist die Antwort." Nun war der Weg ferne und unmöglich einem Menschen, daß er da sollte gewesen sein. Dabei ward der Knecht erkannt, daß es ein Geist gewesen wäre. Bald nach diesem wurde er auf eine Zeit bedrängt von den Feinden, da hob der Knecht an: „Herr, erschrecket nicht, gebt eilends die Flucht, ich aber will zurückreisen und Kundschaft von den Feinden nehmen." Der Knecht kam wieder, klingelte und klapperte feindlich in seinen vollgepfropften Taschen. „Was hast du da?" sprach der Herr. „Ich hab allen ihren Pferden die Eisen abgebrochen und weggenommen, die bring ich hier." Damit schüttete er die Hufeisen aus und die Feinde konnten Herrn Hansen nicht verfolgen.

Herr Hans von Rechenberg sagte auch: der Knecht wäre zuletzt weggekommen, niemand wüßte wohin, nachdem man ihn erkannt hätte.

Kirchhof, welcher von einem andern Edelmann, der sich aus dem Stegreif ernährt, die Sage erzählt, hat noch folgende Züge. Einmal ritt sein Herr fort und befahl ihm ein Pferd, das ihm sehr lieb war; er sollte dessen fleißig warten. Als der Junker weg war, führte der Knecht das Pferd auf einen hohen Thurm, höher denn zehn Stufen; wie aber der Herr wieder kam, vernahm und kannte es ihn im Hineintreten, steckte den Kopf oben im Thurm zum Fenster hinaus und fing an zu schreien, daß er sich gar sehr verwunderte und es mit Stricken und Seilen mußte vom Thurm herablassen.

Auf eine andere Zeit lag der Edelmann um eines Todschlags willen gefangen und rief den Knecht an, daß er ihm hülfe. Sprach der Knecht: „obschon es schwer ist, will ich's doch thun, doch müßt ihr nicht viel mit den Händen vor mir flattern und Schirmstreich brauchen." Damit meinte er ein Kreuz vor sich machen und sich segnen. Der Edelmann sprach, er sollte fortfahren, er wollte sich damit recht halten. Was geschah? Er nahm ihn mit Ketten und Fesseln, führte ihn in der Luft daher; wie sich aber der Edelmann in der Höhe fürchtet und schwindelt und rief: „hilf

Gott! hilf! wo bin ich!" ließ er ihn herunter in einen Pfuhl fallen, kam heim und zeigte es der Frau an, daß sie ihn holen und heilen ließ, wie sie that.

176.

Geisterkirche.

Um das Jahr 1516 hat sich eine wunderbare, doch wahrhaftige Geschichte in St. Lorenz-Kirche und auf desselben Kirchhof zugetragen. Als eine andächtige, alte, fromme Frau, ihrer Gewohnheit nach, einsmals früh Morgens vor Tag hinaus gen St. Lorenz in die Engelmesse gehen wollen, in der Meinung, es sei die rechte Zeit, kommt sie um Mitternacht vor das obere Thor, findet es offen und geht also hinaus in die Kirche, wo sie dann einen alten, unbekannten Pfaffen die Messe vor dem Altar verrichten sieht. Viele Leut, mehrers Theils unbekannte, sitzen hin und wieder in den Stühlen zu beiden Seiten, eines Theils ohne Kopf, auch unter denselben etliche, die unlängst verstorben waren und die sie in ihrem Leben wohl gekannt hatte.

Das Weib setzt sich mit großer Furcht und Schrecken in der Stühle einen und, weil sie nichts denn verstorbene Leute, bekannte und unbekannte, siehet, vermeint, es wären der Verstorbenen Seelen; weiß auch nicht, ob sie wieder aus der Kirche gehen oder drinnen bleiben soll, weil sie viel zu früh kommen wär, und Haut und Haar ihr zu Berge steigen. Da geht eins aus dem Haufen, welche bei Leben, wie sie meinte, ihre Gevatterin gewesen und vor dreien Wochen gestorben war, ohne Zweifel ein guter Engel Gottes, hin zu ihr, zupfet sie bei der Kursen (Mantel), beutet ihr einen guten Morgen und spricht: „ei! liebe Gevatterin, behüt uns der allmächtige Gott, wie kommt ihr daher? Ich bitte euch um Gottes und seiner lieben Mutter willen, habt eben acht aufwann der Priester wandelt und segnet, so laufet, wie ihr laufen könnt und sehet euch nur nicht um, es kostet euch sonst euer Leben." Darauf sie, als der Priester wandeln will, aus der Kirche geeilet, so sehr sie gekonnt, und hat hinter ihr ein gewaltig Prasseln, als wann die ganze Kirche einfiele, gehöret, ist ihr auch alles Gespenst aus der Kirche nachgelaufen und hat sie noch auf dem Kirchhof erwischt, ihr auch die Kursen (wie die Weiber damals trugen) vom Hals gerissen, welche sie dann hinter sich gelassen und ist sie also unversehret davon kommen und entronnen. Da sie nun wiederum zum obern Thor kommt und herein in die Stadt gehen will, findet sie es noch verschlossen, dann es etwa um ein Uhr nach Mitternacht gewesen: mußt derowegen wohl bei dreien Stunden in einem Haus verharren bis das Thor geöffnet wird und kann hieraus vermerken, daß kein guter Geist ihr zuvor durch das Thor geholfen habe und daß die Schweine die sie anfangs vor dem Thor gesehen und gehört, gleich als wenn es Zeit wäre, das Vieh

auszutreiben, nichts anders, dann der leidige Teufel gewesen. Doch, weil
es ein beherztes Weib ohne das gewesen und sie dem Unglück entgangen,
hat sie sich des Dings nicht mehr angenommen, sondern ist zu Haus ge=
gangen und am Leben unbeschädigt blieben, obwohl sie wegen des einge=
nommenen Schreckens zwei Tag zu Bett hat liegen müssen. Denselben
Morgen aber, da ihr solches zu Handen gestoßen, hat sie, als es nun Tag
worden, auf den Kirchhof hinausgeschicket und nach ihrer Kursen, ob die=
selbe noch vorhanden, umsehen und suchen lassen; da ist dieselbe zu kleinen
Stücklein zerrissen gefunden worden, also daß auf jedem Grabe ein kleines
Fleckein gelegen, darob sich die Leut, die haufenweis derohalben hinaus
auf den Kirchhof liefen, nicht wenig wunderten.

Diese Geschichte ist unsern Eltern sehr wohl bekannt gewesen, da man
nicht allein hie in der Stadt, sondern auch auf dem Land in den benach=
barten Orten und Flecken davon zu sagen gewußt, wie dann noch heutiges
Tags Leute gefunden werden, die es vor der Zeit von ihren Eltern gehört
und vernommen haben. —

Nach mündlichen Erzählungen hat es sich in der Nacht vor dem Aller=
seelentag zugetragen, an welchem die Kirche feierlich das Gedächtniß der
abgeschiedenen Seelen begeht. Als die Messe zu Ende ist, verschwindet
plötzlich alles Volk aus der Kirche, so voll sie vorher war, und sie wird
ganz leer und finster. Sie sucht ängstlich den Weg zur Kirchenthür und
wie sie heraustritt, schlägt die Glocke im Thurm ein Uhr und die Thüre
fährt mit solcher Gewalt gleich hinter ihr zu, daß ihr schwarzer Regen=
mantel eingeklemmt wird. Sie läßt ihn, eilt fort und als sie am Morgen
kommt, ihn zu holen, ist er zerrissen und auf jedem Grabhügel liegt ein
Stücklein davon.

177.

Geistermahl.

Als König Friedrich der Dritte von Dänemark eine öffentliche Zu=
sammenkunft nach Flensburg ausgeschrieben, trug sich zu, daß ein dazu
herbeigereister Edelmann, weil er spät am Abend anlangte, in dem Gast=
haus keinen Platz finden konnte. Der Wirth sagte ihm, alle Zimmer
wären besetzt, bis auf ein einziges großes, darin aber die Nacht zuzubringen
wolle er ihm selbst nicht anrathen, weil es nicht geheuer und Geister darin
ihr Wesen trieben. Der Edelmann gab seinen unerschrockenen Muth
lächelnd zu erkennen und sagte, er fürchte keine Gespenster und begehre
nur ein Licht, damit er, was sich etwa zeige, besser sehen könne. Der
Wirth brachte ihm das Licht, welches der Edelmann auf den Tisch setzte
und sich mit wachenden Augen versichern wollte, daß Geister nicht zu sehen
wären. Die Nacht war noch nicht halb herum, als es anfing, im Zimmer
hier und dort sich zu regen und rühren und bald ein Rascheln über das

9*

andere sich hören ließ. Er hatte anfangs Muth, sich wider den an=
schauernden Schrecken fest zu halten, bald aber, als das Geräusch immer
wuchs, ward die Furcht Meister, so daß er zu zittern anfing, er mochte wider=
streben, wie er wollte. Nach diesem Vorspiel von Getöse und Getümmel
kam durch ein Kamin, welches im Zimmer war, das Bein eines Menschen
herabgefallen, bald auch ein Arm, dann Leib, Brust und alle Glieder, zu=
letzt, wie nichts mehr fehlte, der Kopf. Alsbald setzten sich die Theile nach
ihrer Ordnung zusammen und ein ganz menschlicher Leib, einem Hofdiener
ähnlich, hob sich auf. Jetzt fielen immer mehr und mehr Glieder herab,
die sich schnell zu menschlicher Gestalt vereinigten, bis endlich die Thüre
des Zimmers aufging und drei helle Haufen eines völligen königlichen Hof=
staats eintrat.

Der Edelmann, der bisher wie erstarrt am Tisch gestanden, als er sah
daß der Zug sich näherte, eilte zitternd in einen Winkel des Zimmers; zur
Thür hinaus konnte er vor dem Zuge nicht.

Er sah nun, wie mit ganz unglaublicher Behendigkeit die Geister eine
Tafel deckten; alsbald köstliche Gerichte herbeitrugen und silberne und
goldene Becher aufsetzten. Wie das geschehen war, kam einer zu ihm ge=
gangen und begehrte, er solle sich als ein Gast und Fremdling zu ihnen
mit an die Tafel setzen und mit ihrer Bewirthung vorlieb nehmen. Als
er sich weigerte, ward ihm ein großer silberner Becher dargereicht, daraus
Bescheid zu thun. Der Edelmann, der vor Bestürzung sich nicht zu fassen
wußte, nahm den Becher und es schien auch, als würde man ihn sonst
dazu nöthigen, aber als er ihn ansetzte, kam ihm ein so innerliches, Mark
und Bein durchdringendes Grausen an, daß er Gott um Schutz und Schirm
laut anrief. Kaum hatte er das Gebet gesprochen, so war in einem Augen=
blick alle Pracht, Lärm und das ganze glänzende Mahl mit den herrlich
scheinenden stolzen Geistern verschwunden.

Indessen blieb der silberne Becher in seiner Hand, und wenn auch
alle Speisen verschwunden waren, blieb doch das silberne Geschirr auf der
Tafel stehen, auch das eine Licht, das der Wirth ihm gebracht. Der Edel=
mann freute sich und glaubte, das alles sei ihm gewonnenes Eigenthum,
allein der Wirth that Einspruch, bis es dem König zu Ohren kam, welcher
erklärte, daß das Silber ihm heimgefallen wäre und es zu seinen Handen
nehmen ließ. Woher es gekommen, hat man nicht erfahren können, indem
auch nicht, wie gewöhnlich, Wappen und Namen eingegraben war.

178.

Der Dachdecker.

Ein junger Dachdecker sollte sein Meisterstück machen und auf der
Spitze eines glücklich fertigen Thurms die Rede halten. Mitten im Spruch

aber fing er an zu stocken und rief plötzlich seinem unten unter vielem Volk stehenden Vater zu: „Vater, die Dörfer, Berge und Wälder dort, die kommen zu mir her!" Da fiel der Vater sogleich nieder auf die Knie und betete für die Seele seines Sohnes und ermahnte die Leute, ein gleiches zu thun. Bald auch stürzte der Sohn todt herab. — Es soll auch nach ihren Rechten dem Vater zukommen, wenn der Sohn das erstemal vor ihm aufsteigt und anfängt irr zu reden, ihn gleich zu fassen und selbst herab= zuwerfen, damit er im Sturz nicht selbst mit gerissen wird.

179.
Die Spinnerin am Kreuz.

Dicht bei Wien, wenn man die Vorstadt=Landstraße hinausgeht, stehet ein steinernes, gut gearbeitetes Heiligenbild, unbedenklich über zwei Jahr= hunderte alt. Davon geht die Sage: eine arme Frau habe zu Gottes Ehren dieses Heiligthum wollen aufrichten lassen, und also so lang ge= sponnen, bis sie für ihren Verdienst nach und nach das zum Bau nöthige Geld zusammengebracht*).

Zwischen Calw und Zabelstein steht an der Straße ein steinernes Kreuz, worin ein Spinnrocken und die Jahreszahl 1447 gehauen ist. Ein 70jähriger Mann erzählte, einst von einem 100jährigen gehört zu haben: „es wäre eine arme Spinnerin gewesen, allda im gräulich tiefen Schnee erstickt."

180.
Buttermilchthurm.

Vom Buttermilchthurm zu Marienburg in Preußen wird erzählt, einstmal habe der Deutschmeister auf einem nahgelegenen Dorfe etwas Buttermilch für sich fordern lassen. Allein die Bauern spotteten seines Boten und sandten Tags drauf zwei Männer in die Burg, die brachten ein ganzes Faß voll Buttermilch getragen. Erzürnt sperrte der Deutsch= meister die beiden Bauern in einen Thurm und zwang sie, so lang drin zu bleiben, bis sie die Milch sämmtlich aus dem Faß gegessen hätten. Seitdem hat der Burgthurm den Namen.

Andere aber berichten folgendes: Die Einwohner eines benachbarten Dorfs mußten bis zu dem Bauplatz einen Weg mit Mariengroschen legen und so viel Buttermilch herbeischaffen, als zur Bereitung des Kalks, statt Wassers, nöthig war und mit diesem Mörtel wurde hernach der Thurm aufgemauert.

---

*) Diez ist ein mere, wie eine arme spinnerin mit einem helbeling ein munster eines koniges vollbracht. Colocz XXXVI.

Nach Fürst: Die Bauern von Großlichtenau waren so gottlos, daß sie eine Sau ins Bett legten und den Pfaffen des Orts, dem Kranken die letzte Oelung zu geben, rufen ließen. Zur Strafe dieser Leichtfertigkeit wurde ihnen befohlen, auf ihre Kosten den Thurm aufzuführen und den Kalk dazu mit Buttermilch anzumachen.

181.

Der heilige Winfried.

Als der heil. Winfried, genannt Bonifacius, die Hessen bekehren wollte, kam er auf einen Berg, wo ein heidnisches Gotteshaus stand, das ließ er umreißen und die erste christliche Kirche bauen. Seitdem heißt der Berg Christenberg, (vier Stunden von Marburg) und zweihundert Schritt von der Kirche weisen die Leute noch heutigestags einen Fußtritt im Stein, der von Bonifacius herrührt, als er vor heiligem Eifer auf den Boden stampfte. Er sagte: so gewiß sich mein Fuß in den Stein drückt, so gewiß will ich die Heiden bekehren. Der heidnische Name des Berges war Castorberg. Bonifacius wollte das C von diesem Wort erhalten, indem er ihn Christenberg nannte. In der Gegend von Christenberg erzählt das Volk noch von dem Bonifaciusweg, auf dem er durch den Wald gekommen und fortgegangen. Aecker, die daran stoßen, sind noch heutigestags zehndfrei, während alle anderen die Lasten tragen, und Frevel der darauf verübt wird, muß härter gebüßt werden. Auf dem Todtenhof um die christenberger Kirche werden noch heute die Bauern der umliegenden Dörfer begraben und mühsam hinaufgetragen. Wie Bonifacius nach Thüringen kam, ließ er zu Großvargula eine Kirche bauen, die er selbst einweihen sollte. Da steckte er seinen dürren Stab in die Erde, trat in die Kirche und las die Messe; nach vollbrachtem Gottesdienst hatte der Stab gegrünt und Sprossen getrieben.

182.

Der Hülfenberg.

Eine Stunde von Wanfried auf der eichsfeldischen Grenze liegt der Hülfenberg, auf diesen Berg befahl der heilige Bonifaz eine Kapelle zu bauen. Unter dem Bauen kam nun oft ein Mann gegangen, der fragte: was es denn geben sollte? Die Zimmerleute antworteten immer: „ei, eine Scheuer solls geben." Da ging er wieder seiner Wege. Zuletzt aber wurde die Kirche immer mehr fertig und der Altar aufgebaut und das Kreuz glücklich gesteckt. Wie nun der böse Feind wiederkam und das alles sehen mußte, ergrimmte er und fuhr aus, oben durch den Giebel; und das

Loch), das er da gemacht, ist auch bis auf den heutigen Tag zu sehen und kann nimmer zugebaut werden. Auch ist er inwendig in den Berg gefahren und suchte die Kirche zu zertrümmern, es war aber eitel und vergebens. Es soll noch ein dem Abgott heiliger Eichenbaum in die Kapelle miteingemauert sein. Das Loch, worin er verschwand, nennt man das Stuffens= loch, (wie den ganzen Berg auch Stuffensberg) und es soll zu Zeiten daraus dampfen und Nebel aufsteigen. Von dieser Kapelle wird weiter erzählt: sie sei einer Heiligen geweiht, rühre ein Kranker deren Gewand an, so genese er zur Stunde. Diese Heilige aber wäre vordem eine wunder= schöne Prinzessin, gewesen, in die sich ihr eigener Vater verliebt. In der Noth hätte sie aber zu Gott im Himmel um Beistand gebetet, da wäre ihr plötzlich ein Bart gewachsen und ihre irdische Schönheit zu Ende gegangen.

183.
Das Teufelsloch zu Goslar.

In der Kirchenmauer zu Goslar sieht man einen Spalt und erzählt davon so: Der Bischof von Hildesheim und der Abt von Fuld hatten einmal einen heftigen Rangstreit, jeder wollte in der Kirche neben dem Kaiser sitzen und der Bischof behauptete den ersten Weihnachtstag die Ehrenstelle. Da bestellte sich der Abt heimlich bewaffnete Männer in die Kirche, die sollten ihn den morgenden Tag mit Gewalt in Besitz seines Rechtes setzen. Dem Bischof wurde das aber verkundschaftet und ordnete sich auch gewaffnete Männer hin. Tags darauf erneuerten sie den Rang= streit, mit Worten, dann mit der That, die gewaffneten Ritter traten hervor und fochten; die Kirche glich einer Wahlstätte, das Blut floß strom= weise zur Kirche hinaus auf den Gottesacker. Drei Tage dauerte der Streit und während des Kampfes stieß der Teufel ein Loch in die Wand und stellte sich den Kämpfern dar. Er entflammte sie zum Zorn und von den gefallenen Helden holte er manche Seele ab. So lang der Kampf währte, blieb der Teufel auch da, hernach verschwand er wieder, als nichts mehr für ihn zu thun war. Man versuchte hernachmals, das Loch in der Kirche wieder zuzumauern und das gelang bis auf den letzten Stein; sobald man diesen einsetzte, fiel alles wieder ein und das Loch stand ganz offen da. Man besprach und besprengte es vergebens mit Weihwasser, endlich wandte man sich an den Herzog von Braunschweig und erbat sich dessen Baumeister. Diese Baumeister mauerten eine schwarze Katze mit ein und beim Einsetzen des letzten Steines bedienten sie sich der Worte: „willst du nicht sitzen in Gottes Namen, so sitz ins Teufels Namen!" Dieses wirkte und der Teufel verhielt sich ruhig, blos bekam in der folgenden Nacht die Mauer eine Ritze, die noch zu sehen ist bis auf den heutigen Tag.

Nach Aug. Lercheimer von der Zauberei, sollen der Bischof und Abt
darüber gestritten haben, wer dem Erzbischof von Mainz zunächst sitzen
dürfe. Nachdem der Streit gestillet war, habe man in der Messe ausge=
sungen: „hunc diem gloriosum fecisti." Da fiel der Teufel unterm
Gewölb mit grober, lauter Stimme ein und sang: „hunc diem bellicosum
ego feci."

184.

Die Teufelsmühle.

Auf dem Gipfel des Rammberges im Haberfeld liegen theils zerstreute,
theils geschichtete Granitblöcke, welche man des Teufels Mühle heißt. Ein
Müller hatte sich am Abhang des Bergs eine Windmühle erbaut, der
es aber zuweilen an Wind fehlte. Da wünschte er sich oft eine, die oben
auf dem Berggipfel stünde und beständig im Gang bliebe. Menschen=
händen war sie aber unmöglich zu erbauen. Weil der Müller keine Ruh
darüber hatte, erschien ihm der Teufel und sie dingten lange mit einander.
Endlich verschrieb ihm der Müller seine Seele gegen dreißig Jahre langes
Leben und eine tadelfreie Mühle von sechs Gängen, auf dem Gipfel des
Rammbergs, die aber in der nächstfolgenden Nacht vor Hahnenschrei fix
und fertig gebaut sein müßte. Der böse Feind war das zufrieden und
begann den Bau zur gesetzten Zeit; da aber der Müller aus der geschwinden
Arbeit merkte, daß noch vor dem Ziel Alles vollendet sein könnte, so setzte
er den schon fertig daliegenden Mühlstein ins geheim auf die runde Seite
und ließ ihn den Berg hinablaufen. Wie das der Teufel sah, dachte er
noch den Stein zu haschen und sprang ihm nach. Allein der Mühlstein
that einen Satz stärker als den andern, so daß ihm der Böse nicht folgen
konnte, sondern ganz bergab mußte eh er ihn zu fassen bekam. Nun
mühte er sich, ihn schnell wieder bergan zu wälzen und noch hatte er ihn
nicht ganz oben, als der Hahn krähte und den Vertrag zu nichte machte.
Wüthend faßte der böse Feind das Gebäude, riß Flügel, Räder und
Wellen herab und streute sie weit umher, um dem Müller, der eine
beinah fertige Mühle umsonst zu erhalten glaubte, das Wiederaufbauen
zu vereiteln. Dann schleuderte er auch die Felsen, daß sie den Ramm=
berg bedeckten. Nur ein kleiner Theil der Grundlage blieb stehen zum
Angedenken seiner Mühle. Unten am Berge soll noch ein großer Mühl=
stein liegen.

185.

Der Herrgottsritt.

Auf einem Felsen des Alb bei Heuberg in einem anmuthigen, von der Rems durchflossenen Thal, liegen Trümmer der Burg Rosenstein, und unlängst sah man die Spur eines schönen menschlichen Fußes im Stein, den aber die Regierung mit Pulver hat versprengen lassen, weil Aberglauben damit getrieben wurde. Gegenüber auf dem Scheulberg*) stehet die ähnliche Spur eines Tritts landeinwärts, wie auf dem Rosen= stein auswärts. Gegenüber im Walde ist die Kapelle der wunderthätigen Maria vom Beißwang**) Links eine Kluft, geheißen Teufelsklinge, aus der bei anhaltendem Regen trübes Wasser fließt; hinterm Schloß ein gehöhlter Felsen, Namens Scheuer.

Vor grauer Zeit zeigte von diesem Berge herab der Versucher Christo die schöne Gegend, das Remsthal, die Lein, Ellwangen, Rechberg, Staufen, und bot sie ihm an, wenn er vor ihm knie beugen wollte. Alsbald befahl Christus der Herr ihm, zu entweichen und der Satan stürzte den Berg hinab. Allein er wurde verflucht, tausend Jahre in Ketten und Banden in der Teufelsklinge zu liegen und das trübe Wasser, das noch daraus strömt, sind seine teuflischen Thränen. Christus that aber einen mächtigen Schritt übers Gebirg und wo er seine Füße hingesetzt, drückten sich die Spuren ein***).

Später lang darauf bauten die Herrn von Rosenstein hier eine Burg und waren Raubritter, welche das Raubgut in der Scheuer bargen. Ein= mal gab ihnen der Teufel ein, daß sie die Waldkapelle stürmen möchten. Kaum aber waren sie mit dem Kirchengut heimgekehrt, als sich ein ungeheurer Sturm hob und das ganze Raubnest zertrümmerte. Indem hörte man den Teufel laut lachen.

186.

Die Sachsenhäuser Brücke zu Frankfurt.

In der Mitte der Sachsenhäuser Brücke sind zwei Bogen oben zum Theil nur mit Holz zugelegt, damit dies in Kriegszeiten weggenommen und die Verbindung leicht, ohne etwas zu sprengen, gehemmt werden kann. Davon giebt es folgende Sage.

Der Baumeister hatte sich verbindlich gemacht, die Brücke bis zu

---

*) Bei Seyfried: Schawelberg. Jenes der linke, dieses der rechte Fuß.
**) Gestiftet von Friedrich mit dem Biß in der Wange.
***) Zeiler erzählt abweichend: Christus auf der Flucht vor den Juden habe die Merkzeichen eingedrückt. Die Leute holen sich allda Augenwasser. Seine Quelle ist Crusii liber paral. p. 48.

einer bestimmten Zeit zu vollenden. Als diese herannahte, sah er, daß es unmöglich war, und, wie nur noch zwei Tage übrig waren, rief er in der Angst den Teufel an und bat um seinen Beistand. Der Teufel erschien und erbot sich, die Brücke in der letzten Nacht fertig zu bauen, wenn ihm der Baumeister dafür das erste lebendige Wesen, das darüber ging, überliefern wollte. Der Vertrag wurde geschlossen und der Teufel baute in der letzten Nacht, ohne daß ein Menschenauge in der Finsterniß sehen konnte, wie es zuging, die Brücke ganz richtig fertig. Als nun der erste Morgen anbrach, kam der Baumeister und trieb einen Hahn über die Brücke vor sich her und überlieferte ihn dem Teufel. Dieser aber hatte eine menschliche Seele gewollt und wie er sich also betrogen sah, packte er zornig den Hahn, zerriß ihn und warf ihn durch die Brücke, wovon die zwei Löcher entstanden sind, die bis auf den heutigen Tag nicht können zugemauert werden, weil alles in der Nacht wieder zusammenfällt, was Tags daran gearbeitet ist. Ein goldner Hahn auf einer Eisenstange steht aber noch jetzt zum Wahrzeichen auf der Brücke.

187.

Der Wolf und der Tannenzapf.

Zu Aachen im Dom zeigt man an dem einen Flügel des ehernen Kirchenthors einen Spalt und das Bild eines Wolfs nebst einem Tannenzapfen, beide gleichfalls aus Erz gegossen. Die Sage davon lautet: vor Zeiten, als man diese Kirche zu bauen angefangen, habe man mitten im Werk einhalten müssen aus Mangel an Geld. Nachdem nun die Trümmer eine Weile so dagestanden, sei der Teufel zu dem Rathsherrn gekommen, mit dem Erbieten, das benöthigte Geld zu geben unter der Bedingung, daß die erste Seele, die bei der Einweihung der Kirche in die Thüre hineinträte, sein eigen würde. Der Rath habe lang gezaudert, endlich doch eingewilligt und versprochen, den Inhalt der Bedingung geheim zu halten. Darauf sei mit dem Höllengeld das Gotteshaus ausgebaut, inmittelst aber auch das Geheimniß ruchbar geworden. Niemand wollte also die Kirche zuerst betreten und man sann endlich eine List aus. Man fing einen Wolf im Wald, trug ihn zum Hauptthor der Kirche und an dem Festtag, als die Glocken zu läuten anhuben, ließ man ihn los und hineinlaufen. Wie ein Sturmwind fuhr der Teufel hinterdrein und erwischte das, was ihm nach dem Vertrag gehörte. Als er aber merkte, daß er betrogen war und man ihm eine bloße Wolfsseele geliefert hatte, erzürnte er und warf das eherne Thor so gewaltig zu, daß der eine Flügel sprang und den Spalt bis auf den heutigen Tag behalten hat. Zum Andenken goß man den Wolf und seine Seele, die dem Tannenzapf ähnlich sein soll. Die Franzosen hatten beide Alterthümer nach Paris geschleppt, 1815 wurden sie zurückgegeben und zu beiden Seiten der Thüre auf Postamenten wieder hingestellt. Der Wolf hat aber ein Paar Pfoten verloren. — Andere erzählen es von einer sündhaften Frau, die man für das Wohl der ganzen Stadt dem Teufel geopfert habe und erklären die Furcht durch eine Artischocke, welche der Frauen arme Seele bedeuten soll.

188.
Der Teufel von Ach.

Zu Aachen steht ein großer Thurm in der Stadtmauer, genannt Ponellenthurm, darin sich der Teufel mit viel Wundersgeschrei, Glockenklingen und anderm Unfug oftmals sehen und hören läßt und ist die Sage, er sei hinein verbannt und da muß er bleiben bis an den jüngsten Tag. Darum, wenn man daselbst von unmöglichen Dingen redet, so sagt man: „ja es wird geschehen, wann der Teufel von Ach kommt", das ist, nimmermehr.

189.
Die Teufelsmauer.

Von der nordgauer Pfahlhecke, zwischen Ellingen und Pleinfeld, anderthalb Stunden unweit Weißenburg, erzählten die Bauern um Obern- und Otmannsfeld: der Teufel habe von Gott dem Herrn einen Theil der Erde gefordert und dieser insoweit dreingewilligt: dasjenige Stück Lands, das er vor Hahnenkrat mit Mauer umschlossen habe, solle ihm zufallen. Der böse Feind habe sich stracks ans Werk gemacht, doch ehe er die letzte Hand angelegt und den Schlußstein aufgesetzt, der Hahn gekräht. Vor Zorn nun, daß das Geding und seine Hoffnung zunicht geworden, sei er ungestüm über das ganze Werk hergefallen und habe alle Steine übern Haufen geworfen. Noch jetzt spuke es auf dieser Teufelsmauer.

190.
Des Teufels Tanzplatz.

Auf dem nördlichen Harz, zwischen Blankenburg und Quedlinburg, siehet man südwärts vom Dorfe Thale eine Felsenfläche, die das Volk: des Teufels Tanzplatz nennt und nicht weit davon Trümmer einer Mauer, denen gegenüber nordwärts vom Dorfe sich ein großes Felsenriff erhebt. Jene Trümmer und dieses Riff nennt das Volk: Teufelsmauer. Der Teufel stritt lange mit dem lieben Gott um die Herrschaft der Erde.

Endlich wurde eine Theilung des damals bewohnten Landes verabredet. Die Felsen, wo jetzt der Tanzplatz ist, sollten die Grenze scheiden und der Teufel erbaute unter lautem Jubeltanz seine Mauer. Aber bald erhub der Nimmersatte neuen Zank, der damit endigte, daß ihm noch das am Fuße jenes Felsens belegene Thal zugegeben wurde. Darauf thürmte er noch eine zweite Teufelsmauer.

191.
Die Teufelskanzel.

Unweit Baden im Murgthal steht eine Felsenreihe. Die Leute nennen sie Teufelskanzel und behaupten, der böse Feind habe einsmals darauf geprediget.

192.
Das Teufelsohrkissen.

Am Fuße des Schlosses Bentheim stehen einige sonderbare, glatte Felsen. Einer derselben, oben flach, wie ein aufrechtstehender runder Pfühl, wird Teufelsohrkissen genannt, weil der Teufel einmal darauf geschlafen habe. Die Spuren seines Ohrs drückten sich in den Stein und sind noch sichtbar darauf.

193.
Der Teufelsfelsen.

Die Fichtelberger erzählen: es habe der Satan den Herrn Christus auf den Cößeinfelsen geführt und ihm die Reiche der Welt gezeigt, auch alle zu schenken verheißen, wenn er ihn anbeten wolle, außer den Dörfern N. und R. nicht, welche sein Leibgeding. —

Die Einwohner dieser Dörfer sind rauh und mißgestalt; die Gegend dabei ist unfreundlich und heißt Türkei und Tartarei bei einigen Leuten.

194.
Teufelsmauer.

Diese Teufelsmauer läuft an der Donau hinter Mölk nach Wien zu. Einst wollte der Teufel die Donau zumauern, aber die Steine entglitten ihm immer, wenn er sie zusammenfügen wollte.

195.

Teufelsgitter.

Zu Wismar in der Marienkirche um den Taufstein herum geht ein überkünstliches Gitter, das sollte ein Schmied bauen. Als er sich aber dran zerarbeitete und es nicht konnte zustand bringen, brach er unmuthig aus: „ich wollte, daß es der Teufel fertig machen müßte!“ Auf diesen Wunsch kam der Teufel und baute das Gegitter fertig. Keiner soll es nachahmen, oder das Ende daran finden können, so schlecht es aussieht.

196.

Teufelsmühle.

Im Wolfenbüttelischen zwischen Pestorf und Grave an der Weser liegt eine Mühle, die der Teufel, der Volkssage nach, gebaut und durch ein Felsenwasser das Rad in Trieb gesetzt. Eine Teufelsmühle liegt auch auf der Röhne.

197.

Teufelskirche.

Auf der Röhne stehen oben Basaltfelsen gethürmt. Der Teufel, als man im Thal eine Kirche bauen wollte, zürnte und trug alle Bausteine hin auf den Berg, wo er sie nebeneinander aufstellte und kein Mensch sie wieder heruntertragen konnte.

Man erzählt, da wo der Teufel seinen Stein einmal hingelegt habe, könne man ihn nicht wegbringen, denn so oft man ihn auch wegnehme, lege der Teufel einen andern oder denselben wieder eben dahin.

198.

Teufelsstein bei Reichenbach.

Nicht weit von Reichenbach, Amts Lichtenau, dem hohen Steine gegen= über, in einem Walde liegt der Teufelsstein. Er sieht aus, als wären etliche hundert Karren Steine kunstreich zusammengeschüttet, in dem sich wunderbarlich Gemächer, Keller und Kammern von selbst gebildet, in welchen bei schweren und langen Kriegen die Bewohner der Gegend mit ihrem ganzen Haushalt gewohnt. Diesen Stein soll der Teufel in einer einzigen Nacht, nach der gemeinen Sage, also gebildet haben.

199.

Teufelsstein zu Cöln.

Zu Cöln bei der Kirche liegt ein schwerer Stein, genannt Teufelsstein, man sieht darauf noch die Kralle des bösen Feindes eingedruckt. Er warf ihn*) nach der Kapelle der heiligen drei Könige und wollte sie nieder= schmettern, es ist ihm aber mißlungen.

———

200.

Süntelstein zu Osnabrück.

Bei Osnabrück liegt ein uralter Stein, dreizehn Fuß aus der Erde ragend, von dem die Bauern sagen, der Teufel hätte ihn durch die Luft geführt und fallen lassen. Sie zeigen auch die Stelle daran, in welcher die Kette gesessen, woran er ihn gehalten, nennen ihn den Süntel= stein**).

———

201.

Der Lügenstein.

Auf dem Domplatz zu Halberstadt liegt ein runder Fels von ziem= lichem Umfang, den das Volk nennet den Lügenstein. Der Vater der Lügen hatte, als der tiefe Grund zu der Domkirche gelegt wurde, große Felsen hinzugetragen, weil er hoffte, hier ein Haus für sein Reich entstehen zu sehen. Aber als das Gebäude aufstieg und er merkte, daß es eine christliche Kirche werden würde, da beschloß er, es wieder zu zerstören. Mit einem ungeheuren Felsstein schwebte er herab, Gerüst und Mauer zu zerschmettern. Allein man besänftigte ihn schnell durch das Versprechen, ein Weinhaus dicht neben die Kirche zu bauen. Da wendete er den Stein, so daß er neben dem Dom auf dem geebneten Platz niederfiel. Noch sieht man daran die Höhle, die der glühende Daumen seiner Hand beim Tragen eindrückte.

———

*) Nach Berkenmeyer 1414 den 30. October während eines Sturmwinds.
**) Wohl Heiligenstein, von sünt, sant, sanctus, vgl. den Süntel, Süntel= berg in Westphalen im Schaumburgischen.

202.

Die Felsenbrücke.

Ein Hirt wollte Abends spät seine Geliebte besuchen und der Weg führte ihn über die Visper, da wo sie in einer tiefen Felsenschlucht rauscht, worüber nur eine schmale Bretterbrücke hängt. Da sah er, der Chiltbube, was ihm sonst niemals widerfahren war, einen Haufen schwarze Kohlen mitten auf der Brücke liegen, daß sie den Weg versperrten; ihm war dabei nicht recht zu Muthe, doch faßte er sich ein Herz und that einen tüchtigen Sprung, über den tiefen Abgrund von dem einen Ende glücklich bis zu dem andern. Der Teufel, der aus dem Dampf des zerstobenen Kohlenhaufens auffuhr, rief ihm nach: „das war dir gerathen, denn wärst du zurückgetreten, hätt ich dir den Hals umgedreht, und wärst du auf die Kohlen getreten, so hättest du unter ihnen versinken und in die Schlucht stürzen müssen." Zum Glück hatte der Hirt, trotz der Gedanken an seine Geliebte, nicht unterlassen, vor dem Kapellchen der Mutter Gottes hinter St. Niklas, an dem er vorbeikam, wie immer sein Ave zu beten.

203.

Das Teufelsbad zu Dassel.

Unweit Dassel, in einem grundlosen Meerpfuhl, welcher der bedessische oder bessoische heißt, soll eine schöne und wohlklingende Glocke liegen, welche der leibhaftige Teufel aus der Kirche zum Portenhagen dahin geführt hat, und von der die alten Leute viel wunderbare Dinge erzählen. Sie ist von lauterem Golde und der böse Feind brachte sie aus Neid weg, damit sich die Menschen ihrer nicht mehr zum Gottesdienst bedienen können, weil sie besonders kräftig und heilig gewesen. Ein Taucher erbot sich, hinabzufahren und sie mit Stricken zu fassen, dann sollten die Leute oben getrost ziehen und ihrer Glocke wieder mächtig werden. Allein er kam unverrichteter Sachen heraus und sagte, daß unten in der Tiefe des Meerpfuhls eine grüne Wiese wäre, wo die Glocke auf einem Tische stehe und ein schwarzer Hund dabei liege, welcher nicht gestatten wolle, sie anzurühren. Auch habe sich daneben ein Meerweib ganz erschrecklich sehen und hören lassen, die gesagt: es wäre viel zu früh, diese Glocke von dannen abzuholen. Ein achtzigjähriger Mann erzählte von diesem Teufelsbad: einen Sonnabend habe ein Bauer aus Leuthorst unfern des Pfuhls länger als Brauch gewesen, nachdem man schon zur Vesper geläutet, gepflügt, und beides Pferde und Jungen mit Fluchen und Schlägen genöthigt. Da sei ein großer, schwarzer und starker Gaul aus dem Wasser ans Land gestiegen. Der gottlose und tobende Bauer habe ihn genommen und in Teufels Namen vor die andern Pferde gespannt, in der Meinung, nicht ehnder Feierabend

zu machen, bis der Acker herumgepflüget wäre. Der Junge hub an zu
weinen und wollte lieber nach Haus, aber der Bauer fuhr ihn hart an.
Da soll der schwarze Gaul frisch und gewaltig die armen ausgemergelten
Pferde mitsammt Pflug, Jung und Bauer, in das grundlose Loch und
Teufelsbad gezogen haben und nimmermehr von Menschen gesehen worden
sein. Wer den Teufel fordert, muß ihm auch Werk schaffen.

204.

Der Thurm zu Schartfeld.

Von dem Thurm auf Schartfeld berichten viel alter Leute, daß er
keine Dachung leide, der Teufel darin hausen und Nachts viel Gerumpels
droben sein solle. Vorzeiten trug Kaiser Heinrich der Vierte unziemliche
Liebe zu eines Herrn auf Schartfeld Ehweib, konnte lange seinen Willen
nicht vollführen. Da kam er ins Kloster Pölde in der Grafschaft Lutter=
berg und ein Mönch machte ihm einen Anschlag. Er ließ den Herrn von
Schartfeld zu sich fordern ins Kloster, und trug ihm eine weite Reise mit
einer Werbung auf. Der Ritter war dem Kaiser unterthan und gehorsam.
Tags darauf zog der Kaiser mit dem Mönch in weltlichen Kleidern auf
die Jagd, kam insgeheim vor das Haus Schartfeld und wurde von dem
Mönch bis vor die Edelfrau Kemenate geleitet. Da überfiel sie Heinrich
und nöthigte sie zu seinem Willen. Da soll der Teufel die Dachung vom
Thurm abgeworfen und in der Luft hinfahrend über den Mönch geschrien
haben, daß er an dieser Unthat schuldiger sei, als der Kaiser. Der Mönch
war seit der Zeit im Kloster stets traurig und unfroh.

205.

Der Dom zu Cöln.

Als der Bau des Doms zu Cöln begann, wollte man gerade auch
eine Wasserleitung ausführen. Da vermaß sich der Baumeister und sprach:
„eher soll das große Münster vollendet sein, als der geringe Wasserbau!"
Das sprach er, weil er allein wußte, wo zu diesem die Quelle sprang, und
er das Geheimniß niemanden, als seiner Frau entdeckt, ihr aber zugleich
bei Leib und Leben geboten hatte, es wohl zu bewahren. Der Bau des
Doms fing an und hatte guten Fortgang, aber die Wasserleitung konnte
nicht angefangen werden, weil der Meister vergeblich die Quelle suchte.
Als dessen Frau nun sah, wie er sich darüber grämte, versprach sie ihm
Hilfe, ging zu der Frau des andern Baumeisters und lockte ihr durch List
endlich das Geheimniß heraus, wonach die Quelle gerade unter dem Thurm
des Münsters sprang; ja, jene bezeichnete selbst den Stein, der sie zudeckte.

Nun war ihrem Manne geholfen; folgenden Tags ging er zu dem Stein, klopfte darauf und sogleich drang das Wasser hervor. Als der Baumeister sein Geheimniß verrathen sah und mit seinem stolzen Versprechen zu Schanden werden mußte, weil die Wasserleitung ohne Zweifel nun in kurzer Zeit zu Stande kam, verfluchte er zornig den Bau, daß er nimmer= mehr sollte vollendet werden, und starb darauf vor Traurigkeit. Hat man fortbauen wollen, so war, was an einem Tag zusammengebracht und auf= gemauert stand, am andern Morgen eingefallen, und wenn es noch so gut eingefügt war und aufs festeste haftete, also daß von nun an kein einziger Stein mehr hinzugekommen ist.

Andere erzählen abweichend. Der Teufel war neidig auf das stolze und heilige Werk, das Herr Gerhard, der Baumeister, erfunden und begonnen hatte. Um doch nicht ganz leer dabei auszugehn, oder gar die Vollendung des Doms noch zu verhindern, ging er mit Herrn Gerhard die Wette ein: er wolle eher einen Bach von Trier nach Cöln, bis an den Dom, geleitet, als Herr Gerhard seinen Bau vollendet haben, doch müsse ihm, wenn er gewänne, des Meisters Seele zugehören. Herr Gerhard war nicht säumig, aber der Teufel kann teufelsschnell arbeiten. Eines Tags stieg der Meister auf den Thurm, der schon so hoch war, als er noch heut zu Tag ist, und das erste, was er von oben herab gewahrte, waren Enten, die schnatternd von dem Bach, den der Teufel herbeigeleitet hatte, aufflogen. Da sprach der Meister in grimmem Zorn: „zwar hast du, Teufel, mich gewonnen, doch sollst du mich nicht lebendig haben!" So sprach er und stürzte sich Hals über Kopf den Thurm herunter, in Gestalt eines Hundes sprang schnell der Teufel hintennach, wie beides in Stein gehauen noch wirklich am Thurme zu schauen ist. Auch soll, wenn man sich mit dem Ohr auf die Erde legt, noch heute der Bach zu hören sein, wie er unter dem Dome wegfließt.

Endlich hat man eine dritte Sage, welche den Teufel mit des Meisters Frau Buhlschaft treiben läßt, wodurch er vermuthlich, wie in der ersten, hinter das Baugeheimniß ihres Mannes kam.

206.

Des Teufels Hut.

Nicht weit von Altenburg bei dem Dorfe Ehrenberg liegt ein mächtiger Stein, so groß und schwer, daß ihn hundert Pferde nicht fortziehen würden. Vorzeiten trieb der Teufel sein Spiel damit, indem er ihn auf den Kopf sich legte, damit umherging und ihn als einen Hut trug. Einmal sprach er in Stolz und Hochmuth: „wer kann wie ich diesen Stein tragen? selbst der ihn erschaffen, vermags nicht und läßt ihn liegen, wo er liegt!" Da erschien Christus der Herr, nahm den Stein, steckte ihn an seinen kleinen

Finger und trug ihn daran. Beschämt und gedemüthigt wich der Teufel und ließ sich nie wieder an diesem Ort erblicken. Und noch heute sieht man in dem Stein den Abdruck von des Teufels Haupt und von des Herrn Finger.

———

207.

Des Teufels Brand.

Es liegt ein Städtlein im Schweizerland mit Namen Schiltach, welches im Jahr 1533 am zehnten April plötzlich in den Grund abgebrannt ist. Man sagt, daß dieser Brand folgender Weise, wie die Bürger des Orts vor der Obrigkeit zu Freiberg angezeigt, entstanden sei. Es hat sich in einem Hause oben hören lassen, als ob jemand mit linder, lispelnder Stimme einem andern zuriefe und winkete, er solle schweigen. Der Haus=herr meint, es habe sich ein Dieb verborgen, geht hinauf, findet aber niemand. Darauf hat er es wiederum von einem höheren Gemach her vernommen, er geht auch dahin und vermeint den Dieb zu greifen. Wie aber niemand vorhanden ist, hört er endlich die Stimme im Schornstein. Da denkt er, es müsse ein Teufelsgespenst sein und spricht den seinigen, die sich fürchten, zu, sie sollten getrost und unverzagt sein, Gott werde sie beschirmen. Darauf bat er zwei Priester zu kommen, damit sie den Geist beschwüren. Als diese nun fragten, wer er sei, antwortete er: „der Teufel." Als sie weiter fragten, was sein Beginnen sei, antwortete er: „ich will die Stadt in Grund verderben!" Da bedräuen sie ihn, aber der Teufel spricht: „euere Drohworte gehen mich nichts an, einer von euch ist ein liederlicher Bube; alle beide aber seid ihr Diebe." Bald darauf hat er ein Weib, mit welchem jener Geistliche vierzehn Tage zusammengelebt, hinauf in die Luft geführt, oben auf den Schornstein gesetzt, ihr einen Kessel gegeben und sie geheißen, ihn umkehren und ausschütten. Wie sie das gethan, ist der ganze Flecken vom Feuer ergriffen worden und in einer Stunde ab=gebrannt.

———

208.

Die Teufelshufeisen.

Zu Schwarzenstein, eine halbe Meile von Rastenburg in Preußen, hangen zwei große Hufeisen in der Kirche, davon eine gemeine Sage ist: es war daselbst eine Krügerin (Bierwirthin), die den Leuten sehr übel das Bier zumaß, die soll der Teufel des Nachts vor die Schmiede geritten haben. Ungestüm weckte er den Schmied auf und rief: „Meister, beschlagt mir mein Pferd!" Der Schmied war nun gerade der Bierschenkin Ge=vatter, daher, als er sich über sie hermachte, raunte sie ihm heimlich zu: „Gevattermann, seid doch nicht so rasch!" Der Schmied, der sie für ein

Pferd angesehen, erschrak heftig, als er diese Stimme hörte, die ihm be=
kannt däuchte und gerieth aus Furcht in Zittern. Dadurch verschob sich der
Beschlag und der Hahn krähte. Der Teufel mußte zwar das Reißaus
nehmen, allein die Krügerin ist lange nachher krank geblieben. Sollte der
Teufel alle Bierschenken, die da knapp messen, beschlagen lassen, würde das
Eisen gar theuer werden.

209.
Der Teufel führt die Braut fort.

In Sachsen hatte eine reiche Jungfrau einen schönen, aber armen
Jüngling die Ehe verheißen. Dieser, weil er sahe, was kommen würde,
da sie reich und nach ihrer Art wankelmüthig war, sprach zu ihr, sie werde
ihm nicht Glauben halten. Sie fing an sich zu verschwören mit diesen
Worten: „wann ich einen andern denn dich nehme, so hole mich der Teufel
auf der Hochzeit!" Was geschieht? Nach geringer Zeit wird sie andern
Sinnes und verspricht sich einem andern mit Verachtung des ersten
Bräutigams, welcher sie ein= oder etliche Mal der Verheißung und des
großen Schwurs erinnerte. Aber sie schlug alles in den Wind, verließ
den ersten und hielt Hochzeit mit dem andern.

Am hochzeitlichen Tage, als die Verwandten, Freunde und Gäste
fröhlich waren, ward die Braut, da ihr das Gewissen aufwachte, trauriger,
als sie sonst zu sein pflegte. Endlich kommen zwei Edelleute in das Braut=
haus geritten, werden als fremde geladene Gäste empfangen und zu Tisch
geführt. Nach Essens Zeit wird dem einen von Ehren wegen, als einem
Fremden, der Vorreigen mit der Braut gebracht, mit welcher er einen
Reihen oder zwei that und sie endlich vor ihren Eltern und Freunden
mit großem Seufzen und Heulen zur Thür hinaus in die Luft führte.

Des andern Tages suchten die betrübten Eltern und Freunde die
Braut, daß sie sie, wo sie etwan herabgefallen, begraben möchten. Siehe!
da begegneten ihnen eben die Gesellen und brachten die Kleider und Kleinode
wieder mit diesen Worten: „über diese Dinge hatten wir von Gott keine
Gewalt empfangen, sondern über die Braut."

210.
Das Glücksrad.

Zwölf Landsknechte kamen aus dem ditmarser Krieg und hatten wenig
vor sich gebracht. Da sie nun traurig und kleinmüthig im Land umher
strichen und heut nicht wußten, was sie morgen zu beißen hatten, begegnete
ihnen ein Grauröcklein, that seinen Gruß und fragte: „woher des Wegs
und wohin?" Sie aber sagten: „daher aus dem Krieg und dahin, wo

wir reich werden sollen, können aber den Ort nicht finden." Das Grauröcklein sagte: „die Kunst soll euch offenbar werden, wenn ihr mir folgen wollt, begehr auch nichts dafür zu haben." Die Landsknechte meinten: was es denn wäre? „Man heißt es das Glücksrad, das steht mir zu Gebot und wen ich darauf bringe, der lernt wahrsagen den Leuten und graben den Schatz aus der Erde; doch nicht anders vermag ich euch darauf zu setzen, als mit dem Beding, daß ich Macht und Gewalt habe, einen aus eurem Haufen mit mir wegzuführen."

Sie begehrten nun zu wissen: welchen von ihnen er zu nehmen Willens sei? Der Graurock antwortete: „zu welchem ich Lust trage, das wird sich hernach zeigen, voraus weiß ichs nicht." Drauf nahmen die Landsknechte eine lange Ueberlegung, sollten sie's thun oder aber lassen? schlossen endlich: sterben muß der Mensch doch einmal, wie nun, so wir in Ditmarsen gefallen wären in der Schlacht, oder die Pest uns weggerafft hätte; wir wollen dies wagen, was viel leichter ist und nur einen einzigen trifft. Ergaben sich also mit einander in des Mannes Hand, mit dem Beding, daß er sie aufs Glücksrad brächte und dafür zum Lohn einen aus ihnen hinhätte, den, der ihm dazu gefiele.

Nach diesem so führte sie der Graurock hin an die Stelle, wo sein Rad stund, das war so groß, daß wir sie alle darauf kamen, jeglicher drei Klaftern weit ab vom andern saß; eins aber verbot er ihnen: daß ja keiner den andern ansähe, so lange sie auf dem Rad säßen, wer das nicht thue, dem bräche er den Hals. Als sie nun ordnungsmäßig aufgesessen, packte der Meister das Rad mit den Klauen, die er beides an Händen und Füßen hatte, und hub zu drehen an, bis es umgedreht war, zwölf Stunden nacheinander und alle Stunden einmal. Ihnen aber däuchte, als ob unter ihnen helles Wasser sei, gleich einem Spiegel, worin sie alles sehen konnten, was sie vorhatten, gutes oder böses, und wenn sie von Leuten da sahen, erkannten sie und wußten ihre Namen zu nennen. Ueber ihnen aber war es wie Feuer und glühende Zapfen hingen herab.

Wie sie nun zwölf Stunden ausgehalten hatten, rückte der Glücksmeister einen feinen jungen Menschen vom Rade, der eines Bürgermeisters Sohn aus Meissen war und führte ihn mitten durch die Feuerflamme mit sich hin. Die elf andern wußten nicht wie ihnen geschehen und sanken betäubt nieder in tiefen Schlaf, und als sie etliche Stunden lang unter freiem Himmel gelegen, wachten sie auf, aber ihre Kleider auf dem Leibe und ihre Hemden die waren ganz mürbe geworden und zerfielen beim Angreifen, von der großen Hitze wegen, die auf dem Rad gewesen war.

Darauf erhoben sie sich und gingen jeder seines Weges, in der Hoffnung ihr Lebtag alles genug und eitel Glück zu haben, waren aber nach wie vor arm und mußten das Brod vor anderer Leute Hausthür suchen.

211.

Der Teufel als Fürsprecher.

In der Mark geschah es, daß ein Landsknecht seinem Wirth Geld aufzuheben gab und als er es wiederforderte, dieser etwas empfangen zu haben ableugnete. Als der Landsknecht darüber mit ihm uneins ward und das Haus stürmte, ließ ihn der Wirth gefänglich einziehen und wollte ihn übertäuben, damit er das Geld behielte. Er klagte daher den Landsknecht zu Haut und Haar, zu Hals und Bauch an, als einen, der ihm seinen Hausfrieden gebrochen hätte. Da kam der Teufel zu ihm ins Gefängniß und sprach: „Morgen wird man dich vor Gericht führen und dir den Kopf abschlagen, darum daß du den Hausfrieden gebrochen hast, willst du mein sein mit Leib und Seel, so will ich dir davon helfen." Aber der Landsknecht wollte nicht. Da sprach der Teufel: „so thue ihm also: wann du vor Gericht kommst und man dich hart anklagt, so beruhe darauf, daß du dem Wirth das Geld gegeben und sprich, du seiest übel beredt, man wolle dir vergönnen einen Fürsprecher zu haben, der dir das Wort rede. Alsdann will ich nicht weit stehen in einem blauen Hute mit weißer Feder und dir deine Sache führen." Dies geschah also; aber da der Wirth hartnäckig leugnete, so sagte des Landsknechts Anwalt im blauen Hut: „lieber Wirth, wie magst du es doch leugnen! das Geld liegt in deinem Bette unter dem Hauptpfühl: Richter und Schöffen schicket hin, so werdet ihr es befinden." Da verschwur sich der Wirth und sprach; „hab ich das Geld empfangen, so führe mich der Teufel hinweg!" Als nun das Geld gefunden und gebracht war, sprach der im blauen Hütlein mit weißer Feder: „ich wußte wohl, ich sollte einen davon haben, entweder den Wirth oder den Gast;" drehte damit dem Wirth den Kopf um und führte ihn in der Luft davon.

212.

Traum vom Schatz auf der Brücke.

Es hat auf eine Zeit einen getraumt, er solle gen Regensburg gehen auf die Brücken, da sollt er reich werden. Er ist auch hingegangen und da er einen Tag oder vierzehn allda gegangen hat, ist ein reicher Kaufmann zu ihm kommen, der sich wunderte, was er alle Tage auf der Brücke mache und ihn fragte: was er da suche? Dieser antwortete: „es hat mir getraumt, ich soll gen Regensburg auf die Brücke gehen, da würde ich reich werden." „Ach, sagte der Kaufmann, was redest du von Träumen, Träume sind Schäume und Lügen; mir hat auch getraumt, daß unter jenem großen Baume (und zeigte ihm den Baum) ein großer Kessel mit Geld begraben sei, aber ich acht sein nicht, denn Träume sind Schäume."

Da ging der andere hin, grub unter dem Baum ein, fand einen großen Schatz, der ihn reich machte und sein Traum wurde ihm bestätigt.

Agricola fügt hinzu: „das hab ich oftmals von meinem lieben Vater gehört." Es wird aber auch von andern Städten erzählt, wie von Lübeck (Kempen), wo einem Bäckerknecht träumt, er werde einen Schatz auf der Brücke finden. Als er oft darauf hin und hergeht, redete ihn ein Bettler an und fragte nach der Ursache, und sagte hernach ihm habe getraumt, daß auf dem Kirchhof zu Mölken unter einer Linde (zu Dordrecht unter einem Strauche) ein Schatz liege, aber er wolle den Weg nicht daran wenden. Der Bäckerknecht antwortet: „ja es träumt einem oft närrisch Ding, ich will mich meines Traums begeben und euch meinen Brückenschatz ver= machen"; geht aber hin und hebt den Schatz unter der Linde.

213.
Der Kessel mit dem Schatz.

An einem Winterabend saß vor vielen Jahren der Wagnermeister Wolf zu Großbieberau im Odenwald mit Kindern und Gesinde beim Ofen und sprach von diesem oder jenem. Da ward auf einmal ein verwunderlich Geräusch vernommen und siehe, es drückte sich unter dem Stubenofen plötzlich ein großer Kessel voll Geldes hervor. Hätte nun gleich einer still= schweigends ein wenig Brot oder einen Erdschollen darauf geworfen, dann wäre es gut gewesen; aber nein, der Böse war dabei und da mußt es wohl verkehrt gehen. Des Wagners Töchterlein hatte nie so viel Geld beisammen gesehen und rief laut: „blitz, Vater, was Geld, was Geld!" Der Vater kehrte sich nicht ans Schreien, weil er besser wußte, was hier zu thun wäre. Schnell nahm er's Heft vom großen Nabenbohrer und steckte es rasch durch den Kesselring. Doch es war vorbei, der Kessel ver= sank und nur der Ring blieb zurück. Vor ungefähr zwanzig Jahren wurde der Kesselring noch gezeigt.

Zu Quedlinburg steht ein Haus, in dessen Grundtiefen sich große Goldschätze befinden sollen. Vor Jahren wohnte ein Kupferschmied darin, dessen Frau den Lehrjungen verschiedenes Handwerksgeräth in Ordnung bringen hieß, besonders sollte er einen großen Kessel im Hintergebäude rein machen. Als am Abend der Junge mit der Arbeit zu Ende gekommen war und jetzt zum großen Kessel trat, fand er diesen bis oben gefüllt mit glänzenden Goldstücken. Vor Freude erschrocken griff er einige Stücke heraus, eilte damit zur Meisterin und erzählte ihr, was er gesehen. Sie lief mit hin, aber noch waren beide nicht über die Schwelle der Thüre zum Hintergebäude gekommen, als sie ein plötzliches Krachen, Rauschen und Klingen hörten; und drinnen sahen sie noch, wie sich der große Kessel in seiner alten Fuge bewegte und dann still stand. Als sie aber hinzu= traten, war er schon wieder leer und das Gold hinabgesunken.

214.

Der Wärwolf.

Ein Soldat erzählte folgende Geschichte, die seinem eignen Großvater begegnet sein soll. Dieser, sein Großvater, sei einmal zu Wald Holz hauen gegangen, mit einem Gevatter und noch einem dritten, welchen dritten man immer im Verdacht gehabt, daß es nicht ganz richtig mit ihm gewesen; doch so hätte man nichts gewisses davon zu sagen gewußt. Nun hätten die dreie ihre Arbeit gethan und wären müde geworden, worauf dieser dritte vorgeschlagen: ob sie nicht ein bischen ausschlafen wollten. Das sei denn nun so geschehen, jeder hätte sich nieder an den Boden gelegt; er, der Großvater, aber nur so gethan, als schliefe er und die Augen ein wenig aufgemacht. Da hätte der dritte erst recht um sich gesehen, ob die andern auch schliefen und als er solches geglaubt, auf einmal den Gürtel abge= worfen*) und wäre ein Wärwolf gewesen, doch sehe ein solcher Wärwolf nicht ganz aus, wie ein natürlicher Wolf, sondern etwas anders. Darauf wäre er weggelaufen zu einer nahen Wiese, wo gerade ein jung Füllen gegrafet, das hätte er angefallen und gefressen mit Haut und Haar. Her= nach wäre er zurückgekommen, hätte den Gürtel wieder umgethan**) und nun, wie vor, in menschlicher Gestalt dagelegen. Nach einer kleinen Weile, als sie alle zusammen aufgestanden, wären sie heim nach der Stadt ge= gangen, und wie sie eben am Schlagbaum gewesen, hätte jener Dritte über Magenweh geklagt. Da hätte ihm der Großvater heimlich ins Ohr ge= raunt: „das will ich wohl glauben, wenn man ein Pferd mit Haut und Haar in den Leib gegessen hat;" — jener aber geantwortet: „hättest du mir das im Walde gesagt, so solltest du es jetzo nicht mehr sagen."

Ein Weib hatte die Gestalt eines Wärwolfs angenommen und war also einem Schäfer, den sie gehaßt, in die Heerde gefallen und hatte ihm großen Schaden gethan. Der Schäfer aber verwundete den Wolf durch einen Beilwurf in die Hüfte, so daß er in ein Gebüsch kroch. Da ging der Schäfer ihm nach und gedachte ihn ganz zu überwältigen, aber er fand ein Weib, beschäftigt, mit einem abgerissenen Stück ihres Kleides das aus der Wunde strömende Blut zu stillen.

Zu Lüttich wurden im Jahre 1610 zwei Zauberer hingerichtet, weil sie sich in Wärwölfe verwandelt und viele Kinder getödtet. Sie hatten einen Knaben bei sich von zwölf Jahren, welchen der Teufel zum Raben machte, wenn sie Raub zerrissen und gefressen.

---

*) oder, wie andere erzählen: einen Gürtel angelegt.
**) abgelegt.

215.

Der Wärwolfstein.

Bei dem magdeburgischen Dorfe Eggenstedt, unweit Sommerschenburg und Schöningen, erhebt sich auf dem Anger nach Seehausen zu ein großer Stein, den das Volk den Wolf= oder Wärwolfsstein nennet. Vor langer, langer Zeit hielt sich an dem brandsleber Holze, daß sonst mit dem Hackel und dem Harz zusammenhing, ein Unbekannter auf, von dem man nie erfahren hat, wer er sei, noch woher er stamme. Ueberall bekannt unter dem Namen des Alten kam er öfters ohne Aufsehen in die Dörfer, bot seine Dienste an und verrichtete sie zu der Landleute Zufriedenheit. Besonders pflegte er die Hütung der Schafe zu übernehmen. Es geschah, daß in der Heerde des Schäfers Melle zu Reindorf ein niedliches, buntes Lamm fiel; der Unbekannte bat den Schäfer dringend und ohne Ablaß, es ihm zu schenken. Der Schäfer wollt' es nicht lassen. Am Tag der Schur brauchte Melle den Alten, der ihm dabei half; bei seiner Zurück= rückkunft fand er zwar alles in Ordnung und die Arbeit gethan, aber weder den Alten noch das bunte Lamm. Niemand wußte geraume Zeit= lang von dem Alten. Endlich stand er einmal unerwartet vor dem Melle, welcher im Kattenthal weidete und rief höhnisch: „guten Tag, Melle, dein bunt Lamm läßt dich grüßen!" Ergrimmt griff der Schäfer seinen Krumm= stab und wollte sich rächen. Da wandelte plötzlich der Unbekannte die Ge= stalt und sprang ihm als Wärwolf entgegen. Der Schäfer erschrak, aber seine Hunde fielen wüthend auf den Wolf, welcher entfloh; verfolgt rann er durch Wald und Thal bis in die Nähe von Eggenstadt. Die Hunde umringten ihn da und der Schäfer rief: „nun sollst du sterben!" da stand der Alte wieder in Menschengestalt, flehte bittend um Schonung und erbot sich zu allem. Aber wüthend stürzte der Schäfer mit seinem Stock auf ihn ein, — urplötzlich stand vor ihm ein aufsprießender Dornenstrauch. Auch so schonte der Rachsüchtige ihn nicht, sondern zerhieb grausam die Zweige. Noch einmal wandelte sich der Unbekannte in einen Menschen und bat um sein Leben. Allein der hartherzige Melle blieb unerbittlich. Da suchte er als Wärwolf zu entfliehen, aber ein Streich des Melle streckte ihn todt zur Erde. Wo er fiel und beigescharrt wurde, bezeichnet ein Felsstein den Ort und heißt nach ihm auf ewige Zeiten.

216.

Die Wärwölfe ziehen aus.

In Liefland ist folgende Sage. Wann der Christtag verflossen ist, so geht ein Junge, der mit einem Bein hinkt, herum und fordert alle dem Bösen ergebene, deren eine große Zahl ist, zusammen und heißt sie nach=

folgen. Zaubern etliche darunter und sind säumig, so ist ein anderer großer langer Mann da, der mit einer von Eisendrath und Kettlein geflochtenen Peitsche auf sie haut und mit Zwang forttreibt. Er soll so grausam auf die Leute peitschen, daß man nach langer Zeit Flecken und Narben auf ihrem Leibe sehen kann, wovon sie viele Schmerzen empfinden.

Sobald sie anheben, ihm zu folgen, gewinnt es das Ansehen, als ob sie ihre vorige Gestalt ablegten und in Wölfe verwandelt würden. Da kommen ihrer ein paar tausende zusammen; der Führer mit der eisernen Geißel in der Hand, geht voran. Wenn sie nun aufs Feld geführt sind, fallen sie das Vieh grausam an und zerreißen, was sie nur ergreifen können, womit sie großen Schaden thun. Doch Menschen zu verletzen, ist ihnen nicht vergönnt. Kommen sie an ein Wasser, so schlägt der Führer mit seiner Ruthe oder Geißel hinein und theilt es voneinander, so daß sie trockenes Fußes übergehen können. Sind zwölf Tage verflossen, so legen sie die Wärwolfsgestalt ab und werden wieder zu Menschen.

<hr />

217.
Der Drache fährt aus.

Das Alpenvolk in der Schweiz hat noch viel Sagen bewahrt von Drachen und Würmern, die vor alter Zeit auf dem Gebirge hausten und oftmals verheerend in die Thäler herabkamen. Noch jetzt, wenn ein ungestümer Waldstrom über die Berge stürzt, Bäume und Felsen mit sich reißt, pflegt es in einem tiefsinnigen Sprüchwort zu sagen: „es ist ein Drach ausgefahren." Folgende Geschichte ist eine der merk= würdigsten:

Ein Binder aus Luzern ging aus, Daubenholz für seine Fässer zu suchen. Er verirrte sich in eine wüste, einsame Gegend, die Nacht brach ein und er fiel plötzlich in eine tiefe Grube, die jedoch schlammig war, wie in einen Brunnen hinab. Zu beiden Seiten auf dem Boden waren Ein= gänge in große Höhlen; als er diese genauer untersuchen wollte, stießen ihm zu seinem großen Schrecken zwei scheußliche Drachen auf. Der Mann betete eifrig, die Drachen umschlangen seinen Leib verschiedenemal, aber sie thaten ihm kein Leid. Ein Tag verstrich und mehrere, er mußte vom 6. November bis 10. April in Gesellschaft der Drachen harren. Er nährte sich gleich ihnen von einer salzigen Feuchtigkeit, die aus den Felsenwänden schwitzte. Als nun die Drachen witterten, daß die Winterszeit vorüber war, beschlossen sie auszufliegen. Der eine that es mit großem Rauschen und während der andere sich gleichfalls dazu bereitete, ergriff der unglück= selige Faßbinder des Drachens Schwanz, hielt fest daran, und kam aus dem Brunnen mit heraus. Oben ließ er los, wurde frei und begab sich

wieder in die Stadt. Zum Andenken ließ er die ganze Begebenheit auf
einen Priesterschmuck sticken, der noch jetzt in des heil. Leodagars Kirche
zu Luzern zu sehen ist. Nach den Kirchenbüchern hat sich die Geschichte
im Jahre 1420 zugetragen.

218.

Winkelried und der Lindwurm.

In Unterwalden beim Dorf Wyler hauste in der uralten Zeit ein
scheußlicher Lindwurm, welcher alles was er ankam, Vieh und Menschen
tödtete und den ganzen Strich veröbete, dergestalt, daß der Ort selbst davon
den Namen Oedwyler empfing. Da begab es sich, daß ein Eingeborener,
Winkelried geheißen, als er einer schweren Mordthat halben landes=
flüchtig werden müssen, sich erbot, den Drachen anzugreifen und um=
zubringen, unter der Bedingung, wenn man ihn nachher wieder in seine
Heimath lassen würden. Da wurden die Leute froh und erlaubten ihm
wieder in das Land; er wagt' es und überwand das Ungeheuer, indem
er ihm einen Bündel Dörner in den aufgesperrten Rachen stieß. Während
es nun suchte diesen auszuspeien und nicht konnte, versäumte das Thier
seine Vertheidigung, und der Held nutzte die Blößen. Frohlockend warf
er den Arm auf, womit er das bluttriefende Schwert hielt und zeigte den
Einwohnern die Siegesthat, da floß das giftige Drachenblut auf den Arm
und an die bloße Haut und er mußte alsbald das Leben lassen. Aber
das Land war errettet und ausgesöhnt; noch heutigestags zeigt man des
Thieres Wohnung im Felsen und nennt sie die Drachenhöhle.

219.

Der Lindwurm am Brunnen.

Zu Frankenstein, einem alten Schlosse anderthalb Stunden weit von
Darmstadt, hausten vor alten Zeiten drei Brüder zusammen, deren Grab=
steine man noch heutigen Tags in der oberbirbacher Kirche siehet. Der
eine der Brüder hieß Hans und er ist ausgehauen, wie er auf einem
Lindwurm steht. Unten im Dorfe fließt ein Brunnen, in dem sich sowohl
die Leute aus dem Dorf als aus dem Schloß ihr Wasser holen müssen;
dicht neben den Brunnen hatte sich ein gräßlicher Lindwurm gelagert, und
die Leute konnten nicht anders Wasser schöpfen, als dadurch, daß sie ihm
täglich ein Schaf oder ein Rindvieh brachten; so lang der Drache daran
fraß, durften die Einwohner zum Brunnen. Um diesen Unfug aufzuheben,
beschloß Ritter Hans, den Kampf zu wagen; lange stritt er, endlich gelang
es ihm, dem Wurme den Kopf abzuhauen. Nun wollte er auch den Rumpf

des Unthiers, der noch zappelte, mit der Lanze durchstechen, da kringelte sich der spitzige Schweif um des Ritters rechtes Bein und stach ihn gerade in die Kniekehle, die einzige Stelle, welche der Panzer nicht deckte. Der ganze Wurm war giftig und Hans von Frankenstein mußte sein Leben lassen.

220.
Das Drachenloch.

Bei Burgdorf im Bernischen liegt eine Höhle, genannt das Drachen=loch, worin man vor alten Zeiten bei Erbauung der Burg zwei ungeheure Drachen gefunden haben soll. Die Sage berichtet: Als im Jahr 712 zwei Gebrüder Sintram und Beltram (nach andern Guntram und Waltram genannt), Herzoge von Lenzburg, ausgingen zu jagen, stießen sie in wilder und wüster Waldung auf einen hohlen Berg. In der Höhlung lag ein ungeheurer Drache, der das Land weit umher verödete. Als er die Menschen gewahrte, fuhr er in Sprüngen auf sie los und im Augenblick verschlang er Bertram, den jüngeren Bruder, lebendig. Sintram aber setzte sich kühn zur Wehr und bezwang nach heißem Kampf das wilde Gethier, in dessen gespaltenem Leib sein Bruder noch ganz lebendig lag. Zum Andenken ließen die Fürsten am Orte selbst eine Kapelle der heil. Margaretha gewidmet bauen und die Geschichte abmalen, wo sie annoch zu sehen ist.

221.
Die Schlangenkönigin.

Ein Hirtenmädchen fand oben auf dem Fels eine kranke Schlange liegen, die wollte verschmachten. Da reichte es ihr mitleidig seinen Milch=krug, die Schlange leckte begierig und kam sichtbar zu Kräften. Das Mädchen ging weg und bald drauf geschah es, daß ihr Liebhaber um sie warb, allein ihrem reichen, stolzen Vater zu arm war und spöttisch ab=gewiesen wurde, bis er auch einmal so viel Heerden besäße, wie der alte Hirt. Von der Zeit an hatte der alte Hirt kein Glück mehr, sondern lauter Unfall; man wollte des Nachts einen feurigen Drachen über seine Fluren sehen und sein Gut verdarb. Der arme Jüngling war nun eben so reich und warb nun eben so reich und warb nochmals um seine Geliebte, die wurde ihm jetzt zu Theil. An dem Hochzeittag trat eine Schlange ins Zimmer, auf deren gewundenen Schweif eine schöne Jungfrau saß, die sprach, daß sie es wäre, der einstmal die gute Hirtin in der Hungersnoth ihre Milch gegeben, und aus Dankbarkeit nahm sie ihre glänzende Krone vom Haupt ab und warf sie der Braut in den Schooß. Sodann verschwand sie, aber die jungen Leute hatten großen Segen in ihrer Wirthschaft und wurden bald wohlhabend.

222.
Die Jungfrau im Oselberg.

Zwischen Dinkelsbühl und Hahnkamm stand auf dem Oselberg vor alten Zeit ein Schloß, wo eine einige Jungfrau gelebt, die ihrem Vater als Wittiber Haus hielt und den Schlüssel zu allen Gemächern in ihrer Gewalt gehabt. Endlich ist sie mit den Mauern verfallen und umkommen, und das Geschrei kam aus, daß ihr Geist um das Gemäuer schwebe und Nachts an den vier Quatembern in Gestalt einer Fräulein, die ein Schlüsselbund an der Seite trägt, erscheine. Dagegen sagen alte Bauern dieser Orte aus, von ihren Vätern gehört zu haben, diese Jungfer sei eines alten Heiden Tochter gewesen und in eine abscheuliche Schlange verwünscht worden; auch werde sie in Weise einer Schlange, mit Frauenhaupt und Brust, ein Gebund Schlüssel am Hals, zu jener Zeit gesehen.

223.
Der Krötenstuhl*).

Auf Rothweiler, einer elsäßischen Burg im Wasgau, lebte vor alten Zeiten die schöne Tochter eines Herzogs, die aber so stolz war, daß sie keinen ihrer vielen Freier gut genug fand und viele umsonst das Leben verlieren mußten. Zur Strafe wurde sie dafür verwünscht und muß so lange auf einem öden Felsen hausen, bis sie erlöst wird. Nur einmal die Woche, nämlich den Freitag, darf sie sichtbar erscheinen, aber einmal in Gestalt einer Schlange, das zweitemal als Kröte und das drittemal als Jungfrau in ihrer natürlichen Art. Jeden Freitag wascht sie sich auf dem Felsen, der noch heutigestages Krötenstuhl heißt, an einem Quellborn und sieht sich dabei in die Weite um, ob niemand nahe, der sie erlöse. Wer das Wagstück unternehmen will, der findet oben auf dem Krötenstuhl eine Muschel mit drei Wahrzeichen: einer Schlangenschuppe, einem Stück Krötenhaut und einer gelben Haarlocke. Diese drei Dinge bei sich tragend, muß er einen Freitag Mittag in die wüste Burg steigen, warten bis sie sich zu waschen kommt und sie drei Wochen hintereinander in jeder ihrer Erscheinungen auf den Mund küssen, ohne zu entfliehen. Wer das aus= hält, bringt sie zur Ruhe und empfängt alle ihre Schätze. Mancher hat

---

*) In den gemeinen Mundarten heißt der Waldschwamm: Kröten= oder Paddenstuhl.

schon die Merkzeichen gefunden und sich in die Trümmer der alten Burg gewagt, und viele sind vor Furcht und Greuel umgekommen. Einmal hatte ein kühner Bursch schon den Mund der Schlange berührt und wollte auf die andre Erscheinung warten, da ergriff ihn Entsetzen und er rannte bergab; zornig und raschelnd verfolgte sie ihn als Kröte bis auf den Krötenstuhl. Sie bleibt übrigens die Länge der Zeit hindurch wie sie war und altert nimmer. Als Schlange ist sie am gräßlichsten und nach dem Spruch des Volks „groß wie ein Wieschbaum (Heubaum), als Krott groß wie ein Backofen und da spaucht sie Feuer."

224.
Die Wiesenjungfrau.

Ein Bube von Auerbach an der Bergstraße hütete seines Vaters Kühe auf der schmalen Thalwiese, von der man das alte Schloß sehen kann. Da schlug ihn auf einmal von hintenher eine weiche Hand sanft an den Backen, daß er sich umdrehte, und siehe, ein wunderschöne Jungfrau stand vor ihm, von Kopf zu den Füßen weiß gekleidet, und wollte eben den Mund aufthun, ihn anzureden. Aber der Bub erschrak, wie vor dem Teufel selbst, und nahm das Reißaus ins Dorf hinein. Weil indessen sein Vater bloß die eine Wiese hatte, mußte er die Kühe immer wieder zu derselben Weide treiben, er mochte wollen oder nicht. Es währte lange Zeit, und der Junge hatte die Erscheinung bald vergessen, da raschelte etwas in den Blättern an einem schwülen Sommertag und er sah eine kleine Schlange kriechen, die trug eine blaue Blume in ihren Mund und fing plötzlich zu sprechen an: „hör, guter Jung, du könntest mich erlösen, wenn du diese Blume nähmest, die ich trage, und die ein Schlüssel ist zu meinem Kämmerlein droben im Schloß, da würdest du Gelds die Fülle finden." Aber der Hirtenbub erschrak, da er sie reden hörte, und lief wieder nach Haus. Und an einem der letzten Herbsttage hütete er wieder auf der Wiese, da zeigte sie sich zum drittenmal in Gestalt der ersten weißen Jungfrau und gab ihm wieder einen Backenstreich, bat auch flehentlich, er möchte sie doch erlösen, wozu sie ihm alle Mittel und Wege angab. All ihr Bitten war für nichts und wieder nichts, denn die Furcht überwältigte den Buben, daß er sich kreuzte und segnete und wollte nichts mit dem Gespenst zu thun haben. Da holte die Jungfrau einen tiefen Seufzer und sprach: „weh, daß ich mein Vertrauen auf dich gesetzt habe; nun muß ich neuerdings harren und warten, bis auf der Wiese ein Kirschenbaum wachsen und aus des Kirschbaums Holz eine Wiege gemacht sein wird. Nur das Kind, das in der Wiege zuerst gewiegt wird, kann mich dereinst erlösen." Darauf verschwand sie und der Bub, heißt es, sei nicht gar alt geworden; woran er gestorben, weiß man nicht.

225.

Das Niesen im Wasser.

An einem Brücklein, das über die Auerbach geht, hörte jemand etwas im Wasser dreimal niesen, da sprach er dreimal: „Gott helf!" und damit wurde der Geist eines Knaben erlöst, der schon dreißig Jahre auf diese Worte gelauert hatte. Oberhalb desselben Brücklein hörte nach einer andern Erzählung, ein anderer dreimal aus dem Bach herausniesen. Zweimal sagte er: „Gott helf!" beim drittenmal aber: „der Teufel hol dich!" Da that das Wasser einen Wall, wie wenn sich einer mit Gewalt darin umdrehte.

226.

Die arme Seele.

Et sit en arme Seele unner de Brügge för Hazthusen-Hofe to Paderborn, de pruftet unnerwielen. Wenn nu ter fülotigen Tiet en Wage der över färt und de Fohrmann seid nich: „Gott seegen;" so mot de Wage ümfallen. Un hät oll manig Mann Arm un Bein terbroken.

227.

Die verfluchte Jungfer.

Unweit Eisenach in einer Felsenhöhle zeigt sich zuweilen um Mittagsstunde ein Fräulein, die nur dadurch erlöst werden kann, daß ihr jemand auf dreimaliges Niesen dreimal: „helf Gott!" zuruft. Sie war eine halsstarrige Tochter und wurde vorzeiten von ihrer guten Mutter im Zorn dahin verwünscht.

228.

Das Fräulein von Staufenberg.

Auf dem Harz bei Zorge, einem braunschweigischen Dorfe, liegt der Staufenberg, ehedem mit einer Burg bebaut. Man sieht jetzo eine Klippe da, auf der ein Menschenfuß eingedrückt stehet. Diese Fußtapfe drückte einst die Tochter des alten Burgherrn in den Fels, auf dem sie oft lange stand, weil es ihr Lieblingsplätzchen war. Noch von Zeit zu Zeit zeigt sich dort das verzauberte Fräulein in ihren goldgelben, geringelten Haaren.

229.

Der Jungfernstein.

In Meißen, unweit der Festung Königstein, liegt ein Felsen, genannt Jungferstein, auch Pfaffenstein. Einst verfluchte eine Mutter ihre Tochter, welche Sonntags nicht zur Kirche, sondern in die Heidelbeeren gegangen war. Da wurde die Tochter zu Stein und ist ihr Bild gegen Mittag noch zu sehen.

Im dreißigjährigen Krieg flüchteten dahin die Leute vor den Soldaten.

230.

Das steinerne Brautbett.

In Deutschböhmen thürmt sich ein Felsen, dessen Spitze in zwei Theile getheilt gleichsam ein Lager und Bett oben bildet. Davon hört man sagen: es habe sonst da ein Schloß gestanden, worin eine Edelfrau mit ihrer einzigen Tochter lebte. Diese liebte wider Willen der Mutter einen jungen Herrn aus der Nachbarschaft und die Mutter wollte niemals leiden, daß sie ihn heirathete. Aber die Tochter übertrat das Gebot und versprach sich heimlich ihrem Liebhaber, mit der Bedingung, daß sie auf den Tod der Mutter warten und sich dann vermählen wollten. Allein die Mutter erfuhr noch vor ihrem Tode das Verlöbniß, sprach einen strengen Fluch aus und bat Gott inbrünstig, daß er ihn hören und der Tochter Brautbett in einen Stein verwandeln möge. Die Mutter starb, die ungehorsame Tochter reichte dem Bräutigam die Hand und die Hochzeit wurde mit großer Pracht auf dem Felsenschloß gefeiert. Um Mitternacht, wie sie in die Brautkammer gingen, hörte die Nachbarschaft ringsumher einen fürchterlichen Donner schlagen. Am andern Morgen war das Schloß verschwunden, kein Weg und Steg führte zum Felsen und auf dem Gipfel saß die Braut in dem steinernen Bette, welches man noch jetzt deutlich sehen und betrachten kann. Kein Mensch konnte sie erretten, und jeder der versuchen wollte die Steile zu erklettern, stürzte herab. So mußte sie verhungern und verschmachten; ihren todten Leichnam fraßen die Raben.

231.

Zum Stehen verwünscht.

Im Jahr Christi 1545 begab sichs zu Freiberg in Meißen, daß Lorenz Richter, ein Weber seines Handwerks, in der Weingasse wohnend, seinem Sohn, einem Knaben von vierzehn Jahren, befahl, etwas eilends zu thun; der aber verweilte sich, blieb in der Stube stehen und ging nicht bald dem Worte nach. Deswegen der Vater entrüstet wurde und im Zorn ihm fluchte: „ei stehe, daß du nimmermehr könnst fortgehen!" Auf diese Verwünschung blieb der Knabe alsbald stehen, konnte von der Stelle nicht kommen und stand so fort drei ganzer Jahre an den Ort, also daß er tiefe Gruben in die Dielen eindrückte, und ward ihm ein Pult untergesetzt, darauf er mit Haupt und Armen sich lehnen und ruhen konnte. Weil aber die Stelle, wo er stand, nicht weit von der Stubenthüre und auch nahe dem Ofen war, und deshalb den Leuten, welche hineinkamen, sehr hinderlich, so haben die Geistlichen der Stadt auf vorhergehendes fleißiges Gebet ihn von selbem Ort erhoben und gegenüber in den andern Winkel glücklich und ohne Schaden, wiewohl mit großer Mühe, fortgebracht. Denn wenn man ihn sonst forttragen wollen ist er alsbald mit unsäglichen Schmerzen befallen und wie ganz rasend worden. An diesem Ort, nach= dem er niedergesetzt worden, ist er ferner bis ins vierte Jahr gestanden, und hat die Dielen noch tiefer durchgetreten. Man hatte nachgehends einen Umhang um ihn geschlagen, damit ihn die Aus= und Eingehenden nicht also sehen konnten, welches auf sein Bittten gehen, weil er gern allein gewesen ist und vor steter Traurigkeit nicht viel geredet. Endlich hat der gütige Gott die Strafe in etwas gemildert, so daß er das letzte halbe Jahr sitzen und sich in das Bett, das neben ihn gestellt worden, hat niederlegen können. Fragte ihn jemand, was er mache, so gab er gemeinlich zur Antwort, er leide Gottes Züchtigung wegen seiner Sünden, setze Alles in dessen Willen und halte sich an das Verdienst seines Herrn Jesu Christi, worauf er hoffe selig zu werden. Er hat sonst gar elend ausgesehen, war blaß und bleich von Angesicht, am Leibe gar schmächtig und abgezehrt, im Essen und Trinken mäßig, also daß er zur Speise oft Nöthigens bedurfte. Nach Ausgang des siebenten Jahres ist er dieses seines betrübten Zustandes den elften September 1552 gnädig entbunden worden, indem er eines vernünftigen und natürlichen Todes in wahrer Bekenntniß und Glauben an Jesum Christum selig entschlafen. Die Fußtapfen sieht man auf heutigen Tag in obgedachter Gasse und Haus, (dessen jetziger Zeit Severin Tränkner Besitzer ist), in der obern Stube, da sich die Geschichte begeben, die erste bei dem Ofen, die andere in der Kammer nächst dabei, weil nach= gehender Zeit die Stuben unterschieden worden.

232.
Die Bauern zu Kolbeck.

Im Jahr 1012 war ein Bauer im Dorfe Kolbeke bei Halberstadt, der hieß Albrecht, der machte in der Christnacht einen Tanz mit andern funfzehn Bauern, dieweil man Messe hielt, außen auf dem Kirchhof und waren drei Weibsbilder unter ihnen. Und da der Pfarrherr heraustrat und sie darum strafte, sprach jener: „mich heißet (man) Albrecht, so heißet dich Ruprecht; du bist drinne fröhlich, so laß uns hausen fröhlich sein; du singst drinne deine Leisen, so laß uns unsern Reihen singen." Sprach der Pfarrherr: „so wolle Gott und der Herr S. Magnus, daß ihr ein ganzes Jahr also tanzen müsset!" Das geschah, und Gott gab den Worten Kraft, so daß weder Regen noch Frost ihre Häupter berührte, noch sie Hitze, Hunger und Durst empfanden, sondern sie tanzten allum und ihre Schuhe zerschliffen auch nicht. Da lief einer (der Küster) zu und wollte seine Schwester aus dem Tanze ziehen, da folgten ihm ihre Arme. Als das Jahr vorüber war, kam der Bischof von Cöln, Heribert, und erlösete sie aus dem Bann: da starben ihrer vier sobald, die andern wurden sehr krank, und man sagt, daß sie sich in die Erde fast an den Mittel (d. h. an den Gürtel) sollen getanzt haben, und ein tiefer Graben in dem Grund ausgehöhlt wurde, der noch zu sehen ist. Der Landesherr ließ zum Zeichen so viel Steine darum setzen, als Menschen mitgetanzt hatten.

233.
Der heilige Sonntag.

Zu Kindstadt in Franken pflegte eine Spinnerin des Sonntags über zu spinnen und zwang auch ihre Mägde dazu. Einsten däuchte sie miteinander, es ginge Feuer aus ihren Spinnrocken, thäte ihnen aber weiter kein Leid. Den folgenden Sonntag kam das Feuer wahrhaftig in den Rocken, wurde doch wieder gelöscht. Weil sie's aber nicht achtete, ging den dritten Sonntag das ganze Haus an vom Flachs und verbrannte die Frau mit zweien Kindern, aber durch Gottes Gnade wurde ein kleines Kind in der Wiege erhalten, daß ihm kein Leid geschahe.

Man sagt auch, einem Bauer, der Sonntags in die Mühle ging, sein Getreid zu mahlen, sei es zu Aschen geworden, einem andern Scheuer und Korn abgebrannt. Einer wollte auf den heiligen Tag pflügen und die Pflugschaar mit einem Eisen scheuern, das Eisen wuchs ihm an die Hand und mußte es zwei Jahr in großem Schmerz tragen, bis ihn Gott nach vielem brünstigen Gebet von der Plage erledigte.

234.
Frau Hütt.

In uralten Zeiten lebte im Tirolerland eine mächtige Riesenkönigin, Frau Hütt genannt, und wohnte auf den Gebirgen über Innsbruck, die jetzt grau und kahl sind, aber damals voll Wälder, reicher Aecker und grüner Wiesen waren. Auf eine Zeit kam ihr kleiner Sohn heim, weinte

und jammerte, Schlamm bedeckte ihm Gesicht und Hände, dazu sah sein
Kleid schwarz aus, wie ein Köhlerkittel. Er hatte sich eine Tanne zum
Steckenpferd abknicken wollen, weil der Baum aber am Rande eines Mo=
rastes stand, so war das Erdreich unter ihm gewichen und er bis zum
Haupt in den Moder gesunken, doch hatte er sich noch glücklich heraus ge=
holfen. Frau Hütt tröstete ihn, versprach ihm ein neues schönes Röcklein
und rief einen Diener, der sollte weiche Brosame nehmen und ihm damit
Gesicht und Hände reinigen. Kaum aber hatte dieser angefangen, mit der
heiligen Gottesgabe also sündlich umzugehen, so zog ein schweres, schwarzes
Gewitter daher, das den Himmel ganz zudeckte und ein entsetzlicher Donner
schlug ein. Als es wieder sich aufgehellt, da waren die reichen Kornäcker,
grünen Wiesen und Wälder und die Wohnung der Frau Hütt verschwunden
und überall war nur eine Wüste mit zerstreuten Steinen, wo kein Gras=
halm mehr wachsen konnte, in der Mitte aber stand Frau Hütt, die Riesen=
königin, versteinert und wird so stehen bis zum jüngsten Tag.

Jn vielen Gegenden Tirols, besonders in der Nähe von Innsbruck,
wird bösen und muthwilligen Kindern die Sage zur Warnung erzählt,
wenn sie sich mit Brot werfen oder sonst Uebermuth damit treiben. „Spart
eure Brosamen, heißt es, für die Armen, damit es euch nicht ergehe, wie
der Frau Hütt.‟

235.
Der Kindelsberg.

Hinter dem Geisenberg in Westphalen ragt ein hoher Berg mit dreien
Köpfen hervor, davon heißt der mittelste noch der Kindelsberg, da stand
vor alten Zeiten ein Schloß, das gleichen Namen führte, und in dem
Schloß wohnten Ritter, die waren gottlose Leute. Zur Rechten hatten sie
ein sehr schönes Silberbergwerk, davon wurden sie stockreich und von dem
Reichthum wurden sie so übermüthig, daß sie sich silberne Kegel machten,
und wenn sie spielten, so warfen sie diese Kegel mit silbernen Kugeln. Der
Uebermuth ging aber noch weiter, denn sie buken sich großen Kuchen von
Semmelmehl, wie Kutschenräder, machten mitten Löcher darein und steckten
sie an die Achsen. Das war eine himmelschreiende Sünde, denn so viele
Menschen hatten kein Brot zu essen. Gott ward es endlich auch müde.
Eines Abends spät kam ein weißes Männchen ins Schloß und sagte an,
daß sie alle binnen dreien Tagen sterben müßten und zum Wahrzeichen
gab er ihnen, daß diese Nacht eine Kuh zwei Lämmer werfen würde. Das
traf auch ein, aber niemand kehrte sich daran, als der jüngste Sohn, der
Ritter Siegmund hieß, und eine Tochter, die eine gar schöne Jungfrau
war. Diese beteten Tag und Nacht. Die andern starben an der Pest,
aber diese beiden blieben am Leben. Nun aber war auf dem Geisenberg

ein junger kühner Ritter, der ritt beständig ein großes schwarzes Pferd und hieß darum der Ritter mit dem schwarzen Pferd. Er war ein gott= loser Mensch, der immer raubte und mordete. Dieser Ritter gewann die schöne Jungfrau auf dem Kindelsberg lieb und wollte sie zur Ehe haben, sie schlug es ihm aber beständig ab, weil sie einem jungen Grafen von der Mark verlobt war, der mit ihrem Bruder in den Krieg gezogen war und dem sie treu bleiben wollte. Als aber der Graf immer nicht aus dem Krieg zurückkam und der Ritter mit dem schwarzen Pferd sehr um sie warb, so sagte sie endlich: „wenn die grüne Linde hier vor meinem Fenster wird dürr sein, so will ich dir gewogen werden.“ Der Ritter mit dem schwarzen Pferd suchte so lange in dem Lande, bis er eine dürre Linde fand, so groß wie jene grüne, und in einer Nacht bei Mondenschein grub er diese aus und setzte die dürre dafür hin. Als nun die schöne Jungfrau aufwachte, so war's so hell vor ihrem Fenster, da lief sie hin und sah erschrocken, daß eine dürre Linde da stand. Weinend setzte sie sich unter die Linde und als der Ritter nun kam und ihr Herz verlangte, sprach sie in ihrer Noth: „ich kann dich nimmermehr lieben.“ Da ward der Ritter mit dem schwarzen Pferd zornig und stach sie todt. Der Bräutigam kam noch den= selben Tag zurück, machte ihr ein Grab und setzte eine Linde dabei und einen großen Stein, der noch zu sehen ist.

236.
Die Semmelschuhe.

Im Klatauer Kreis, eine Viertelstunde vom Dorf Oberkamenz, stand auf dem Hradekberg ein Schloß, davon noch einige Trümmer bleiben. Vor alter Zeit ließ der Burgherr eine Brücke bauen, die bis nach Stankau, welches eine Stunde Wegs weit ist, führte und die Brücke war der Weg, den sie zur Kirche gehen mußten. Dieser Burgherr hatte eine junge, hoch= müthige Tochter, die war so vom Stolz besessen, daß sie Semmeln aus= höhlen ließ und statt der Schuhe anzog. Als sie nun einmal auf jener Brücke mit solchen Schuhen zur Kirche ging und eben auf die letzte Stufe trat, so soll sie und das ganze Schloß versunken sein. Ihre Fußstapfe sieht man noch jetzt in einem Stein, welcher eine Stufe dieser Brücke war, deutlich eingedrückt.

237.
Der Erdfall bei Hochstädt.

Im brandenburgischen Amt Klettenberg gegen den Unterharz, unfern des Dorfs Hochstädt, sieht man einen See und einen Erdfall, von dem die Einwohner folgende Sage haben: in vorigen Zeiten sei an der Stelle

des Sees eine Grasweide gewesen. Da hüteten etliche Pferdejungen ihr
Vieh, und als die andern sahen, daß einer unter ihnen weiß Brot aß,
bekamen sie auch Lust, davon zu genießen und forderten es dem Jungen
ab. Dieser wollte ihnen aber nichts mittheilen, denn er bedürfe es zur
Stillung seines eigenen Hungers. Darüber erzürnten sie, fluchten ihren
Herrn, daß sie ihnen blos gemeines schwarz Hausbackenbrot gäben, warfen
ihr Brot frevelhaft zur Erde, tratens mit Füßen und geisseltens mit ihren
Peitschen. Alsbald kam Blut aus dem Brot geflossen, da erschraken die
Knechte, wußten nicht wohin sich wenden; der unschuldige aber, (den, wie
einige hinzufügen, ein alter unbekannter dazu kommender Mann gewarnt
haben soll) schwang sich zu Pferd und entfloh dem Verderben. Zu spät
wollten die andern nachfolgen, sie konnten nicht mehr von der Stelle und
plötzlich ging der ganze Platz unter. Die bösen Buben sammt ihren
Pferden wurden tief in die Erde verschlungen und nichts von ihnen kam
je wieder ans Tageslicht. Andere erzählen anders. Auch sollen aus dem
See Pflanzen mit Blättern, wie Hufeisen, wachsen.

<hr/>

238.
Die Brotschuhe.

Einer Bürgersfrau war ihr junges Kind gestorben, das ihr Augapfel
war, und wußte gar nicht genug, was sie ihm noch liebes und gutes anthun sollte, eh es unter die Erde käme und sie's nimmermehr sehen würde.
Und wie sie's nun im Sarg auf das beste putzte und kleidete, so däuchten
ihr die Schühlein doch nicht gut genug und nahm das weißeste Mehl, was
sie hatte, machte einen Teig und buk dem Kind welche von Brot. In
diesen Schuhen wurde das Kind begraben, allein es ließ der Mutter nicht
Rast noch Ruh, sondern erschien ihr jammervoll, bis sein Sarg wieder
ausgegraben wurde und die Schühlein aus Brot von den Füßen
genommen und andere ordentliche angezogen waren. Wo da an stillte
es sich.

<hr/>

239.
Das taube Korn.

Zu Stavoren in Friesland waren die Einwohner durch ihren Reich-
thum stolz und übermüthig geworden, daß sie Hausflur und Thüren mit
Gold beschlagen ließen, den ärmeren Städten der Nachbarschaft zum Trotz.
Von diesen wurden sie daher nicht anders genannt, als: „die verwöhnten
Kinder von Stavoren." Unter ihnen war besonders eine alte geizhalsige
Wittwe, die trug einem Danzigfahrer auf, das beste was er laden könne,
für ihre Rechnung mitzubringen. Der Schiffer wußte nichts bessers, als

er nahm einige tausend Lasten schönes polnisch Getreid, denn zur Zeit der
Abreise hatte die Frucht gar hoch gestanden in Friesland. Unterwegs aber
begegnete ihm nichts wie Sturm und Unwetter und nöthigten ihn zu Born=
holm überwintern, dergestalt, daß, wie er Frühjahrs endlich daheim an=
langte, das Korn gänzlich im Preise gefallen war und die Wittwe zornig
die sämmtliche Ladung vor der Stadt in die See werfen ließ. Was ge=
schah? An derselben Stelle that sich seit der Zeit eine mächtige Sandbank
empor, geheißen der F r a u e n s a n d, darauf nichts als taubes Korn (Wunder=
korn, Dünenhelm, weil es die Dünen wider die See helmt [schützt], arundo
arenaria) wuchs und die Sandbank lag vor dem Hafen, den sie sperrte,
und der ganze Hafen ging zu Grunde. So wuchs an der Sünde der
alten Frau die Buße für die ganze Stadt auf.

240.
Der Frauensand.

Westlich im Südersee wachsen mitten aus dem Meer Gräser und
Halme hervor an der Stelle, wo die Kirchthürme und stolzen Häuser der
vormaligen Stadt Stavoren in tiefer Fluth begraben liegen. Der Reichthum
hat ihre Bewohner ruchlos gemacht, und als das Maaß ihrer Uebelthaten
erfüllt war, gingen sie bald zu Grunde. Fischer und Schiffe am Strand
des Südersees haben die Sage von Mund zu Mund fortbewahrt.

Die vermögendste aller Insassen der Stadt Stavoren war eine sichere
Jungfrau, deren Namen man nicht mehr nennt. Stolz auf ihr Geld und
Gut, hart gegen die Menschen, strebte sie blos, ihre Schätze immer noch
zu vermehren. Flüche und gotteslästerliche Reden hörte man viel aus
ihrem Munde. Auch die übrigen Bürger dieser unmäßig reichen Stadt,
zu deren Zeit man Amsterdam noch nicht nannte, und Rotterdam ein
kleines Dorf war, hatten den Weg der Tugend verlassen.

Eines Tags rief die Jungfrau ihren Schiffsmeister und befahl ihm
auszufahren und eine Ladung des Edelsten und Besten mitzubringen, was
auf der Welt wäre. Vergebens forderte der Seemann, gewohnt an pünkt=
liche und bestimmte Aufträge, nähere Weisung; die Jungfrau bestand
zornig auf ihrem Wort und hieß ihn alsbald in die See stechen. Der
Schiffsmeister fuhr unschlüssig und unsicher ab, er wußte nicht, wie er dem
Geheiß seiner Frau, deren bösen, strengen Sinn er wohl kannte, nach=
kommen möchte und überlegte hin und her, was zu thun. Endlich dachte
er: ich will ihr eine Ladung des köstlichsten Weizen bringen, was ist
schöners und edlers zu finden auf Erden, als dies herrliche Korn, dessen
kein Mensch entbehren kann? Also steuerte er nach Danzig, befrachtete
sein Schiff mit ausgesuchtem Weizen und kehrte alsdann, immer noch un=
ruhig und furchtsam vor dem Ausgang, wieder in seine Heimath zurück

„Wie, Schiffsmeister", rief ihm die Jungfrau entgegen, „du bist schon hier?
ich glaubte dich an der Küste von Afrika, um Gold und Elfenbein zu
handeln, laß sehen, was du geladen haft." Zögernd, denn an ihren Reden
sah er schon, wie wenig sein Einkauf ihr behagen würde, antwortete er:
„meine Frau, ich führe euch zu den köstlichsten Weizen, der auf dem
ganzen Erdreich mag gefunden werden." „Weizen", sprach sie, „so elendes
Zeug bringst du mir?" — „ich dachte das wäre so elend nicht, was uns
unser tägliches und gesundes Brot giebt" — „ich will dir zeigen, wie
verächtlich mir deine Ladung ist; von welcher Seite ist das Schiff geladen?" — „von der rechten Seite (Stuurboordszyde)", sprach der Schiffsmeister. — „Wohlan, so befehl ich dir, daß du zur Stunde die ganze
Ladung auf der linken Seite (Backboord) in die See schüttest; ich komme
selbst hin und sehe, ob mein Befehl erfüllt worden."

Der Seemann zauderte einen Befehl auszuführen, der sich so greulich
an der Gabe Gottes versündigte und berief in Eile alle arme und dürftige
Leute aus der Stadt an der Stelle, wo das Schiff lag, durch deren
Anblick er seine Herrin zu bewegen hoffte. Sie kam und frug: „wie ist
mein Befehl ausgerichtet?" Da fiel eine Schaar von Armen auf die
Knie vor ihr und baten, daß sie ihnen das Korn austheilen möchte, lieber
als es vom Meer verschlingen zu lassen. Aber das Herz der Jungfrau
war hart wie Stein und sie erneuerte den Befehl, die ganze Ladung
schleunig über Bord zu werfen. Da bezwang sich der Schiffsmeister länger
nicht und rief laut: „nein, diese Bosheit kann Gott nicht ungerächt lassen,
wenn es wahr ist, daß der Himmel das Gute lohnt und das Böse straft;
ein Tag wird kommen, wo ihr gerne die edlen Körner, die ihr so verspielt,
eins nach dem andern auflesen möchtet, euren Hunger damit zu stillen!"
„Wie", rief sie mit höllischem Gelächter, „ich soll dürftig werden können?
ich soll in Armuth und Brotmangel fallen? So wahr das geschieht, so
wahr sollen auch meine Augen diesen Ring wieder erblicken, den ich hier in
die Tiefe der See werfe." Bei diesem Wort zog sie einen kostbaren
Ring vom Finger und warf ihn in die Wellen. Die ganze Ladung
des Schiffes und aller Weizen, der darauf war, wurde also in die See
ausgeschüttet.

Was geschieht? Einige Tage darauf ging die Magd dieser Frauen
zu Markt, kaufte einen Schelfisch und wollte ihn in der Küche zurichten;
als sie ihn aufschnitt, fand sie darin einen kostbaren Ring und zeigte ihn
ihrer Frauen. Wie ihn die Meisterin sah, erkannte sie ihn sogleich für
ihren Ring, den sie neulich ins Meer geworfen hatte, erbleichte und fühlte
die Vorboten der Strafe in ihrem Gewissen. Wie groß war aber ihr
Schrecken, als in demselben Augenblick die Botschaft eintraf, ihre ganze
aus Morgenland kommende Flotte wäre gestrandet! Wenige Tage darauf
kam die neue Zeitung von untergegangenen Schiffen, worauf sie noch
reiche Ladungen hatte. Ein anderes Schiff raubten die Mohren und

Türken; der Fall einiger Kaufhäuser, worin sie verwickelt war, vollendete bald ihr Unglück und kaum war ein Jahr verflossen, so erfüllte sich die schreckliche Drohung des Schiffsmeisters in allen Stücken. Arm und von keinem betrauert, von vielen verhöhnt, sank sie je länger, je mehr in Noth und Elend, hungrig bettelte sie Brot vor den Thüren und bekam oft keinen Bissen, endlich verkümmerte sie und starb verzweifelnd.

Der Weizen aber, der in das Meer geschüttet worden war, sproß und wuchs das folgende Jahr, doch trug er taube Aehren. Niemand achtete das Warnungszeichen, allein die Ruchlosheit von Staveren nahm von Jahr zu Jahr überhand, da zog Gott der Herr seine schirmende Hand ab von der bösen Stadt. Auf eine Zeit schöpfte man Hering und Butt aus dem Ziehbrunnen und in der Nacht öffnete sich die See und verschwalg mehr als drei Viertel der Stadt in rauschender Fluth. Noch beinah jedes Jahr versinken einige Hütten der Insassen und es ist seit der Zeit kein Segen und kein wohlhabender Mann in Staveren zu finden. Noch immer wächst jährlich an derselben Stelle ein Gras aus dem Wasser, das kein Kräuterkenner kennt, das keine Blüthe trägt und sonst nirgends mehr auf Erden gefunden wird. Der Halm treibt lang und hoch, die Aehre gleicht der Weizenähre, ist aber taub und ohne Körner. Die Sandbank, worauf es grünt, liegt entlangs der Stadt Staveren und trägt keinen andern Namen als den des F r a u e n s a n d s.

241.

Brot zu Stein geworden.

Man hat an vielen Orten, namentlich in Westphalen, die Sagen, daß zur Zeit großer Theurung eine hartherzige Schwester ihre arme Schwester, die für sich und ihre Kindlein um Brot gebeten, mit den Worten abgewiesen: „und wenn ich Brot hätte, wollte ich, daß es zu Stein würde!" — worauf sich ihr Brotvorrath alsbald in Stein verwandelt. Zu Leiden in Holland hebt man in der großen Peterskirche ein solches Steinbrot auf und zeigt es den Leuten zur Bewährung der Geschichte.

Im Jahr 1579 hatte ein Dortmunder Bäcker in der Hungersnoth viel Korn aufgekauft und freute sich, damit recht zu wuchern. Als er aber mitten in diesem Geschäft war, ist ihm sein Brot im ganzen Hause eines Tages zu Stein worden und wie er einen Laib ergriffen und mit dem Messer aufschneiden wollen, Bluts daraus geflossen. Darüber hat er sich alsbald in seiner Kammer erhängt.

In der dem heiligen Kastulus geweihten Hauptkirche zu Landshut hängt mit silberner Einfassung ein runder Stein in Gestalt eines Brotes, in dessen Oberfläche sich vier kleine Höhlungen befinden. Davon geht folgende Sage. Kurz vor seinem Tode kam der heil. Kastulus als ein armer Mann zu einer Wittwe in der Stadt und bat um ein Almosen. Die Frau hieß ihre Tochter, das einzige Brot, das sie noch übrig hatten, dem Dürftigen reichen. Die Tochter, die es ungern weggab, wollte vorher noch eilig einige Stücke abbrechen, aber in dem Augenblick verwandelte sich das, dem Heiligen schon eigene Brot in Stein und man erblickt noch jetzt darin die eingedrückten Finger deutlich.

Zur Zeit einer großen Theurung ging ein armes Weib, ein Kind auf dem Arm, eins neben sich herlaufend und nach Brot laut schreiend, durch eine Straße der Stadt Danzig. Da begegnete ihr ein Mönch aus dem Kloster Oliva, den sie flehentlich um ein Bißchen Brot für ihre Kinder bat. Der Mönch aber sagte! „ich habe keins.“ Die Frau sprach: „ach ich sehe, daß ihr in euerm Busen Brot stecken habt.“ „Ei, das ist nur ein Stein, die Hunde damit zu werfen,“ antwortete der Mönch und ging fort. Nach einer Weile wollte er sein Brot holen und essen, aber er fand, daß es sich wirklich in Stein verwandelt hatte. Er erschrak, bekannte seine Sünde und gab den Stein ab, der noch jetzt in der Kloster=kirche dort hängt.

242.
Der binger Mäusethurm.

Zu Bingen ragt mitten aus dem Rhein ein hoher Thurm, von dem nachstehende Sage umgeht. Im Jahre 974 ward große Theuerung in Deutschland, daß die Menschen aus Noth Katzen und Hunde aßen und doch viele Leute Hungers starben. Da war ein Bischof zu Mainz, der hieß Hatto der andere, ein Geizhals, dachte nur daran, seinen Schatz zu mehren und sah zu, wie die armen Leute auf der Gasse niederfielen und bei Haufen zu den Brotbänken liefen und das Brot nahmen mit Gewalt. Aber kein Erbarmen kam in den Bischof, sondern er sprach: „lasset alle Arme und Dürftige sammeln in einer Scheune vor der Stadt, ich will sie speisen. Und wie sie in die Scheune gegangen waren, schloß er die Thüre zu, steckte mit Feuer an und verbrannte die Scheune sammt den armen Leuten, Jung und Alt, Mann und Weib. Als nun die Menschen unter den Flammen wimmerten und jammerten, rief Bischof Hatto: „hört, hört, wie die Mäuse pfeifen!“ Allein Gott der Herr plagte ihn bald, daß die Mäuse Tag und Nacht über ihn liefen und an ihm fraßen, und ver=mochte sich mit aller seiner Gewalt nicht wider sie behalten und bewahren. Da wußte er endlich keinen andern Rath, als er ließ einen Thurm bei Bingen mitten im Rhein bauen, der noch heutiges Tags zu sehen ist, und meinte sich darin zu fristen, aber die Mäuse schwammen durch den Strom heran, erklommen den Thurm und fraßen den Bischof lebendig auf.

243.

Das Bubenried.

In der großbieberauer Gemarkung liegt ein Thal gegen Ueberau zu, das nennen die Leute das Bubenried und gehen nicht bei nächtlicher Weile dadurch, ohne daß ihnen die Hühnerhaut ankommt. Vor Zeiten, als Krieg und Hungersnoth im Reich war, gingen zwei Bettelbuben von Ueberau zurück, die hatten sich immer zu einander gehalten und in dem Thal pflegten sie immer ihr Almosen zu theilen. Sie hatten heut nur ein paar Blechpfennige gekriegt, aber dem einen hatte der reiche Schulze ein Armen= laibchen geschenkt, „das könne er mit seinem Gesellen theilen.“ Wie nun alles andre redlich getheilt war und der Bub das Brod aus dem Schub= sack zog, roch es ihm so lieblich in die Nase, daß er's für sich allein be= halten und dem andern nichts davon geben wollte. Da nahm der Friede sein Ende, sie zankten sich und von den Worten kam's zum Raufen und Balgen, und als keiner den andern zwingen konnte, riß sich jeder einen Pfahl aus dem Pferch. Der böse Feind führte ihnen die Kolben und jeder Bub schlug den andern todt. Drei Nächte lang nach dem Mord regte sich kein Blatt und sang kein Vogel im Ried, und seitdem ist es da un= geheuer und man hört die Buben wimmern und winseln.

244.

Kindelbrück.

Diese thüringische Landstadt soll daher ihren Namen haben: es seien vor Zeiten zwei kleine Kinder auf Steckenpferden auf der Brücke, die über die Wipper führt, geritten und ins Wasser gefallen.

245.

Die Kinder zu Hameln.

Im Jahr 1284 ließ sich zu Hameln ein wunderlicher Mann sehen. Er hatte einen Rock von vielfarbigem, bunten Tuch an, weshalben er Bundting soll geheißen haben, und gab sich für einen Rattenfänger aus, indem er versprach, gegen ein gewisses Geld die Stadt von allen Mäusen und Ratten zu befreien. Die Bürger wurden mit ihm einig und ver= sicherten ihm einen bestimmten Lohn. Der Rattenfänger zog demnach ein Pfeifchen heraus und pfiff, da kamen alsobald die Ratten und Mäuse aus allen Häusern hervorgekrochen und sammelten sich um ihn herum. Als er nun meinte, es wäre keine zurück, ging er hinaus und der ganze Haufen folgte ihm, und so führte er sie an die Weser; dort schürzte er seine Kleider

und trat in das Wasser, worauf ihm alle die Thiere folgten und hinein=
stürzend ertranken.

Nachdem die Bürger aber von ihrer Plage befreit waren, reute sie der
versprochene Lohn und sie verweigerten ihn dem Manne unter allerlei Aus=
flüchten, so daß er zornig und erbittert wegging. Am 26sten Juni auf
Johannis und Pauli Tag, Morgens früh sieben Uhr, nach andern zu
Mittag, erschien er wieder, jetzt in Gestalt eines Jägers erschrecklichen An=
gesichts mit einem rothen, wunderlichen Hut und ließ seine Pfeife in den
Gassen hören. Alsbald kamen diesmal nicht Ratten und Mäuse, sondern
Kinder, Knaben und Mägdlein vom vierten Jahr an, in großer Anzahl
gelaufen, worunter auch die schon erwachsene Tochter des Bürgermeisters
war. Der ganze Schwarm folgte ihm nach und er führte sie hinaus in
einen Berg, wo er mit ihnen verschwand. Dies hatte ein Kindermädchen
gesehen, welches mit einem Kind auf dem Arm von fern nachgezogen war,
darnach umkehrte und das Gerücht in die Stadt brachte. Die Eltern
liefen haufenweis vor alle Thore und suchten mit betrübtem Herzen ihre
Kinder; die Mütter erhoben ein jämmerliches Schreien und Weinen. Von
Stund an wurden Boten zu Wasser und Land an alle Orte herumgeschickt,
zu erkundigen, ob man die Kinder oder auch nur etliche gesehen, aber alles
vergeblich. Es waren im Ganzen hundert und dreißig verloren. Zwei
sollen, wie einige sagen, sich verspätet und zurückgekommen sein, wovon
aber das eine blind, das andere stumm gewesen, also daß das blinde den
Ort nicht hat zeigen können, aber wohl erzählen, wie sie dem Spielmann
gefolgt wären; das stumme aber den Ort gewiesen, ob es gleich nichts ge=
hört. Ein Knäblein war im Hemd mitgelaufen und kehrte um, seinen
Rock zu holen, wodurch es dem Unglück entgangen; denn als es zurückkam,
waren die andern schon in der Grube eines Hügels, die noch gezeigt wird,
verschwunden.

Die Straße, wodurch die Kinder zum Thor hinausgegangen, hieß noch
in der Mitte des 18. Jahrhunderts (wohl noch heute) die bunge=lose
(trommel=tonlose, stille), weil kein Tanz darin geschehen, noch Saitenspiel
durfte gerührt werden. Ja, wenn eine Braut mit Musik zur Kirche ge=
bracht ward, mußten die Spielleute über die Gasse hin stillschweigen. Der
Berg bei Hameln, wo die Kinder verschwanden, heißt der Poppenberg, wo
links und rechts zwei Steine in Kreuzform sind aufgerichtet worden. Einige
sagen, die Kinder wären in eine Höhle geführt worden und in Siebenbürgen
wieder herausgekommen.

Die Bürger von Hameln haben die Begebenheit in ihr Stadtbuch
einzeichnen lassen und pflegten in ihren Ausschreiben nach dem Verlust
ihrer Kinder Jahr und Tag zu zählen. Nach Seyfried ist der 22ste statt
des 26sten Juni im Stadtbuch angegeben. An dem Rathhaus standen
folgende Zeilen:

Im Jahr 1284 na Christi gebort
to Hamel worden uthgevort
hundert und dreißig Kinder dasülvest geborn
dorch einen Piper under den Köppen verlorn.

Und an der neuen Pforte:

Centum ter denos cum magus ab urbe puellos
duxerat ante annos CCLXXII condita porta fuit.

Im Jahr 1572 ließ der Bürgermeister die Geschichte in die Kirchenfenster abbilden mit der nöthigen Ueberschrift, welche größtentheils unleserlich geworden. Auch ist eine Münze darauf geprägt.*)

246.

Der Rattenfänger.

Der Rattenfänger weiß einen gewissen Ton, pfeift er den neunmal, so ziehen ihm alle Ratten nach, wohin er sie haben will, in Teich oder Pfütze.

Einmal konnte man in einem Dorfe der Ratten gar nicht los werden und ließ endlich den Fänger holen. Der richtete nun einen Haselstock so zu, daß alle Ratten dran gebannt waren und wer den Stock ergriff, dem mußten sie nach; er wartete aber bis Sonntags und legte ihn vor die Kirchenthür. Als nun die Leute vom Gottesdienst heimkamen, ging auch ein Müller vorbei und sah gerade den hübschen Stock liegen, sprach: „das giebt mir einen feinen Spazierstock.“ Also nahm er ihn zur Hand und ging dem Dorf hinaus, seiner Mühle zu. Indem so huben schon einzelne Ratten an aus ihren Ritzen und Winkeln zu laufen und sprangen querfeldein immer näher und näher, und wie mein Müller, der von nichts ahnte und den Stock immer behielt, auf die Wiese kam, liefen sie ihm aus allen Löchern nach, über Acker und Feld und liefen ihm bald zuvor, waren eher in seinem Haus als er selbst und blieben nach der Zeit bei ihm zur unausstehlichen Plage.

---

*) vgl. eine ganz ähnliche Sage in den (erdichteten oder componirten) aventures du Mandarin Fum Hoam. 44 soirée. Deutsch. Uebers. Lpzg. 1727. II. p. 167—172. Charbin hat blos den Namen des Thurms der 40 Jungfrauen. — Martin Schock fabula hamelensis widerlegt die Wirklichkeit der Geschichte gegen Erich. —

Inschrift eines Hauses zu Hameln mit goldenen Buchstaben: anno 1284 am dage Johannis et Pauli war der 26 junii dorch einen piper mit allerlei farve bekledet gewesen 130 Kinder verledet binnen Hamelen gebon (orn?) to calvarie bi den koppen verloren (Schöppbach.)

247.

Der Schlangenfänger.

Zu Salzburg rühmte sich ein Zauberer, er wollte alle Schlangen, die in derselben Gegend auf eine Meil Wegs wären, in eine Grube zusammenbringen und tödten. Als er es aber versuchen wollte, kam zuletzt eine große, alte Schlange hervorgekrochen, welche, da er sie mit Zauberworten in die Grube zu zwingen wagte, aufsprang, ihn umringelte, also, daß sie wie ein Gürtel sich um seine Weiche wand, darnach in die Grube schleifte und umbrachte.

248.

Das Mäuselein.

In Thüringen bei Saalfeld auf einem vornehmen Edelsitz zu Wirbach hat sich Anfangs des 17. Jahrhunderts folgendes begeben. Das Gesinde schälte Obst in der Stube, einer Magd kam der Schlaf an, sie ging von den andern weg und legte sich abseits, doch nicht weit davon, auf eine Bank nieder, um zu ruhen. Wie sie eine Weile still gelegen, kroch ihr zum offenen Maule heraus ein rothes Mäuselein. Die Leute sahen es meistentheils und zeigten es sich untereinander. Das Mäuslein lief eilig nach dem gerade gekläfften Fenster, schlich hinaus und blieb eine Zeitlang aus. Dadurch wurde eine vorwitzige Zofe neugierig gemacht, so sehr es ihr die andern verboten, ging hin zu der entseelten Magd, rüttelte und schüttelte an ihr, bewegte sie auch an eine andre Stelle etwas fürder, ging dann wieder davon. Bald darnach kam das Mäuselein wieder, lief nach der vorigen bekannten Stelle, da es aus der Magd Maul gekrochen war, lief hin und her und wie es nicht ankommen konnte, noch sich zurecht finden, verschwand es. Die Magd aber war todt und blieb todt. Jene Vorwitzige bereute es vergebens. Im übrigen war auf demselben Hof ein Knecht vorhermals oft von der Trud gedrückt worden und konnte keinen Frieden haben, dies hörte mit dem Tode der Magd auf.

249.

Der ausgehende Rauch.

Zu Hersfeld dienten zwei Mägde in einem Haus, die pflegten jeden Abend, eh sie zu Bett schlafen gingen, eine Zeitlang in der Stube stillzusitzen. Den Hausherrn nahm das endlich Wunder, er blieb daher einmal auf, verbarg sich im Zimmer und wollte die Sache ablauern. Wie die Mägde sich nun beim Tisch allein sitzen sahen, hob die eine an und sagte:

„Geiſt thue dich entzücken
und thue jenen Knecht drücken!"

Darauf ſtieg ihr und der andern Magd gleichſam ein ſchwarzer Rauch aus
dem Halſe und kroch zum Fenſter hinaus; die Mägde fielen zugleich in
tiefen Schlaf. Da ging der Hausvater zu der einen, rief ſie mit Namen
und ſchüttelte ſie, aber vergebens, ſie blieb unbeweglich. Endlich ging er
davon und ließ ſie, des Morgens darauf war diejenige Magd todt, die er
gerüttelt hatte, die andere aber, die er nicht angerührt, blieb lebendig.

250.
Die Katze aus dem Weidenbaum.

Ein Bauernknecht von Straßleben erzählte, wie das in ihrem Dorfe
eine gewiſſe Magd wäre, dieſelbe hätte ſich zuweilen vom Tanze hinweg
verloren, daß niemand wußte, wo ſie hinkommen, bis ſie eine feine Weile
hernach ſich wieder eingefunden. Einmal beredete er ſich mit andern
Knechten, dieſer Magd nachzugehn. Als ſie nun Sonntags wieder zum
Tanze kam und ſich mit den Knechten erluſtigte, ging ſie auch wieder ab.
Etliche ſchlichen ihr nach, ſie ging das Wirthshaus hinaus aufs Feld und
lief ohne Umſehen fort, einer hohlen Weide zu, in welche ſie ſich verſteckte.
Die Knechte folgten nach, begierig, zu ſehen, ob ſie lange in der Weide
verharren würde und warteten an einem Ort, wo ſie wohl verborgen
ſtanden. Eine kleine Weile drauf merkten ſie, daß eine Katze aus der
Weide ſprang und immer querfeldein nach Langendorf lief. Nun traten
die Knechte näher zur Weide, da lehnte das Menſch oder vielmehr ihr
Leib ganz erſtarret und ſie vermochten ihn weder mit Rütteln noch Schütteln
zum Leben bringen. Ihnen kommt ein Grauen an, ſie laſſen den Leib
ſtehen und gehen an ihren vorigen Ort. Nach einiger Zeit ſpüren ſie, daß
die Katze den erſten Weg zurückgeht, in die Weide einſchlüpft, die Magd
aus der Weide kriecht und nach dem Dorfe zugeht.

251.
Wetter und Hagel machen.

Im Jahre 1553 ſind zu Berlin zwei Zauberweiber gefangen worden,
welche ſich unterſtanden, Eis zu machen, die Frucht damit zu verderben
Und dieſe Weiber hatten ihrer Nachbarin ein Kindlein geſtohlen und daſſelbe
zerſtückelt gekocht. Iſt durch Gottes Schickung geſchehen, daß die Mutter,
ihr Kind ſuchend, dazu kommt und ihres verlorenen Kindes Gliederlein in
ein Töpfchen gelegt ſiehet. Da nun die beiden Weiber gefangen und
peinlich gefragt worden, haben ſie geſagt, wenn ihr Geköch fortgegangen,

so wäre ein großer Froft mit Eis kommen, also daß alle Frucht ver=
derbt wäre.

Zu einer Zeit waren in einem Wirthshause zwei Zauberinnen zu=
sammen gekommen, die hatten zwei Gelten oder Kübel mit Wasser an
einen besonderen Ort gesetzt und rathschlagten mit einander, ob es dem
Korne oder dem Weine sollt gelten. Der Wirth, der auf einem heimlichen
Winkel stand, hörte das mit an und Abends, als sich die zwei Weiber zu
Bett gelegt, nahm er die Gelten und goß sie über sie hin; da ward das
Wasser zu Eis, so daß beide von Stund an zu Tode froren.

Eine arme Wittfrau, die nicht wußte, wie sie ihre Kinder ernähren sollte,
ging in den Wald, Holz zu lesen und bedachte ihr Unglück. Da stand der
Böse in eines Försters Gestalt und fragte: warum sie so traurig? ob ihr
Mann abgestorben? Sie antwortete: „Ja.“ Er sprach: „Willt du mich
nehmen und mir gehorsamen, will ich dir Gelds die Fülle geben.“ Er
überredete sie mit vielen Worten, daß sie zuletzt wich, Gott absagte und
mit dem Teufel buhlte. Nach Monatsfrist kam ihr Buhler wieder und
reichte ihr einen Besen zu, darauf sie ritten durch Dick und Dünn, Trocken
und Naß auf den Berg zu einem Tanz. Da waren noch andre Weiber
mehr, deren sie aber nur zwei kannte und die eine gab dem Spielmann
zwölf Pfennig Lohn. Nach dem Tanze wurden die Hexen eins und thaten
zusammen Aehren, Rebenlaub und Eichblätter, damit Korn, Trauben und
Eicheln zu verderben; es gelang aber nicht damit, und das Hagelwetter
traf nicht, was es treffen sollte, sondern fuhr nebenbei. Ihr selbst brachte
sie damit ein Schaf um, darum, daß es zu spät heim kam.

252.

Der Hexentanz.

Eine Frau von Hembach hatte ihren kaum sechszehnjährigen Sohn
Johannes mit zu der Hexenversammlung geführt und weil er hatte pfeifen
lernen, verlangte sie, er sollte ihnen zu ihrem Tanze pfeifen, und damit
man es besser hören könnte, auf den höchsten Baum steigen. Der Knabe
gehorchte und stieg auf den Baum, indem er nun daher pfiffe und ihrem
Tanz mit Fleiß zusahe, vielleicht weil ihm alles so wunderseltsam däuchte,
denn da geht es auf närrische Weise zu, sprach er: „Behüt’, lieber Gott,
woher kommt so viel närrisches und unsinniges Gesinde!“ Kaum aber
hatte er diese Worte ausgeredet, so fiel er vom Baum herab, verrenkte sich
eine Schulter und rief, sie sollten ihm zu Hilfe kommen, aber da war
niemand, ohn’ er allein.

253.
Die Weinreben und Nasen.

An dem Hofe zu H. war ein Geselle, der seinen Gästen ein seltsam schimpflich Gaukelwerk machte. Nachdem sie gegessen hatten, begehrten sie, darum sie vornehmlich kommen waren, daß er ihnen zur Lust ein Gaukel-spiel vorbringe. Da ließ er aus dem Tisch eine Rebe wachsen mit zeitigen Trauben, deren vor 'edem eine hing: hieß jeglichen die seine mit der Hand angreifen und halten und mit der andern das Messer an den Stengel setzen, als wenn er sie abschneiden wollte; aber er sollte bei Leibe nicht schneiden. Darnach ging er aus der Stube, kam wieder: da saßen sie alle und hielten sich ein jeglicher selber die Nase und das Messer darauf. Hätten sie geschnitten, hätte ein jeder sich selbst die Nase verwundet.

254.
Fest hängen.

Zu Magdeburg war zu seiner Zeit ein seltsamer Zauberer, welcher in Gegenwart einer Menge Zuschauer, von denen er ein großes Geld gehoben, ein wunderkleines Rößlein, das im Ring herumtanzte, zeigte und, wenn sich das Spiel dem Ende näherte, klagte, wie er bei der undankbaren Welt so gar nichts Nutzes schaffen könnte, dieweil jedermann so karg wäre, daß er sich Bettelns kaum erwehren möchte. Deshalb wollte er von ihnen Urlaub nehmen und den allernächsten Weg gen Himmel, ob vielleicht seine Sache daselbst besser würde, fahren. Und als er diese Worte gesprochen, warf er ein Seil in die Höhe, welchem das Rößlein ohne allen Verzug stracks nachfuhr, der Zauberer erwischte es beim Wabel, seine Frau ihm bei den Füßen, die Magd die Frau an den Kleidern, also daß sie alle, als wären sie zusammengeschmiedet, nach einander ob sich dahin fuhren. Als nun das Volk da stand, das Maul offen hatte und dieser Sache, wie wohl zu gedenken, erstaunt war, kam ohn alle Gefähr ein Bürger daher, welchem, als er fragte, was sie da stünden, geantwortet ward, der Gaukler wäre mit dem Rößlein in die Luft gefahren. Darauf er berichtete, er habe ihn eben zu gegen seiner Herberge gesehen daher gehn.

255.
Das Nothhemd.

Das Nothhemd wird auf folgende Weise zubereitet. In der Christ-nacht müssen zwei unschuldige Mägdlein, die noch nicht sieben Jahr alt sind, linnen Garn spinnen, weben und ein Hemd daraus zusammen nähen.

Auf der Bruft hat es zwei Häupter, eins auf der rechten Seite mit einem
langen Bart und Helm, eine auf der linken mit einer Krone, wie sie der
Teufel trägt. Zu beiden Seiten wird es mit einem Kreuze bewahrt.
Das Hemd ist so lang, daß es den Menschen vom Hals an bis zum halben
Leib bedeckt.

Wer ein solches Nothhemd im Kriege trägt, ist sicher vor Stich, Hieb,
Schuß und anderm Zufall, daher es Kaiser und Fürsten hochhielten. Auch
Gebärende ziehen es an, um schneller und leichter entbunden zu werden.
Contra vero tale indusium, viro tamen mortuo ereptum, a foeminis
luxuriosis quaeri ferunt, quo indutae non amplius gravescere perhibentur.

256.

Feſt gemacht.

Ein vornehmer Kriegsmann ging bei einer harten Belagerung mit
zwei andern außerhalb der Laufgräben auf und ab. Von der Feſtung
herab wurde heftig auf ihn gefeuert, er aber fuhr mit seinem Befehlshaber=
stab links und rechts umher und hieß die beiden an ihn halten und nicht
ausweichen; wovon alle Kugeln abseits fuhren und weder ihn noch die
andern beiden treffen oder verwunden konnten.

Ein General, welcher in eine Stadt aus einem Treffen fliehen mußte,
schüttelte die Büchsenkugeln wie Erbsen häufig aus dem Ärmel, deren keine
ihn hatte verwunden können.

Meister Peter, Bartscherer zu Wittenberg, hatte einen Schwiegersohn,
der Landsknecht im Kriege gewesen. Er hatte die Kunst verstanden, sich
sicher und unverwundbar zu machen. Ferner hat er auch seinen Tod vorher
gesehen und gesagt: „Mein Schwäher solls thun.“ Desgleichen soll er
denselben Tag zu seinem Weib gesagt haben: „Kauf ein, du wirst heute
Gäste bekommen, das ist: Zuseher.“ Welches also geschahe, denn da ihn
sein Schwager erstach, lief jeder in des Bartscheerers Haus und wollt den
todten Menschen sehen.

257.

Der ſichere Schuß.

Ein Büchsenmeister, den ich gekannt, vermaß sich, er wolle alles treffen,
was ihm nur innerhalb Schusses wäre, daß ers erreichen könnte, ob ers
gleich nicht sähe. Der ließ sich brauchen in der Stadt W. bei der Be=
lagerung. Davor hielt in einem Wäldlein ein vornehmer Oberster und
Herr, den ich nicht sähe, erbot sich, er wollte ihn erschießen; aber es ward
ihm gesagt, er sollts nicht thun. Da schoß er durch den Baum, darunter

er hielt auf seinem Roß und zu Morgen aß. Valvassor (Ehre von Crain I. 676.) gedenkt eines vornehmen Herrn, welcher täglich nur drei unfehlbare Schüsse hatte, damit aber konnte er, was man ihm nur nannte, sicher treffen. Ein solcher Schütz kann sich aufgeben lassen, was er schießen soll, Hirsch, Reh oder Hasen, und braucht dann nur aufs Geratewohl die Flinte zum Fenster hinaus abzudrücken, so muß das Wild fallen.

258.
Der herumziehende Jäger.

Es trug sich zu, daß in einem großen Walde der Förster, welcher die Aufsicht darüber führte, todt geschossen wurde. Der Edelmann, dem der Wald gehörte, gab einem andern den Dienst, aber dem widerfuhr ein gleiches und so noch einigen, die auf einander folgten, bis sich niemand mehr fand, der den gefährlichen Wald übernehmen wollte. Sobald nämlich der neue Förster hineintrat, hörte man ganz in der Ferne einen Schuß fallen, und gleich auch streckte eine mitten auf die Stirn treffende Kugel ihn nieder; es war aber keine Spur ausfindig zu machen, woher und von wem sie kam.

Gleichwohl meldete sich nach ein paar Jahren ein herumziehender Jäger wieder um den Dienst. Der Edelmann verbarg ihm nicht, was geschehen war und setzte noch ausdrücklich hinzu, so lieb es ihm wäre, den Wald wieder unter Aufsicht zu wissen, könnte er ihm doch selbst nicht zu dem gefährlichen Amte rathen. Der Jäger antwortete zuversichtlich, er wollte sich vor dem unsichtbaren Scharfschützen schon Rath schaffen und übernahm den Wald. Andern Tags, als er, von mehreren begleitet, zuerst hineingeführt wurde, hörte man, wie er eintrat, schon in der Ferne den Schuß fallen. Alsbald warf der Jäger seinen Hut in die Höhe, der dann, von einer Kugel getroffen, wieder herabfiel. „Nun", sprach er, „ist aber die Reihe an mir," lud seine Büchse und schoß sie mit den Worten: „die Kugel bringt die Antwort!" in die Luft. Darauf bat er seine Gefährten, mitzugehen und den Thäter zu suchen. Nach langem Herumstreifen fanden sie endlich in einer an dem gegenseitigen Ende des Waldes gelegenen Mühle den Müller todt und von der Kugel des Jägers auf die Stirn getroffen.

Dieser herumziehende Jäger blieb noch einige Zeit in Diensten des Edelmanns, doch weil er das Wild festbannen und die Feldhühner aus der Tasche fliegen lassen konnte, auch in ganz unglaublicher Entfernung immer sicher traf und andere dergleichen unbegreifliche Kunststücke verstand so bekam der Edelmann eine Art Grausen vor ihm und entließ ihn bei einem schicklichen Vorwande aus seinem Dienst.

259.

Doppelte Gestalt.

Ein Landfahrer kam zu einem Edelmann, der mit langwieriger
Ohnmacht und Schwachheit behaftet war und sagte zu ihm: „Ihr seid
verzaubert, soll ich euch das Weib vor Augen bringen, das euch das
Uebel angethan?" Als der Edelmann einwilligte, sprach jener: „Welches
Weib morgen in euer Haus kommt, sich auf den Heerd zum Feuer stellt
und den Kesselhaken mit der Hand angreift und hält, die ist es, welche
euch das Leid angethan." Am andern Tag kam die Frau eines seiner
Unterthanen, der neben ihm wohnte, ein ehrliches und frommes Weib und
stellte sich dahin genau auf die Weise, wie der Landfahrer vorhergesagt
hatte. Der Edelmann verwunderte sich gar sehr, daß eine so ehrbare,
gottesfürchtige Frau, der er nicht übel wollte, so böse Dinge treiben sollte
und fing an zu zweifeln, ob es auch recht zugehe. Er gab darum seinem
Diener heimlichen Befehl, hinzulaufen und zu sehen, ob diese Nachbarin
zu Hause sei oder nicht. Als dieser hinkommt, sitzt die Frau über ihrer
Arbeit und hechelt Flachs. Er heißt sie zum Herrn kommen, sie spricht:
„Es wird sich ja nicht schicken, daß ich so staubig und ungeputzt vor den
Junker trete." Der Diener aber sagt, es habe nichts zu bedeuten, sie solle
nur eilig mit ihm gehen. Sobald sie nun in des Herrn Thüre trat, verschwand die andere als ein Gespenst aus dem Saal und der Herr dankte
Gott, daß er ihm in den Sinn gegeben, den Diener hinzuschicken, sonst
hätte er auf des Teufels Trug vertraut und die unschuldige Frau verbrennen lassen.

260.

Gespenst als Eheweib.

Zur Zeit des Herzogs Johann Casimir von Coburg wohnte dessen
Stallmeister G. P. v. Z. zuerst in der Spitalgasse, hierauf in dem Hause,
welches nach ihm D. Frommann bezogen, dann in dem großen Hause bei
der Vorstadt, die Rosenau genannt, endlich im Schloß, darüber er Schloß-
hauptmann war. Zu so vielfachem Wechsel zwang ihn ein Gespenst,
welches seiner noch lebenden Ehefrau völlig gleich sah, also daß er, wenn
er in die neue Wohnung kam und am Tisch saß, bisweilen darüber
zweifelte, welches seine rechte leibhafte Frau wäre, denn es folgte ihm,
wenn er gleich aus dem Hause zog, doch allenthalben nach. Als ihm eben
seine Frau vorschlug, in die Wohnung, die hernach jener Doktor inne
hatte, zu ziehen, dem Gespenst auszuweichen, hub es an mit lauter Stimme
zu reden und sprach: „Du ziehest gleich hin, wo du willst, wenn auch
durch die ganze Welt." Und das waren keine bloßen Drohworte, denn

nachdem der Stallmeister ausgezogen war, ist die Thüre des Hinterhauses wie mit übermäßiger Gewalt zugeschlagen worden und von der Zeit an hat sich das Gespenst nie wieder in dem verlassenen Hause sehen lassen, sondern ist in dem neubezogenen wieder erschienen.

Wie die Edelfrau Kleidung anlegte, in derselben ist auch das Gespenst erschienen, es mochte ein Feierkleid oder ein alltägliches sein, und welche Farbe als es nur wollte; weswegen sie niemals allein in ihren Hausgeschäften, sondern von jemand begleitet, ging. Gemeinlich ist es in der Mittagszeit zwischen elf und zwölf Uhr erschienen. Wenn ein Geistlicher da war, so kam es nicht zum Vorschein. Als einmal der Beichtvater Johann Prüscher eingeladen war und ihn beim Abschied der Edelmann mit seiner Frau und seiner Schwester an die Treppe geleitete, stieg es von unten die Treppe hinauf und faßte durch ein hölzernes Gitter des Fräuleins Schürz und verschwand, als dieses zu schreien anfing. Einsmals ist es auf der Küchenschwelle mit dem Arm gelegen und als die Köchin gefragt: „Was willst du?" hat es geantwortet: „Deine Frau will ich." Sonst hat es der Edelfrau keinen Schaden zugefügt. Dem Fräulein aber, des Edelmanns Schwester, ist es gefährlich gewesen und hat ihm einmal einen solchen Streich ins Gesicht gegeben, daß die Backe davon aufgeschwollen ist und es in des Vaters Haus zurückkehren mußte. Endlich hat sich das Gespenst verloren und es ist ruhig im Hause geworden.

261.

Tod des Erstgeborenen.

In einem vornehmen Geschlecht hat es sich vor ein paar hundert Jahren zugetragen, daß das erste Kind, ein Söhnlein, Morgens bei der Amme im Bett todt gefunden wurde. Man verdachte sie, es absichtlich erdrückt zu haben und ob sie gleich ihre Unschuld betheuerte, so ward sie doch zum Tode verurtheilt. Als sie nun niederkniete und eben den Streich empfangen sollte, sprach sie noch einmal: „Ich bin so gewiß unschuldig, als in Zukunft jedesmal der Erstgeborene dieses Geschlechts sterben wird." Nachdem sie dieses gesprochen, flog eine weiße Taube über ihr Haupt hin; darauf ward sie gerichtet. Die Weissagung aber kam in Erfüllung und der älteste Sohn aus diesem Hause ist noch immer in früher Jugend gestorben.

262.

Der Knabe zu Colmar.

Bei Pfeffel in Colmar war ein Kind im Hause, das wollte nie über einen gewissen Flecken im Hausgarten gehen, auf dem seine Cameraden ruhig spielten, Diese wußten nicht warum und zogen es einmal mit Gewalt dahin; da sträubten ihm die Haare empor und kalter Schweiß brach aus seinem Leibe. Wie der Knabe von der Ohnmacht endlich zu sich kam, wurde er um die Ursache befragt, wollte lange nichts gestehen, endlich auf vieles Zureden sagte er: „Es liegt an der Stelle ein Mensch begraben, dessen Hände so und so liegen, dessen Beine so und so gestellt sind (welches er alles genau beschrieb) und am Finger der einen Hand hat er einen Ring." Man grub nach, der Platz war mit Gras bewachsen und drei Fuß unter der Erde tief fand sich ein Gerippe in der beschriebenen Lage und am benannten Finger ein Ring. Man beerdigte es ordentlich und seitdem ging der Knabe, dem man weder davon noch vom Ausgraben das mindeste gesagt, ruhig auf den Flecken. — Dies Kind hatte die Eigenschaft, daß es an dem Ort, wo Todte lagen, immer ihre ganze Gestalt in Dünsten aufsteigen sah und in allem erkannte. Der vielen schrecklichen Erscheinungen wegen härmte es sich ab und verzehrte schnell sein Leben.

263.

Tod des Domherrn zu Merseburg.

Vor langer Zeit her ward in der Stiftskirche zu Merseburg drei Wochen vor dem Absterben eines jeglichen Domherrn bei der Nacht ein großer Tumult gehört, indem auf dem Stuhl dessen, welcher sterben sollte, ein solcher Schlag geschah, als ob ein starker Mann aus allen Kräften mit geschlossener Faust einen gewaltsamen Streich thäte. Sobald solches die Wächter vernommen, deren etliche sowohl bei Tag als bei Nacht in der Kirche gewacht und wegen der stattlichen Kleinodien, die darinnen vorhanden waren, die Runde gemacht, haben sie es gleich andern Tags hernach dem Capitel angezeigt. Und solches ist dem Domherrn dessen Stuhl der Schlag getroffen, eine persönliche Vertagung gewesen, daß er in dreien Wochen an den blassen Reigen müßte.

264.

Die Lilie im Kloster zu Corvei.

Das Kloster der Abtei zu Corvei an der Weser hat von Gott die sonderbare Gnade gehabt, daß, so oft einer aus den Brüdern sterben sollte, er drei Tage zuvor, ehe er verschieden, eine Vorwarnung bekommen, vermittelſt einer Lilie an einem ehernen Kranze, der im Chor hing. Denn dieſelbe Lilie kam allezeit wunderbarlich herab und erſchien in dem Stuhl desjenigen Bruders, deſſen Lebensende vorhanden war; alſo daß dieſer dabei unfehlbar merkte und verſichert war, er würde in dreien Tagen von der Welt ſcheiden. Dieſes Wunder ſoll etliche hundert Jahre gewährt haben, bis ein junger Ordensbruder, als er auf dieſe Weiſe ſeiner heran= nahenden Sterbeſtunde ermahnt worden, ſolche Erinnerung verachtet und die Lilie in eines alten Geiſtlichen Stuhl verſetzt hat: der Meinung, es würde das Sterben dem Alten beſſer anſtehen, als dem Jungen. Wie der gute alte Bruder die Lilie erblickt, iſt er darüber, als über einen Geruch des Todes, ſo hart erſchrocken, daß er in eine Krankheit, doch gleichwohl nicht ins Grab gefallen, ſondern bald wieder geſund, dagegen der junge Warnungsverächter am dritten Tag durch einen jählingen Tod dahin ge= riſſen worden.

265.

Rebundus im Dom zu Lübeck.

Wenn in alten Zeiten ein Domherr zu Lübeck bald ſterben ſollte, ſo fand ſich Morgens unter ſeinem Stuhlkiſſen im Chor eine weiße Roſe, daher es Sitte war, daß jeder, wie er anlangte, ſein Kiſſen gleich um= wendete, zu ſchauen, ob dieſe Grabesverkündigung darunter liege. Es ge= ſchah, daß einer von den Domherrn, Namens Rebundus, eines Morgens dieſe Roſe unter ſeinem Kiſſen fand, und weil ſie ſeinen Augen mehr ein ſchmerzlicher Dornſtachel, als eine Roſe war, nahm er ſie behend weg und ſteckte ſie unter das Stuhlkiſſen ſeines nächſten Beiſitzers, obgleich dieſer ſchon darunter nachgeſehen und nichts gefunden hatte. Re= bundus fragte darauf, ob er nicht ſein Kiſſen umkehren wollte? der andere entgegnete, daß er es ſchon gethan habe; aber Rebundus ſagte weiter: er habe wohl nicht recht zugeſchaut und ſolle noch einmal nachſehen, denn ihm bedünke, es habe etwas Weißes darunter geſchimmert, als er dahin geblickt. Hierauf wendete der Domherr ſein Kiſſen um und fand die Grabblume; doch ſprach er zornig: das ſei Betrug, denn er habe gleich Anfangs fleißig genug zugeſchaut und unter ſeinem Sitz keine Roſe gefunden. Damit ſchob und ſtieß er ſie dem Rebundus wieder unter ſein Kiſſen, dieſer aber wollte ſie nicht wieder ſich aufdrängen laſſen, alſo daß ſie einer dem andern zuwarf und ein Streit und heftiges Gezänk zwiſchen ihnen entſtand. Als ſich das Capitel ins Mittel ſchlug und ſie aus ein= ander bringen, Rebundus aber durchaus nicht eingeſtehen wollte, daß er die Roſe am erſten gehabt, ſondern auf ſeinem unwahrhaftigen Vorgeben beharrte, hub endlich der andere, aus verbitterter Ungeduld, an zu wünſchen: „Gott wolle geben, daß der von uns beiden, welcher Unrecht hat, ſtatt der

Rosen in Zukunft zum Zeichen werde und wann ein Domherr sterben soll, in seinem Grabe klopfen möge, bis an den jüngsten Tag!" Rebundus, der diese Verwünschung wie einen leeren Wind achtete, sprach frevellich dazu: „Amen! es sei also!"

Da nun Rebundus nicht lange darnach starb, hat es von dem an unter seinem Grabsteine, so oft eines Domherrn Ende sich nahte, entsetzlich geklopft, und es ist das Sprüchwort entstanden: „Rebundus hat sich ge=rührt, es wird ein Domherr sterben!" Eigentlich ist es kein bloßes Klopfen, sondern es geschehen unter seinem sehr großen, langen und breiten Grab=stein drei Schläge, die nicht viel gelinder krachen, als ob das Wetter ein=schlüge oder dreimal ein Karthaunenschuß geschähe. Beim dritten Schlag bringt über dem Gewölbe der Schall der Länge nach durch die ganze Kirche mit so starkem Krachen, daß man denken sollte, das Gewölbe würde ein= und die Kirche übern Haufen fallen. Es wird dann nicht blos in der Kirche, sondern auch in den umstehenden Häusern vernehmlich gehört.

Einmal hat sich Rebundus an einem Sonntage, zwischen neun und zehn Uhr mitten unter der Predigt geregt und so gewaltig angeschlagen, daß etliche Handwerksgesellen, welche eben auf dem Grabstein gestanden und die Predigt angehört, theils durch starke Erhebung des Steins, theils aus Schrecken, nicht anders herabgeprellt wurden, als ob sie der Donner weggeschlagen hätte. Beim dritten entsetzlichen Schlag wollte jedermann zur Kirche hinaus fliehen, in der Meinung, sie würde einstürzen, der Prediger aber ermunterte sich und rief der Gemeinde zu, da zu bleiben und sich nicht zu fürchten; es wäre nur ein Teufelsgespenst, daß den Gottesdienst stören wolle, das müsse man verachten und ihm im Glauben Trotz bieten. Nach etlichen Wochen ist des Dechants Sohn verblichen, denn Rebundus tobte auch, wenn eines Domherrn naher Verwandter bald zu Grabe kommen wird.

266.

Glocke läutet von selbst.

In einer berühmten Reichsstadt hat im Jahr 1686 am 27. März die sogenannte Marktglocke von sich selbst drei Schläge gethan, worauf bald hernach ein Herr des Raths, welcher zugleich auch Marktherr war, ge=storben.

In einem Hause fing sechs oder sieben Wochen vor dem Tode des Hausherrn eine überaus helle Glocke an zu läuten und zwar zu zweien verschiedenen Malen. Da der Hausherr damals noch frisch und gesund, seine Ehefrau aber bettlägerig war, so verbot er dem Gesinde, ihr etwas davon zu sagen, besorgend, sie möchte erschrecken, von schwermüthiger Ein=bildung noch kränker werden und gar davon sterben. Aber diese Anzeigung hatte ihn selbst gemeint, denn er kam ins Grab, seine Frau aber erholte sich wieder zu völliger Gesundheit. Siebzehn Wochen nachher, als sie ihres seligen Eheherrn Kleider und Mäntel reinigt und ausbürstet, fängt vor ihren Augen und Ohren die Tennenglocke an sich zu schwingen und ihren gewöhnlichen Klang zu geben. Acht Tage hernach erkrankt ihr ältester Sohn und stirbt in wenigen Tagen. Als diese Wittwe sich wieder verheirathet und mit ihrem zweiten Mann etliche Kinder zeugte, sind diese, wenige Wochen nach der Geburt, gleich den Märzblumen verwelkt und begraben. Da dann jedesmal jene Glocke dreimal nach einander stark angezogen wurde, obgleich das Zimmer, darin sie gehangen, versperrt war, so daß niemand den Draht erreichen konnte.

Einige glauben, dieses Läuten (welches oft nicht von den Kranken und Sterblägrigen, sondern nur von andern gehört wird) geschehe von bösen Geistern, andere dagegen: von guten Engeln. Wiederum andere sagen, es komme von dem Schutzgeist, welcher den Menschen warnen und erinnern wollte, daß er sich zu seinem heraneilenden Ende bereite.

267.

Todesgespenst.

Zu Schwatz und Innsbruck in Tirol läßt sich zur Sterbenszeit ein Gespenst sehen, bald klein, bald groß, wie ein Haus. Zu welchem Fenster es hinein schaut, aus demselben Hause sterben die Leute.

268.

Frau Berta oder die weiße Frau.

Die weiße Frau erscheint in den Schlössern mehrerer fürstlichen Häuser, namentlich zu Neuhaus in Böhmen, zu Berlin, Baireuth, Darmstadt und Carlsruhe und in allen, deren Geschlechter nach und nach durch Verheirathung mit dem ihren verwandt geworden sind. Sie thut niemanden zu Leide, neigt ihr Haupt vor wem sie begegnet, spricht nichts und ihr Besuch bedeutet einen nahen Todesfall, manchmal auch etwas fröhliches, wenn sie nämlich keine schwarzen Handschuh an hat. Sie trägt ein Schlüsselbund und eine weiße Schleierhaube. Nach einigen soll sie im Leben Perchta von Rosenberg geheißen, zu Neuhaus in Böhmen gewohnt haben und mit Johann von Lichtenstein, einem bösen, störrischen Mann, vermählt gewesen sein. Nach ihres Gemahls Tode lebte sie in Wittwenschaft zu Neuhaus und fing an zu großer Beschwerde ihrer Unterthanen, die ihr fröhnen mußten, ein Schloß zu bauen. Unter der Arbeit rief sie ihnen zu, fleißig zu sein: „wann das Schloß zu stand sein wird, will ich euch und euren Leuten einen süßen Brei vorsetzen," denn dieser Redensart bedienten sich die Alten, wenn sie jemand zu Gast luden. Den Herbst nach Vollendung des Baues hielt sie nicht nur ihr Wort sondern stiftete auch, daß auf ewige Zeiten hin alle Rosenbergs ihren Leuten ein solches Mahl geben sollten. Dieses ist bisher fortgeschehen*) und unterbleibt es, so erscheint sie mit zürnenden Mienen. Zuweilen soll sie in fürstliche Kinderstuben Nachts, wenn die Ammen Schlaf befällt, kommen, die Kinder wiegen, und vertraulich umtragen. Einmal als eine unwissende Kinderfrau erschrocken fragte: „was hast du mit dem Kinde zu schaffen?" und sie mit Worten schalt, soll sie doch gesagt haben: „ich bin keine Fremde in diesem Hause wie du, sondern gehöre ihm zu; dieses Kind stammt von meinen Kindeskindern. Weil ihr mir aber keine Ehre erwiesen habt, will ich nicht mehr wieder einkehren."

269.
Die wilde Berta kommt.

In Schwaben, Franken und Thüringen ruft man halsstarrigen Kindern zu: „schweig oder die wilde Bertha kommt!" Andere nennen sie Bildabertha, Hildabertha, auch wohl: die eiserne Bertha. Sie erscheint als eine wilde Frau mit zottigen Haaren und besudelt dem Mädchen, das den letzten Tag im Jahre seinen Flachs nicht abspinnt, den Rocken. Viele Leute essen diesen Tag Klöße und Hering. Sonst, behaupten sie, käme die Perchta oder Prechta, schnitte ihnen den Bauch auf, nähme das erstgenossene heraus und thue Heckerling hinein. Dann nähe sie mit einer Pflugschar statt der Nadel und mit einer Röhmkette statt des Zwirns den Schnitt wieder zu.

270.
Der Türst, das Posterli und die Sträggele.

Wann der Sturm Nachts im Walde heult und tobt, sagt das Volk im Luzernergau: „Der Türst, oder der Dürst jagt!" Im Entlebuch weiß man dagegen von dem Posterli, einer Unholdin, deren Jagd die Einwohner Donnerstag vor Weihnachten in einem großen Aufzug, mit Lärm und Geräusch, jährlich vorstellen. In der Stadt Luzern heißt die Sträggele eine Hexe, welche in der Frohnfastennacht am Mittwoch vor den heiligen

---

*) Der Brei wird aus Erbsen und Heidegrütz gekocht, auch jedesmal Fische dazu gegeben.

Weihnachten herumſpukt und die Mädchen, wie ſie ihr Tagewerk nicht ge=
ſponnen, auf mancherlei Art ſchert; daher auch dieſe Nacht die Sträggele=
Nacht genannt wird.

271.
Der Nachtjäger und die Rüttelweiber.

Die Einwohner des Rieſengebirges hören bei nächtlichen Zeiten oft
Jägerruf, Hornblaſen und Geräuſch von wilden Thieren; dann ſagen ſie:
„der Nachtjäger jagt.“ Kleine Kinder fürchten ſich davor und werden
geſchweiget, wenn man ihnen zuruft: „ſei ſtill, hörſt du nicht den Nacht=
jäger jagen?“ Er jagt aber beſonders die Rüttelweiber, welche kleine
mit Moos bekleidete Weiblein ſein ſollen, verfolgt und ängſtigt ſie ohn'
Unterlaß. Es ſei dann, daß ſie an einen Stamm eines abgehauenen
Baumes gerathen, und zwar eines ſolchen, wozu der Hölzer (Holzbauer)
„Gott waels!“ (Gott walte es) geſprochen hat. Auf ſolchem Holz
haben ſie Ruhe. Sollte es aber, als er die Axt zum erſtenmal an den
Baum gelegt, geſagt haben: „waels Gott!“ (ſo daß er das Wort
Gott hintan geſetzt), ſo giebt ein ſolcher Stamm keinem Rüttelweibchen
Ruh und Frieden, ſondern es muß vor dem Nachtjäger auf ſtetiger
Flucht ſein.

272.
Der Mann mit dem Schlackhut.

Es hat vor ein paar Jahren noch eine alte Frau eines der Zimmer
des verfallenen Freyenſteins bewohnt. Eines Abends trat zu ihr ganz
unbefangen in die Stube herein ein Mann, der einen grauen Rock, einen
großen Schlackhut und einen langen Bart trug. Er hing ſeinen Hut an
den Nagel, ſaß, ohne ſich um jemand zu bekümmern, nieder an den Tiſch,
zog ein kurz Tabackspfeifchen aus dem Sack und rauchte. So blieb dieſer
Graue immer hinter ſeinen Tiſch ſitzen. Die Alte konnte ſeinen Abgang
nicht erwarten und legte ſich ins Bett. Morgens war das Geſpenſt ge=
ſchwunden. — Des Schulzen Sohn verzählte: „den erſten Chriſttagmorgen,
während Amt in der Kirche gehalten wurde, ſaß meine Frähle (Groß=
mutter) in unſrer Stube und betete. Als ſie einmal vom Buch aufſah
und gerade nach dem Schloßgarten guckte, erblickte ſie oben einen Mann
in grauer Kutte und einem Schlackhut ſtehen, der hackte von Zeit zu Zeit.
So haben wir und alle Nachbarn ihn geſehen. Als die Sonne unterging,
verſchwand er.“

273.
Der graue Hockelmann.

Vor vielen Jahren ging einmal ein Bauer aus Auerbach Abends unten am Schloßberg vorüber. Da wurde er plötzlich von einem grauen Mann angehalten und gezwungen, ihn bis hinauf in das Schloß zu hockeln. Auf einer dunkeln Stiege des Schlosses wurde der Bauer den andern Tag gefunden, wie einer der sich übermüdet. Er starb kurze Zeit darauf.

274.
Chimmeke in Pommern.

Auf dem Schlosse Loyz soll ein Poltergeist, den die alten Pommern Chimmeke nennen, einen Küchenbuben klein gehackt und in einen irdenen Topf gesteckt haben, weil er ihm die Milch, die dem Geist in der Zeit des Aberglaubens alle Abend mußte hingesetzt werden, verzehrt hatte. Diesen Topf oder Grapen, worin Chimmeke sein Müthlein gekühlet, hat man lange Zeit vorgezeiget.

275.
Der Krischer.

Johann Peter Kriechbaum, Schultheiß der oberkainsbacher Zent, er= zählte den 12. März 1753: im Bezirk, genannt die Spreng, halte sich ein Geist oder Gespenst auf, so allerhand Gekreisch, als wie ein Reh, Fuchs, Esel, Hund, Schwein und anderer Thiere, auch gleich allerhand Vögel führe, dahero es von den Leuten der Krischer geheißen werde. Es habe schon viele irre geleitet und getraue niemand, sonders die Hirten nicht, sich in dasigen Wiesen aufzuhalten. Ihm sei neulich selbst begegnet, als er Nachts auf seine Wiese in der Spreng gegangen und das Wasser zum Wässern aufgewendet, da habe ein Schwein in dem Wäldchen auf der langenbrombacher Seite geschrien, als ob ihm das Messer im Hals stäcke. Das Gespenst gehe bis in den Holler Wald, wo man vor 16 Jahren Kohlen brennen lassen, über welches die Kohlenbrenner damals sehr geklagt und daß sie vielfältig von ihm geängstigt würden, indem es ihnen in Gestalt eines Esels erschienen. Ein gleiches habe der verstorbene Johann Peter Weber versichert, der in der Nacht Kohlen allda geladen, um sie auf den michelstädter Hammer zu führen. Heinrich Germann, der alte Centschultheiß, versicherte, als er einstmalen die Ochsen in seiner Sprengs= wiese gehütet, wäre ein Fuchs auf ihn zugelaufen gekommen, nach dem er mit der Peitsche geschlagen, worauf er augenblicks verschwunden.

276.
Die überschiffenden Mönche.

In der Stadt Speier lebte vorzeiten ein Fischer. Als dieser in einer Nacht an den Rhein kam und sein Garn ausstellen wollte, trat ein Mann auf ihn zu, der trug eine schwarze Kutte in Weise der Mönche, und nachdem ihn der Fischer ehrsam gegrüßt hatte, sprach er: „ich komm ein Bote fernher und möchte gern über den Rhein." „Tritt in meinen Nachen ein zu mir, antwortete der Fischer, ich will dich überfahren." Da er nun diesen übergesetzt hatte und zurückkehrte, standen noch fünf andere Mönche am Gestade, die begehrten auch zu schiffen und der Fischer frug bescheiden: was sie doch bei so eitler Nacht reisten? „Die Noth treibt uns," versetzte einer der Mönche, „die Welt ist uns feind, so nimm du dich unser an und Gottes Lohn dafür." Der Fischer verlangte zu wissen: was sie ihm geben wollten für seine Arbeit? Sie sagten: „jetzo sind wir arm, wenn es uns wieder besser geht, sollst du unsere Dankbarkeit schon spüren." Also stieß der Schiffer ab, wie aber der Nachen mitten auf den Rhein kam, hob sich ein fürchterlicher Sturm. Wasserwellen bedeckten das Schiff und der Fischer erblaßte. „Was ist das," dachte er sich, „bei Sonnenniedergang war der Himmel klar und lauter und schön schien der Mond, woher dieses schnelle Unwetter?" Und wie er seine Hände hob, zu Gott zu beten, rief einer der Mönche: „was liegst du Gott mit Beten in den Ohren, steuere dein Schiff." Bei den Worten riß er ihm das Ruder aus der Hand und fing an den armen Fischer zu schlagen. Halbtodt lag er im Nachen, der Tag begann zu dämmern und die schwarzen Männer verschwanden. Der Himmel war klar, wie vorher, der Schiffer ermannte sich, fuhr zurück und erreichte mit Noth seine Wohnung. Des andern Tags begegneten dieselben Mönche einem früh aus Speier reisenden Boten, in einem rasselnden, schwarz bedeckten Wagen, der aber nur drei Räder und einen langnasigten Fuhrmann hatte. Bestürzt stand er still, ließ den Wagen vorüber und sah bald, daß er sich mit Prasseln und Flammen in die Lüfte verlor, dabei vernahm man Schwerterklingen, als ob ein Heer zusammenginge. Der Bote wandte sich, kehrte zur Stadt und zeigte alles an; man schloß aus diesem Gesicht auf Zwietracht unter den deutschen Fürsten.

277.
Der Irrwisch.

An der Bergstraße zu Hänlein, auch in der Gegend von Lorsch, nennt man die Irrlichter: Heerwische; sie sollen nur in der Adventszeit erscheinen und man hat einen Spottreim auf sie: „Heewisch, ho ho, brennst wie Haberstroh, schlag mich blitzebloe!" Vor länger als dreißig Jahren, wird

erzählt, sah ein Mädchen Abends einen Heerwisch und rief ihm den Spott=
reim entgegen. Aber er lief auf das Mädchen gerade zu und als es
floh und in das Haus zu seinen Eltern flüchtete, folgte er ihr auf der
Ferse nach, trat mit ihr zugleich ins Zimmer hinein und schlug alle
Leute, die darin waren, mit seinen feurigen Flügeln, daß ihnen Hören und
Sehen verging.

278.
Die feurigen Wagen.

Conrad Schäfer aus Gammelsbach erzählte: „ich habe vor einigen
Jahren Frucht auf der Hirschhörnerhöhe nicht weit von Freienstein, dem
alten Schloß, gehütet. Nachts um zwölfe begegneten mir zwei feurige
Kutschen mit gräßlichem Gerassel: jede mit vier feurigen Rossen bespannt.
Der Zug kam gerade vom Freienstein. Er ist mir öfter begegnet und hat
mich jedesmal gewaltig erschreckt; denn es saßen Leute in den Kutschen,
denen die Flamme aus Maul und Augen schlug.“

279.
Räderberg.

Ein Metzger von Nassau ging aus, zu kaufen. Auf der Landstraße
stößt er bald auf eine dahinfahrende Kutsche und geht ihr nach, den Gleisen
in Gedanken folgend. Mit einmal hält sie an und vor einem schönen,
großen Landhaus, mitten auf der Heerstraße, das er aber sonst noch
niemals erblickt, so oft er auch dieses Wegs gekommen. Drei Mönche
steigen aus dem Wagen und der erstaunte Metzger folgt ihnen unbemerkt
in das hellerleuchtete Haus. Erst gehen sie in ein Zimmer, einem die
Communion zu reichen, und nachher in einen Saal, wo große Gesellschaft
um einen Tisch sitzt, in lautem Lärmen und Schreien ein Mahl verzehrend.
Plötzlich bemerkte der Obensitzende den fremden Metzger und sogleich ist
alles still und verstummt. Da steht der Oberste auf und bringt dem
Metzger einen Weinbecher mit den Worten: „noch einen Tag!“ Der Metzger
erschauert und will nicht trinken. Bald hernach erhebt sich ein Zweiter,
tritt mit einem Becher an und spricht wieder: „noch ein Tag.“ Er schlägt
ihn wieder aus. Nachdem kommt ein Dritter mit dem Becher und denselben
Worten: „noch ein Tag!“ Nunmehr trinkt der Metzger. Aber kurz darauf
nähert sich demselben ein Vierter aus der Gesellschaft, den Wein nochmals
darbietend. Der Metzger erschrickt heftiglich, und als er ein Kreuz vor sich
gemacht, verschwindet auf einmal die ganze Erscheinung und er befindet
sich in dichter Dunkelheit. Wie endlich der Morgen anbricht, sieht sich der
Metzger auf dem Räderberg, weit weg von der Landstraße, geht auf

steinigtem, mühsamen Weg zurück in seine Vaterstadt, entdeckt dem Pfarrer die Begebenheit und stirbt genau in drei Tagen.

Die Sage war schon lang verbreitet, daß auf jenem Berg ein Kloster gestanden, dessen Trümmer noch jetzt zu sehen sind, dessen Orden aber ausgestorben wäre.

280.
Die Lichter auf Hellebarden.

Von dem uralten hanauischen Schloß Lichtenberg auf einem hohen Felsen im Unterelsaß, eine Stunde von Ingweiler belegen, wird erzählt: so oft sich Sturm und Ungewitter rege, daß man auf den Dächern und Knöpfen des Schlosses, ja selbst auf den Spitzen der Hellebarden viele kleine blaue Lichter erblickte. Dies hat sich seit langen Jahren also befunden und nach einigen selbst dem alten Schloß den Namen gegeben.

Zwei Bauern gingen aus dem Dorf Langenstein (nah bei Kirchhain in Oberhessen) nach Embsdorf zu, mit ihren Heugabeln auf den Schultern. Unterwegs erblickte der eine unversehens ein Lichtlein auf der Partisan seines Gefährten, der nahm sie herunter und strich lachend den Glanz mit den Fingern ab, daß er verschwand. Wie sie hundert Schritt weitergingen, saß das Lichtlein wieder an der vorigen Stelle und wurde nochmals abgestrichen. Aber bald darauf stellte es sich zum drittenmal ein, da stieß der andere Bauer einige harte Worte aus, strich es jenem nochmals ab und darauf kam es nicht wieder. Acht Tage hernach zu derselben Stelle, wo der eine dem andern das Licht zum drittenmal abgestrichen hatte, trafen sich diese beide Bauern, die sonst gute alte Freunde gewesen, verunwilligten sich und von den Worten zu Schläge kommend erstach der eine den andern.

281.
Das Wafeln.

An der Ostsee glauben die Leute den Schiffbruch, das Stranden, oftmals vorherzusehen, indem solche Schiffe vorher spuckten, einige Tage oder Wochen, an dem Ort, wo sie verunglücken, bei Nachtzeit wie dunkle Luftgebilde erschienen, alle Theile des Schiffs, Rumpf, Tauwerk, Maste, Segel in bloßem Feuer vorgestellt. Dies nennen sie wafeln.

Es wafeln auch Menschen, die ertrinken; Häuser, die abbrennen werden und Orte, die untergehen. Sonntags hört man noch unter dem Wasser die Glocken versunkener Städte klingen.

282.

Webrndes Flammenschloß.

In Tirol auf einem hohen Berg liegt ein altes Schloß, in welchem alle Nacht ein Feuer brennt; die Flamme ist so groß, daß sie über die Mauern hinausschlägt und man sie weit und breit sehen kann. Es trug sich zu, daß eine arme Frau, der es an Holz mangelte, auf diesem Schloß=berge abgefallene Reiser zusammen suchte und endlich zu dem Schloßthor kam, wo sie aus Vorwitz sich umschaute und endlich hereintrat nicht ohne Mühe, weil alles zerfallen und nicht leicht weiter zu kommen war. Als sie in den Hof gelangte, sah sie eine Gesellschaft von Herren und Frauen da an einer großen Tafel sitzen und essen. Diener warteten auf, wechselten Teller, trugen Speisen auf und ab und schenkten Wein ein. Wie sie so stand, kam einer der Diener und holte sie herbei, da ward ihr ein Stück Gold in das Schürztuch geworfen, worauf in einem Augenblick alles ver=schwunden war und die arme Frau erschreckt den Rückweg suchte. Als sie aber den Hof hinausgekommen, stand da ein Kriegersmann mit brennender Lunte, den Kopf hatte er nicht auf dem Halse sitzen, sondern hielt ihn unter dem Arme. Der hub an zu reden und verbot der Frau, keinem Menschen, was sie gesehen und erfahren, zu offenbaren, es würde ihr sonst übel ergehen. Die Frau kam, noch voller Angst, nach Haus, brachte das Gold mit, aber sie sagte nicht, woher sie es empfangen. Als die Obrigkeit davon hörte, ward sie vorgefordert, aber sie wollte kein Wort sich verlauten lassen und entschuldigte sich damit, daß wenn sie etwas sagte, ihr großes Uebel daraus zuwachsen würde. Nachdem man schärfer mit ihr verfuhr, entdeckte sie dennoch alles, was ihr in dem Flammenschloß begegnet war, haarklein. In dem Augenblick aber, wo sie ihre Aussage beendigt, war sie hinweg entrückt und niemand hat erfahren können, wo sie hinge=kommen ist.

Es hatte sich aber an diesem Ort ein junger Edelmann ins zweite Jahr aufgehalten, ein Ritter wohlerfahren in allen Dingen. Nachdem er den Hergang dieser Sache erkundet, machte er sich tief in der Nacht mit seinem Diener zu Fuß auf den Weg nach dem Berg. Sie stiegen mit großer Mühe hinauf und wurden sechsmal von einer Stimme davon abge=mahnt: sie würden's sonst mit großem Schaden erfahren müssen. Ohne aber darauf zu achten, gingen sie immer zu und gelangten endlich vor das Thor. Da stand jener Kriegersmann wieder als Schildwache und rief, wie gebräuchlich: „Wer da?" Der Edelmann, ein frischer Herr, gab zur Antwort: „Ich bins." Das Gespenst fragte weiter: „Wer bist du?" Der Edelmann gab diesmal keine Antwort, sondern hieß den Diener das Schwert herlangen. Als dieses geschehen, kam ein Schwarzer Reiter aus dem Schloß geritten, gegen welchen sich der Edelmann wehren wollte; der

Reiter aber schwang ihn auf sein Pferd und ritt mit ihm in den Hof hinein und der Kriegsmann jagte den Diener den Berg hinab. Der Edelmann ist nirgend zu finden gewesen.

283.
Der Feuerberg.

Einige Stunden von Halberstadt liegt ein ehemals kahler, jetzt mit hohen Tannen und Eichen bewachsener Berg, der von vielen der Feuerberg genannt wird. In seinen Tiefen soll der Teufel sein Wesen treiben und alles in hellen Flammen brennen. Vor alten Zeiten wohnte in der Gegend von Halberstadt ein Graf, der bös und raubgierig war und die Bewohner des Landes rings herum drückte, wo er nur konnte. Einem Schäfer war er viel Geld seit langen Jahren schuldig, jedesmal aber, wenn dieser kam und darum mahnte, gab er ihm schnöde und abweisende Antworten. Auf einmal verschwand der Graf und es hieß, er wäre gestorben in fernen Landen. Der Schäfer ging betrübt zu Felde und klagte über seinen Verlust, denn die Erben und Hinterlassenen des Grafen wollten von seiner Forderung nichts wissen und jagten ihn, als er sich meldete, die Burg hinab. Da geschah es, daß, als er zu einer Zeit im Walde war, eine Gestalt zu ihm trat und sprach: „willst du deinen alten Schuldner sehen, so folge mir nach." Der Schäfer folgte und ward durch den Wald geführt bis zu einem hohen, nackten Berg, der sich alsbald vor beiden mit Getöse öffnete, sie aufnahm und sich wieder schloß. Innen war alles ein Feuer. Der zitternde Schäfer erblickte den Grafen, sitzend auf einem Stuhle, um welchen sich, wie an den glühenden Wänden und auf dem Boden, tausend Flammen wälzten. Der Sünder schrie: „willst du Geld haben, Schäfer, so nimm dieses Tuch und bringe es den Meinigen; sage ihnen, wie du mich im Höllenfeuer sitzen gesehen, in dem ich bis in Ewigkeit leiden muß." Hierauf riß er ein Tuch von seinem Haupt und gab es dem Schäfer und an seinen Augen und Händen sprühten Funken. Der Schäfer eilte mit schwankenden Füßen, von seinem Führer geleitet, zurück; der Berg that sich wieder auf und verschloß sich hinter ihm. Mit dem Tuch ging er dann auf des Grafen Burg, zeigte es und erzählte, was er gesehen; worauf sie ihm gern sein Geld gaben.

284.
Der feurige Mann.

In düssem Jare (1125) sach me einen feurigen Man twischen den Borgen twen, de de heten Gelichghen (Gleichen), dat was in der rechten Middernacht. De Man gingk von einer Borch to der anderen unde brande

alſe ein Blaſe, alſe ein glonich Jür; büt ſegen de Wechters, und bede dat
in dren Rechten unde nig mer.

Georg Miltenberger, im ſogenannten Hoppelrain bei Kailbach Amts
Freienſtein wohnhaft, erzählte: „in der erſten Adventsſonntagsnacht,
zwiſchen 11 und 12 Uhr, nicht weit von meinem Hauſe, ſah ich einen
ganz in Feuer brennenden Mann. An ſeinem Leibe konnte man alle
Rippen zählen. Er hielt ſeine Straße von einem Marktſtein zum andern,
bis er nach Mitternacht plötzlich verſchwand. Viel Menſchen ſind durch
ihn in Furcht und Schrecken gerathen, weil er durch Maul und Naſe
Feuer ausſpie und in einer fliehenden Schnelligkeit hin und her flog, die
Kreuz und die Quer."

285.
Die verwünſchten Landmeſſer.

Die Irrwiſche, welche Nachts an den Ufern und Feldrainen hin und
her ſtreifen, ſollen ehdem Landmeſſer geweſen ſein und die Marken trüglich
gemeſſen haben. Darum ſind ſie verdammt, nach ihrem Leben umzugehen
und die Grenzen zu hüten.

286.
Der verrückte Grenzſtein.

Auf dem Feld um Eger herum läßt ſich nicht ſelten ein Geſpenſt
in Geſtalt eines Mannsbildes ſehen, welches die Leute den Junker
Ludwig nennen. Ehedeſſen ſoll einer dieſes Namens da gelebt und die
Grenz- und Markſteine des Feldes betrüglich verrückt haben. Bald nach
ſeinem Tode fing er nun an zu wandern und hat viel Leute durch ſeine
Begegnung erſchreckt. Noch in jüngern Zeiten erfuhr das ein Mädchen
aus der Stadt. Es ging einmal allein vor dem Thore und gerieth von
ungefähr in die berüchtigte Gegend. An der Stätte, wo der Markſtein,
wie man ſagt, verrückt ſein ſoll, wandelte ihr ein Mann entgegen, gerade
ſo ausſehend, als man ihr ſchon mehrmals die Erſcheinung des böſen
Junkers beſchrieben hatte. Er ging auf ſie an, griff mit der Fauſt an
die Bruſt und verſchwand. In tiefſter Entſetzung ging das Mädchen heim
zu den Ihrigen und ſprach: „ich hab mein Theil." Da fand man ihre
Bruſt, da wo der Geiſt ſie angerührt hatte, ſchwarz geworden. Sie legte
ſich gleich zu Bette und verſchied dritten Tags darauf.

287.
Der Grenzstreit.

Zu Wilmshausen, einem hessischen Dorf unweit Münden, war vormals Uneinigkeit zwischen der Gemeinde und einer benachbarten über ihre Grenze entsprungen. Man wußte sie nicht mehr recht auszumitteln. Also kam man übereins, einen Krebs zu nehmen und ihn über das streitige Ackerfeld laufen zu lassen, folgte seinen Spuren und legte die Marksteine danach. Weil er nun so wunderlich in die Kreuz und Quer lief, ist daselbst eine sonderbare Grenze mit mancherlei Ecken und Winkeln bis den heutigen Tag.

288.
Der Grenzlauf.

Ueber den Klußpaß und die Bergscheide hinaus vom Schächenthale weg erstreckt sich das Urner Gebiet am Fletschbache fort und in Glarus hinüber. Einst stritten die Urner mit Glarnern bitter um ihre Landesgrenze, beleidigten und schädigten einander täglich. Da ward von den Biedermännern der Ausspruch gethan: zur Tag- und Nachtgleiche solle von jedem Theil frühmorgens, sobald der Hahn krähte, ein rüstiger, kundiger Felsgänger ausgesandt werden, und jedweder nach dem jenseitigen Gebiet zulaufen und da, wo sich beide Männer begegneten, die Grenzscheide festgesetzt bleiben, das kürzere Theil möge nun fallen diesseits oder jenseits. Die Leute wurden gewählt und man dachte besonders darauf, einen solchen Hahn zu halten, der sich nicht verkrähe und die Morgenstunde auf das allerfrühste ansagte. Und die Urner nahmen einen Hahn, setzten ihn in einen Korb und gaben ihm sparsam zu essen und saufen, weil sie glaubten, Hunger und Durst werden ihn früher wecken. Dagegen die Glarner fütterten und mästeten ihren Hahn, daß er freudig und hoffärtig den Morgen grüßen könne, und dachten damit am besten zu fahren. Als nun der Herbst kam und der bestimmte Tag erschien, da geschah es, daß zu Altdorf der schmachtende Hahn zuerst erkrähte, kaum wie es dämmerte, und froh brach der Urner Felsenklimmer auf, der Marke zulaufend. Allein im Linthal drüben stand schon die volle Morgenröthe am Himmel, die Sterne waren verblichen und der fette Hahn schlief noch in guter Ruh. Traurig umgab ihn die ganze Gemeinde, aber es galt die Redlichkeit und keiner wagt es, ihn aufzuwecken; endlich schwang er die Flügel und krähte. Aber dem Glarner Läufer wird's schwer sein, dem Urner den Vorsprung wieder abzugewinnen! Aegstlich sprang er, und schaute gegen das Scheideck, wehe da sah er oben am Giebel des Grats den Mann schreiten und schon bergabwärts niederkommen; aber der Glarner schwang die Fersen und wollte seinem Volke noch vom Lande retten, so viel als möglich. Und bald stießen die Männer auf einander und der von Uri rief: „hier ist die Grenze!" „Nachbar," sagte betrübt der von Glarus, „sei gerecht und gieb mir noch ein Stück von dem Weidland, das du errungen hast!" Doch der Urner wollte nicht, aber der Glarner ließ ihm nicht Ruh, bis er barmherzig wurde und sagte: „so viel will ich dir noch gewähren, als du mich an deinem Hals tragend bergan lauffst." Da faßte ihn der rechtschaffene Sennhirt von Glarus und klomm noch ein Stück Felsen hinauf, und manche Tritte gelangen ihm noch, aber plötzlich versiegte ihm der Athem und todt sank er zu Boden. Und noch heutiges Tages wird das Grenzbächlein gezeigt, bis zu welchem der einsinkende Glarner den siegreichen Urner getragen habe. In Uri war große Freude ob ihres Gewinnstes, aber auch die zu Glarus gaben ihrem Hirten die verdiente Ehre und bewahrten seine große Treue in steter Erinnerung.

289.

Die Alpschlacht.

Die Obwaldner und Entlebucher Hirten stritten sich um einige Weiden, aber die Obwaldner waren im Besitz und trieben ihr Vieh darauf. Weil sie etwa von ihren muthigen Gegnern einen Ueberfall besorgten, stellten sie Wächter zu ihrer Heerde. Die geschwinden und feinen Entlebucher dachten auf einen Streich; nachdem sie sich eine Zeitlang still und ruhig verhalten hatten und die treuherzigen Obwaldner wenig Böses ahnten, sondern statt Wache zu haben, sich die Langeweile mit Spielen verkürzten, schlichen kühne Entlebucher Hirten auf die schlechtbewahrte Trift, banden dem Vieh ganz leise die klingenden Schellen ab und führten den Raub eilig zur Seite. Einer aus ihnen mußte zurückbleiben und so lange mit den Kühglocken läuten, bis die Räuber vor aller Gefahr sicher wären. Er that's, warf dann all den Klumpen von Schellen auf den Boden und sprang unter lautem Hohngelächter mit überflügelnden Schritten fort. Die Obwaldner horchten auf und sahen das Unglück. Sie wollten sich rächen, sammelten bald einen Haufen Volks und überfielen jählings die Entlebucher, welche sich aber darauf vorbereitet hatten. Die Obwaldner wetzten ihren Schimpf nicht aus, sondern wurden noch dazu geschlagen; das ihnen damals abgewonnene Fähnlein bewahren die Entlebucher noch heutiges Tags in ihrer Heimlichkeit (einem alten Thurm im Dorfe Schüpfen) und der Ort, wo das kleine Gefecht sich ereignete, wird auch diesen Augenblick noch immer die Alpschlacht genannt.

290.

Der Stein bei Wenthusen.

Wenthusen im Quedlinburgischen war vorzeiten ein Frauenkloster und kam nachher an die Grafen von Regenstein, nach deren Absterben an andere Herrn. Man giebt vor, es läge auf diesem Gut von Klosterzeiten her noch ein Stein, der stets unberührt und unbeschädigt liegen bleiben müßte, wo nicht dem Besitzer ein großes Unglück widerfahren sollte. Einer derselben soll ihn aus Neugierde haben wegnehmen lassen, aber dafür auf alle mögliche Art und Weise so lange gequält worden sein, bis der Stein wieder auf seiner rechten Stelle gelegen habe.

291.

Die Altenberger Kirche.

Oberhalb dem Dorfe Altenberg im Thüringer Wald liegt auf einem hohen Berg lustig zwischen Bäumen das Kirchlein des Orts, die Johannes= kirche genannt. Wegen des beschwerlichen Weges dahin, besonders im Winter bei Glatteis und wenn Leichen oder Kinder zur Taufe hinaufzu= tragen waren, wollten, nach der Sage, die Altenberger die Kirche abbrechen und unten im Dorfe aufrichten, aber sie waren es nicht vermögend. Denn was sie heute abgetragen und ins Thal herabgebracht hatten, fanden sie am andern Morgen wieder an seiner Stelle in gehöriger Ordnung oben auf der Capelle, also daß sie von ihrem Vorhaben abstehen mußten.

Diese Kirche hat der heil. Bonifacius gestiftet und auf dem Berge öfters geprediget. Einmal als er es dort unter freiem Himmel that, geschah es, daß eine große Menge Raben, Dohlen und Krähen herbei= geflogen kamen und ein solches Gekrächz und Geschrei anfingen, daß die Worte des heil. Bonifacius nicht mehr konnten verstanden werden. Da bat er Gott, daß er solchen Vögeln in diese Gegend zu kommen nimmer= mehr erlaube. Seine Bitte wurde ihm gewährt und man hat sie hernach nie wieder an diesem Orte gesehen.

292.

Der König im Lauenburger Berg.

Auf einem Berg bei der Lauenburg in Cassuben fand man 1596 eine ungeheure Kluft. Der Rath hatte zwei Missethäter doch zum Tod ver= urtheilt und schenkte ihnen unter der Bedingung das Leben, daß sie diesen Abgrund besteigen und besichtigen sollten. Als diese hinein gefahren waren, erblickten sie unten auf dem Grund einen schönen Garten, darin stand ein Baum mit lieblichweißer Blüthe; doch durften sie nicht daran rühren. Ein Kind war da, das führte sie über einen weiten Plan hin zu einem Schloß. Aus dem Schloß ertönte mancherlei Saitenspiel, wie sie eintraten, saß da ein König auf silbernem Stuhl, in der einen Hand einen goldenen Scepter, in der andern einen Brief. Das Kind mußte den Brief den beiden Missethätern überreichen.

293.
Der Schwanberg.

Man hat gesagt bei Menschen Gezeiten her und niemand weiß, von wem es ausgekommen ist: „es soll Schwanberg noch mitten in der Schweiz liegen," das ist ganz Deutschland wird Schweiz werden. Diese Sage ist gemein und ungeachtet*).

294.
Der Robbedisser Brunn.

Wenn man von Dassel über die Höhe, Bier genannt, und über den Kirchberg gehen will, hat man zur linken Hand einen Ort Namens Robbedissen, wo ein Quellbrunn fließt. Von diesem, von dem schwarzen Grund hinter dem Gericht und der großen Pappel vor Eilenhausen haben die Leute der Gegend den festen Glauben: wann der Robbedisser Brunn seine Stätte verrücke, der schwarze Grund der andern Erde gleich werde, und der große Eilenhäuser Pappelbaum verdorre und vergehe, alsdann werde in der Schöffe, einem Feld zwischen Eilenhausen und Markoldendorf, eine große blutige Schlacht gehalten werden.

295.
Bamberger Wage.

Zu Bamberg, auf Kaiser Heinrichs Grab, ist die Gerechtigkeit mit einer Wagschale in der Hand eingehauen. Die Zunge der Wage steht aber nicht in der Mitte, sondern neigt etwas auf eine Seite. Es gehet hierüber ein altes Gerücht, daß, sobald das Zünglein ins Gleiche komme, die Welt untergehen werde.

---

*) Schwanberg, Schwanberger Alpen liegen in Steiermark.

296.

Kaiser Friedrich zu Kaiserslautern.

Etliche wollen, daß Kaiser Friedrich, als er aus der Gefangenschaft bei den Türken befreit worden, gen Kaiserslautern gekommen und daselbst seine Wohnung lange Zeit gehabt. Er baute dort das Schloß, dabei einen schönen See oder Weiher, noch jetzt der Kaisersee genannt, darin soll er einmal einen großen Karpfen gefangen und ihm zum Gedächtniß einen gülbenen Ring von seinem Finger an ein Ohr gehangen haben. Derselbige Fisch soll, wie man sagt, ungefangen in dem Weiher bleiben, bis auf Kaiser Friedrichs Zukunft. Auf eine Zeit, als man den Weiher gefischt, hat man zwei Karpfen gefangen, die mit gülbenen Ketten um die Hälse zusammen verschlossen gewesen, welche noch bei Menschengedächtniß zu Kaiserslautern an der Metzlerpforte in Stein gehauen sind. Nicht weit vom Schloß war ein schöner Thiergarten gebauet, damit der Kaiser alle wunderbarliche Thier vom Schloß aus sehen konnte, woraus aber seit der Zeit ein Weiher und Schießgraben gemacht worden. Auch hängt in diesem Schloß des Kaisers Bett an vier eisernen Ketten und, als man sagt, so man das Bett zu Abend wohl gebettet, war es des Morgens wiederum zerbrochen, so daß deutlich jemand über Nacht darin gelegen zu sein schien.

Ferner: zu Kaiserslautern ist ein Felsen, darin eine große Höhle oder Loch, so wunderbarlich, daß niemand weiß, wo es Grund hat. Doch ist allenthalben das gemeine Gerücht gewesen, daß Kaiser Friedrich, der Verlorene, seine Wohnung darin haben sollte. Nun hat man einen an einem Seil hinabgelassen und oben an das Loch eine Schelle gehangen, wann er nicht weiter könne, daß er damit läute, so wolle man ihn wieder herauf= ziehen. Als er hinab gekommen, hat er den Kaiser Friedrich in einem gülbenen Sessel sitzen sehen, mit einem großen Barte. Der Kaiser hat ihm zugesprochen und gesagt, er solle mit niemand hier reden, so werde ihm nichts geschehen, und solle seinem Herrn erzählen, daß er ihn hier gesehen. Darauf hat er sich weiter umgeschaut und einen schönen weiten Plan erblickt und viel Leut, die um den Kaiser standen. Endlich hat er seine Schelle geläutet, ist ohne Schaden wieder hinauf gekommen und hat seinem Herrn die Botschaft gesagt.

297.

Der Hirt auf dem Kyffhäuser.

Etliche sprechen, daß bei Frankenhausen in Thüringen ein Berg liege, darin Kaiser Friedrich seine Wohnung habe und vielmal gesehen worden. Ein Schafhirt, der auf dem Berge hütete und die Sage gehört hatte, fing an auf seiner Sackpfeife zu pfeifen und als er meinte, er habe ein **gutes**

Hofrecht gemacht, rief er überlaut: „Kaiser Friedrich, das sei dir geschenkt!"
Da soll sich der Kaiser hervorgethan, dem Schäfer offenbart und zu ihm
gesprochen haben: „Gott grüß dich, Männlein, wem zu Ehren hast du gepfiffen?" „Dem Kaiser Friedrich," antwortete der Schäfer. Der Kaiser
sprach weiter: „hast du das gethan, so komm mit mir, er soll dir darum
lohnen." Der Hirt sagte: „ich darf nicht von den Schafen gehen." Der
Kaiser aber antwortete: „folge mir nach, den Schafen soll kein Schaden
geschehen." Der Hirt folgte ihm und der Kaiser Friedrich nahm ihn bei
der Hand und führte ihn nicht weit von den Schafen zu einem Loch in
den Berg hinein. Sie kamen zu einer eisernen Thür, die alsbald aufging,
nun zeigte sich ein schöner, großer Saal, darin waren viel Herren und
tapfre Diener, die ihm Ehre erzeigten. Nachfolgends erwiese sich der
Kaiser auch freundlich gegen ihn und fragte, was er für einen Lohn begehre, daß er ihm gepfiffen? Der Hirt antwortete: „keinen." Da sprach
aber der Kaiser: „geh hin und nimm von meinem güldnen Handfaß den
einen Fuß zum Lohn." Da that der Schäfer, wie ihm befohlen ward,
und wollte darauf von dannen scheiden, da zeigte ihm der Kaiser noch viel
seltsame Waffen, Harnische, Schwerter und Büchsen und sprach, er sollte
den Leuten sagen, daß er mit diesen Waffen das heilige Grab gewinnen
werde. Hierauf ließ er den Hirt wieder hinaus geleiten, der nahm den
Fuß mit, brachte ihn den andern Tag zu einem Goldschmied, der ihn für
ächtes Gold anerkannte und ihm abkaufte.

298.

Die drei Telle.

In der wilden Berggegend der Schweiz um den Waldstättersee ist
nach dem Glauben der Leute und Hirten eine Felskluft, worin die drei
Befreier des Landes, die drei Tellen genannt, schlafen. Sie sind mit
ihrer uralten Kleidung angethan, und werden wieder auferstehen und rettend
hervorgehen, wann die Zeit der Noth fürs Vaterland kommt. Aber der
Zugang der Höhle ist nur für den glücklichen Finder.

Ein Hirtenjung erzählte folgendes einem Reisenden: sein Vater, eine
verlaufene Ziege in den Felsenschluchten suchend, sei in diese Höhle gekommen und gleich wie er gemerkt, daß die drei drin schlafenden Männer
die drei Tellen seien, habe auf einmal der alte eigentliche Tell sich aufgerichtet und gefragt: „welche Zeit ist's auf der Welt?" und auf des Hirten
erschrockene Antwort: „es ist hoch am Mittag" gesprochen: „es ist noch
nicht an der Zeit, daß wir kommen," und sei darauf wieder eingeschlafen.
Der Vater, als er mit seinen Gesellen, die Telle für die Noth des Vater-
lands zu wecken, nachher oft die Höhle gesucht, habe sie doch nie wieder
finden können.

299.

Das Bergmännchen.

In der Schweiz hat es im Volk viele Erzählungen von Berggeistern, nicht blos auf dem Gebirg allein, sondern auch unten am Belp, zu Gelter= fingen und Rümlingen im Bernerland. Diese Bergmänner sind auch Hirten, aber nicht Ziegen, Schafe und Kühe sind ihr Vieh, sondern Gemsen, und aus der Gemsenmilch machen sie Käse, die so lange wieder wachsen und ganz werden, wenn man sie angeschnitten oder angebissen, bis man sie unvorsichtiger Weise völlig und auf einmal, ohne Reste zu lassen, ver= zehrt. Still und friedlich wohnt das Zwergvolk in den innersten Fels= klüften und arbeitet emsig fort, selten erscheinen sie den Menschen, oder ihre Erscheinung bedeutet ein Leid und ein Unglück; außer wenn man sie auf den Matten tanzen sieht, welches ein gesegnetes Jahr anzeigt. Ver= irrte Lämmer führen sie oft den Leuten nach Haus und arme Kinder, die nach Holz gehen, finden zuweilen Näpfe mit Milch im Walde stehen, auch Körbchen mit Beeren, die ihnen die Zwerge hinstellen.

Vorzeiten pflügte einmal ein Hirt mit seinem Knechte den Acker, da sah man neben aus der Felswand dampfen und rauchen. „Da kochen und sieden die Zwerge, sprach der Knecht, und wir leiden schweren Hunger, hätten wir doch auch ein Schüsselchen voll davon." Und wie sie das Pflugsterz umkehrten, siehe, da lag in der Furche ein weißes Laken ge= breitet und darauf stand ein Teller mit frischgebackenem Kuchen und sie aßen dankbar und wurden satt. Abends beim Heimgehen war Teller und Messer verschwunden, blos das Tischtuch lag noch da, das der Bauer mit nach Haus nahm.

300.

Die Zirbelnüsse.

Die Frucht der Arven oder Zirbeln, einer auf den Alpen wachsenden Gattung Tannen (Pinus cembra), hat einen röthlichen, wohl= und süß= schmeckenden Kern, fast wie Mandelnüsse sind. Allein man kann blos selten und mit Mühe dazu gelangen, weil die Bäume meistens einzeln über Felsenhängen und Abgründen, selten im Wald beisammen stehen. Die Bewohner geben allgemein vor: die Meisterschaft habe diesen Baum ver= wünscht und unfruchtbar gemacht, darum weil die Dienerschaft zur Zeit, wo sie auf dem Feld fleißig arbeiten sollen, sich damit abgegeben hätte, ihres lieblichen Geschmacks wegen diese Nüsse abzuwerfen und zu essen, worüber alle nöthige Arbeit versäumt oder schlecht gethan worden wäre.

301.

Das Paradies der Thiere.

Oben auf den hohen und unersteiglichen Felsen und Schneerücken des Mattenbergs soll ein gewisser Bezirk liegen, worin die schönsten Gemsen und Steinböcke, außerdem aber noch andere wunderbare und seltsame Thiere, wie im Paradies zusammen hausen und weiden. Nur alle zwanzig Jahre kann es einem Menschen gelingen, in diesen Ort zu kommen und wieder unter zwanzig Gemsjägern nur einem einzigen. Sie dürfen aber kein Thier mit herunter bringen. Die Jäger wissen manches von der Herrlichkeit dieses Ort zu erzählen, auch daß daselbst in den Bäumen die Namen vieler Menschen eingeschnitten ständen, die nach und nach dort gewesen wären. Einer soll auch einmal eine prächtige Steinbockshaut mit herausgebracht haben.

302.

Der Gemsjäger.

Ein Gemsjäger stieg auf und kam zu dem Felsgrat und immer weiter klimmend, als er je vorher gelangt war, stand plötzlich ein häßlicher Zwerg vor ihm, der sprach zornig: „warum erlegst du mir lange schon meine Gemsen und lässest mir nicht meine Heerde? jetzt sollst du's mit deinem Blute theuer bezahlen!" Der Jäger erbleichte und wäre bald hinabgestürzt, doch faßte er sich noch und bat den Zwerg um Verzeihung, denn er habe nicht gewußt, daß ihm diese Gemsen gehörten. Der Zwerg sprach: „gut, aber laß dich hier nicht wieder blicken, so verheiß ich dir, daß du jeden siebenten Tag Morgenfrüh vor deiner Hütte ein geschlachtetes Gemsthier hangen finden sollst, aber hüte dich vor mir und schone die andern." Der Zwerg verschwand nnd der Jäger ging nachdenklich heim und die ruhige Lebensart behagte ihm wenig. Am siebenten Morgen hing eine fette Gemse in den Aesten des Baums vor seiner Hütte, davon zehrte er ganz vergnügt und die nächste Woche ging's eben so und dauerte ein paar Monate fort. Allein zuletzt verdroß den Jäger seiner Faulheit und er wollte lieber selber Gemsen jagen, möge erfolgen, was da werde, als sich den Braten zutragen lassen. Da stieg er auf und nicht lange, so erblickte er einen stolzen Leitbock, legte an und zielte. Und als ihm nirgends der böse Zwerg erschien, wollte er eben losdrücken, da war der Zwerg hinter her geschlichen und riß den Jäger am Knöchel des Fußes nieder, daß er zerschmettert in den Abgrund sank.

Andere erzählen: es habe der Zwerg dem Jäger ein Gemskäslein geschenkt, an dem er wohl sein Lebelang hätte genug haben mögen, er es aber unvorsichtig einmal aufgegessen oder ein unkundiger Gast ihm den Rest verschlungen. Aus Armuth habe er demnach wieder die Gemsjagd unternommen und sei vom Zwerg in die Fluth gestürzt worden.

303.

Die Zwerglöcher.

Am Harz in der Grafschaft Hohenstein, sodann zwischen Elbingerode und dem Rübenland findet man oben in den Felsenhöhlen an der Decke runde und andere Oeffnungen, die der gemeine Mann Zwerglöcher nennt, wo die Zwerge vor Alters, vermittelst einer Leiter, ein= und ausgestiegen sein sollen. Diese Zwerge erzeigten den Einwohnern zu Elbingerode alle Güte. Fiel eine Hochzeit in der Stadt vor, so gingen die Eltern oder Anverwandten der Verlobten nach solchen Höhlen und verlangten von den Zwergen messingne und kupferne Kessel, eherne Töpfe, zinnerne Schüsseln und Teller und ander nöthiges Küchengeschirr mehr. Darauf traten sie ein wenig abwärts, und gleich hernach stellten die Zwerge die geforderten Sachen vor den Eingang der Höhle hin. Die Leute nahmen sie sodann weg und mit nach Haus; wann aber die Hochzeit vorbei war, brachten sie alles wieder zur selben Stellen, setzten zur Dankbarkeit etwas Speise dabei.

304.

Der Zwerg und die Wunderblume.

Ein junger, armer Schäfer aus Sittendorf an der südlichen Seite des Harzes in der goldenen Aue gelegen, trieb einst am Fuß des Kyffhäusers und stieg immer trauriger den Berg hinan. Auf der Höhe fand er eine wunderschöne Blume, dergleichen er noch nicht gesehen, pflückte und steckte sie an den Hut, seiner Braut ein Geschenk damit zu machen. Wie er so weiter ging, fand er oben auf der alten Burg ein Gewölbe offenstehen, blos der Eingang war etwas verschüttet. Er trat hinein, sah viel kleine glänzende Steine auf der Erde liegen und steckte seine Taschen ganz voll damit. Nun wollte er wieder ins Freie, als eine dumpfe Stimme erscholl: „vergiß das Beste nicht!“ Er wußte aber nicht, wie ihm geschah und wie er herauskam aus dem Gewölbe. Kaum sah er die Sonne und seine Heerde wieder, schlug die Thür, die er vorhin gar nicht wahrgenommen, hinter ihm zu. Als der Schäfer nach seinem Hut faßte, war ihm die Blume abgefallen beim Stolpern. Urplötzlich stand ein Zwerg vor ihm: „wo hast du die Wunderblume, welche du fandest?“ „Verloren,“ sagte betrübt der Schäfer. „Dir war sie bestimmt, sprach der Zwerg, und sie ift mehr werth, denn die ganze Rothenburg." Wie der Schäfer zu Haus in feine Tafche griff, waren die glimmernden Steine lauter Goldftücke. Die Blume ift verfchwunden und wird von den Bergleuten bis auf heutigen Tag gefucht, in den Gewölben des Kyffhäufers nicht allein, fondern auch auf der Queftenburg und felbft auf der Nordfeite des Harzes, weil verborgene Schätze ruden.

305.
Der Nix an der Kelle.

An der Kelle, einem kleinen See, unweit Werne im Hohenfteinifchen, wohnten fonft Nixen. Einmal holte der Nix des Nachts die Hebamme aus einem Dorfe und brachte fie unter großen Verfprechungen zu der Untiefe hin, wo er mit feinem Weibe wohnte. Er führte fie hinab in das unterirdifche Gemach, wo die Hebamme ihr Amt verrichtete. Der Nix belohnte fie reichlich. Eh fie aber wegging, winkte ihr die Kindbetterin und klagte heimlich mit einem Thränenftrom, daß der Nix das neugeborene Kind bald würgen würde. Und wirklich fah die Hebamme einige Minuten nachher auf der Oberfläche des Waffers einen blutrothen Strahl. Das Kind war ermordet.

306.
Schwarzach.

Von der alten Burg Schwarzach in der Pfalz hat es zweierlei Sagen. Ein Ritter lebte da vorzeiten, deffen Töchterlein, als fie am See auf der Wiefe fpielte, von einer großen Schlange, die aus dem Felfen kam, in den See gezogen wurde. Der Vater ging tagtäglich ans Ufer und klagte. Einmal glaubte er eine Stimme aus dem Waffer zu vernehmen und rief laut: „gieb mir ein Zeichen, mein Töchterlein!" Da fchlug ein Glöcklein an. Fortan hörte er es jeden Tag fchallen, und einmal lautete es heller und der Ritter vernahm die Worte: „ich lebe, mein Vater, bin aber an die Wafferwelt gebannt; lang hab ich mich gewehrt, aber der erfte Trunk hat mich um die Freiheit gebracht; hüte dich vor diefem Trunk." Der Vater blieb traurig ftehen, da traten zwei Knaben zu und reichten ihm aus einem güldenen Becher zu trinken. Er koftete ihn kaum, fo ftürzte er in den See und fank unter.

Eine andere Erzählung erwähnt eines alten, blinden Ritters, der mit feinen neun Töchtern auf Schwarzach lebte. Nah dabei haufte ein Räuber im Wald, der den Töchtern lange vergeblich nachftellte. Eines Tages kam er in Pilgrimkleidern und fagte den Jungfrauen: „wenn ihr euren Vater heilen wollt, fo weiß ich drunten in der kalten Klinge ein Kraut dafür, das muß gebrochen werden, eh die Sonne aufgeht." Die Töchter baten, daß er es ihnen zeige. Als sie nun frühmorgens hinab in die kalte Klinge kamen, mordete sie der Bösewicht alle neun und begrub sie zur Stelle. Der Vater starb. Dreißig Jahre später trieb den Mörder die Reue, daß er die Todtengebeine ausgraben und in geweihte Erde legen ließ.

307.
Die drei Jungfern aus dem See.

Zu Epfenbach bei Sinzheim traten seit der Leute Gedenken jeden Abend drei wunderschöne, weißgekleidete Jungfrauen in die Spinnstube des Dorfs. Sie brachten immer neue Lieder und Weisen mit, wußten hübsche Märchen und Spiele, auch ihre Rocken und Spindeln hatten etwas eigenes und keine Spinnerin konnte so fein und behend den Faden drehen. Aber mit dem Schlag elf standen sie auf, packten ihre Rocken zusammen und ließen sich durch keine Bitte einen Augenblick länger halten. Man wußte nicht, woher sie kamen, noch wohin sie gingen; man nannte sie nur: die Jungfern aus dem See, oder die Schwestern aus dem See. Die Bursche sahen sie gern und verliebten sich in sie, zu allermeist des Schulmeisters Sohn. Der konnte nicht satt werden, sie zu hören und mit ihnen zu sprechen, und nichts that ihm leider, als daß sie jeden Abend schon so früh aufbrachen. Da verfiel er einmal auf den Gedanken und stellte die Dorfuhr eine Stunde zurück und Abends im steten Gespräch und Scherz merkte kein Mensch den Verzug der Stunde. Und als die Glocke elf schlug, es aber schon eigentlich zwölf war, standen die drei Jungfern auf, legten die Rocken zusammen und gingen fort. Den folgenden Morgen kamen etliche Leute am See vorbei; da hörten sie wimmern und sahen drei blutige Stellen oben auf der Fläche. Seit der Zeit kamen die Schwestern nimmermehr zur Stube. Des Schulmeisters Sohn zehrte ab und starb kurz darnach.

308.
Der todte Bräutigam.

Ein Adliger verlobte sich zu Magdeburg mit einem schönen Fräulein. Da geschah's, daß der Bräutigam in die Elbe fiel, wo man ihn drei Tage suchte und nicht finden konnte. Die ganze Verwandtschaft war in tiefer Bekümmerniß, endlich kam ein Schwarzkünstler zu der Liebsten Eltern und sprach: „den ihr suchet, hat die Nixe unterm Wasser und wird ihn auch lebendig nicht loslassen, es sei dann, daß eure Tochter sich flugs an seiner Statt von den Nixen das Leben nehmen lasse, oder auch, daß der Bräutigam sich der Nixe verspreche, welches er aber jetzund nicht thun will." Die

Braut wollte sich gleich für ihren Liebsten stellen, allein die Eltern be=
willigten es nicht, sondern drangen in den Zauberer, daß er den Bräutigam
schaffen solle, lebendig oder todt. Bald darauf fand man seinen Leichnam
am Ufer liegen, ganz voll blauer Flecken. — Ein ähnliches soll sich mit
dem Bräutigam eines Fräulein von Arnheim begeben haben, der auch im
Wasser umgekommen war. Weil man aber die Stelle nicht wußte, brachte
der Zauberer durch seine Kunst zuwege, daß der Leichnam dreimal aus
dem Wasser hervorsprang, worauf man an dem Ort suchte und den Todten
im Grunde des Flusses fand.

<hr>

309.
Der ewige Jäger.

Graf Eberhard von Würtemberg ritt eines Tages allein in den
grünen Wald aus und wollte zu seiner Kurzweil jagen. Plötzlich hörte er
ein starkes Brausen und Lärmen, wie wenn ein Weidmann vorüber käme;
erschrak heftig und fragte, nachdem er vom Roß gestanden und auf eines
Baumes Tolde getreten war, den Geist: ob er ihm schaden wolle? „Nein,“
sprach die Gestalt, „ich bin gleich dir ein Mensch und stehe vor dir ganz
allein, war vordem ein Herr. An dem Jagen hatte ich aber solche Lust,
daß ich Gott anflehte, er möge mich jagen lassen, bis zu dem jüngsten
Tag. Mein Wunsch wurde leider erhört und schon fünfthalb hundert
Jahre jage ich an einem und demselben Hirsch. Mein Geschlecht und mein
Adel sind aber noch niemandem offenbart worden.“ Graf Eberhard sagte:
„zeig mir dein Angesicht, ob ich dich etwa erkennen mög?“ Da entblößte
sich der Geist, sein Antlitz war kaum faustgroß, verdorrt, wie eine Rübe
und gerunzelt, als ein Schwamm. Darauf ritt er dem Hirsch nach und
verschwand, der Graf kehrte heim in sein Land zurück.

<hr>

310.
Hans Jagenteufel.

Man glaubt: wer eine der Enthauptung würdige Unthat verrichte, die
bei seinen Lebzeiten nicht herauskomme, der müsse nach dem Tod mit dem
Kopf unterm Arm umgehen.

Im Jahr 1644 ging ein Weib aus Dresden eines Sonntags früh in
einen nahen Wald, daselbst Eicheln zu lesen. In der Haide an einem
Grund nicht weit von dem Orte, das verlorne Wasser genannt, hörte sie
stark mit dem Jägerhorn blasen, darauf that es einen harten Fall, als ob
ein Baum fiele. Das Weib erschrak und barg ihr Säcklein Eicheln ins
Gesträpp, bald darauf blies das Horn wieder und als sie umsah, erblickte

sie auf einem Grauschimmel in langem grauen Rock einen Mann ohne Kopf reiten, er trug Stiefel und Sporn und hatte ein Hifthorn über dem Rücken hangen. Weil er aber ruhig vorbei ritt, faßte sie wieder Muth, las ihre Eicheln fort und kehrte Abends ungestört heim. Neun Tage später kam die Frau in gleicher Absicht in dieselbe Gegend und als sie am Försterberg niedersaß, einen Apfel zu schälen, rief hinter ihr eine Stimme: „habt ihr den Sack voll Eicheln und seid nicht gepfändet worden?" „Nein," sprach sie, „die Förster sind fromm und haben mir nichts gethan, Gott, biß mir Sünder gnädig!" — mit diesen Worten drehte sie sich um, da stand derselbe Graurock, aber ohne Pferd, wieder und hielt den Kopf mit bräunlichem, krausendem Haar unter dem Arm. Die Frau fuhr zusammen, das Gespenst aber sprach: „hieran thut ihr wohl, Gott um Vergebung eurer Sünden zu bitten, mir hat's so nicht wohl werden können." Darauf erzählte es: vor 130 Jahren habe er gelebt und wie sein Vater Hans Jagenteufel geheißen. Sein Vater habe ihn oft ermahnt, den armen Leuten nicht zu scharf zu sein, er aber die Lehre in den Wind geschlagen und dem Saufen und Trinken obgelegen und Böses genug gethan. Darum müsse er nun als ein verdammter Geist umwandern.

311.
Des Hackelnberg Traum.

Hans von Hackelnberg war braunschweigischer Oberjägermeister und ein gewaltiger Waidmann. Eine Nacht hatte er auf der Harzburg einen schweren Traum, es däuchte ihm, als ob er mit einem furchtbaren Eber kämpfe, der ihn nach langem Streit zuletzt besiegte. Diesen Traum konnte er gar nicht aus den Gedanken wieder los werden. Einige Zeit darnach stieß er im Vorharz wirklich auf einen Eber, dem im Traum gesehenen ähnlich. Er griff ihn an; der Kampf blieb lange unentschieden, endlich gewann Hans und streckte den Feind zu Boden nieder. Froh, als er ihn so zu seinen Füßen erblickte, stieß er mit dem Fuß nach den schrecklichen Hauern des Ebers und rief aus: „du sollst es mir noch nicht thun!" Aber er hatte mit solcher Gewalt gestoßen, daß der scharfe Zahn den Stiefel durchdrang und den Fuß verwundete. Erst achtete Hackelnberg der Wunde nicht und setzte die Jagd fort. Bei seiner Zurückkunft aber war der Fuß so geschwollen, daß der Stiefel vom Bein getrennt werden mußte. Er eilte nach Wolffenbüttel zurück; die Erschütterung des Wagens wirkte so schädlich, daß er mit genauer Noth das Hospital zu Wülperode unweit Hornburg erreichte und bald daselbst starb. Auf seinem Grabe liegt ein Stein, der einen geharnischten Ritter auf einem Maulthier vorstellt.

312.

Die Tut-Osel.

Mitternacht wann in Sturm und Regen der Hackelnberg „fatscht"*) und auf dem Wagen mit Pferd und Hunden durch den Thüringerwald, den Harz nnd am liebsten durch den Hackel zieht, pflegt ihm eine Nachteule voranzufliegen, welche das Volk die Tut=Osel nennt. Wanderer, denen sie aufstößt, werfen sich still auf den Bauch und lassen den wilden Jäger über sich wegfahren: und bald hören sie Hundebellen und den Waidruf: hu hu! — In einem fernen Kloster zu Thüringen lebte vorzeiten eine Nonne, Ursel geheißen, die störte mit ihrem heulenden Gesang noch bei Lebzeiten den Chor; daher nannte man sie Tut=Ursel. Noch ärger wurde es nach ihrem Tode, denn von elf Uhr Abends steckte sie den Kopf durch ein Loch des Kirchthurms und tutete kläglich, und alle Morgen um vier Uhr stimmte sie ungerufen in den Gesang der Schwestern. Einige Tage ertrugen sie es; den dritten Morgen aber sagte eine voll Angst leise zu ihrer Nachbarin: „das ist gewiß die Ursel!" Da schwieg plötzlich aller Gesang, ihre Haare sträubten sich zu Berge und die Nonnen stürzten aus der Kirche, laut schreiend: „Tut=Ursel, Tut=Ursel!" Und keine Strafe konnte eine Nonne bewegen, die Kirche zu betreten, bis endlich ein berühmter Teufelsbanner aus einem Capucinerkloster an der Donau geholt wurde. Der bannte Tut=Ursel in Gestalt einer Ohreule in die Dummburg auf den Harz. Hier traf sie den Hackelnberg und fand an seinem Huhu! so groß Gefallen, als er an ihrem Uhu! und so ziehen sie beide zusammen auf die Luftjagd.

313.

Die schwarzen Reiter und das Handpferd.

Es soll vorzeiten der Rechenberger, ein Raub= und Diebsritter, mit seinem Knecht eines Nachts auf Beute ausgeritten sein. Da begegnete ihnen ein Heer schwarzer Reiter; er wich aus, konnte sich aber nicht enthalten, den letzten im Zug, der ein schön gesatteltes leeres Handpferd führte, zu fragen, wer diese wären, die da vorübergeritten? Der Reiter versetzte: „das wüthende Heer." Drauf hielt auch der Knecht an und frug: wem doch das schöne Handpferd wäre? Dem wurde zur Antwort „seines Herrn treustem Knecht, welcher übers Jahr todt sein und auf diesem Pferd reiten werde." Dieses Rechenbergers Knecht wollte sich nun bekehren und dingte sich zu einem Abt als Stallknecht. Binnen Jahres wurde er mit seinem Nebenknecht uneins, der ihn erstach.

---

*) fatschen braucht man, wenn die Füße der Pferde im zähen Koth nnd Moor schnalzen.

314.
Der getreue Eckhart.

Man sagt von dem treuen Eckhart, daß er vor dem Venusberg oder Höselberg sitze und alle Leute warne, die hineingehen wollen. Johann Kennerer, Pfarrherr zu Mannsfeld, seines Alters über achtzig Jahr, erzählte, daß zu Eisleben und im ganzen Lande Mansfeld das wüthende Heer vorübergezogen sei, alle Jahr auf den Faßnacht Dornstag und die Leute sind zugelaufen und haben darauf gewartet: nicht anders, als sollte ein großer mächtiger Kaiser oder König vorüberziehen. Vor dem Haufen ist ein alter Mann hergegangen mit einem weißen Stab, hat sich selbst den treuen Eckhart geheißen. Dieser Mann hat die Leute heißen aus dem Wege weichen, auch etliche Leute gar heimgehen, sie würden sonst Schaden nehmen. Nach diesem Mann haben etliche geritten, etliche gegangen und es sind Leute gesehen worden, die neulich an den Orten gestorben waren, auch der eins Theils noch lebten. Einer hat geritten auf einem Pferd mit zweien Füßen. Der ander ist auf einem Rade gebunden gelegen und das Rad ist von selbst umgelaufen. Der dritte hat einen Schenkel über die Achsel genommen und hat gleich sehr gelaufen. Ein anderer hat keinen Kopf gehabt und der Stück ohn Maßen. In Franken ist's noch neulich geschehen und zu Heidelberg am Neckar hat mans oft im Jahr gesehen. Das wüthende Heer erscheint in Einöden, in der Luft und im Finstern, mit Hundegebell, Blasen auf Waldhörnern und Brüllen wilder Thiere, auch siehet man dabei Hasen laufen und höret Schweine grunzen.

315.
Das Fräulein vom Willberg.

Ein Mann aus Wehren bei Höxter ging nach der Amelungs-Mühle, Korn zu mahlen; auf dem Rückweg wollt er sich ein wenig am Teich im Lau ausruhen. Da kam ein Fräulein von dem Willberg, welcher Godelheim gegenüberliegt, herab, trat zu ihm und sprach: „bringt mir zwei Eimer voll Wasser oben auf die Stolle (Spitze) von Willberg, dann sollt ihr gute Belohnung haben." Er trug ihr das Wasser hinauf; oben aber sprach sie: „Morgen um diese Stunde kommt wieder und bringt den Busch Blumen mit, welchen der Schäfer vom Osterberge auf seinem Hut trägt, aber seht zu, daß ihr sie mit Güte nur von ihm erlanget." Der Mann forderte den andern Tag die Blumen von dem Osterbergsschäfer und erhielt sie, doch erst nach vielem Bitten. Darauf ging er wieder zu der Stolle des Willbergs, da stand das Fräulein, führte ihn zu einer eisernen Thüre und sprach: „halte den Blumenbusch vors Schloß." Wie er das that, sprang die Thüre gleich auf und sie traten hinein; da saß in der

Berghöhle ein klein Männlein vor dem Tisch, dessen Bart ganz durch den steinernen Tisch gewachsen war, ringsherum aber standen große, über= mächtige Schätze. Der Schäfer legte vor Freude seinen Blumenbusch auf den Tisch und fing an, sich die Taschen mit Gold zu füllen. Das Fräu= lein aber sprach zu ihm: „vergeßt das Beste nicht!" Der Mann sah sich um und glaubte, damit wäre ein großer Kronleuchter gemeint, wie er aber darnach griff, kam unter dem Tisch eine Hand hervor und schlug ihm ins Angesicht. Das Fräulein sprach nochmals: „vergeßt das Beste nicht!" Er hatte aber nichts, als die Schätze im Sinn und an den Blumenbusch dachte er gar nicht. Als er seine Taschen gefüllt hatte, wollte er wieder fort, kaum aber war er zur Thür hinaus, so schlug sie mit entsetzlichem Krachen zu. Nun wollt' er seine Schätze ausladen, aber er hatte nichts, als Papier in der Tasche; da fiel ihm der Blumenbusch ein und nun sah er, daß dieser das Beste gewesen und ging traurig den Berg hinunter nach Haus.

<hr>

316.
Der Schäfer und der Alte aus dem Berg.

Nicht weit von der Stadt Wernigerode befindet sich in einem Thale eine Vertiefung in steinigem Erdboden, welche das Weinkellerloch genannt wird und worin große Schätze liegen sollen. Vor vielen Jahren weidete ein armer Schäfer, ein frommer und stiller Mann, dort seine Heerde. Einmal, als es eben Abend werden wollte, trat ein greiser Mann zu ihm und sprach: „folge mir, so will ich dir Schätze zeigen, davon du dir nehmen kannst, so viel du Lust hast." Der Schäfer überließ dem Hunde die Bewachung der Heerde und folgte dem Alten. In einer kleinen Ent= fernung that sich plötzlich der Boden auf, sie traten beide ein und stiegen in die Tiefe, bis sie zu einem Gemach kamen, in welchem die größten Schätze von Gold und edlen Steinen aufgethürmt lagen. Der Schäfer wählte sich einen Goldklumpen und jemand, den er nicht sah, sprach zu ihm: bringe das Gold dem Goldschmidt in der Stadt, der wird dich reichlich bezahlen." Darauf leitete ihn sein Führer wieder zum Ausgang und der Schäfer that, wie ihm geheißen war und erhielt von dem Goldschmidt eine große Menge Geldes. Erfreut brachte er es seinem Vater, dieser sprach: „versuche noch einmal in die Tiefe zu steigen." „Ja, Vater," antwortete der Schäfer, „ich habe dort meine Handschuhe liegen lassen, wollt ihr mit= gehen, so will ich sie holen." In der Nacht machten sie sich beide auf, fanden die Stelle und den geöffneten Boden und gelangten zu den unter= irdischen Schätzen. Es lag noch alles, wie das erstemal, auch die Hand= schuhe des Schäfers waren da; beide luden so viel in ihre Taschen, als sie tragen konnten und gingen dann wieder heraus, worauf sich der Eingang mit lautem Krachen hinter ihnen schloß. Die folgende Nacht wollten sie es zum dritten mal wagen, aber sie suchten lange hin und her, ohne die Stelle des Eingangs, oder auch nur eine Spur, zu entdecken. Da trat ihnen der alte Mann entgegen und sprach zum Schäfer: „hättest du deine Handschuhe nicht mitgenommen, sondern unten liegen gelassen, so würdest du auch zum drittenmal den Eingang gefunden haben, denn dreimal sollte er dir zugänglich und geöffnet sein; nun aber ist er dir auf immer unsichtbar und verschlossen." Geister, heißt es, können das, was in ihrer Wohnung von den irdischen Menschen zurückgelassen worden, nicht behalten und haben nicht Ruh, bis es jene wieder zu sich genommen.

317.

Jungfrau Ilse.

Der Ilfenstein ist einer der größten Felsen des Harzgebirges, liegt auf der Nordseite in der Grafschaft Wernigerode unweit Ilsenburg am Fuße des Brockens und wird von der Ilse bespült. Ihm gegenüber ein ähnlicher Fels, dessen Schichten zu diesem passen und bei einer Erderschütterung davon getrennt zu sein scheinen.

Bei der Sündfluth flohen zwei Geliebte dem Brocken zu, um der immer höher steigenden allgemeinen Ueberschwemmung zu entrinnen. Eh sie noch denselben erreichten und gerade auf einem andern Felsen zusammenstanden, spaltete sich solcher und wollte sie trennen. Auf der linken Seite, dem Brocken zugewandt, stand die Jungfrau; auf der rechten der Jüngling und miteinander stürzten sie umschlungen in die Fluthen. Die Jungfrau hieß Ilse. Noch alle Morgen schließt sie den Ilsenstein auf, sich in der Ilse zu baden. Nur wenigen ist es vergönnt, sie zu sehen, aber wer sie kennt, preist sie. Einst fand sie frühmorgens ein Köhler, grüßte sie freundlich und folgte ihrem Winken bis vor den Fels; vor dem Fels nahm sie ihm seinen Ranzen ab, ging hinein damit und brachte ihn gefüllt zurück. Doch befahl sie dem Köhler, er sollte ihn erst in seiner Hütte öffnen. Die Schwere fiel ihm auf und als er auf der Ilsenbrücke war, konnte er sich nicht länger enthalten, machte den Ranzen auf und sah Eicheln und Tannäpfel. Unwillig schüttelte er sie in den Strom, sobald sie aber die Steine der Ilse berührten, vernahm er ein Klingeln und sah mit Schrecken daß er Gold verschüttet hatte. Der nun sorgfältig aufbewahrte Ueberrest in den Ecken des Sacks machte ihn aber noch reich genug. — Nach einer andern Sage stand auf dem Ilsenstein vorzeiten eines Harzkönigs Schloß, der eine sehr schöne Tochter Namens Ilse hatte. Nah dabei hauste eine Here, deren Tochter über alle Maßen häßlich aussah. Eine Menge Freier warben um Ilse, aber niemand begehrte die Herentochter; da zürnte die Here und wandte durch Zauber das Schloß in einen Felsen, an dessen Fuße sie eine nur der Königstochter sichtbare Thüre anbrachte. Aus dieser

Thür schreitet noch jetzo alle Morgen die verzauberte Ilse und badet sich im Flusse, der nach ihr heißt. Ist ein Mensch so glücklich und sieht sie im Bade, so führt sie ihn mit ins Schloß, bewirthet ihn köstlich und entläßt ihn reichlich beschenkt. Aber die neidische Hexe macht, daß sie nur an einigen Tagen des Jahrs im Bade sichtbar ist. Nur derjenige vermag sie zu erlösen, der mit ihr zu gleicher Zeit im Flusse badet und ihr an Schönheit und Tugend gleicht.

318.

Die Heidenjungfrau zu Glatz.

Alte und junge Leute zu Glatz erzählten: in der heidnischen Zeit habe da eine gottlose, zauberhafte Jungfrau das Land beherrscht, die mit ihrem Ranzenbogen vom Schloß herab bis zur großen Eisersdorfer Linde geschossen, als sie mit ihrem Bruder gewettet: wer den Pfeil am weitesten schießen könne. Des Bruders Pfeil reichte kaum auf den halben Weg, und die Jungfrau gewann. An dieser Linde stehet die Grenze, und sie soll so alt sein, wie der Heidenthurm zu Glatz, und wenn sie gleich einmal oder das ander verdorret, so ist sie doch immer ausgewachsen und stehet noch. Auf der Linde saß einmal die Wahrsagerin und weissagte von der Stadt viel zukünftige Dinge: der Türk werde bis nach Glatz bringen, aber wenn er über die steinerne Brücke auf den Ring einziehe, eine schwere Niederlage erleiden, durch die vom Schloß herab auf ihn ziehenden Christen; solches werde aber nicht geschehen, bevor ein Haufen Kraniche durch die Brotbänke geflogen. — Zum Zeichen, daß die Jungfrau ihren Bruder mit dem Bogen überschossen, setzte man auf der Meile hinter dem Graben zween spitzige Steine. Weil sie aber mit ihrem eigenen Bruder unerlaubte Liebe gepflogen, war sie vom Volke verabscheut und es wurde ihr nach dem Leben getrachtet, allein sie wußte durch ihre Zauberkunst und Stärke, da sie oftmals aus Kurzweil ein ganzes Hufeisen zerriß, stets zu entrinnen. Zuletzt jedoch blieb sie gefangen und in einem großen Saal, welcher bei dem Thor, dadurch man aus dem Niederschloß ins Oberschloß gehet, vermauert. Da kam sie ums Leben und zum Andenken stehet ihr Bildniß links desselben Thors an der Mauer über den tiefen Graben in Stein ausgehauen und wird bis auf den heutigen Tag allen fremden Leuten gezeigt. Außerdem hing ihr Gemälde im grünen Schloßsaal, und in der Schloßkirche an e’nem eisernen Nagel in der Wand schön gelbes Haar, etlichemal aufgeflochten nach der Länge. Die Leute nennen es allgemein: das Haar der Heidenjungfrau; es hanget so hoch, daß es ein großer Mann auf der Erde stehend mit der Hand erreichen kann, ungefähr drei Schritt von der Thüre weit. Sie soll in der Gestalt und Kleidung, wie sie abgemalet wird, öfters im Schlosse erscheinen, beleidigt doch niemanden, außer wer sie höhnt und spottet, oder ihre Haarflechte aus der Kirche wegzunehmen gedenkt. Zu einem Soldat, der sie verspottet, kam sie auf die Schildwache und gab ihm mit kalter Hand einen Backenstreich. Einem andern, der das Haar entwendet, erschien sie Nachts, kratzte und krengelte ihn bis nahe an den Tod, wenn er nicht schnell durch seinen Rottgesellen das Haar wieder an den alten Ort hätte tragen lassen.

319.
Der Roßtrapp und der Cretpfuhl.

Den Roßtrapp oder die Roßtrappe nennt man einen Felsen mit einer eirunden Vertiefung, welche einige Aehnlichkeit mit dem Eindruck eines riesenmäßigen Pferdehufes hat, in dem hohen Vorgebirge des Nordharzes, hinter Thale. Davon folgende abweichende Sagen:

1) Eines Hühnenkönigs Tochter stellte vor Zeiten die Wette an, mit ihrem Pferde über den tiefen Abgrund, Cretpfuhl genannt, von einem Felsen zum andern zu springen. Zweimal hatte sie es glücklich verrichtet, beim drittenmal aber schlug das Roß rückwärts über und stürzte mit ihr in die Schlucht hinab. Darin befindet sie sich immer noch. Ein Taucher hatte sie einmal einigen zu Gefallen um ein Trinkgeld so weit außer Wasser gebracht, daß man etwas von der Krone sehen konnte, die sie auf dem Haupt getragen. Als er zum drittenmal dran sollte, wagte er's anfänglich nicht, entschloß sich zuletzt doch und vermeldete dabei: „wenn aus dem Wasser ein Blutstrahl steigt, so hat mich die Jungfrau umgebracht; dann eilet alle davon, daß ihr nicht auch in Gefahr gerathet." Wie er sagte geschah's, ein Blutstrahl stieg auf.

2) Vor Alters wohnte ein König auf den herumgelegenen alten Schlössern, der eine sehr schöne Tochter hatte. Diese wollte ein Prinz, der sich in sie verliebte, entführen und verband sich dazu mit dem Teufel, durch dessen schwarze Kunst er ein Pferd aus der Hölle bekam. So entführte er sie und beim Uebersetzen von Fels zu Felsen schlug das Roß mit dem Hufeisen dieses Wahrzeichen ein.

3) Eine Königstochter wohnte am Harz und hatte wider den Willen ihres Vaters eine geheime Liebschaft. Um sich vor seinem Zorn zu retten, floh sie, nahm die Königskrone mit und wollte sich in den Felsen bergen. Auf dem Felsen jenseits, gegenüber dem Roßtrapp, sollen noch die Radenägel ihres Fuhrwerks eingedrückt sein. Sie wurde verfolgt und umringt. Es war keine Rettung übrig als einen Sprung ans andere Ufer zu wagen. Die Jungfrau sah das, da tanzte sie noch einmal zu guter Letzt, als wäre es ihr Hochzeittag, und davon bekam der Fels den Namen Tanzplatz. Dann that sie glücklich den großen Sprung; wo ihr Roß den ersten Fuß hinsetzte, drückte sich sein Huf ein, fortan hieß dieser Fels der Roßtrapp.

In der Luft war ihr aber die unschätzbare Krone vom Haupte gefallen in einen tiefen Strudel der Bode, davon das Kronenloch benannt. Da liegt sie noch auf den heutigen Tag.

4) Vor tausend und mehr Jahren, ehe noch die Raubritter die Hoym= burg, Leuenburg, Steckelnburg und Winzenburg erbauten, war das Land rings um den Harz von Riesen bewohnt, die Heiden und Zauberer waren, Raub, Mord und Gewaltthat übten. Sechzigjährige Eichen rissen sie sammt den Wurzeln aus und fochten damit. Was sich entgegenstellte, wurde mit Keulen niedergeschlagen und die Weiber in Gefangenschaft fortgeschleppt, wo sie Tag und Nacht dienen mußten. In dem Boheimer Walde hauste dazumal ein Riese, Bodo geannnt. Alles war ihm unterthan, nur Emma, die Königstochter vom Riesengebirge, die konnte er nicht zu seiner Liebe zwingen. Stärke noch List halfen ihm nichts, denn sie stand mit einem mächtigen Geiste im Bund. Einst aber ersah sie Bodo jagend auf der Schneekoppe und sattelte sogleich seinen Zelter, der meilenlange Fluren im Augenblick übersprang, er schwur, Emma zu fahen oder zu sterben. Fast hätt' er sie erreicht, als sie ihn aber zwei Meilen weit von sich erblickte und an den Thorflügeln eines zerstörten Städtleins, welche er im Schild führte, erkannte, da schwenkte sie schnell das Roß. Und von ihren Spornen getrieben flog es über Berge, Klippen und Wälder durch Thüringen in die Gebirge des Harzes. Oft hörte sie einige Meilen hinter sich das schnaubende Roß Bodo's und jagte dann den nimmermüden Zelter zu neuen Sprüngen auf. Jetzt stand ihr Roß verschnaufend auf dem furchtbaren Fels, der Teufels Tanzplatz heißt. Angstvoll blickte Emma in die Tiefe, denn mehr als tausend Fuß ging senkrecht die Felsenmauer herab zum Abgrund. Tief rauschte der Strom unten und kreiste in furchtbaren Wirbeln. Der entgegenstehende Fels schien noch entfernter und kaum Raum zu haben für einen Vorderfuß des Rosses. Von neuem hörte sie Bodo's Roß schnauben, in der Angst rief sie die Geister ihrer Väter zu Hülfe und ohne Besinnung drückte sie ihrem Zelter die ellenlangen Spornen in die Seite. Und das Roß sprang über den Abgrund, glücklich auf die spitze Klippe und schlug seinen Huf vier Fuß tief in das harte Gestein, daß die Funken stoben. Das ist jener Roßtrapp. Die Zeit hat die Vertiefung kleiner gemacht, aber kein Regen kann sie ganz verwischen. Emma war gerettet, aber die centnerschwere goldene Königskrone fiel während des Sprungs von ihrem Haupt in die Tiefe. Bodo, in blinder Hitze nachsetzend, stürzte in den Strudel und gab dem Fluß den Namen. (Die Bode ergießt sich mit der Emme und Saale in die Elbe.) Hier als schwarzer Hund bewacht er die goldene Krone der Riesentochter, daß kein Geldburstiger sie heraushole. Ein Taucher wagte es einst unter großen Versprechungen. Er stieg in die Tiefe, fand die Krone und hob sie in die Höhe, daß das versammelte Volk schon die Spitzen golden schimmern sah. Aber zu schwer, entsank sie zwei= mal seinen Händen. Das Volk rief ihm zu, das drittemal hinabzusteigen.

Er that's und ein Blutstrahl sprang hoch in die Höhe. Der Taucher kam nimmer wieder auf. Jeßo deckt tiefe Nacht und Stille den Ungrund, kein Vogel fliegt darüber. Nur um Mitternacht hört man oft in der Ferne das dumpfe Hundegeheul des Heiden. Der Strudel heißt: der Kreet= pfuhl*) und der Fels, wo Emma die Hülfe der Höllengeister erflehte, des Teufels Tanzplatz.

5) In Böhmen lebte vorzeiten eine Königstochter, um die ein ge= waltiger Riese warb. Der König, aus Furcht seiner Macht und Stärke, sagte sie ihm zu. Weil sie aber schon einen andern Liebhaber hatte, der aus dem Stamm der Menschen war, so widersetzte sie sich dem Bräutigam und dem Befehl ihres Vaters. Aufgebracht wollte der König Gewalt brauchen und setzte die Hochzeit gleich auf den nächsten Tag. Mit weinenden Augen klagte sie das ihrem Geliebten, der zu schneller Flucht rieth und sich in der finsteren Nacht einstellte, die getroffene Verabredung ins Werk zu setzen. Es hielt aber schwer zu entfliehen, die Marställe des Königs waren verschlossen und alle Stallmeister ihm treu und ergeben. Zwar stand des Riesen ungeheurer Rappe in einem für ihn eigends er= bauten Stalle, wie sollte aber eine schwache Frauenhand das mehr denn zehn Ellen hohe Unthier leiten und lenken? und wie war ihm beizukommen, da er an einer gewaltig dicken Kette lag, die ihm statt Halfters diente und dazu mit einem großen Schlosse verwahrt war, dessen Schlüssel der Riese bei sich trug? Der Geliebte half aber aus, er stellte eine Leiter ans Pferd und hieß die Königstochter hinaufsteigen; dann that er einen mächtigen Schwerteshieb auf die Kette, daß sie von einander sprang, schwang sich selbst hinten auf und in einem Flug ging's auf und davon. Die kluge Jungfrau hatte ihre Kleinode mitgenommen, dazu ihres Vaters goldene Krone aufs Haupt gesetzt. Während sie nun aufs Gerathewohl forteilten, fiel's dem Riesen ein, in dieser Nacht auszureiten. Der Mond schien hell, und er stand auf, sein Roß zu satteln. Erstaunt sah er den Stall leer. Es gab Lärm im ganzen Schlosse, und als man die Königstochter auf= wecken wollte, war sie auch verschwunden. Ohne sich lange zu besinnen, bestieg der Bräutigam das erste beste Pferd und jagte über Stock und Block. Ein großer Spürhund witterte den Weg, den die Verliebten ge= nommen hatten; nahe am Harzwalde kam der Riese hinter sie. Da hatte aber auch die Jungfrau den Verfolger erblickt, wandte den Rappen flugs und sprengte waldein, bis der Abgrund, in welchem die Bode fließt, ihren Weg durchschneidet. Der Rappe stutzt einen Augenblick und die Liebenden sind in großer Gefahr. Sie blickte hinterwärts und in strengem Galopp nahet der Riese, da stößt sie muthig dem Rappen in die Rippen. Mit einem gewaltigen Sprung, der den Eindruck eines Hinterhufes im Felsen läßt, setzt er über und die Liebenden sind gerettet. Denn die Mähre des

---

*) d. h. Teufelspfuhl, wie die nördlichen Harzbewohner Kreetkind ein Teufelskind nennen.

nacheilenden Riesen springt seiner Schwere wegen zu kurz und beide mit gräßlichem Gepraſſel fallen in den Abgrund. Auf dem jenſeitigen Rand ſtehet die Königstochter und tanzt vor Freuden. Davon heißt die Stätte noch jetzt der Tanzplatz. Doch hat ſie im Taumel des Sprungs die Krone verloren, die in den Keſſel der Bode gefallen iſt. Da liegt ſie noch heut zu Tag, von einem großen Hunde mit glühenden Augen bewacht. Schwimmer, die der Gewinn geblendet, haben ſie mit eigner Lebensgefahr aus der Tiefe zu holen geſucht, aber beim Wiederkommen ausgeſagt: daß es vergebens ſei, der große Hund ſinke immer tiefer, ſo wie ſie ihm nahe kämen und die goldne Krone ſtehe nicht mehr zu erlangen.

320.

Der Mägdesprung.

Zwiſchen Ballenſtedt und Harzgerode in dem Selkethal zeigt das Volk auf einen hohen, durch eine Säule ausgezeichneten Felſen, auf eine Vertiefung im Geſtein, die einige Aehnlichkeit mit der Fußtapfe eines Menſchen hat und 80 bis 100 Fuß weiter auf eine zweite Fußtapfe. Die Sage davon iſt aber verſchieden.

Eine Hühnin oder Rieſentochter erging ſich einſt auf dem Rücken des Harzes von dem Petersberge herkommend. Als ſie die Felſen erreicht hatte, die jetzt über den Hüttenwerken ſtehen, erblickte ſie ihre Geſpielin, die ihr winkte, auf der Spitze des Rammberges. Lange ſtand ſie ſo zögernd, denn ihren Standort und den nächſten Berggipfel trennte ein breites Thal. Sie blieb hier ſo lange, daß ſich ihr Fußtapfe ellentief in den Felſen drückte, wovon heut zu Tag noch die ſchwachen Spuren zu ſehn ſind. Ihres Zögerns lachte höhniſch ein Knecht des Menſchenvolks, das dieſe Gegend bewohnte, und der bei Harzgerode pflügte. Die Hühnin merkte das, ſtreckte ihre Hand aus und hob den Knecht ſammt Pflug und Pferden in die Höhe, nahm alles zuſammen in ihr Obergewand und ſprang damit über das Thal weg und in einigen Schritten hatte ſie ihre Geſpielin erreicht.

Oft hört man erzählen: die Königstochter ſei in ihrem Wagen gefahren gekommen und habe auf das jenſeitige Gebirg gewollt. Flugs that ſie den Wagen nebſt den Pferden in die Schürze und ſprang von einem Berg nach dem andern.

Endlich werden die Fußtritte einer Bauerdirne zugeſchrieben, die zu ihrem Liebhaber, einem Schäfer, jenſeits den Sprung gemacht und beim Anſatz ſo gewaltſam aufgetreten habe, daß ſich ihre Spur eindrückte. Auch ein Ziegenbock ſcheint hierbei im Spiel geweſen zu ſein.

321.

Der Jungfernsprung.

In der Lausitz unfern der böhmischen Grenze ragt ein steiler Felsen, Oybin genannt, hervor, auf dem man den Junpfernsprung zu zeigen und davon zu erzählen pflegt: vor Zeiten sei eine Jungfrau in das jetzt zer= trümmerte Bergkloster zum Besuch gekommen. Ein Bruder sollte sie her= umführen und ihr die Gänge und Wunder der Felsengegend zeigen; da weckte ihre Schönheit sündhafte Lust in ihm und sträflich streckte er seine Arme nach ihr aus. Sie aber floh und flüchtete von dem Mönche ver= folgt den verschlungenen Pfad entlang; plötzlich stand sie vor einer tiefen Kluft des Berges und sprang keusch und muthig in den Abgrund. Engel des Herrn faßten und trugen sie sanft ohne einigen Schaden hinab.

Andere behaupten: ein Jäger habe auf dem Oybin ein schönes Bauer= mädchen wandeln sehen und sei auf sie losgeeilt. Wie ein gejagtes Reh stürzte sie durch die Felsengänge, die Schlucht öffnete sich vor ihren Augen und sie sprang unversehrt nieder bis auf den Boden.

Noch andere berichten: es habe ein rasches Mädchen mit ihren Ge= spielinnen gewettet, über die Kluft wegzuspringen. Im Sprung aber glitschte ihr Fuß aus dem glatten Pantoffel und sie wäre zerschmettert worden, wo sie nicht glücklicherweise ihr Reifrock allenthalben geschützt und ganz sanft bis in die Tiefe hinunter gebracht hätte.

322.

Der Harrassprung.

Bei Lichtenwalde im sächsischen Erzgebirge zeigt man an dem Zscho= pauthal eine Stelle, genannt der Harrassprung, wo vor Zeiten ein Ritter, von seinen Feinden verfolgt, die steile Felsenwand hinunter in den Abgrund geritten sein soll. Das Roß wurde zerschmettert, aber der Held entkam glücklich auf das jenseitige Ufer.

323.

Der Riese Hidde.

Zu Karls des Großen Zeit lebte ein Friese Namens Hidde, groß von Leib und ein starker Mann, ging ins Land Braunschweig und wurde vom Herzog zum Vogt seiner Wälder und Bäume gemacht. Als er ein= mal durch die Wildniß ging, stieß er auf eine Löwin mit ihren jungen Welpen im Nest, tödtete die Alte und brachte die Jungen, als Wölfe die er gefangen habe, dem Herzog an Hof. Diesem gefiel die Einfalt des Mannes, welcher keinen Unterschied machte zwischen Löwen und Wölfen und begabte ihn mit vielen Ländereien in der Gegend der Elbe. Da baute er sich ein Wohnhaus und nannte es Hibbesacker nach seinem Namen.

324.
Das ilefelder Nadelöhr.

Bei dem Kloster Ilefeld, zur linken Hand gleich bei dem Harzfahr= wege, steht aus einem hohen Berg ein starker Stein hervor, der in seiner Mitte eine enge und schmale durchgehende Höhle hat. Alle Knechte aus Nordhausen und den umliegenden Oertern, wann sie das erstemal in den Harzwald hinter Ilefeld nach Brennholz fahren, müssen durch dieses Nadel= öhr dreimal kriechen, mit großer Müh und Beschwerde, und werden beim Ein= und Auskriechen von ihren Cameraden dazu mit Peitschenstielen tapfer abgeschlagen. Wollen sie die Kurzweil nicht ausstehen, so müssen sie sich mit Gelde loskaufen. Die Obrigkeit hat diese Sitte schon mehr= mals bei ziemlicher Strafe, aber fruchtlos verboten und der Knecht, der sich dem Brauch entziehen will, hat vor seinen Cameraden keinen Frieden und wird nicht bei ihnen gelitten. Vom Ursprung dieses Steins giebt der gemeine Mann vor: ein H ü h n e sei einstmals etliche Meilen Wegs gereist; als er nun hinter Ilefeld gekommen, habe er gefühlt, daß ihn etwas in dem einen Schuh drücke, ihn also ausgezogen und diesen Stein drin ge= funden. Darauf habe er den Stein an den Ort, wo er noch liege, ge= worfen.

325.
Die Riesen zu Lichtenberg.

Der Lichtenberg ist ein Bergschloß, das man späterhin aus den uralten Trümmern wieder erneuert hat, und in allen Dörfern, die in seiner Nähe liegen, lebt noch die Sage fort, daß es hier vor alten Zeiten Riesen ge= geben habe. Unter den Steinen befinden sich manche, die keine Menschen= kraft den jähen Berg hinauf hätte tragen können. Ein Riese schleppte einen über achtzig Centner schweren Block auf seiner Schulter herbei, aber er zerbrach ihm unterwegs und blieb eine Stunde von Lichtenberg auf der Höhe liegen; er wird noch heutzutag Riesenstein genannt. Im Schloß wird ein Knochen, anderthalb Schuh im Umfang haltend und mit einem andern, einen halben Schuh dicken, einen Fuß langen Bein verwachsen, aufbewahrt; auch soll daselbst vor fünf und zwanzig Jahren noch eine ungeheure Bettlade außer den Knochen zu sehen gewesen sein. Es wird auch wiederum erzählt, daß die Riesenfrau einmal weiter als gewöhnlich von dem Lichtenberg weggegangen sei und einen Bauer getroffen habe, der mit Ochsen seinen Acker pflügte. Das hatte sie noch nie gesehn, nahm also Bauer, Pflug und Ochsen zusammen in ihre Schürze und brachte es ihrem Mann aufs Schloß mit den Worten: „sieh einmal, Mann, was ich für schöne Thierchen gefunden habe."

326.
Das Hühnenblut.

Zwischen dem magdeburgischen Städtchen Egeln und dem Dorfe Westeregeln, unweit des Hakels, findet sich in einer flachen Vertiefung rothes Wasser, welches das Volk Hühnenblut nennet. Ein Hühne floh, verfolgt von einem andern, überschritt die Elbe, und als er in die Gegend kam, wo jetzo Egeln liegt, blieb er mit einem Fuße, den er nicht genug aufhob, an der Thurmspitze der alten Burg hangen, stolperte, erhielt sich noch ein paar tausend Fuß zwischen Fall und Aufstehen, stürzte aber endlich nieder. Seine Nase traf gerade auf einen großen Feldstein bei Westeregeln mit solcher Gewalt, daß er das Nasenbein zerschmetterte und ihm ein Strom von Blut entstürzte, dessen Ueberreste noch jetzt zu sehen sind.

Nach einer zweiten Erzählung, wohnte der Hühne in der Gegend von Westeregeln. Oft machte er sich das Vergnügen, über das Dorf und seine kleinen Bewohner wegzuspringen. Bei einem Sprung aber ritzte er seine große Zehe an der Thurmspitze, die er berührte. Das Blut spritzte aus der Wunde in einem tausendfüßigen Bogen, bis in die Lache, in der sich das nieverfiegende Hühnenblut sammelte.

327.
Es rauscht im Hühnengrab.

Bei Cößlin in Pommern zeigt man einen Hühnenberg, und man hat da ein großes Horn, ein großes Schwert und ungeheure Knochen ausgegraben. Auch in Vorpommern sollen vor Zeiten Riesen gewesen sein. In der Gegend von Greifswalde ließ man 1594 solche Hühnengräber „kleuben und abschlichten", da fanden die Steinmetzen Leiber elf und wohl sechzehn Schuh lang, und Krüge daneben. Wie sie aber an einen andern Graben, dem vorigen gleich, kamen und ihn auch versuchen wollten, soll sich ihrem Vorgeben nach ein Getümmel, als wenn etwas mit Schlüsseln um sie herrauschte und tanzte, haben vernehmen lassen. Da standen sie ab vom Stören des Grabs.

328.

Todte aus den Gräbern wehren dem Feind.

Wehrstedt, ein Dorf nahe bei Halberstadt, hat nach der Sage seinen Namen davon erhalten, daß bei einem gefahrvollen Ueberfall fremder Heiden, da die Landesbewohner der Uebermacht schon unterlagen, die Todten aus den Gräbern aufstanden, diese Unholde tapfer abwehrten und so ihre Kinder retteten.

329.

Hans Heilings Felsen.

An der Eger, dem Dorfe Aich gegenüber, ragen seltsame Felsen empor, die das Volk Hans Heilings Felsen nennt und wovon es heißt: vor alten Zeiten habe ein gewisser Mann, Namens Hans Heiling, im Lande gelebt, der genug Geld und Gut besessen, aber sich jeden Freitag in sein Haus verschlossen und diesen Tag über unsichtbar geblieben sei. Dieser Heiling stand mit dem Bösen im Bunde und floh, wo er ein Kreuz sah. Einst soll er sich in ein schönes Mädchen verliebt haben, die ihm auch anfangs zugesagt, hernach aber wieder verweigert worden war. Als diese mit ihrem Bräutigam und vielen Gästen Hochzeit hielt, erschien Mitternachts zwölf Uhr Heiling plötzlich unter ihnen und rief laut: „Teufel, ich lösche dir deine Dienstzeit, wenn du mir diese vernichtest!" Der Teufel antwortete: „so bist du mein" und verwandelte alle Hochzeitleute in Felsensteine. Braut und Bräutigam stehen da, wie sie sich umarmen; die übrigen mit gefalteten Händen. Hans Heiling stürzte vom Felsen in die Eger hinab, die ihn zischend verschlang, und kein Auge hat ihn wieder gesehen. Noch jetzt zeigt man die Steinbilder, die Liebenden, den Brautvater und die Gäste; auch die Stelle, wo Heiling hinabstürzte.

330.

Die Jungfrau mit dem Bart.

Zu Saalfeld mitten im Fluß steht eine Kirche, zu welcher man durch eine Treppe von der nahegelegenen Brücke eingeht, worin aber nicht mehr gepredigt wird. An dieser Kirche ist als Beiwappen oder Zeichen der Stadt in Stein ausgehauen eine gekreuzigte Nonne, vor welcher ein Mann mit einer Geige kniet, der neben sich einen Pantoffel liegen hat. Davon wird folgendes erzählt. Die Nonne war eine Königstochter und lebte zu Saalfeld in einem Kloster. Wegen ihrer großen Schönheit verliebte sich ein König in sie und wollte nicht nachlassen, bis sie ihn zum Gemahl nähme. Sie blieb ihrem Gelübde treu und weigerte sich beständig, als er aber immer von neuem in sie drang und sie sich seiner nicht mehr zu erwehren wußte, bat sie endlich Gott, daß er zu ihrer Rettung die Schönheit des Leibes von ihr nähme und ihr Ungestaltheit verliehe; Gott erhörte die Bitte, und von Stund an wuchs ihr ein langer, häßlicher Bart. Als der König das sah, gerieth er in Wuth und ließ sie ans Kreuz schlagen.

Aber sie starb nicht gleich, sondern mußte in unbeschreiblichen Schmerzen etliche Tage am Kreuze schmachten. Da kam in dieser Zeit aus sonderlichem Mittleiden ein Spielmann, der ihr die Schmerzen lindern und die Todesnoth versüßen wollte. Der hub an und spielte auf seiner Geige, so gut er vermochte, und als er nicht mehr stehen konnte vor Müdigkeit, da kniete er nieder und ließ seine tröstliche Musik ohn Unterlaß erschallen. Der heiligen Jungfrau aber gefiel das so gut, daß sie ihm zum Lohn und Angedenken einen köstlichen, mit Gold und Edelstein gestickten Pantoffel von dem einen Fuß herabfallen ließ.

331.
Die weiße Jungfrau zu Schwanau.

Die freien Schweizer brachen die Burg Schwanau auf dem Lowerzer See, weil darin der böse und grausame Vogt des Kaisers wohnte. Einmal jährlich erschüttert bei nächtlicher Stille ein Donner die Trümmer und ertönt im Thurm Klaggeschrei; rings um die Mauer wird der Vogt von dem weißgekleideten Mädchen, das er entehrt hatte, verfolgt, bis er mit Geheul sich in den See stürzt. Drei Schwestern flohen vor der Vögte Lüste in des Rigi Klüfte und sind nimmer wieder herausgekommen. Sanct Michels Capelle bezeichnet den Ort.

332.
Schwarzkopf und Seeburg am Mummelsee.

Der Mummelsee liegt im tiefen Murgthale rings von ehemaligen Burgen umgeben; gegen einander stehen die Ueberreste der ehemaligen Festen Schwarzkopf und Seeburg. Die Sage erzählt, daß jeden Tag wann Dämmerung die Bergspitzen verhüllt, von der Seite des Seeburger Burghofes dreizehn Stück Rothwild zu einem Pförtchen herein, über den Platz, und zu dem entgegengesetzten flügellosen Burgthore hinaus eilen. Geübte Wildschützen bekamen von diesen Thieren immer eins, aber nie mehr in ihre Gewalt. Die andern Kugeln gingen fehl, oder fuhren in die Hunde. Kein Jäger schoß seit der Zeit auf ein anderes Thier, als das in diesem Zuge lief und sich durch Größe und Schönheit auszeichnete.

Von diesem täglichen Zuge ist jedoch der Freitag ausgenommen, der deswegen den noch jetzt üblichen Namen Jäger=Sabbath erhielt und an welchem Niemand die Seeburg betritt. Aber an diesem Tage, um die Mitternacht, wird eine andere Erscheinung gesehen. Zwölf Nonnen, in ihrer Mitte ein blutender Mann, in dessen Leib zwölf Dolche stecken, kommen durch die kleine Waldpforte in den Hof und wandeln still dem großen Burgthore zu. In diesem Augenblick erscheint aus dem Portale eine ähnliche Reihe, bestehend in zwölf ganz schwarzen Männern, aus deren Leibern Funken sprühen und überall brennende Flecken hervorlodern; sie wandeln dicht an den Nonnen und ihrem blutigen Begleiter vorüber, in ihrer Mitte aber schleicht eine weibliche Gestalt. Dieses Gesicht erklärt die Sage auf folgende Weise: in der Seeburg lebten zwölf Brüder, Raubgrafen, und bei ihnen eine gute Schwester; auf dem Schwarzkopf aber ein edler Ritter mit zwölf Schwestern. Es geschah, daß die zwölf Seeburger in einer Nacht die zwölf Schwestern vom Schwarzkopf entführten, dagegen aber auch der Schwarzkopf die einzige Schwester der zwölf Raubgrafen in seine Gewalt bekam. Beide Theile trafen in der Ebene des Murgthales aufeinander und es enstand ein Kampf, in welchem die Seeburger die Oberhand erhielten und den Schwarzkopfer gefangen nahmen. Sie führten ihn auf die Burg und jeder von den Zwölfen stieß ihm einen Dolch vor den Augen seiner sterbenden Geliebten, ihrer Schwester, in die Brust. Bald darnach befreiten sich die zwölf geraubten Schwestern aus ihren Gemächern, suchten die zwölf Dolche aus der Brust ihres Bruders und tödteten in der Nacht sämmtliche Mordgrafen. Sie flüchteten nach der That, wurden aber von den Knechten ereilt und getödtet. Als hierauf das Schloß durch Feuer zerstört ward, da sah man die Mauern, in welchen die Jungfrauen geschmachtet, sich öffnen, zwölf weibliche Gestalten, jede mit einem Kindlein auf dem Arm, traten hervor, schritten zu dem Mummelsee und stürzten sich in seine Fluthen. Nachher hat das Wasser die zertrümmerte Burg verschlungen, in welcher Gestalt sie noch hervorragt.

Ein armer Mann, der in der Nähe des Mummelsees wohnte und oftmals für die Geister des Wassers gebetet hatte, verlor seine Frau durch den Tod. Abends darauf hörte er in der Kammer, wo sie auf Spähnen lag, eine leise Musik ertönen. Er öffnete ein wenig die Thür und schaute hinein und sah sechs Jungfrauen, die mit Lichtlein in den Händen um die Todte standen; am folgenden Abend waren ebensoviel Jünglinge, die bei der Leiche wachten und sie sehr traurig betrachteten.

333.
Der Krämer und die Maus.

Vor langen Jahren ging ein armer Krämer durch den Böhmerwald
gen Reichenau. Er war müde geworden und setzte sich, ein Stückchen
Brot zu verzehren; das einzige, was er für den Hunger hatte. Während
er aß, sah er zu seinen Füßen ein Mäuschen herumkriechen, das sich
endlich vor ihn hinsetzte, als erwartete es etwas. Gutmüthig warf er
ihm einige Bröcklein von seinem Brot hin, so noth es ihm selber that, die
es auch gleich wegnagte. Dann gab er ihm, so lang er noch etwas hatte,
immer sein kleines Theil, so daß sie ordentlich zusammen Mahlzeit hielten.
Nun stand der Krämer auf, einen Trunk Wasser an einer nahen Quelle
zu thun; als er wieder zurück kam, siehe, da lag ein Goldstück auf der
Erde, und eben kam die Maus mit einem zweiten, legte es dabei und lief
fort, das dritte zu holen. Der Krämer ging nach und sah, wie sie in ein
Loch lief und daraus das Gold hervorbrachte. Da nahm er seinen Stock,
öffnete den Boden und fand einen großen Schatz von lauter alten Gold=
stücken. Er hob ihn heraus und sah sich dann nach dem Mäuslein um,
aber das war verschwunden. Nun trug er voll Freude das Gold nach
Reichenau, theilte es halb unter die Armen und ließ von der andern
Hälfte eine Kirche daselbst bauen. Diese Geschichte ward zum ewigen An=
denken in Stein gehauen und ist noch am heutigen Tage in der Dreieinig=
keitskirche zu Reichenau in Böhmen zu sehen.

334.
Die drei Schatzgräber.

Unter der St. Dionysien=Kirche, nicht weit von Erfurt, sollte ein
großer Schatz liegen, welchen drei Männer mit einander zu heben sich vor=
nahmen, nämlich ein Schmidt, ein Schneider und ein Hirt oder Schäfer.
Aber der böse Geist, der den Schatz bewachte, tödtete sie alle dreie. Ihre
Häupter wurden an dem Gesims der Kirche unterm Dach in Stein aus=
gehauen, nebst einem Hufeisen, einer Scheere und einem Schäferstock oder
einer Weinmeistershippe.

335.
Einladung vor Gottes Gericht.

Zu Leuneburg in Preußen war ein sehr behender Dieb, der einem
ein Pferd stehlen konnte, wie vorsichtig man auch war. Nun hatte ein
Dorfpfarrer ein schönes Pferd, das er dem Fischmeister zu Angerburg ver=

kauft, aber noch nicht gewährt. Da wettete der Dieb, er wolle dieses auch stehlen und darnach aufhören; aber der Pfarrer erfuhr es und ließ es so verwahren und verschließen, daß er nicht dazu kommen konnte. Indeß ritt der Pfarrer mit dem Pferd einmal in die Stadt, da kam der Dieb auch in Bettlerskleidern mit zweien Krücken in die Herberge. Und als er merkt, daß der Pfarrer schier wollte auf sein, macht er sich zuvor auf das Feld, wirft die Krücken auf einen Baum, legt sich darunter und erwartet den Pfarrer. Dieser kommt hernach, wohl bezecht, findet den Bettler da liegen und sagt: „Bruder, auf! auf! es kommt die Nacht herbei, geh zu Leuten, die Wölfe möchten dich zerreißen." Der Dieb antwortete: „ach! lieber Herr, es waren böse Buben eben hier, die haben mir meine Krücken auf den Baum geworfen, nun muß ich allhier verderben und sterben, denn ohne Krücken kann ich nirgend hinkommen." Der Pfarrer erbarmt sich seiner, springt vom Pferde, giebt es dem Schalk, am Zügel zu halten, zieht seinen Reitrock aus, legt ihn aufs Pferd und steigt dann auf den Baum, die Krücken abzugewinnen. Indessen springt der Dieb auf das Pferd, rennt davon, wirft die Bauerskleider weg und läßt den Pfarrer zu Fuß nach Hause gehen. Diesen Diebstahl erfährt der Pfleger, läßt den Dieb greifen und an den Galgen henken. Jedermann wußte nun von seiner Listigkeit und Behendigkeit zu erzählen.

Einsmals ritten mehrere Edelleute, wohl bezecht, an dem Galgen vor= bei, redeten von des Diebs Verschlagenheit und lachten darüber. Einer von ihnen war auch ein wüster und spöttischer Mensch, der rief hinauf: „o du behender und kluger Dieb, du mußt ja viel wissen! komm auf den Donnerstag mit deinen Gesellen zu mir zu Gaste und lehre mich auch Listigkeit." Deß lachten die andern.

Auf den Donnerstag, als der Edelmann die Nacht über getrunken hatte, lag er lang schlafend, da kommen die Diebe Glocke neun des Morgens mit ihren Ketten in den Hof, gehen zur Frau, grüßen sie und sagen, der Junker habe sie zu Gast gebeten, sie sollte ihn aufwecken. Dessen erschrickt sie gar hart, geht vor des Junkers Bett und sagt: „ach! ich habe euch längst gesagt, ihr würdet mit eurem Trinken und spöttischen Reden Schande einlegen, steht auf und empfanget eure Gäste;" und erzählt, was sie in der Stube erzählt hätten.

Er erschrickt, steht auf, heißt sie willkommen und daß sie sich setzen sollten. Er läßt Essen vortragen, so viel er in Eile vermag, welches alles verschwindet. Unterdessen sagt der Edelmann zu dem Pferdedieb: „Lieber, es ist deiner Behendigkeit viel gelachet worden, aber jetzund ist mir's nicht lächerlich, doch verwundert mich, wie du so behend bist gewesen, da du doch ein grober Mensch scheinest." Der antwortet: „Der Satan, wann er sieht, daß ein Mensch Gottes Wort verläßt, kann einen leicht behend machen." Der Edelmann fragte andere Dinge, darauf jener antwortete, bis die Mahlzeit entschieden war. Da stunden sie auf, dankten ihm und sprachen:

„so bitten wir euch auch zu Gottes himmlischem Gericht, an das Holz, da wir um unserer Missethat willen von der Welt getödtet worden; da sollt ihr mit uns aufnehmen das Gericht zeitlicher Schmach und dies soll sein heut über vier Wochen." Und schieden also von ihm.

Der Edelmann erschrak sehr und ward heftig betrübt. Er sagte es vielen Leuten, der eine sprach dies, der andere jenes dazu. Er aber tröstete sich dessen, daß er niemanden etwas genommen und daß jener Tag auf Allerheiligentag fiel, auf welchen um des Fests willen man nicht zu richten pflegt. Doch blieb er zu Hause und lud Gäste, so etwas geschähe, daß er Zeugniß hätte, er wäre nicht auskommen. Denn damals war die Räuberei im Lande, sonderlich Gregor Matternen Reiterei, aus welchen einer den Hauscomthur D. Eberhard von Emden erstochen hatte. Derhalben der Comthur Befehl bekam, wo solche Reiter und Compans zu finden wären, man sollte sie fangen und richten, ohne einige Audienz. Nun war der Mörder verkundschaftet und der Comthur eilte ihm mit den seinigen nach. Und weil jenes Edelmannes der letzte Tag war und dazu Allerheiligenfest, gedacht er, nun wär er frei, wollte sich einmal gegen Abend auf das lange Einsitzen etwas erlustigen und ritt ins Feld. Indessen als seiner des Comthurs Leute gewahr werden, däucht sie, es sei des Mörders Pferd und Kleid und reiten flugs auf ihn zu. Der Reiter stellt sich zur Wehr und ersticht einen jungen Edelmann, des Comthurs Freund, und wird deshalb gefangen. Sie bringen ihn vor Leuneburg, geben einem Litthauen Geld, der hängt ihn zu seinen Gästen an den Galgen. Und wollte ihm nicht helfen, daß er sagte, er käme aus seiner Behausung erst geritten, sondern muß hören: „mit ihm fort, eh andere kommen und sich seiner annehmen, denn er will sich nur also ausreden!"

336.

Gäste vom Galgen.

Ein Wirth einer ansehnlichen Stadt reiste mit zwei Weinhändlern aus dem Weingebirge, wo sie einen ansehnlichen Vorrath Wein eingekauft hatten, wieder heim und ihr Weg führte sie am Galgen vorbei und obwohl sie berauscht waren, sahen sie doch und bemerkten drei Gehenkte, welche schon lange Jahre gerichtet waren. Da rief einer von den zwei Weinhändlern: „du, Bärenwirth, diese drei Gesellen, die da hängen, sind auch deine Gäste gewesen." — „Hei! sagte der Wirth in tollem Muthe, sie können heut zu Nacht zu mir kommen und mit mir essen!" Was geschieht? Als der Wirth also trunken anlangt, vom Pferde absteigt, in seine Wohnstube geht und sich niedersetzt, kommt eine gewaltige Angst über ihn, so daß er nicht im Stande ist, jemand zu rufen. Indeß tritt der Hausknecht herein, ihm die Stiefel abzuziehen, da findet er seinen Herrn halb todt im Sessel liegen. Er ruft alsbald die Frau und als sie ihren Mann mit starken Sachen ein wenig wieder erquickt, fragte sie, was ihm zugestoßen sei. Darauf erzählt er ihr, im Vorbeireiten habe er die drei Gehenkten zu Gast geladen und da er in seine Stube gekommen, seien diese drei in der entsetzlichen Gestalt, wie sie am Galgen hängen, in das Zimmer getreten, hätten sich an den Tisch gesetzt und ihm immer gewinkt, daß er herbei kommen solle. Da sei endlich der Hausknecht herein getreten, worauf die Geister alle drei verschwunden. Dieses wurde als eine bloße Einbildung des Wirths ausgegeben, weil ihm trunkener Weise eingefallen, was er im Vorbeireiten den Sündern zugerufen, aber er legte sich zu Bett und starb am dritten Tage.

337.
Teufelsbrücke.

Ein Schweizerhirte, der öfters sein Mädchen besuchte, mußte sich immer durch die Reuß mühsam durcharbeiten, um hinüber zu gelangen, oder einen großen Umweg nehmen. Es trug sich zu, daß er einmal auf einer außerordentlichen Höhe stand und ärgerlich sprach: „ich wollte, der Teufel wäre da und baute mir eine Brücke hinüber." Augenblicklich stand der Teufel bei ihm und sagte: „versprichst du mir das erste Lebendige, das darüber geht, so will ich dir eine Brücke dahin bauen, auf welcher du stets hinüber und herüber kannst." Der Hirte willigte ein; in wenig Augenblicken war die Brücke fertig, aber jener trieb eine Gemse vor sich her und ging hinten nach. Der betrogene Teufel ließ alsbald die Stücke des zerrissenen Thieres aus der Höhe herunter fallen.

338.
Die zwölf Johannesse.

Ein fränkischer König hatte zwölf Jünglinge, die wurden die deutschen Schüler genannt, und hießen jeglicher Johannes. Sie fuhren auf einer Glücksscheibe durch alle Länder und konnten binnen vier und zwanzig Stunden erfahren, was in der ganzen Welt geschehen war. Das berichteten sie dann dem Könige. Der Teufel aber ließ alle Jahre einen von der Scheibe herabfallen und nahm ihn zum Zoll. Den letzten ließ er auf den Petersberg bei Erfurt fallen, der zuvor der Berbersberg genannt war. Der König bekümmerte sich, wo doch der letzte hingekommen wäre, und als er erfuhr, daß es ein schöner Berg sei, auf den er herabgefallen, ließ er eine Capelle daselbst bauen und nannte sie Corpus Christi; setzte auch einen Einsiedler hinein. Es war aber damals schiffbar Wasser rings umher und nichts angebaut und an der Capelle hing eine Leuchte, danach sich jeder richtete, bis das Wasser an der Sachsenburg abgestochen wurde.

339.

Teufelsgraben.

In der Nähe des Dorfes Rappersdorf, das nicht weit von der Stadt Strehlen in Niederschlesien liegt, erblickt man in flachem Boden einen tiefen Graben, gegen einen etwas entfernten Bach laufend, welcher vom Volk der Teufelsgraben genannt wird. Ein Bauer aus Rappersdorf war sehr in Noth, weil er nicht wußte, wie er das überhand nehmende Regenwasser von seinen Feldern ableiten solle. Da erschien der Teufel vor ihm und sprach: „gieb mir sieben Arbeiter zur Hülfe, so will ich dir noch in dieser Nacht einen Graben machen, der alles Wasser von deinen Aeckern abzieht und fertig sein soll, eh der Morgen graut." Der Bauer willigte ein und überlieferte dem Teufel die Arbeiter mit ihren Werkzeugen. Als er am folgenden Tag hinausging, die Arbeit zu besichtigen, war zwar der große breite Graben vollendet, aber die Arbeitsleute waren verschwunden, bis man die zerrissenen Glieder dieser Unglücklichen auf den Feldern rings umher zerstreut fand.

340.

Der Kreuzliberg.

Auf einer Burg in der Nähe von Baaden im Aargau lebte eine Königstochter, welche oft zu einem nah gelegenen Hügel ging, da im Schatten des Gebüsches zu ruhen. Diesen Berg aber bewohnten innen Geister und er ward einmal bei einem furchtbaren Wetter von ihnen verwüstet und zerrissen. Die Königstochter, als sie wieder hinzukam, beschloß in die geöffnete Tiefe hinabzusteigen, um sie beschauen zu können. Sie trat, als es Nacht wurde, hinein, wurde aber alsbald von wilden, entsetzlichen Gestalten ergriffen und über eine große Menge Fässer immer tiefer und weiter in den Abgrund gezogen. Folgenden Tags fand man sie auf einer Anhöhe in der Nähe des verwüsteten Berges, die Füße in die Erde gewurzelt, die Arme in zwei Baumäste ausgewachsen und den Leib einem Steine ähnlich. Durch ein Wunderbild, das man aus dem nahen Kloster herbeibrachte, wurde sie aus diesem furchtbaren Zustande wieder erlöst und zur Burg zurückgeführt. Auf den Gipfel des Bergs setzte man ein Kreuz, und noch jetzt heißt dieser der Kreuzliberg und die Tiefe mit den Fässern des Teufels Keller.

341.

Die Pferde aus dem Bodenloch.

Richmuth von Adocht, eines reichen Burgermeisters zu Cöln Ehefrau, starb und wurde begraben. Der Todtengräber hatte gesehen, daß sie einen köstlichen Ring am Finger trug, die Begierde trieb ihn Nachts zu dem Grab, das er öffnete, Willens den Ring abzuziehen. Kaum aber hatte er den Sargdeckel aufgemacht, so sah er, daß der Leichnam die Hand zu= sammendrückte und aus dem Sarg steigen wollte. Erschrocken floh er. Die Frau wand sich aus den Grabtüchern los, trat heraus und ging ge= rades Schritts auf ihr Haus zu, wo sie den bekannten Hausknecht bei Namen rief, daß er schnell die Thür öffnen sollte und erzählte ihm mit wenig Worten, was ihr widerfahren. Der Hausknecht trat zu seinem Herrn und sprach: „unsere Frau steht unten vor der Thür und will ein= gelassen sein.‟ „Ach, sagte der Herr, das ist unmöglich, eh das möglich wäre, eher würden meine Schimmel oben auf dem Heuboden stehen!‟ Kaum hatte er das Wort ausgeredet, so trappelte es auf der Treppe und dem Boden und siehe, die sechs Schimmel standen oben alle beisammen. Die Frau hatte nicht nachgelassen mit Klopfen, nun glaubte der Burger= meister, daß sie wirklich da wäre; mit Freuden wurde ihr aufgethan und sie wieder völlig zum Leben gebracht. Den andern Tag schauten die Pferde noch aus dem Bodenloch und man mußte ein großes Gerüste anlegen, um sie wieder lebendig und heil herabzubringen. Zum Andenken der Geschichte hat man Pferde ausgestopft, die aus diesem Haus zum Boden heraus= gucken. Auch ist sie in der Apostelkirche abgemalt, wo man überdem einen langen leinenen Vorhang zeigt, den Frau Richmuth nachher mit eigener Hand gesponnen und dahin verehrt hat. Denn sie lebte noch sieben Jahre.

342.

Zusammenkunft der Todten.

Eine Königin war gestorben und lag in einem schwarz ausgehängten Trauersaal auf dem Prachtbette. Nachts wurde der Saal mit Wachs= kerzen hell erleuchtet und in einem Vorzimmer befand sich die Wache: ein Hauptmann mit neun und vierzig Mann. Gegen Mitternacht hörte dieser wie ein sechsspänniger Wagen rasch vor das Schloß fährt, geht hinab und eine in Trauer gekleidete Frau, von edlem und vornehmen Anstande, kommt ihm entgegen und bittet um die Erlaubniß, eine kurze Zeit bei der Todten verweilen zu dürfen. Er stellt ihr vor, daß er nicht die Macht habe, dies zu bewilligen, sie nennt aber ihren wohlbekannten Namen und sagt, als Oberhofmeisterin der Verstorbenen gebühre ihr das Recht, sie noch einmal, eh sie beerdigt werde, zu sehen. Er ist unschlüssig, aber sie bringt so lange, daß er nichts Schickliches mehr einzuwenden weiß und sie hineinführt. Er selbst, nachdem er die Thüre des Saals wieder zugemacht, geht haußen auf und ab. Nach einiger Zeit bleibt er vor der Thüre stehen, horcht und blickt durchs Schlüsselloch, da sieht er, wie die todte Königin aufrecht sitzt und leise zu der Frau spricht, doch mit verschlossenen Augen und ohne eine andere Belebung der Gesichtszüge, als daß die Lippen sich ein wenig bewegen. Er heißt die Soldaten, einen nach dem andern, hineinsehen und jeder erblickt dasselbe; endlich naht er selbst wieder da legt sich die Todte eben langsam auf das Prachtbett zurück. Gleich darauf kommt die Frau wieder heraus und wird vom Hauptmann hinab geführt; dieser fühlt, indem er sie in den Wagen hebt, das ihre Hand eiskalt ist. Der Wagen eilt, so schnell er gekommen, wieder fort und der Hauptmann sieht, wie in der Ferne die Pferde Feuerfunken ausathmen. Am andern Morgen kommt die Nachricht, daß die Oberhofmeisterin, welche mehrere Stunden weit auf einem Landhause wohnte, um Mitternacht und gerade in der Stunde gestorben ist, wo sie bei der Todten war.

343.

Das weissagende Vöglein.

Im Jahr 1624 hörte man in der Luft rufen: „weh, weh über Pommerland!" Am 14. Juli ging des Leinenwebers Frau von Colbatz nach Selow, mit Namen Barbara Sellentins, daselbst Fische zu kaufen. Da sie auf dem Rückwege nach Colbatz unterwegs war, hörte sie den Steig herunter am Berge ein Geschrei von Vögeln, und wie sie besser hinankam, schallte ihr die Stimme entgegen: „höre, höre!" Sie sah mittlerweile ein klein weiß Vögelein, einer Schwalben groß, auf einer Eiche sitzend, das redete sie mit deutlichen, klaren Worten an: „sage dem Hauptmann, daß er soll dem Fürsten sagen, die Anrennung, die er kriegen wird, soll er in Güte vertragen, oder es wird über ihn ausgehen; und soll also richten, daß er's vor Gott und der Welt verantworten kann!"

344.

Der ewige Jud auf dem Matterhorn.

Der Matterberg unter dem Matterhorn ist ein hoher Gletscher des Walliserlands, auf welchem die Visper entspringt. Der Leutsage nach soll daselbst vor Zeiten eine ansehnliche Stadt gelegen haben. Durch diese kam einmal der laufende Jud*) gegangen und sprach: „wenn ich zum zweitenmal hier durch wandere, werden da, wo jetzt Häuser und Gassen sind, Bäume wachsen und Steine liegen. Und wenn mich zum drittenmal der Weg daher führt, wird nichts da sein, als Schnee und Eis." Jetzo ist schon nichts mehr da zu sehen, als Schnee und Eis.

345.
Der Kessel mit Butter.

Unter einem Berg des Visperthales, nicht weit von Alt-Tesch, soll ein ganzes Dorf mit Kirche und Häusern vergraben liegen, und die Ursache dieses Unglücks wird so erzählt: eine Bäuerin stand vorzeiten an ihrem Heerd und hatte einen Kessel mit Anke, welche sie auslassen wollte, über dem Feuer hangen; der Kessel war gerade halb voll Sud. Da kam ein Mann des Weges vorbei und sprach sie an, daß sie ihm etwas von der Anke zu seiner Speise geben möchte. Die Frau war aber hartherzig und sagte: „ich brauch alles für mich selber und kann nichts davon verschenken." Da wandte sich der Mann und sprach: „hättest du mir ein weniges gegeben, so wollt ich deinen Kessel so begabt haben, daß er stets bis zum Rand voll gewesen und nimmer leer geworden wäre." Dieser Mann war unser Herrgott selber. Das Dorf aber war seit der Zeit verflucht und wurde von einem Bergsturz ganz überschüttet, so daß nichts mehr davon am Licht ist, als die Fläche des Kirchenaltars, der ehedem im Ort gestanden; über den fließt nämlich jetzt das Bächlein, das vorher unter ihm hingeflossen und sich nun durch die Schlucht der Felsen windet.

346.
Trauerweide.

Unser Herr Jesus Christus ward bei seiner Kreuzigung mit Ruthen gegeißelt, die von einem Weidenbaume genommen waren. Seit dieser Zeit senkt dieser Baum seine Zweige trauernd zur Erde und kann sie nicht mehr himmelwärts aufrichten. Das ist nun der Trauerweidenbaum.

347.
Das Christuskind zu Wittenberg.

Zu Wittenberg soll sich ein Christusbild befinden, welches die wunderbare Eigenschaft hat, daß es immer einen Zoll größer ist, als der, welcher davor steht und es anschaut; es mag nun der größte oder der kleinste Mensch sein.

---

*) So nennen viele Schweizer den ewigen Juden.

348.

Das Muttergottesbild am Felsen.

Im Visperthal an einer schroffen Felsenwand des Rätibergs hinter St. Niklas stehet hoch oben, den Augen kaum sichtbar, ein kleines Marienbild im Stein. Es stand sonst unten am Weg in einem jetzt leeren Capellchen, daß die vorbeigehenden Leute davor beten konnten. Einmal aber geschah's, daß ein gottloser Mensch, dessen Wünsche unerhört geblieben waren, Koth nahm und das heilige Bild damit bewarf; es weinte Thränen: als er aber den Frevel wiederholte, da eilte es fort, hoch an die Wand hinauf und wollte sich auf das Flehen der Leute nicht wieder herunter begeben. Den Fels hinanzuklimmen und es zurückzuholen, war ganz unmöglich; eher, dachten die Leute, könnten sie ihm oben vom Gipfel herab nahen, erstiegen den Berg und wollten einen Mann mit starken Stricken umwunden soweit hernieder schweben lassen, bis er vor das Bild käme und es in Empfang nehmen könnte. Allein im Herunterlassen wurde der Strick, woran sie ihn oben festhielten, unten zu immer dünner und dünner ja als er eben dem Bild nah kam, so dünn wie ein Haar, daß den Menschen eine schreckliche Angst befiel und er hinaufrief: sie sollten ihn um Gotteswillen zurückziehen, sonst wär er verloren. Also zogen sie ihn wieder hinauf und die Seile erlangten zusehens die vorige Stärke. Da mußten die Leute von dem Gnadenbild abstehen und bekamen es nimmer wieder.

349.

Das Gnadenbild aus dem Lerchenstock zu Waldraft.

Im Jahr 1392 sandte die große Frau im Himmel einen Engel aus nach Tyrol in die Waldraft auf dem Serlesberg. Der trat vor einen hohlen Lerchenstock und sprach zu ihm im Namen der Gottesmutter:
„du Stock sollst der Frauen im Himmel Bild fruchten!"
Das Bild wuchs nun im Stock und zwei fromme Hirtenknaben, Hänsle und Peterle aus dem Dorfe Mizens, gewahrten sein zuerst im Jahre 1407. Verwundert liefen sie hinab zu den Bauern und erzählten; „gehet auf das Gebirg, da stehet etwas wunderbarliches im hohlen Stock, wir trauten uns nicht es anzurühren." Das heilige Bild wurde nun erkannt, mit einer Säge aus dem Stock geschnitten und einstweilen nach Matrey gebracht. Da stand es, bis daß ihm eine eigene Kirche zur Waldraft selbst gebauet wurde, dazu bediente sich U. L. F. eines armen Holzhackers Namens Lusch, gesessen zu Matrey. Als der eines Pfingsttags Nacht an seinem Bett lag und schlief, kam eine Stimme, redete zu dreienmalen und sprach: „schläfst du oder wachst du?" Und beim drittenmal erwachte er und frug: „wer bist du oder was willst du?" Die Stimme sprach: „du

ſollſt aufbringen eine Capelle in der Ehre U. L. F. auf der Waldraſt."
Da ſprach der Holzhauer: „das will ich nit thun," Aber die Stimme
kehrte wieder zu der andern Pfingſttagnacht und redete mit ihm in der
Maas als zuvor. Da ſprach er: „ich bin zu arm dazu." Da kam die
Stimme zu der dritten Pfingſttagnacht abermal an ſein Bett und redete
als vor. Alſo hatte er dreier Nacht keine vor Sorgen geſchlafen und
antwortete der Stimme: „wie meineſt bu's, daß du nicht von mir willt
laſſen?" Da ſprach die Stimme: „du ſollt es thun!" Da ſprach er: „ich
will ſein nit thun!" Da nahm es ihn und hob ihn gerad auf in die
Höhe und ſagte: „du ſollſt es thun, berathe dich drum!" Da gedacht er:
„o ich armer Mann, was rath ich, daß ich's recht thue?" und ſprach, er
wollte es thun, wo er nur die rechte Stätte wüßte." Die Stimme ſprach:
„im Wald iſt ein grüner Fleck im Mooſe, da leg dich nieder und raſte,
ſo wird dir wohl kund gethan die rechte Stätte." Der Holzhauer machte
ſich auf, legte ſich hin auf das Moos und raſtete (davon heißt der Ort:
die Raſt im Walde, Waldraſt). Wie er entſchlafen war, hörte er im Schlafe
zwei Glöckel. Da wachte er und ſah vor ſich auf dem Flecken, da jetzund die
Kirche ſtehet, eine Frau in weißen Kleidern und hätte ein Kind am Arm,
beß ward ihm nur ein Blick*). Da gedachte er, allmächtiger Gott, da iſt
freilich die rechte Statt! und ging auf die Statt, da er das Bild geſehen
hatte, und merkt's aus, nach dem als er vermeinte eine Kirche zu machen,
und die Glöckel klungen, bis er ausgemerkt hatte, hernach hörte er ſie
nicht mehr. Da ſprach er: „lieber Gott, wie ſoll ich's verbringen? ich
bin arm und habe kein Gut, da ich ſolchen Bau mit verbringen möge."
Da ſprach wiederum die Stimme, „ſo geh zu frommen Leuten, die geben
dir wohl alſoviel, daß du es verbringſt. Und wann es geſchiehet, daß
man es weihen ſoll, da wird es ſtillſtehen 36 Jahr, darnach wird es
fürgäng und werden große Zeichen da geſchehen zu ewigen Zeiten." Und
da er die Capelle anfangen wollte zu machen, ging er zu ſeinem Beicht=
vater und thät ihm das kund. Da ſchuf er ihn vor den Biſchof gen
Brixen, da ging er zu fünfmalen gen Brixen, daß ihm der Biſchof den
Bau und die Capelle zu machen erlaubte. Das that der Biſchof und iſt
geſchehen am Erchtag (Dienstag) vor S. Pancratius im Jahre 1409.

350.
Ochſen zeigen die heilige Stätte.

Bei Matten, einem Dorfe unweit der Mündung des Fermelthales in
der Schweiz, liegt ein gewaltiges, zerſtörtes ſteinernes Gebäude, davon geht
folgende Sage: vor alten Zeiten wollte die Gemeinde dem heiligen Stephan

---

*) d. h. er ſah die Erſcheinung nur einen Augenblick.

eine Kirche bauen und man ersah den Platz aus, wo das Mauerwerk steht. Aber jede Nacht wurde zum Schrecken aller wiederum zerstört, was den Tag über die fleißigen Thalleute aufgeführt hatten. Da beschloß die Gemeinde unter Gebeten die Werkzeuge des Kirchenbaus einem ins Joch gespannten Ochsenpaare aufzuerlegen, wo das stillstehen würde, wollten sie Gottes Finger darin erblicken und die Kirche an dem Ort aufbauen. Die Thiere gingen über den Fluß und blieben da stehen, wo nun die Kirche St. Stephan vollendet ward.

351.

Notburga.

Im untern Innthale Tirols liegt das Schloß Rottenburg, auf welchem vor alten Zeiten bei einer abligen Herrschaft eine fromme Magd diente, Notburga genannt. Sie ward mildthätig und theilte, so viel sie immer konnte, unter die Armen aus und weil die habsüchtige Herrschaft damit unzufrieden war, schlugen sie das fromme Mägdlein und jagten es endlich fort. Es begab sich zu armen Bauersleuten auf den nah gelegenen Berg Eben; Gott aber strafte die böse Frau auf Rottenburg mit einem jähen Tod. Der Mann fühlte nun das der Notburga angethane Unrecht und holte sie von dem Berge Eben wieder zu sich nach Rottenburg, wo sie ein frommes Leben führte, bis die Engel kamen und sie in den Himmel abholten. Zwei Ochsen trugen ihren Leichnam über den Innstrom und obgleich sein Wasser sonst wild tobt, so war er doch, als die Heilige sich näherte, ganz sanft und still. Sie wurde in der Capelle des heil. Ruprecht beigesetzt.

Am Neckar geht eine andere Sage. Noch stehen an diesem Flusse Thürme und Mauern der alten Burg Hornberg, darauf wohnte vorzeiten ein mächtiger König mit seiner schönen und frommen Tochter Notburga. Diese liebte einen Ritter und hatte sich mit ihm verlobt; er war aber ausgezogen in fremde Lande und nicht wiedergekommen. Da beweinte sie Tag und Nacht seinen Tod und schlug jeden andern Freier aus, ihr Vater aber war hartherzig und achtete wenig auf ihre Trauer. Einmal sprach er zu ihr: „bereite deinen Hochzeitschmuck, in drei Tagen kommt ein Bräutigam, den ich dir ausgewählt habe." Notburga aber sprach in ihrem Herzen: „eh will ich fortgehen, so weit der Himmel blau ist, als ich meine Treue brechen sollte."

In der Nacht darauf, als der Mond aufgegangen war, rief sie einen treuen Diener und sprach zu ihm. „führe mich die Waldhöhe hinüber nach der Capelle St. Michael, da will ich, verborgen vor meinem Vater, im Dienste Gottes das Leben beschließen." Als sie auf der Höhe waren, rauschten die Blätter und ein schneeweißer Hirsch kam herzu und stand neben Notburga still. Da setzte sie sich auf seinen Rücken, hielt sich an sein Geweih und ward schnell von ihm fortgetragen. Der Diener sah, wie der Hirsch mit ihr über den Neckar leicht und sicher hinüberschwamm und drüben verschwand.

Am andern Morgen, als der König seine Tochter nicht fand, ließ er sie überall suchen und schickte Boten nach allen Gegenden aus, aber sie kehrten zurück, ohne eine Spur gefunden zu haben; und der treue Diener wollte sie nicht verrathen. Aber als es Mittagszeit war, kam der weiße Hirsch auf Hornberg zu ihm und als er ihm Brot reichen wollte, neigte er seinen Kopf, damit er es ihm an das Geweih stecken möchte. Dann sprang er fort und brachte es der Notburga hinaus in die Wildniß und so kam er jeden Tag und erhielt Speise für sie; viele sahen es, aber niemand wußte, was es zu bedeuten hatte, als der treue Diener.

Endlich bemerkte der König den weißen Hirsch und zwang dem Alten das Geheimniß ab. Andern Tags zur Mittagszeit setzte er sich zu Pferd und als der Hirsch wieder die Speise zu holen kam und damit forteilte, jagte er ihm nach, durch den Fluß hindurch, bis zu einer Felsenhöhle, in welche das Thier sprang. Der König stieg ab und ging hinein, da fand er seine Tochter, mit gefalteten Händen vor einem Kreuz kniend, und neben ihr ruhte der weiße Hirsch. Da sie vom Sonnenlicht nicht mehr berührt worden, war sie todtenblaß, also daß er vor ihrer Gestalt erschrak. Dann sprach er: „kehre mit nach Hornberg zurück;“ aber sie antwortete: „ich habe Gott mein Leben gelobt und suche nichts mehr bei den Menschen.“ Was er noch sonst sprach, sie war nicht zu bewegen und gab keine andere Antwort. Da gerieth er in Zorn und wollte sie wegziehen, aber sie hielt sich am Kreuz, und als er Gewalt brauchte, löste sich der Arm, an welchem er sie gefaßt, vom Leibe und blieb in seiner Hand. Da ergriff ihn ein Grauen, daß er fort eilte und sich nimmer wieder der Höhle zu nähern begehrte.

Als die Leute hörten, was geschehen war, verehrten sie Notburga als eine Heilige. Büßende Sünder schickte der Einsiedler bei der St. Michael= Capelle, wenn sie bei ihm Hülfe suchten, zu ihr; sie betete mit ihnen und nahm die schwere Last von ihrem Herzen. Im Herbst, als die Blätter fielen, kamen die Engel und trugen ihre Seele in den Himmel; die Leiche hüllten sie in ein Todtengewand und schmückten sie, obgleich alle Blumen verwelkt waren, mit blühenden Rosen. Zwei schneeweiße Stiere, die noch kein Joch auf dem Nacken gehabt, trugen sie über den Fluß ohne die Hufe zu benetzen, und die Glocken in den nahliegenden Kirchen fingen von selbst an zu läuten. So ward der Leichnam zur St. Michael=Capelle gebracht und dort begraben. In der Kirche des Dorfs Hochhausen am Neckar steht noch heute das Bild der heil. Notburga in Stein gehauen. Auch die Notburgahöhle, gemeiniglich Jungfernhöhle geheißen, ist noch zu sehen und jedem Kind bekannt.

Nach einer andern Erzählung war es König Dagobert, der zu Mos=
bach Hof gehalten, welchem seine Tochter Notburga entfloh, weil er sie
mit einem heidnischen Wenden vermählen wollte. Sie ward mit Kräutern
und Wurzeln von einer Schlange in der Felsenhöhle ernährt, bis sie darin
starb. Schweifende Irrlichter verriethen das verstohlene Grab und die
Königstochter ward erkannt. Den mit ihrer Leiche beladenen Wagen zogen
zwei Stiere fort und blieben an dem Orte stehen, wo sie jetzt begraben
liegt und den eine Kirche umschließt. Hier geschehen noch viele Wunder.
Das Bild der Schlange befindet sich gleichfalls an dem Stein zu Hoch=
hausen. Auf einem Altargemälde daselbst ist aber Notburga mit ihren
schönen Haaren vorgestellt, wie sie zur Sättigung der väterlichen Rach=
gierde enthauptet wird.

352.
Mauerkalk mit Wein gelöscht.

Im Jahre 1450 wuchsen zu Oesterreich so saure Trauben, daß die
meisten Bürgersleute den gekelterten Wein in die offene Straße aus=
schütteten, weil sie ihn seiner Herbheit halber nicht trinken mochten. Diesen
Wein nannte man Reifbeißer; nach einigen, weil der Reif die Trauben
verderbt, nach andern, weil der Wein die Dauben und Reife der Fässer
mit seiner Schärfe gebissen hätte. Da ließ Friedrich III., römischer König,
ein Gebot ausgehen, daß niemand so die Gabe Gottes vergießen solle und
wer den Wein nicht trinken möge, habe ihn auf den Stephanskirchhof zu
führen, da solle der Kalk im Wein gelöscht und die Kirche damit gebaut
werden.

Zu Glatz, gegen dem böhmischen Thor wärts, stehet ein alter Thurm,
rund und ziemlich hoch; man nennt ihn Heidenthurm, weil er vor uralten
Zeiten im Heidenthum erbaut worden. Er hat starke Mauern und soll
der Kalk dazu mit eitel Wein zubereitet worden sein.

353.
Der Judenstein.

Im Jahre 1462 ist es zu Tirol im Dorfe Rinn geschehen, daß etliche
Juden einen armen Bauer durch eine große Menge Geld dahin brachten,
ihnen sein kleines Kind hinzugeben. Sie nahmen es mit hinaus in den
Wald und marterten es dort auf einem großen Stein, seitdem der Juden=
stein genannt, auf die entsetzlichste Weise zu todt. Den zerstochenen Leich=
nam hingen sie darnach an einen unfern einer Brücke stehenden Birken=
baum. Die Mutter des Kindes arbeitete gerade im Feld, als der Mord
geschah; auf einmal kamen ihr Gedanken an ihr Kind und ihr wurde,
ohne daß sie wußte warum, so angst: indem fielen auch drei frische Bluts=

tropfen nach einander auf ihre Hand. Voll Herzensbangigkeit eilte sie heim und begehrte nach ihrem Kind. Der Mann zog sie in die Kammer, gestand, was er gethan und wollte ihr nun das schöne Geld zeigen, das sie aus aller Armuth befreie, aber es war all in Laub verwandelt. Da ward der Vater wahnsinnig und grämte sich todt, aber die Mutter ging aus und suchte ihr Kindlein und als sie es an dem Baum hängend ge= funden, nahm sie es unter heißen Thränen herab und trug es in die Kirche nach Rinn. Noch jetzt liegt es dort und wird vom Volk als ein heiliges Kind betrachtet. Auch der Judenstein ist dorthin gebracht. Der Sage nach hieb ein Hirt den Baum ab, an dem das Kindlein gehangen, aber, als er ihn nach Haus tragen wollte, brach er ein Bein und mußte daran sterben.

354.
Das von den Juden getödtete Mägdlein.

Im Jahre 1267 war zu Pforzheim eine alte Frau, die verkaufte den Juden aus Geiz ein unschuldiges, siebenjähriges Mädchen. Die Juden stopften ihm den Mund, daß es nicht schreien konnte, schnitten ihm die Adern auf und umwanden es, um sein Blut aufzufangen, mit Tüchern. Das arme Kind starb bald unter der Marter, und sie warfen's in die Enz, eine Last von Steinen oben drauf. Nach wenig Tagen reckte Mar= garethchen ihr Händlein über dem fließenden Wasser in die Höhe; das sahen die Fischer und entsetzten sich; bald lief das Volk zusammen und auch der Markgraf selbst. Es gelang den Schiffern, das Kind herauszu= ziehen, das noch lebte, aber nachdem es Rache über seine Mörder gerufen, in den Tod verschied. Der Argwohn traf die Juden, alle wurden zu= sammengefordert und wie sie dem Leichnam nahten, floß aus den offenen Wunden stromweise das Blut. Die Juden und das alte Weib bekannten die Unthat und wurden hingerichtet. Beim Eingang der Schloßkirche zu Pforzheim, da wo man die Glockenseile zum Geläute zieht, stehet der Sarg des Kindes mit einer Inschrift. Unter der Schifferzunft hat sich von Kind zu Kind einstimmig die Sage fortgepflanzt, daß damals der Markgraf ihren Vorfahren zur Belohnung die Wachtfreiheit, „so lang Sonne und Mond leuchten" in der Stadt Pforzheim und zugleich das Vorrecht verliehen habe, daß alle Jahre um Faßnachtsmarkt vier und zwanzig Schiffer mit Waffen und klingendem Spiel aufziehen und an diesem Tag Stadt und Markt allein bewachen sollen. Dies gilt auf den heutigen Tag.

355.
Die vier Hufeisen.

Zu Ellrich waren ehedem an der Thüre der alten Kirche vier unge= heure Hufeisen festgenagelt und wurden von allen Leuten angestaunt; seit die Kirche eingefallen ist, werden sie in des Pfarrers Wohnung aufbewahrt. Vor alten Zeiten soll Ernst Graf zu Klettenberg eines Sonntagsmorgens nach Ellrich geritten sein, um dort durch Trinken den ausgesetzten Ehren~ ~~~~ ~~~~ Goldkette zu gewinnen. Er erlangte auch den Dank vor vielen ~~ die Kette um den Hals angethan wollte er durch das Städt~ Klettenberg zurückkehren. In der Vorstadt hörte er in der Niclas~ Vesper singen; im Taumel reitet er durch die Gemeinde bis vor ~; kaum betritt das Roß dessen Stufen, so fallen ihm plötzlich Hufeisen ab und es sinkt sammt seinem Reiter nieder.

356.
Der Altar zu Seefeld.

Tirol nicht weit von Innsbruck liegt Seefeld, eine alte Burg, wo ~~~nten Jahrhundert Oswald Müller, ein stolzer und frecher Ritter ~ Dieser verging sich im Uebermuthe so weit, daß er im Jahre ~ einem grünen Donnerstag mit der ihm, im Angesicht des Land~ und seiner Knechte in der Kirche gereichten Hostie nicht vorlieb nehmen wollte, sondern eine größere, wie sie die Priester sonst haben, vom Capellan für sich forderte. Kaum hatte er sie empfangen, so hub der steinharte Grund vor dem Altar an, unter seinen Füßen zu wanken. In der Angst suchte er sich mit beiden Händen am eisernen Geländer zu halten, aber es gab nach, als ob es von Wachs wäre, also daß sich die Fugen seiner Faust deutlich ins Eisen drückten. Ehe der Ritter ganz versank, er~ griff ihn die Reue, der Priester nahm ihm die Hostie wieder aus dem Mund, welche sich, wie sie des Sünders Zunge berührt, alsbald mit Blut überzogen hatte. Bald darauf stiftete er an der Stätte ein Kloster und wurde selbst als Laie hineingenommen. Noch heute ist der Griff auf dem Eisen zu sehen und von der ganzen Geschichte ein Gemälde vorhanden.

Seine Frau, als sie von dem heimkehrenden Volke erfuhr, was sich in der Kirche zugetragen, glaubte nicht daran, sondern sprach: „das ist so wenig wahr, als aus dem dürren und verfaulten Stock da Rosen blühen können." Aber Gott gab ein Zeichen seiner Allmacht und alsbald grünte der trockne Stock und kamen schöne Rosen, aber schneeweiße, hervor. Die Sünderin riß die Rosen ab und warf sie zu Boden, in demselben Augen~ blick ergriff sie der Wahnsinn und sie rannte die Berge auf und ab, bis sie andern Tags todt zur Erde sank.

357.
Der Sterbensstein.

In Oberhasli auf dem Weg nach Gadmen, unweit Mayringen, liegt am Kirchetbuel, einer engen Felsschlucht, durch welche vor Jahrhunderten sich die trübe Aar wälzte, ein Stein auf der Erde, in welchem sich eine von einer Menschenhand eingedrückte Form von mehreren Fingern zeigt. Vorzeiten, erzählt das Volk, fiel hier eine Mordthat vor; die Unglückliche suchte sich daran festzuhalten und drückte die Spuren des gewaltsamen Sterbens dem Stein ein.

<hr>

358.
Sündliche Liebe.

Auf dem Petersberge bei Erfurt ist ein Begräbniß von Bruder und Schwester, die auf dem etwas erhabenen Leichensteine abgebildet sind. Die Schwester war so schön, daß der Bruder, als er eine Zeitlang in der Fremde zugebracht und wieder kam, eine heftige Liebe zu ihr faßte und mit ihr sündigte. Beiden riß alsbald der Teufel das Haupt ab. Auf dem Leichensteine wurden ihre Bildnisse ausgehauen, aber die Köpfe ver= schwanden auch hier von den Leibern und es blieb nur der Stachel, woran sie befestigt waren. Man setzte andere von Messing darauf, aber auch diese kamen fort, ja, wenn man nur mit Kreide Gesichter darüber zeichnete, so war andern Tags alles wieder ausgelöscht.

<hr>

359.
Der schweidnitzer Rathsmann.

Es lebte vorzeiten ein Rathsherr zu Schweidnitz, der mehr das Gold liebte als Gott, und eine Dohle abgerichtet hatte, durch eine ausgebrochene Glasscheibe des vergitterten Fensters in die seinem Haus grad gegenüber liegende Rathskämmerei einzufliegen und ihm ein Stück Geld daraus zu holen. Das geschah jeden Abend und sie brachte ihm eine der goldenen oder silbernen Münzen, die gerade von der Stadt Einkünften auf dem Tische lagen, mit ihrem Schnabel getragen. Die andern Rathsbedienten gewahrten endlich der Verminderung des Schatzes, beschlossen dem Dieb aufzulauern und fanden bald, daß die Dohle nach Sonnenuntergang geflogen kam und ein Goldstück wegpickte. Sie zeichneten darauf einige Stücke und legten sie hin, die von der Dohle nach und nach gleichfalls abgeholt wurden. Nun saß der ganze Rath zusammen, trug die Sache vor und schloß dahin, falls man den Dieb herausbringen würde, so sollte er oben auf den Kranz des hohen Rathhausthurms gesetzt und verurtheilt werden, entweder oben zu verhungern oder bis auf den Erdboden herab= zusteigen. Unterdessen wurde in des verdächtigen Rathsherrn Wohnung geschickt und nicht nur der fliegende Bote, sondern auch die gezeichneten Goldstücke gefunden. Der Missethäter bekannte sein Verbrechen, unterwarf sich willig dem Spruch, den man, angesehen sein hohes Alter, lindern wollte, welches er nicht zugab, sondern stieg vor aller Augen mit Angst und Zittern auf den Kranz des Thurms. Beim Absteigen unterwärts kam er aber bald auf ein steinern Geländer, konnte weder vor noch hinter sich und mußte stehen bleiben. Zehn Tage und Nächte stand der alte, arme Greis da zur Schau, daß es einen erbarmte, ohne Speis und Trank, bis er endlich vor großem Hunger sein eigen Fleisch von den Händen und Armen abnagte und reu= und bußfertig durch solchen grausamen, unerhörten Tod sein Leben endigte. Statt des Leichnams wurde in der Folge sein steinernes Bild nebst dem der Dohle auf jenes Thurmgeländer gesetzt. 1642 wehte es ein Sturmwind herunter, aber der Kopf davon soll noch auf dem Rathhaus vorhanden sein.

360.
Regenbogen über Verurtheilten.

Als im Juni 1621 zu Prag sieben und zwanzig angesehene Männer, welche in den böhmischen Aufruhr verwickelt waren, sollten hingerichtet werden, rief einer derselben, Joh. Kutnauer, Bürgerhauptmann in der Altstadt, inständig zum Himmel empor, daß ihm und seinen Mitbürgern ein Zeichen der Gnade gegeben werde, und mit so viel Vertrauen, daß er sprach, er zweifle gar nicht, ein solches zu erhalten. Als nun der Vollzug der Todesstrafen eben beginnen sollte, erschien nach einem kleinen Regen, über dem sogenannten Lorenzberge ein kreuzweis übereinandergehender Regenbogen, der bei einer Stunde zum Troste der Verurtheilten stehen blieb.

361.
Gott weint mit dem Unschuldigen.

In Hanau ward zu einer Zeit eine Frau wegen eines schweren Ver= brechens angeklagt und zum Tode verurtheilt. Als sie auf den Richtplatz kam, sprach sie: „wie der Schein auch gegen mich gezeugt hat, ich bin unschuldig, so gewiß, als Gott jetzt mit mir weinen wird." Worauf es von heiterem Himmel zu regnen anfing. Sie ward gerichtet, aber später kam ihre Unschuld an den Tag.

362.
Gottes Speise.

Nicht weit von Zwickau im Voigtlande hat sich in einem Dorf zu= getragen, daß die Eltern ihren Sohn, einen jungen Knaben in den Wald geschickt, die Ochsen, so allda an der Weide gegangen, heimzutreiben. Als aber der Knabe sich etwas gesäumt, hat ihn die Nacht überfallen, ist auch dieselbe Nacht ein großer tiefer Schnee herabgekommen, der allenthalben die Berge bedeckt hat, daß der Knabe vor dem Schnee nicht hat können aus dem Wald gelangen. Und als er auch des folgenden Tags nicht heim kommen, sind die Eltern nicht so sehr der Ochsen, als des Knaben wegen, nicht wenig bekümmert gewesen und haben doch vor dem großen Schnee nicht in den Wald bringen können. Am dritten Tag, nachdem der Schnee zum Theil abgeflossen, sind sie hinaus gegangen, den Knaben zu suchen, welchen sie endlich gefunden an einem sonnigten Hügel sitzen, an dem gar kein Schnee gelegen. Der Knab, nachdem er die Eltern gesehen, hat sie angelacht und als sie ihn gefragt, warum er nicht heimgekommen? hat er geantwortet, er hätte warten wollen, bis es Abend würde; hat nicht gewußt, daß schon ein Tag vergangen war, ist ihm auch kein Leid widerfahren. Da man ihn auch gefragt, ob er etwas gegessen hätte, hat er berichtet, es sei ein Mann zu ihm gekommen, der ihm Käs und Brot gegeben habe. Ist also dieser Knabe ohne Zweifel durch einen Engel Gottes gespeist und erhalten worden.

<hr>

363.

Die drei Alten.

Im Herzogthum Schleswig, in der Landschaft Angeln, leben noch Leute, die sich erinnern, nachstehende Erzählung aus dem Munde des vor einiger Zeit verstorbenen, durch mehrere gelehrte Arbeiten bekannten Pastor Oest gehört zu haben; nur weiß man nicht, ob die Sache ihm selbst, oder einem benachbarten Prediger begegnet sei. Mitten im 18. Jahrhundert geschah es, daß der neue Prediger die Markung seines Kirchsprengels umritt, um sich mit seinen Verhältnissen genau bekannt zu machen. In einer entlegenen Gegend stehet ein einsamer Bauernhof, der Weg führt hart am Vorhof der Wohnung vorbei. Auf der Bank sitzt ein Greis mit schneeweißem Haar und weint bitterlich. Der Pfarrer wünscht ihm guten Abend und fragt: was ihm fehle? „Ach, giebt der Alte Antwort, mein Vater hat mich so geschlagen." Befremdet bindet der Prediger sein Pferd an und tritt ins Haus, da begegnet ihm auf der Flur ein Alter, noch viel greiser als der erste, von erzürnter Geberde und heftiger Bewegung. Der Prediger spricht ihn freundlich an und fragt nach der Ursache des Zürnens. Der Greis spricht: „ei, der Junge hat meinen Vater fallen lassen!" Damit öffnet er die Stubenthüre, der Pfarrer verstummt vor Erstaunen und sieht einen vor Alter ganz zusammengedrückten, aber noch rührigen Greis im Lehnstuhl hinterm Ofen sitzen.

Inhalt, Quellen und Zusätze.

Eingelegtes Blatt von Wilhelms Hand:
Tradition.

Von dem hl. Rochus, wie er bei Wartung vom Pestkranken sein Leben nicht in Anschlag brachte.

„Nun erzählte die Gesellschaft — jene anmuthige Legende, und zwar um die Wette, Kinder und Eltern sich einander helfend.

„Hier lernte man das eigentliche Wesen der Sage kennen, wenn sie von Mund zu Mund, von Ohr zu Ohr wandelt. Widersprüche kommen nicht vor, aber unendliche Unterschiede, welche daher entspringen mochten, daß jedes Gemüth einen anderen Antheil an der Begebenheit und den einzelnen Vorfällen genommen, wodurch dann ein Umstand bald zurückgesetzt, bald hervorgehoben, nicht weniger die verschiedenen Wanderungen, sowie der Aufenthalt des Heiligen an verschiedenen Orten verwechselt wurde."

Göthe: Kunst und Alterthum II. 106. 107.

Wilhelm Grimm hat diese Stelle offenbar deshalb für besonders wichtig gehalten, weil sie seiner Ueberzeugung nach am besten das Wesen der Volkspoesie ausspricht. Göthe sucht darzustellen, wie durch die unbewußte Theilnahme Aller an dem Berichte des Geschehenen die Thatsachen, in einer unaufhörlichen Umgestaltung begriffen, stets neue Form annehmen und dadurch zugleich neuen Inhalt gewinnen. —

Wilhelms und Jacobs Gedanken über Sage und Volksdichtung haben in der aus Jacobs Feder stammenden Vorrede zu den Deutschen Sagen nicht den letzten Ausdruck gefunden. In der Heldensage und in der Mythologie gaben sie ihre Anschauungen in vollerem Umfange. Hiezu müssen alle die Aeußerungen genommen werden, welche im Laufe ihres Lebens hervorgetreten sind und in ihren kleinen Schriften nebeneinander stehen.

Zusatz von Jacob's Hand:
In den graubündener Alpen bemerkte vor langer Zeit einer
ein sehr geschäftiges Bergmännlein in der Grube, es lief hin und her
und trug das ausgehauene Erz in einen Korb. Der Eigenthümer ließ
ihm den Willen, that ihm nichts zu Leide und machte wenn es ging,
das Zeichen des Creuzes. Aber einmal ließ sich der Berggeist so un=
gestüm hören, daß es einer der Arbeiter nicht länger aushalten konnte,
fluchte heftiglich gegen das Männlein. Dieses ergriff ihn beim Kopf
und drehte ihm das Gesicht auf den Rücken. Viele Menschen sahen
den unglücklichen Bergmann in dieser Gestalt. Doch lebte er noch
wenige Zeit aus. Wenn sich ein Unglück zutrug, hörte man in diesen
Gebürgen die Berggeister poltern, rauschen und hauen.

Grimm, Sagen.
16

Es giebt mehr wie ein Mummelsee. S. Schreiber S. 29. Mummelchen, Mühmchen, Fräulein, Elfin. Zu Seite 38, Ende des zweiten Absatzes bemerkt: steht mit mehr Worten im Simpliciss.]

Hier findet sich der Ausschnitt einer Zeitung vom Jahre 1849 eingelegt:

Eine Sage aus dem Schwarzwalde.

Das Volk hütet seine schöne Sagen- und Mährchenwelt wie einen verborgenen Schatz, und hat eine unüberwindliche aber natürliche Scheu davor, sie dem Gebildeten mitzutheilen. Hatte es denn nicht auch in früheren Zeiten zu befürchten, sein liebstes und eigenstes Eigenthum als gottlosen oder einfältigen Aberglauben verdammt oder verspottet zu sehen? So viele reizende Sagen hat uns allein diese Scheu gerettet, und wer sich die Mühe nicht verdrießen läßt, der wird ihr noch lange den Genuß zu verdanken haben, selbst einzelne Perlen aus dem reichen Schatze zu erheben. Denn nicht Jeder hat das Glück, wie die Gebrüder Grimm eine Viehmännin (die hessische Bäuerin, von der jene einen großen Theil ihrer Mährchen haben) zu finden, noch Wenigere aber freilich die Gabe, den entdeckten Mährchenquell in vollen Strahlen hervorsprudeln zu lassen.

Das erfuhr ich, als ich an einem frischen Morgen im Herbst 1845 von Achern aus in den Schwarzwald hineinzog, um über die Hornisgründe ins Murgthal hinüberzuwandern. Dabei sollte denn auch der vielberufene Mummelsee nicht umgangen werden. Ein Steinklopfer, den wir vor dem Dorfe Seebach nach dem Weg fragten, ließ dienstfertig merken, wie er größere Neigung zu einem Morgenspaziergang, als zu seinen Steinen habe, ließ diese ungeschlagen und zog als Wegweiser mit uns.

Ich war begierig, etwas von dem wirklichen Volksglauben über den unheimlichen See zu erfahren, den die moderne Mährchendichtung so gerne zu ihrem Schauplatz wählt, und wandte mich, sobald wir etwas gut Freund geworden waren, an unsern Steinklopfer. Er war zu ehrlich, um seine Bekanntschaft mit den Wundern des Sees verleugnen zu können, aber eine ordentliche, fortlaufende Erzählung war nicht von ihm zu erlangen: jeder einzelne Zug mußte mühsam aus ihm herausgepumpt werden. Während wir durch die finstern Tannenwälder den Berg hinanstiegen, stellte ich ein eigentliches Verhör mit ihm an, und was der Bösewicht gestand, das soll in Folgendem getreulich berichtet werden. Zum Glück war unser Weg nicht sehr kurz, denn kaum hatte sich aus den einzelnen Fragen und Antworten endlich die gesammte Erzählung des lieblichen Mährchens herausgestellt, als wir auch schon vor dem See selber standen.

Hoch droben über dem Rhein liegt der Mummelsee, in finstern Waldgründen versteckt, auf allen Seiten von den höchsten Gipfeln des mittleren Schwarzwaldes umgeben. Schwarze Tannen werfen ihre Schatten in die tiefen und klaren Wasser, so daß der See einen düstern, fast schauerlichen Eindruck macht. Kaum bemerkt, rollt ein kleiner Abfluß durch Felsen und Fichtenstämme dem Seebachthale und weiter dem Rhein zu. Selten nur belebt ein neugieriger Wanderer, oder ein Hirte mit dem Glockengeläute seiner weidenden Kühe, oder ein rüstiger Holzhauer diese stille Einöde. Aber nicht immer ist es so stille: man erzählt viel von Kobolden, die da hausen, und wie es Nachts bei dem See herumgeistet. Einige Tage, ehe schlechte Witterung eintritt, bei ruhiger Luft und sonnigem Himmel wogt und tost es dumpf aus dem Grunde des Sees herauf. Darum heißt er auch der Brummel= oder der Mummelsee.

Indeß nicht von Anfang an lag hier der See: in alten Zeiten stand an seiner Stelle ein prächtiges Kloster und fromme Nonnen wohnten darin. Plötzlich versank es einst in den Abgrund und der schwarze See bedeckt es seitdem. Mehr als hundert Klafter tief unter den Wassern steht es noch unversehrt auf dem Grunde des Sees, und noch immer wohnen die Nonnen darin, schon Viele haben sie gesehen und Jedermann im Seebach weiß von den Seeweiblein zu erzählen. Denn vor Zeiten da kamen sie oft hinunter zu den Bauern, halfen ihnen auf dem Felde, oder hüteten die Kinder im Hause. Früh Morgens waren sie schon da, aber sobald es finster war, mußten alle wieder im See sein.

Eines von den Seefräulein aber, ein gar schönes und freundliches Jüngferchen, gewann einen jungen Bauernsohn lieb. Als nun wieder Kirchweih im Thal war, da kamen auch die Seeweiblein herab und Nachmittags waren sie auch im hintern Wirthshaus, wo der Tanz war, und die den Bauernsohn lieb hatte, die tanzte einen Tanz nach dem andern mit ihrem Liebsten. Das war das schönste Paar unter allen: auch der Bauernbursche gehörte nicht zu den schlechten, und vielen Seebachmädchen gefiel er so gut, wie dem Seefräulein; so schön wie dieses aber konnte man weit und breit kein Mädchen sehen und Keine tanzte so zierlich und so leicht.

Als es nun anfing dunkel zu werden, da gingen die übrigen zum See hinauf, jene aber konnte noch nicht fortkommen; noch nie hatte sie ihren Liebsten so gern gehabt und nur noch Einen Tanz wollte sie noch mit ihm tanzen. Sie dachte, es werde eben da unten im Thale früher Nacht, als droben, und sie wolle dann nachher um so schneller laufen.

So tanzte sie noch einen Tanz, und dann noch einen und die Zeit verging ihr in ihrer Seligkeit, sie wußte nicht wie. Da läutete es Betglocke; der Tanz hielt inne. Alles betete in stillem Gemurmel das „Ach bleib bei uns, Herr Jesu Christ." Jetzt fiel ihr Leichtsinn ihr schwer aufs Herz, rasch zog sie ihren Liebsten hinaus: es standen schon die Sterne am Himmel. Schweigend stiegen die beiden in raschem Lauf den Berg hinauf. Als sie nun am See waren, da sprach sie mit trauriger Stimme zu ihm: „Jetzt werden wir uns wohl nimmer sehen, denn ich werde sterben müssen. Warte noch eine Viertelstunde, steigt dann Blut aus dem Wasser herauf, so haben sie mich umgebracht, kommt keines, so werde ich bald wieder bei dir sein." Als sie dies gesagt hatte, nahm sie ein Ruthchen, und schlug dreimal

damit auf das Wasser; da theilte sich das Wasser und eine glänzende
steinerne Treppe erschien, die auf den Grund des Sees hinunterging,
wo das alte Kloster in seiner Pracht deutlich zu sehen war. Das
Seefräulein stieg die schöne Treppe hinab und wie sie drunten
war, schloß sich das Wasser wieder zu und alle Herrlichkeit war ver=
schwunden. Es war dunkle Nacht, keine Tanne bewegte sich, keine
Welle regte sich. Endlich stieg ein leiser Wirbel aus der Tiefe des
Sees herauf, rothes Blut schwamm darüber, es war von dem um=
gebrachten Seefräulein.

Seitdem — und das sind schon viele hundert Jahre her — sind
die Seefräulein nicht mehr ins Thal hinabgekommen. Blos hie und
da hat schon Einer, wenn er sein Vieh herauftrieb, in der Ferne
Eines am Ufer sitzen sehen, kam er aber näher, so verschwand es
schnell unter dem Wasser. Drunten aber im See da wohnen sie noch
immer und ihr schönes Kloster steht noch, und auch das hat schon
Mancher bei recht hellem Wetter aus dem Grunde des Sees herauf=
schimmern sehen.

Seite

Hilbebranb Entbeckung der Zauberei S. 109.   Fischart im wilben
Teufels Heer.   Luther's Tischreden 105 b. 106 a. [Münblich].

Seite

137—139. Schweb. Glockensage. In der Gemeinde Örkeljunge
in Schonen liegt ein tiefes Thal Fantehalle. Vallis haec ab hujus-
modi casu denominata est. Artifex quidam in ecclesiae usum
campanam fabricarat, qui famulum habuit nomine Fante.
Artifex vero peregre profectus, cum diutius abesset, famulus ejus
Fante opus confecit et mercedem pro labore a parochianis repor-
tavit. Sed decedens domino obviam factus est, qui cum campanae
pulsum audiret, a famulo sciscitatus est, quid novi accidisset, cum
ita pulsarent oppidani, respondit campanam fabricandam a se con-
fectam esse operisque peracti se mercedem reportasse. unde dominus
indignatione aestuans, jussit ut lapidem pedi suo adjungeret, quare
cum caput reclinaret, malleo militari eum interfecit. In hujus
necis memoriam cumulus lapidum ab agricolis coacervatus est qui
adhuc dicitur Fantonis monumentum. Mon. Scanensia. p. 309. 318.

In der Nacht, da der Prophet Mohamed durch den Engel Gabriel
von Mekka entrückt und nach Jerusalem geführt wurde, begab sich
jener auf den Felsen al Sáffara, um da sein Gebet zu verrichten.
Der Fels sank zusammen und der geheiligte Fuß des Propheten

drückte sich auf der Oberfläche des Felsens gegen dessen südwestlichen Rand so ab, als ob letzterer von Wachs gewesen wäre. Späterhin ist dieser Abdruck seines Fußes mit einem Gehäus von vergoldetem Draht bedeckt worden. Ali Bey (bei Bertuch) II. 402).

Auf dem Gipfel des Berges Djebel Tor, von den Christen Oehlberg genannt, traf ich eine christliche Kirche an, woselbst man auf einem Marmor den Abdruck vom Fuß Christi verehrt. Der Abdruck blieb als er nach seiner Auferstehung gen Himmel fuhr auf den Stein zurück. Ali Bey. II. 415.

Freher orig. palat. I. 50. Kaiser Schauplatz von Heidelberg S. 19. 20. u. 169. 170. u. andere. vgl. Jdunna 1812. S. 172.

Opitz in dem Liede: Corydon der gieng 2c.

geh jetzund hin zu dem Brunnen
da des Wolfes strenge Macht
mutter Jetten umgebracht.

Freher theilt davon die Erzählung des Hubertus Thomas Leodius mit, der um 1540 lebte u. die Sage aus einem alten, ihm durch Johannes Berger geliehenen Buche schöpfte. Dies also ist die Quelle des Ganzen.

Von Jacobs Hand:

Hubertus Thomas Leodius (um 1540) zuerst herausg. 1624. 4. pag. 296 (de Heidelbergae antiquitatibus.) Non procul inde et satis magnus pagus Heydesheim est quoque oppidum, quod ibi habitarint Romani, qui Germanis Heyden appellabantur. Quo tempore Velleda virgo in Bruchteris imperitabat. Vetula quaedam, cui nomen Jettha, cum collem, ubi nunc est arx Heydelbergensis, et Jetthae collem (sic) etiam nunc nomen habet, inhabitabat vetustissimumque phanum incolebat, cujus fragmenta adhuc nuper vidimus, dum comes palatinus Fridericus factus Elector egregiam domum construxit quam novam aulam appellant. Haec mulier vaticiniis inclyta, et quo venerabilior foret, raro in conspectum hominum prodiens, volentibus consilia ab ea petere de fenestra, non prodeunte vultu respondebat. Et inter caetera praedixit, ut inconditis versibus canebat, suo colli a fatis esse datum, ut futuris temporibus regiis viris, quos nominatim recensebat, inhabitaretur, coleretur et ornaretur, vallisque sub ipsa multo populo inhabitaretur et templis celeberrimis ornaretur.

Sed ut tandem fabulosae antiquitati valedicamus, lubet ascribere, quae is liber*) de infelici morte ipsius Jetthae combinebat. Egressa

*) nämlich zur zeit wo Thomas Leod. nach Heidelb. kam (vor 1535) lebte dort ein alterth. forscher Johann. Berger. is a me inter-

Seite

quondam amoenissimo tempore phanum, ut deambulatione recrea-
retur, progrediebatur juxta montes, donec pervenit in locum, quo
montes intra convallem declinant et multis locis scaturiebant
pulcherrimi fontes, quibus vehementer illa coepit delectari, et as-
sidens ex illis bibebat. cum ecce lupa famelica cum catulis e sylva
prorupit, quae conspectam mulierem nequicquam Divos invocantem
dilaniat et frustillatim discerpsit. quae casu suo fonti nomen dedit,
vocaturque quippe in hodiernum diem fons luporum, ob amoe-
nitatem loci omnibus notus.

rogatus quae de Heydelbergae antiquitalibus sciret, depromsit li-
bellum vetustissimis characteribus descriptum, quem diligen-
tissime perlegi et memoriae quantum potui commendavi.

Seite

(ao. 1063) cf. Schloffer II. 2. 672. Nach Vincent. bellov. Lib. 26. cap. 19. unter Heinrich III. Aehnlicher späterer Rangstreit unter Friedr. Rothbart im J. 1184 zwischen dem Fulder und Cölner zu Mainz. v. Rommel heff. Gesch. I. p. 267. not. p. 219. ibiq. cit. Warth. Krieg. vide Koberstein p. 14. Lamb. Schafnab. ad. a. 1063 erzählt die Begebenheit umständlich, erwähnt aber des Teufels mit keinem Worte. Er ist gleichzeitiger, die Volkssage bildete sich erst später. Der Streit war de positione sellarum, aber über das Zunächstsitzen b. dem Mainzer Erzbischof, nicht bei dem Kaiser.]

Grimm, Sagen.

17

Auf das erste weiße Blatt des ersten Bandes hat Jacob geschrieben:

haec mihi non vani (neque erat cur fallere vellent)
narravere senes.

Ovid. met. VIII, 721.

Von Recensionen finden sich von der Hand beider Brüder aufgezeichnet:

Gubitz im Morgenblatt. 1816. Juli.
Merkel im Freimüthigen 1816. No. 23.
L. P. (wahrscheinlich Vulpius) Jena L. Z. 1816. No. 156. oder
D. Penzel.
Morgenblatt im Literaturblatt. 1817. No. 3.
Sprach und Sitten Anz. 1817. St. 74. 75.
Benecke: Gött. Anz. 1818. 177 (beide Bände).
Mone: Heidelberg. Jahrb. 1819. No. 31. Mai. p. 490—495.
Leipz. Lit. Z. 1820. No. 35. p. 278—280 (unbedeut.).

Außerdem enthalten beide Bände allerlei handschriftliche ausführliche Inhalts=
register nach verschiedenen Gesichtspunkten angelegt.

Sodann findet sich von der Hand beider Brüder auf dem ersten weißen
Blatte des Bandes folgendes Register von Büchern mit Aeußerungen

über Sagen und ihren Einfluß:

Brandes Einfl. und Wirk. des Zeitgeistes. Hannover 1810. I, §. 231.
S. 163. 164.

Niebuhr röm. Gesch. I. 67. 148. 149. 174. 245. 354. 355. 410. II. 1. 9
81. 99. 236. 237. 259. 264. 275.

Joh. Müller I, 498.

Creuzer IV. 451.

Görres Lohangr. XLVII. LXX. LXXVIII. IX.

K. Gottfr. Müller, Orchomenos u. die Minyar. p. 143. 144. (Sage als etwas Ewiges vor aller Geschichte).

Rühs über Tacitus Berl. 1821. p. 134—137.

Darunter:

Sagen von einer alten Burg. H. Sachs 1, 293 b.

Deutsche Sagen.

Zweiter Band.

Deutsche Sagen.

Herausgegeben

von

den Brüdern Grimm.

Zweiter Band.

Dritte Auflage.

Besorgt von

Herman Grimm.

Berlin 1891.
Nicolaische Verlags-Buchhandlung
R. Stricker.

Vorrede.

Eine Zusammenstellung der deutschen Sagen, welche vorliegenden Band ausmachen und sich unmittelbar an die wirkliche Geschichte schließen, ist unseres Wissens noch nicht unternommen worden, und deswegen vielleicht verdienstlicher, aber auch mühsamer. Nicht allein haben die hauptsächlichsten gedruckten Geschichtsbücher und Chroniken durchlesen werden müssen, sondern es ist uns noch viel angelegener gewesen, handschriftliche Hülfsmittel, so viel wir deren habhaft werden können, sorgfältig zu gebrauchen. Die wenigsten der hier mitgetheilten Erzählungen waren aus mündlicher Ueberlieferung zu schöpfen; auch darin unterscheiden sie sich von den örtlichen, welche in umgekehrtem Verhältnisse gerade ihrer lebendigen Fortpflanzung unter dem Volke zu verdanken sind. Nur zuweilen berührt sich noch das, was die Localsage bedingt, mit der historischen Anknüpfung; für sich betrachtet, giebt ihr jenes einen stärkeren Halt, und um die seltsame Bildung eines Felsens sammelt sich die Sage dauernder, als um den Ruhm selbst der edelsten Geschlechter. Ueber das Verhältniß der Geschichte zur Sage haben wir uns bereits im Allgemeinen erklärt, so gut es, ohne in die noch vorbehaltene Untersuchung und Ausführung des Einzelnen einzugehen, geschehen konnte. In Bezug auf das Eigenthümliche der gegenwärtigen, die man Stamm= und Geschlechtssagen nennen könnte, läßt sich hinzufügen, daß sie wenig wirkliche und urkundliche Begebenheiten enthalten mögen. Man kann der gewöhnlichen Behandlung unserer Geschichte zwei, und auf den ersten Schein sich widersprechende Vorwürfe machen: daß sie zu viel und zu wenig von der Sage gehalten habe. Während gewisse Umstände, die dem reinen Elemente der letzteren angehören, in die Reihe wirklicher Ereignisse eingelassen wurden, pflegte man andere ganz gleichartige schnöde zu verwerfen, als fade Mönchserdichtungen und

Gespinnste müßiger Leute. Man verkannte also die eigenen Gesetze der Sage; indem man ihr bald eine irdische Wahrheit gab, die sie nicht hat, bald die geistige Wahrheit, worin ihr Wesen besteht, ableugnete, und sich, gleich jenen Herulern, als sie durch blauglühenden Lein schwimmen wollten, etwas zu widerlegen anschickte, was in ganz verschiedenem Sinn behauptet werden mußte. Denn die Sage geht mit andern Schritten und sieht mit andern Augen, als die Geschichte thut; es fehlt ihr ein gewisser Beischmack des Lieblichen, oder wenn man lieber will, des Menschlichen, wodurch diese so mächtig und ergreifend auf uns wirkt*); vielmehr weiß sie alle Verhältnisse zu einer epischen Lauterkeit zu sammeln und wieder zu gebären. Es ist aber sicher jedem Volke zu gönnen und als eine edle Eigenschaft anzurechnen, wenn der Tag seiner Geschichte eine Morgen= und Abenddämmerung der Sage hat; oder wenn die, menschlicher Augenschwäche doch nie ganz ersehbare Gewißheit der vergangenen Dinge, statt der schroffen, farblosen und sich oft verwischenden Mühe der Wissenschaft, sie zu erreichen, in den einfachen und klaren Bildern der Sage, wer sagt es aus, durch welches Wunder? gebrochen, wiederscheinen kann. Alles, was dazwischen liegt, den unschuldigen Begriff der dem Volke gemüthlichen Sage verschmäht, zu der strengen und trockenen Erforschung der Wahrheit aber doch keinen rechten Muth faßt, das ist der Welt jederzeit am unnützesten gewesen.

Was unsere Sammlung jetzt noch enthalten kann, kündigt sich deutlich als bloße, oft ganz magere und bröckelhafte Ueberbleibsel von dem großen Schatze uralter deutscher Volksdichtung an; wie die ungleich zahlreichere und besser gepflegte Menge schriftlicher und mündlicher Ueberlieferungen des nordischen Stammes beweist. Die Unstätigkeit der meisten übrigen Völkerschaften, Kriege, theilweiser Untergang und Vermengung mit Fremden haben die Lieder und Sagen der Vorzeit gefährdet und nach und nach untergraben. Wie viel aber muß ein Volk besessen haben, das immer noch solche Spuren und Trümmer aufzuweisen vermag! Die Anordnung

---

*) Nur wenigen Schriftstellern des Mittelalters ist die Ausführlichkeit, wonach in der Geschichte unser Herz begehrt, eigen, wie dem Eckhart von St. Gallen, oder dem, der uns die rührende Stelle von Kaiser Otto und den Thränen seiner Mutter aufbehalten (vita Mathildis bei Leibnitz I. 205.); es ist die jüngere vita cap. 22. Dergleichen steht jede Sage nach, wie der Tugend des wirklichen Lebens jede Tugend der Poesie.

derselben hat diesmal weniger zufällig sein dürfen, sondern sie ist beides nach den Zeiten und Stämmen eingerichtet. Wenige Erzählungen gehen voran, die wir der Aufzeichnung der Römer danken, und andere Sammler vielleicht ausgelassen oder vermehrt haben würden. Inzwischen schienen uns keine anderen Züge sagenhaft, namentlich die Thaten des Arminius rein historisch. Von der Herrlichkeit gothischer Sage ist auf eine nie genug zu beklagende Weise das Meiste untergegangen; den Verlust der älteren und reicheren Quellen kann man nach dem Wenigen schätzen, was sich aus ihnen bei Jornandes noch übrig zeigt. Die Geschichte hat dem gothischen und den mit ihm verwandten Stämmen große Ungunst bewiesen; wäre der Arianismus nicht, dem sie ergeben gewesen, und der mit dadurch begründete Gegensatz zu den Rechtgläubiger, so würde vieles in anderm Lichte stehn. Jetzt läßt uns nur einiges hin und wieder Zerstreutes ahnen, daß diese Gothen milder, gebildeter und edler begabt gewesen, als ihre Feinde, die aufstrebenden, arglistigen Franken. Von den Longobarden, die gleichfalls unterliegen mußten, gilt fast dasselbe in schwächerem Maße; außer daß sie noch kriegerischer und wilder, als die Gothen, waren. Ein besserer Stern hat über ihren Sagen gewaltet, die ein aneinander hangendes Stück der Dichtung, von wahrem, epischen Wesen durchzogen, bilden. Weniger ist die fränkische Sage zu loben, der doch die meisten Erhaltungsmittel zu Gebote gestanden; sie hat etwas von dem düsteren, tobenden Geiste dieses Volkes, bei welchem sich kaum Poesie gestalten mochte. Erst nach dem Erlöschen der Merovinger zieht sich um Karl den Großen die Fülle des edelsten Sagengewächses. Stammüberlieferungen der Völker, welche den Norden Deutschlands bewohnen, namentlich der Sachsen, Westphalen und Friesen, sind beinahe ganz verloren und wie mit Einem Schlage zu Boden gedrückt; einiges haben die Angelsachsen behalten. Jene Vertilgung wäre kaum begreiflich, fände sie nicht in der grausamen Bezwingung dieser Völker unter Karl dem Großen Erklärung; das Christenthum wurde mit der Zerstörung aller Alterthümer der Vorzeit zu ihnen geführt, und das Geringhalten heidnischer Sitten und Sagen eingeschärft. Schon unter den sächsischen Kaisern mögen die Denkmäler früherer Volksdichtung so verklungen gewesen sein, daß sie sich nicht mehr an dem Glanze und unter dem Schutze ihrer für uns Deutsche so wohlthätigen Regierung aufzurichten im Stande waren. Merkwürdig bleibt, daß die eigentlichen Kaiser-

1*

sagen, die mit Karl anheben, schon nach den Ottonen ausgehen, und selbst die Staufenzeit erscheint unmythisch; blos an Friedrich Rothbart, wie unter den späteren an Rudolf von Habsburg und Maximilian flammen noch einzelne Lichter. Dieser Zeitabschnitt bindet andere Sagenkreise so wenig, daß sie noch während des zwölften und dreizehnten Jahrhunderts eben in ihrer Blüthe stehn. Unter allen einzelnen Geschlechtern aber, die in der Sage gefeiert worden, ragen früher die Amaler, Gunginger und Agilolfinger, später die Welfen und Thüringer*) weit hervor. Es bleibt überhaupt bei der Frage: auf welchem Boden die epische Poesie eines Volkes gedeihen und fortlebe, von Gewicht, daß sie sich in urdeutschen Geschlechtsfolgen am liebsten zeigt, hingegen auszugehen und zu verkommen pflegt da, wo Unterbrechungen und Vermischungen mit fremden Völkern, selbst mit andern deutschen Stämmen vorgegangen sind**). Dies ist der Grund, warum die in Deutschland eingezogenen und allmälig deutsch gewordenen slavischen Stämme keine Geschlechtssagen aufzuweisen haben; ja auch an örtlichen gegen die ursprünglichen Länder entblößt dastehen. Die Wurzeln greifen in das ungewohnte Erdreich nicht gerne ein, ihren Keimen und Blättern schlägt die fremde Luft nimmer an.

Die äußere Gestalt, in der diese Sagen hier mitgetheilt werden müssen, scheint uns manchem gegründeten Tadel ausgestellt, der indessen, wo es so überwiegend auf Stoff und Inhalt ankam, schwer zu vermeiden war. Sollten letztere als Hauptsache betrachtet und gewissenhaft geschont werden, so mußte wohl, aus der Uebersetzung lateinischer, der Auflösung gereimter und der Vergleichung mehrfacher Quellen, ein gemischter, unebener Styl hervorgehen. Eine noch strengere Behandlungsart des Ganzen — so

*) Kein deutscher Landstrich hat auch so viel Chroniken als Thüringen und Hessen für die alte Zeit ihrer Vereinigung. Es giebt deren gewiß über zwanzig gedruckte und ungedruckte von verschiedenen Verfassern, wiewohl sie auf ähnlicher Grundlage ruhen.

**) Wie die Liebe zum Vaterlande und das wahre Heimweh auf einheimischen Sagen hafte, hat lebhaft gefühlt: Brandes, vom Einfluß des Zeitgeistes, erste Abth. Hannover 1810. S. 163—168.

daß man aus dem kritisch genauen, bloßen Abdruck aller, sei es
lateinischen oder deutschen Quellen, mit Beifügung wichtiger späterer
Recensionen, einen förmlich diplomatischen Codex für die Sagen=
dichtung gebildet hätte — würde mancherlei Reiz neben unleug=
barem Gewinn für die gründliche Forschung gehabt haben, allein
doch jetzt nicht gut auszuführen gewesen sein, schon der einmal im
Zweck liegenden gleichmäßigen Uebersicht des Ganzen halben. Am
meisten geschmerzt hat es uns, die selbst ihren Worten nach
wichtigen, aus dem Heidelberger Cod. 361 geschöpften Sagen von
Karl und Adalger von Baiern in einem geschwächten Prosa=Auszug
liefern zu müssen; ohne Zweifel hatten sie, zum wenigsten theil=
weise, ältere deutsche Gesänge zur Unterlage. So stehen andere
Stellen dieser merkwürdigen Reimchronik in unverkennbarem Bezug
auf das Lied von Bischof Anno, und es bleibt ihr vollständiger,
wörtlicher Abdruck in aller Rücksicht zu wünschen.

Eine solche Grundlage von Liedern haben gewiß noch andere
Stammsagen gehabt. Bekannt sind die Verweisungen auf alt=
gothische Lieder, für die longobardische Sage läßt es sich denken*).
Einzelne Ueberlieferungen gehen in der Gestalt späterer Volks=
lieder umher, wie die von Heinrich dem Löwen, dem Mann im
Pflug u. s. w.; merkwürdiger ist schon das Westfriesenlied der
Schweizer. Andere sind im dreizehnten Jahrhundert gedichtet
worden, wie Otto mit dem Bart, und der Schwanritter, Ulrich
von Würtemberg u. s. w. Möchten die damaligen Dichter nur
öfter die vaterländische Sage der ausländischen vorgezogen haben!
Auf eigentliche Volks= und Bänkelgesänge verweisen die Geschicht=
schreiber, bei den Sagen von Hattos Verrath und Curzbolds
Heldenthaten**). Andere Sagen sind mit den Liedern verschollen,

---

*) Man beschränkt sich hier auf das Zeugniß von Alboin, bei Paulus
Diaconus 1, 27: „Alboini ita praeclarum longe lateque nomen percrebuit, ut
hactenus etiam tam epud Bajoariorum gentam quam et Saxonum, sed et alios
ejusdem linguae homines, ejus liberalitas et gloria, bellorumque felicitas et
virtus *in eorum carminibus* celebretur."

**) *Eckehardus jun.* de casibus S. Galli (ap. Goldast I. 15.) „Hattonem
franci illi saepe perdere moliti sunt, sed astutia hominis in falsam regis
gratiam suasi; qualiter ad alpes (l. Adalpertus) fraude ejus de urbae Pabin=
berk detractus capite sit plexus, *quoniam vulgo concinnatur et canitur*, scri-
bere supersedeo." —

Otto Frising. VI, 15. „itaque ut non solum in regum gestis invenitur wie die bairische von Erbo's Wisentjagd, die sächsische von Benno, und was der blinde Friese Bernlef besungen.*) Es ist hier der Ort, ausdrücklich zu bemerken, welche deutsche Sagen aus unserer Sammlung ausgeschlossen bleiben mußten, weil sie in dem eigenen und lebendigen Umfang ihrer Dichtung auf unsere Zeit gekommen sind. Dazu gehören die Sagen 1) von den Nibelungen, Amalungen, Wolfungen, Hartungen und allem, was diesen großen Kreis von ursprünglichen gothischen, burgundischen und austrasischen Dichtungen bildet, in deren Mitte das Nibelungen= lied und das Heldenbuch stehen. 2) Von den Kerlingern, nament= lich Karl, Roland, den Haimonskindern und anderen Helden, meist austrasischen Ursprungs, doch auch in französischen, italieni= schen und spanischen Gedichten eigenthümlich erhalten. Einige besondere Sagen von Karl dem Großen haben indessen, der Ver= bindung wegen, aufgenommen werden müssen, und weil sie einiger= maßen außerhalb des Bezirks jenes Hauptkreises liegen, Mit der schönen (bairischen) Erzählung von Karls Geburt und Jugend war dies nicht völlig der Fall. 3) Die spätern fränkischen und schon mehr französischen Sagen von Lother und Maller, Hug= schapler und Wilhelm dem Heiligen. 4) Die westgothischen von Rodrigo**). 5) Die bairische Sage von Herzog Ernst und Wetzel. 6) Die schwäbischen von Friedrich von Schwaben und von dem armen Heinrich. 7) Die austrasischen von Orendel und Breite,

sed etiam *in vulgari traditione in compitis et curiis hactenus auditur*, prae-fatus Hatto Albertum in castro suo Babenberg adiit" etc. —
Eckehardus jun. l. c. pag. 29. „Chuono quidam regii generis Churziboldt a brevitate cognominatus — *de quo multa adhuc concinnantur et canuntur.*" —
*) *Chron. ursperg.* „Erbo et Boto, illius famosi Erbonis posteri, quem in venatu a bisonte (die Ausg. 1540. p. 256. und 1609. p. 185. lesen: ab in-sonte) bestia confossum *vulgares cantilenae resonant.*" —
Norberti vita Bennonis, ap. Eccard. C. Hiat. II. S. 2165.: „quantae utilitati, quanto honori, quanto denique vitae tutamini et praesidio fuerit, *populares etiam nunc adhuc notae fabulae attestari solent et cantilenae vul-gares.*" Vergl. Mösers osnab. Gesch. II. 32. —
Vita Ludgeri (mehrmals gedr. hier nach einer alten Casseler Handschrift) „is, *Bernlef* cognomento, vicinis suis admodum carus erat, quia *antiquorum actus regumque certamina more gentis suae non inurbane cantare noverat,* sed per triennium ita erat continua caecitate depressus etc. etc." —
**) Silva de romances viejos, pag. 286—298.

desgleichen Margaretha von Limburg. 8) Die niedersächsische von
Thedel von Wallmoden*).

Sind auf solche Weise die Grenzen unserer Unternehmung
gehörig abgesteckt, so glauben wir nicht, daß sich zu dem Inhalt
des gegenwärtigen Bandes bedeutende Zusätze ergeben können, es
müßten denn unverhofft ganz neue Quellen eröffnet werden. Desto
mehr wird sich aber für die Vervollständigung der örtlichen Sagen
thun lassen; wir haben zu dem ersten Theile glücklich nachgesammelt,
und so erfreuliche Mittheilungen empfangen, daß wir diese zuvor
in einem dritten Theil herauszugeben wünschen, um uns dann
desto ungestörter und sicherer zu der Untersuchung des ganzen
Vorrathes wenden zu können.

Cassel, den 24. Februar 1818.

---

*) Eine besondere Sammlung dessen, was aus der Heiligenlegende zur
deutschen Sage gerechnet werden muß, schickt sich besser für ein eigenes Werk.
Dahin gehört z. B. die Geschichte von Zeno (lombardisch) von Meinrad und
Ottilie (allemannisch) von Elisabeth (thüringisch=hessisch) und vorzüglich viel alt=
fränkische: von Martin, Hubert, Gregor vom Stein, Gangolff u. s. w.

364.

Der heilige Salzfluß.

Die Germanen gewannen auf diese Art Salz, daß sie das salzhaltige Waffer auf glühende Bäume goffen. Zwischen den Hermunduren und Catten strömte ein salzreicher Fluß, (die Saale*) um deffen Besitz Krieg ausbrach. Denn die Germanen glaubten, eine solche Gegend liege dem Himmel nah, und die Gebete der Menschen könnten von den Göttern nirgends beffer vernommen werden. Durch die Gnade der Götter komme das Salz in diesen Fluß und diese Wälder; nicht wie bei andern Völkern trockne es an dem Erdreich, von dem die wilde Meeresfluth zurückgewichen sei: sondern das Flußwaffer werde auf glühende Baumschichten gegoffen, und aus der Vermischung zweier feindlicher Urstoffe, Waffers nnd Feuers gehe das Salz hervor. Der Krieg aber schlug den Hermunduren glücklich, den Catten unselig aus, und die Sieger opferten nach ihrem Gelübde alle eroberten Männer und Pferde.

365.

Der heilige See der Hertha.

Die Rendigner, Avionen, Angeln, Wariner, Eudosen, Suarthonen und Nuithonen, deutsche Völker, zwischen Flüffen und Wäldern wohnend, verehren insgesammt die Hertha, d. i. Mutter Erde, und glauben, daß sie sich in die menschlichen Dinge mischt und zu den Völkern gefahren kommt. Auf einem Eiland des Meers liegt ein unentweihter, ihr geheiligter Wald, da stehet ihr Wagen, mit Decken umhüllt, nur ein einziger Priester darf ihm nahen. Dieser weiß es, wann die Göttin im heiligen Wagen erscheint; zwei weibliche Rinder ziehen sie fort, und jener folgt ehrerbietig nach. Wohin sie zu kommen und zu herbergen würdigt, da ist froher Tag und Hochzeit; da wird kein Krieg gestritten, keine Waffe ergriffen, das Eisen verschloffen.

Nur Friede und Ruhe ist dann bekannt und gewünscht; das währt so lange, bis die Göttin genug unter den Menschen gewohnt hat, und der Priester sie wieder ins Heiligthum zurückführt. In einem abgelegenen

---

*) Nach Wenk heß. Landesgesch. die fränkische Saale, die bei Gemünden in den Main fließt, nach Zeuß p. 95 die Werra.

See wird Wagen, Decke und Göttin selbst gewaschen: die Knechte aber, die dabei dienen, verschlingt der See alsbald.

Ein heimlicher Schrecken und eine heilige Unwissenheit sind daher stets über das gebreitet, was nur diejenigen anschauen, die gleich darauf sterben.

366.
Der heilige Wald der Semnonen.

Unter den Sueven waren die Semnonen das älteste und edelste Volk. Zu gewissen Zeiten hielten sie in einem Wald, heilig durch den Gottes=dienst der Vorfahren und durch alten Schauer, Zusammenkünfte, wozu alle aus demselben Blute entsprungene Stämme Abgesandte schickten, und brachten ein öffentliches Menschenopfer. Vor dem Haine tragen sie solche Ehrfurcht, daß niemand hineintritt, der sich nicht vorher in Bande hätte binden lassen, zur Anerkennung seiner Schwäche und der göttlichen Allmacht. Fällt er von ungefähr zur Erde, so ist ihm nicht erlaubt aufzustehn oder aufgehoben zu werden, sondern er wird auf dem Erdboden hinausgeschleift. Dieser Gebrauch weist dahin, wie aus dem Heiligthum das Volk ent=sprungen, und der allwaltende Gott da gegenwärtig sei, dem alles andere unterwürfig und gehorsam sein müsse.

367.
Die Wanderung der Ansivaren.

Die Friesen waren in einen leeren Landstrich unweit des Rheines vorgedrungen, hatten schon ihre Stätte genommen und die Aecker besäet, da wurden sie von den Römern mit Gewalt wieder ausgetrieben. Das Erdreich stand von neuem leer, die Ansivaren rückten hinein: ein nicht zahlreiches Volk, aber stark durch den Beistand, den ihm die umliegenden Stämme mitleidig leisteten, weil es heimathlos und von den Chaucen aus seinem Sitz verjagt worden war. Bojocal, der Ansivaren Führer, wollte sich und sein Volk unter den Schutz der Römer stellen, wenn sie diesen leeren und öden Platz ihnen für Menschen und Viehheerden lassen würden. Das Land habe vorzeiten den Chamaven, dann den Tubanten und hierauf den Usipiern gehört; und weil den Göttern der Himmel, den Menschen die Erde zustehe, so dürfe jedes Volk ein leeres Land besetzen. Darauf wandte Bojocal (die Abneigung der Römer voraussehend) seine Augen zur Sonne, rief die übrigen Gestirne an und stellte sie öffentlich zur Rede: „ob sie den leeren Grund und Boden bescheinen wollten? sie möchten lieber das Meer wider diejenigen ausschütten, welche also den Menschen das Land entzögen." Die Römer aber schlugen das Gesuch ab, und wollten keinen andern Richter anerkennen, über das was sie zu geben oder zu nehmen hätten, als sich selbst. Das antworteten sie den Ansivaren öffentlich, und boten doch zugleich dem Bojocal ein Grundstück für ihn selbst, als ihrem guten Freund an (den sie sich durch ein solches Geschenk geneigt zu erhalten trachteten). Bojocal verachtete das, um dessentwillen er sein Volk hätte verrathen sollen und sagte: „Haben wir gleich keine Erde, auf der wir leben können, so soll uns doch keine gebrechen, auf der wir sterben." Darauf zogen sie feindlich ab und riefen ihre Bundes= genossen, die Bructerer, Tencterer und noch andere zum Kriege auf. Der Römerfeldherr überzog schnell die Tencterer, daß sie abstehen mußten, und wie diese sich losfagten, befiel auch die Bructerer und die andern Furcht. Da wichen die verlassenen Ansivaren in das Gebiet der Usipier und Tubanten; die wollten sie nicht leiden. Von da vertrieben, kamen sie zu den Chatten und dann zu den Cheruskern. Ueber dem langen unstäten Herumziehen auf fremdem Boden, bald als Gäste, bald als Dürftige, bald als Feinde, wurde ihre Mannschaft und mannbare Jugend auf= gerieben. Die Unmündigen fielen als Beute andern zu Theil.

368.
Die Seefahrt der Usipier.

Eine Schaar Usipier, von den Römern in Deutschland geworben und nach Britannien gebracht, beging ein großes und bewundernswürdiges Wagstück. Nachdem sie den Hauptmann und die Soldaten der Römer, welche unter ihren Haufen, um sie zum Dienst abzurichten, gemischt worden waren, getödtet hatten, bestiegen sie drei leichte Schiffe, deren Steuerleute sie mit Gewalt dazu nöthigten. Zwei derselben, die ihnen verdächtig wurden, brachten sie gleichfalls um, und stachen mit dem einen Ruderer in die hohe See, ein wahres Wunder! Bald hier, bald dahin getrieben, hatten sie mit den britannischen Küstenbewohnern, die ihre Habe vertheidigten, um Lebensmittel zu kämpfen; meistens siegten, einige Mal unterlagen sie. Zuletzt stieg die Hungersnoth so weit auf ihren Schiffen, daß sie erst ihre Schwachen und Kranken verzehrten, bald aber Loose darum zogen, wer den Andern zur Speise dienen mußte. Als sie endlich Britannien umfahren und aus Unkunde der Schifffahrt ihre Schiffe ein= gebüßt hatten, wurden sie für Räuber angesehen, und von den Sueven, dann von den Friesen aufgefangen. Einige darunter kamen verhandelt und verkauft hernachmals wieder in die Hände der Römer nach Italien, wo sie ihre merkwürdige Begebenheit selbst erzählten.

369.

Wanderung der Gothen.

Aus der Insel Schanze (Scanzia) brachen die Völker wie ein
Schwarm Bienen hervor. Die Gothen nämlich fuhren von da unter
Berich ihrem Könige; dem Ort, wo sie aus den Schiffen zuerst landeten,
legten sie den Namen Gothenschanze bei. Drauf zogen sie zu den
Ulmrügern, die am Meerufer wohnten und besiegten sie. Dann schlugen
sie die Wandalen, deren Nachbarn. Als aber ihres Volkes Menge mächtig
wuchs und schon seit Berich ihr fünfter König, Namens Filimer
herrschte, wurde beschlossen, daß er mit den Gothen weiter ziehen möchte.
Da nun diese sich eine gute Niederlassung aussuchen wollten, kamen sie
nach Scythien, ins Land Ovin, wo ein Theil des Heers durch eine ge=
brochene Brücke abgeschnitten wurde. Die, welche den Fluß glücklich
hinüber gegangen waren, zogen weiter bis an das äußerste Ende Scythiens
an das schwarze Meer.

Sie waren Anfangs aus Scanzien unter Berich blos mit dreien
Schiffen ausgefahren. Von diesen Schiffen fuhr eins langsamer wie
die andern, darum wurde es Gepanta (das gaffende*) geheißen, und
davon bekam der Stamm den Unnamen der Gepiden. Denn sie sind
auch groß von Leib und träg an Geist. Diese Gepiden blieben auf einer
Insel der Weichsel wohnen, die Ostgothen und Westgothen zogen weiter
fort, ließen sich aber auch eine Weile nieder. Dann führten sie Krieg mit
den Gepiden, schlugen sie und theilten sich nachher selbst von einander ab;
jeder Stamm wanderte seine eigenen Wege.

370.

Die eingefallene Brücke.

Die Gothen kamen auf ihren Wanderungen auch in das Land
Scythien und fanden einen fruchtbaren Strich, bequem und zur Nieder=
lassung einladend. Ihr Zug mußte aber über einen breiten Fluß setzen,
und als die Hälfte des Heers hinüber war, geht die Sage, sei die Brücke
gebrochen, so daß kein Mann zurückkehren, der hinüber war, und keiner
mehr übersetzen konnte. Die ganze Gegend ist durch Moor und Sumpf,

---

*) Die gewöhnliche Ableitung von beiten (goth. beidan) warten, ist unzulässig, die
hier gegebene von Gapan, Gepan, unserm Gaffen, dagegen natürlich; das Wort be=
deutet: das Maul aufsperren, stutzen, gähnen, und hat gleich dem latein. hiare den Nebensinn
von harren, faul und unentschlossen sein. Diese ganze Erklärung des Namens ist indessen
sagenmäßig, und, wie in solchen Fällen insgemein, nie die eigentliche.

den niemand zu betreten wagt, eingeschlossen. Man soll aber noch*) heut zu Tag, wie Reisende versichern, von jenseits aus weiter Ferne Vieh brüllen hören nnd andere Anzeigen daselbst wohnender Menschen finden.

371.
Warum die Gothen in Griechenland eingebrochen.

Folgende Sage hat man von den silbernen Bildsäulen, die zur Ab=haltung der Barbaren eingeweiht worden waren. Zur Zeit der Herrschaft Kaisers Constantius geschah dem Valerius, Präfecten in Thracien, Anzeige von einem zu hebenden Schatz. Valerius begab sich an Ort und Stelle und erfuhr von den Einwohnern, daß es ein altes, feierlich geweihtes Heiligthum wäre. Dieses meldete er dem Kaiser, empfing aber Weisung, die Kostbarkeiten zu heben. Man grub daher in die Erde und fand drei aus gediegenem Silber gearbeitete Bildsäulen, nach barbarischer Weise mit gehenkelten (eingestemmten) Armen, in bunten Gewändern und Haaren auf dem Haupt; sie lagen mit den Gesichtern gen Norden, wo der Barbaren Land ist, gewendet. Sobald diese Bildsäulen gehoben und weggenommen waren, brachen wenig Tage darauf die Gothen zuerst in Thracien ein und ihnen folgten andere Barbaren, von welchen ganz Thracien und Illyrien überschwemmt wurde. Jene geheiligte Stätte lag zwischen Thracien und Illyrien, und die drei Bildsäulen schienen gegen alle barbarische Völker eingeweiht gewesen zu sein.

372.
Fridigern.

Fridigerns Thaten priesen die Gothen in Liedern. Von ihm ist folgende Sage aufbehalten worden. Als die Westgothen noch keinen festen Wohnsitz hatten, brach Hungersnoth über sie ein. Fridigern, Alatheus und Safrach ihre Vorsteher und Anführer, von dieser Plage bedrängt, wandten sich an die Anführer des römischen Heers, Lupicinus und Maximus, und handelten um Lebensmittel. Die Römer aus schändlichem Geiz feilschten ihnen Schaf= und Ochsenfleisch, ja selbst das Aas von Hunden und andern unreinen Thieren zu theurem Preis: so daß sie für ein Brot einen Knecht, für ein Fleisch zehn Pfund (Geld) erhandelten. Die Gothen gaben, was sie hatten; als die Knechte und ihre Habe ausgingen, handelte der grausame Käufer um die Söhne der Eltern. Die Gothen erwägten, es sei besser die Freiheit aufzugeben als das Leben, und barmherziger,

*) D. h. zu Jornandes Lebzeiten.

einen durch Verkauf zu erhalten, als durch Behalten zu tödten. Unter=
dessen ersann Lupicinus, der Römer Anführer, einen Verrath, und ließ
Fribigern zum Gastmahl laden. Dieser kam arglos mit kleinem Gefolge;
als er inwendig speiste, drang das Geschrei von Sterbenden zu seinem
Ohr. In einer andern Abtheilung der Wohnung, wo Alatheus und Saf=
rach speisten, waren Römer über sie gefallen und wollten sie morden. Da
erkannte Fribigern sogleich den Verrath, zog das Schwert mitten am Gast=
mahl, und verwegen und schnell eilte er seinen Gesellen zur Hülfe. Glücklich
rettete er noch ihr Leben, und nun rief er alle Gothen zur Vernichtung
der Römer auf, denen es erwünscht war, lieber in der Schlacht als vor
Hunger zu fallen. Dieser Tag machte dem Hunger der Gothen und der
ruhigen Herrschaft der Römer ein Ende, und die Gothen walteten in dem
Lande, das sie besetzt hatten, nicht wie Ankömmlinge und Fremde, sondern
wie Herren und Herrscher.

373.
Des Königs Grab.

Die Westgothen wollten durch Italien nach Afrika wandern, unterwegs
starb plötzlich Alarich ihr König, den sie über die Maße liebten. Da huben
sie an und leiteten den Fluß Barent, der neben der Stadt Consentina vom
Fuße des Berges fließt, aus seinem Bette ab. Mitten in dem Bett ließen
sie nun durch einen Haufen Gefangener ein Grab graben, und in den
Schooß der Grube bestatteten sie, nebst vielen Kostbarkeiten, ihren König
Alarich. Wie das geschehen war, leiteten sie das Wasser wieder ins alte
Bett zurück und tödteten, damit die Stätte von niemand verrathen würde,
alle die, welche das Grab gegraben hatten.

374.
Athaulfs Tod.

Den Tod König Athaulfs, der mit seinen Westgothen Spanien ein=
genommen hatte, erzählt die Sage verschieden. Nach einigen nämlich soll
ihn Wernulf, über dessen lächerliche Gestalt der König gespottet hatte, mit
dem Schwert erstochen haben. Nach andern stand Athaulf im Stalle und
betrachtete seine Pferde, als ihn Dobbius, einer seiner Hausleute, ermordete.
Dieser hatte früher bei einem andern, von Athaulf aus dem Wege ge=
räumten Gothenkönig in Dienst gestanden, und war hernach in Athaulfs
Hausgesinde aufgenommen worden.

So rächte Dobbius seinen ersten Herrn an dem zweiten.

375.
Die Trullen.

Die Wandalen nannten die Gothen Truller, aus dieser Ursache: einst litten die Gothen Hungersnoth, und mußten sich Getreide von den Wandalen kaufen. Sie bekamen aber für ein Goldstück nur eine Trulle voll Korn. Eine Trulle hält noch nicht einmal den dritten Theil eines Sechters.

376.
Sage von Gelimer.

Zur Zeit da die Wandalen Afrika besetzt hatten, war in Carthago ein altes Sprüchwort unter den Leuten: daß G. das W., hernach aber W. das G. verfolgen würde. Dieses legte man von Genserich aus, der den Bonifacius, und Belisarius der den Gelimer überwunden hatte. Dieser Gelimer wäre sogleich gefangen genommen worden, wo sich nicht folgender Umstand zugetragen hätte: Belisarius beauftragte damit den Johannes, in dessen Gefolge sich Uliares, ein Waffenträger befand. Uliares ersah ein Vöglein auf einem Baume sitzen und spannte den Bogen; weil er aber in Wein berauscht und seiner Sinne nicht recht mächtig war, fehlte er den Vogel und traf seinen Herrn in den Nacken. Johannes starb an der Wunde, und Gelimer hatte Zeit zu fliehen. Gelimer entrann und langte noch denselben Tag bei den Maurusiern an. Belisarius folgte ihm nach, und schloß ihn ganz hinten in Numidien auf einem kleinen Berge ein. So wurde nun Gelimer mitten im Winter hart belagert und litt an allem Lebensunterhalt Mangel, denn Brot backen die Maurusier nicht, sie haben keinen Wein und kein Oel, sondern essen, unvernünftigen Thieren gleich, unreifes Korn und Gerste. Da schrieb der Wandalenkönig einen Brief an Pharas, Hüter des griechischen Heeres, und bat um drei Dinge: eine Laute, ein Brot und einen Schwamm. Pharas fragte den Boten: warum das?

Der Bote antwortete: „das Brot will Gelimer essen, weil er keines gesehen, seit er auf dieses Gebirge stieg; mit dem Schwamm will er seine rothen Augen waschen, die er die Zeit über nicht gewaschen hat; auf der Laute will er ein Lied spielen und seinen Jammer beweinen." Pharas aber erbarmte sich des Königs und sandte ihm die Bedürfnisse.

377.
Gelimer in silberner Kette.

Gelimer (Childemer) nach verlorener Schlacht rettete sich nur mit zwölf Wandalen in eine sehr befestigte Burg, worin er von Belisarius belagert wurde.

Als er nun keinen weiteren Ausweg sah, wollte er sich auf die Be=
dingung ergeben, daß er frei und ohne Fesseln vor das Angesicht des
Kaisers geführt würde. Belisarius sagte ihm zu, weder mit Seilen noch
Stricken noch eisernen Ketten sollte er gebunden werden. Gelimer verließ
sich auf dieses Wort, aber Belisarius ließ ihn mit einer silbernen Kette
binden, und führte ihn im Triumphe nach Constantinopel. Hier wurde
der unglückliche König von den Höflingen gehöhnt und beschimpft; er flehte
zum Kaiser: man möge ihm das Pferd geben, das er vorher gehabt, so
wolle er es auf ein Mal mit zwölfen von denen aufnehmen, die ihn an=
gespien und ihm Ohrschläge gegegen hatten, „dann soll ihre Feigheit und
mein Muth kund werden.“ Der Kaiser ließ es geschehen, und Gelimer
besiegte zwölf Jünglinge, die es mit ihm aufnahmen.

378.
Ursprung der Hunnen.

Die Entstehung der Hunnen wird von Alters her so erzählt: Filimer,
Gandarichs Sohn, der fünfte König der Gothen seit ihrer Auswanderung
aus Schanzien, fand unter seinem Volke gewisse wahrsagende Weiber, die
in gothischer Sprache Alirunen hießen. Diese wollte er nicht länger
dulden, sondern verjagte sie aus der Mitte des Volks weit weg in die
Wildniß. Als die Alirunen eine Zeitlang in der Wüste herumirrten,
wurden sie von den Waldleuten, die man Faune und Feigenblattmänner
nennt, gesehen, und sie vermischten sich zusammen.

Das Geschlecht, welches von den Waldleuten und Alirunen ausging,
war klein, häßlich und wild, es hauste anfangs in den mäotischen Sümpfen.
Bald aber rückten sie aus und kamen an die Gränze der Gothen.

379.
Die Einwanderung der Hunnen.

Die Hunnen lebten von Raub und Jagd. Eines Tages kamen Jäger
von ihnen an das Ufer des mäotischen Sees, und unvermuthet zeigte sich
ihren Augen eine Hindin. Diese Hindin trat in das Gewässer und ging
bald vorwärts, bald stand sie still; so zeigte sie ihnen den Weg. Die
Jäger folgten nach und kamen zu Fuß durch den See, den sie undurch=
wandelbar, wie das Meer, früher geglaubt hatten. Sobald sie nun das
nie gesehene scythische Land erblickten, verschwand die Hindin. Erstaunt
von dem Wunder kehrten sie heim und verkündigten ihren Leuten das
schöne Land, und den Weg, den die Hirschkuh gewiesen hatte. Darauf
sammelten sich die Hunnen und brachen mit unwiderstehlicher Macht in
Scythien ein.

380.

Sage von den Hunnen.

Zu Jornandes Zeit ging eine mündliche Sage um, die er zwar verwirft, wonach die Hunnen nicht aus Scythien gekommen wären, sondern anderswoher. In Britannien oder auf irgend einem andern Eilande seien sie (auf ihrer Wanderung) vormalen in Knechtschaft gerathen, aber durch das Lösegeld eines einzigen Pferdes wieder in Freiheit gesetzt worden.

Im Mittelalter glaubte man hernach, die Hunnen und Türken, die für Ein Volk galten, wären Ungethüme, von einem Zauberer mit einer Wölfin zusammen erzeugt. Sie selbst scheinen diesen Aberglauben, um die Furcht vor ihnen zu mehren, geflissentlich ausgebreitet zu haben. Noch heut zu Tage hat er sich an der türkischen Gränze unter den östreichischen Christen erhalten. (Sismondi I., p. 54.)

381.

Das Kriegsschwert.

Ein Hirt weidete seine Heerde und sah, wie ein Vieh am Fuße hinkte. Als er nun die Ursache der scharfen Wunde nicht erklären konnte, folgte er den Blutspuren und fand endlich das Schwert, worauf die grasende Kuh unvorsichtig getreten hatte. Der Hirt grub das Schwert aus und brachte es dem König Attila. Attila aber freute sich und sah, daß er zum Herrn der Welt bestimmt war, weil ihm das Kriegsschwert, das die Scythen stets heilig hielten, in seine Hände geliefert worden sei.

382.

Die Störche.

Als Attila schon lange die Stadt Aquileja belagerte, und die Römer hartnäckig widerstanden, fing sein Heer an zu murren und wollte von dannen ziehen. Da geschah es, daß der König im Zweifel, ob er das Lager aufheben, oder noch länger harren sollte, um die Mauern der Stadt wandelte und sah, wie die weißen Vögel, nämlich die Störche, welche in den Giebeln der Häuser nisteten, ihre Jungen aus der Stadt trugen, und gegen ihre Gewohnheit auswärts ins Land schleppten. Attila, als ein weiser Mann, rief seinen Leuten und sprach: „seht, diese Vögel, die der Zukunft kündig sind, verlassen die bald untergehende Stadt und die einstürzenden Häuser!" Da schöpfte das Heer neuen Muth, und sie bauten Werkzeuge und Mauerbrecher; Aquileja fiel im Sturm und ging in den Flammen auf; diese Stadt wurde so verheert, daß kaum die Spuren übrig blieben, wo sie gestanden hatte.

383.
Der Fisch auf der Tafel.

Theoderich, der Ostgothen König, nachdem er lange Jahre in Ruhm und Glanz geherrscht hatte, befleckte sich mit einer Grausamkeit am Ende seines Lebens. Er ließ seine treuen Diener Symmachus und den weisen Boethius, auf die Verläumdung von Neidern, hinrichten und ihre Güter einziehen. Als nun Theoderich wenige Tage darauf zu Mittag aß, geschah es, daß seine Leute den Kopf eines großen Fisches zur Speise auftrugen. Kaum erblickte ihn der König auf der Schüssel liegen, so schien ihm der Kopf der des enthaupteten Symmachus zu sein, wie er die Zähne in die Unterlippe biß, und mit verdrehten Augen drohend schaute. Erschrocken und von Fieberfrost ergriffen eilte der König ins Bett, beweinte seine Unthat, und verschied in kurzer Zeit. Dies war die erste und letzte Ungerechtigkeit, die er begangen hatte, daß er den Symmachus und Boethius verurtheilte, ohne wider seine Gewohnheit die Sache vorher untersucht zu haben.

384.
Theoderichs Seele.

Zu den Zeiten Theoderichs, Königs der Ostgothen, kehrte ein Mann von einer nach Sicilien gethanen Reise wieder nach Italien zurück; sein Schiff vom Sturm verschlagen, trieb zu der Insel Liparis. Daselbst wohnte ein frommer Einsiedel, und während seine Schiffsleute das zerbrochene Geräth wieder einrichteten, beschloß der Mann hin zu dem Heiligen zu gehen und sich dessen Gebet zu empfehlen. Sobald der Einsiedel ihn und die andern Begleitenden kommen sah, sagte er im Gespräch „wißt ihr schon, daß König Theoderich gestorben ist?“ Sie antworteten schnell: „unmöglich, denn wir verließen ihn lebendig, und haben nichts dergleichen von ihm gehört.“ Der Diener Gottes versetzte: „er ist aber gestorben, denn gestern am Tage um die neunte Stunde sah ich, daß er entgürtet und entschuht*) mit gebundenen Händen, zwischen Johannes dem Papst und Symmachus dem Patricier hergeführt, und in den Schlund des benachbarten Vulcans gestürzt wurde. Die Leute schrieben sich Tag und

*) Discinctus et discalceatus, in der Weise eines vogelfreien Verbannten. Le salica. Tit. 61.

Stunde genau, wie sie gehört hatten, auf, reisten heim nach Italien und vernahmen, daß Theoderich gerade zu jener Zeit gestorben war. Und weil er den Papst Johannes im Gefängnisse todtgemartert, und den Patricier Symmachus mit dem Schwert enthauptet hatte: so wurde er gerecht von denen ins Feuer geleitet, die er ungerecht in seinem Leben gerichtet hatte.

385.
Urajas und Jldibad*).

Urajas, der Gothe, hatte eine Ehefrau, reich an Vermögen und schön an Gestalt. Diese ging einmal ins Bad, angethan in herrlichem Schmuck und begleitet von einer Menge Dienstfrauen. Da sah sie im Bade sitzen Jldibads des Königes Gemahlin in schlechten Kleidern, grüßte sie nicht demüthig, wie es sich vor einer Königin ziemt, sondern sprach höhnende Reden aus stolzem Muth. Denn es war Jldibads Einkommen noch gering und seine Macht noch nicht königlich.

Allein diesen Schimpf ertrug die Königin nicht, entbrannte vor Schmerz und ging zu ihrem Gemahl; den bat sie mit Thränen, daß er das von Urajas Frau ihr zugefügte Unrecht räche. Bald darauf schuldigte Jldibad den Urajas bei den Gothen an, daß er zum Feinde übergehen wollte, und nicht lange darauf brachte er ihn hinterlistig ums Leben. Darüber fingen die Gothen an, sich in Haß und Zwietracht zu spalten, und Wilas, ein Gepide, beschloß den König zu morden. Als Jldibad eben am Gastmahl saß und aß, hieb ihm Wilas unversehens mit dem Schwert in den Nacken, so daß seine Finger noch die Speise hielten, während sein abgeschnittenes Haupt auf den Tisch fiel und alle Gäste sich entsetzten.

386.
Totila versucht den Heiligen.

Als Totila, König der Gothen, vernommen hatte, daß auf dem heiligen Benedictus ein Geist der Weissagung ruhe, brach er auf und ließ seinen Besuch in dem Kloster ankündigen. Er wollte aber versuchen, ob der Mann Gottes die Gabe der Weissagung wirklich hätte. Einem seiner Waffenträger, Namens Riggo, gab er seine Schuhe, und ließ ihm könig= liche Kleider anthun; so sollte er sich in Gestalt des Königs dem Heiligen nahen. Drei andere Herren aus dem Gefolge, Wulderich, Ruderich und Blindin**), mußten ihn begleiten, seine Waffen tragen und sich nicht anders

---

*) Bei Marcellinus, p. 70. 71. (ed. Sirmond 1618. 8.) Orajus und Helde-badus genannt.
**) Bei Marcellinus p. 72 heißen die drei Herzöge des Totila: Ruderit, Viliarid, Bleda.

2*

anstellen, als ob er der wahre König wäre. Riggo begab sich nun in seinem prächtigen Gewande unter dem Zulaufen vieler Leute in das Münster, wo der Mann Gottes in der Ferne saß. Sobald Benedictus den Kommenden in der Nähe, daß er von ihm gehört werden konnte, sah, rief er aus: „lege ab, mein Sohn, lege ab, was du trägst, ist nicht dein!" Riggo sank zu Boden vor Schrecken, daß er sogleich entdeckt worden war, und alle seine Begleitung beugte sich mit ihm. Darauf erhuben sie sich wieder, wagten aber nicht dem Heiligen näher zu gehen, sondern kehrten zitternd zu ihrem König zurück mit der Nachricht, wie ihnen geschehen wäre. Nunmehr machte sich Totila selbst auf, und beugte sich vor dem in der Weite sitzenden Benedictus nieder. Dieser trat hinzu, hob den König auf, tadelte ihn über seinen grausamen Heereszug, und verkündete ihm in wenig Worten die Zukunft: „Du thust viel Böses und hast viel Böses gethan; jetzt laß ab vom Unrecht! Du wirst in Rom einziehen, über das Meer gehen, neun Jahre herrschen, und im zehnten sterben." Totila erschrak heftig, beurlaubte sich von dem Heiligen, und war seitdem nicht so grausam mehr.

387.

Der blinde Sabinus.

Der Bischof Sabinus hatte vor hohem Alter das Licht der Augen verloren, und war ganz blind. Da nun Totila von diesem Mann hörte, daß er weissagen könne, wollte ers nicht glauben, sondern selbst prüfen. Bei seiner Ankunft in jener Gegend lud der Mann Gottes den König zum Gastmahl ein. Totila wollte nicht speisen, sondern setzte sich zur Rechten des Greises. Als darauf ein Diener dem Sabinus den Weinbecher reichen wollte, streckte der König seine Hand stillschweigend aus, nahm den Kelch und reichte ihn mit seiner eignen Hand, statt des Knaben, dem Bischof hin. Dieser empfing ihn, sagte aber: „Heil dieser Hand!" Totila erröthend über seine Entdeckung, freute sich gefunden zu haben, was er suchte.

Dieser Sabinus brachte sein Leben weit hinauf, so daß endlich sein Archidiakonus, aus Begierde ihm als Bischof zu folgen, den frommen Mann zu vergiften trachtete. Er gewann den Weinschenken, daß er ihm Gift in den Kelch mischte, und bestach den Knaben, der dem Sabinus bei dem Mittagsmahl den Trank zu reichen pflegte. Der Bischof sprach auf der Stelle zum Knaben: „trinke du selbst, was du mir reichst." Zitternd wollte der Knabe doch lieber trinken und sterben, als die Qualen leiden, die auf einem solchen Menschenmord standen. Wie er aber den Becher eben an den Mund setzte, hielt ihn Sabinus zurück und sprach: „trinke nicht, sondern reiche mir, ich will trinken; geh aber hin und sage dem, der dir's gab: daß ich tränke, und er doch nicht Bischof werden würde." Hierauf machte der Bischof das Zeichen des Kreuzes und trank ohne Gefahr. Zur selben Stunde sank der Archidiakonus an einem andern Orte, wo er sich eben aufhielt, todt zu Boden, als ob das Gift in seine Eingeweide durch des Bischofs Mund gelaufen wäre.

388.
Der Ausgang der Longobarden.

Die Winiler, hernachmals Longobarden genannt, als sie sich in dem Eiland Scandinavien so vermehrt hatten, daß sie nicht länger zusammen wohnen konnten, theilten sich in drei Haufen ab und loosten. Wer nun das Loos zog, der Haufen sollte das Vaterland verlassen und sich eine fremde Heimath suchen. Als nun das Loos auf einen Theil gefallen war, so zog dieser unter zwei Heerführern, den Brüdern Ibor und Ayo (oder Agio), sammt ihrer weisen Mutter Gambara aus. Sie langten zuerst in Skoringen an, schlugen die Wandalen und deren Könige Ambri und Aßy; zogen sodann nach Moringen, und dann nach Goland. Nachdem sie da eine Zeitlang verweilt, besetzten sie die Striche: Anthaib, Banthaib und Wurgenthaib, wo sie auch noch nicht blieben, sondern durch Rugiland zogen, eine Zeit über im offenen Felde wohnten, mit den Herulern, Gepiden und Gothen Händel hatten, und zuletzt in Italien festen Sitz nahmen.

389.
Der Longobarden Ausgang.

In Dänemark herrschte König Snio (Schnee), da brach im Land Hunger und Noth aus; der König gab ein Gesetz, welches Gastereien und Trinkgelage verbot; aber das wollte nicht helfen, sondern die Theurung nahm immer zu. Der König ließ seinen Rath versammeln und beschloß den dritten Theil des Volkes tödten zu lassen. Ebbe und Aage, zwei mannliche Helden saßen zu oberst im Rath; ihre Mutter hieß Gambaruk, wohnte in Jütland, und war eine weise Frau. Als sie dieser den Entschluß des Königs meldeten, mißfiel ihr es höchlich, daß so viel unschuldig Volk umkommen sollte: „ich weiß bessern Rath, der uns frommt; laßt Alte und Junge loosen, auf welche unter diesen das Loos fällt, die müssen aus Dänemark fahren, und ihr Heil zur See versuchen." Dieser Rathschlag wurde allgemein beliebt, und das Loos geworfen. Es fiel auf die Jungen, und alsbald wurden die Schiffe ausgerüstet. Ebbe und Aage waren nicht träg dazu, und ließen ihre Wimpel wehen; Ebbe führte die Jüten, und Aaage die Gundinger aus.

390.

Sage von Gambara*) und den Langbärten.

Als das Loos geworfen war und der dritte Theil der Winiler aus
der Heimath in die Fremde ziehen mußte, führten den Haufen zwei
Brüder an, Ibor und Aio**) mit Namen, junge und frische Männer.
Ihre Mutter aber hieß Gambara, eine schlaue und kluge Frau, auf
deren weisen Rath in Nöthen sie ihr Vertrauen setzten. Wir sie sich nun
auf ihrem Zug ein anderes Land suchten, daß ihnen zur Niederlassung
gefiele, langten sie in die Gegend, die Schoringen hieß, da weilten sie
einige Jahre. Nah dabei wohnten die Wandalen, ein rauhes und sieg=
stolzes Volk, die hörten ihrer Ankunft und sandten Boten an sie: daß die
Winiler entweder den Wandalen Zoll gäben, oder sich zum Streit rüsteten.
Da rathschlagten Ibor und Aio mit Gambara ihrer Mutter, und wurden
eins: daß es besser sei, die Freiheit zu verfechten, als sie mit dem Zoll
zu beflecken; und ließen das den Wandalen sagen. Es waren die Winiler
zwar muthige und kräftige Helden, an Zahl aber gering. Nun traten die
Wandalen vor Wodan, und flehten um Sieg über die Winiler. Der
Gott antwortete: „denen will ich Sieg verleihen, die ich bei Sonnen=
aufgang zuerst sehe.“ Gambara aber trat vor Frea, Wodans Gemahlin,
und flehte um Sieg für die Winiler. Da gab Frea den Rath: „die
Winiler Frauen sollte ihre Haare auflösen, und um das Gesicht in Bartes
Weise zurichten, dann aber frühmorgens mit ihren Männern sich dem
Wodan zu Gesicht stellen, vor das Fenster gen Morgen hin, aus dem er
zu schauen pflegte. Sie stellten sich also dahin, und als Wodan aus=
schaute bei Sonnenaufgang, rief er: „was sind das für Langbärte?“ Frea
fügte hinzu: „wem du Namen gabst, dem mußt du auch Sieg geben.“***)
Auf diese Art verlieh Wodan den Winilern den Sieg, und seit der Zeit
nannten sich die Winiler Langbärte (Longobarden).

391.

Die Longobarden und Aßipiter.

Bald nach Besiegung der Winiler mußten die Langbarten aus Hungers=
noth das Land Schoringen verlassen und gedachten in Moringen zu ziehen.
Die Aßipiter (? Usipeter) aber widerstanden und wollten ihnen keinen
Durchzug durch ihre Grenzen verstatten. Da nun die Langbarten die
große Zahl der Feinde und ihre geringe sahen, sprengten sie listig aus,

---

*) Diese Gambara ist merkwürdig die Cambra des Hunibald.
**) bei Gotfr. viterb. Hibor et Hangio.
***) S. das Lied von Helge und Swawa in unserer Ausg. der Edda. Str. 8.
Anm. S. 33.

daß sie Hundsköpfe im Lager bei sich führten; das heißt: ungeheure Menschen mit Hundsköpfen; die dürsteten nach Menschenblut und tränken, wenn sie keinen Feind erreichen könnten, ihr eigenes. Und um dies glaubhafter zu machen, stellten sie ihre Zelte weit aus einander, und zündeten viele Feuer im Lager an. Die Aßipiter geriethen dadurch in Furcht und wagten nun den Krieg, womit sie gedroht hatten, nicht mehr zu führen. Doch hatten sie unter sich einen starken Mann, auf dessen Kräfte sie vertrauten; mit diesem boten sie den Langbarten einen Einkampf an. Die Langbarten möchten nämlich auch einen aus ihren Leuten, welchen sie wollten, wählen, und ihrem Fechter entgegenstellen. Siegte der Aßipiter, so sollten die Langbarten auf dem Wege, den sie gekommen wären, wieder zurück wandern; würde er aber besiegt, so müßte ihnen der freie Durchzug gestattet werden.

Als nun die Langbarten anstanden, wenn sie von ihren Männern dazu auswähleten: da bot sich einer aus der Knechtschaft ¡von freien Stücken zum Kampf an, und hielt sich aus, wo er den Feind besiegen würde, daß er und seine Nachkommen in den Stand der Freien aufgenommen werden sollte. Dies wurde ihm verheißen, er übernahm den Kampf, und besiegte seinen Gegner. Seinem Wunsche gemäß wurde er darauf freigesprochen, und erwarb den Langbarten freien Durchzug, worauf sie glücklich in das Land Moringen einrückten.

<hr/>

392.
Die sieben schlafenden Männer in der Höhle.

In ganz Deutschland weiß man folgende wunderbare Begebenheit. An der äußersten Meeresküste liegt unter einem ragenden Felsen eine Höhle, in der, man kann nicht mehr sagen, seit welcher Zeit, lange her sieben Männer schlafen, ihre Leiber bleiben unverwest, ihre Kleider verschleißen nicht, und das Volk verehrt sie hoch. Der Tracht nach scheinen sie Römer zu sein. Einen reizte die Begierde, daß er der Schläfer einem das Gewand ausziehen wollte; alsbald erdorrten ihm die Arme, und die Leute erschraken so, daß niemand näher zu treten wagte. Die Vorsehung bewahrt sie zu einem heiligen Zweck auf, und dereinst sollen sie vielleicht aufstehen, und den heidnischen Völkern die heilige Lehre verkündigen.

<hr/>

393.
Der Knabe im Fischteich.

Zu den Zeiten Agelmunds, des longobardischen Königs, trug es sich zu, daß ein Weib dieses Volkes sieben Knäblein auf einmal gebar, und um der Schande zu entgehn, grausamer als wilde Thiere, sie sämmtlich in einen Fischteich warf. Bei diesem Teich ritt der König gerade vorüber, sah die elenden Kinder liegen, hielt sein Pferd an, und wandte sie mit dem Spieß, den er in der Hand trug, von einer Seite auf die andere um. Da griff eins der Kindlein mit seinen Händchen den königlichen Spieß fest. Der König sah darin ein Zeichen, daß aus diesem Kind ein besonderer Mann werden würde, befahl es aus dem Fischbehälter zu ziehen, und übergab es einer Amme zum Säugen. Und weil er ihn aus dem Fisch= teich, der in ihrer Sprache Lama*) heißt, gezogen hatte, legte er dem Kind den Namen Lamissio bei. Es erwuchs, wurde ein streitbarer Held, und nach Agelmunds Tode König der Longobarden.

394.

Lamissio und die Amazonen.

Als die Longobarden sich dem Reiche der Kriegsjungfrauen (deren es noch in dem Innern Deutschlands geben soll) näherten, wollten ihnen diese den Uebergang eines Flusses an ihrer Grenze nicht verstatten. Es wurde daher ausgemacht: daß ein auserwählter Held von Seiten der Longobarden mit einer der Frauen in dem Flusse schwimmend fechten sollte. Würde nun ihr Kämpfer von der Jungfrau besiegt, so sollte das lombardische Heer zurück weichen; unterlege sie hingegen dem Helden, so sollte ihnen der Uebergang vergönnt sein. Diesen Kampf bestand der tapfere Lamissio, und erwarb sich durch seinen Sieg großen Ruhm, seinen Landsleuten aber den freien Zug über den Strom.

395.

Sage von Rodulf und Rumetrud.

Als [die Heruler und Longobarden ihren Krieg durch ein Friedens= bündniß aufheben wollten, sandte König Rodulf seinen Bruder zu König Tato, daß er alles abschließen sollte. Nach beendigtem Geschäfte kehrte der Gesandte heim; da geschah es, daß er unterwegs vorbeiziehen mußte, wo Rumetrud wohnte, des longobardischen Königs Tochter. Diese sah die Menge seines Gefolges, fragte: wer das wohl sein möchte? und hörte, daß es der herulische Gesandte, Rodulfs leiblicher Bruder wäre, der in sein Land heimzöge. Da schickte sie einen zu ihm und ließ ihn laden: „ob er kommen wolle, einen Becher Wein zu trinken?" Ohne Arg folgte

---

*) Aus keiner germanischen Sprache jetzt zu erläutern, aber im latein. ist lama Pfütze, Sumpf, Schlund, griech. λαμος. Vergl. Schlamm. Litth. lama, locus depressus in agro. lett. loma, palus, fossa.

er der Ladung; aber die Jungfrau spottete seiner aus Uebermuth, weil er kleinlicher Gestalt war, und sprach höhnende Reden. Er dagegen, übergossen von Scham und Zorn, stieß noch härtere Worte aus, also daß die Königstochter viel mehr beschämt wurde, und innerlich von Wuth entbrannte. Allein sie verstellte ihre Rache und versuchte mit freundlicher Miene ein angenehmes Gespräch zu führen, und lud den Jüngling zu sitzen ein. Den Sitz aber wies sie ihm da an, wo in der Wand eine Lucke war, darüber sie, gleichsam zu des Gastes Ehren, einen köstlichen Teppich hängen lassen; eigentlich aber wollte sie damit allen Argwohn entfernen. Nun hatte sie ihren Dienern befohlen, so bald sie zu dem Schenken das Wort sprechen würde: „mische den Becher!" daß sie durch die Lucke des Gastes Schulterblatt durchstoßen sollten, und so geschah es auch. Denn bald gab das grausame Weib jenes Zeichen, und der unselige Gast sank mit Wunden durchbohrt zur Erde.

Da König Rodulf von seines Bruders Mord Kundschaft bekam, klagte er schmerzlich und sehnte sich nach Rache; alsbald brach er den neuen Bund, und sagte den Longobarden Krieg an. Wie nun der Schlachttag erschien, war Rodulf seiner Sache so gewiß: daß ihm der Sieg unzweifelhaft deuchte, und während das Heer ausrückte, er ruhig im Lager blieb und Schachtafel spielte. Denn die Heruler waren dazumal im Kampf wohl erfahren, und durch viele Kriege berühmt. Um freier zu fechten, oder als verachten sie alle Wunden, pflegten sie auch nackend zu streiten, und nichts als die Scham zu bedecken an ihrem Leibe.

Als nun der König, wie gesagt, fest auf die Tapferkeit der Heruler baute, und ruhig Tafel spielte, hieß er einen seiner Leute auf einen nahestehenden Baum steigen, daß er ihm der Heruler Sieg desto schneller verkündige; doch mit der zugefügten Drohung: „meldest du mir von ihrer Flucht, so ist dein Haupt verloren." Wie nun der Knecht oben auf dem Baume stand, sah er, daß die Schlacht übel ging; aber er wagte nicht zu sprechen, und erst wie das ganze Heer dem Feinde den Rücken kehrte, brach er in die Worte aus; „Weh dir Herulerland, der Zorn des Himmels hat dich betroffen!" Das hörte Rodulf und sprach: „wie, fliehen meine Heruler?" „Nicht ich, rief jener, sondern du König hast dies Wort gesprochen." Da traf den König Schrecken und Verwirrung, daß er und seine umstehenden Leute keinen Rath wußten, und bald die longobardischen Haufen einbrachen, und alles erschlugen. Da fiel Rodulf, ohne männliche That. Und über der Heruler Macht, wie sie hierhin und dorthin zerstreut wurde, waltete Gottes Zorn schrecklich. Denn als die Fliehenden blühende Flachsfelder vor sich sahen, meinten sie vor einem schwimmbaren Wasser zu stehen, breiteten die Arme aus, in der Meinung zu schwimmen, und sanken grausam unter der Feinde Schwert.*) Die Longobarden aber

---

*) Diesen poetischen und ganz sagenhaften Zug hat auch Aimoin in seinen sonst kurzen Excerpten aus Paulus (Lib. 2. cap. 13.).

trugen unermeßliche Beute davon, und theilten sie im Lager; Rodulfs Fahne und Helm, den er in den Schlachten immer getragen hatte, bekam Tato, der König. Von der Zeit an war alle Kraft der Heruler gebrochen, sie hatten keine Könige mehr; die Longobarden aber wurden durch diesen Sieg reicher und mächtiger, als je vorher.

396.

Alboin wird dem Audoin tischfähig.

Als Alboin, Audoins Sohn, siegreich vom Feldzug gegen die Gepiden heimkehrte, wollten die Longobarden, daß er auch seines Vaters Tischgenoß würde. Audoin aber verwarf dies, weil nach der Gewohnheit des Volks der Königssohn nicht eher mit dem Vater speisen dürfe, bis er von einem auswärtigen König gewaffnet worden sei. Sobald dies Alboin hörte, ritt er, nur von vierzig Jünglingen begleitet, zu Thurisend, dem Gepidenkönig, dessen Sohn Thurismod er eben erlegt hatte, und erzählte ihm, aus welcher Ursache er käme. Thurisend nahm ihn freundlich auf, lud ihn zu Gast, und setzte ihn zu seiner Rechten an der Mahlzeit, wo sonst sein Sohn zu sitzen pflegte. Als nun Thurisend so saß, und seines Sohnes Mörder neben sich erblickte, seufzte er vor Schmerz und sprach: „der Platz ist mir lieb, aber der Mann leid, der jetzt darauf sitzt." Durch diese Worte ge= reizt, hub der andere Sohn Thurisends an, der Longobarden zu spotten, weil sie unterhalb der Waden weiße Binden trügen; und verglich sie Pferden, deren Füße bis an die Schenkel weiß sind, „das sind ekelhafte Mähren, denen ihr gleicht." Einer der Longobarden versetzte hierauf: „komm mit ins Asfeld, da kannst Du sehen, wie gut die, welche Du Mähren nennst, mit den Hufen schlagen; da liegen Deines Bruders Gebeine, wie die eines elenden Gauls, mitten auf der Wiese." Die Gepiden geriethen dadurch in Wuth, und wollten sich rächen, augenblicklich faßten alle Longobarden ihre Degengriffe. Der König aber stand vom Tische auf, warf sich in ihre Mitte, und bedrohte den, welcher zuerst den Streit anheben würde: der Sieg mißfalle Gott, wenn man in seinem eignen Hause den Feind erlege. So beschwichtigte er den Zank, nahm nach vollbrachtem Mahle die Waffen seines Sohnes Thurismod, und übergab sie dem Alboin. Dieser kehrte in Frieden zu seinem Vater heim. und wurde nun dessen Tischgenoß. Er er= zählte alles, was ihm bei den Gepiden begegnet war, und die Longobarden lobten mit Bewunderung sowohl Alboins Wagstück, als Thurisends große Treue.

397.
Ankunft der Longobarden in Italien.

Narses, weil er seiner Mannheit beraubt worden war, wurde von der Kaiserin verhöhnt, indem sie ihm ein goldenes Spinnrad sandte: „mit den Weibern solle er spinnen, aber nicht unter den Männern befehlen." Da antwortete Narses: „so will ich ihr ein solches Gewebe spinnen, aus dem sie zeitlebens ihren Hals nicht wieder wird loswickeln können." Darauf lockte er die Longobarden, und leitete sie mit ihrem König Alboin aus Pannonien nach Italien.

Die altdeutsche Weltchronik erzählt dieses nicht von Narses, sondern von Aetius, dem die Königin spottweise entbieten ließ, in ihrer Frauenstube Wolle zu zeisen.

398.
Alboin gewinnt Ticinum.*)

Drei Jahre und etliche Monate hatte Alboin Ticinum belagert, eh' es sich ergab. Als nun der König durch die Johannespforte an der Ostseite der Stadt einritt, fiel sein Pferd mitten unter dem Thor hin, und konnte durch keine Striche dahin gebracht werden, wieder aufzustehen. Da sagte ein Longobarde. „Gedenk, o König, deines Gelübdes, und brich es, so wirst du in die Stadt eingehen, denn es wohnt auch Christenvolk darin." Alboin hatte nämlich gelobt, das ganze Volk, weil es sich nicht ergeben wollte, über die Klinge springen zu lassen. Hierauf brach er nun das harte Gelübde, und verhieß den Bürgern Gnade; alsbald hob sich sein Pferd auf, und er hielt ruhig den Einzug.

399.
Alboin betrachtet sich Italien.

Alboin war nun mit seinem Heer und einer großen Menge Volkes an die äußerste Grenze Italiens gekommen. Da stieg er auf einen in der Gegend emporragenden Berg und beschaute das Land, so weit er von da hineinsehen konnte. Seit der Zeit heißt derselbe Berg nach ihm der Königsberg. Auf diesem Gebirge sollen wilde Wisente hausen. Ein wahrhafter Greis erzählte, die Haut eines auf dem Berg erlegten Wisents gesehen zu haben, welche so groß gewesen sei, daß funfzehn Männer neben einander darauf liegen können.

---

*) Pavia

400.

Alboin und Rosmund.

Nach Turisens Tod brach dessen Sohn und Nachfolger Cunimund aufs neue den Frieden mit den Longobarden. Alboin aber schlug die Feinde, erlegte den Cunimund selber, und machte sich aus dessen Schädel eine Trinkschale. Cunimunds Tochter Rosimund führte er mit vielen andern in die Gefangenschaft, und nahm sie darauf zu seiner Gemahlin. Alboins Thaten erschollen überall, und sein Ruhm wurde nicht blos bei den Longobarden, sondern auch bei den Baiern, Sachsen und andern Völkern der deutschen Zunge in Liedern besungen. Auch erzählen viele, daß zu seiner Zeit ganz vorzügliche Waffen geschmiedet worden seien.

Eines Tages saß Alboin zu Verona fröhlich am Mahl und befahl der Königin in jener Schale Wein zu schenken, die er aus ihres Vaters Haupt gemacht hatte, und sprach zu ihr: „trinke fröhlich mit deinem Vater!" Rosimund empfand tiefen Schmerz, bezwang sich gleichwohl, und sann auf Rache. Sie wandte sich aber an Helmichis, des Königs Waffen= träger (Schilpor) und Milchbruder, und bat ihn, daß er den Alboin um= bringe. Dieser rieth ihr, den Peredeo, einen tapfern Helden, ins Ver= ständniß zu ziehen. Peredeo wollte aber mit dieser Unthat nichts gemein haben. Da barg sich Rosimund heimlich in ihrer Kammermagd Bett, mit welcher Peredeo vertrauten Umgang hatte; und so geschah's, daß er unwissend dahin kam, und bei der Königin schlief. Nach vollbrachter Sünde frug sie ihn: für wen er sie wohl halte? und als er den Namen seiner Freundin nannte, sagte sie: „Du irrst dich sehr, ich, Rosimund bin's; und nun du einmal dieses begangen hast, geb ich dir die Wahl, entweder den Alboin zu ermorden, oder zu erwarten, daß er dir das Schwert in den Leib stoße." Da sah Peredeo das unausweichliche Uebel ein, und bewilligte gezwungen des Königs Mord.

Eines Mittags also, wie Alboin eingeschlafen war, gebot Rosimund Stille im ganzen Schlosse, schaffte alle Waffen beiseits, und band Alboins Schwert an die Bettstelle stark fest, daß es nicht weggenommen, noch aus der Scheide gezogen werden mochte. Dann führte sie, nach Helmichis Rath, Peredeo herein. Alboin aus dem Schlafe erwachend, sah die Gefahr, worin er schwebte, und wollte schnell sein Schwert ergreifen; da er's nicht losbringen konnte, griff er den Fußschemel, und wehrte sich eine gute Weile tapfer damit. Endlich aber mußte dieser kühne und gewaltige Mann, der so viele Feinde besiegt hatte, durch die List seiner Frau wehr= los unterliegen. Seinen Leichnam bestatteten die Longobarden weinend und klagend unter den Aufstieg einer Treppe, nah beim Königlichen Schloß. Später öffnete Herzog Gisilbert das Grab, und nahm das Schwert zusammt anderm Schmuck heraus. Er berühmte sich auch, den Alboin gesehen zu haben.

401.
Rosmund, Helmichis und Peredeo.

Nach Aboins Tode dachte Helmichis das Reich zu bekommen, allein die Longobarden hinderten das, und stellten ihm, vor tiefem Schmerz über ihres Herrschers Ermordung, nach dem Leben. Also entflohen Helmichis und Rosmund, jetzt seine Gemahlin, auf einem Schiffe, das ihnen Longinus, Vorsteher zu Ravenna, gesandt hatte, Nachts aus Verona, entwandten Albsuind, Aboins Tochter erster Ehe, und den ganzen longobardischen Schatz. Wie sie zu Ravenna angelangt waren, nahm Rosmundens Schönheit auch den Longinus ein, und er beredte sie, den Helmichis zu tödten, und sich hernach ihm zu vermählen. Zum Bösen aufgelegt, und wünschend Ravennas Herrin zu werden, reichte sie dem Helmichis, als er aus dem Bad kam, einen Becher Gift; er aber, sobald er merkte, daß er den Tod getrunken, zog das Schert über sie, und zwang sie, was im Becher geblieben war, auszuleeren. So starben diese beiden Mörder durch Gottes Gericht zu einer Stunde. Longinus schickte Albsuind und die lombardischen Schätze nach Constantinopel zum Kaiser Tiberius. Einige erzählen: auch Peredeo sei mit Helmichis und Rosmund nach Ravenna gekommen und ebenfalls mit Albsuinden nachher zu Tiberius gesandt worden.

Er soll zu Constantinopel Beweise seiner großen Stärke gegeben und einmal im Schauspiel vor dem Kaiser und allem Volk einen ungeheuren Löwen erlegt haben. Aus Furcht, daß er kein Unheil stifte, ließ ihm der Kaiser die Augen ausstechen. Peredeo schaffte sich zwei kleine Messer, barg sie in seinen Aermeln, und ging in den Palast unter dem Vorwand, er habe dem Kaiser etwas Wichtiges zu offenbaren. Dieser sandte zwei seiner vertrauten Diener, daß sie ihn anhörten; alsbald nahte er sich ihnen, als wolle er etwas Heimliches entdecken, und schlug ihnen mit seinen beiden kleinen Schwertern solche Wunden, daß sie zur Stelle hinsanken, und ihren Geist aufgaben. So rächte dieser tapfere Mann, der Samson (Simson) nicht ungleich, seiner beiden Augen Verlust an dem Kaiser durch den Tod zweier wichtiger Hofmänner.

402.
Sage vam König Authari.

Authari, König der Lamparten, sandte nach Baiern zu König Garibald, und ließ um dessen Tochter Theodelind (Dietlind) freien. Garibald nahm die Boten freundlich auf, und sagte die Braut zu. Auf diese Botschaft hatte Authari Lust, seine Verlobte selbst zu sehen, nahm wenige aber geprüfte Leute mit, und darunter seinen Getreuesten, der als Aeltester den ganzen Zug anführen sollte. So langten sie ohne Verzug in Baiern an, und wurden dem König Garibald in der Weise anderer Gesandten vorgestellt; der Aelteste sprach den üblichen Gruß, hernach trat Authari selbst, der von keinem Baier erkannt wurde, vor, und sprach: „Authari, mein Herr und König, hat mich deshalb hierher gesandt, daß ich seine bestimmte Braut, die unsere Herrin werden soll, schaue, und ihm ihre Gestalt genau berichten könne." Auf diese Worte hieß der König seine Tochter kommen, und als sie Authari stillschweigend betrachtet hatte, auch gesehen, daß sie schön war, und seinen Augen gefiel, redete er weiter: „weil ich, o König, deine Tochter so gestaltet sehe, daß sie werth ist, unsere Königin zu werden, möge es dir belieben, daß ich aus ihrer Hand den Weinbecher empfange." Der König gab seinen Willen dazu, Dietlind stand auf, nahm den Becher, und reichte zuerst dem zu trinken, der unter ihnen der Aelteste zu sein schien; hernach schenkte sie Authari ein, von dem sie nicht wußte, daß er ihr Bräutigam war. Authari trank, und beim Zurückgeben des Bechers rührte er leise mit dem Finger, ohne daß jemand es merkte, Dietlindens Hand an, darauf fuhr er sich selbst mit der Rechten, von der Stirn an über die Nase, das Antlitz herab. Die Jungfrau, von Scham erröthend, erzählte es ihrer Amme. Die Amme versetzte: „Der dich so anrührte, muß wohl der König und dein Bräutigam selber sein, sonst hätte er's nimmer gewagt: du aber schweige, daß es dein Vater nicht vernehme; auch ist er so beschaffen von Gestalt, daß er wohl werth scheint, König und dein Gemahl zu heißen."

Authari war schön in blühender Jugend, von gelbem Haar und zierlich von Anblick. Bald darauf empfingen die Gesandten Urlaub beim König, und zogen von den Baiern geleitet, heim. Da sie aber nahe an die Grenze, und die Baiern noch in der Gesellschaft waren, richtete sich Authari, so viel er konnte, auf dem Pferde auf, und stieß mit aller Kraft ein Beil, das er in der Hand hielt, in einen nahestehenden Baum. Das Beil haftete fest und er sprach: „solche Würfe pflegt König Authari zu thun!" Aus diesen Worten verstanden die Baiern, die ihn geleiteten, daß er selber der König war. —

Als einige Zeit darauf Dietlinde nach Lamparten kam, und die Hochzeit festlich gehalten wurde, trug sich Folgendes zu. Unter den Gästen war auch Agilulf, ein vornehmer Longobard. Es erhob sich aber ein Unwetter, und der Blitzstrahl fuhr mit heftigem Donner in ein Holz, das innerhalb des Königs Zaungarten lag. Agilulf hatte unter seinem Gesinde einen Knecht, der sich auf die Auslegung der Donnerkeile verstand, und was daraus erfolgen würde, durch seine Teufelskunst wohl wußte. Nun begab sich's, daß Agilulf an einen geheimen Ort ging, sich des natürlichen Bedürfnisses zu erledigen, da trat der Knecht hinzu und sprach: „Das Weib, die heute unserm Könige vermählt worden ist, wird, nicht über lang, dein Gemahl werden." Als Agilulf das hörte, bedrohte er ihn hart, und sagte: „Du mußt dein Haupt verlieren, wo du ein Wort von dieser Sache fallen läffeft." Der Knabe erwiderte: „Du kannst mich tödten, allein das Schicksal ist unwandelbar; denn traun, diese Frau ist darum in dies Land gekommen, damit sie dir anvermählt würde." Dies geschah auch nach der Zeit.

403.
Authari's Säule.

Von Authari, dem König der Lombarden, wird erzählt: er sei über Spoleto vorgedrungen bis gen Benevent, habe das Land genommen und sogar Reggio heimgesucht; welches die letzte Stadt des festen Landes an der Meerenge, Sicilien gegenüber, ist. Daselbst soll in den Meereswellen eine Säule gesetzt sein; bis zu der hin sprengte Authari auf seinem Roß, und rührte sie mit der Spitze seiner Lanze an, indem er ausrief: „hier soll der Longobarden Grenze stehen!" Diese Säule heißt bis auf den heutigen Tag: Authari's Säule.

404.
Agilulf und Theudelind.

Nach Autharis (Vetaris) Tode ließen die Longobarden Theudelind, die königliche Wittwe, die ihnen alle wohlgefiel, in ihrer Würde bestehen, und stellten ihr frei; welchen sie wollte, aus dem Volk zu wählen, den würden sie alle für ihren König erkennen. Sie aber berief Agilulf, Herzog von Taurin, einen tapfern kriegerischen Mann, und reiste ihm selbst bis nach Laumell entgegen. Gleich nach dem ersten Gruß ließ sie Wein schenken, trank selber, und reichte das übrige dem Agilulf hin. Als er nun beim Empfang des Bechers ehrerbietig die Hand der Königin küßte, sprach sie lächelnd und erröthend: „Der braucht mir nicht die Hand zu küssen, welcher mir seinen Kuß auf den Mund geben soll." Hierauf ließ sie ihn zum Kuß, und that ihm den gefaßten Entschluß kund; unter all= gemeinem Frohlocken wurde bald die Hochzeit begangen, und Agilulf von allem versammelten Volk zum König angenommen.

Unter der weisen und kräftigen Herrschaft dieses Königs stand das Reich der Longobarden in Glück und Frieden; Theudelind, seine Gemahlin, war schön und tugendsam. Es begab sich aber, daß ein Jüngling aus dem königlichen Gesinde eine unüberwindliche Liebe zu der Königin faßte, und doch, seiner niedern Abkunft halber, keine Hoffnung nähren durfte, jemals zur Befriedigung seiner Wünsche zu gelangen. Er beschloß endlich das Aeußerste zu wagen, und wenn er sterben müsse. Weil er nun abge= merkt hatte, daß der König nicht jede Nacht zu der Königin ging, so oft er es aber that, in einen langen Mantel gehüllt, in der einen Hand eine Kerze, in der andern ein Stäblein tragend, vor das Schlafgemach Theudelindens trat, und mit dem Stäblein ein oder zwei Mal vor die Thüre schlug, worauf ihm alsbald geöffnet und ihm die Kerze abgenommen wurde; so verschaffte er sich einen solchen Mantel, wie er denn auch von Gestalt genau dem Könige gleich kam.

Eines Nachts hüllte er sich in den Mantel, nahm Kerze und Stäblein zur Hand und that zwei Schläge an die Thüre des Schlafzimmers; sogleich ward ihm von der Kämmerin aufgethan, die Kerze abgenommen, und der Diener gelangte wirklich in das Bett der Königin, die ihn für keinen andern, als ihren Gemahl hielt. Indessen fürchtete er, auf solches Glück möge schnelles Unheil folgen, machte sich daher bald aus den Armen der Königin, und gelangte auf dieselbe Weise, wie er gekommen war, unerkannt in seine Schlafstube zurück.

Kaum hatte er sich entfernt, als sich der König selbst vornahm, diese Nacht seine Gemahlin zu besuchen, die ihn froh empfing, aber verwundert fragte: „Warum er gegen seine Gewohnheit, da er sie eben erst verlassen, schon wieder zu ihr kehre?" Agilulf stutzte, bildete sich aber augenblicklich ein, daß sie durch die Aehnlichkeit der Gestalt und Kleidung könne getäuscht worden sein; und da er ihre Unschuld deutlich sah, gab er als verständiger Mann sich nicht blos, sondern antwortete: „traut ihr mir nicht zu, daß, nachdem ich einmal bei euch gewesen, ich nicht noch einmal zu euch kommen möge?" worauf sie versetzte: „ja, mein Herr und Gemahl, nur ich bitte euch, daß ihr auf eure Gesundheit sehen möget." „Wenn ihr mir so rathet, sprach Agilulf, so will ich euch folgen, und dies Mal nicht weiter bemühen." Nach diesen Worten nahm der König seinen Mantel wieder um, und verließ voll innerem Zorn und Unwillen, wer ihm diesen Schimpf zugefügt habe, das Gemach der Königin. Weil er aber richtig schloß, daß einer aus dem Hofgesinde der Thäter sein müßte, und noch nicht aus dem Hause habe gehen können, so beschloß er auf der Stelle nachzuspüren, und ging mit einer Leuchte in einen langen Saal, über dem Marstall, wo die ganze Dienerschaft in verschiedenen Betten schlief. Und indem er weiter bedachte, dem, der es vollbracht, müßte noch das Herz viel stärker schlagen, als den andern: so trat der König der Reihe nach zu den Schlafenden, legte ihnen die Hand auf die Brust, und fühlte, wie ihre Herzen schlugen. Alle aber lagen in tiefer Ruhe, und die Schläge ihres Bluts waren still und langsam, bis er sich zuletzt dem Lager dessen näherte, der es wirklich verübt hatte. Dieser war noch nicht entschlafen, aber als er den König in den Saal treten gesehen, in große Furcht gerathen, und glaubte gewiß, daß er umgebracht werden sollte; doch tröstete ihn, daß er den König ohne Waffen erblickte, schloß daher, wie jener näher trat, fest die Augen und stellte sich schlafend. Als ihm nun der König die Hand auch auf die Brust legte, und sein Herz heftig pochen fühlte, merkte er wohl, daß dieser der Thäter war, und nahm, weil er bis auf den Tag verschieben wollte, was er mit ihm zu thun Willens hatte, eine Scheere, und schnitt ihm von der Seite über dem Ohr eine Locke von den langen Haaren ab. Darauf ging der König weg, jener aber, der listig und sinnreich war, stand unverzüglich auf, schnitt jedem seiner Schlafgesellen auf derselben Seite eine Locke mit der Scheere, und legte sich hernach ganz ruhig nieder in sein Bett und schlief. Morgens in aller Frühe, bevor die Thore der Burg eröffnet wurden, befahl der König sämmtlichem Gesinde, in seiner Gegenwart zu erscheinen, und begann, sie anzusehen, um denjenigen, den er geschoren hatte, darunter auszufinden. Da er aber erstaunt sahe, daß den meisten unter ihnen auf derselben Stelle die Locke fehlte, sagte er zu sich selbst: „Der, den ich suche, ist von niederer Herkunft, aber gewiß von klugem Sinn,“ und sogleich erkennend, daß er ihn ohne großes öffentliches Aergerniß nicht mehr finden werde, sprach er laut zu ihnen allen: wer es gethan hat, schweige, und thue es nimmermehr!“ Bei diesen Worten des Königs sahen sich alle Diener einander verwundert an, und wußten nicht, was sie bedeuteten; außer dem einen, der das Stück begangen hatte, welcher klug genug war, sein Lebelang nichts davon laut werden zu lassen, und sich an dem Glück zu genügen, daß ihm wiederfahren war.

405.
Theodelind und das Meerwunder.

Eines Tages wandelte Theodelind, Agilulfs Gemahlin, in der grünen Au, nahe am Meerufer, sich zu erfrischen und Blumen zu brechen. Da stieg plötzlich ein scheußliches Meerwunder ans Land, rauchbehaart, mit glühenden Augen, faßte die zarte Königin und bewältigte sie. Aber ein Edelmann, der in der Nähe Hirsch und Hind jagte, hörte ihr klägliches Wehgeschrei, ritt eilends hinzu und sobald ihn das Meerwunder kommen sah, ließ es die Königin und sprang in das Meer zurück. Der Edelmann geleitete Theodelinden heim; seit der Zeit war ihr Herz traurig und betrübt, doch sagte sie niemand, was ihr geschehen war. Hierauf brachte sie ein Kind zur Welt, rauch und schwarz und rothäugig, gleich seinem Vater; Agilulf erschrak innig, daß er einen solchen Sohn erzeugt hätte, doch ließ er ihn sorgfältig auferziehen. Das Kind wuchs auf und war bös und tückisch, andern Kindern griff es mit Fingern die Augen aus, oder zerbrach ihnen Arm und Beine, daß sich jeder vor ihm hütete, wie vor dem leidigen Teufel. Und als es älter wurde, schwächte es Frauen und Jungfrauen und tödtete die Männer; da zürnte der edle König und dachte es mit Worten zu strafen, aber es wehrte sich und schlug auf seinen Vater selber los, daß es ihn beinahe umgebracht hätte; seit der Zeit strebte es ihm und des Königs rechtem ehelichem Sohne nach dem Leben. Dieser Teufel kann nimmermehr mein Kind sein, dachte der König, und ermahnte seinen Sohn, daß sie mit dem Ungeheuer streiten, und es erlegen wollten, ehe es noch mehr Mord beginge. Viele Helden tödtete es in dem Kampfe und schlug seinem Vater und Bruder manche tiefe Wunde; das Blut rann im Saal; da nahm seine Mutter selbst Pfeil und Bogen, und half mit fechten, bis es zuletzt von vielen getroffen zu Boden niedersank. Als das Ungeheuer todt lag, sprach der König zu Theudelinde: „nimmermehr war das mein Sohn, bekenne mir frei, von wem du es empfangen hattest, so soll dir alles vergeben sein." Die Königin bat um Gnade, und sagte: „wie sie vor Jahren am Gestade des Meeres gegangen, sein ein scheußliches Meerwunder hervorgesprungen, und habe sie mit Gewalt bezwungen; das könne ihr der Edelmann bezeugen, der sie nach Haus geleitet." Dieser wurde herbeigerufen und bestätigte, daß er auf das Geschrei der Königin hinzugeeilt sei, und das Meerwunder entspringen gesehen habe. Der König sprach: „nun möchte ich wissen, ob es noch am Leben ist, damit ich mich an ihm rächen könnte; darum will ich, daß ihr euch an dieselbe Stelle wiederum hinleget und seiner wartet." „Was ihr gebietet, thue ich — versetzte die Königin — was mir immer darum geschehe." Da ging die Frau, zierlich gekleidet, hin an des Meeres Fluth; der König aber und sein Sohn bargen sich mit Waffen im Gesträuche. Nicht lange lag sie da, als das Meerwunder aus den Wellen sprang und auf sie zu lief: in demselben Augenblicke wurde es vom König und seinem Sohne überfallen, daß es nicht entrinnen konnte. Die Königin aber ergriff ein Schwert und stach es durch den Leib des Unthiers, welches auf diese Weise mit dem Leben büßte; alle lobten Gott und zogen in Freuden heim.

406.
Romhild und Grimoald der Knabe.

Die Hunnen oder Avaren waren mit Heereskraft in die Lombardei eingebrochen; Gisulf, Herzog von Friaul, stellte sich mannhaft entgegen, unterlag aber mit seinem schwachen Häuflein der großen Menge. Nur wenige Lombarden kamen lebendig davon; sie flüchteten mit Romhild, Gisulfs Gemahlin, und seinen Söhnen in die Festung Friaul. Als nun Cacan, der Hunnenkönig, vor den Mauern der Burg, um sie zu besichtigen, herritt, ersah ihn Romhild und sah, daß er ein blühender Jüngling war. Da ward sie entzündet, und sandte ihm heimliche Botschaft: wenn er sie ehelichen würde, wolle sie die Burg mit allen die darin wären, in seine Hände geben. Cacan ging dieses ein, und Romhild ließ die Thore öffnen. Die Hunnen verheerten die ganze Stadt; was von Männern darin war, tödteten sie durchs Schwerdt, um die Weiber und Kinder aber loosten sie. Doch entrannen Taso und Romoald, Gisulfs älteste Söhne, glücklich; und weil sie Grimoald, ihren jüngsten Bruder, noch für zu klein hielten, ein Roß zu besteigen: so dachten sie, „es wäre besser, daß er stürbe, als in Gefangenschaft fiele," und wollten ihn tödten. Und schon war das Speer gegen den Knaben erhoben, da rief Grimoald mit Thränen: „erschlag mich nicht, denn ich kann mich schon auf dem Pferde halten." Sein Bruder ergriff ihn beim Arm, und setzte ihn auf den bloßen Rücken eines Pferdes; der Knabe faßte die Zügel und folgte seinen Brüdern nach. Die Hunnen rennten hinter her, und einer fing den kleinen Grimoald; doch wollte er ihn, seiner zarten Jugend wegen, nicht tödten, sondern zu seiner Bedienung aufheben. Der Knabe war schön von Bildung, glänzend von Augen und gelb von Haaren; als ihn der Hunne ins Lager zurückführte, zog er unversehens sein Schwert und traf den Feind, daß er vom Pferde zu Boden stürzte. Dann griff er schnell in die Zügel und rennte den Brüdern nach, die er auch, fröhlich seiner That, einholte.

Der Hunnenkönig, um sein gegebenes Wort zu erfüllen, vermählte sich zwar mit Romhilden, behielt sie aber nur eine Nacht, und gab sie dann zwölf Hunnen Preis; darauf ließ er sie zu Tod an einen Pfahl aufspießen. Gisulfs Töchter hingegen waren nicht dem Beispiel ihrer geilen Mutter gefolgt, sondern sie hatten sich, um ihre Keuschheit zu bewahren, rohes Hühnerfleisch unter die Brüste gebunden: damit der Gestank des Fleisches jeden Feind, der sich ihnen nähere, zurücktriebe. Die Hunnen glaubten darauf, daß sie von Natur so röchen, verabscheuten sie und sprachen: „die Lombardinnen stinken!" Durch diese That erhielten die Jungfrauen ihre Reinheit, und wurden hernachmals, wie es ihrer edlen Geburt ziemte, vermählt; die eine dem König der Alemannen, die andere dem Herzog der Baiern.

407.

Leupichis entflieht.

Zu dieser Zeit wurde auch Leupichis als ein Kind aus dem Friaul in die Gefangenschaft mitgeschleppt, einer von fünf Brüdern, wovon die andern alle umkamen; er aber strebte den Hunnen zu entfliehen, und in seine Heimath wieder zu kommen. Eines Tages führte er die vorgehabte Flucht aus, nahm blos Pfeil und Bogen mit und etwas Speise; er wußte aber nicht, wohin aus. Da gesellte sich ein Wolf zu ihm, und wurde sein Wegweiser. Und als er das Thier sich oft nach ihm umblicken, und so oft er still stand, auch still stehen sah, dachte er, daß es ihm von Gott gesandt wäre. So wanderten sie, das Thier und der Knabe, einige Tage durch Berge und Thäler der Wildniß; endlich ging dem Leupichis das wenige Brot aus, das er hatte. Bald verzehrte ihn der Hunger und er spannte seinen Bogen auf den Wolf, damit ihm das Thier zur Speise

3*

dienen follte. Der Wolf wich dem Pfeil aus und verschwand. Nun aber wußte er nicht mehr, welchen Weg einzuschlagen, und warf sich ermattet zu Boden; im Schlaf sah er einen Mann, der zu ihm redete: stehe auf, der du schläfst, und nimm den Weg nach der Gegend hin, wohin deine Füße gerichtet sind, denn dort liegt Italien. Alsbald stand Leupichis auf und ging dahinwärts; er gelangte zu den Wohnungen der Slaven, eine alte Frau nahm ihn auf, verbarg ihn in ihrem Haus, und gab ihm Lebensmittel. Darauf setzte er den Weg fort, und kam nach wenig Tagen in die Lombardei, an den Ort, wo er herstammte. Das Haus seiner Eltern fand er so verödet, daß es kein Dach mehr hatte, und voll Dorn und Disteln stand. Er hieb sie nieder, und zwischen den Wänden war ein großer Ulmbaum gewachsen, an den hing er seinen Bogen auf. Hernach bebaute er die Stätte von neuem, nahm sich ein Weib und wohnte daselbst. Dieser Leupichis wurde des Geschichtschreibers Urahn. Leupichis zeugte Arichis, Arichis den Warnefried und Warnefried den Paulus.

408.
Die Fliege vor dem Fenster.

Als der Lombardenkönig Cunibert mit seinem Marpahis (Stallmeister) Rath pflog, wie er Aldo und Grauso umbringen möchte, siehe, da saß an dem Fenster, vor dem sie standen, eine große Schmeißfliege. Cunibert nahm sein Messer und hieb nach ihr; aber er traf nicht recht, und schnitt ihr blos einen Fuß ab. Die Fliege flog fort. Aldo und Grauso, nichts ahnend von dem bösen Rathschlag, der gegen sie geschmiedet worden war, wollten eben in die königliche Burg gehen, und nahe bei der Romanus= kirche kam ihnen entgegen ein Hinkender, dem ein Fuß abgehauen war, und sprach: „gehet nicht zu König Cunibert, sonst werdet ihr umgebracht." Er= schrocken flohen jene in die Kirche, und bargen sich hinter dem Altar. Es wurde aber bald dem König hinterbracht, daß sich Aldo und Grauso in die Kirche geflüchtet hätten. Da warf Cunibert Verdacht auf seinen Mar= pahis, er möchte den Anschlag verrathen haben; der antwortete: „mein Herr und König, wie vermag ich das, der ich nicht aus deinen Augen ge= wichen bin, seit wir das rathschlagten." Der König sandte nach Aldo und Grauso, und ließ fragen: „aus was Ursache sie zu dem heiligen Ort ge= flüchtet wären?" Sie versetzten: „weil uns gesagt worden ist, der König wolle uns umbringen." Und von neuem sandte der König und ließ sagen: „wer ihnen das gesagt hätte? und nimmermehr würden sie Gnade finden, wo sie nicht den Verräther offenbaren wollten." Da erzählten jene, wie es sich zugetragen hatte nämlich: „es sei ihnen ein hinkender Mann be= gegnet, dem ein Bein bis ans Knie gefehlt, und der an dessen Stelle ein hölzernes gehabt hätte: „der habe ihnen das bevorstehende Unheil voraus

verkündigt." Da erkannte der König, daß die Fliege, der er das Bein ab=
gehauen, ein böfer Geift gewesen war, und feinen geheimen Anschlag her=
nach verrathen hatte. Er gab dem Albo und Graufo darauf fein Wort,
daß fie aus der Kirche gehen könnten, und ihre Schuld verziehen fein follte
und zählte fie von der Zeit an unter feine getreuen Diener.

409.
König Liutprands Füße.

Liutprand, König der Longobarden, foll der Sage nach fo lange Füße
gehabt haben, daß fie das Maaß eines menfchlichen Ellenbogens erreichten.
Nach feinem Fuß, deffen vierzehn auf der Stange, oder dem Seil eine
Ruthe (tabula) ausmachen, pflegen feitdem die Longobarden ihre Aecker
zu meffen.

410.
Der Vogel auf dem Speer.

Als König Liutprand fiech danieder lag, und die Lombarden an feinem
Aufkommen zweifelten, nahmen fie Hildeprand, feinen Neffen, führten ihn
vor die Stadt zur Liebfrauenkirche und erhoben ihn zum König. Indem
fie ihm nun, wie es bräuchlich war, den Speer in die Hand gaben, kam
ein Gukuk gepflogen, und fetzte fich oben auf des Speeres Spitze. Da
fprachen kluge Männer: „diefes Wunder zeige an, daß Hildeprands Herr=
fchaft unnütz fein werde."

411.
Aiftulfs Geburt.

Von König Aiftulf, der mitten des 8ten Jahrhunderts die Longo=
barden beherrfchte, geht folgende Sage. Seine Mutter brachte in einer
Stunde und in Einem Gebähren fünf Kinder zur Welt. Als man diefe
wunderbare Nachricht dem Könige ankündigte, befahl er, alle fünfe in einem
großen Korb vor ihn zu tragen. Er fah die Kinder an, erfchrak, wollte
fie aber doch nicht geradezu ausfetzen laffen. Da hieß er feinen königlichen
Spieß holen, und fprach zu feinen Leuten: „dasjenige von den Kindern,
welches meinen Spieß mit der Hand greifen wird, foll beim Leben erhalten
werden!" Hierauf ftreckte er den Spieß in den Korb unter die Kinder, und
eins von den Brüdern reichte mit dem Aermelein nach der Stange. Darauf
nannte der Vater diefes Kind mit Namen Aiftulf.

412.

Walther im Kloster.

Nachdem er viele Kriegsthaten in der Welt verrichtet hatte und hoch=
bejahrt war, dachte Held Walter seiner Sünden und nahm sich vor, durch
ein strenges, geistliches Leben die Verzeihung des Himmel zu erwerben.
Sogleich suchte er sich einen Stab aus, ließ oben an die Spitze mehrere
Ringe und in jeden Ring eine Schelle heften; darauf zog er ein Pilgrim=
kleid an und durchwanderte so fast die ganze Welt. Er wollte aber die
Weise und Regel aller Mönche genau erforschen, und ging in jedes Kloster
ein; wenn er aber in die Kirche getreten war, pflegte er zwei oder drei
Mal mit seinem Stabe hart auf den Boden zu stoßen, daß alle Schellen
klangen; hierbei prüfte er nämlich den Eifer des Gottesdienstes. Als er
nun einmal in das Kloster Novalese gekommen war, stieß er auch hier,
seiner Gewohnheit nach, den Pilgerstab hart auf den Boden. Einer der
Kirchenknaben drehte sich um rückwärts, um zu sehen, was so erklänge;
alsbald sprang der Schulmeister zu, und gab dem Zögling eine Maul=
schelle. Da seufzte Walther und sprach: „nun bin ich schon lange und
viele Tage durch die Welt gewandert, und habe dergleichen nicht finden
können. Darauf meldete er sich bei dem Abt, bat um Aufnahme ins
Kloster und legte das Kleid dieser Mönche an; auch wurde er nach seinem
Willen zum Gärtner des Klosters bestellt. Er nahm zwei lange Seile
und spannte sie durch den Garten, eins der Länge und eins der Quere
nach; in der Sommerhitze hing er alles Unkraut darauf, die Wurzeln
gegen die Sonne, damit sie verdörren, und nicht wieder lebendig werden
sollten*).

Es war aber in dem Kloster ein hölzerner Wagen, überaus schön
gearbeitet, auf den man nichts anders legte, als eine große, oben mit
einer hellautenden Schelle versehene Stange. Diese Stange wurde zuweilen
aufgesteckt, so daß sie jedermann sehen und den Klang hören konnte. Alle
Höfe und Dörfer des Klosters hatten nun auch ihre Wagen, auf denen
der Mönche Dienstleute Korn und Wein zufuhren; jener Wagen mit der
Stange fuhr dann voraus, und hundert oder funfzig andere Wagen folgten
nach, und jedermann erkannte daran, daß der Zug dem berühmten Kloster
Novalese gehörte. Und da war kein Herzog, Graf, Herr oder Bauer, der
gewagt hätte, ihn zu beschädigen; ja, die Kaufleute auf den Jahrmärkten
sollen ihren Handel nicht eher eröffnet haben, als bis sie erst den Schellen=
wagen heranfahren sahen. Als diese Wagen ein Mal beladen zum Kloster
zurückkehrten, stießen sie auf des Königs Leute, welche die königlichen
Pferde auf einer Wiese weideten. Diese sahen kaum so viel Güter ins
Kloster fahren, als sie übermüthig darauf herfielen und alles wegnahmen.

*) Vergl. Meister Stolle (hinter Tristan. S. 147. No. IX).

Die Dienstleute widersetzten sich vergeblich, ließen aber, was geschehen war, augenblicklich dem Abt und den ganzen Brüdern kund thun. Der Abt versammelte das ganze Kloster, und berichtete die Begebenheit. Der Vorsteher der Brüderschaft war damals einer Namens Asinarius von Herkunft ein Franke, ein tugendhafter, verständiger Mann. Dieser, auf Walthers Rath, man müsse zu den Räubern kluge Brüder absenden, und ihnen die Sache gehörig darstellen lassen, sagte sogleich: „so sollst du Walther schnell dahin gehen, denn wir haben keinen klügeren, weiseren Bruder." Walther aber, der sich wohl bewußt war, er werde den Trotz und Hochmuth jener Leute nicht ertragen können, versetzte: „sie werden mir mein Mönchskleid ausziehen." „Wenn sie dir dein Kleid ausziehen," sprach Asinarius, „so gieb ihnen noch die Kutte dazu und sag, also sei dir's von den Brudern befohlen." Walther sagte: „wie soll ich mit dem Pelz und Unterkleid verfahren." „Sag, versetzte der ehrwürdige Vater, es sei von den Brüdern befohlen worden, sich auch diese Stücken nehmen zu laffen." Darauf setzte Walter hinzu: „zürne mir nicht, daß ich weiter frage, wenn sie auch mit den Hosen thun wollen, wie mit dem Uebrigen?" „Dann, antwortete der Abt, hast du deine Demuth schon hinlänglich be= wiesen; denn in Ansehung der Hosen kann ich dir nicht befehlen, daß du sie ihnen laffest."

Hiermit war Walther zufrieden, ging hinaus und fragte die Kloster= leute: „ob hier ein Pferd wäre, auf dem man im Nothfall einen Kampf wagen dürfe?" „Es sind hier gute, starke Karrengäule, antworteten jene." Schnell ließ er sie herbeiführen, bestieg einen und spornte ihn, und dann einen zweiten, verwarf sie aber beide und nannte ihre Fehler. Dann erinnerte er sich eines guten Pferdes, das er einst mit ins Kloster gebracht habe, und frug, ob es noch lebendig wäre? „Ja, Herr — sagten sie — es lebt noch, ist aber ganz alt und dient bei den Bäckern, denen es täglich Korn in die Mühle trägt und wieder holt." Walther sprach: „führt es mir vor, damit ich es selber sehe." Als es herbeigebracht wurde, und er darauf gestiegen war, rief er aus: „o, dieses Roß hat die Lehren noch nicht vergessen, die ich ihm in meinen jungen Jahren gab." Hierauf beurlaubte sich Walther von dem Abt und den Brüdern, nahm nur zwei oder drei Knechte mit, und eilte zu den Räubern hin, die er freundlich grüßte und ermahnte, von dem Unrecht abzustehn, das sie den Dienern Gottes zugefügt hätten. Sie aber wurden desto zorniger und aufgeblasener, Walthern, das Kleid auszuziehen, welches er trug. Geduldig litt er alles und sagte, daß ihm so befohlen worden sei. Nachdem sie ihn ausgezogen hatten, fingen sie an, auch seine Schuhe und Schienen aufzulösen; bis sie an die Hosen kamen, sprach Walther: das sei ihm nicht befohlen. Sie aber antworteten: „was die Mönche befohlen hätten, daran wäre ihnen gar nichts gelegen." Walther hingegen sagte: „ihm stehe das auch nicht länger an," und wie sie Gewalt brauchen wollten, machte er unvermerkt

feinen Steigbügel los, und traf damit einen Kerl solcher Gestalt, daß er
für todt niedersank, ergriff dessen Waffen, und schlug damit rechts und
links um sich. Darnach schaute er, und sah neben sich ein Kalb auf dem
Grase weiden, sprang zu, riß ihm ein Schulterblatt aus, und schlug damit
auf die Feinde los, welche er durch das ganze Feld hin trieb. Einige
erzählen, Walther habe demjenigen, der sich am frechsten erzeigt, und
gerade gebückt habe, um ihm die Schuhe abzubinden, mit der Faust einen
solchen Streich über den Hals versetzt, daß ihm das zerbrochene Halsbein
sogleich in den Schlund gefallen sei. Als er nun viele erschlagen hatte,
machten sich die Uebrigen auf die Flucht und ließen alles im Stich.
Walther aber bemächtigte sich nicht nur des eigenen, sondern auch des
fremden Gutes, und kehrte mit reicher Beute beladen ins Kloster zurück.

Der Abt empfing ihn seufzend und schalt ihn heftig aus, Walther
aber ließ sich eine Buße auflegen, damit er sich nicht leiblich über eine
solche That freuen möge, die seiner Seele verderblich war. Er soll
indessen, wie einige versichern, drei Mal so mit den einbrechenden Heiden
gekämpft, und sie schimpflich von den Gefilden des Klosters zurückgetrieben
haben.

Ein ander Mal fand er die Pferde Königs Desiderius auf der Kloster=
wiese, Namens Mollis (Molard) weiden und das Gras verwüsten, ver=
jagte die Hüter und erschlug viele derselben. Auf dem Rückwege, vor
Freude über diesen Sieg, schlug er mit geballter Faust zwei Mal auf
eine neben dem Weg stehende steinerne Säule und hieb das größte
Stück davon herunter, daß es zu Boden fiel. Daselbst heißt es bis auf
heutigen Tag nach Walthers Schlag oder Hieb (percussio vel ferita
Waltharii.)

Dieser berühmte Held Graf Walther, starb uralt im Kloster, wo er sich
selbst noch sein Grab auf einem Berggipfel sorgfältig gehauen hatte. Nach
seinem Ableben wurde er und Rathald, sein Enkel, hinein bestattet. Dieser
Rathald war der Sohn Rathers, des Sohnes Walthers und Hildgundens.
Des Rathalds Haupt hatte einst eine Frau, die Betens halber zu der
Grabstätte gekommen war, heimlich mitgenommen und auf ihre Burg
gebracht. Als eines Tages Feuer in dieser Burg ausbrach, erinnerte sie
sich des Hauptes, zog es heraus und hielt es der Flamme entgegen.
Alsobald erlosch die Feuersbrunst. Nach dem letzten Einbruch der Heiden,
und bevor der heil. Ort wieder erbaut wurde, wußte niemand von den
Einwohnern mehr, wo Walthers Grab war. Dazumal lebte in der Stadt
Segustium eine sehr alte Wittwe, Namens Petronilla, gebückt am Stabe
einhergehend und wenig mehr sehend aus ihren Augen. Dieser hatten die
Heiden ihren Sohn Maurinus gefangen weggeführt, und über dreißig
Jahre mußte er bei ihnen dienen. Endlich aber erlangte er die Freiheit,
und wanderte in seine Heimath zurück. Er fand seine Mutter vom Alter
beinahe verzehrt: sie pflegte sich täglich auf einem Felsen bei der Stadt

an der Sonne zu wärmen, und die Leute gingen oft zu ihr, und fragten nach den Alterthümern; sie wußte ihnen mancherlei zu erzählen, zumal vom novalefischen Kloster, viele unerhörte Dinge, die sie theils noch gesehen, theils von ihren Eltern vernommen hatte. Eines Tages ließ sie sich wiederum von einigen Männern herumführen, denen wies sie Walthers Grab, das man nicht mehr kannte, so wie sie es von ihren Vorfahren gehört hatte; wiewohl ehemals keine Frau gewagt hätte, diese Stätte zu betreten. Auch verzählte sie, wie viel Brunnen ehemals hier gewesen. Die Nachbarsleute behaupteten, gedachte Frau sei beinahe zwei Hundert Jahre alt geworden.

413.
Ursprung der Sachsen.

Nach einer alten Volkssage sind die Sachsen mit Aschanes (Askanius), ihrem ersten König, aus den Harzfelsen mitten im grauen Wald bei einem süßen Springbrünslein herausgewachsen. Unter den Handwerkern hat sich noch heut zu Tage der Reim erhalten:

> Darauf so bin ich gegangen nach Sachsen,
> wo die schönen Mägdlein auf den Bäumen wachsen;
> hätt ich daran gedacht,
> so hätt ich mir eins davon mitgebracht;

und Aventin leitet schon merkwürdig den Namen der Germanen von germinare, auswachsen ab, weil die Deutschen auf den Bäumen gewachsen sein sollen.

414.
Abkunft der Sachsen.

Man lieset, daß die Sachsen weiland Männer des wunderlichen Alexanders waren, der die Welt in zwölf Jahren bis an ihr Ende erfuhr. Da er nun zu Babilonia umgekommen war, so theilten sich viere in sein Reich, die alle Könige sein wollten. Die Uebrigen fuhren in der Irre umher, bis ihrer ein Theil mit vielen Schiffen nieder zur Elbe kam, da die Thüringer saßen. Da erhub sich Krieg zwischen den Thüringern und Sachsen. Die Sachsen trugen große Messer, damit schlugen sie die Thüringer aus Untreuen bei einer Sammensprache, die sie zum Frieden gegenseitig gelobet hatten. Von den scharfen Messern wurden sie Sachsen geheißen. Ihr wankeler Muth that den Römern Leids genug; so oft sie Cäsar glaubte überwunden zu haben, standen sie doch wieder gegen ihn auf.

415.

Herkunft der Sachsen.

Die alten Sachsen, (welche die Thüringer vertrieben,) ehe sie her zu
Land kamen, waren sie in Alexanders Heer gewesen, der auch mit ihrer
Hülfe die Welt bezwang. Da Alexander gestarb, mochten sie sich nicht
unterthun in dem Lande, durch des Landes Haß willen, und schifften auch
von dannen mit dreihundert Kielen; die verdurben alle, bis auf 54, und
derselben kamen 18 gen Preußen und besaßen das Land, zwölfe besaßen
Rugien, und 24 kamen hierher zu Lande. Und da ihr so viel nicht waren,
daß sie den Acker möchten bauen, und da sie auch die thüringischen Herrn
geschlagen und vertrieben, ließen sie den Bauern sitzen ungeschlagen, und
bestätigten ihnen den Acker zu solchem Rechte, als noch die Lassen haben.
Und davon kommen die L a s s e n , und von den Lassen, die sich verwirkten
an ihrem Recht, sind kommen die T a g w e r k e r .

Die Gloße führt das noch mehr aus, und sagt: Da man sie aber be=
rennen wollte, waren sie bereit, und segelten hinweg. Daß die Kiel ver=
durben, kam davon, daß sie zu Wasser nicht schiffen konnten. Und der
kamen 18 gen Preußen, da war noch ein Wildnisse. Diese sind da ver=
wandelt in Heiden. Und 12 kamen gen Rugien, und von denen sind
kommen die S t o r m e r e und D i t m a r s e n und H o l s t e n und H a d e l e r .
Und 24 kamen her zu Lande, die heißen noch die S t e i n e , denn im Griechi=
schen so heißt Petra ein Stein, und Saxum ein Kießlingstein, und daher
heißen wir noch Sachsen, denn wir sind geleichet den Kißlingsteinen in
unsern Streitern.

Unter den Thüringern sind aber gemeint, nicht die da bürtig sind aus
der Landgraffschaft von Thüringen, denn diese sind Sachsen, sondern die
N o t t h ü r i n g e r , das waren Wenden. Die heißen die Sachsen fortan:
Notböringe, das ist soviel gesprochen, als: nottörichte, oder Thörichte.
Denn sie waren streittoll und t h ö r i c h t .

416.

Die Sachsen und die Thüringer.

Die Sachsen zogen aus und kamen mit ihren Schiffen an den Ort,
der Hadolava heißt, da waren ihnen die Landeseinwohner, die Thü=
ringer, zuwider und stritten heftig. Allein die Sachsen behaupteten den
Hafen, und es wurde ein Bund geschlossen, die Sachsen sollten kaufen und
verkaufen können, was sie beliebten, aber abstehen von Menschenmord und
Länderraub. Dieser Friede wurde nun auch viele Tage gehalten. Als
aber den Sachsen Geld fehlte, dachten sie, das Bündniß wäre unnütz. Da
geschah, daß einer ihrer Jünglinge aus den Schiffen ans Land trat, mit

vielem Gold beladen, mit güldenen Ketten und güldenen Spangen. Ein Thüringer begegnete diesem und sprach: „was trägst du so viel Gold an deinem ausgehungerten Halse?" — „Ich suche Käufer, antwortete der Sachse, und trage dies Gold blos des Hungers halben, den ich leide; wie sollte ich mich an Gold vergnügen?" Der Thüringer fragte: „was es gelten solle?" hierauf sagte der andere: „mir liegt nichts daran, du sollst mir geben was du selber magst." Lächelnd erwiderte jener: „so will ich dir dafür deinen Rock mit Erde füllen;" denn es lag an dem Ort gerade viel Erde angehäuft. Der Sachse hielt also seinen Rock auf, empfing die Erde und gab das Gold hin; sie gingen von einander, ihres Handels beide froh. Die Thüringer lobten den ihrigen, daß er um so schlechten Preis so vieles Gold erlangt; der Sachse aber kam mit der Erde zu den Schiffen, und rief, da ihn etliche thöricht schalten, die Sachsen ihm zu folgen auf; bald würden sie seine Thorheit gut heißen. Wie sie ihm nun nachfolgten nahm er Erde, streute sie fein dünne auf die Felder aus, und bedeckte einen großen Raum. Die Thüringer aber, welche das sahen, schickten Gesandte und klagten über Friedensbruch. Die Sachsen ließen sagen: „den Bund haben wir jederzeit und heilig gehalten, das Land, das wir mit unserm Gold erworben, wollen wir ruhig behalten, oder es mit den Waffen vertheidigen." Hierauf verwünschten die Einwohner das Gold, und den sie kürzlich gepriesen hatten, hielten sie für ihres Unheiles Ursächer. Die Thüringer rennten nun zornig auf die Sachsen ein, die Sachsen aber behaupteten durch das Recht des Krieges das umliegende Land. Nachdem von beiden Theilen lange und heftig gestritten war, und die Thüringer unterlagen, so kamen sie überein: an einem bestimmten Ort, jedoch ohne Waffen, des neuen Friedens wegen zusammen zu gehen. Bei den Sachsen nun war es hergebrachte Sitte, große Messer zu tragen, wie die Angeln noch thun, und diese nahmen sie unter ihren Kleidern auch mit in die Versammlung. Als die Sachsen ihre Feinde so wehrlos, und ihre Fürsten alle gegenwärtig sahen, achteten sie die Gelegenheit für gut, um sich des ganzen Landes zu bemächtigen, überfielen die Thüringer unversehens mit ihren Messern, und erlegten sie alle, daß auch nicht einer überblieb. Dadurch erlangten die Sachsen großen Ruf, und die benachbarten Völker huben sie zu fürchten an. Und verschiedene leiten den Namen von der That ab, weil solche Messer in ihrer Sprache Sachse hießen.

417.
Ankunft der Angeln und Sachsen.

Als die Britten grausame Hungersnoth und schwere Krankheit erfahren hatten, und aus der Art geschlagen, nicht mehr stark genug waren, um die Einbrüche fremder Völker, und der wilden Thiere abzuwenden,

rathschlagten sie, was zu thun wäre? und beschlossen mit Wyrtgeorn (Vor=
tigern) ihrem König, daß sie der Sachsen Volk über die See sich zur
Hülfe rufen wollten. Der Angeln und Sachsen Volk wurde geladen und
kam nach Brittenland in dreien großen Schiffen. Es bekam im Ost=
theil des Eilandes Erde angewiesen, die es bauen und des Gebotes des
Königs, der sie geladen hatte, gewärtig sein sollte, daß sie Hülfe leisteten,
und wir für ihr Land zu kämpfen und fechten hätten. Darauf besiegten
die Sachsen die Feinde der Britten, und sandten Boten in ihre Heimath,
daß sie den großen Sieg geschlagen hätten, und das Land schön und
fruchtbar, das Volk der Britten träg und faul wäre. Da sandten sie aus
Sachsenland einen noch strengeren und mächtigeren Haufen. Als die dazu
gekommen waren, wurde ein unüberwindliches Volk daraus. Die Britten
liehen und gaben ihnen Erde neben ihnen, damit sie für das Heil und den
Frieden ihres Grundes stritten, und gegen ihre Widersacher kämpfen
sollten; für das was sie gewonnen, gaben sie ihnen Sold und Speise.
Sie waren aus drei der stärksten deutschen Völker gekommen, den Sachsen,
Angeln und Jüten. Von den Jüten stammen in Britannien die Cant=
waren Wichtsaten ab; von den Altsachsen: die Ostsachsen, Südsachsen und
Westsachsen; von den Angeln: die Ostangeln, Mittelangeln, Mercier und
all Nordhumbergeschlecht. Das Land der Angeln in Deutschland lag
zwischen den Jüten und Sachsen, und es soll der Sage nach, von der
Zeit an, daß sie daraus gingen, wüst und unbewohnt geblieben sein.
Ihre Führer und Herzogen waren zwei Gebrüder, Hengst und Horsa;
sie waren Wichtgisels Söhne, dessen Vater hieß Wicht, und Wichts
Vater Woden, von dessen Stamm vieler Länder Könige ihren Ursprung
herleiten. Das Volk aber begann sich auf der britischen Insel bald zu
mehren und wurde der Schrecken der Einwohner.

418.
Ankunft der Picten.

Da geschah es, daß der Peohten Volk aus Scythienland in Schiffen
kam, und langten in Schottland an, und fanden da der Schotten Volk.
Und sie verlangten Sitz und Erde in ihrem Land zwischen ihnen. Die
Schotten antworten: „ihr Land wäre nicht groß genug, daß sie beide Raum
darin hätten; wir wollen euch aber guten Rath geben, was ihr zu thun
habt. Wir wissen nicht fern von hinnen ein ander Eiland, gen Osten hin,
das können wir an klaren Tagen von hier aus der Weite sehen. Wollt
ihr das besuchen, so werdet ihr da Erde zu wohnen finden; und widersetzt
sich jemand, so wollen wir euch Hülfe leisten.“ Da fuhren die Peohten
nach Brittannien, und ließen sich in den Nordtheilen dieses Eilands nieder.
In den Südtheilen wohnten die Britten. Da nun die Peothen keine

Weiber hatten, baten sie solche von den Schotten. Diese willigten ein, und gaben ihnen Weiber unter dem Vertrag, daß sie in streitigen Fällen ihren König mehr aus dem Weibergeschlecht, als aus den Männern kiesen möchten. Dies wird noch jetzt zu Tag unter den Peohten so gehalten.

419.

Die Sachsen erbauen Ochsenburg.

Als die Sachsen in England angekommen waren, baten sie den König, daß er ihnen ein solch Bleck Landes gäbe, das sie mit einer Ochsenhaut beziehen könnten. Da er dies bewilligte, schnitten sie die Haut in schmale Riemen, bezogen damit eine raume Stelle, bauten dahin eine Burg, Namens Ossenburg.

420.

Haß zwischen den Sachsen und Schwaben.

Dieweil Hengst (Hest, Hesternus) ausgezogen war mit seinen Männern nach England, und ihre Weiber daheim belassen hatten, kamen die Schwaben, bezwungen Sachsenland, und nahmen der Sachsen Weiber. Da aber die Sachsen wiederkamen und die Schwaben vertrieben, so zogen einige Weiber mit den Schwaben fort. Der Weiber Kinder, die dazumal mit den Schwaben zu Land zogen, die hieß man Schwaben. Darum sind die Weiber auch erblos aus diesem Geschlecht, und es heißt im Gesetz, daß „die Sachsen behielten das schwäbisch Recht durch der Weiber Haß.“

421.

Herkunft der Schwaben.

Die Vordern der Schwaben waren weiland über Meer gekommen mit großer Heereskraft und schlugen ihre Zelte auf an dem Berg Suevo, davon hießen sie Sueven oder Schwaben. Sie waren ein gutes und kluges Volk, und nahmen sich oft vor, daß sie gute Recken wären, streitfertig und sieghaft. Brenno, ihr Herzog, schlug mit Julius Cäsar eine blutige Schlacht.

422.

Abkunft der Baiern.

Das Geschlecht der Baiern soll aus Armenien eingewandert sein, in welchem Noah aus dem Schiffe landete, als ihm die Taube den grünen

Zweig gebracht hatte. In ihrem Wappen führen sie noch die Arche auf dem Berg Ararat. Gegen Indien hin sollen noch deutschredende Völker wohnen.

Die Baiern waren je streitbar und tapfer und schmiedeten solche Schwerter, daß keine andere besser bissen. „Reginsburg die märe" heißt ihre Hauptstadt. Den Sieg, den Cäsar über Boemund, ihren Herzog, und Ingram, dessen Bruder, gewann, mußt' er mit Römerblute gelten.

423.

Herkunft der Franken.

Das Geschlecht der Franken ist dem der Römer nah verwandt, ihrer beider Vorfahren stammten aus der alten Troja ab. Da nun die Griechen diese Burg nach Gottes Urtheil zerstört hatten, entronnen nur wenige Trojaner, fuhren lange in der Welt herum. Franko mit den Seinen kam nieder zu dem Rhein und saß daselbst; da baute er zum Andenken seiner Abstammung ein kleines Troja mit Freuden auf und nannte den vorbeifließenden Bach Santen, nach dem Fluß in ihrem alten Lande. Den Rhein nahmen sie für das Meer. So wuchs das fränkische Volk auf.

424.

Die Merovinger.

Die Merovinger hießen die Borstigen*); weil der Sage nach, allen Königen aus diesem Geschlecht Borsten, wie den Schweinen, mitten auf dem Rücken wachsen. — Clodio, Faramunds Sohn, saß eines Tags mit der Königin am Meergestade, sich von der Sommerhitze zu kühlen, da stieg ein Ungeheuer (Meermann) einem Stiere gleich, aus den Wogen, ergriff die badende Königin, und überwältigte sie. Sie gebar darauf einen Sohn von seltsamen wunderbarem Ansehen, weshalb er Merovig, das heißt Meresech geheißen wurde, und von ihm entspringen die Frankenkönige, Merovinger (Merofingi, Mereiangelingi) genannt.

425.

Childerich und Basina.

Childerich, Merowigs Sohn, hub an, übel zu regieren, und die Töchter der Edeln zu mißbrauchen; da warfen ihn die Franken vom Thron herab. Landflüchtig wandte er sich zu Bissinus, König der Thüringer, und fand

---

*) Κριστάται (cristati) und τριχοραχάται.

bei ihm Schutz und ehrenvollen Aufenthalt lange Zeit hindurch. Er hatte aber unter den edelsten Franken einen vertrauten Freund gehabt, Wino= madus mit Namen, der ihm, als er noch regierte, in allen Dingen rieth und beistand. Dieser war auch zur Zeit, da der König aus dem Reiche vertrieben wurde, der Meinung gewesen: Childerich müsse sich nothwendig entfernen und erwarten, daß sich allmählich sein übler Ruf in der Ab= wesenheit mindere; wogegen er sorgsam die Gemüther der Franken stets erforschen, und wieder zu ihm hinlenken wolle. Zugleich nahm Winomad seinen Ring und theilte ihn in zwei Hälften, die eine gab er dem König und sprach: „wenn ich dir die andere sende, und beide Theile in einander passen, so soll es dir ein Zeichen sein, daß dir die Franken wieder ver= söhnt sind, und dann säume nicht, in dein Vaterland zurück zu kehren."

Unterdessen wählten sich die Franken Aegidius, den Römer, zu ihrem König. Winomadus verstellte sein Herz und wurde bald dessen Vertrauter. Darauf beredete er ihn, nicht nur das Volk mit schweren Abgaben zu be= lasten, sondern selbst einige der Mächtigsten im Lande hinzurichten; dazu wählte aber Winomad klüglich gerade Childerichs Feinde aus. Die Franken wurden durch solche Grausamkeiten bald von Aegidius abgewandt, und es kam dahin, daß sie bereuten, ihren eingeborenen Herrn verwiesen zu haben.

Da sandte Winomad einen Boten mit dem halben Goldring nach Thüringen ab, von woher Childerich schnell wiederkehrte, sich allerwärts Volk sammelte, und den Aegidius überwand.

Wie nun der König in Ruhe sein Reich beherrschte, machte sich Basina, des thüringischen Königs Bissinus Weib, auf, verließ ihren Gemahl und zog zu Childerich, mit dem sie, als er sich dort aufhielt, in vertrauter Liebe gelebt hatte. Dem Childerich sagte sie, kein Hinderniß und keine Beschwerde habe sie abhalten können, ihn aufzusuchen: denn sie vermöge keinen würdigern in der ganzen Welt zu finden, als ihn. Childerich aber, der Wohlthat, die ihm Bissinus erwiesen, vergessen, weil er ein Heide war, nahm Basina bei Lebzeiten ihres ersten Gemahls zur Ehe. In der Hoch= zeitnacht nun geschah es, daß Basina den König von der ehelichen Um= armung zurückwies, ihn hinaus vor die Thüre der Königsburg treten, und was er da sehen werde, ihr hinterbringen hieß. Childerich folgte ihren Worten, und sah vor dem Thore große wilde Thiere, Parder, Einhörner und Löwen wandeln. Erschrocken eilte er zu seiner Gemahlin zurück und verkündigte ihr alles. Sie ermahnte ihn ohne Sorge zu sein und zum zweiten Mal hinaus zu gehen. Da sah der König Bären und Wölfe wandeln und hinterbrachte es der Königin, die ihn auch zum dritten Mal hinaussandte. Dieses dritte Mal erblickte er Hunde und kleinere Thiere, die sich unter einander zerrissen. Staunend stieg er ins Ehebett zurück, erzählte alles und verlangte von seiner weisen Frau Auslegung, was diese Wunder bedeuteten? Basina hieß den König die Nacht keusch und enthaltsam zubringen, bei anbrechendem Tag solle er alles erfahren. Nach Sonnenaufgang sagte sie ihm: „Dies bezeichnet zukünftige Dinge und unsere Nachkommen." Unser erster Sohn wird mächtig und stark, gleich einem Löwen oder Einhorn werden, seine Kinder raubgierig und frech, wie Wölfe und Bären; deren Nachkommen und die letzten aus unserm Geschlecht, feig wie die Hunde. Aber das kleine Gethier, was du gesehen hast sich unter einander zerreißen, bedeutet das Volk, welches sich nicht mehr vor dem König scheut, sondern unter einander in Haß und Thorheit verfolgt. Dies ist nun die Auslegung der Gesichter, die du gehabt hast." Childerich aber freute sich über die ausgebreitete Nachkommenschaft, die aus ihm erwachsen sollte.

426.

Der Kirchenkrug.

Als Chlodowich mit seinen Franken noch im Heidenthum lebte, und den Gütern der Christen nachstellte, geschah es, daß sie auch aus der Kirche zu Rheims einen großen, schweren und zierlichen Krug raubten. Der heilige Remig sandte aber einen Boten an den König und flehte, daß, wenn gleich das übrige Unrecht nicht wieder gut gemacht werden sollte, wenigstens dieser Krug zurückgegeben würde. Der König befahl dem Boten, ihm nach Sueßion*) zu folgen, wo die ganze Beute durch Loos getheilt werden sollte: „weist mir dann das Loos dieses Gefäß zu, warum du bittest, so magst du es gern zurücknehmen." Der Bote gehorsamte, ging mit an den bestimmten Ort, wo sie kaum angelangt waren, als auf Befehl des Königs alles gewonnene Geräth herbeigetragen wurde, um es zu verloosen. Weil aber Chlodowich fürchtete, der Krug könnte einem andern, als ihm zufallen, berief er seine Dienstmänner und Genossen und bat sich von ihnen zur Gefälligkeit aus, daß sie ihm jenen Krug, außer seinem Loostheil an der Beute, besonders zuweisen möchten. Die Franken versetzten: „wem sie ihr Leben widmeten, wollten sie auch nichts anders absagen." Und alle waren's zufrieden, bis auf einen, der sich erhob, mit seinem Schwert den Krug in Scherben schlug, und sagte: „Du sollst weiter nichts haben, König, als was dir das gerechte Loos zutheilt." Alle staunten ob des Mannes Kühnheit; der König aber verstellte seinen Zorn und übergab das zerbrochene Gefäß dem Boten des Bischofs. — Ein Jahr darauf befahl der König, das Heer auf dem Märzfeld zu versammeln, und jeder sollte so gewaffnet erscheinen, daß er gegen den Feind streiten könne. Als sich nun jedermann in glänzenden Waffen darstellte, und Chlodowich alle musterte, kam er zu dem, der mit dem Schwert den Krug zerschlagen hatte, sah ihn an und sprach: „im ganzen Heer ist kein Feiger, wie du;

*) Soißons. Im Parcifal 7785 Seffun.

dein Spieß und Helm, Schild und Schwert sind unnütz und schlecht.“ Mit
diesen Worten streckte er die Hand nach des Kriegers Schwert und warf
es auf den Boden hin. Als sich nun jener bückte, das Schwert aufzu=
heben, zog der König seines, stieß es ihm heftig in den Nacken, und sprach:
„so hast du mir zu Sueßion mit dem Kruge gethan!“ Auf diese Weise
blieb der Krieger todt, der König hieß die übrigen heimziehen und stand
seitdem in viel größerer Furcht bei allen Franken, daß ihm keiner zu wider=
streben wagte.

<hr>

427.

Remig umgeht sein Land.

Chlodowich der Franken König schenkte dem heiligen Remigius,
Bischof zu Rheims, so viel Land, als er umgehen würde, so lange der
König den Mittagsschlaf hielte. Also machte sich der heilige Mann auf
und steckte die Grenzen ab durch Zeichen, die man noch heutiges Tages
sieht. Da er nun vor einer Mühle vorüberkam und sie in seinen Bezirk
schließen wollte, trat der Müller hervor, wies ihn ab und sprach ein da=
gegen, daß er ihn in seine Grenzen mitbegriffe. Sanft redete der Mann
Gottes ihm zu: „Freund, laß dich’s nicht verdrießen, wir wollen die
Mühle zusammen haben.“ Der Müller beharrte bei seiner Weigerung;
alsbald fing das Mühlrad an, sich verkehrt umzudrehen. Da rief er dem
Heiligen nach: „komm, Gottes Diener, und laß uns die Mühle zusammen
haben!“ Remig antwortete: „weder ich noch du sollen sie haben.“ Von
der Zeit an wich daselbst der Erdboden, und es entstand eine solche Un=
tiefe, daß an dem Ort niemand mehr eine Mühle haben konnte. Remig
schritt weiter fort und gelangte an einen kleinen Wald; da waren wieder
die Leute und wollten nicht, daß er ihn einschlösse in seine Begrenzung.
Der Heilige sprach: „so soll nimmermehr ein Blatt von eurem Wald über
meine Grenze fliegen, (die ganz hart daran her lief) und kein Ast auf
meine Grenze fallen!“ Alles das traf hernach ein, und blieb, so lange der
Wald dauerte. Endlich kam Remig einem Dorf vorüber, Caviniac (Cha=
vignon) mit Namen, und wollte es in seinen Strich eingränzen. Die
Einwohner wiesen ihn gleichfalls zurück, wie er bald näher kam, bald
wieder ferner ging und die noch jetzt sichtbaren Zeichen einsteckte; zuletzt
rief er ihnen zu: „ihr werdet harte Arbeit zu thun haben und in Dürftig=
keit leben!“ welches alles in der Folge der Zeit so erfüllt wurde. — Wie
aber der König aus dem Mittagsschlaf erstand, gewährte er durch könig=
liche Schenkung dem heiligen Bischof für seine Kirche alles Land, das er
in den Kreis seines Umgangs eingeschlossen hatte.

<hr>

428.

Remig verjagt die Feuersbrunst.

Als in der Stadt Rheims ein wüthendes Feuer ausgebrochen, und schon der dritte Theil der Wohnungen verzehrt worden war, erfuhr der Heilige die Botschaft in der Nicasienkirche, warf sich nieder und flehte Gott um Hülfe. Darauf eilte er mit schnellen Schritten in die Stadt; auf den Stufen der Kirchentreppe drückten sich seine Fußtapfen in den harten Stein, als wär' es weicher Thon, ein, und werden noch heutiges Tags zum Beweis des göttlichen Wunders da gesehen. Darauf wandte er sich der Flamme entgegen, und kaum hatte er mit seiner Rechten das Kreuz gemacht, als sie wich und vor des Heiligen Gegenwart gleichsam zu fliehen anfing. Er verfolgte sie, trieb sie von allen noch unverletzten Oertern ab, und zuletzt dem offenen Thor hinaus. Darauf schloß er die Thüre und gebot, unter ausgesprochener Drohung gegen jeden Frevler, daß sie nimmermehr geöffnet werden sollte. Als nach einigen Jahren ein daneben wohnender Bürger, Namens Fercinctus, das Mauerwerk, womit dieses Thor verschlossen war, durchbrach, kam die Seuche in sein Haus daß darin weder Mensch noch Vieh lebendig blieb.

429.

Des Remigs Theil vom Wasichenwald.

Es hatte der heilige Remig für seine Kirche ein großes Stück des Wasichenwaldes erkauft, woselbst er einige Weiler, Namens Cosla und Gleni, gebaut haben soll. In diese setzte er Einwohner aus der nahgelegenen Stadt Berna, die der Kirche jährlich ein Gewisses an Pech liefern mußten. Die Grenzen dieses Besitzthums hatte er ringsherum so genau abgesteckt, daß sie jedermann bekannt sind, unter andern mit seiner eignen Hand einen Stein auf ein hohles Baumloch hingeworfen. Mit diesem Stein hat es die wunderbare Bewandtniß, daß man ihn zwar aufheben und mit der Hand in die Höhle reichen, niemals aber den Stein ganz von der Stelle wegbringen kann. Als dies ein Abgünstiger ein Mal vergeblich versucht hatte, wollte er mit einem Beile das Loch größer hauen; kaum aber schwang er's gegen den Baum, so dorrte seine rechte Hand, und seine Augen erblindeten.

Zu Kaiser Ludwigs Zeiten waren zwei Brüder zu Förstern des königlichen Waldes gesetzt. Diese behaupteten, daß jenes Stück dem Könige höre, und stritten darüber mit den Leuten der Kirche. Es geschah, daß einer dieser Brüder seine Schweine, die er in den Wald geschickt hatte, sehen wollte und einen Wolf unter ihnen traf. Indem er das

Raubthier verfolgte, scheute sein Roß, und er zerschellte sich sein Haupt an einem Baum, daß er augenblicklich verschied. Als hernach der andere Bruder einmal zu einem Felsen im Wald kam und ausrief: „Jedermann sei kund und zu wissen, alles was bis zu diesem Felsstein gehet, ist Kaiserswald!" auch bei diesen Worten mit seiner Axt an den Stein schlug, so sprangen Stücke daraus in seine Augen, daß er blind wurde.

<hr/>

430.

Crothilds Verlobung.

Dem Könige Chlodowich hatten seine Botschafter von der Schönheit Crothildens, die am burgundischen Königshofe lebte, vieles erzählt. Er sandte also Aurelian, seinen Busenfreund, mit Gaben und Geschenken ab an die Jungfrau, daß er ihre Gestalt genauer erkundigte, ihr des Königs Willen offenbare und ihre Neigung erforsche. Aurelian gehorchte, machte sich auf nach Burgund, und wie er bald an die königliche Burg gelangt war, hieß er seine Gesellen, sich in einen nahen Wald bergen. Er selbst aber nahm das Kleid eines Bettlers an, begab sich nach dem Hof und forschte, wie er mit seiner künftigen Herrin ein Gespräch halten könnte. Dazumal war Burgund schon christlich, Franken aber noch nicht. Crothild ging nun, weil es eben Sonntag war, in die Messe, ihr Gebet zu verrichten; und Aurelian stellte sich zu den übrigen Bettlern vor die Thüre hin und wartete, bis sie herauskäme. Wie also die Messe vorüber war, trat die Jungfrau aus der Kirche und gab, der Sitte nach, den Armen Almosen. Aurelian näherte sich und bettelte. Als ihm nun Crothild einen Goldgulden reichte, erfaßte er ihre bloße Hand unter dem Mantel hervor und drückte sie an seinen Mund zum Kuß. Mit jungfräulicher Schamröthe übergossen, ging sie in ihre Wohnung, sandte aber bald eine ihrer Frauen, daß sie ihr den vermeintlichen Bettler zuführte. Bei seiner Ankunft frug sie: „was fiel dir ein, Mann, daß du beim Empfahen des Almosens meine Hand vom Mantel entblößtest und küßtest? Aurelian mit Uebergehung der Frage sagte Folgendes: „mein Herr, der Frankenkönig, hat von deiner Herrlichkeit gehört, und begehrt dich zur Gemahlin; hier ist sein Ring, sammt anderm Schmuck der Verlöbniß." Wie er sich aber wandte, den Sack zu langen, den er neben die Thüre gelegt hatte, und aus dem er die Brautgaben nehme wollte, war der Sack heimlich gestohlen. Auf angestellte Untersuchung wurde er dennoch wieder entdeckt und dem Gast zugestellt, der nun, der geschehenen Verlobung sicher und gewiß, die Gaben der Jungfrau zustellte. Sie aber sprach dieses: „nicht ziemt's einer Christenfrau, einen Heidenmann zu nehmen: fügt es jedoch der Schöpfer, daß er durch mich bekehret werde, so weigere ich mich nicht

4*

seinem Gesuch, sondern des Herrn Wille ergehe.“ Die Jungfrau bat
aber: „alles, was sie gesagt, geheim zu halten,“ und hinterlegte den Ring,
den ihr Chlodowich gesandt hatte, in ihres Oheims Schatzkammer.

431.

Die Scheere und das Schwert.

Als Crothild, die alte Königin, sich der verwaisten Kinder Chlodomers
ihres Sohnes annahm, und sie zärtlich liebte: sah das, mit Neid und
Furcht, König Childebert ihr andrer Sohn; und er wollte nicht, daß sie
mit der Gunst seiner Mutter ein Mal nach dem Reich streben möchten.
Also sandte er insgeheim an König Chlotar seinen dritten Bruder: „unsre
Mutter hält die Kinder unsers Bruders bei sich und denkt ihnen das
Reich zu; komm schnell nach Paris, auf daß wir überlegen, was rath=
samer zu thun sei: entweder ihnen das Haupthaar zu scheeren, daß sie
für gemeines Volk angesehn werden, oder sie zu tödten und unsers Bruders
hinterlassenes Reich unter uns zu theilen.“ Chlotar freute sich der Bot=
schaft, ging in die Stadt Paris und rathschlagte. Darauf beschickten sie
vereint ihre Mutter und ließen ihr sagen: „sende uns die beiden Kleinen,
damit sie eingesetzt werden in ihre Würde.“ Denn es hatte auch Childebert
öffentlich geprahlt, als wenn er mit Chlotar darum zusammenkomme, um
die Knaben im Reich zu bestätigen. Crothild, erfreut und nichts Arges
ahnend, gab den Kindern zu essen und zu trinken, und sprach: „den Tod
meines Sohnes will ich verschmerzen, wenn ich euch an seine Stelle
erhoben sehen werde.“ Die Knaben gingen also hin, wurden sogleich
ergriffen, von ihren Spieldienern und Erziehern abgesondert und gefangen
gehalten.

Darauf sandten Childebert und Chlotar einen Boten zur alten
Königin mit einer Scheere und mit einem entblößten Schwert. Der Bote
kam und zeigte ihr beiderlei mit den Worten: „Durchlauchtigste Königin!
deine Söhne, meine Herren, verlangen deine Meinung zu wissen, was mit
den beiden Kindern zu thun sei, ob sie mit abgeschnittenen Haaren leben,
oder vom Leben zum Tod zu bringen seien?“ Da erschrak die unglückliche
Großmutter und zürnte, und das bloße Schwert und die Scheere ansehend:
„lieber will ich — sprach sie — wenn ihnen ihr Reich doch nicht werden
soll, sie todt sehen, als geschoren.“ — Bald darauf wurden die Knaben
ertödtet.

432.

Sage von Attalus dem Pferdeknecht, und Leo dem Küchenjungen.

Zur Zeit, als Theoderich und Childebert, die Frankenkönige, in
Haber und Zwietracht lebten, und viele edele Söhne zu Geißeln
gegeben, oder in Knechtschaft gebracht wurden, trug sich auch folgende
Begebenheit zu.

Attalus, von guter Abkunft, und ein naher Verwandter des heiligen
Gregor, gerieth in die Dienstschaft eines Franken, im Trierischen Gebiet,
und wurde zum Pferdewärter bestellt. Der Bischof Gregor, um sein
Schicksal besorgt, sandte Boten aus, die ihn aufsuchen sollten, endlich auch
fanden und seinem Herrn Gaben anboten, um Attalus freizukaufen. Der
Mann verwarf sie aber, und sprach: „einer von solcher Geburt muß los=
gekauft werden mit zehn Pfunden Goldes." Also kamen die Abgesandten
unverrichteter Dinge wieder heim zu Gregor; aber Leo, einer seiner Küchen=
diener, sprach: „wofern ihr mir erlauben wollet, ihn aufzusuchen, könnte
ich ihn vielleicht aus der Gefangenschaft erledigen." Der Bischof war froh,
und gestattete es ihm; da kam auch Leo an jenen Ort, und suchte den
Knaben heimlich fortzuschaffen, allein er konnte nicht. Darauf verabredete
er sich mit einem andern Manne, und sprach: „komm mit mir dahin und
verkaufe mich in dem Hause des Franken; der Preis, den du empfängst,
soll dein Gewinn sein." Der Mann that's, und schlug ihn um zwölf
Goldgulden los; der Käufer aber fragte den Knecht, welchen Dienst er
verstünde? „In Zubereitung aller Dinge, die auf der Herren Tische ge=
gessen werden, bin ich gar geschickt und befürchte nicht, daß einer mich
darin übertreffe; denn selbst königliche Gerichte kann ich bereiten, wenn
du dem König ein Gastmahl geben wolltest." Jener antwortete: „nächsten
Sonntag werden meine Nachbarn und Freunde zu mir eingeladen werden;
da sollst du ein Mahl zurichten, daß alle sagen, in des Königs Hause
hätten sie besseres nicht gefunden." Leo sagte: „mein Herr, lasse mir nur
eine Menge junger Hähne bringen, so will ich dein Gebot schon erfüllen."
Als nun das geschehen war, stellte er auf den Sonntag ein solches und
dermaßen köstliches Essen zu, daß alle Gäste nicht genug loben konnten.
Die Freunde des Herrn kehrten nach Haus zurück, der Herr aber schenkte
dem Küchenknecht seine Gunst, und gab ihm Gewalt und Aufsicht über
alle seine Vorräthe. So verlief ein Jahr, und der Herr liebte ihn immer
mehr und setzte alles Vertrauen auf ihn. Ein Mal ging nun Leo auf
die Wiese, nahe beim Haus, wo Attalus der Pferde wartete, und fing an
mit ihm zu reden; und sie legten sich weit von einander auf die Erde, mit
sich zugedrehten Rücken, damit niemand muthmaßen möchte, daß sie zu=
sammen sprächen. „Zeit ist es — sagte Leo — daß wir an unser Vater=
land denken; ich mahne dich, wenn du heut Nacht die Pferde in den Stall
gebracht hast, so laß dich nicht vom Schlaf bewältigen; sondern sei munter

wann ich dich rufe, daß wir uns alsobald fortmachen können." Der Franke hatte aber wieder viele Verwandten und Freunde zu Gast geladen unter andern den Schwiegersohn, der mit seiner Tochter verheirathet war. Als sie nun um Mitternacht aufstiegen, und schlafen gehen wollten, reichte Leo seines Herrn Schwiegersohn einen Becher zu trinken. Der scherzte und sprach: „wie, Leo? möchtest du wohl mit deines Herrn Pferden durch= gehen, und wieder in deine Heimath?" Er antwortete gleichsam scherz= weise die Wahrheit und sagte: „ja, heut Nacht, wenn's Gottes Wille ist." „Wenn mich nur — erwiderte der Schwiegersohn — meine Leute gut be= wachen, daß du mir nichts von meinen Sachen mit entführest." So im Lachen schieden sie von einander. Wie aber alle entschlafen waren, rief Leo den Attalus aus dem Bett. „Hast du ein Schwert?" — „Nein, blos einen kurzen Spieß." — Da ging Leo in seines Herrn Gemach und nahm Schild und Lanze. Der Herr aber fragte halbwach: wer bist du, und was willst du? — Leo bin ich, dein Diener; und ich wecke den Attalus, daß er früh aufstehe und die Pferde zur Weide führe. Denn er verschläft sich und ist noch trunken." Der Herr sprach: „thu, wie du meinst;" und nach diesen Worten schlief er von neuem ein. Leo aber ging zur Thür hinaus, wappnete den Jüngling; und die Stallthüre, die er noch Abends zur Sicherung der Pferde mit Hammerschlägen vernagelt hatte, stand jetzt offen, gleichsam durch göttliche Schickung. Da dankte er Gott seines Bei= standes, und sie nahmen die Pferde mit aus dem Stall und entwichen; auch einen Falken nahmen sie, nebst den Decken. Beim Uebergang der Mosel wurden sie aufgehalten und mußten Pferde und Decken im Stich lassen; und auf ihre Schilde gelegt, schwommen sie den Strom hinüber. Als die Nacht kam, und es dunkel wurde, gingen sie in einen Wald und bargen sich. Und schon war die dritte Nacht gekommen, und noch keinen Bissen Speise hatten sie in ihren Mund gebracht und wanderten in einem fort. Da fanden sie auf Gottes Wink einen Baum voll Obst, dem, das man Zwetschen zu nennen pflegt, und erlabten sich daran. Darauf langten sie in Campanien (Champagne) an; bald hörten sie hinter sich Roßtritte und sprachen „es kommen Männer geritten, werfen wir uns zur Erde, daß sie uns nicht erspähen!" Und siehe, ein großer Dornstrauch stand daneben; dahinter traten sie, warfen sich nieder zu Boden, mit aus der Scheide gezogenen Schwertern: damit, wenn sie entdeckt würden, sie sich alsbald wehren könnten. Die Reiter aber, als sie zu der Stelle gelangt waren, hielten gerade vor dem Dornstrauch still; ihre Pferde ließen den Harn, und einer unter ihnen sprach: „übel geht es mir mit diesen beiden Flüchtlingen, daß wir sie nimmer finden können; das weiß ich aber, so wahr ich lebe, würden sie ertappt, so ließ ich den einen an den Galgen hängen, den andern in tausend Stücken zerhauen mit Schwertschlägen." Der die Worte sprach, war ihr Herr der Franken, welcher aus Rheims herkam, sie zu suchen, und sie unfehlbar gefunden hätte, wo nicht die Nacht da=

zwischen gekommen wäre. Nach diesem ritten die Männer wieder weiter, jene aber erreichten noch selbe Nacht glücklich die Stadt, gingen hinein und suchten einen Bürger auf, den sie fragten: „wo Paullulus des Priesters Haus wäre?" Der Bürger zeigte ihnen das Haus. Als sie aber durch die Gasse gingen, läutete das Zeichen zur Frühmette; denn es war Sonntag. Sie aber klopften an des Priesters Thüre, und sie ward aufgethan. Der Knabe fing an zu erzählen von seinem Herrn. Da sprach der Priester: „so wird wahr mein Traum! denn es träumte mir heut von zwei Tauben, die flogen her und setzten sich auf meine Hand. Und eine von ihnen war weiß, die andere schwarz." Die Knaben sagten dem Priester: „weil ein heiliger Tag heute ist, bitten wir, daß du uns etwas Speise gebest; denn heute leuchtet der vierte Tag, daß wir kein Brot noch Muß genossen haben." Er barg aber die Knaben bei sich, gab ihnen Brot mit Wein begossen, und ging in seine Metten. Der Franke war auch an diesen Ort gegangen und hatte die Knaben gesucht; als ihm aber der Priester eine Täuschung vorgesagt, kehrte er zurück. Denn der Priester stand in alter Freundschaft mit dem heil. Gregor. Als sich nun die Knaben mit Speisen zu neuen Kräften gestärkt hatten und zwei Tage in diesem Hause geblieben waren, schieden sie und kamen glücklich bei Bischof Gregorius an, der sich über ihren Anblick freute, und an dem Halse seines Neffen (Enkels) Attalus weinte. Denn Leo aber mit all einem Geschlechte machte er frei von der Knechtschaft und gab ihm ein eigen Land, wo er mit Frau und Kindern als ein Freier das Leben beschloß.

433.
Der schlafende König.

Der fränkische König Guntram war eines gar guten, friedliebenden Herzens. Ein Mal war er auf die Jagd gegangen, und seine Diener hatten sich hierhin und dahin zerstreut: blos ein einziger, sein liebster und getreuster, blieb noch bei ihm. Da befiel den König große Müdigkeit; er setzte sich unter einen Baum, neigte das Haupt in des Freundes Schooß, und schloß die Augenlider zum Schlummer. Als er nun entschlafen war, schlich aus Guntrams Munde ein Thierlein hervor in Schlangenweise, lief fort bis zu einem nahe fließenden Bach, an dessen Rand stand es still und wollte gern hinüber. Das hatte alles des Königs Gesell, in dessen Schooß er ruhte, mit angesehen, zog sein Schwert aus der Scheide und legte es über den Bach hin. Auf dem Schwerte schritt nun das Thierlein hinüber und ging hin zum Loch eines Berges, da hinein schloff es. Nach einigen Stunden kehrte es zurück, und lief über die nämliche Schwertbrücke wieder in den Mund des Königs. Der König erwachte und sagte zu seinem Gesellen: „ich muß dir meinen Traum erzählen und das wunderbare Gesicht, das ich gehabt." „Ich erblickte einen großen, großen Fluß, darüber war eine eiserne Brücke gebaut; auf der Brücke gelangte ich hinüber, und ging in die Höhle eines hohen Berges; in der Höhle lag ein unsäglicher Schatz und Hort der alten Vorfahren." Da erzählte ihm der Gesell alles, was er unter der Zeit des Schlafes gesehen hatte, und wie der Traum mit der wirklichen Erscheinung übereinstimmte. Darauf ward an jenem Ort nachgegraben, und in dem Berg eine große Menge Goldes und Silbers gefunden, das vor Zeiten dahin verborgen war.

434.
Der kommende Wald und die klingenden Schellen.

Als Childebert mit großer Heeresmacht in Guntrams und Fredegundens Reich einbrach, ermahnte die Königin ihre Franken zu tapferem Streit und ließ Guntrams hinterlassenes Söhnlein in der Wiege voraustragen; dem Säugling an der Mutterbrust folgten die gewaffneten Schaaren. Fredegund ersann eine List. In finstrer Mitternacht, angeführt von Landerich, des jungen Chlotars Vormund, erhob sich das Heer und zog in einen Wald: Landerich griff ein Beil, und hieb sich einen Baumast; drauf nahm er Schellen und hing sie an des Pferdes Hals, auf dem er ritt. Dasselbe zu thun, ermahnte er alle seine Krieger; jeder mit Baumzweigen in der Hand und klingenden Schellen auf ihren Pferden, rückten sie in früher Morgenstunde dem feindlichen Lager näher. Die Königin, den jungen Chlotar in den Armen haltend, ging voraus; damit Erbarmen über das Kind die Krieger entzünden möchte, welches gefangen genommen werden mußte, wo sie unterlägen. Als nun einer der feindlichen Wächter in der Dämmerung ausschaute, rief er seinem Gesellen: „was ist das für ein Wald, den ich dort stehen sehe, wo gestern Abend nicht einmal kleines Gebüsch war?" „Du bist noch weintrunken und hast alles vergessen — sprach der andere Wächter; unsere Leute haben im nahen Wald Futter und Weide für ihre Pferde gefunden. Hörst du nicht, wie die Schellen klingen am Halse der weidenden Rosse? (Denn es war von alten Zeiten her Sitte der Franken, und zumal der östlichen, daß sie ihren grasenden Pferden Schellen anhingen, damit, wenn sie sich verirrten, das Läuten sie wiederfinden ließe.) Während dessen die Wächter solche Reden unter einander führten, ließen die Franken die Laubzweige fallen, und der Wald stand da leer an Blättern, aber dicht von den Stämmen schimmernder Spieße. Da überfiel Verwirrung die Feinde und jäher Schrecken; aus dem Schlaf erweckt wurden sie zur blutigen Schlacht, und die nicht entrinnen konnten, fielen erschlagen; kaum mochten sich die Heerführer auf schnellen Rossen vor dem Tode zu retten.

435.

Chlotars Sieg über die Sachsen.

Chlotar hatte seinen Sohn Dagobert über die austrasischen Franken zum König gesetzt. Dieser brach mit Heereskraft über den Rhein auf, um die sich empörenden Sachsen zu züchtigen. Der sächsische Herzog Bertoald lieferte ihm aber eine schwere Schlacht; Dagobert empfing einen Schwert= streich in sein Haupt und sandte die mit dem Stück vom Helm zugleich abgeschnittenen Haare alsbald seinem Vater, zum Zeichen, daß er ihm schleunig zur Hülfe eile, ehe ihm das übrige Heer zerrinne. Chlotar bekam die Botschaft, wie er gerade auf der Jagd war; bestürzt machte er sich sogleich mit dem geringen Gefolg, das ihn begleitete, auf den weiten Weg, reiste Tag und Nacht und langte endlich an der Weser an, wo der Franken Lager stand. Frühmorgens erhuben die Franken ein Freuden= geschrei über ihres Königs Ankunft; Bertoald am andern Ufer hörte den Jubel und fragte, was er bedeute! „Die Franken feiern Chlotars Ankunft", antwortete man ihm. „Das ist ein falscher Wahn — versetzte Bertoald — denn ich habe gewisse Kundschaft, daß er nicht mehr am Leben sei." Da stand Chlotar am Ufer, sprach keinen Laut, sondern hob schnell seinen Helm vom Haupte, daß das schöne, mit weißen Locken gemischte Haupt= haar herunterwallte. An diesem königlichen Schmucke erkannten ihn gleich die Feinde; Bertoald rief: „bist du also da du stummes Thier!" Glühend von Zorn setzte der König den Helm aufs Haupt, und spornte sein Roß durch den Fluß, daß er sich an den Feinden räche; alle Franken sprengten ihm nach; Chlotars Waffen waren schwer, und beim Durchschwimmen hatte ihm Wasser den Brustharnisch und die Schuhe gefüllt; dennoch folgte er den fliehenden Sachsenherzog unermüdlich nach. Bertoald rief zurück: „ein so berühmter König und Herr solle doch seinen Knecht nicht ungerecht verfolgen." Chlotar aber wußte wohl, daß er aus Hinterlist so redete, kümmerte sich nicht um die Worte, sondern holte ihn mit seinem schnellen Rosse ein, und brachte ihn um. Darauf schlug er ihm das Haupt ab, und trug es den nachkommenden Franken entgegen. Da verwandelte sich ihre Trauer in Freude; sie überzogen ganz Sachsenland, und der König Chlotar hieß alle Einwohner männlichen Geschlechts, die länger waren als das Schlachtschwert, das er damals gerade trug, hinrichten: auf daß die jüngeren und kleineren durch das lebendige Andenken hieran abgeschreckt würden. Und so verfuhr Chlotar.

436.

Das Grab der Heiligen.

Dagobert, als er noch Jüngling war, ritt eines Tages auf die Jagd und verfolgte einen Hirsch, der ihm durch Berg und Thal entrann.

Endlich floh das Thier in ein Häuslein, worin die Gebeine des h. Dionysius und seiner Gefährten begraben lagen; die Hunde fanden die Spur, aber sie vermochten, ungeachtet die Thüren des Hauses offen standen, nicht hineinzudringen, sondern standen außen und bollen. Dagobert kam dazu und betrachtete staunend das Wunder. Von der Zeit an wandte sich Dagobert zu den Heiligen. Es geschah aber, daß Dagobert, durch den Stolz eines Herzogs Sabregisel beleidigt, ihn mit Schlägen und Bart= scheerung beschimpfen ließ. Dieser verwegenen That halber flüchtete Dagobert in den Wald und barg sich in demselben Schlupfwinkel, wohin damals der Hirsch geflohen war, vor dem Zorn seines Vaters. Der König Chlotar, sobald er die Beschimpfung des Dieners hörte, befahl, seinen Sohn augenblicklich aufzusuchen und zu bestrafen. Während dies geschah, hatte sich Dagobert vor den heiligen Leichnamen demüthigen Herzens niedergeworfen und versank in Schlaf. Da erschien ihm ein ehrwürdiger Greis mit freundlichem Antlitz, und hieß ihn ohne Furcht sein: wenn er verheiße, die Heiligen in steter Ehre zu halten, solle er nicht allein aus dieser, sondern auch der ewigen Noth gezogen und mit dem Königsthrone begabt werden. Die Boten, die ihn aus dem heiligen Haus abführen sollten, konnte sich ihm nicht auf eine Stunde weit nähern. Betroffen kehrten sie heim und hinterbrachten das. Der König schalt sie und sandte andere aus, aber diese erfuhren das Nämliche. Da machte sich Chlotar selbst auf, und siehe, auch ihn verließ seine Stärke, als er sich dem heiligen Orte nähern wollte; nunmehr erkannte er Gottes Macht, verzieh seinem Sohne und söhnte sich mit ihm aus. Dieser Ort war dem Dagobert lieb und angenehm vor allen andern.

437.

Sanct Arbogast.

Sanct Arbogast, Bischof zu Straßburg, kam in große Huld und Heimlichkeit mit Dagobert, König zu Frankreich; und nichts gehrte der König lieber, als oft mit ihm zu sprechen und seinen weisen Rath zu haben. Ein Mal geschah, daß des Königs Jäger und Siegebert sein Sohn in den Büschen und Wäldern jagten an der Ill, wo nachher Ebersheim das Münster aufkam, und fanden einen großen Eber; dem rennten sie nach mit den Hunden, einer hin, der andre her. Und da kam's, daß Siegebert der Knabe ganz allein ritt und ungewarnt auf den Eber stieß. Das Roß scheute vor dem Wild, daß der Knabe abfiel und im Stegreif hangen blieb; da trat ihn das Pferd, daß er für todt da lag. Als ihn nun des Königs Diener ertreten fanden, hoben sie ihn auf mit großem Leide, führten ihn heim, und er starb am andern Tag. Da wurde Dago= berten gerathen, zu St. Arbogast zu schicken; der kam alsbald, und nach viel Rede und Klage kniete er vor die Leiche, und rief unsre Frauen an: seit sie das Leben aller Welt geboren hätte, daß sie dem Knaben sein Leben wieder erwürbe. Da ward der Knabe wieder lebend, und stund auf in den Todtenkleidern, die zog man ihm aus und thät ihm an königliche Kleider. Da fielen König und Königin und alles ihr Gefolg dem Heiligen zu Füßen und dankten seiner Gnaden; weder Gold noch Silber wollte er nehmen, aber nach seinem Rathe gab der König an Unser Frauen Münster zu Straßburg, Rufach mit Aeckern, Wäldern, Wonn und Weide.

Als nun nach vielen Jahren Arbogast an das Alter kam und krank wurde, sprach er zu seinen Unterthanen: „gleich wie unser Herr Jesus begraben worden wäre auswendig Jerusalem, an der Statt, da man böse Leute verderbet, also wolle er dem Heiland nachfolgen; und wann er verführe, sollte man ihn auswendig Straßburg begraben bei dem Galgen, an die Stätte, wo man über böse Leute richtet." Das mußten sie ihm geloben zu thun. Also ward er nach seinem Tode begraben auf St. Michelsbühel, das war der Henkebühel, und stund damals der Galgen da. Da baute man über sein Grab eine Capelle in St. Michaels Ehren, in dieser lag er viel Jahre leibhaftig.

438.

Dagobert und Sanct Florentius.

Sanct Florentius fing jung an, Gott zu dienen. Und er ging aus Schottland, wo er geboren war, in Pilgrimsweise mit vier Gesellen: Arbogast, Fidelis, Theodatus und Hildolf, und kamen zu jüngst im Elsaß an die Brüsche (das Flüßchen Breusch), da wo jetzt Hafelo liegt. Sprach Florentius, er wollte da bleiben. Also gingen seine Gesellen fürbaß gen Straßburg; er aber baute ein Häuselein bei der Brüsche, dalp (grub) die Bäume und Hürste aus und machte ein neues Feld; dahin säete er Korn und das Kraut nach seiner Nothdurft. Da steckete Sanct Florentius vier Gerten um das Feld, und gebot allen wilden Thieren, daß sie auf seinen neuen Acker nicht mehr kämen, so fern, als die Gerten gesteckt wären; und dies Ziel überschritten sie seitdem nimmer. In diesen Zeiten hatte König Dagobert eine Tochter, die war blind geboren, dazu stumm; und als er sagen hörte von Florentius Heiligkeit, sandte er ehrbare Boten, und ein Roß mit vergüldetem Gedecke, daß er zu ihm ritte. Der Heilige war aber demüthig, wollte das Roß nicht und saß auf einen Esel und ritt zu dem Könige. Noch war er nicht ganz an der Burg, so ward des Königs Tochter sehend und redend, und rief mit lauter Stimme, und das erste Wort, das sie sprach, sprach sie also: „sehet! dort reitet Florentius her, durch dessen Gnade mich Gott sehend und redend gemacht hat." Da erschraken der König und die Königin von Wunder und von Freuden, und alles Volk lief aus gegen dem heiligen Manne, und empfingen ihn gar ehrwürdiglich und fielen zu seinen Füßen um des Zeichens willen, das Gott durch ihn gewirkt hatte. Der König aber gab die Gebreite (Ebene) und Stätte, wo Florentius wohnte und nun Haselo liegt, ihm zu eigen und auch sein selbes Besitzthum zu Kirchheim. Da bat der Heilige noch König Dagobert, daß er ihm sein Länblein unterschiede (abgrenzte), daß er desto besser möchte wissen, wie weit und breit er hätte. Da sprach der König: was du mit deinem Eselein magst umfahren, bis ich aus dem Bade gehe und meine Kleider anthue, das soll alles zu dir und deiner Wohnung hören. Da wußte Florentius wohl, wie lange der König hätte Gewohnheit im Bade zu sitzen, eilte weg mit seinem Eselein und fuhr über Berg und Thal, viel mehr und weiter, denn einer möchte gethan haben auf schnellem Pferde in zwei Mal so langer Zeit. Und fuhr wieder zum König und kam zeitig genug, wie es beredet worden war. Und nach Arbogasts Tode ward Florentius einhelliglich von allem Volke, Laien und Pfaffen, zum Bischof von Straßburg gewählt.

439.
Dagoberts Seele im Schiff.

Als der gute König Dagobert aus dieser Welt geschieden war, ließ es Gott der Herr geschehn, weil er sich nicht von allen Sünden gereinigt hatte: daß die Teufel seine Seele faßten, auf ein Schiff setzten und mit sich fort zu führen dachten. Aber der heil. Dionysius vergaß seines guten Freundes nicht, sondern bat unsern Herrn um die Erlaubniß, der Seele zu Hilfe zu kommen, welches ihm auch verstattet wurde. St. Dionysius nahm aber mit sich St. Mauritius und andere Freunde, die König Dagobert in seinen Lebzeiten vorzüglich geehrt und gefeiert hatte; auch folgten ihnen Engel nach und geleiteten sie bis ins Meer. Da sie nun an die Teufel kamen, huben sie an mit ihnen zu fechten, die Teufel hatten wenig Gewalt gegen den Heiligen, wurden besiegt und hie und da aus dem Schiffe ins Meer gestoßen. Die Engel nahmen darauf Dagoberts Seele in Empfang, und der Heilige nebst seinem Gefolge kehrte ins Paradies zurück.

440.
Dagobert und seine Hunde.

Noch heut zu Tage kennt das Volk in Frankreich zwei Sprüchwörter vom König Dagobert, deren Ursprung man vergessen hat: „wann König Dagobert gegessen hatte, so ließ er auch seine Hunde essen," und „König Dagobert auf seinem Sterbebette redete seine Hunde an, und sprach: keine Gesellschaft ist so gut, aus der man nicht scheiden muß."

441.

Die zwei gleichen Söhne.

König Pipin von Frankreich vermählte sich mit einer schönen Jung=
frau, die ihm einen Sohn zur Welt brachte, aber über dessen Geburt starb.
Bald darauf nahm er eine neue Gemahlin, die gebar ihm ebenfalls einen
Sohn. Diese beiden Söhne sandte er in weite Länder und ließ sie aus=
wärtig erziehen; sie wurden sich aber in allen Stücken ähnlich, daß man
sie kaum unterscheiden konnte. Nach einiger Zeit lag die Königin ihrem
Gemahle an, daß er sie doch ihr Kind sehen ließe; er aber befahl, die
beiden Söhne an Hof zu bringen. Da war der jüngste dem ältesten, un=
geachtet des einen Jahres Unterschied, in Gestalt und Größe vollkommen
gleich, und einer wie der andere glich dem Vater, daß die Mutter nicht
wissen konnte, welches ihr Kind darunter wäre. Da hub sie an zu weinen,
weil es Pipin nicht offenbaren wollte; endlich sprach er: „laß ab zu weinen,
dieser ist dein Sohn," und wies ihr den von der ersten Gemahlin. Die
Königin freute sich, und pflegte und besorgte dieses Kind auf alle Weise;
während sie das andere, welches ihr rechter Sohn war, nicht im Geringsten
achtete.

442.

Hildegard.

Kaiser Karl war im Heereszug, und hatte die schöne Hildegard, seine
Gemahlin, zu Hause gelassen. Während der Zeit muthete ihr Taland,
Karls Stiefbruder an, daß sie zu seinem Willen sein möchte. Aber die
tugendhafte Frau wollte lieber den Tod leiden, als ihrem Herrn Treue
brechen; doch verstellte sie sich, und gelobte dem Bösewicht in sein Begehren
zu willigen, so bald er ihr dazu eine schöne Brautkammer würde haben
bauen lassen. Alsbald baute Taland ein kostbares Frauengemach, ließ es
mit drei Thüren verwahren, und bat die Königin, hinein zu kommen und
ihn zu besuchen. Hildegard that als ob sie ihm nachfolgte, und bat ihn
voraus zu gehen; als er fröhlich durch die dritte Thüre gesprungen war,
warf sie schnell zu und legte einen schweren Riegel vor. In diesem Ge=
fängniß blieb Taland eine Zeit lang eingeschlossen, bis Karl siegreich aus
Sachsen heimkehrte; da ließ sie ihn aus Mitleiden und auf vielfältiges
erheucheltes Flehen und Bitten los, und dachte, er wäre genug gestraft.
Karl aber, als er ihn zuerst erblickte, fragte: „warum er so bleich und
mager aussähe? Daran ist eure gottlose, unzüchtige Hausfrau Schuld —
antwortete Taland; die habe bald gemerkt, wie er sie sorgsam gehütet, daß
sie keine Sünde begehen dürfen, und darum einen neuen Thurm gebaut
und ihn darin gefangen gehalten." Der König betrübte sich heftig über

diese Nachricht, und befahl im Zorn seinen Dienern Hildegard zu ertränken. Sie floh und barg sich heimlich bei einer ihrer Freundinnen; aber sobald der König ihren Aufenthalt erfuhr, verordnete er aufs Neue: sie in einen Wald zu führen, da zu blenden, und so beider Augen beraubt, Landes zu verweisen. Was geschah? Als sie die Diener ausführten, begegnete ihnen ein Edelmann, des Geschlechts von Freudenberg, den hatte gerade Gräfin Abelgund, ihre Schwester, mit einer Botschaft zu Hildegarden abgesandt. Als dieser die Gefahr und Noth der Königin sah, entriß er sie den Henkersknechten und gab ihnen seinen mit laufenden Hund. Dem Hunde stachen sie die Augen aus, und hinterbrachten sie dem König, zum Zeichen daß sein Befehl geschehen wäre. Hildegard aber, als sie mit Gottes Hülfe gerettet war, zog in Begleitung einer Edelfrau, Namens Rosina von Bodmer, nach Rom, und übte die Heilkunst, die sie ihr Lebtag gelernt und getrieben hatte, so glücklich aus, daß sie bald in großen Ruhm kam. Mittlerweile strafte Gott den gottlosen Taland mit Blindheit und Aussatz. Niemand vermochte ihn zu heilen, und endlich hörte er, zu Rom lebe eine berühmte Heilfrau, die diesem Siechthum abhelfen könne. Als Karl nun nach Rom zog, war Taland auch im Gefolg, erkundigte der Frauen Wohnung, nannte ihr seinen Namen, und begehrte Arznei und Hülfe für seine Krankheit; er wußte aber nicht, daß sie die Königin wäre. Hildegard gab ihm auf, daß er seine Sünden dem Priester beichten und Buße und Besserung geloben müsse; dann wollte sie ihre Kunst erweisen. Taland that es und beichtete; darauf kam er wieder zur Frauen hin, die ihn frisch und gesund machte. Ueber diese Heilung wunderte sich Papst und König aus der Maßen, und wünschten die Aerztin zu sehen und besandten sie. Allein sie erbot sich, daß sie Tags darauf in das Münster St. Petri gehen wollte. Da kam sie hin und gerichtete dem König ihrem Herrn alsbald die ganze Geschichte, wie man sie verrathen hatte. Karl erkannte sie mit Freuden, und nahm sie wieder zu seiner Gemahlin; aber seinen Stief=bruder verurtheilte er Todes. Doch bat die Königin sich sein Leben aus, und er wurde blos in das Elend verwiesen.

443.

Der Hahnenkampf.

Zu einer Zeit kam Karl der Große auf sein Schloß bei Kempten zu seiner Gemahlin Hildegard. Als sie nun eines Tages über Tische saßen, und mancherlei von der Vorfahren Regierung redeten, während ihre Söhne Pipin, Karl und Ludwig darneben standen, hub Pipin an und sprach: „Mutter, wann einmal der Vater im Himmel ist, werde ich dann König? Karl aber wandte sich zum Vater und sagte: „nicht Pipin, sondern ich folge dir nach im Reich." Ludwig aber, der jüngste, bat beide Eltern, daß sie ihn doch möchten laffen König werden. Als die Kinder so stritten, sprach die Königin: „eure Zwift wollen wir bald ausmachen; geht hinab ins Dorf und laßt euch jeder sich einen Hahn von den Bauern geben. Die Knaben stiegen die Burg hinab mit ihrem Lehrmeister und den übrigen Schülern und holten die Hähne. Hierauf sagte Hildegard: „nun laßt die Hähne auf einander los! wessen Hahn im Kampfes siegt, der soll König werden." Die Vögel stritten, und Ludwigs Hahn überwand die beiden andern. Dieser Ludwig erlangte auch wirklich nach seines Vaters Tode die Herrschaft.

444.
Karls Heimkehr aus Ungarland.

König Karl, als er nach Ungarn und Wallachei fahren wollte, die Heiden zu bekehren, gelobte er seiner Frauen, in zehn Jahren heimzukehren; wäre er nach Verlauf derselben ausgeblieben, so solle sie seinen Tod für gewiß halten. Würde er ihr aber durch einen Boten sein golden Finger= lein zusenden, dann möge sie auf alles vertrauen, was er ihr durch den= selben entbieten laffe. Nun geschah es, daß der König schon über neun Jahre ausgewesen war, da hob sich zu Aachen an dem Rhein Raub und Brand über alle Länder. Da gingen die Herren zu der Königin und baten, daß sie sich einen andern Gemahl auswählte, der das Reich behüten könnte. Die Frau antwortete: „wie möcht ich so wider König Karl sündigen und meine Treue brechen! so hat er mir auch das Wahrzeichen nicht gesandt, das er mir kund thät, als er von hinnen schied." Die Herren aber redeten ihr so lange zu, weil das Land in dem Krieg zu Grund gehen müffe, daß sie ihrem Willen endlich zu folgen versprach. Darauf wurde eine große Hochzeit angestellt, und sie sollte über den dritten Tag mit einem reichen König vermählt werden.

Gott der Herr aber, welcher dies hindern wollte, sandte einen Engel als Boten nach Ungerland, wo der König lag, und schon manchen Tag ge= legen hatte. Als König Karl die Kundschaft vernommen, sprach er: „wie soll ich in dreien Tagen heimkehren, einen Weg, der hundert Raste lang ist, und funfzehn Raste dazu, bis ich in mein Land komme?" Der Engel versetzte; „weißt du nicht, Gott kann thun, was er will, denn er hat viel Gewalt. Geh' zu deinem Schreiber, der hat ein gutes, starkes Pferd, das du ihm abgewinnen mußt; das soll dich in einem Tage tragen über Moos und Haide, bis in die Stadt zu Rab, das sei deine erste Tagweide. Den andern Morgen sollst du früh ausreiten, die Donau hinauf bis gen Passau; das sei deine andere Tagweide. Zu Passau sollst du dein Pferd laffen; der Wirth, bei dem du einkehrest, hat ein schön Füllen; das kauf ihm ab, es wird dich den dritten Tag bis in dein Land tragen."

Der Kaiser that, wie ihm geboten war, handelte dem Schreiber das Pferd ab und ritt in einem Tag aus der Bulgarei bis nach Rab; ruhte über Nacht und kam den zweiten Tag bei Sonnenschein nach Passau, wo ihm der Wirth gutes Gemach schuf. Abends, als die Viehheerde einging, sah er das Füllen, griff's bei der Mähne und sprach: „Herr Wirth, gebt mir das Roß, ich will es morgen über Feld reiten." Nein, sagte dieser; das Füllen ist noch zu jung, ihr seid ihm zu schwer, als daß es euch tragen könnte." Der König bat ihn von neuem; der Wirth sagte: ja, wenn es gezäumt, oder geritten wäre." Der König bat ihn zum dritten Mal, und da der Wirth sah, daß es Karl so lieb wäre, so wollte er das Roß ablassen; und der König verkaufte ihm dagegen sein Pferd, daß er die zwei Tage geritten hatte, und von dem es ein Wunder war, daß es ihm nicht erlag.

Also machte sich der König des dritten Tages auf und ritt schnell und unaufhaltsam bis gen Aachen vor das Burgthor, da kehrte er bei einem Wirth ein. Ueberall in der ganzen Stadt hörte er großen Schall von Singen und Tanzen. Da fragte er, was da wäre? Der Wirth sprach: „eine große Hochzeit soll heute ergehen, denn meine Frau wird einem reichen König anvermählt; da wird große Kost gemacht und Jungen und Alten, Armen und Reichen Brod und Wein gereicht, und ungemessen Futter vor die Rosse getragen." Der König sprach: „hier will ich mein Gemach haben, und mich wenig um die Speise bekümmern, die sie in der Stadt austheilen; kauft mir für mein Guldenpfennige, was ich bedarf, schafft mir viel und genug. Als der Wirth das Gold sah, sagte er bei sich selbst: „Das ist ein rechter Edelmann, desgleichen meine Augen nie erblickten!" Nachdem die Speise köstlich und reichlich zugerichtet, und Karl zu Tisch gesessen war, forderte er einen Wächter vom Wirth, der sein des Nachts über pflege, und legte sich zu Bette. In dem Bette aber liegend, rief er den Wächter und mahnte ihn theuer: „wann man den Singos im Dom läuten wird, sollst du mich wecken, daß ich das Läuten höre; dies gülden Fingerlein will ich dir zu Miethe geben." Als nun der Wächter die Glocke vernahm, trat er ans Bette vor den schlafenden König: „Wohlan, Herr, gebt mir meine Miethe, eben läuten sie den Singos im Dom." Schnell stand er auf, legte ein reiches Gewand an, und bat den Wirth, ihn zu geleiten. Dann nahm er ihn bei der Hand, und ging mit ihm vor das Burgthor, aber es lagen starke Riegel davor. „Herr, sprach der Wirth, ihr müßt unten durchschliefen, aber dann wird euer Gewand kothig werden. „Daraus mach ich mir wenig, und würde es ganz zerrissen." Nun schloffen sie dem Thor hinein; der König voll weisen Sinnes, hieß den Wirth um den Dom gehen, während er selber in den Dom ging. Nun war das Recht in Franken, „wer auf dem Stuhl im Dom saß, der mußte König sein;" das däuchte ihm gut, er setzte sich auf den Stuhl, zog sein Schwert, und legte es baar über seine Knie. Da trat der Meßner in den

Dom, und wollte die Bücher vortragen; als er aber den König sitzen sah mit baarem Schwert und stillschweigend, begann er zu zagen, und verkündete eilends dem Priester: „Da ich zum Altar ging, sah ich einen greisen Mann mit bloßem Schwert über die Knie auf dem gesegneten Stuhl sitzen." Die Domherren wollten dem Meßner nicht glauben; einer von ihnen griff ein Licht, und ging unverzagt zu dem Stuhle. Als er die Wahrheit sah, wie der greise Mann auf dem Stuhle saß, warf er das Licht aus der Hand und floh erschrocken zum Bischof. Der Bischof ließ sich zwei Kerzen von Knechten tragen, die mußten ihm zu dem Dom leuchten; da sah er den Mann auf dem Stuhle sitzen und sprach furchtsam: „ihr sollt mir sagen, was Mannes ihr seid, geheuer oder ungeheuer, und wer euch ein Leids gethan, daß ihr an dieser Stätte sitzet?" Da hob der König an: „ich war euch wohl bekannt, als ich König Karl hieß, an Gewalt war keiner über mich!" Mit diesen Worten trat er dem Bischof näher, daß er ihn recht ansehen könnte. Da rief der Bischof: „willkommen, liebster Herr! eurer Kunft will ich froh sein," umfing ihn mit seinen Armen, und leitete ihn in sein reiches Haus. Da wurden alle Glocken geläutet, und die Hochzeitgäste frugen, was der Schall bedeute? Als sie aber hörten, daß König Karl zurückgekehrt wäre, stoben sie auseinander, und jeder suchte sein Heil in der Flucht. Doch der Bischof bat, daß ihnen der König Friede gäbe, und der Königin wieder hold würde, es seine ohne ihre Schuld geschehen. Den gewährte Karl der Bitte, und gab der Königin seine Huld.

445.
Der Hirsch zu Magdeburg

Zu Magdeburg, gegen dem Roland, stand vor diesem auf einer steinernen Säule ein Hirsch, mit guldenem Halsband, den Kaiser Karl gefangen haben soll. Andere sagen: er habe ihn wieder laufen lassen, und ihm ein gulden Halsband umgehängt, worauf ein Kreuz mit den Worten:

> Lieber Jäger, laß mich leben,
> ich will dir mein Halsband geben.

Und dieser Hirsch ist hernach zu Zeiten Friedrich Rothbarts allererst wieder gefangen worden.

446.
Der lombardische Spielmann.

Als Karl vorhatte, den König Desiderius mit Krieg zu überziehen, kam ein lombardischer Spielmann zu den Franken und sang ein Lied folgendes Inhalts: „welchen Lohn wird der empfangen, der Karl in das

Land Italien führt? auf Wegen, wo kein Spieß gegen ihn aufgehoben, kein Schild zurückgestoßen, und keiner seiner Leute verletzt werden soll?" Als das Karl zu Ohren kam, berief er den Mann zu sich und versprach ihm alles, was er fordern würde, nach erlangtem Sieg zu gewähren.

Das Heer wurde zusammen berufen, und der Spielmann mußte vorausgehen. Er wich aber aus allen Straßen und Wegen und leitete den König über den Rand eines Berges, wo es bis auf heutigen Tag noch heißt: der Frankenweg. Wie sie von diesem Berg niederstiegen in die gavenische Ebene, sammelten sie sich schnell und fielen den Longobarden unerwarteter Weise in den Rücken; Desiderius floh nach Pavia, und die Franken überströmten das ganze Land. Der Spielmann aber kam vor den König Karl und ermahnte ihn seines Versprechens. Der König sprach: „fordre, was du willst!" Darauf antwortete er: „ich will auf einen dieser Berge steigen und stark in mein Horn blasen; so weit der Schall gehört werden mag, das Land verleihe mir zum Lohn meiner Verdienste mit Männern und Weibern, die darin sind." Karl sprach: „es geschehe, wie du gesagt hast." Der Spielmann neigte sich, stieg sogleich auf den Berg und blies; stieg sodann herab, ging durch Dörfer und Felder, und wen er fand, fragte er: „hast du Horn blasen hören?" Und wer nun antwortete: „ja, ich hab's gehört," dem versetzte er eine Maulschelle, mit den Worten: du bist mein Eigen.

So verlieh ihm Karl das Land, so weit man sein Blasen hatte hören können; der Spielmann, so lange er lebte, und seine Nachkommen besaßen es ruhig, und bis auf den heutigen Tag heißen die Einwohner dieses Landes: die zusammengeblasenen (transcornati).

447.
Der eiserne Karl.

Zur Zeit, als König Karl den Lombardenkönig Desiderius befeindete, lebte an des Letztern Hofe Ogger, (Odger, Autchar) ein edler Franke, der vor Karls Ungnade das Land hatte räumen müssen. Wie nun die Nachricht erscholl, Karl rücke mit Heeresmacht heran, standen Desiderius und Ogger auf einem hohen Thurm, von dessen Gipfel man weit und breit in das Reich schauen konnte. Das Gepäck rückte in Haufen an; „ist Karl unter diesem großen Heer?" frug König Desiderius. „Noch nicht!" versetzte Ogger. Nun kam der Landsturm des ganzen fränkischen Reichs; „hierunter befindet sich Karl aber gewiß," sagte Desiderius bestimmt. Ogger antwortete: „noch nicht, noch nicht." Da tobte der König und sagte. „was sollen wir anfangen, wenn noch mehrere mit ihm kommen?" „Wie er kommen wird, antwortete jener, sollst du gewahr werden; was mit uns geschehe, weiß ich nicht." Unter diesen Reden zeigte sich ein neuer Troß. Erstaunt sagte Desiderius: „darunter ist doch Karl?" „Immer noch nicht," sprach Ogger. Nächstdem erblickte man Bischöfe, Aebte, Capellane mit ihrer Geistlichkeit. Außer sich stöhnte Desiderius: „o laß uns niedersteigen und uns bergen in der Erde vor dem Angesichte dieses grausamen Feindes." Da erinnerte sich Ogger der herrlichen, unvergleich= lichen Macht des Königs Karl aus bessern Zeiten her und brach in die Worte aus: „wenn du die Saat auf den Feldern wirst starren sehen, den eisernen Po und Tissino mit dunkeln eisenschwarzen Meereswellen die Stadtmauern überschwemmen, dann gewarte, daß Karl kommt." Kaum war dies ausgeredet, als sich in Westen wie eine finstere Wolke zeigte, die den hellen Tag beschattete. Dann sah man den eisernen Karl in einem Eisenhelm, in eisernen Schienen, eisernem Panzer um die breite Brust, eine Eisenstange in der Linken hoch aufreckend. In der Rechten hielt er den Stahl, der Schild war ganz aus Eisen, und auch sein Roß schien eisern an Muth und Farbe. Alle die ihm vorausgingen, zur Seite waren und ihm nachfolgten, ja das ganze Heer schien auf gleiche Weise aus= gerüstet. Einen schnellen Blick darauf werfend, rief Ogger: „hier hast du den, nach dem du so viel frugest," und stürzte halb entseelt zu Boden.

448.

Karl belagert Pavia.

Desiderius floh mit Adelgis seinem Sohn und einer Tochter in die Mauern von Pavia, worin ihn Karl lange belagerte. Desiderius war gut und demüthig; stets soll er, der Sage nach, um Mitternacht auf= gestanden und in die Kirchen zum Gebet gegangen sein; die Thore der Kirchen öffneten sich ihm von selbst vor seinem bloßen Anblick. Während jener Belagerung schrieb nun die Königstochter einen Brief an König Karl, und schoß ihn auf einer Armbrust über den Fluß Tessino; in dem Brief stand: „wenn sie der König zum Ehegemahl nehmen wolle, werde sie ihm die Stadt und den Schatz ihres Vaters überliefern." Karl antwortete ihr so, daß die Liebe der Jungfrau nur noch stärker entzündet wurde. Sie stahl unter dem Haupt ihres schlafenden Vaters die Schlüssel der Stadt, und meldete dem Frankenkönig, daß er sich diese Nacht bereite in die Stadt zu rücken. Als sich das Heer den Thoren nahte und einzog, sprang ihm die Jungfrau fröhlich entgegen, gerieth aber im Gedränge unter die Hufe der Rosse, und wurde, weil es finstre Nacht war, von diesen zer= treten. Ueber dem Gewieher der Rosse erwachte Adelgis, zog sein Schwert, und tödtete viele Franken. Aber sein Vater verbot ihm, sich zu wehren, weil es Gottes Wille sei, die Stadt dem Feinde zu geben. Adelgis entfloh hierauf, und Karl nahm die Stadt und die königliche Burg in seinen Besitz.

449.

Adelgis.

Adelgis, (Algis, Adelger) Desiderius Sohn, war von Jugend auf stark und heldenmüthig. In Kriegszeiten pflegte er mit einer Eisenstange zu reiten und viele Feinde zu erschlagen; so tödtete er auch viele der Franken, die in Lombarden gezogen kamen. Dennoch mußte er der Uebermacht weichen, und Karl hatte selbst Ticinum unterworfen. In dieser Stadt aber beschloß ihn der kühne Jüngling auszukundschaften. Er fuhr auf einem Schiff dahin, nicht wie ein Königssohn, sondern umgeben von wenigen Leuten, wie einer aus geringem Stande. Keiner der Krieger erkannte ihn, außer einem der ehemaligen treusten Diener seines Vaters; diesen bat er flehentlich, daß er ihn nicht verrathen möchte. „Bei meiner Treue — antwortete jener — ich will dich niemanden offenbaren, so lange ich dich verhehlen kann.“ „Ich bitte dich — sagte Adelgis — heute, wann du beim König zu Mittag speisest, so setze mich ans Ende eines der Tische und schaffe, daß alle Knochen, die man von der Tafel aufhebt, vor mich gelegt werden.“ Der andere versprach es, denn er war's, der die königlichen Speisen auftragen mußte. Als nun das Mahl gehalten wurde, so that er allerdings so, und legte die Knochen vor Adelgis, der sie zerbrach, und gleich einem hungrigen Löwen das Mark daraus aß. Die Splitter warf er unter dem Tisch, und machte einen tüchtigen Haufen zusammen. Dann stand er früher als die andern auf, und ging fort. Der König, wie er die Tafel aufgehoben hatte, und die Menge Knochen unter den Tisch erblickte, fragte: „welcher Gast hat so viele Knochen zerbrochen?“ Alle antworteten, „sie wüßten es nicht;“ einer aber fügte hinzu: „es saß hier ein starker Degen, der brach alle Hirsch=, Bären= und Ochsenknochen auf, als wären es Hanfstengel.“ Der König ließ den Speisaufträger rufen und sprach: „wer oder woher war der Mann, der hier die vielen Knochen zerbrach?“ Er antwortete: „ich weiß es nicht, Herr.“ Karl erwiderte: „bei meines Hauptes Krone, du weißt es.“ Da er sich betreten sah, fürchtete er, und schwieg. Der König aber merkte leicht, daß es Adelgis gewesen, und es that ihm leid, daß man ihn ungestraft von dannen gehen lassen; er sagte: „wo hinaus ist er gegangen?“ Einer versetzte: „er kam zu Schiff und wird vermuthlich so weggehen.“ „Willst du — sprach ein andrer — daß ich ihm nachsetze und ihn tödte?“ „Auf welche Weise,“ antwortete Karl. „Gieb mir deine goldenen Armspangen, und ich will ihn berücken.“ Der König gab sie ihm alsbald, und jener eilte ihm schnell zu Lande nach, bis er ihn einholte. Und aus der Ferne rief er zu Abelgis, der im Schiffe fuhr: „halt an! der König sendet dir seine Goldspangen zur Gabe; warum bist du so heimlich fortgegangen?" Abelgis wandte sein Schiff ans Ufer, und als er näher kam und die Gabe auf der Speerspitze ihm dargereicht erblickte, ahndete er Verrath, warf seinen Panzer über die Schultern und rief: „was du mir mit dem Speere reichst, will ich mit dem Speere empfangen;*) sendet dein Herr betrüglich diese Gabe, damit du mich tödten sollest, so werde ich nicht nachstehen und ihm meine Gabe senden." Darauf nahm er seine Armspangen und reichte sie jenem auf dem Speer, der in seiner Erwartung getäuscht heimkehrte und dem König Karl Abelgis Spangen brachte. Karl legte sie sogleich an, da fielen sie ihm bis auf die Schultern nieder. Karl aber rief aus: „es ist nicht zu wundern, daß dieser Mann Riesenstärke hat."

König Karl fürchtete diesen Abelgis allzeit, weil er ihn und seinen Vater des Reiches beraubt hatte. Abelgis floh zu seiner Mutter, der Königin Ansa nach Brixen, wo sie ein reiches Münster gestiftet hatte.

450.
Von König Karl und den Friesen.

Als König Karl aus Franken und König Radbot aus Dänemark in Friesenland wider einander stießen, besetzte jeder seinen Ort und sein End im Franekergau mit einem Heerschild, und jedweder sagte: das Land wäre sein. Das wollten weise Leute sühnen, aber die Herren wollten es aus= fechten. Da suchte man die Sühne so lange, bis man sie endlich in die Hand der beiden Könige selber legte: „wer von ihnen den andern an Stillstehen überträfe, der sollte gewonnen haben." Da brachte man die Herren zusammen. Da standen sie ein Etmal (Zeit von Tag und Nacht) in der Runde. Da ließ König Karl seinen Handschuh entfallen. Da hub ihn König Radbot auf, und reichte ihn König Karl. Da sprach Karl: ha, ha, das Land ist mein und lachte; darum hieß sein Ort Hachense. Warum? sprach Radbot. Da sprach Karl: ihr seid mein Mann worden. Da sprach Radbot: o wach (o weh); darum hieß sein Ort Wachense. Da fuhr König Radbot aus dem Lande, und der König wollte ein Ding (Gericht) halten; da vermocht er nicht, denn so viel lediges Landes war nicht da, darauf er dingen konnte. Da sandte er in die sieben Seelande und hieß ihnen, daß sie ihm eine freie Stelle gewönnen, darauf er möchte dingen. Da kauften sie mit Schatz und mit Schilling Deldemanes. Dahin dingte er und lud die Friesen, dahin zu ihm zu fahren, und sich ihr Recht erkören, das sie halten wollten. Da baten sie Frist zu ihrer

---

*) Vergl. Hildebrands Lied Z. 36.

Vorsprechung. Da gab er ihnen Urlaub. Des andern Tages hieß er sie, daß sie vor das Recht führen. Da kamen sie und erwählten Vorsprecher, zwölf von den sieben Seelanden. Da hieß er sie, daß sie das Recht erkörten. Da begehrten sie Frist. Des dritten Tages hieß er sie wieder= kommen. Da zogen sie Nothschein, (beriefen sich auf gesetzliche Hinderniß) des vierten Tages eben so, des fünften auch so. Dies sind die zwei Fristen, und die drei Nothscheine, die die freien Friesen mit Recht haben sollen. Des sechsten Tages hieß er sie Recht kören. Da sprachen sie: sie könnten nicht. Da sprach der König: nun leg ich euch vor drei Kören, was euch lieber ist: daß man euch tödte? oder daß ihr alle eigen (leib= eigen) werdet? oder daß man euch ein Schiff gebe, so fest und so stark, daß es eine Ebbe und eine Flut mag ausstehen, und das sonder Riem und Ruder, und sonder Tau? Da erkoren sie das Schiff und fuhren aus mit der Ebbe so fern weg, daß sie kein Land mehr sehen mochten. Da war ihnen leid zu Muth. Da sprach einer, der aus Wittekinds Geschlecht war, des ersten Asegen (Richters): „ich habe gehört, daß unser Herr Gott, da er auf Erden war, zwölf Jünger hatte, und er selbst der dreizehnte war, und kam zu jedem bei verschlossenen Thüren, tröstete und lehrete sie; warum bitten wir nicht, daß er uns einen dreizehnten sende, der uns recht lehre, und zu Lande weise?" Da fielen sie alle auf ihre Knie, und beteten inniglich. Da sie die Betung gethan hatten, sahen sie einen dreizehnten am Steuer sitzen, und eine Achse auf seiner Achsel, da er mit ans Land steuerte, gegen Strom und Wind. Da sie zu Land kamen, da warf er mit der Achse auf das Land und warf einen Erd= wasen auf. Da entsprang da ein Born, davon heißt die Stelle: zu Achsenhof. Und zu Eschweg kamen sie zu Land und saßen um den Born herum; und was ihnen der dreizehnte lehrte, das nahmen sie zu Recht an. Doch wußte niemand, wer der dreizehnte war; so gleich war er jedem unter ihnen. Da er ihnen das Recht gewiesen hatte, waren ihrer nur zwölf. Darum sollen in dem Land allzeit dreizehn Asegen sein, und ihr Urtheil sollen sie fällen zu Achsenhof und zu Eschwege, und wenn sie entzwei sprechen (verschiedener Meinung sind) so haben die sieben die sechs einzuhalten. So ist das Landrecht aller Friesen.

451.

Radbot läßt sich nicht taufen.

Als der heilige Wolfram den Friesen das Christenthum predigte, brachte er endlich Radbot ihren Herzog dazu, daß er sich taufen lassen wollte. Radbot hatte schon einen Fuß in das Taufbecken gestellt; da fiel ihm ein, vorher zu fragen: „wohin denn seine Vorfahren gekommen wären? ob sie bei den Schaaren der Seligen, oder in der Hölle seien?" Sanct

Wolfram antwortete: „sie waren Heiden und ihre Seelen sind verloren." Da zog Radbot schnell den Fuß zurück, und sprach: „ihrer Gesellschaft mag ich mich nicht begeben; lieber will ich elend bei ihnen in der Hölle wohnen, als herrlich ohne sie im Himmelreich." So verhinderte der Teufel, daß Radbot nicht getauft wurde: denn er starb den dritten Tag darauf, und fuhr dahin, wo seine Magen waren.

Andere erzählen so: Radbot habe auf Wolframs Antwort, daß seine Vorfahren zur Hölle wären, weiter gefragt: „ob da der meiste Haufe sei?" Wolfram sprach: „ja, es steht zu befürchten, daß in der Hölle der meiste Haufen ist." Da zog der Heide den Fuß aus der Taufe und sagte: „wo der meiste Haufen ist, da will ich auch bleiben."

452.
Des Teufels goldnes Haus.

St. Wolfram hatte im Schlafe ein Gesicht, das ihm gebot, den Friesen das Evangelium zu predigen. Er kam mit einigen Gefährten nach Fries= land. Es war aber Sitte bei den Friesen, daß, wen das Loos traf, den Göttern geopfert wurde. Diesmal fiel das Loos auf einen Knaben, Occo genannt. Als St. Wolfram ihn sich vom Fürsten Radbot ausbat, ant= wortete dieser: „er sei dein, wenn dein Christus ihn vom Tode errettet." Als sie ihn aber zum Galgen schleppten, betete Wolfram; und sogleich riß der Strick, der Knabe fiel zur Erde, stand unverletzt und wurde getauft. Die Weise aber, wie Radbot vom Teufel betrogen wurde, erzählt der ge= nannte Occo: Der Teufel erschien ihm in Engelsgestalt, um das Haupt eine Goldbinde mit Gestein besetzt, und in einem Kleide aus Gold gewirkt. Als Radbot auf ihn hinsah, sprach der Teufel zu ihm: „Tapferster unter den Männern, was hat dich also verführt, daß du abweichen willst von dem Fürsten der Götter? Wolle das nicht thun, sondern beharre bei dem, was du gelernt, und du sollst in goldne Häuser kommen, die ich dir in in alle Ewigkeit zum Eigenthum geben will. Gehe morgen zu Wolfram, dem Lehrer der Christen, und befrage ihn, welches jene Wohnung der ewigen Klarheit sei, die er dir verspricht. Kann er sie dir nicht augenscheinlich darthun, dann mögen beide Theile Abgeordnete wählen, und ich will ihr Führer sein auf der Reise und will ihnen das goldene Haus zeigen und die schöne Wohnung, die ich dir bereitet." Wie Radbot erwachte, erzählte er alles dem heil. Wolfram. Dieser sagte, der Betrüger Satanas wolle ihm ein Gaukelspiel vormachen. Der Fürst antwortete: „er wolle Christ werden, wenn sein Gott ihm jene Wohnung nicht zeige. Sogleich ward ein Friese von seiner Seite, und ein Diaconus von Seiten Wolframs ausgesandt, die, als sie etwas von der Stadt sich entfernt, einen Reisegefährten fanden, der ihnen sagte: „eilt schnell, denn ich zeige euch die schöne, dem Herzog Radbot bereitete Wohnung." Sie gingen auf breitem Wege durch unbewohnte Oerter und sahen einen Weg mit verschiedenen Arten glatten Marmors aufs schönste geziert. Von ferne sahen sie ein Haus glänzen wie Gold, und kamen zu einer Straße, die zum Hause führte, mit Gold und edlem Gestein gepflastert. Als sie das Haus betraten, sahen sie es von wunderbarer Schönheit und unglaublichem Glanze und in ihm einen Thron von wunderbarer Größe. Da sprach der Führer: „das ist die dem Herzog Radbot bereitete Wohnung!" Darauf sprach der Diaconus staunend: „wenn das von Gott gemacht ward, wird es ewig bestehen; wenn vom Teufel, muß es schnell verschwinden." Somit bezeichnete er sich mit dem Zeichen des Kreuzes, da verwandelte sich der Führer in den Teufel, das goldne Haus in Koth, und der Diacon befand sich mit dem Friesen inmitten von Sümpfen, die voll Wassers waren, mit langen Binsen und Geröhren. Sie mußten in drei Tagen einen unermeßlichen Weg zurücklegen, bis sie zur Stadt kamen und fanden dort den Herzog todt und erzählten, was sie gesehen, St. Wolfram. Der Friese wurde getauft und hieß Sugomar.

453.

Wittekinds Taufe.

König Karl hatte eine Gewohnheit, alle große Feste folgten ihm viele Bettler nach, denen er ließ geben einem jeglichen einen Silberpfennig. So war es in der stillen Woche, daß Wittekind von Engern Bettlerskleider anlegte, und ging in Karls Lager unter die Bettler sitzen und wollte die Franken auskundschaften. Auf Ostern aber ließ der König in seinem Zelt Messe lesen; da geschah ein göttliches Wunder, daß Wittekind, als der Priester das Heiligthum emporhob, darin ein lebendiges Kind erblickte; das däuchte ihm ein so schönes Kind, als er sein Lebtag je gesehen, und kein Auge sah es außer ihm. Nach der Messe wurden die Silberpfennige den armen Leuten ausgetheilt; da erkannte man Wittekind unter dem Bettelrock, griff und führte ihn vor den König. Da sagte er, was er gesehen hätte, und ward unterrichtet aller Dinge, daß sein Herz bewegt wurde, und empfing die Taufe und sandte nach den andern Fürsten in seinem Lager, daß sie den Krieg einstellten und sich taufen ließen. Karl aber machte ihn zum Herzogen und wandelte das schwarze Pferd in seinem Schilde in ein weißes.

454.

Wittekinds Flucht.

Wittekind wurde, wie noch jetzt ein jeder in der dortigen Gegend weiß, zu Engter von den Franken geschlagen (783), und viele blieben dort auf dem Wittenfeld todt liegen. Flüchtend zog er gegen Ellerbruch; als nun alles, mit Weib und Kind, an den Furth kam und sich drängte, mochte eine alte Frau nicht weiter gehen. Weil sie aber dem Feinde nicht in die Hände fallen sollte: so wurde sie von den Sachsen lebendig in einen Sand=hügel bei Bellmanns Kamp begraben; dabei sprachen sie: „krup under, krup under, de Welt is di gramm*), du kannst den Rappel**) nicht mehr folgen." Spuk hat mancher hier gesehen, mancher auch nicht; aber über das weiße Feld geht doch niemand gern bei Nacht. Die Meisten wissen aus alter Zeit her, daß in lärmendem Zuge die Heere mit blanken Spießen dort ziehen. Als daher vor einigen Jahren Völker wirklich darüber zogen, gerieth die ganze Gegend in Schrecken, und glaubte fliehen zu müssen.

455.

Erbauung Frankfurts.

Als König Karl von den Sachsen geschlagen floh und zum Main kam, wußten die Franken das Furth nicht zu finden, wo sie über den Fluß gehen und sich vor ihren Feinden retten könnten. Da soll plötzlich eine Hirschkuh erschienen, ihnen vorangegangen und eine Wegweiserin ge=worden sein. Daher gelangten die Franken über den Main, und seitdem heißt der Ort Frankenfurth.

456.

Warum die Schwaben dem Reich vorfechten.

Die Schwaben haben von alten Zeiten her unter allen Völkern des deutschen Reiches das Recht, dem Heer vorzustreiten: und dies verlieh Karl der Große ihrem Herzoge Gerold (Hildegardens Bruder), der in der blutigen Schlacht von Runzefal vor dem Kaiser auf das Knie fiel und diesen Vorzug, als der Aelteste im Heer, verlangte. Seitdem darf ihnen

---

*) Im Holsteinischen geht die Sage, daß die Zigeuner die sehr Alten, welche sie nicht mehr mit fortschleppen können, lebendig ins Wasser tauchen und ersäufen; dabei sprechen sie: „duuk ünner! duuk ünner! de Weld is di gramm!" s. Schütze holstein. Idiot. I. 267. Da=selbst II. 357 wird der oben bemerkte Spruch als ein Sprüchwort angeführt; daß es auch am Harz üblich ist, sieht man aus Ottmars Volkssagen S. 44, es heißt: niemand bekümmert sich mehr um dich, du bist der Welt abgestorben.

**) Lärm.

niemand vorfechten. Andere erzählen es von der Einnahme von Rom, wozu die Schwaben Karl dem Großen tapfer halfen. Noch andere von der Einnahme Mailands, wo der schwäbische Herzog das kaiserliche Banner getragen und dadurch das Vorrecht erworben.

457.

Eginhart und Emma*).

Eginhart, Karls des Großen Erzcapellan und Schreiber, der in dem königlichen Hofe löblich diente**), wurde von allen Leuten werth gehalten, aber von Imma, des Kaisers Tochter, heftig geliebt. Sie war dem griechischen König als Braut verlobt, und je mehr Zeit verstrich, desto mehr wuchs die heimliche Liebe zwischen Eginhart und Imma. Beide hielt die Furcht zurück, daß der König ihre Leidenschaft entdecken und darüber erzürnen möchte. Endlich aber mochte der Jüngling sich nicht länger bergen, faßte sich, weil er den Ohren der Jungfrau nichts durch einen fremden Boten offenbaren wollte, ein Herz, und ging bei stiller Nacht zu ihrer Wohnung. Er klopfte leise an der Kammer Thüre, als wäre er auf des Königs Geheiß hergesandt, und wurde eingelassen. Da gestanden sie sich ihre Liebe, und genossen der ersehnten Umarmung. Als inzwischen der Jüngling bei Tagesanbruch zurückgehen wollte, woher er gekommen war, sah er, daß ein dicker Schnee über Nacht gefallen war, und scheute sich über die Schwelle zu treten, weil ihn die Spuren von Mannsfüßen bald verrathen würden. In dieser Angst und Noth überlegten die Liebenden was zu thun wäre, und die Jungfrau erdachte sich eine kühne That: sie wollte den Eginhart auf sich nehmen und ihn, eh es licht wurde, bis nah zu seiner Herberg tragen, daselbst absetzen und dann vorsichtig in ihren eigenen Fußspuren wieder zurück kehren. Diese Nacht hatte gerade durch Gottes Schickung der Kaiser keinen Schlaf, erhub sich bei der frühen Morgendämmerung und schaute von Weitem in den Hof seiner Burg. Da erblickte er seine Tochter unter ihrer schweren Last vorüberwanken und nach abgelegter Bürde schnell zurück springen. Genau sah der Kaiser zu und fühlte Bewunderung und Schmerz zu gleicher Zeit; doch hielt er Stillschweigen. Eginhart aber, welcher sich wohl bewußt war, diese That würde in die Länge nicht verborgen bleiben, rathschlagte mit sich, trat vor seinen Herrn, kniete nieder und bat um Abschied, weil ihm doch sein treuer Dienst nicht vergolten werde. Der König schwieg lange und verhehlte sein Gemüth; endlich versprach er dem Jüngling baldigen Bescheid zu sagen. Unterdessen setzte er ein Gericht an, berief seine ersten und vertrautesten

---

*) Vincent. bellov. versetzt die Sage unter Kaiser Heinrich III., dessen Schwester einem clericus denselben Dienst erweist.
**) Nach einigen zu Aachen, nach andern zu Ingelheim.

Räthe, und offenbarte ihnen, daß das königliche Ansehen durch den Liebes=
handel seiner Tochter Imma mit seinem Schreiber verletzt worden sei.
Und während alle erstaunten über die Nachricht des neuen und großen
Vergehens, sagte er ihnen weiter, wie sich alles zugetragen und er es mit
seinen eigenen Augen angesehen hätte, und er jetzo ihren Rath und ihr
Urtheil heische. Die meisten aber, weise und darum mild von Gesinnung,
waren der Meinung, daß der König selbst in dieser Sache entscheiden solle.
Karl, nachdem er alle Seiten geprüft hatte und den Finger der Vorsehung
in dieser Begebenheit wohl erkannte, beschloß, Gnade für Recht ergehen
zu lassen, und die Liebenden mit einander zu verehelichen. Alle lobten
mit Freuden des Königs Sanftmuth, der den Schreiber vor sich forderte
und also anredete: „schon lange hätte ich deine Dienste besser vergolten,
wo du mir dein Mißvergnügen früher entdeckt hättest; jetzo will ich dir
zum Lohn meine Tochter Imma, die dich hoch gegürtet willig getragen,
zur ehelichen Frau geben." Sogleich befahl er, nach der Tochter zu senden,
welche mit erröthendem Gesicht in des Hofes Gegenwart ihrem Geliebten
angetraut wurde. Auch gab er ihr reiche Mitgift an Grundstücken, Gold
und Silber; und nach des Kaisers Absterben schenkte ihnen Ludwig der
Fromme, durch eine besondere Urkunde, in dem Maingau Michlinstadt und
Mühlenheim, welches jetzo Seeligenstadt heißt. In der Kirche zu Seeligen=
stadt liegen beide Liebende nach ihrem Tode begraben. Die mündliche
Sage erhält dort ihr Andenken, und selbst dem nah liegenden Walde soll,
ihr zu Folge, Imma, als sie einmal „o du Wald!" angeredet, den Namen
Odenwald verliehen haben.

Auch Seeligenstadt soll einer Sage nach daher den Namen haben:
Karl habe Emma verstoßen und, auf der Jagd verirrt, wieder an diesem
Orte gefunden; nämlich als sie ihm in einer Fischerhütte sein Lieblings=
gericht vorgesetzt, erkannte er die Tochter daran und rief:

> Selig sei die Stadt genannt,
> Wo ich Emma wiederfand!

458.
Der Ring im See bei Aachen.

Petrarcha, auf seiner Reise durch Deutschland, hörte von den Priestern
zu Aachen eine Geschichte erzählen, die sie für wahrhaft ausgaben, und
die sich von Mund zu Munde fortgepflanzt haben sollte. Vor Zeiten ver=
liebte sich Karl der Große in eine gemeine Frau so heftig, daß er alle
seine Thaten vergaß, seine Geschäfte liegen ließ und selbst seinen eigenen
Leib darüber vernachlässigte. Sein ganzer Hof war verlegen und miß=
müthig über diese Leidenschaft, die gar nicht nachließ; endlich verfiel die
geliebte Frau in eine Krankheit und starb. Vergeblich hoffte man aber,

daß der Kaiser nunmehr seine Liebe aufgeben würde; sondern er saß bei dem Leichnam, küßte und umarmte ihn und redete zu ihm, als ob er noch lebendig wäre. Die Todte hub an zu riechen und in Fäulniß über zu gehen; nichts desto weniger ließ der Kaiser nicht von ihr ab. Da ahnte Turpin, der Erzbischof, es müsse darunter eine Zauberei walten; daher, als Karl eines Tages das Zimmer verlassen hatte, befühlte er den Leib der todten Frau allerseits, ob er nichts entdecken könnte; endlich fand er im Munde unter der Zunge einen Ring, den nahm er weg. Als nun der Kaiser in das Zimmer wiederkehrte, that er erstaunt wie ein Aufwachender aus tiefem Schlafe, und fragte: „wer hat diesen stinkenden Leichnam herein getragen?" und befahl zur Stunde, daß man ihn bestatten solle. Dies geschah, allein nunmehr wandte sich die Zuneigung des Kaisers auf den Erzbischof, dem er allenthalben folgte, wohin er ging. Als der weise, fromme Mann dieses merkte und die Kraft des Ringes erkannte, fürchtete er, daß er einmal in unrechte Hände fiele, nahm und warf ihn in einen See, nah bei der Stadt. Seit der Zeit, sagt man, gewann der Kaiser den Ort so lieb, daß er nicht mehr aus der Stadt Aachen weichen wollte, ein kaiserliches Schloß und einen Münster da bauen ließ und in jenem seine übrige Lebenszeit zubrachte: in diesem aber nach seinem Tode begraben sein wollte. Auch verordnete er, daß alle seine Nachfolger in dieser Stadt sich zuerst sollten salben und weihen lassen.

459.

Der Kaiser und die Schlange.

Als Kaiser Karl zu Zürich in dem Hause, genannt „zum Loch" wohnte, ließ er eine Säule mit einer Glocke oben und einem Seil daran errichten: damit es jeder ziehen könnte, der Handhabung des Rechts fordere, so oft der Kaiser am Mittagsmahl sitze. Eines Tages nun geschah es, daß die Glocke erklang, die hinzu gehenden Diener aber niemanden beim Seile fanden. Es schellte aber von neuem in Einem weg. Der Kaiser befahl ihnen, nochmals hin zu gehen und auf die Ursache acht zu haben. Da sahen sie nun, daß eine große Schlange sich dem Seile näherte und die Glocke zog. Bestürzt hinterbrachten sie das dem Kaiser, der alsbald aufstand und dem Thiere, nicht weniger als den Menschen, Recht sprechen wollte. Nachdem sich der Wurm ehrerbietig vor dem Fürsten geneigt, führte er ihn an das Ufer eines Wassers, wo auf seinem Nest und auf seinen Eiern eine übergroße Kröte saß. Carl untersuchte und entschied der beiden Thiere Streit dergestalt, daß er die Kröte zum Feuer verdammte und der Schlange Recht gab. Dieses Urtheil wurde gesprochen und voll= streckt. Einige Tage darauf kam die Schlange wieder an Hof, neigte sich, wand sich auf den Tisch und hob den Deckel von einem darauf stehenden

Becher ab. In den Becher legte sie aus ihrem Munde einen kostbaren Edelstein, verneigte sich wiederum und ging weg. An dem Ort, wo der Schlangen Nest gestanden, ließ Karl eine Kirche bauen, die nannte man Wasserkilch; den Stein aber schenkte er, aus besonderer Liebe, seiner Gemahlin. Dieser Stein hatte die geheime Kraft in sich, daß er den Kaiser beständig zu seinem Gemahl hinzog, und daß er abwesend Trauern und Sehnen nach ihr empfand. Daher barg sie ihn in ihrer Todesstunde unter der Zunge, wohl wissend, daß, wenn er in andere Hände komme, der Kaiser ihrer bald vergessen würde. Also wurde die Kaiserin sammt dem Stein begraben; da vermochte Karl sich gar nicht zu trennen von ihrem Leichnam, so daß er ihn wieder aus der Erde graben ließ und 18 Jahr mit sich herum führte, wohin er sich auch begab. Inzwischen durchsuchte ein Höfling, dem von der verborgenen Tugend des Steines zu Ohren gekommen war, den Leichnam und fand endlich den Stein unter der Zunge liegen, nahm ihn weg und steckte ihn zu sich. Alsbald kehrte sich des Kaisers Liebe ab von seiner todten Gemahlin und auf den Höfling, den er nun gar nicht von sich lassen wollte. Aus Unwillen warf einmal der Höfling, auf einer Reise nach Köln, den Stein in eine heiße Quelle; seitdem konnte ihn niemand wieder erlangen. Die Neigung des Kaisers zu dem Ritter hörte zwar auf, allein er fühlte sich nun wunderbar hin= gezogen zu dem Orte, wo der Stein verborgen lag, und an dieser Stelle gründete er Aachen, seinen nachherigen Lieblingsaufenthalt.

460.

König Karl.

Das Reich stund leer, da nahmen die Römer die Krone, setzten sie auf Sanct Peters Altar nieder, und schwuren vor all dem Volke: daß sie aus ihrem Geschlechte nimmermehr Könige erwählen wollten, sondern aus fremden Landen.

Damals war Sitte, daß die Römer Jünglinge aus andern Reichen an ihrem Hofe fleißig und löblich auferzogen. Kamen sie zu den Jahren, daß sie das Schwert führen mochten, so sandten die Römer sie wieder fröhlich heim in ihr Land, und darum dienten ihnen alle Reiche in großer Furcht,

Da geschah, daß Pipin, ein reicher König zu Kerlingen, zwei Söhne hatte; der eine hieß Leo, der wurde zu Rom erzogen, und saß auf Sanct Peters Stuhl. Der zweite hieß Karl, und war noch daheim.

Eines Nachts, da Karl entschlief, sprach eine Stimme dreimal zu ihm: „wohlauf, Karl lieber! fahr gen Rom, dich fordert Leo, dein Bruder."

Schier bereitete er sich zu der Fahrt, offenbarte aber niemand, was er vorhatte, bis er den König, seinen Vater, um Urlaub bat; er sprach: „ich will gerne den Papst sehen, und zu Rom in der Hauptstadt beten."

Mit reicher Gabe ausgerüstet hob sich Karl auf den Weg, und betete mit nassen Augen zu Gott, still, daß es niemand innen wurde. Zu Rom ward er von Alten und Jungen wohl empfangen; der Papst sang eine heilige Messe; alle Römer sprachen, daß Karl ihr rechter Vogt und Richter sein sollte.

Karl achtete ihrer Rede nicht, denn er war um zu beten dahin gekommen, und ließ sich durch nichts irren. Mit bloßen Füßen besuchte er die Kirchen, flehte inniglich zu Gott und dingte um seine Seele. So diente er Gott vier Wochen lang; da warfen sich der Papst, sein Bruder, und all das Volk vor ihm nieder, er empfing die theure Krone, und alle riefen Amen.

König Karl saß zu Gericht; der Papst klagte ihm, daß die Zehenden, Witthümer und Pfründen von den Fürsten genommen wären. „Das ist ja der Welt Brauch — sagte Karl — was einer um Gottes Willen giebt, nimmt der andere hin. Wer diesen offenen Raub begeht, ist kein guter Christ. Ich kann jetzt diese Klage noch nicht richten; erlebe ich aber den Tag, daß ich es thun darf, so fordre es mir Sanct Peter ab."

Da schieden sich die Herren mit großem Neid; Karl wollte nicht länger in diesem Lande bleiben, sondern fuhr nach Riflanden*). Die Römer hatten wohl erkannt, daß er ihr rechter Richter wäre; aber die Bösen unter ihnen bereuten die Unterwerfung. Sie drangen in St. Peters Münster, fingen den Papst und brachen ihm beide Augen aus. Darauf sandten sie ihn blind nach Riflanden dem Könige zum Hohn. Der Papst saß auf einem Esel, nahm zwei Capellane und zwei Knechte, die ihm den Weg weisen sollten; auf der Reise stand er Kummer und Noth aus. Als er zu Ingelnheim in des Königs Hof ritt, wußte noch niemand, was ihm geschehen war; still hielt er auf dem Esel und hieß einen seiner Capellane heimlich zu dem König gehen: „schone deiner Worte und eile nicht zu sehr; sage dem König nur, ein armer Pilgrim wolle ihn gerne sprechen."

Der Priester ging und weinte, daß ihm das Blut über den Bart rann. Als ihn der König kommen sah, sagte er: „diesem Mann ist großes Leid gethan; wir sollen ihm richten, wo wir können."

Nieder kniete der Priester, kaum vermochte er zu sprechen: „wohlan, reicher König! komm und rede mit einem deiner Capellane, dem große Noth geschehen ist." Karl folgte dem Priester eilends über den Hof und hieß die Leute vor sich weichen. „Ihr guten Pilgrime — sprach er — wollt ihr hier bei mir bleiben, ich beherberge euch gerne; klaget mir euer Leid' so will ich's büßen, wo ich kann."

*) Ripuaria.

Da wollte der arme Papst zu dem König sich kehren, sein Haupt stand zwerch, sein Gesicht scheel; er sprach: „daß mir Gott deiner Hülfe gönne! es ist erst kurze Zeit, daß ich dir zu Rom die Messe sang; damals sah ich noch mit meinen Augen." An diesen Worten erkannte König Karl seinen Bruder, erschrak so heftig, daß er zu Boden fallen wollte, und raufte die Haare aus. Die Leute sprangen herzu und hielten ihren Herrn. „Zu deinen Gnaden — klagte Leo — bin ich hierher gekommen, um deinetwillen hab ich die Augen verloren; weine nicht mehr, lieber Bruder, sondern loben wir Gott seiner großen Barmherzigkeit!" Da war großer Jammer unter dem Volke, und niemand mochte das Weinen ver=halten.

Als nun der König alles von dem Papst erfahren hatte, sagte er; „deine Augen will ich rächen, oder nimmermehr das Schwert länger führen." Er sandte Boten zu Pipin, seinem Vater und den Fürsten in Kerlingen. Alle waren ihm willig, die Boten eilten von Lande zu Lande, von Herren zu Mannen; Bauleute und Kaufmänner, die niemand entbieten konnte, ließen freiwillig Hab' und Gut und folgten dem Heere. Sie zogen sich zusammen, wie die Wolken. Der Zug ging über die Alpen durch Triental,' eine unzählige Schaar, und die größte Heerfahrt, die je nach Rom geschah.

Als das Heer so weit gekommen war, daß sie Rom von ferne er=blickten, auf dem Mendelberg*), da betete der werthe König drei Tag und drei Nacht, daß es den Fürsten leid that, und sie sprachen: wie er so lange ihre Noth ansehen möcht, nun sie so weit gekommen wären? Der König antwortete: „erst müssen wir zu Gott flehen und seinen Urlaub haben, dann können wir sanft streiten; auch bedarf ich eines Dienstmannes in dieser Noth, den sende mir Gott gnädiglich."

Früh am vierten Morgen scholl die Stimme vom Himmel „nicht länger zu warten, sondern auf Rom los zu ziehen; die Rache soll ergehen und Gottes Urtheil sei erfolgt."

Da bereitete man des Königs Fahne. Als das Volk den Berg herab zog, ritt Gerold dem König entgegen. Herrlich redete ihn der König an: „lange warte ich dein, liebster unter meinen Mannen!" Karl rückte den Helm auf und küßte ihn. Alle verwunderte es, wer der Einschilde**) wäre, den der König so vertraut grüßte. Es war der kühne Gerold, dem das schwäbische Volk folgte in drei wonnesamen Schaaren. Da verlieh ihnen Karl, daß die Schwaben dem Reich immer vorfechten sollten.

Sieben Tage und sieben Nächte belagerte das Heer Rom und den Lateran, an denen niemand wagte, mit ihnen zu streiten. Den achten Tag schlossen die Römer das Thor auf und ließen den König ein. Karl saß zu Gerichte, die Briefe wurden gelesen, die Schuldigen genannt. Als

---

*) Mons gaudii, mont Joie, wovon der Heerruf Karls des Großen.
**) Der nur einen Schild führt. Vgl. Titurel 68, 74.

man sie vorforderte, so leugneten sie. Da verlangte der Kaiser Kampf, daß die Wahrheit davon erscheine. Die Römer sprachen: das wäre ihr Recht nicht, und kein König hätte sie noch dazu gezwungen; ihre Finger wollten sie recken und schwören. Da sagte er: „von eurem Rechte will ich keinen treiben, aber schwören sollt ihr mir auf Pancratius, dem heiligen Kinde."

Sie zogen in Pancratiusstift und sollten die Finger auf das Heiligthum legen. Der erste, welcher schwören wollte, sank zu Boden. Da verzweifelten die andern, wichen zurück, und begannen zu fliehen. Zornig ritt ihnen der König nach, drei Tage ließ er sie erschlagen, die Todten aus St. Peters Dome tragen, den Estrich reinigen und den Papst wieder einführen. Darauf fiel Karl vor dem Altar nieder und bat um ein Wunder, damit das böse Volk der Römer zum Glauben gebracht würde. Auch forderte er St. Peter, den Thürhüter des Himmels, daß er seinen Papst schauen sollte: „gesund ließ ich ihn in deinem Hause; blind hab ich ihn gefunden; und machst du ihn nicht wieder sehend heut am Tage, so zerstöre ich deinen Dom, zerbreche deine Stiftung, und fahre heim nach Rißlanden."

Da bereitete sich Papst Leo, und als er die Beichte ausgesprochen, sah er ein himmlisches Licht, kehrte sich um zu dem Volk und hatte seine beiden Augen wieder. Der König sammt allem dem Heer fielen in Kreuzesstellung, und lobten Gott. Der Papst weihete ihn zum Kaiser, und sprach allen seinen Gefährten Ablaß. Da war große Freude zu Rom.

Karl setzte sein Recht und Gesetz mit der Hülfe des himmlischen Boten, und alle Herren schwuren, es zu halten. Zuerst richtete er Kirchen und Bischöfe, und stiftete ihnen Zehenden und Witthümer. Alsdann verordnete er über die Bauleute (Bauern): Schwarz oder Grau sollten sie tragen, und nicht anders, einen Spieß daneben, rinderne Schuhe, sieben Ellen zu Hemd und Bruch rauhes Tuches; sechs Tage bei dem Pfluge und der Arbeit, an dem Sonntag zur Kirche gehen, mit der Gerte in der Hand. Wird ein Schwert bei dem Bauern gefunden, so soll er an den Kirchzaun gebunden, und ihm Haut und Haar abgeschlagen werden; trägt er Feindschaft, so wehre er sich mit der Gabel. Dieses Recht setzte König Karl.

Da wuchs die Ehre und der Name des Königs, seine Feinde besiegte er; Adelhart, Fürsten von Apulia, ließ er das Haupt abschlagen, und Desiderius, Fürst von Sosinnia, mußte auf seine Gnade dingen; dessen Tochter Aba nahm sich Karl zur Frauen und führte sie an den Rhein. Die Westphalen ergaben ihm ihr Land, die Friesen bezwang er, aber die Sachsen wollten ihn nicht empfangen. Sie pflogen ihre alte Sitte und fochten mit dem Kaiser, daß er sieglos wurde. Doch Wittekind genoß es nicht, denn Gerold schlug ihn mit Listen; es geschah noch mancher Streit, eh' die Sachsen unterworfen wurden.

Darauf kehrte Karl nach Spanien und Navarra, focht zwei lange Tage und behauptete die Wahlstatt. Er mußte nun eine Burg, geheißen Arl, belagern, länger als sieben Jahre, weil ihnen Wein und Wasser unter der Erde zufuhr: bis endlich der König ihre List gewahrte und die Gänge abschnitt. Da vermochten sie nicht länger zu streiten, kamen vor das Burgthor und fochten mit festem Muth. Keiner bot dem andern Friede, und Christen und Heiden wurden so viel unter einander erschlagen, daß es niemand sagen kann. Doch überwand Karl mit Gott und ließ die Christen in wohlgezierten Särgen bestatten.

*) Hierauf nahm er die Burg Gerundo**) ein, zwang sie mit Hunger und taufte alle Leute darin. Aber in Gallacia that ihm der Heidenkönig großes Leid, die Christen wurden erschlagen, Karl allein entrann kaum. Noch heute ist der Stein naß***), worauf heißweinend der König saß und Gott seine Sünden klagte: „gnade, o Herr, meiner Seele, und scheide meinen Leib von dieser Welt! nimmer kann ich wieder froh werden." Da kam ein Engel, der tröstete ihn: „Karl, du bist Gott lieb, und deine Freude kehret schier wieder; sende deine Boten eilends heim und mahne Frauen und Jungfrauen, daß sie dir deine Ehre wieder gewinnen helfen.

Die Boten eilten in alle seine Länder und sammelten die Mägde und Jungfrauen, funfzig tausend und drei, und sechs und sechszig in allem. An einem Ort, geheißen Carles Thal, bereiteten die Mägde männlich sich zur Schlacht. Der Heiden Wartleute nahm es Wunder, woher diese Menge Volkes gekommen war. „Herr — sprachen sie zu ihrem Könige — die Alten haben wir erschlagen, die Jungen sind hergekommen, sie zu rächen; sie sind stark um die Brüste, ihr Haar ist ihnen lang, schön ist ihr Gang; es ist ein vermessenes Volk, gegen das unser Fechten nicht taugen wird; und was auf diesem Erdboden zusammen kommen könnte, würde sie nicht bestehen, so dreisam sind ihre Gebärden."

Da erschrak der Heide, seine Weisen riethen, daß er dem Kaiser Geißel gab, sich und sein Volk taufen ließ. So machte Gott die Christen sieghaft ohne Stich und Schlag, und die Mägde erkannten, daß der Himmel mit ihnen war.

Karl und die Seinen zogen heim. Die heermüden Heldinnen kamen zu einer grünen Wiese, steckten ihre Schäfte auf und fielen in Kreuzstellung, um Gott zu loben. Da blieben sie über Nacht; am andern Morgen grünten, laubten und blühten ihre Schäfte. Davon heißet die Stelle der Schäftenwald†), wie man noch heutiges Tages sehen mag. Der König aber ließ, Christus und der heiligen Marien zu Ehren, daselbst eine reiche Kirche bauen.

---

*) Den hier folgenden Theil der Sage von dem nassen Stein und dem Schäftenwald kennt auch Pomarius in s. Chronik S. 54.
**) Girona.
***) Karl 116 b. Er muß von dem Stein mit Gewalt weggetragen werden.
†) Auch Schächtewald und Gluvinkwald, von Glevin, Schaft.

Karl hatte eine Sünde gethan, keinem Menschen auf Erden wollt er sie beichten und darin ersterben. In die Länge aber wurde ihm die Bürde zu schwer, und da er von Egidius dem heiligen Manne gehört hatte, so legte er ihm Beichte ab aller Dinge, die er bis dahin gethan: „außerdem — sprach er — habe ich noch eine Sünde auf mir, die mag ich dir nicht eröffnen und bin doch in großen Aengsten." Egidius rieth ihm, da zu bleiben, bis den andern Morgen; beide waren übernacht zusammen, und keiner pflog Schlafes. Am andern Tage früh bat der König den heiligen Mann, daß er ihn bannen fertigte. Da bat Egidius Gott von Herzen, und eröffnete ihm des Königs heimliche Noth; als er die Messe endete, und den Segen sprach, sah er einen Brief geschrieben ohne Menschenhand, vom Himmel gesandt. Den wies er dem Könige, und Karl las daran: wer seine Schuld inniglich bereut, und Gott vertraut, die fordert er nimmermehr.

Sollte man alle Wunder des Königs erzählen, so wäre lange Zeit nöthig. Karl war kühn, schön, gnädig, selig, demüthig, stät, löblich und furchtlich. Zu Aachen liegt er begraben,

---

461.
Der schlafende Landsknecht.

Als Heinrich, Erzbischof zu Rheims, des König Ludwigs Bruder auf eine Zeit im Sommer über Land reiste, und um Mittag von der Hitz wegen ein Schläflein that, ruhten sich auch einige seiner Landsknechte und schliefen. Die übrigen aber, welche Wacht hielten, sahen aus dem offenen Mund eines der schlafenden Landsknechte ein klein, weiß Thierlein, gleich einer Wiesel, herauskriechen, und gegen dem nächsten Bächlein zu laufen. Am Gestad des Bächleins lief es aber hin und wieder, und konnte nicht über kommen. Da fuhr einer von denen, die dabei standen, zu und legte sein entblößtes Schwert, wie eine Brücke, hin; darüber lief das Thierlein und verschwand. Ueber eine kleine Weil kam es jenseits wieder und suchte emsig die vorige Brücke, die mittlerweile der Kriegsknecht weggethan hatte. Also brückte er nun wieder über das Bächlein, das Thierlein ging darauf, näherte sich dem noch aufgethanen Mund des schlafenden Landsknechtes, und kehrte in seine alte Herberg ein. Von Stund an erwachte der Landsknecht. Seine Spießgesellen fragten, was ihm im Schlafe begegnet sei? Er antwortete: „mir träumte, ich wäre gar müd und hellig, von wegen eines gar fernen, weiten Wegs, den ich zog, und auf dem Wege mußt ich zweimal über eine eiserne Brücke gehen." Die Landsknechte konnten daraus abnehmen, daß, was sie mit Augen gesehen, ihm wirklich im Traum vorgeschwebt hatte.

462.

Kaiſer Ludwig bauet Hildesheim.

Kaiſer Ludwig führte allzeit ein Marienbild an ſeinem Halſe; nun begab ſich's, daß er ritt durch einen Wald, ſtieg ab ſeine Füße zu decken, und ſetzte dieweil das Bild auf einen Stein (oder auf einen Stamm). Als er's darauf wieder zu ſich nehmen wollte, vermochte er es nicht von der Stätte zu bringen. Da fiel der König auf die Knie und betete zu Gott, daß er ihm kund thäte, ob er einer Miſſethat ſchuldig wäre, derent= wegen das Bild nicht von dem Steine weichen wollte? Da hörte er eine Stimme rufen, die ſprach: ſo ferne und weit ein Schnee fallen wird, ſo groß und weit ſollt du einen Thumb bauen, zu Marien Ehre! Und als= bald hub es an vom Himmel zu ſchneien auf die Stätte; da ſprach Ludwig: Dies iſt Hilde Schnee, (dit is tomalen hilde Snee) und es ſoll auch Hildeſchnee heißen. So weit nun der Schnee gefallen war, ſtiftete er einen Kirchenbau, unſerer lieben Frauen zu Ehren, und Günther war der erſte Biſchof, den er darin beſtätigte. Alſo kriegte der Thumb und die Stadt den Namen nach dem Schnee, der „do hilde" fiel; das ward genennet Hildeſchnee und folgendes Hildesheim.

463.

Der Roſenſtrauch zu Hildesheim.

Als Ludwig der Fromme Winters in der Gegend von Hildesheim jagte, verlor er ſein mit Heiligthum gefülltes Kreuz, das ihm vor allem lieb war. Er ſandte ſeine Diener aus, um es zu ſuchen, und gelobte, an dem Orte, wo ſie es finden würden, eine Capelle zu bauen. Die Diener verfolgten die Spur der geſtrigen Jagd auf dem Schnee und ſahen bald aus der Ferne mitten im Wald einen grünen Raſen und darauf einen grünenden wilden Roſenſtrauch. Als ſie ihm näher kamen, hing das ver= lorene Kreuz daran; ſie nahmen es und berichteten dem Kaiſer, wo ſie es gefunden. Alſobald befahl Ludwig, auf der Stätte eine Capelle zu er= bauen und den Altar dahin zu ſetzen, wo der Roſenſtock ſtand. Dieſes geſchah, und bis auf dieſe Zeiten grünt und blüht der Strauch, und wird von einem eigens dazu beſtellten Manne gepflegt. Er hat mit ſeinen Aeſten und Zweigen die Rundung des Doms bis zum Dache umzogen.*)

*) In dem mir vorliegenden Handexemplar iſt hier ein weißes Blatt eingeklebt und ein getrockneter Roſenzweig daraufgenäht. Am Rande die Bemerkung (von der Hand Jacobs): beiliegendes Roſenzweiglein iſt davon.

D. Herausg.

464.

König Ludwigs Rippe klappt.

Von König Ludwigs in Deutschland Härte und Stärke wird erzählet,
wie folgt. Es geschah auf einem Heerzug, daß eine Laube oder Cammer
unter ihm einging, er hinunter stürzte, und eine Rippe ausfiel. Allein er
verbarg den Schaden vor jedermann, vollbrachte seine Reise, und es heißt,
die, welche dieselbige Zeit ihn begleiteten, haben seine Rippe im Zug
klappern hören. Wie alles ausgerichtet war, zog er gen Ach und lag
zwei Monat im Bett nieder, ließ sich erst da recht verbinden.

465.

Die Königin im Wachshemd.

Ludwig der Deutsche hinterließ drei Söhne: Karl, Ludwig und Karl=
mann. Unter diesen nahm sich König Karl eine schöne und tugendsame
Gemahlin, deren reines Leben ihr bald Neider am Hofe erweckte. Als der
König eines Morgens früh in die Mette ging, folgte ihm Siegerat, sein
Dienstmann, der sprach: „Herr, was meine Frau begeht, ziemt nicht euren
Ehren, mehr darf ich nicht sagen." Der König blickte ihn an und sagte
traurig: „sage mir schnell die Wahrheit, wo du irgend etwas gesehen hast,
was wider des Reiches Ehren stößt." Der listige Alte versetzte: „leider,
ich werde nimmermehr froh, seit ich gesehen habe, daß meine Frau andere
Männer minnet; lüge ich, so heißt mich an einen Baum hängen."

Der König eilte schnell in seine Schlafkammer zurück und legte sich
stillschweigend an der Königin Seite. Da sprach die Frau: „deß bin ich
ungewohnt, warum seid ihr schon wieder gekommen?" Er schlug ihr einen
Faustschlag und sagte: „weh mir, daß dich meine Augen je gesehen, und
ich meine Ehre durch dich verloren habe; das soll dir ans Leben gehen."
Die Königin erschrak und erweinete: „schonet eure Worte, und haltet auf
eure Ehre! Ich sehe, daß ich verlogen worden bin; ist es aber durch meine
Schuld, so will ich den Leib verloren haben." Karl zwang seinen Zorn
und antwortete: „Du pflegst unrechter Minne, wie möchtest du länger dem
Reiche zur Königin taugen!" Sie sprach: „ich will auf Gottes Urtheil
dingen, daß ich es nimmermehr gethan habe, und vertraue, seine Gnade
wird mir beistehen."

Die Frau sandte nach vier Bischöfen, die mußten ihre Beichte hören,
und immer bei ihr sein; sie betete und fastete bis der Gerichtstag kam.
Bischöfe, Herzoge und eine große Volksmenge hatten sich versammelt, die
Königin bereitete sich zu der schweren Arbeit. Als die edeln Herren sich
dazwischen legen wollten, sprach sie: „das wolle Gott nicht, daß man solche

Reden von mir höre, und ich länger die Krone trage." Da jammerte es
allen Fürsten.

Die Fraue mit auferhobenen Augen, und unter manchem guten
Segen schloff in ein Hembe, das darzu gemacht war. Gebete wurden ge=
sungen und gelesen, und an vier Ecken zu Füßen und Händen zündete
man ihr Hembe an. In kurzer Stunde brann es von ihr ab, das Wachs
floß auf das Steinpflaster nieder; unversehrt, ohne Arg stand die Königin.
Alle sprachen: Gott Lob! der König ließ die Lügner an einen Galgen
hängen. Die Königin aber schied fröhlich von dannen, that sich des Reiches
ab, und diente Gott ihr übriges Leben.

<hr />

466.
Königin Adelheid.

Als die Königin Adelheid, Lothars Gemahlin, von König Berengar
hart in der Burg Canusium belagert wurde und schon auf Mittel und
Wege dachte, zu entfliehen, fragte Arduin: „wie viel Scheffel Weizen habt
ihr noch auf der Burg?" „Nicht mehr — sagte Atto — als fünf Scheffel
Roggen und drei Sechter Weizen." — „So folgt meinem Rathe, nehmt
ein Wildschwein, füttert es mit dem Weizen und laßt es zum Thore
hinaus laufen." Dieses geschah. Als nun das Schwein unten im Heer
gefangen und getödtet wurde, fand man in dessen Magen die viele Frucht.
Man schloß daraus, daß es vergebens sein würde, diese Festung aus=
zuhungern, und hob die Belagerung auf.

<hr />

467.
König Karl sieht seine Vorfahren in der Hölle und im Paradies.

König Karl (der Dicke), als er auf Weihnachten nach der Mette früh
morgens ruhen wollte und fast schlummerte, vernahm eine schreckliche
Stimme, die zu ihm sprach: „Karl, jetzt soll dein Geist aus deinem Leibe
gehen, das Gericht des Herrn zu schauen, und dann wieder zurückkehren!"
Und alsobald wurde sein Geist entzückt, und der ihn wegzückte, war ein
ganz weißes Wesen, welches einen leuchtenden Faden, ähnlich dem fallender
Sterne, hielt und sagte: „fasse das Ende dieses Fadens, binde ihn fest an
den Daumen deiner rechten Hand, ich will dich daran führen zu dem
Ort der höllischen Pein." Nach diesen Worten schritt es vor ihm her,
indem es den Faden von dem leuchtenden Knäuel abwickelte und leitete
ihn durch tiefe Thäler voll feuriger Brunnen; in diesen Brunnen war
Schwefel, Pech, Blei und Wachs. Er erblickte darin die Bischöfe und
Geistlichen aus der Zeit seines Vaters und seiner Ahnen; Karl fragte

furchtſam: „warum ſie alſo leiden müßten?“ „Weil wir — ſprachen ſie — Krieg und Zwietracht unter die Fürſten ſtreuten, ſtatt ſie zum Frieden zu mahnen.“ Während ſie noch redeten, flogen ſchwarze Teufel auf glühenden Haken heran, die ſich ſehr mühten, den Faden, woran ſich der König hielt, zu ihnen zu ziehen; allein ſie vermochten nicht, ſeiner großen Klarheit wegen, und fuhren davor zurück. Darauf kamen ſie von hinten und wollten Karl mit langen Haken ziehen und fallen machen; allein der, welcher ihn führte, warf ihm den Faden doppelt um die Schulter und hielt ihn ſtark zurück.

Hierauf beſtiegen ſie hohe Berge, zu deren Füßen glühende Flüſſe und Seen lagen. In dieſe fand er die Seelen der Leute ſeines Vaters, ſeiner Vorfahren und Brüder bis zu den Haupthaaren, einige bis zum Kinn, andere bis zum Nabel getaucht. Sie huben an ihm entgegen zu ſchreien, und heulten: „Karl, Karl, weil wir Mord= thaten begingen, Krieg und Raub, müſſen wir in dieſen Qualen bleiben!“ Und hinter ihm jammerten andre; da wandte er ſich um und ſah an den Ufern des Fluſſes Eiſenöfen, voll Drachen und Schlangen, in denen er andere bekannte Fürſten leiden ſah. Einer der Drachen flog herzu und wollte ihn ſchlingen: aber ſein Führer wand ihm den dritten Schleif des Fadens um die Schulter.

Nächſtdem gelangten ſie in ein ungeheuer großes Thal, welches auf der einen Seite licht, auf der andern dunkel war. In der dunkeln lagen einige Könige, ſeine Vorfahren, in ſchrecklichen Peinen; und am Lichte, das der Faden warf, erkannte Karl in einem Faß mit ſiedendem Waſſer ſeinen eigenen Vater, König Ludwig, der ihn kläglich ermahnte, und ihm links zwei gleiche Kufen zeigte, die ihm ſelber zubereitet wären, wenn er nicht Buße für ſeine Sünden thun würde. Da erſchrak er heftig, der Führer aber brachte ihn auf die lichte Seite des Thals; da ſah Karl ſeinen Oheim Lothar ſitzen auf einem großen Edelſtein, andere Könige um ihn her, gekrönt und in Wonnen; die ermahnten ihn und verkündigten, daß ſein Reich nicht mehr lange dauern werde; aber es ſolle fallen an Ludwig, Lothars Tochterſohn. Und indem ſah Carl dieſes Kind, Ludwig, da ſtehen, Lothar, ſein Ahnherr ſprach: „hier iſt Ludwig, das unſchuldige Kind, dem übergieb jetzo deines Reiches Gewalt durch den Faden, den du in deiner Hand hältſt.“ Da wand Karl den Faden vom Daumen und übergab dem Kind das Reich; augenblicklich knäuelte ſich der Faden, glänzend wie ein Strahl der Sonne, in des Kindes Hand.

Hierauf kehrte Karls Geiſt in den Leib zurück, ganz müde und ab= gearbeitet.

468.

Adalbert von Babenberg.

Im Jahre 905 zu König Ludwig des Kindes Zeiten, trug sich eine Begebenheit zu, die man lange auf Kreuzwegen und Mahlstätten vor dem Volke singen hörte, und deren die geschriebenen Bücher von den Thaten der Könige nicht geschwiegen. Adalbert, ein edler fränkischer Graf, hatte Conraden, König Ludwigs Bruder, erlegt und wurde in seiner Burg Babenberg darum belagert. Da man aber diesen Helden mit Gewalt nicht bezwingen konnte, so sann des jungen Königs Rathgeber, Erzbischof Hatto von Mainz, auf eine List. Mit frommer Gleisnerei ging er hinauf zu einem Gespräch in das Schloß und redete dem Adalbert zu, die Gnade des Königs zu suchen. Adalbert, fromm und demüthig, fügte sich gerne, bedung sich aber aus, daß ihn Hatto sicher und ohne Gefahr seines Lebens wieder in die Burg zurück bringe. Hatto gab ihm sein Wort darauf, und beide machen sich auf den Weg. Als sie sich dem nächsten Dorfe, Namens Teurstadt*), näherten, sprach der Bischof: „es wird uns das Fasten schwer halten, bis wir zum Könige kommen, sollten wir nicht vorher frühstücken, wenn es dir gefiele?" Adalbert, einfältig und gläubig nach Art der Alten, ohne Böses zu ahnden, lud den Bischof alsbald nach diesen Worten, bei sich zum Essen ein, und sie kehrten wieder in die Burg zurück, die sie so eben verlassen hatten. Nach eingenommenem Mahl begaben sie sich sodann ins Lager, wo die Sache des Fürsten vorgenommen, und er der Klage des Hochverraths schuldig gesprochen, und zur Enthauptung verdammt wurde. Als man dieses Urtheil zu vollziehen Anstalt machte, mahnte Adalbert den Bischof an die ihm gegebene Treue. Hatto antwortete verrätherisch, „die hab' ich dir wohl gehalten, als ich dich ungefährdet wieder in deine Burg zum Frühstücken zurück führte." Adalbert von Babenberg wurde hierauf enthauptet, und sein Land eingezogen.

Andere erzählen mit der Abweichung: Adalbert habe gleich anfangs dem Hatto eine Mahlzeit angeboten, dieser aber sie ausgeschlagen und nachher unterwegens gesagt: „fürwahr, oft begehrt man, was man erst abgelehnt, ich bin wegmüd und nüchtern." Da neigte sich der Baben=berger auf die Knie und lud ihn ein, mit zurück zu gehn und etwas zu essen. Der Erzbischof aber meinte sich seines Schwurs ledig, sobald er ihn zur Burg zurück gebracht hatte. Die Verurtheilung Adalberts geschah zu Tribur.

---

*) Bei Ditm. Tereti, bei Regino Terassa, heute Deres, Benediktiner=Kloster im Wirzburgischen.

469.
Herzog Heinrich und die goldne Halskette.

Heinrich, Ottos Sohn, folgte in sein väterliches Erbe, so wie in die meisten Güter, die auch Otto vom Reiche getragen hatte; doch nicht in alle, weil König Conrad fürchtete, Heinrich möchte übermächtig werden. Dieses schmerzte auch Heinrichen, und die Feindschaft, wie Unkraut unter dem Waizen, wuchs zwischen beiden. Die Sachsen murrten; aber der König stellte sich freundlich in Worten gegen Heinrich und suchte ihn durch List zu berücken. Des Verrathes Anstifter wurde aber Bischof Hatto von Mainz, der auch Grafen Adalbert, Heinrichs Vetter, trüglich ums Leben gebracht hatte. Dieser Hatto ging zu einem Schmied und bestellte eine goldene Halskette, in welcher Heinrich erwürgt werden sollte. Eines Tages kam nun einer von des Königs Leuten in die Werkstätte, die Arbeit zu besehen, und als er sie betrachtete, seufzte er. Der Goldschmied fragte: „warum seufzet ihr so?" „Ach, antwortete jener, weil sie bald roth werden soll vom Blute des besten Mannes, Herzogs Heinrich." Der Schmied aber schwieg still, als um eine Kleinigkeit. Sobald er hernach das Werk mit großer Kunst vollendet hatte, entfernte er sich insgeheim und ging dem Herzog Heinrich, der schon unterwegens war, entgegen. Er traf ihn bei dem Orte Cassala*) und fragte: wo er hin gedächte? Heinrich antwortete: „zu einem Gastmahl und großen Ehren, wozu ich geladen worden bin." Da entdeckte ihm der Schmied die ganze Beschaffenheit der Sache; Heinrich rief den Gesandten, der ihn eingeladen hatte, hieß ihn allein ziehen und den Herren danken und absagen. Für Hatto soll er ihm folgenden Bescheid mitgegeben haben: „geh hin und sage Hatto, daß Heinrich keinen härteren Hals trägt als Adalbert; und lieber will er zu Haus bleiben, als ihm mit seinem vielen Gefolg belästigen." Hierauf überzog Heinrich des Bischofs Besitzungen in Sachsen und Thüringen und befeindete des Königs Freunde. Hatto starb bald darnach aus Verdruß, einige sagen, daß er drei Tage später vom Blitzstrahl getödtet worden sei**). Das Glück verließ den König und wandte sich überall zu Herzog Heinrich (hernachmals Heinrich der Vogler genannt).

470.
Kaiser Heinrich der Vogeler.

Als die Fürsten den Heinrich suchten, daß sie ihn zum deutschen Kaiser erklären wollten, da fanden sie ihn mit einem Garnnetze und Kloben bei seinen lieben Kindern, wie er mit ihnen vogelte. Darum nannte man ihn scherzweise Heinrich den Vogeler, oder Finkler (auceps).

---

*) Cassel in Hessen.
**) Andere, daß seine Seele von Teufeln in den Aetna geführt wurde.

471.

Der kühne Kurzbold*).

König Heinrich der Finkler hatte einen getreuen Helden, Namens Kuno, aus königlichem Geschlecht, klein von Gestalt, aber groß an Herz und Muth. Seines winzigen Ansehens wegen, gab man ihm den Beinamen Kurzbold. Gisilbert von Lothringen und Eberhard von Franken hatten sich gegen den König empört und waren gerade im Begriffe, bei Breisach das Heer überzuschiffen; aber während sie am Rheinufer Schach spielten, überfiel sie der Kurzbold blos mit 24 Männern**). Gisilbert sprang in den Nachen, Kuno stieß seine Lanze mit solcher Gewalt hinein, daß er den Herzog mit allen, die im Schiff waren, versenkte. Den Eberhard durch= bohrte er am Ufer mit dem Schwert. — Zu einer andern Zeit stand Kurzbold allein bei dem Könige, als ein Löwe aus dem Käfig losbrach. Der König wollte dem Kuno das Schwert, welches er nach damaliger Sitte trug, entreißen; aber jener sprang ihm zuvor auf den Löwen los und tödtete ihn. Diese That erscholl weit und breit. — Kuno hatte einen natürlichen Abscheu vor Weibern und Aepfeln, und wo er auf eins von beiden stieß, war seines Bleibens nicht. Es giebt von ihm viele Sagen und Lieder***). Einsmals hatte er auch einen Heiden (Slaven) von riesenhafter Gestalt, auf dessen Ausforderung er aus des Königs Lager erschien, überwunden.

472.

Otto mit dem Bart.†)

Kaiser Otto der Große wurde in allen Landen gefürchtet, er war strenge und ohne Milde, trug einen schönen rothen Bart; was er bei diesem Barte schwur, machte er wahr und unabwendlich. Nun geschah es, daß er zu Babenberg (Bamberg) eine prächtige Hofhaltung hielt, zu welcher geistliche und weltliche Fürsten des Reiches kommen mußten. Ostermorgens zog der Kaiser mit allen diesen Fürsten in das Münster, um die feierliche Messe zu hören, unterdessen in der Burg zu dem Gast= mahl die Tische bereitet wurden; man legte Brot und setzte schöne Trink= gefäße darauf. An des Kaisers Hofe diente aber dazumal auch ein edler und wonnesamer Knabe, sein Vater war Herzog in Schwaben und hatte

*) Churziboldt, pugillus, Däumling, (gloss. zwetl. Kurzbolt, eine Art Kleid (Rother 4576.) altfranzös. cortibaut, courtibaut. latein. cortibaldus.
**) aᵒ 939. vgl. Schlosser II. 2, 186.
***) Zu Ekkehards Zeit (zweite Hälfte des elften Jahrh.) der, weil die Lieder zu allgemein bekannt, die Erzählung der Begebenheiten ausläßt.
†) Otto Rothbart ist vermuthlich Otto II. nicht Otto I. Vergl. Lohengrin Str. 741., und Leibniz access. I. p. 184. Indessen schwankt die Sage überhaupt bei gleichen, auf einander folgenden Namen.

nur diesen einzigen Erben. Dieser schöne Jüngling kam von ungefähr vor die Tische gegangen, griff nach einem linden Brot mit seinen zarten, weißen Händen, nahm es auf und wollte essen, wie alle Kinder sind, die gerne in hübsche Sachen beißen, wonach ihnen der Wille steht. Wie er nun ein Theil des weißen Brotes abbrach, ging da mit seinem Stabe des Kaisers Truchseß, welcher die Aufsicht über die Tafel haben sollte; der schlug zornig den Knaben aufs Haupt, so hart und ungefüge, daß ihm Haar und Haupt blutig ward. Das Kind viel nieder und weinte heiße Thränen, daß es der Truchseß gewagt hätte, es zu schlagen. Das ersah ein auserwählter Held, genannt Heinrich von Kempten, der war mit dem Kinde aus Schwaben gekommen und dessen Zuchtmeister; heftig verdroß es ihn, daß man das zarte Kind so unbarmherzig geschlagen hatte, und fuhr den Truchsessen, seiner Unzucht wegen, mit harten Worten an. Der Truchseß sagte, daß er Kraft seines Amtes allen ungefügten Schälken am Hofe mit seinem Stabe wehren dürfe. Da nahm Herr Heinrich einen großen Knüttel und spaltete des Truchsessen Schädel, daß er wie ein Ei zerbrach, und der Mann todt zu Boden sank.

Unterdessen hatten die Herren Gotte gedient und gesungen und kehrten zurück; da sah der Kaiser den blutigen Estrich, fragte und vernahm, was sich zugetragen hatte. Heinrich von Kempten wurde auf der Stelle vorgefordert, und Otto, von tobendem Zorn entbrannt, rief: „daß mein Truchseß hier erschlagen liegt, schwöre ich an euch zu rächen! sam mir mein Bart!" Als Heinrich von Kempten diesen theuren Eid ausgesprochen hörte und sah, daß es sein Leben galt, faßte er sich, sprang schnell auf den Kaiser los und begriff ihn bei dem langen rothen Barte. Damit schwang er ihn plötzlich auf die Tafel, daß die kaiserliche Krone von Ottos Haupte in den Saal fiel; und zuckte — als die Fürsten, den Kaiser von diesem wüthenden Menschen zu befreien, herzusprangen — sein Messer, indem er laut ausrief: „keiner rühre mich an, oder der Kaiser liegt todt hier!" Alle traten hinter sich, Otto, mit großer Noth winkte es ihnen zu; der unverzagte Heinrich aber sprach: „Kaiser, wollt ihr das Leben haben, so thut mir Sicherheit, daß ich genese." Der Kaiser, der das Messer an seiner Kehle stehen sah, bot alsbald die Finger in die Höhe und gelobte dem edlen Ritter bei kaiserlichen Ehren, daß ihm das Leben geschenkt sein solle.

Heinrich, sobald er diese Gewißheit hatte, ließ er den rothen Bart aus seiner Hand und den Kaiser aufstehen. Dieser setzte sich aber ungezögert auf den königlichen Stuhl, strich sich den Bart und redete in diesen Worten: „Ritter, Leib und Leben hab ich euch zugesagt; damit fahrt eurer Wege, hütet euch aber vor meinen Augen, daß sie euch nimmer wieder sehn, und raumet mir Hof und Land! ihr seid mir zu schwer zum Hofgesind, und mein Bart müsse immerdar euer Scheermesser meiden!" Da nahm Heinrich von allen Rittern und Bekannten Urlob und zog gen Schwaben auf sein

Land und Feld, das er vom Stifte zu Lehen trug; lebte einsam und in Ehren.

Danach über zehn Jahre begab es sich, daß Kaiser Otto einen schweren Krieg führte, jenseits des Gebirges und vor einer festen Stadt lag. Da wurde er nothhaft an Leuten und Mannen und sandte heraus nach deutschen Landen: wer ein Lehn von dem Reiche trage, solle ihm schnell zu Hülfe eilen, bei Verlust des Lehens und seines Dienstes. Nun kam auch ein Bote zu dem Abt nach Kempten, ihn auf die Fahrt zu mahnen. Der Abt sandte wiederum seine Dienstleute und forderte Herrn Heinrich, als dessen er vor allen bedürftig war. „Ach edler Herr, was wollt ihr thun — antwortete der Ritter — ihr wißt doch, daß ich des Kaisers Huld verwirkt habe; lieber geb ich euch meine zwei Söhne hin und lasse sie mit euch ziehen." „Ihr aber seid mir nöthiger, als sie beide zusammen — sprach der Abt — ich darf euch nicht von diesem Zug entbinden, oder ich leihe euer Land andern, die es besser zu verdienen wissen." „Traun — antwortete der edle Ritter — ist dem so, daß Land und Ehre auf dem Spiel stehen, so will ich euer Gebot leisten, es komme, was da wolle, und des Kaisers Drohung möge über mich ergehen."

Hiermit rüstete sich Heinrich zu dem Heerzug, und kam bald nach Wälschland zu der Stadt, wo die Deutschen lagen; jedoch barg er sich vor des Kaisers Antlitz und floh ihn. Sein Zelt ließ er ein wenig seitwärts vom Heere schlagen. Eines Tages lag er da und badete in einem Zuber, und konnte aus dem Bad in die Gegend schauen. Da sah er einen Haufen Bürger aus der belagerten Stadt kommen, und den Kaiser dagegen reiten zu einem Gespräch, das zwischen beiden Theilen verabredet worden war. Die treulosen Bürger hatten aber diese List ersonnen; denn als der Kaiser ohne Waffen und arglos zu ihnen ritt, hielten sie gerüstete Mannschaft im Hinterhalte, und überfielen den Herrn mit frechen Händen, daß sie ihn fingen und schlügen. Als Herr Heinrich diesen Treubruch und Mord geschehen sah, ließ er Baden und Waschen, sprang aus dem Zuber, nahm den Schild mit der einen, und sein Schwert mit der andern Hand, und lief bloß und nackend nach dem Gemenge zu. Kühn schlug er unter die Feinde, tödte und verwundete eine große Menge, und machte sie alle flüchtig. Darauf löste er den Kaiser seiner Bande und lief schnell zurück, legte sich in den Zuber und badete nach wie vor. Otto, als er zu seinem Heer wieder gelangte, wollte erkundigen, wer sein unbekannter Retter gewesen wäre; zornig saß er im Zelt auf seinem Stuhl und sprach; „ich war verrathen, wo mir nicht zwei ritterliche Hände geholfen hätten; wer aber den nackten Mann erkennt, führe ihn vor mich her, daß er reichen Lohn und meine Huld empfange; kein kühnerer Held lebt hier noch anderswo."

Nun wußten wohl einige, daß es Heinrich von Kempten gewesen war; doch fürchteten sie den Namen dessen auszusprechen, dem der Kaiser den Tod geschworen hatte. Mit dem Ritter — antworteten sie — stehet es so, daß schwere Ungnade auf ihm lastet; möchte er deine Huld wieder gewinnen, so ließen wir ihn vor dir sehen. Da nun der Kaiser sprach „und wenn er ihm gleich seinen Vater erschlagen hätte, solle ihm vergeben sein": nannten sie ihm Heinrich von Kempten. Otto befahl, daß er alsobald hergebracht würde; er wollte ihn aber erschrecken und übel empfahen.

Als Heinrich von Kempten hereingeführt war, gebärdete der Kaiser sich zornig und sprach: „wie getrauet ihr, mir unter die Augen zu treten? ihr wißt doch wohl, warum ich euer Feind bin, der ihr meinen Bart gerauft und ohne Scheermesser geschoren habt, daß er noch eine Locke steht. Welch hochfärtiger Uebermuth hat euch jetzt daher geführt?" „Gnade, Herr — sprach der kühne Degen — ich kam gezwungen hierher, und mein Fürst, der hier steht, gebot es bei seinen Hulden. Gott sei mein Zeuge, wie ungern ich diese Fahrt gethan; aber meinen Diensteid mußte ich lösen: wer mir das übel nimmt, dem lohne ich so, daß er sein letztes Wort gesprochen hat." Da begann Otto zu lachen: „seid mir tausendmal willkommen, ihr auserwählter Held! mein Leben habt ihr gerettet, das mußte ich ohne eure Hülfe verloren haben, seliger Mann. So sprang er auf, küßte ihm Augen und Wangen. Ihr zweier Feindschaft war dahin, und eine lautere Sühne gemachet; der hochgeborne Kaiser lieh und gab ihm großen Reichthum, und brachte ihn zu Ehren, deren man noch gedenket.

473.
Der Schuster zu Lauingen.

Auf dem Hofthurm der Stadt Lauingen findet sich folgende Sage abgemalt*). Zur Zeit, als die Heiden oder Hunnen bis nach Schwaben vorgedrungen waren, rückte ihnen der Kaiser mit seinem Heere entgegen und lagerte sich unweit der Donau zwischen Lauingen und dem Schloß Faimingen. Nach mehreren vergeblichen Anfällen von beiden Seiten kamen endlich Christen und Heiden überein, den Streit durch einen Zweikampf entscheiden zu lassen. Der Kaiser wählte den Marschall von Calatin (Pappenheim) zu seinem Kämpfer, der den Auftrag freudig übernahm und nachsann, wie er den Sieg gewiß erringen möchte. Indem trat ein unbekannter Mann zu ihm und sprach: „was sinnst du? ich sage dir, daß du nicht für den Kaiser fechten sollst, sondern ein Schuster aus Henfwil (später Lauingen) ist dazu ausersehen." Der Calatin versetzte: „Wer bist du? wie dürfte ich die Ehre dieses Kampfes von mir ablehnen?" „Ich bin Georg, Christi Held, sprach der Unbekannte — und zum Wahrzeichen nimm meinen Däumling." Mit diesen Worten zog er den Däumling von der Hand und gab

---

*) Auf diesem Thurm steht auch ein anderes Gemälde von einem Pferd, das fünfzehn Schuh lang gewesen, zwei Herzen gehabt haben, und um 1260 zu Lauingen geboren worden sein soll.

ihn dem Marschall, welcher ungesäumt damit zum Kaiser ging und den ganzen Vorfall erzählte. Hierauf wurde beschlossen, daß der Schuster gegen den Heiden streiten sollte. Der Schuster übernahm es, und besiegte glücklich den Feind. Da gab ihm der Kaiser die Wahl von drei Gnaden sich auszubitten. Der Schuster bat erstens um eine Wiese in der Nähe von Lauingen, daß diese der Stadt als Gemeingut gegeben würde. Zweitens, daß die Stadt mit rothem Wachs siegeln dürfte (welches sonst keinem mittelbaren Ort verstattet war). Drittens, daß die Herrn von Calatin eine Möhrin als Helmkleinod führen dürften. Alles wurde ihm bewilligt, und der Daumen St. Georgs sorgfältig von den Pappenheimern aufbewahrt, die eine Hälfte in Gold gefaßt zu Kaisheim, die andre zu Pappenheim.

474.
Das Rad im Mainzer Wappen.

Im Jahre 1009 wurde Willegis, ein frommer und gelehrter Mann, zum Bischof von Mainz gewählt; er war aber von geringer, armer Herkunft, und sein Vater ein Wagnersmann gewesen. Deß haßten ihn die adlichen Thumherren und Stiftsgenossen, nahmen Kreide und maleten ihm verdrießweise Räder an die Wände und Thüren seines Schlosses; gedachten ihm damit eine Schmach zu thun. Als der fromme Bischof ihren Spott vernahm, da hieß er einen Maler rufen; dem befahl er, mit guter Farbe in alle seine Gemächer weiße Räder in rothe Felder zu malen, und ließ dazu setzen einen Reim, der sagte: „Willegis, Willegis, denk woher du kommen bis." Daher rührt, daß seit der Zeit alle Bischöfe zu Mainz weiße Räder im rothen Schild führen. Andere fügen hinzu, Willegis habe, von Demüthigung wegen, ein hölzernes Pflugrad stets an seiner Bettstätte hangen gehabt.

475.
Der Rammelsberg.

Zur Zeit, als Kaiser Otto I. auf der Harzburg hauste, hielt er auch an dem Harzgebirge große Jagden. Da geschah es, daß Ramm (nach andern Remme) seiner besten Jäger einer, an den Vorbergen jagte, der Burg gegen Niedergang, und ein Wild verfolgte. Bald aber wurde der Berg zu steil, darum stand der Jäger ab von seinem Roß, band es an einen Baum und eilte dem Wild zu Fuße nach. Sein zurückbleibendes Pferd stampfte ungeduldig und kratzte mit den Vorderhufen auf den Grund. Als sein Herr, der Jäger Ramm, von der Verfolgung des Wildes zurückkehrte, sah er verwundert, wie sein Pferd gearbeitet und mit den Füßen einen schönen Erzgang aufgescharrt hatte. Da hub er einige Stufen auf und trug sie

dem Kaiser hin, der alsbald das entblößte Bergwerk angreifen und mit
Schürfen versuchen ließ. Man fand eine reichliche Menge Erz, und der
Berg wurde dem Jäger zu Ehren Rammelsberg*) geheißen. Des Jägers
Frau nannte sich Gosa, und von ihr empfing die Stadt Goslar, die
nahe bei dem Berg gebaut wurde, ihren Namen. Das Flüßchen, das durch
die Stadt rinnt, heißt ebenfalls Gose, desgleichen das daraus gebraute
Weißbier. Der Jäger wurde in der Augustins=Capelle begraben und auf
dem Leichenstein mit seiner Frau in Lebensgröße ausgehauen; Rammel
trägt in der Rechten ein Schwert über sich, und Gosa eine Krone auf
dem Haupt.

Nach andern hat nicht der Jäger, sondern eines Jungherrn Pferd
Rammel geheißen, das man einmal an dem Berge anband, wo es so
rammelte und stampfte, daß seine wohl geschärften Hufeisennägel eine Gold=
ader bloß machten.

Noch sieht man auf dem Rammelsberge einen Brunnen, der Kinder=
brunnen genannt, worauf zwei steingehauene Kinder stehen; daher weil
unter Heinrich II. eine schwangere Frau bei diesem Brunnen zweier Söhnlein
entbunden wurde. Kaiser Otto soll auf dem Berg oben an dem Platz,
Namens Werl, ein Schloß oder einen Saal gehabt haben, vor dem er
einst einem gefangenen König das Haupt abschlagen ließ. Späterhin schlug
das Bergwerk einmal ein, und verdarb so viel Arbeiter, daß viertehalb
Hundert Wittwen vor dem Berge standen und ihre Männer klagten; darauf
lagen die Gruben Hundert Jahr still, und Goslar wurde so einsam, daß
in allen Straßen hohes Gras wuchs.

476.
Die Grafen von Eberstein.

Als Kaiser Otto seine Feinde geschlagen und die Stadt Straßburg
bezwungen hatte, lagerte er vor der Burg der Grafen Eberstein, die es mit
seinen Feinden hielten. Das Schloß stand auf einem hohen Fels am
Wald (unweit Baden in Schwaben), und dritthalb Jahr lang konnte es
das kaiserliche Heer immer nicht bezwingen, sowohl der natürlichen Festig=
keit, als der tapfern Vertheidigung der Grafen wegen. Endlich rieth ein
kluger Mann dem Kaiser folgende List: „er solle einen Hoftag nach Speier
ausschreiben, zu welchem jedermann ins Turnier sicher kommen dürfte; die
Grafen von Eberstein würden nicht säumen, sich dazu einzufinden, um ihre
Tapferkeit zu beweisen; mittlerweile möge der Kaiser durch geschickte und

------

*) In den Rammelsberg soll mehr Holz verbaut sein, als in die Städte Braunschweig
und Goslar. Man hatte ein altes Lied, das so anfängt:
De Ramelsburgk hefft enen gulden Foet,
drumb tragen wir en stolten Moet ꝛc.

kühne Leute ihre Burg bewältigen laſſen." Der Feſttag zu Speier wurde hierauf verkündigt; der König, viele Fürſten und Herren, unter dieſen auch die drei Eberſteine, waren zugegen; manche Lanze wurde ge= brochen. Des Abends begannen die Reihen, wobei der jüngſte Graf von Eberſtein, ein ſchöner anmuthiger Mann, mit krauſem Haar, vortanzen mußte. Als der Tanz zu Ende ging, nahte ſich heimlich eine ſchöne Jungfrau den dreien Grafen und raunte: „Hütet euch, denn der Kaiſer will eure Burg erſteigen laſſen, während ihr hier ſeid, eilt noch heute Nacht zurück!" Die drei Brüder beriethen ſich und beſchloſſen, der Warnung zu gehorchen. Darauf kehrten ſie zum Tanz, forderten die Edeln und Ritter zum Kampf auf morgen, und hinterlegten Hundert Goldgülden zum Pfand in die Hände der Frauen. Um Mitternacht aber ſchifften ſie über den Rhein und gelangten glücklich in ihre Burg heim. Kaiſer und Ritterſchaft warteten am andern Tage vergebens auf ihre Erſcheinung beim Lanzenſpiel; endlich befand man, daß die Eberſteiner gewarnt worden wären. Otto befahl, aufs ſchleunigſte die Burg zu ſtürmen; aber die Grafen waren zurückgekehrt und ſchlugen den Angriff muthig ab. Als mit Gewalt gar nichts auszurichten war, ſandte der Kaiſer drei Ritter auf die Burg, mit den Grafen zu unterhandeln. Sie wurden eingelaſſen, und in Weinkeller und Speicher geführt; man holte weißen und rothen Wein, Korn und Mehl lagen in großen Haufen. Die Abgeſandten verwunderten ſich über ſolche Vorräthe. Allein die Fäſſer hatten doppelte Boden oder waren voll Waſſer; unter dem Getreide lag Spreu, Kehricht und alte Lumpen. Die Geſandten hinterbrachten dem Kaiſer, „es ſei vergeblich, die Burg länger zu belagern; denn Wein und Korn reiche denen inwendig noch auf dritthalb Jahr aus." Da wurde Otto'n gerathen, ſeine Tochter mit dem jüngſten Grafen Eber= hard von Eberſtein zu vermählen und dadurch dieſes tapfre Geſchlecht auf ſeine Seite zu bringen. Die Hochzeit ward in Sachſen gefeiert, und der Sage nach ſoll es die Braut ſelber geweſen ſein, welche an jenem Abend die Grafen gewarnt hatte. Otto ſandte ſeinen Schwiegerſohn hernachmals zum Papſt in Geſchäften; der Papſt ſchenkte ihm eine Roſe in weißem Korb, weil es gerade der Roſenſonntag war. Dieſe nahm Eberhard mit nach Braunſchweig, und der Kaiſer verordnete: daß die Roſe in weißem Felde künftig das eberſteiniſche Wappen bilden ſollte.

477.
Otto läßt ſich nicht ſchlagen.

Otto III.*) war noch klein, als man ihn zu Aachen weihte, und ſtand unter ſeines Oheims, Biſchof Bruno's, Vormundſchaft. Eines Tages geſchah, daß das Kind im Bad unziemlich geſchlagen wurde; da ließ es

---

*) Otto II.? Schloſſer II. 2, 208.

ein todtes Kind in sein Bett tragen und verbarg sich heimlich. Bruno, als er vor das Bett trat, erschrak heftig und glaubte den König todt: doch bald darauf wurde er wieder gefunden. Da fragte der Bischof Otto'n, warum er das gethan hätte? Das Kind sprach: „du hießest mich im Bade hart mit einer scharfen Gerte schlagen, und half mir all mein Weinen nicht; da zürnte ich auf dich, und wollte dich drum erschrecken." Da gelobte ihm Bruno, „daß ihm fürbaß kein Leid mehr geschehen sollte", berief die Fürsten nach Mainz auf einen Tag, und übergab ihnen das Kind mit dem Reiche. Die Fürsten aber empfahlen das Kind nunmehr Willegis, Bischof zu Mainz.

<hr />

478.

König Otto in Lamparten.

Der König Otto fuhr da mit großem Heer zu Lamparten und gewann Mailand, und satzte da Pfenning, die hießen Ottelin. Da der König dannen kam, verwarfen sie ihm seine Münze zu Laster, und er fuhr wieder dar und bezwang sie dazu, daß sie von altem Leder Pfenning nehmen und geben müßten. Da kam eine Frau vor ihn und klagte über einen Mann, der ihr Gewalt angethan hätte. Der König sprach: „wann ich herwieder komme, will ich dir richten." „Herr — sagte die Frau — du vergissest es." Der König wies sie mit seiner Hand an eine Kirche und sprach: „diese Kirche sei deß mein Urkund." Er fuhr dann wieder in deutsche Land, und bezwang Ludolf seinen Sohn, der sich empört hatte. Und als er nach der Zeit wieder in Lamparten zog, führte ihn der Weg an der Kirche her, die er dem Weib gewiesen hatte, daß er ihr richten wollte, um ihre Noth. Der König ließ sie rufen und ließ sie klagen. Sie sprach: „Herr, es ist nun mein ehelicher Mann, und ich habe liebe Kinder mit ihm." Der sprach da: „sammer Otten Bart!" Also schwur er ihr: „er soll meiner Barten (Beile) schmecken!" und befahl den Missetäter an seinem Leibe nach dem Recht zu strafen. Also richtete er dem Weib wider ihren Willen.

<hr />

479.

Der unschuldige Ritter.

Kaiser Otto III. genannt das Kind, hatte am Hofe einen edlen Ritter, den lange die Kaiserin Marta, gebürtig von Arragonien, bittend an, daß er mit ihr buhlete. Der Ritter erschrak, und sprach: „das sei ferne von mir, das wäre meiner und meines Herrn Ehre viel zu nah," und ging weg von der Kaiserin. Da sie sah, daß er also im Zorne von ihr ging, kam sie zum Kaiser, schmeichelte und sprach: „was habt ihr für Ritter an

483.
Der Dom zu Bamberg.

Baba, Heinrich des Voglers Schwester, und Graf Albrechts Gemahlin, nach andern aber Kunigund, Kaiser Heinrichs II. Gemahlin, stiftete mit eigenem Gut den Dom zu Babenberg. So lange sie baute, setzte sie täglich eine große Schüssel voll Geldes auf für die Taglöhner und ließ einen jeden so viel herausnehmen, als er verdient hätte; denn es konnte keiner mehr nehmen, als er verdient hatte. Sie zwang auch den Teufel, daß er ihr große marmelsteinerne Säulen mußte auf den Berg tragen, auf den sie die Kirche setzte, die man noch heutigen Tages wohl siehet.

484.
Taube sagt den Feind an.

Man erzählt, unter Kaiser Heinrich II. habe es sich begeben: daß eine Taube in eine Stadt, die bald darauf vom Feind überfallen und belagert wurde, geflogen kam. Um ihren Hals fand man einen Zettel gebunden, auf dem diese Nachricht geschrieben stand.

485.
Der Kelch mit der Scharte.

In den Zeiten, als Kaiser Heinrich der Zweite starb, war ein frommer Einsiedel, der hörte einen großen Rausch von Teufeln in der Luft und beschwor sie bei Gott, wo sie hinfahren wollten? Die bösen Geister sagten: „Zu Kaiser Heinrich." Da beschwor sie der gute Mann, daß sie ihm hinterbrächten, was sie geworben hätten? Die Teufel fuhren ihren Weg, aber der gute Mann betete zu Gott für des Kaisers Seele. Bald darauf kamen die Teufel wieder gefahren zu dem Einsiedel und sprachen: „als die Missethat des Kaisers seine Gutheit überwiegen sollte, und wir die Seele in unsre Gewalt nehmen wollten, da kam der gesegnete Laurentius und warf einen Kelch schnell in die Wage, daß dem Kelch eine Scherbe ausbrach, also verloren wir die Seele; denn derselbe Kelch machte die gute Schale schwerer." — Auf diese Botschaft dankte der Einsiedel Gott seiner Gnaden und that sie kund den Domherren von Merseburg. Und sie funden den Kelch mit der Scharte, als man ihn noch heute kann schauen. Der Kaiser aber hatte ihn einst bei seinen Lebzeiten dem heil. Laurenz zu Merseburg aus Gutthat geweihet.

486.

Sage von Kaiser Heinrich III.

Kaiser Conrad der Franke ließ ein Gebot ausgehn: wer den Frieden bräche, dem sollte man das Haupt abschlagen. Dies Gebot brach Graf Leopold von Calw, und da der König zu Land kam, entwich Graf Leopold in den Schwarzwald in eine öde Mühle, meinte sich da zu enthalten mit seiner Hausfrau, bis ihm des Königs Huld wieder würde. Eines Mals ritt der König ungefähr in den Wald, und vor dieselbe Mühle hin. Und da ihn Leopold hörte, furchte er, der König wolle ihn suchen, und floh in das Dickicht. Seine Hausfrau ließ er in der Mühle, die konnte nirgends hin; denn es war um die Zeit, daß sie ein Kind gebären sollte. Als nun der König nah bei der Mühle war, und die Frau in ihren Nöthen hörte schreien, hieß er nachsehen, was der Frauen gebräche. In den Dingen hörte der König eine Stimme, die sprach: „auf diese Stunde ist ein Kind hier geboren, das wird dein Tochtermann!" Conrad erschrak, denn er wußte anders nicht, denn daß die Frau eine Bäuerin wäre; und dachte, wie er dem zuvorkommen möchte, daß seine Tochter keinem Bauern zu Theil würde. Und schickte zwei seiner Diener in die Mühle, daß sie das neu= geborne Kind tödteten, und zu dessen Sicherheit ihm des Kindes Herz brächten; denn er müsse es haben zu einer Buße. Die Diener mußten dem Kaiser genug thun, fürchteten doch Gott und wollten das Kind nicht tödten; denn es war gar ein hübsches Knäbelein, und legten's auf einen Baum, darum daß etwer des Kindes inne würde.

Dem Kaiser brachten sie eines Hasen Herz, das warf er den Hunden vor und meinte damit zuvorgekommen zu sein der Stimme der Weissagung.

In den Weilen jagte Herzog Heinrich von Schwaben auf dem Wald und fand daß Kind mutterallein da liegen. Und sah, daß es neugeboren war, und brachte es heimlich seiner Frauen, die war unfruchtbar, und bat sie, daß sie sich des Kindes annähme, sich in ein Kindbett legte und das Kind wie ihr natürliches hätte; denn es sei ihnen von Gott geschickt worden. Die Herzogin that es gern, und also ward das Kind getauft und ward Heinrich geheißen; niemand aber hielt es anders als für einen Herzogen zu Schwaben. Und da das Kind also erwuchs, ward es König Conrad gesandt zu Hof. Der hieß den Knaben öfter vor sich stehen, denn die andern Junkern an seinem Hofe, von seiner klugen Weisheit und Höflichkeit wegen. Nun geschah es, daß dem Kaiser eine Verleumdung zu Ohren kam, der junge Herr wäre nicht ein rechter Herzog von Schwaben, sondern ein geraubt Kind. Da der Kaiser das vernahm, rechnete er seinem Alter nach, und kam ihm Furcht, es wäre dasjenige, wovon die Stimme bei der Wald mühle geredet hätte. Und wollte wiederum zuvorkommen, daß es nicht seine Tochter zu einem Mann würde. Da schrieb er einen Brief der Kaiserin in dem befahl er, als lieb ihr Leib und Leben wäre, daß sie den Zeiger

dieses Briefes tödten hieße. Den Brief befahl er beschlossen dem jungen
Herrn an, daß er ihn der Kaiserin einhändigte und niemand anderm. Der
junge Heinrich verstund sich darunter nichts als Gutes, wollte die Botschaft
vollenden und kam unterwegs in eines gelehrten Wirthes Haus; dem ver=
traute er seine Tasche von Sicherheit wegen, worin der Brief und anders
Ding lagen. Der Wirth kam über den Brief aus Fürwitz, und da, wo
er geschrieben fand, daß die Kaiserin ihn tödten sollte, schrieb er: „daß die
Kaiserin dem jungen Herrn, Zeiger des Briefs, ihre Tochter gäbe und zu=
legte unverzogentlich"; den Brief beschloß er wieder mit dem Insiegel gar
säuberlich ohne Fehl. Da nun der junge Herr der Kaiserin den Brief
zeigte, gab sie ihm die Tochter und legte sie ihm zu. Die Mären kamen
aber bald vor den Kaiser. Da befand der Kaiser mit dem Herzogen von
Schwaben und andern Rittern und Knechten, daß der Jüngling war von
Leopolds Weib in der Mühle geboren, von dem die Stimme geweissagt
hatte, und sprach: „nun merk ich wohl, daß Gottes Ordnung niemand
hintertreiben mag," und förderte seinem Tochtermann zu dem Reich. Dieser
König Heinrich baute und stiftete hernachmals Hirschau, das erste Kloster,
an die Statt der Mühle, darin er geboren worden war.

<hr>

487.
Der Teufelsthurm am Donaustrudel.

Es ist eine Stadt in Oesterreich, mit Namen Crain, ob der Stadt
hat es einen gefährlichen Ort in der Donau, nennet man den Strudel bei
Stockerau, da hört man das Wasser weit und breit rauschen; also hoch
fällt es über den Felsen, macht einen großen Schaum, ist gar gefährlich
dadurch zu fahren; kommen die Schiff in einen Wirbel, gehen gescheibweis
herum, schlägt das Wasser in die Schiffe, und werden alle, die auf dem
Schiff sind, ganz und gar naß. Wenn ein Schiff nur ein wenig an den
Felsen rührt, zerstößt es sich zu kleinen Trümmern. Da muß jedermann
arbeiten, an den Rudern mit Gewalt ziehen, bis man herdurch kommt.
Daselbst herum wohnen viel Schiffleut, die des Wassers Art im Strudel
wissen; die werden alsdann von den Schiffleuten bestellt, daß sie also
desto leichter, ohn sondern Schaden, durch den Strudel kommen mögen.

Kaiser Heinrich, der dritte dieses Namens, fuhr hinab durch den
Strudel; auf einem andern Schiff war Bischof Bruno von Würzburg,
des Kaisers Vetter; und als dieser auch durch den Strudel fahren wollte,
saß er auf einem Felsen, der über das Wasser herausging, ein schwarzer
Mann, wie ein Mohr, ein gräulicher Anblick und erschrecklich. Der schreit
und sagt zu dem Bischof Bruno: „höre, höre, Bischof! ich bin dein böser
Geist, du bist mein eigen; fahr hin, wo du willt, so wirst du mein werden;
jetzund will ich dir nichts thun, aber bald wirst du mich wieder sehen."

Alle Menschen, die das hörten, erschraken und fürchteten sich. Der Bischof machte ein Kreuz und segnete sich, sprach etlich Gebet, und der Geist ver= schwand vor ihnen allen. Dieser Stein wird noch auf diesen Tag gezeigt; ist darauf ein kleines Thürnlein gebaut, allein von Steinen und kein Holz dabei, hat kein Dach, wird der Teufelsthurn genannt. Nicht weit davon, etwan zwei Meil Wegs, fuhr der Kaiser mit den Seinen zu Land, wollt da über Nacht bleiben in einem Flecken, heißt Pösenbeiß. Daselbst em= pfinge Frau Richilta, des Grafen Adelbar von Ebersberg Hausfrau (er war aber schon gestorben), den Kaiser gar herrlich; hielt ihn zu Gast und bat ihn daneben: daß er den Flecken Pösebeiß und andere Höfe herum, so ihr Gemal vogtsweise besessen und verwaltet hätte, ihres Bruders Sohn, Welf dem drittten, verleihen wollte. Der Kaiser ging in die Stube, und während er da stand bei dem Bischof Bruno, Grafen Aleman von Ebers= berg, und bei Frau Richilta, und er ihr die rechte Hand gab und die Bitte gewährte, fiel jähling der Boden in der Stube ein; der Kaiser fiel hindurch auf den Boden der Badstube ohne allen Schaden, dergleichen auch Graf Aleman und die Frau Richilta; der Bischof aber fiel auf eine Bad= wanne auf die Taufel, fiel die Rippe und das Herz ein, starb also in wenig Tagen hernach.

488.

Quedl das Hündlein.

Mathild, die schöne Kaiserstochter Heinrich III. war so anmuthig, daß sich ihr Vater in sie verliebte. Da flehte sie zu Gott und betete inbrünstig, daß er sie häßlich werden ließe, damit ihres Vaters Herz sich abwende. Aber Gott erhörte sie nicht. Da erschien ihr der böse Feind und bot sich an, mit dem Beding, daß sie ihm angehöre, so solle des Kaisers Liebe ge= wandelt werden·in Haß und Zorn. Und sie ging es ein; doch hielt sie aus: erst dann solle sie sein eigen sein, wenn er sie in dreien Nächten schlafend fände; bliebe sie aber wachen, so dürfe er ihr nichts anhaben. Also webte sie ein köstliches Tuch und stickte dran die lange Nacht, das erhielt ihren Geist munter; auch hatte sie ein treues Hündlein bei sich, Namens Quedl oder Wedl, das bellte laut und wedelte mit dem Schwanz, wenn ihr die Augen vor Schlaf wollten zunicken. Wie nun der Teufel die drei Nächte hintereinander kam, und sie immer wach und munter fand, da zürnte er und griff ihr mit der Kralle ins Angesicht, daß er ihr die Nase platt drückte, den Mund schlitzte und ein Auge ausstieß. Da war sie scheel, großmäulig und platschnasig geworden, daß sie ihr Vater nicht weiter leiden konnte und seine sündliche Liebe verlor. Sie aber führte ein geistliches Leben und erbaute eine Abtey zu Ehren ihres Hündleins, genannt Quedlinburg.

489.

Sage vom Schüler Hildebrand.

Dieweil Kaiser Heinrich III. zu Rom war, wo er drei Päpste entsetzt und ins Elend geschickt hatte, wohnte ein Zimmermann in der Stadt, der ein klein Kind hatte. Das Kind spielete an dem Werk mit den Spänen und legte die Späne in Buchstabenweise zusammen. Da kam ein Priester hinzu und las das. Das Kind hatte mit den Spänen geleget: dominabor a mari usque ad mare, das spricht: ich werde Herr vom Meer bis zum Meer. Der Priester wußte wohl, daß dies Kind Papst werden sollte, und sagte es seinem Vater. Der Vater ließ das Kind lehren. Da es Schüler war, kam es an des Kaisers Hof und ward den Schreibern viel lieb; aber des Kaisers Sohn Heinrich, der nachher auch Kaiser ward, that dem Schüler Leides viel und spielte ihm ungefüglich mit: denn es ahnt ihm sein Herz wohl, was ihm von dem Schüler aufstehen sollte. Der Kaiser spottete seines Sohns und des Schülers Spieles. Der Kaiserin war es leid, und sie schalt ihren Sohn darum. Dem Kaiser träumte eines Nachts, wie sein Sohn zum Tisch wäre gesessen, und wie dem Schüler Hildebranden wüchsen zwei Hörner bis in den Himmel, und wie er mit diesen Hörnern seinen Sohn aufhübe und ihn in das Horb (in den Koth) würfe. Diesen Traum sagte der Kaiser der Kaiserin, die beschied ihn also: daß der Schüler Papst werden und ihren Sohn von dem Reich werfen würde. Da hieß der Kaiser den Hildebrand fahen und ihn zu Hammerstein in einen Thurn werfen, und wähnte, daß er Gottes Willen wenden möchte. Die Kaiserin verwies ihm oft, daß er eines bloßen Traumes willen an dem armen Schüler so schändlich thäte; und über ein Jahr ließ er ihn wieder ledig. Der ward ein Münch, fuhr mit seinem Abt hin zu Rom, ward zu Hof lieb, und zu jüngst Papst.

490.

Der Knoblauchskönig.

Kaiser Heinrich IV. entbot den Sachsen, wo sie seinen Sohn zum König wähleten, wolle er nimmermehr ziehen in Sachsenland. Aber die Leute hatten keine Lust, und sprach Otto von der Weser: „ich habe je in der Welt sagen hören, von einer bösen Kuh kommt kein gut Kalb;“ und sie koren zum Gegenkönig Herzog Herrmann von Lothringen (Luxenburg), der ward vom Mainzer Bischof geweiht, und setzten ihn auf die Burg Eisleben, da der Knoblauch wächset. Die Kaiserlichen nannten ihn zum Spott Knoblauchskönig, oder König Knoblauch, und er kam nie zur Macht, sondern wurde nachher auf einer Burg erschlagen, wohin er geflohen war Da sagte man abermals: „König Knoblauch ist todt!“

491.
Kaiser Heinrich versucht die Kaiserin.

Der König nahm da Rath von den Herren, was er mit seines Vaters (Kaiser Heinrich IV.) Leichnam schaffen oder thun sollte, der war begraben in Sanct Lamprechts Münster zu Ludeke (Lüttich). Sie riethen: daß er ihn ausgrübe und legen ließe in ein ungeweiht Münster, bis daß er seinen Boten nach Rom gesandt hätte. Also gethan Ende nahm der Kaiser. Dies war Kaiser Heinrich der Uebele. Er ließ das beste Roß, das er im Lande fand, binden und in den Rhein werfen, bis es ertrank. Er ließ einen seinen Mann die Kaiserin um ihre Minne bitten. Das war ihr leid. Der Ritter bat sie sehr, da sprach die Fraue: „sie wolle thun, als ihr Herr rathen würde.“ Da dies der Kaiser vernahm, gebärdete er, als er ausreiten wollte; legte des Mannes, der nach seinem Rathe das geworben hatte, Kleider an, und kam des Nachts zu der Kaiserin. Die Kaiserin hatte bereit starke Männer in Weibsgewand, die trugen große Knüttel, sie nahmen den Kaiser unter sich und schlugen ihn sehr. Der Kaiser rief, daß er es wäre. Die Kaiserin erschrak und sprach: „Herr, ihr habt übel an mir gethan.“

492.
Graf Hoyer von Mansfeld.

In dem sogenannten Welpshölzchen, wo im Jahre 1112 die Schlacht zwischen Kaiser Heinrich V. und den Sachsen vorfiel, liegt ein Stein, der die Eigenschaft hat, bei Gewitter ganz zu erweichen und erst nach einiger Zeit wieder hart zu werden. Er ist voller Nägel geschlagen, und man sieht auf ihm ganz deutlich den Eindruck einer Hand und eines Daumens. Graf Hoyer von Mansfeld, der Oberfeldherr, soll ihn vor der Schlacht ergriffen und gerufen haben: „so war ich in diesen Stein greife, so wahr will ich den Sieg gewinnen!“ Auch wurden die Kaiserlichen geschlagen; aber der Hoyer blieb todt und wurde von Wieprecht von Groitsch erschlagen. Zu seinen Ehren ließen die Sachsen die Bildsäule eines gehelmten Mannes mit dem eisernen Streitkolben in der Rechten aufrichten, und dem sächsischen Wappen in der Linken. Diese Denksäule nannte man Jodute, da gingen die Landleute fleißig zu beten hin, und auch die Priesterschaft ehrte sie als ein heiliges Bild. Kaiser Rudolf aber, als er 1289 zu Erfurt Reichstag hielt, ließ sie wegnehmen, weil man fast Abgötterei damit trieb, und eine Capelle an der Stelle bauen. Allein das Volk verehrte noch einen Weidenstock in dieser Capelle, von dem die Priester sagten: er habe in jener Schlacht Jodute gerufen, und dadurch den Sieg zuwege gebracht.

493.
Die Weiber zu Weinsperg.

Als König Conrad III. den Herzog Welf geschlagen hatte (im Jahr 1140) und Weinsperg belagerte, so bedingten die Weiber der Belagerten die Uebergabe damit: daß eine jede auf ihren Schultern mitnehmen dürfte, was sie tragen könne. Der König gönnte das den Weibern. Da ließen sie alle Dinge fahren, und nahm eine jegliche ihren Mann auf die Schulter und trugen den aus. Und da des Königs Leute das sahen, sprachen ihrer viele, das wäre die Meinung nicht gewesen, und wollten das nicht gestatten. Der König aber schmutzlachte und thät Gnade dem listigen Anschlag der Frauen: „ein königlich Wort — rief er — das einmal gesprochen und zugesagt ist, soll unverwandelt bleiben."

494.
Der verlorene Kaiser Friedrich*).

Kaiser Friedrich war vom Papst in den Bann gethan, man verschloß ihm Kirchen und Capellen, und kein Priester wollte ihm die Messe mehr lesen; da ritt der edle Herr kurz vor Ostern, als die Christenheit das heilige Fest begehen wollte, darum, daß er sie nicht daran irren möchte, aus auf die Jagd. Keiner von des Kaisers Leuten wußte seinen Muth und Sinn; er legte ein edles Gewand an, das man ihm gesendet hatte von Indien, nahm ein Fläschlein mit wohlriechendem Wasser zu sich und bestieg ein edles Roß. Nur wenig Herren waren ihm in den tiefen Wald nachgefolgt; da nahm er plötzlich ein wunderbares Fingerlein in seine Hand, und wie er das that, war er aus ihrem Gesicht verschwunden. Seit dieser Zeit sah man ihn nimmer mehr, und so war der hochgeborne Kaiser verloren. Wo er hinkam, ob er in dem Wald das Leben verlor, oder ihn die wilden Thiere zerrissen, oder ob er noch lebendig sei, das kann niemand wissen. Doch erzählen alte Bauern: Friedrich lebe noch und lasse sich als ein Waller bei ihnen sehen; und dabei habe er öffentlich ausgesagt, daß er noch auf römischer Erde gewaltig werden, und die Pfaffen stören wolle, und nicht ehnder ablassen, er habe denn das heilige Land wieder in die Gewalt der Christen gebracht; dann werde er „seines Schildes Last hahen an den dürren Ast."

---

*) Die Sage mischt den zweiten zu dem ersten Friedrich.

495.

Albertus Magnus und Kaiser Wilhelm.

Albertus Magnus, ein sehr berühmter und gelehrter Mönch, hat den Kaiser Wilhelm von Holland, als er im Jahr 1248 zu Cöln auf den Tag der drei Könige angelangt, in einen Garten beim Predigerkloster gelegen, mit seinem ganzen Hof zu Gast gebeten, dem der Kaiser gern willfahrt. Es ist aber auf berührten Tag nicht allein große, unleidliche Kälte, sondern auch ein tiefer Schnee gefallen; deßhalb die kaiserlichen Räthe und Diener beschwerliches Mißfallen an des Mönchs unordentlicher Ladung getragen, und dem Kaiser, außer dem Kloster zu so strenger winterlicher Zeit Mahl zu halten, widerrathen; haben aber doch denselben von seiner Zusag nicht wenden können, sondern hat sich sammt den Seinen zu rechter Zeit eingestellt. Albert der Mönch hat etliche Tafeln sammt aller Bereitschaft in den Klostergarten, darin Bäume, Laub und Gras alles mit Schnee bedeckt gewesen, mit großem Befremden eines Jeden über die seltsame und widersinnige Anstalt, lassen stellen, und zum Aufwarten eine gute Anzahl, von Gestalt des Leibes überaus schöne, ansehnliche Gesellen zur Hand bracht. Indem nun der Kaiser sammt Fürsten und Herren zur Tafel gesessen und die Speisen vorgetragen und aufgestellt sind, ist der Tag obenrab unversehens heiter und schön worden, aller Schnee zusehens abgegangen und gleich in einem Augenblick ein luftiger, lieblicher Sommertag erschienen. Laub und Gras sind augenscheinlich, desgleichen allerhand schöne Blumen aus dem Boden hervorgebrochen, die Bäume haben anfahen zu blühen, und gleich nach der Blüt ein jeder feine Frucht zu tragen; darauf allerhand Gevögel niedergefallen und den ganzen Ort mit lieblichem Gesang erfüllet; und hat die Hitze dermaßen überhand genommen, daß fast männiglich der winterlichen Kleider zum Theil sich entblößen müssen. Es hat aber niemand gesehen, wo die Speisen gekocht und zubereitet worden; auch niemand die zierlichen und willfährigen Diener gekannt, oder Wissenschaft gehabt, wer und wannen sie seien, und jedermann voll großer Verwunderung über all die Anstellung und Bereitschaft gewesen. Demnach aber die Zeit des Mahls herum, sind erstlich die wunderbar köstliche Diener des Mönchs, bald die lieblichen Vögel sammt Laub und Gras auf Bäumen und Boden verschwunden, und ist alles wieder mit Schnee und Kälte dem anfänglichen Winter ähnlich worden: also daß man die abgelegten Kleider wieder angelegt, und die strenge Kälte dermaßen empfunden, daß männiglich davon und zum Feuer und warmen Stube geeilet.

Um solcher abenteuerlichen Kurzweil halben hat Kaiser Wilhelm den Albertus Magnus und sein Convent, Predigerordens, mit etlichen Gütern reichlich begabt, und denselben wegen seiner großen Geschicklichkeit in großem Ansehen und Werth gehalten.

————

496.

Kaiser Maximilian und Maria von Burgund.

Der hochlöbliche Kaiser Maximilian I. hatte zum Gemahl Maria von Burgund, die ihm herzlich lieb war, und deren Tod ihn heftig bekümmerte. Dies wußte der Abt zu Spanheim, Johannes Trithem wohl, und erbot sich dem Kaiser: so es ihm gefalle, die Verstorbene wieder vor Augen zu bringen, damit er sich an ihrem Angesicht ergötze. Der Kaiser ließ sich überreden und willigte in den gefährlichen Vorwitz. Sie gingen mit einander in ein besonderes Gemach und nahmen noch einen zu sich, damit ihrer drei waren. Der Zauberer verbot ihnen, daß ihrer keiner bei Leibe ein Wort rede, so lange das Gespenst gegenwärtig sei. Maria kam herein getreten, ging säuberlich vor ihnen vorüber, der lebendigen, wahren Maria so ähnlich, daß gar kein Unterschied war und nicht das Geringste mangelte. Ja in Bemerkung und Verwunderung der Gleichheit ward der Kaiser eingedenk, daß sie am Halse hinten ein kleines schwarzes Fecklein gehabt, hatte Acht darauf und befand es also, daß sie zum andern Mal vorüberging. Da ist dem Kaiser ein Grauen ankommen, hat dem Abt gewinkt, er solle das Gespenst wegthun, und darnach mit Zittern und Zorn zu ihm gesprochen: „Mönch, mache mir der Possen keine mehr"; und hat bekannt, wie schwerlich und kaum er sich habe enthalten, daß er nicht zu ihr geredet.

497.

Sage von Adelger zu Baiern.

Zur Zeit Kaisers Severus war in Baiern ein Herzog, Namens Adelger, der stand in großem Lobe und wollte sich nicht vor den Römern demüthigen. Da es nun dem König zu Ohren kam, daß niemand im ganzen Reiche ihm die gebührliche Ehre weigerte, außer Herzog Adelger, so sandte er Boten nach Baiern und ließ ihn nach Rom entbieten. Adelger hatte nun einen getreuen Mann, den er in allen Dingen um Rath fragte; den rief er zu sich in sein Gemach und sprach: ich bin ungemuth, denn die Römer haben nach mir gesendet und mein Herz stehet nicht dahin; sie sind ein böses Geschlecht und werden mir böses anthun; gern möchte ich dieser Fahrt entübrigt sein, rathe mir dazu, du hast kluge Gedanken. Der alte Rathgebe antwortete: gerne rathe ich dir alles, was zu deinen Ehren stehet; willst du mir folgen, so besende deine Mannen und heiß sie kleiden in das beste Gewand, das im Lande gefunden wird; fahr mit ihnen furchtlos nach Rom, und sei ihm alles Rechtes bereit. Denn du bist nicht stark genug, um wider das römische Reich zu fechten; verlangt der König aber über sein Recht hinaus, so kann's ihm übel ausschlagen.

Herzog Adelger berief seine Mannen und zog an des Königs Hof nach Rom, wo er übel empfangen wurde. Zornig sprach der König ihm entgegen: du hast mir viel Leides gethan, das sollst du heute mit deinem Leben gelten: „Dein Bote — antwortete Adelger — hat mich zu Recht und Urtheil hierher geleitet; was alle Römer sprechen, dem will ich mich unterwerfen, und hoffen auf deine Gnade." Von Gnade weiß ich nichts mehr — sagte der König — das Haupt soll man dir abschlagen, und dein Reich einen andern Herrn haben.

Als die Römer den Zorn des Königs sahen, legten sie sich dazwischen und erlangten, daß dem Herzog Leib und Leben geschenkt wurde. Darauf pflogen sie Rath und schnitten ihm sein Gewand ab, daß es ihm nur zu den Knien reichte, und schnitten ihm das Haar vornen aus; damit gedachten sie den edeln Helden zu entehren.

Adelger aber ging hart ergrimmt in seine Herberge. Alle seine Mannen trauerten, doch der alte Rathgebe sprach: Herr, Gott erhalte dich! laß nur dein Trauern sein und thu nach meinem Rath, so soll alles zu deinen Ehren ausgehen. — „Dein Rath, sagte Adelger — hat mich hierher gebracht; magst du nun mit guten Sinnen meine Sache herstellen, so will ich dich desto werther halten; kann ich aber meine Ehre nicht wieder gewinnen, so komm ich nimmermehr heim nach Baierland." Der Alte sprach: Herr nun heiß mir thun, wie dir geschehen ist, und besende alle deine Mann, und leih und gieb ihnen, daß sie sich allesammt bescheeren lassen; damit rette ich dir alle deine Ehre. Da forderte der Herzog jeden Mann sonders vor sich und sagte: wer mir in dieser Noth beisteht, dem will ich leihen und geben; wer mich lieb hat, der lasse sich scheeren, wie mir geschehen ist. Ja — sprachen alle seine Leute — sie wären ihm treu bis in den Tod, und wollten alles erfüllen. Zur Stunde beschoren sich alle, die mit ihm ausgekommen waren, Haar und Gewand, daß es nur noch bis an die Knie reichte; die Helden waren lang gewachsen und herrlich geschaffen, tugendreich und lobesam, daß es jeden Wunder nahm, der sie ansah, so vermessentlich war ihr Gebärde.

Früh den andern Morgen ging Adelger mit allen seinen Mannen zu des Königs Hof. Als sie der König ansah, sagte er in halbem Zorn: rede, lieber Mann, wer hat dir diesen Rath gegeben? „Ich führte mit mir einen treuen Dienstmann — sprach Herzog Adelger — der mir schon viele Treue erwiesen, der ist es gewesen; auch ist unsrer Baiern Gewohnheit daheim; „was einem zu Leide geschieht, das müssen wir alle=sammt dulden" so tragen wir uns nun einer wie der andre, arm oder reich, und das ist unsre Sitte so." Der König von Rom sprach: gieb mir jenen alten Dienstmann, ich will ihn an meinem Hofe halten, wenn du hinnen scheidest; damit sollst du alle meine Gnade gewinnen. — So ungern es auch der Herzog thäte, konnte er doch dieser Bitte nicht ausweichen, sondern nahm den treuen Rathgeben bei der Hand und befahl ihn in die Gewalt des Königs. Darauf nahm er Urlaub und schied heim in sein Vaterland; voraus aber sandte er Boten und befahl allen seinen Unterthanen, die Lehnrecht oder Reiternamen haben wollten: daß sie sich das Haar vornen aus=, und das Gewand abschnitten, und wer es nicht thäte, daß er die rechte Hand verloren hätte. Als es nun auskam, daß sich die Baiern so beschoren, da beliebte der Gebrauch hernach allen in deutschen Landen.

Es stund aber nicht lange an, so war die Freundschaft zwischen dem römischen König und dem Herzog wieder zergangen, und Abelgern ward von neuem entboten: nach Rom zu ziehen, bei Leib und Leben, der König wolle mit ihm Rede haben. Abelger, ungemuth über dieses Ansinnen, sandte heimlich einen Boten nach Wälschland zu seinem alten Dienstmann, den sollte er bei seinen Treuen mahnen: ihm des Königs Willen, weshalb er ihn nach Hof rief, zu offenbaren, und zu rathen, ob er kommen oder bleiben sollte? Der alte Mann sprach aber zu Abelgers Boten: es ist nicht recht, daß du zu mir fährst; hiebevor, da ich des Herzogen war, rieth ich ihm je das Beste; er gab mich dem König hin, daran warb er übel; denn verrieth ich nun das Reich, so thät ich als ein Treuloser. Doch will ich dem König am Hofe ein Beispiel erzählen, das magst du wohl in Acht behalten, und deinem Herrn hinterbringen; frommt es ihm, so steht es gut um seine Ehre.

Früh des andern Morgens, als der ganze Hof versammelt war, trat der Alte vor den König und bat sich aus, daß er ihn gerne hören würde, und der alte Rathgebe begann: Vor Zeiten, wie mir mein Vater erzählte, lebte hier ein Mann, der mit großem Fleiß seines Gartens wartete und viel gute Kräuter und Würze darin zog. Dies wurde ein Hirsch gewahr, der schlich sich Nachts in den Garten und zerfraß und verwüstete die Kräuter des Mannes, daß alles niederlag. Das trieb er manchen Tag lang, bis ihn der Gärtner erwischte und seinen Schaden rächen wollte. Doch war ihm der Hirsch zu schnell, der Mann schlug ihm blos das eine Ohr ab. Als der Hirsch dennoch nicht von dem Garten ließ, betrat ihn der Mann von neuem und schlug ihm halb den Schwanz ab; das trag dir, sagte er, zum Wahrzeichen! schmerzt's dich, so kommst du nicht wieder. Bald aber heilten dem Hirsch die Wunden, er strich seine alten Schliche, und äßte dem Mann Kraut und Wurzeln ab, bis daß dieser den Garten listig mit Netzen umstellen ließ. Wie nun der Hirsch entfliehen wollte, ward er gefangen; der Gärtner stieß ihn seinen Spieß in den Leib und sagte, nun wird dir das Süße sauer, und du bezahlst mir theuer meine Kräuter. Darauf nahm er den Hirsch und zerwirkte ihn, wie es sich gehörte. Ein schlauer Fuchs lag still neben in einer Furche; als der Mann wegging, schlich der Fuchs hinzu und raubte das Herz vom Hirsch. Wie nun der Gärtner, vergnügt über seine Jagd, zurück kam und das Wild holen wollte, fand er kein Herz dabei, schlug die Hände zusammen, und erzählte zu Haus seiner Frau das große Wunder von dem Hirsch, den er erlegt habe, der groß und stark gewesen, aber kein Herz im Leibe gehabt. Das hätte ich zuvor sagen wollen, antwortete des Gärtners Weib; denn als der Hirsch Ohr und Schwanz verlor, hätte er ein Herz gehabt, so wär er nimmer in den Garten wieder gekommen. —

All diese kluge Rede war Adelgers Boten zu nichts nütze, denn er vernahm sie einfältig und kehrte mit Zorn gen Baiernland. Als er den Herzogen fand, sprach er: „ich habe viel Arbeit erlitten und nichts damit erworben; was sollte ich da zu Rom thun? der alte Rathgebe entbietet dir nichts zurück, als ein Beispiel, das er dem König erzählte. das hieß er mich dir hinterbringen. Daß er ein übel Jahr möge haben!"

Als Adelger das Beispiel vernahm, berief er schnell seine Mannen. Dies Beispiel — sagte er — will ich euch, ihr Helden, wohl bescheiden. Die Römer wollen mit Netzen meinen Leib umgarnen; wißt aber, daß sie mich zu Rom in ihrem Garten nimmer berücken sollen. Wäre aber, daß sie mich selbst in Baiern heimsuchen, so wird ihnen der Leib durchbohrt, wo ich anders ein Herz habe, und meine lieben Leute mir helfen wollen.

Da man nun am römischen Hofe erfuhr, daß Adelger nicht nach Rom gehen wollte, sagte der König: so wolle er sehen, in welchem Lande der Herzog wohne. Das Heer wurde versammelt, und brach, dreißig Tausend wohl gewaffneter Knechte stark, schnell nach Baiern auf; erst zogen sie vor Bern, dann ritten sie durch Triental. Adelger mit tugendlichem Muthe sammelte all seine Leute, Freunde und Verwandten; bei dem Wasser, heißet Inn, stießen sie zusammen, der Herzog trat auf eine Anhöhe und redete zu ihnen: wohlan ihr Helde unverzagt! jetzt sollt ihr nicht vergessen, sondern leisten, was ihr mir gelobt habt. Man thut mir groß Unrecht. Zu Rom wurde ich gerichtet und hielt meine Strafe aus, als mich der König schändete an Haar und Gewand; damit gewann ich Verzeihung. Nun sucht er mich ohne Schuld heim; läge der Mann im Streite todt, so wäre die Noth gering. Aber sie werfen uns in den Kerker und quälen unsern Leib, höhnen unsre Weiber, tödten unsre Kinder, stiften Raub und Brand; nimmermehr hinführo gewinnt Baiern die Tugend und Ehre, deren es unter mir gewohnt war; um so mehr, ihr Helden, wehret beides, Leib und Land. — Alle reckten ihre Hände auf und schwuren: wer heute entrinne, solle nimmerdar auf baierischer Erde weder Eigen noch Lehen haben.

Gerold, den Markgrafen, sandte Adelger ab, daß er den Schwaben die Mark wehrte. Er focht mit ihnen einen starken Sturm, doch Gott machte ihn sieghaft; er fing Brenno, den Schwabenherzog, und hing ihn an einen Galgen auf.

Rudolf den Grafen, mit seinen beiden Brüdern, sandte Adelger gegen Böheim, dessen König zu Salre mit großer Macht lag und Baiern heerte. Rudolf nahm selbst die Fahne und griff ihn vermessen an. Er erschlug den König Osmig und gewann allen Raub wieder. Zu Cambach wand er seine Fahne.

Wirent, den Burggrafen, sandte Adelger gegen die Hunnen. Niemand kann sagen, wie viel der Hunnen in der Schlacht todt lagen; einen sommerlangen Tag wurden sie getrieben bis an ein Wasser, heißet Traun, da genasen sie kaum.

Herzog Adelger selbst leitete sein Heer gen Brixen an das Feld, da schlugen sie ihr Lager auf; das ersahen die Wartmänner der Römer, die richteten ihre Fahne auf und zogen den Baiern entgegen. Da fielen viele Degen, und brach mancher Eschenschaft! Volkwin stach den Fähnrich des Königs, daß ihm der Spieß durch den Leib drang: diesen Zins — rief der vermessene Held — bringe deinem Herrn und sage ihm, als er meinen Herrn schändete an Haar und Gewand, das ist jetzt dahin gekommen, daß er's ihm wohl vergelten mag. Volkwin zuckte die Fahne wieder auf, nahm das Roß mit den Sporen und durchbrach den Römern die Schaar. Von keiner Seite wollten sie weichen, und viel frommer Held sank zu Boden; der Streit währte den sommerlangen Tag. Die grünen Fahnen der Römer wurden blutfärbig, ihre leichte Schaar troff von Blut. Da mochte man kühne Jünglinge schwer verhauen sehen, Mann fiel auf Mann, das Blut rann über eine Meile. Da mochte man hören schreien nichts als Ach und Weh! Die kühnen Helde schlugen einander, sie wollten nicht von der Wahlstätte kehren, weder wegen des Tods, noch wegen irgend einer Noth; sie wollten ihre Herren nicht verlassen, sondern sie mit Ehren dannen bringen; das war ihr aller Ende.

Der Tag begann sich zu neigen, da wankten die Römer. Volkwin der Fähnrich, dies gewahrend, kehrte seine Fahne wider den König der Römer; auf ihn drangen die muthigen Baiern mit ihren scharfen Schwertern und sangen das Kriegslied. Da vermochten die Wälschen weder zu fliehen noch zu fechten. Severus sah, daß die Seinen erschlagen oder verwundet lagen, und die Wahlstätte nicht behaupten konnten. Das Schwert warf er aus der Hand und rief: Rom, dich hat Baiern in Schmach gebracht, nun acht ich mein Leben nicht länger! Da erschlug Volkwin den König; als der König erschlagen war, steckte Herzog Adelger seinen Schaft in die Erde neben den Haselbrunnen: dies Land hab ich gewonnen den Baiern zu Ehre; diese Mark diene ihnen immerdar.

498.
Die treulose Störchin.

Cranz, ein Canzler Herzog Thaßilos III., schreibt gar ein seltsames Wunder von Störchen zur Zeit Herzog Haunbrechts. Der Ehebruch sei derselbigen Zeit gemein gewesen, und Gott habe dessen harte Strafe an unvernünftigen Thieren zeigen wollen.

Oberhalb Abach in Unterbaiern, nicht weit von der Donau, stand ein Dorf, das man jetzund Teygen nennet. In dem Dorf nisteten ein Paar Störche und hatten Eier zusammen. Während die Störchin brütete und um Futter ausflog, kam ein fremder Storch, buhlte um die Störchin, und überkam sie zuletzt. Nach vollbrachtem Ehebruch flog die Störchin überfeld zu einem Brunnen, taufte und wusch sich, und kehrte wieder ins Nest zurück, dermaßen, daß der alte Storch bei seiner Rückkunft nichts von der Untreue empfand. Das trieb nun die Störchin mit dem Ehebrecher fort, einen Tag wie den andern, bis sie die Jungen ausgebrütet hatte. Ein Bauer aber auf dem Felde nahm es wahr und verwunderte sich, was doch die Störchin alle Tage zum Brunnen flöge und badete, vermachte also den Brunnen mit Reisig und Steinen, und sah von ferne zu, was geschehen würde. Als nun die Störchin wieder kam und nicht zum Brunnen konnte, that sie kläglich, mußte doch zuletzt ins Nest zurückfliegen. Da aber der Storch, ihr Mann, heim kam, merkte er die Treulosigkeit, fiel die Störchin an, die sich heftig wehrte; endlich flog der Storch davon und kam nimmer wieder, die Störchin mußte die Jungen allein nähren. Nachher um St. Laurenztag, da die Störche fort zu ziehen pflegen, kam der alte Storch zurück, brachte unsäglich viel andre Störche mit, die fielen zusammen über die Störchin, erstachen und zerfleckten sie in kleine Flecken. Davon ist das gemeine Sprichwort aufkommen: „du kannst es nicht schmecken."

499.
Herzog Heinrich in Baiern hält reine Straße.

Herzog Heinrich zu Baiern, dessen Tochter Elsbeth nach Brandenburg heirathete, und die Märker nur „dat schön Elsken uth Beyern" nannten, soll das Rothwild zu sehr lieb gehabt und den Bauern die Rüben durch die Zaun gejagt haben. Doch hielt er guten Frieden und litt Reuterei, oder wie die Kaufleute sagten, Räuberei, gar nicht im Lande. Die Kaufleut hießen sein Reich: im Rosengarten. Die Reuter aber klagten und sagten: kein Wolf mag sich in seinem Land erhalten, und dem Strang entrinnen. Man sagt auch sonst von ihm, daß er seine Vormünder, die ihn in großen Verlust gebracht, ehe er zu seinen Jahren kam, gewaltig gehaßt und einmal, als er über Land geritten, begegnete ihm ein Karren, geladen mit Häfen. Nun kaufte er denselben ganzen Karren, stellte die Häfen neben einander her, und hob an zu fragen jeglichen Hafen: weß bist du? Antwortete drauf selber „des Herzogs" und sprach dann: nun du mußt es bezahlen, und zerschlug ihn. Welcher Hafen aber sagte „er wäre der Regenten" dem that er nichts, sondern zog das Hütel vor ihm ab. Sagte nachmals: so haben meine Regenten mit mir regiert. Man nannt ihn nur den reichen Herzog; den Thurn zu Burghausen füllte er mit Geld aus.

500.

Diez Schwinburg.

Kaiser Ludwig der Baier ließ im Jahre 1337 den Landfriedensbrecher Diez Schwinburg mit seinen vier Knechten gefangen in München einbringen und zu Schwert verurtheilen. Da bat Diez die Richter, sie möchten ihn und seine Knechte an eine Zeil, jeden acht Schuhe von einander stellen, und mit ihm die Enthauptung anfangen; dann wolle er aufstehen und vor den Knechten vorbeilaufen, denen möchte das Leben begnadigt sein. Als ihm dieses die Richter spottweise gewährt, stellte er seine Knechte, je den liebsten am nächsten zu sich, kniete getrost nieder, und wie sein Haupt abgefallen, stand er alsbald auf, lief vor allen vier Knechten hinaus, fiel alsdann hin und blieb liegen. Die Richter getrauten sich doch den Knechten nichts zu thun, berichteten alles dem Kaiser und erlangten, daß den Knechten das Leben geschenkt wurde.

501.

Der geschundene Wolf

Herzog Otto von Baiern vertrieb des Papstes Legaten Albrecht, daß er flüchten mußte und kam nach Passau. Da zog Otto vor die Stadt, nahm sie ein, und ließ ihn da jämmerlich erwürgen. Etliche sagen: man habe ihn schinden lassen, darum führen noch die von Passau einen geschundenen Wolf. Auch zeigt man einen Stein, der Blutstein geheißen, darauf soll Albrecht geschunden und zu Stücken gehauen sein. Es sei ihm, wie es wolle: er hat den Lohn dafür empfangen, daß er so viel Unglück in der Christenheit angestiftet.

502.

Die Gretlmühl.

Herzog Ott, Ludwigs von Baiern jüngster Sohn, verkaufte Mark Brandenburg an Kaiser Karl IV. um 200,000 Gülden, räumte das Land und zog nach Baiern. Da verzehrte er sein Gut mit einer schönen Müllerin, Namens Margaret, und wohnte im Schloß Wolfstein, unterhalb Landshut. Dieselbige Mühl wird noch die Gretlmühl genannt, und der Fürst Otto der Finner, darum, weil er also ein solches Land verkauft. Man sagt: Karl hab ihn im Kauf überlistet und die Stricke an den Glocken im Land nicht bezahlt.

503.

Herzog Friedrich und Leopold von Oesterreich.

Da König Friedrich in der Gewalt Ludwig des Baiern gefangen lag auf einer Feste, genannt Trausnitz*), kam ein wohlgelehrter Mann ein zu Herzog Leopold von Oestreich (des Gefangenen Bruder) und sprach: „ich will Gut nehmen und den Teufel beschwören und zwingen, daß er muß euern Bruder, König Friedrich, aus der Gefängniß her zu euch bringen." Also gingen die zwei, Herzog Leopold und der Meister, in die Kammer; da trieb der Meister seine Kunst, und kam der Teufel zu ihnen in eines Pilgrims Weise, und ward geheißen, daß er König Friedrich brächte ohn allen Schaden. Der Teufel antwortete: er wolle das wohl thun, wo ihm der König folgen würde. Also fuhr der Teufel weg, kam zu Friedrich nach Trausnitz und sprach: „sitze her auf mich, so will ich dich bringen ohne Schaden zu deinem Bruder." Der König sagte: „wer bist du?" Der Teufel versetzte und sprach: „frage nicht danach; willst du aus der Gefängniß kommen, so thue, das ich dich heiße." Da ward dem Könige und denen, die sein hüteten, grauen, uud machten Kreuze vor sich. Da verschwand der Teufel.

Danach thät Herzog Leopold dem König Ludwig also weh mit Kriege, daß er mußte König Friedrich aus dem Gefängniß lassen. Doch mußte er schwören und verbürgen, König Ludwig fürder nicht zu irren an dem Reiche.

————

504.

Der Markgräfin Schleier.

Agnes, Kaiser Heinrichs IV. Tochter stand mit Leopold dem Heiligen, Markgrafen von Oestreich, den achten Tag ihrer Hochzeit an einem Fenster der Burg und redeten von der Stiftung eines Klosters, um die ihm Agnes anlag. Indem kam ein starker Wind und führte den Schleier der Markgräfin mit sich fort. Leopold aber schlug ihr die Bitte mit den Worten ab: wenn sich dein Schleier findet, will ich dir auch ein Kloster bauen. Acht Jahre später geschah es, daß Leopold im Walde jagte, und auf einem Hollunderstrauch Agnesens Schleier hangen sah. Dieses Wunders wegen, ließ der Markgraf auf der Stelle, wo er ihn gefunden hatte, das Kloster Neuburg bauen; und noch heutigen Tages weist man daselbst den Schleier sowohl, als den Stamm des Hollunderbusches.

————

---

*) Als der Gefangene hineingeführt wurde, und diesen Namen aussprechen hörte, rief er aus: ja wohl Trausnicht (Druwesnit), ich habe sein je nicht getraut, daß ich so sollte darein gebracht worden sein.

505.

Der Brennberger (erste Sage).

Der Brennberger, ein edler Ritter, war zu Wien an des Herzogs von
Oestreich Hofe, und sah die auserwählte Herzogin an, ihre Wangen und
ihren rothen Mund, die blühten gleich den Rosen. Da sang er Lieder zu
ihrem Preis: wie selig wäre, der sie küssen dürfe, und wie kein schöner
Frauenbild auf Erden lebe, als die sein Herr besitze und der König von
Frankreich; diesen beiden Weibern thue es keine gleich. Als die Herzogin
von diesem Lobe vernahm, ließ sie den Ritter vor sich kommen und sprach:
ach, Brennburger, du allerliebster Diener mein, ist es dein Ernst oder
Scherz, daß du mich so besingest? und wärst du nicht mein Diener, nähm
ich dir's übel. „Ich rede ohne Scherz — sagte Brennberger — und in
meinem Herzen seid ihr die Schönste auf Erden: zwar spricht man von
der Königin zu Frankreich Schönheit, doch kann ich's nicht glauben." Da
sprach die zarte Frau; Brennberger, allerliebster Diener mein, ich bin dir
hold, und bitte dich sehr, nimm mein Gold und Silber und schaue die
Königin, und sieh, welche die Schönste sei unter uns zweien; bringst du
mir davon die Wahrheit, so erfreust du meinen Muth. „Ach, edle Frau
— sagte der Brennberger — ich fürchte die Müh und die lange Reise;
und brächt ich das zurück, das ihr nicht gerne hörtet, so wär mein Herze
schwer; bring ich euch aber gute Mähr, daß ihr euch freuet, so geschäh's
auch mir zu Lieb, darum will ich die Reise wagen. Die Frau sprach:
zeuch hin und laß dir's an nichts gebrechen, an Geschmeide noch an
Gewändern.

Brennberger aber ließ sich ein Krämlein machen; darein that er, was
Frauen gehöret, Gürtel und Spinnzeug, und wollte das als Krämerin
feil tragen; und zog über Berg und Thal, im Dienste seiner Frauen, bis
er gen Paris kam. Zu Paris nahm er Herberg bei einem auserwählten
Wirth, der unten am Berge wohnte, der gab ihm Futter und Streu,
Speise und Trank aufs Freundlichste. Brennberger hatte doch weder Ruh
noch Rast, winkte den Wirth und frug ihn um Rath, wie er's anfange,
der Königin unter Augen zu kommen; denn um ihrentwillen habe ihn
die Herzogin aus Oestreich hergesandt. Der Wirth sprach: stellt euch dahin,
wo sie pflegt zur Kirche zu gehen, so sehet ihr sie sicherlich.

Da kleidete sich Brennberger fräulich an, nahm seinen Kram und
setzte sich vors Burgthor, hielt Spindel und Seide feil. Endlich kam
auch die Königin gegangen, ihr Mund brann wie ein Feuer und eilf
Jungfrauen traten ihr nach. Gott grüß dich Krämerin, sprach sie im
Vorübergang; was Schönes hast du feil? Die Krämerin dankte tugenblich
und sagte: hochgelobte Königin, gnadet's anzuschauen und kauft von mir
sammt euern Jungfrauen!

Abends ſpat ſprach die edle Königin: nun hat ſich die Krämerin vor dem Thore verſpätet; laßt ſie ein, fürwahr, ſie mag heut bei uns bleiben. Und die Krämerin ſaß mit den Frauen züchtiglich zu Tiſch. Als das Mahl vollbracht war, ſagte die Königin: bei wem wollt ihr ſchlafen? Die Krämerin wär gern daheim geweſen, antwortete: Gott dank euch, edle Königin! geliebt's euch, ſo laßt mich allein liegen. Da wäre ſchlechte Ehre — verſetzte ſie — wohlan, ich habe zwölf Jungfrauen hier, bei der jüngſten ziemt euch zu liegen, da iſt euer Ehre gar wohl bewahrt. Alſo lag die Krämerin die lange Nacht bei der zarten Jungfrau, und hatte dreizehn Tage feil in der Burg, und jede Nacht ſchlief ſie bei einer andern Jungfrau. Wie nun die letzte Nacht kam, ſagte die Königin: hat ſie euch allen beigelegen, was ſoll ich's denn entgelten? Da wurde dem Brenn= berger angſt, daß es um ſein Leben geſchehen wäre, wenn er bei der Königin liegen müßte; und ſchlich ſich des Abends von dannen zu ſeinem Wirth, ſetzte ſich alsbald zu Pferd und ritt ohn Aufenthalt, bis er in die Stadt zu Wien kam.

Ach, Brennberger, allerliebſter Diener mein, wie iſt es dir ergangen, was bringſt du guter Mähre? Edle Frau — antwortete der Ritter — ich hab Lieb und Leid gehabt, wie man noch nie erhört. Dreizehn Tage hatte ich feil meinen Kram vor dem Burgthor; nun möget ihr Wunder hören, welches Heil mir widerfuhr; jeden Abend wurde ich eingelaſſen, und mußte bei jeder Jungfrau beſonders liegen; ich fürchte mich, es könnte nicht ſo lang verſchwiegen bleiben, und die letzte Nacht wollte mich die Königin ſelber haben. — Weh mir, Brennberger, daß ich je geboren ward — ſprach die Herzogin — daß ich dir je den Rath gab, die edle Frau zu kränken; nun ſag mir aber, welche die Schönſte ſei unter uns zweien? — Frau, in Wahrheit, ſie iſt ſchön ohne Gleichen, nie ſah ich ein ſchöner Weib auf Erden; ein lichter Schein brach von ihrem Angeſicht, als ſie das erſte Mal vor meinen Kram ging, ſonderliche Kraft empfing ich von ihrer Schöne. — Ach Brennberger, gefällt ſie dir beſſer als ich, ſo ſollſt du auch ihr Diener ſein! — Nein, edle Frau, das ſag ich nicht; ihr ſeid die Schönſte in meinem Herzen. — Nun ſprachſt du eben erſt, kein ſchöner Weib haſt du nie geſehen. — Wißt Frau, ſie hatte einen hohen Mund, darum ſeid ihr ſchöner auch an Hals und Kinn; aber nach euch iſt die Königin das ſchönſte Weib, das ich je auf der Welt geſehen; das iſt meine allergrößte Klage, ob ich einen unrechten Tod an ihr ver= dient hätte!

<hr>

506.
Der Brennberger (zweite Sage).

Als nun der edle Brennberger mannichfalt geſungen hatte von ſeiner ſchönen Frauen, da gewahrte es ihr Gemahl, ließ den Ritter fahen und sagte; du haſt meine Frau lieb, das geht dir an dein Leben! Und zur Stunde ward ihm das Haupt abgehauen; ſein Herz aber gebot der Herr auszuſchneiden und zu kochen. Darauf wurde das Gericht der edlen Frau vorgeſtellt, und ihr rother Mund aß das Herz, daß ihr treuer Dienſtmann im Leibe getragen hatte. Da ſprach der Herr: Frau, könnt ihr mich beſcheiden, was ihr jetzund gegeſſen habt? Die Frau antwortete: nein, ich weiß es nicht; aber ich möcht es wiſſen, denn es ſchmeckt mir ſchön. Er ſprach: fürwahr, es iſt Brennbergers Herz, deines Dieners, der dir viel Luſt und Schmerz brachte, und konnte dir wohl dein Leib vertreiben. Die Frau ſagte: hab ich gegeſſen, das mir Leid vertrieben hat, ſo thu ich einen Trunk darauf zu dieſer Stund, und ſollte meiner armen Seele nimmer Rath werden; von Eſſen und Trinken kommt nimmer mehr in meinen Mund. Und eilends ſtund ſie auf, ſchloß ſich in ihre Kammer und flehte die himmliſche Königin um Hülfe an; es muß mich immer reuen um den treuen Brennberger, der unſchuldig den Tod erlitt um meinetwillen; fürwahr, er ward nie meines Leibes theilhaftig, und kam mir nie ſo nah, daß ihn meine Arme umfangen hätten. Von der Zeit an kam weder Speiſe noch Trank über der Frauen Mund; elf Tage lebte ſie, und am zwölften ſchied ſie davon. Ihr Herr aber, aus Jammer, daß er ſie ſo unehrlich verrathen, ſtach ſich mit einem Meſſer todt.

507.
Schreckenwalds Roſengarten.

Unterhalb Mölk in Oeſtreich, auf dem hohen Agſtein, wohnte vor Zeiten ein furchtbarer Räuber, Namens Schreckenwald. Er lauerte den Leuten auf, und nachdem er ſie beraubt hatte, ſperrte er ſie oben auf dem ſteilen Felſen in einen engen, nicht mehr als drei Schritte langen und breiten Raum, wo die Unglücklichen vor Hunger verſchmachteten, wenn ſie ſich nicht in die ſchreckliche Tiefe des Abgrundes ſtürzen und ihrem Elend ein Ende machen wollten. Einmal aber geſchah es, daß jemand kühn und glücklich ſpringend auf weiche Baumäſte fiel und herab gelangte. Dieſer offenbarte nun nach vollbrachter Rettung das Raubneſt, und brachte den Räuber gefangen, der mit dem Schwert hingerichtet wurde. Sprüch= wörtlich ſoll man von einem Menſchen, der ſich aus höchſter Noth nur mit Leib= und Lebensgefahr retten mag, ſagen: er ſitzt in Schreckenwalds Roſengärtlein.

508.
Margaretha Maultaſch.

In Tyrol und Kärnthen erzählen die Einwohner viel von der um= gehenden Margaretha Maultaſch, welche vor alten Zeiten Fürſtin des

Landes gewesen und ein so großes Maul gehabt, davon sie benannt wird. Die Klagenfurther gehen nach der Betglocke nicht gern ins Zeughaus, wo ihr Panzer verwahrt wird, oder der Vorwitz wird mit derben Maulschellen bestraft. Am großen Brunnen, da wo der aus Erz gegossene Drache steht, sieht man sie zu gewissen Zeiten auf einem dunkelrothem Pferde reiten. Unfern des Schlosses Osterwitz stehet ein altes Gemäuer; manche Hirten, die da auf dem Felde ihre Heerden weideten, nahten sich unvorsichtig und wurden mit Peitschenhieben empfangen. Man hat deshalb gewisse Zeichen aufgesteckt, über welche hinaus keiner dort sein Vieh treibt; und selbst das Vieh mag das schöne, fette Gras, das an dem Orte wächst, nicht fressen, wenn unwissende Hirten es mit Mühe dahin getrieben haben. Zumal aber erscheint der Geist auf dem alten Schlosse bei Meran, neckt die Gäste, und soll einmal mit dem bloßen Schwerte auf ein neuvermähltes Braut= paar in der Hochzeitnacht eingehauen haben; doch ohne jemand zu tödten. In ihrem Leben war diese Margaretha kriegerisch, stürmte und verheerte Burgen und Städte und vergoß unschuldiges Blut.

509.

Dietrichstein in Kärnthen.

Als bei fortwährender Belagerung des Schlosses Dietrichstein (im Jahr 1334) die Obersten gesehen, daß sie den Platz in die Länge wider die Frau Margarethe Maultasch nicht erhalten möchten, da sie ihnen zu mächtig gewesen; darzu dann auch kommen, daß sie von Erzherzog Otten keine Hülf auf diesmal zu verhoffen gehabt: sind sie hierauf mit ein= helligem Gemüth auf einen Abend, da ein gewaltiger Nebel eingefallen, in aller Stille mit dem ganzen Kärnthischen Kriegsvolk von Dietrichstein abgezogen und ganz glücklich in die Stadt St. Veit gekommen, dessen sich eine ganze Bürgerschaft höchlich erfreut hat. Wie nun aber die Maul= taschischen folgenden Tages mit Stürmung angehalten, und keinen einigen Widerstand befunden, konnten sie leichtlich aus dem stillen Wesen abnehmen daß die Unsern sie betrogen und das Schloß ihnen leer verlassen hätten; darum Frau Maultasch im Zorn entbrannt mit großem Geschrei die Ihren nöthiget und zwang, die Mauern zu ersteigen und das Haus einzunehmen; welches sich leichtlich, weil niemand darauf gewesen, thun können; und er= oberten es also, und wurden die Mauern ungestümmiglich zerbrochen, die Thürm und Thore alle der Erde gleich eingerissen, die Zimmer verbrannt, und ließen sie allda wenig Gebäu aufrecht stehen. Damit ist Dietrichstein von der Maultasch zerstört und gräulich verwüst worden, das doch die Herren von Dietrichstein folgender Zeit wieder aufgebaut und in etwas bewohnt gemacht haben. Es ist die gemeine Sage im Land, wie daß in diesem veröbeten Schloß ein groß unsäglich Gut soll verborgen liegen;

wie dann heute zu Tage oft geschehen soll, wenn man recht in das ver-
fallne Gebäu kommt, daß sich ein solches Werfen, Poltern und Saufen
erhebt, gleich als wenn es alles über einen Haufen werfen wollt; darum
sich denn auch niemand unterstehen darf, lang' an diesem Ort zu bleiben.

510.
Die Maultasch-Schutt.

Wie das Schloß Dietrichstein von der Frau Margareth Maultasch
(im Jahre 1334) belagert und verwüstet worden, sind hiezwischen viel
Herren und Landleut aus Kärnthen mit Weib und Kind in eilender Flucht
gen Osterwitz kommen, dem edeln und gestrengen Herrn Reinherr Schenk
zugehörig, von dem sie dann mit großen Ehren sind empfangen worden.
An diesem Orte, als von Natur überaus stark und ungewinnlich, hatten
sie alle gute Hoffnung, mit den Ihren vor der Tyrannin sicher zu bleiben.
Es liegt aber Osterwitz eine Meil Wegs von St. Veit gegen Völkelmarkt
werts zur rechten Hand, auf einem starken und sehr hohen Feisen, der an
keinem Ort mag weder gestürmt noch angelaufen werden. Nun zog aber
Frau Maultasch mit ihrem Kriegsvolk stracks auf Osterwitz zu, sonderlich,
nachdem sie verstanden, daß ein großer Adel allda beisammen wäre; des
endlichen Vorhabens, so lange davor zu liegen, bis sie solches in ihre Gewalt bringen und der vorberührten Herren und Frauen würde habhaft
sein. Wie solches dem Herrn Reinherr Schenk von seinen Kundschaftern
angekündet worden, hat er hierauf unverzogenlich seine Kriegsleute, derselben
nicht viel über drei Hundert gewesen, mit großem Fleiß auf die Wehren
der Mauern und allenthalben auf dem hohen Berge geordnet, und gar
nichts unterlassen, was auf diesmal dazu gedienet. Hiezwischen kam
die Frau Maultasch so weit hinaus, daß sie mit den Ihren das Feld weit
und breit eingenommen, auch das Schloß in dem Gezirk also umringet,
daß schier niemand zu den Belagerten kommen oder aus der Festung
weichen konnte. Und weil die Tyrannin gesehen, daß es unmöglich, Osterwitz zu begwaltigen, hat sie demnach, in der Zeit der Belagerung, den
armen Bauersleuten in den Dörfern, mit Brennen, Rauben, Morden und
andern Gewaltthätigkeiten nicht geringen Schaden zugefügt; wie dessen die
zerbrochnen Schlösser und Burgen noch heutiges Tages genügsame Zeugniß
geben. Doch als sie zuletzt gesehen, daß sie Zeit umsonst und vergeblich
vertrieben, auch mit aller Gewalt wenig ausrichten würde, hat sie so viel
im Rath befunden, ihre Gesandten an Reinherr Schenk zu verordnen, mit
dem Befehl: daß sie ihn mit vielen und reichen Verheißungen dahin bewegen sollten, das Schloß Osterwitz ihr zu übergeben und mit den Seinen
frei abzuziehen. Als auf solche Werbung Herr Reinher Schenk abschläglich
antwortete und sagen ließ „er müsse ein Kind sein, wenn er darauf horchen

und nach ihren Drohungen fragen wollte" also daß die Gesandten mit betrübtem
Herzen ins Lager zurück kamen: riethen ihr alle, den Ort, da mit Gewalt
nichts auszurichten wäre, auszuhungern, und mit solchem Mittel den
kärnthischen Adel zum Brett zu treiben. Welchem getreuen Rath auch
Frau Maultasch nachkommen wollte, weil doch keine andere Gelegenheit
vorhanden war, ihres Willens habhaft zu werden.

Weil dann nun diese Belagerung ziemlich lange gewähret, entstand
hiezwischen in dem Schloß zu Osterwitz nicht allein unter den gemeinen
Knechten, sondern auch denen von Adel, sonderlich aber bei dem
Frauenzimmer ein großer Mangel in allen Sachen, vornehmlich aber an
Wasser, daß auch täglich viel umkamen. Dann es waren von den drei
Hundert Knechten kaum Hundert überblieben, die sich, gedrungener Weise,
mit abscheulicher Speise, als Katzen=, Hund=, und Roßfleisch erfättigen
mußten. Indem sich nun etliche vornehme Herren, und vom Adel deswegen
mit einander berathschlagten, wie den Sachen zu thun wäre, erfanden sie
endlich einen trefflich guten und erwünschten Weg. Denn, als sie täglich
den großen Jammer vermerkten, und ihnen gar schmerzlich war, daß sie
sammt Weib und Kindern in großem Unglück standen, und noch zukünftiger
Zeit mehrerm Unfall möchten unterworfen sein, gingen sie sämmtlich zu
Herrn Reinherr Schenk und sagten ihm: „wie sie diesmal nur durch einen
listigen Fund, weil sie keine Hülfe von Erzherzog Otto zu gewarten hätten,
zu erretten wären. Nun hätten sie eine gute und geschwinde Kriegslist
erdacht, damit den grimmen Feind ab ihrem Hals zu bringen. Nämlich,
dieweil sie gesehen, daß alle Essensspeisen und des Leibes Nothdurft nun
bereits verzehrt, und nichts mehr in ihrer Gewalt wäre, als ein dürrer
Stier und zwei Vierling Roggen; so wäre ihr getreuer Rath, Gutdünken
und Meinung, man sollte hierauf den Stier abschlachten, in dessen abgezogene
Haut den Roggen einschütten, und sie also, wohl vermacht, den Berg herab
werfen. Wenn die Feinde dann solches sähen, und könnten die Belagerung
noch eine gute Zeit ausharren. Derowegen sie unzweifelich würden aufbrechen und mit dem ganzen Kriegsheer abziehen." Diesem Rath kam
Herr Reinherr Schenk alsbald nach, ließ den Stier abnehmen, den Roggen
darein thun, und solche damit über den Berg abstürzen, dem jedermann
mit großer Verwunderung zugesehen. Als aber solches Frau Maultasch
erfahren, that sie hierauf einen lauten hellen Schrei und sagte: „ha! das
sind die Klausrappen, so eine gute Zeit ihre Nahrung in die Kluft zusammen getragen, und auf den hohen Felsen sich versteckt haben, die wir
nicht so leichtlich in unsern Klauen werden fassen können; darum wir sie
in ihrem tiefen Nest sitzen und andre gemästete Vögel suchen wollen."
Hat von Stund an darauf ihren Kriegsleuten geboten, daß ein jeder in-
sonderheit seine Sturmhaube voll Erde fassen und solches auf einem ebenen
Felde, gleich gegen Osterwitz über, ausschütten sollte. Welches, als es geschehen, ist aus der Erde ein ziemlich groß Berglein worden, daß man

lange Zeit im Land zu Kärnthen die Maultasch=Schutt genannt hat. Noch vor Kurzen, im Jahre 1580, hat Herr Georg Kevenhüller, Freiherr zu Aichelberg, als Landeshauptmann von Kärnthen, der Frau Maultasch Bildniß in schönem weißem Stein aushauen lassen, welche Säul das Kreuz bei der Maultasch=Schutt genannt worden.

511.
Radbod von Habsburg.

Im zehnten Jahrhundert gründete Radbod auf seinem eigenenen Gute im Aargau eine Burg, genannt Habsburg (Habichtsburg, Felsenneft), klein aber fest. Als sie vollendet war, kam Bischof Werner, sein Bruder, der ihm Geld dazu hergegeben, den Bau zu sehen, und war unzufrieden mit dem kleinen Umfang. Nachts aber ließ Graf Radbod seine Dienstmannen aufbieten und die Burg umringen. Als nun der Bischof Morgens aus= schaute, und sich verwunderte, sprach sein Bruder: ich hab eine lebendige Mauer erbaut und die Treue tapferer Männer ist die festeste Burg.

512.
Rudolf von Strättlingen.

König Rudolf von Burgund herrschte mächtig zu Strättlingen auf der hohen Burg; er war gerecht und mild, baute Kirchen weit und breit im Lande; aber zuletzt übernahm ihn der Stolz, daß er meinte, niemand selbst der Kaiser nicht, sei ihm an Macht und Reichthum zu vergleichen. Da ließ ihn Gott der Herr sterben; alsbald nahte sich der Teufel und wollte seine Seele empfangen; dreimal hatte er schon die Seele ergriffen, aber Sanct Michael wehrte ihm. Und der Teufel verlangte von Gott, daß des Königs Thaten gewogen würden; und wessen Schale dann schwerer sei, dem solle der Zuspruch geschehen. Michael nahm die Wage und warf in die eine Schale, was Rudolf Gutes, in die andere, was er Böses gethan hatte; und wie die Schalen schwankten, und sachte die gute nieder= zog, wurde dem Teufel angst, daß seine auffahre; und schnell klammerte er sich von unten dran fest, daß sie schwer hinunter sank. Da rief Michael; wehe, der erste Zug geht zum Gericht! Drauf hebt er zum zweitenmal die Wage, und abermal hängt sich Satan unten dran, und machte seine Schale lastend; wehe — sprach der Engel — der zweite Zug geht zum Gericht! Und zum drittenmal hob er und zögerte; da erblickte er die Krallen des Drachen am schmalen Rand der Wagschale, die sie niederdrückten. Da zürnte Michael und verfluchte den Teufel, daß er zur Hölle fuhr; langsam nach langem Streit hob sich die Schale des Guten um eines Haares Breite, und des Königs Seele war gerettet.

513.

Idda von Toggenburg.

Ein Rabe entführte der Gräfin Idda von Tokenburg, des Geschlechtes von Kirchberg, ihren Brautring durch ein offenes Fenster. Ein Dienst= mann des Grafen Heinrichs, ihres Gemahls, fand ihn und nahm ihn auf; der Graf erkannte ihn an dessen Finger. Wüthend eilte er zu der un= glücklichen Idda, und stürzte sie in den Graben der hohen Tokenburg; den Dienstmann ließ er am Schweif eines wilden Pferdes die Felsen herunter schleifen. Indeß erhielt sich die Gräfin im Herabfall an einem Gesträuch, wovon sie sich Nachts losmachte. Sie ging in einen Wald, lebte von Wasser und Wurzeln; als ihre Unschuld klar geworden, fand ein Jäger die Gräfin Idda. Der Graf bat viel; sie wollte nicht mehr bei ihm leben, sondern blieb still und heilig im Kloster zu Fischingen.

514.

Auswanderung der Schweizer.

Es war ein altes Königreich im Lande gegen Mitternacht, im Lande der Schweden und Friesen*); über dasselbe kam Hunger und theure Zeit. In dieser Noth sammelte sich die Gemeinde; durch die meisten Stimmen wurde beschlossen, daß jeden Monat das Volk zusammen kommen und loosen sollte; wen das Loos träfe, der müsse bei Lebensstrafe aus dem Land ziehen, Hohe und Niedere, Männer, Weiber und Kinder. Dies geschah eine Zeit lang; aber es half bald nicht aus, und man wußte den Menschen keine Nahrung mehr zu finden. Da versammlete sich nochmals der Rath und verordnete: es solle nun alle acht Tage der zehnte Mann loosen, aus= wandern, und nimmermehr wiederkehren. So geschah der Ausgang aus dem Land in Mitternacht, über hohe Berge und tiefe Thäler, mit großem Wehklagen aller Verwandten und Freunde; die Mütter führten ihre un= mündigen Kinder. In drei Haufen zogen die Schweden, zusammen sechs Tausend Männer, groß wie die Riesen, mit Weib und Kindern, Hab' und Gut. Sie schwuren, sich einander nie zu verlassen, und erwählten drei Hauptleute über sich durchs Loos, deren Namen waren Switer (Schweizer), Swey und Hasius. Zwölf Hundert Friesen schlossen sich ihnen an. Sie wurden reich an fahrendem Gut durch ihren sieghaften Arm. Als sie durch Franken zogen und über den Rheinstrom wollten, ward es Graf Peter von Franken kund, und andern; die machten sich auf, wollten ihren Zug wehren und ihnen die Straße verlegen. Die Feinde dachten, mit ihrem starken

---

*) Das Lied nennt den damaligen König Rikbert und den Grafen Christoph von Ost= friesland.

Heer das arme Volk leicht zu bezwingen, wie man Hunde und Wölfe jagt und ihnen Gut und Waffen zu nehmen. Aber die Schweizer schlugen sich glücklich durch, machten große Beute und baten zu Gott um ein Land, wie das Land ihrer Altvordern, wo sie möchten ihr Vieh weiden in Frieden; da führte sie Gott in die eine Gegend, die hieß das Brochenburg. Da wuchs gut Fleisch und auch Milch und viel schönes Korn, daselbst saßen sie nieder und bauten Schwytz, genannt nach Schwyzer, ihrem ersten Hauptmann. Das Volk mehrte sich, in dem Thal war nicht Raum genug, sie hatten manchen schweren Tag, eh ihnen das Land Nutzen gab; den Wald ausrotten war ihr Geigenbogen. Ein Theil der Mengen zog ins Land an den schwarzen Berg, der jetzt Braun=eck heißt. Sie zogen über das Gebirg ins Thal, wo die Aar rinnt, da werkten sie emsig zu Tag und Nacht und bauten Hütten. Die aber aus der Stadt Häßle in Schweden stammten, besetzten Hasli im Weißland (Oberhasli) und wohnten daselbst unter Hasius, dem dritten Hauptmann. Der Graf von Habsburg gab ihnen seine Erlaubniß dazu. Gott hatte ihnen das Land gegeben, daß sie drinnen sein sollten: aus Schweden waren sie geboren, trugen Kleider aus grobem Zwillich, nährten sich von Milch, Käs' und Fleisch und erzogen ihre Kinder damit.

Hirten wußten noch zwischen 1777—80 zu erzählen; wie in alten Jahrhunderten das Volk von Berg zu Berg, aus Thal in Thal, nach Frutigen, Obersibenthal, Sanen, Afflentsch und Jaun gezogen; jenseits Jaun wohnen andere Stämme. Die Berge waren aber vor den Thälern bewohnt.

515

Die Ochsen auf dem Acker zu Melchthal.

Es saß zu Sarnen einer von Landenberg, der war daselbst Vogt; der vernahm, daß ein Landmann in Melchthal einen hübschen Zug Ochsen hätte, da fuhr er zu, schickte einen Knecht und hieß ihm die Ochsen bringen; „Bauern sollten den Pflug ziehen, er wolle die Ochsen haben." Der Knecht that, was ihm befohlen war; nun hatte der arme fromme Landmann einen Sohn; als der Knecht die Joche der Ochsen aufbinden wollte, schlug der Sohn mit dem Garb (Stecken) dem Knecht den Finger entzwei. Der gehub sich übel, lief heim und klagte. Der gute arme Knab versah sich wohl: wo er nicht wiche, daß er darum leiden müßte, floh und entrann. Der Herr ward zornig und schickte noch mehr Leute aus, da war der Junge entronnen; da fingen sie den alten Vater, dem ließ der Herr die Augen ausstechen und nahm ihm, was er hatte.

516.

Der Landvogt im Bad.

Zu den Zeiten war auch ein Biedermann auf Allzellen im Wald ge=
sessen, der hatte eine schöne Frau, die gefiel dem Landvogt und hätte sie
gern zu seinem Willen gehabt. Weil er aber sah, daß das wider den
Willen der Frau war, und sie ihn bat, abzustehen, und sie unbekümmert
zu lassen, denn sie wolle fromm bleiben: da dachte er die Frau zu zwingen.
Eines Tages ritt er zu der Frauen Haus; da war der Mann ungefähr zu
Holz gefahren; da zwang er die Frau, daß sie ihm ein Bad machen mußte,
das that sie unwillig. Da das Bad gemacht war, saß der Herr hinein,
und wollte, daß die Frau sich zu ihm ins Bad setzte; das war die gute
Frau nicht Willens und verzog die Sache so lange sie mochte, bat Gott,
daß er ihre Ehre beschirmen und beschützen möge. Und Gott der Herr
verließ sie in ihren Nöthen nicht; denn da sie am größten war, kam der
Mann eben bei Zeit aus dem Walde; und wäre er nicht gekommen, so
hätte die Frau des Herrn Willen thun müssen. Da der Mann gekommen
war und seine Frau traurig stehen sah, fragte er, was ihr wäre, warum
sie ihn nicht fröhlich empfänge? Ach, lieber Mann — sagte sie — unser
Herr ist da innen und zwang mich, ihm ein Bad zu richten; und wollte
gehabt haben, daß ich zu ihm säße, seinen Muthwillen mit mir zu ver=
bringen, das hab' ich nicht wollen thun. Der Mann sprach: ist dem also,
so schweig still, und sei Gott gelobt, daß du deine Ehre behalten hast; ich
will ihm schon das Bad gesegnen, daß er's keiner mehr thut. Und ging
hin zum Herrn, der noch im Bad saß und der Frauen wartete, und schlug
ihn mit der Axt zu Tode. Das alles wollte Gott.

517.

Der Bund in Rütli.

Einer von Schwitz, genannt Stöffacher, saß zu Steinen, dießhalb der
Burg, der hatte gar ein hübsches Haus erbaut. Da ritt auf eine Zeit
Grißler, Vogt zu des Reichs Handen in Uri und Schwitz, vorüber, rief
dem Stöffacher und fragte: weß die schöne Herberg wäre? Sprach der
Mann: „euer Gnaden und mein Lehen" wagte aus Furcht nicht zu sprechen,
sie ist mein. Grißler schwieg still und zog heim. Nun war der Stöffacher
ein kluger, verständiger Mann, hatte auch eine fromme weise Frau; der
setzte sich die Sache zu Herzen und dachte, der Vogt nähme ihm noch Leib
und Gut. Die Frau aber, als sie ihn bekümmert sah, fragte ihn aus;
er sagte ihr alles. Da sagte sie: deß wird noch Rath, geh und klag es
deinen vertrauten Freunden. So geschah es bald, daß drei Männer
zusammen kamen, einer von Uri, der von Schwitz und der Unterwaldner,

dem man den Vater geblendet hatte. Diese drei schwuren heimlich den ersten Eid, des ewigen Bundes Anfang, daß sie wollten Recht mehren, Unrecht niederdrücken, und Böses strafen; darum gab ihnen Gott Glück. Wann sie aber ihre Anschläge thun wollten, fuhren sie an den Mitten=stein, an ein Ende, heißt im Bettlin, da tageten sie zusammen im Rütli.

518.
Wilhelm Tell.

Es fügte sich, daß des Kaisers Landvogt, genannt der Grißler*), gen Uri fuhr; als er da eine Zeit wohnte, ließ er einen Stecken unter der Linde, da jedermann vorbeigehen mußte, richten, legte einen Hut drauf, und hatte einen Knecht zur Wacht dabei sitzen. Darauf gebot er durch öffentlichen Ausruf: wer der wäre, der da vorüber ginge, sollte sich dem Hut neigen, als ob der Herr selber zugegen sei; und übersähe es einer und thäte es nicht, den wollte er mit schweren Bußen strafen. Nun war ein frommer Mann im Lande, hieß Wilhelm Tell, der ging vor dem Hut über und neigte ihm kein Mal: da verklagte ihn der Knecht, der des Hutes wartete, bei dem Landvogt. Der Landvogt ließ den Tell vor sich bringen und fragte; warum er dem Stecken und Hut nicht neige, als doch geboten sei? Wilhelm Tell antwortete: lieber Herr, es ist von ungefähr beschehen; dachte nicht, daß es euer Gnad so·hoch achten und fassen würde; wär ich witzig, so hieß ich anders dann der Tell. Nun war der Tell gar ein guter Schütz, wie man sonst keinen im Lande fand, hatte auch hübsche Kinder, die ihm lieb waren. Da sandte der Landvogt, ließ die Kinder holen, und als sie gekommen waren, fragte er Tellen, welches Kind ihm das allerliebste wäre? Sie sind mir alle gleich lieb. Da sprach der Herr: Wilhelm, du bist ein guter Schütz, und find't man nicht deins gleichen; das wirst du mir jetzt bewähren; denn du sollst deiner Kinder einem den Apfel vom Haupte schießen. Thust du das, so will ich dich für einen guten Schützen achten. Der gute Tell erschrak, fleht um Gnade und daß man ihm solches erließe, denn es wäre unnatürlich; was er ihm sonst hieße, wolle er gerne thun. Der Vogt aber zwang ihn mit seinen Knechten und legte dem Kinde den Apfel selbst aufs Haupt. Nun sah Tell, daß er nicht ausweichen konnte, nahm den Pfeil und steckte ihn hinten in seinen Göller, den andern Pfeil nahm er in die Hand, spannte die Armbrust und bat Gott, daß er sein Kind behüten wolle; zielte und schoß glücklich ohne Schaden den Apfel von des Kindes Haupt. Da sprach der Herr: das wäre ein Meisterschuß; aber einst wirst du mir sagen: was bedeutet, daß du den ersten Pfeil hinten ins Göller stießest? Tell sprach: das ist

---

*) Sonst Geßler. Spiel und Lied nennen ihn gar nicht mit Namen.

so Schützen Gewohnheit. Der Landvogt ließ aber nicht ab und wollte
es eigentlich hören; zuletzt sagte Tell, der sich fürchtete, wenn er die
Wahrheit offenbarte: wenn er ihm das Leben sicherte, wolle er's sagen.
Als das der Landvogt gethan, sprach Tell: nun wohl! sintemal ihr mich
des Lebens gesichert, will ich das Wahre sagen. Und fing an und sagte:
ich hab es darum gethan, hätte ich des Apfels gefehlt und mein Kindlein
geschossen, so wollte ich euer mit dem andern Pfeil nicht gefehlt haben.
Da das der Landvogt vernahm, sprach er: dein Leben ist dir zwar zu=
gesagt; aber an ein Ende will ich dich legen, da dich Sonne und Mond
nimmer bescheinen; ließ ihn fangen und binden, und in denselben Nachen
legen, auf dem er wieder nach Schwitz schiffen wollte. Wie sie nun auf
dem See fuhren und kamen bis gen Axen hinaus, stieß sie ein grausamer
starker Wind an, daß das Schiff schwankte, und sie elend zu verderben
meinten; denn keiner wußte mehr dem Fahrzeug vor den Wellen zu
steuern. Indem sprach einer der Knechte zum Landvogt: „Herr, hießet
ihr den Tell aufbinden, der ist ein starker, mächtiger Mann, und versteht
sich wohl auf das Wetter: so möchten wir wohl aus der Noth entrinnen."
Sprach der Herr und rief dem Tell: willt du uns helfen und dein Bestes
thun, daß wir von hinnen kommen? so will ich dich heißen aufbinden.
Da sprach der Tell: ja gnädiger Herr, ich will's gerne thun, und getraue
mir's. Da ward Tell aufgebunden, und stand an dem Steuer und fuhr
redlich dahin; doch so lugte er allenthalben auf seinen Vortheil und auf
seine Armbrust, die nah bei ihm am Boden lag. Da er nur kam gegen
einer großen Platte — die man seither stets genannt hat „des Tellen
Platte" und noch heut bei Tag also nennet — däucht es ihm Zeit zu
sein, daß er entrinnen konnte; rief allen munter zu, fest anzuziehen, bis
sie auf die Platte kämen, denn wann sie davor kämen, hätten sie das
Böseste überwunden. Also zogen sie der Platte nah, da schwang er mit
Gewalt, als er dann ein mächtig stark Mann war, den Nachen, griff seine
Armbrust und that einen Sprung auf die Platte, stieß das Schiff von
ihm, und ließ es schweben und schwanken auf dem See. Lief durch
Schwitz schattenhalb (im dunkeln Gebirg), bis daß er kam gen Küßnach
in die hohle Gassen; da war er vor dem Herrn hingekommen und wartete
sein daselbst. Und als der Landvogt mit seinen Dienern geritten kam;
stand Tell hinter einem Staudenbusch und hörte allerlei Anschläge, die
über ihn gingen, spannte die Armbrust auf und schoß einen Pfeil in den
Herrn, daß er todt umfiel. Da lief Tell hinter sich über die Gebirge gen
Uri, fand seine Gesellen und sagte ihnen, wie es ergangen war.

519.

Der Knabe erzählt's dem Ofen.

Als auch Luzern dem ewigen Bunde beigetreten war, da wohnten doch noch Oestreichischgesinnte in der Stadt, die erkannten sich an den rothen Aermeln, die sie trugen. Diese Rothärmel versammelten sich einer Nacht uuter dem Schwibbogen, Willens die Eidgenossen zu überfallen. Und wiewohl sonst niemand um so späte Zeit an den Ort zu gehen pflegte, geschah es damals durch Gottes Schickung: daß ein junger Knab unter dem Bogen gehen wollte, der hörte die Waffen klirren und den Lärm, erschrak und wollte fliehen. Sie aber holten ihn ein und drohten hart: wenn er einen Laut von sich gebe, müsse er sterben. Drauf nahmen sie ihm einen Eid ab, daß er's keinem Menschen sagen wolle; er aber hörte alle ihre Anschläge und entlief ihnen unter dem Getümmel, ohne daß man sein achtete. Da schlich er und lugte, wo er Licht sähe; und sah ein groß Licht auf der Metzgerstube, war froh und legte sich dahinten auf den Ofen. Es waren noch Leute da, die tranken und spielten. Und der gute Knab fing laut zu reden an: o Ofen, Ofen! und redete nichts weiter. Die andern hatten aber kein Acht drauf. Nach einer Weile fing er wieder an: o Ofen, Ofen, dürft ich reden." Das hörten die Gesellen, schnarzten ihn an: was Gefährts treibst du hinterm Ofen? hat er dir ein Leid gethan, bist du ein Narr, oder was sonst, daß du mit ihm schwatzest? Da sprach der Knab; nichts, nichts, ich sage nichts, aber eine Weile drauf hub er an zum drittenmal, und sagte laut:

> o Ofen, Ofen, ich muß dir klagen,
> ich darf es keinem Menschen sagen;

setzte hinzu „daß Leute unterm Schwibbogen stünden, die wollten heut einen großen Mord thun." Da die Gesellen das hörten, fragten sie nicht lange nach dem Knaben, liefen und thaten's jedermann kund, daß bald die ganze Stadt gewarnt wurde.

520.

Der Lucerner Harschhörner.

Die Schweizer brauchen Trompeten, Trummeln und Pfeiffen, doch ist ein großer Unterschied zwischen dem landsknechtischen und eidgenössischem Schlag; denn der ist etwas gemächer. Die von Uri haben einen Mann dazu verordnet, den man den Stier von Uri nennt, der im Krieg ein Horn von einem wilden Urochsen bläst, schön mit Silber beschlagen. Die von Lucern brauchen aber ehrine Harschhörner, die gab ihnen König Karl zu Ehren, als sie tapfer stritten in der runcifaller Schlacht. Da gönnte er ihnen, daß sie immerdar Hörner führen möchten und sollten, wie sie Roland, sein eigner Vetter, auch geführt.

521.

Ursprung der Welfen.

Warin war ein Graf zu Altorf und Ravensburg in Schwaben, sein Sohn hieß Isenbart und Irmentrut dessen Gemahlin. Es geschah, daß ein armes Weib unweit Altorf drei Kindlein auf ein Mal zur Welt brachte; als das Irmentrut, die Gräfin, hörte, rief sie aus: es ist unmöglich, daß dies Weib drei Kinder von einem Mann haben könne, ohne Ehbruch. Dieses redete sie öffentlich vor Graf Isenbart ihrem Herrn und allem Hofgesinde „und diese Ehebrecherin verdiene nichts anders, als in einen Sack gesteckt und ertränkt zu werden."

Das nächste Jahr wurde die Gräfin selbst schwanger, und gebar, als der Graf eben ausgezogen war, zwölf Kindlein, eitel Knaben. Zitternd und zagend, daß man sie nun gewiß, ihren eigenen Reden nach, Ehbruchs zeihen würde, befahl sie der Kellnerin, die andern elfe (denn das zwölfte behielt sie) in den nächsten Bach zu tragen und zu ersäufen. Indem nun die Alte diese elf unschuldigen Knäblein in ein großes Becken gefaßt, in den vorfließenden Bach, die Scherz genannt, tragen wollte: schickte es Gott, daß der Isenbart selber heim kam und die Alte frug, was sie da trüge? Welche antwortete: es wären Welfe oder junge Hündlein. Laß schauen — sprach der Graf — ob mir einige zur Zucht gefallen, die ich zu meiner Nothdurft hernach gebrauchen will. Ei, ihr habt Hunde genug — sagte die Alte und weigerte sich — ihr möchtet ein Grauen nehmen, sähet ihr einen solchen Wust und Unlust von Hunden. Allein der Graf ließ nicht ab und zwang sie hart, die Kinder zu blößen und zu zeigen. Da er nun die elf Kindlein erblickte, wiewohl klein, doch von adlicher, schöner Gestalt und Art, fragte er heftig und geschwind: weß die Kinder wären. Und als die alte Frau bekannte und ihn des ganzen Handels verständigte „wie daß nämlich die Kindlein seinem Gemahl zustünden, auch aus was Ursach sie hätten umgebracht werden sollen" befahl der Graf diese Welfen einem reichen Müller der Gegend, welcher sie aufziehen sollte; und verbot der Alten ernstlich, daß sie wiederum zu ihrer Frau ohne Furcht und Scheu gehen, und nichts anders sagen sollte, als: ihr Befehl sei ausgerichtet und vollzogen worden.

Sechs Jahre hernach ließ der Graf die elf Knaben, adlich geputzt und geziert in sein Schloß, da ietzo das Kloster Weingarten stehet, bringen, lud seine Freundschaft zu Gast und machte sich fröhlich. Wie das Mahl schier vollendet war, hieß er aber die elf Kinder, alle roth gekleidet, einführen; und als alle dem zwölften, den die Gräfin behalten hatte, an Farbe, Gliedern, Gestalt und Größe so gleich: daß man eigentlich sehen konnte, wie sie von einem Vater gezeugt, und unter einer Mutter Herzen gelegen wären.

Unterdessen stand der Graf auf und frug feierlich seine gesammte Freundschaft: was doch ein Weib, die so herrlicher Knaben elfe umbringen wollen, für einen Tod verschulde? Machtlos und ohnmächtig sank die Gräfin bei diesen Worten hin; denn das Herz sagte ihr, daß ihr Fleisch und Blut zugegen waren; als sie wieder zu sich gebracht worden, fiel sie dem Grafen mit Weinen zu Füßen und flehte jämmerlich um Gnade. Da nun alle Freunde Bitten für sie einlegten, so verzieh der Graf ihrer Einfalt und kindlichen Unschuld, aus der sie das Verbrechen begangen hatte. Gottlob, daß die Kinder am Leben sind.

Zum ewigen Gedächtniß der wunderbaren Geschichte, begehrte und verordnete in seiner Freunde Gegenwart der Graf: daß seine Nachkommen sich fürder nicht mehr Grafen zu Altorf, sondern Welfen, und sein Stamm der Welfen Stamm heißen sollten.

Andere berichten des Namens Entstehung auf folgend verschiedene Art:

Der Vorfahre dieses Geschlechtes habe sich an des Kaisers Hof aufgehalten, als er von seiner eines Sohnes entbundenen Gemahlin zurück gerufen wurde. Der Kaiser sagte scherzweise: was eilst du um eines Welfen willen, der dir geboren ist? Der Ritter antwortete: weil nun der Kaiser dem Kind den Namen gegeben, solle das gelten; und bat ihn, es zur Taufe zu halten, welches geschah.

522.

Welfen und Giblinger.

Herzog Friedrich von Schwaben, Conrads Sohn, überwand die Baiern unter ihrem Herzog Heinrich und dessen Bruder Welf in dem Rieß (Holz) bei Neresheim. Welf entfloh aus der Schlacht, wurde aber im nächsten Streit vor Winsperg erstochen. Und war die Krei (Schlachtgeschrei) des bairischen Heeres: hie Welf! Aber der Schwaben „hier Gibling!" und ward die Krei genommen von einem Wiler, darin die Säugamme Friedrichs war; und wollte damit bezeugen, daß er durch seine Stärke, die er durch die Bauernmilch empfangen hätte, die Welfen überwinden könne.

523.

Herzog Bundus, genannt der Wolf.

Herzog Balthasar von Schwaben hatte Herzog Albans von München Tochter zur Ehe, die gebar ihm in vierzehn Jahren kein Kind. Da hatte der Herzog einen Jäger, dem er in allen Dingen traute; mit dem legte er's an, wenn des Jägers Frau schwanger würde, daß er es heimlich hielte, so sollte sein Gemahl thun, als ob sie schwanger wäre. Wann dann sein

Weib genese, solle er das Kind bringen und es die Herzogin für ihres aus=
geben. Das geschah. Da war große Freude, und nannten das Kind
Bundus. Nun hatten des Jägers Nachbarn zu derselben Nacht etwas
ungeheures gehört, die fragten: was es gewesen wäre? Er sagte ihnen:
seine Jagdhunde hätten gewelfet. Da der Knabe vierzehn Jahre alt war,
da wollt er nun bei den Jägern sein; und da er in dem zweiundzwanzigsten
Jahre war, starb der alte Herzog; da wollten sie dem Jungen eine Frau
geben, die Herzogin von Geldern. Indem schlug der Jäger einen am Hof
und wurde in den Thurm gelegt; da kam des Jägers Weib, begehrte
heimlich mit dem Herrn zu reden. Das trieb sie so ernstlich, daß sie der
Herr ein hieß gehen, und jedermann hinaus. Da fiel sie ihm um den
Hals und sprach: herzlieber Sohn! und sagte ihm, daß der Jäger sein
Vater wäre, und wie es ein Gestalt hätte ganz überall. Da erschrak er
von Herzen sehr und besandte seinen Beichtvater; der wollte ihm nicht
rathen ein Weib zu nehmen, er möge dann seine Seele verlieren. Da
nahm er Hugo, des Heiligenberg Sohn, zu sich, und hieß ihm die Herzogin
von Geldern geben, mit aller Landsherren Willen; und kam mit ihnen
überein, daß dieser sein Lebtag das Herzogthum inhaben und beherrschen
sollte. Herzog Bundus aber nahm viel Geld und einige liegende Güter,
damit kam er ins Gotteshaus Altorf, diente Gott ernstlich neunund=
zwanzig Jahr. Und als er sterben wollte, besandte er Herzog Hugo und
die mächtigsten Landesherren und offenbarte ihnen, weß Sohn er wäre
und den ganzen Verlauf. Da ward er geheißen Herzog Wolf (Welf)
und also in die Gedächtniß und Jahrzahl geschrieben.

524.

Heinrich mit dem güldenen Wagen.

Zu Zeiten König Ludwigs von Frankreich lebte in Schwaben Eticho
der Welf, ein reicher Herr, gesessen zu Ravensburg und Altorf; seine
Gemahlin hieß Judith, Königstochter aus Engelland, und ihr Sohn
Heinrich. Eticho war so reich und stolz, daß er einen güldenen Wagen
im Schilde führte, und wollte sein Land weder von Kaiser noch König in
Lehen nehmen lassen; verbot es auch Heinrich, seinem Sohne. Dieser aber,
dessen Schwester Kaiser Ludwig vermählt war, ließ sich einmal von der=
selben bereden: daß er dem Kaiser ein Land abforderte und bat, ihm so
viel zu verleihen, als er mit einem güldenen Wagen in einem Vormittag
umfahren könnte in Baiern. Das geschah, Ludwig aber traute ihm nicht
solchen Reichthum zu, daß er einen güldenen Wagen vermöchte. Da hatte
Heinrich immer frische Pferde und umfuhr einen großen Fleck Lands und
hatte einen güldenen Wagen im Schooß. Ward also des Kaisers Mann.
Darum nahm sein Vater, im Zorn und aus Scham, sein edles Geschlecht

so erniedrigt zu sehen, zwölf Edelleute zu sich, ging in einen Berg und blieb darinnen, vermachte das Loch, daß ihn niemand finden konnte. Das geschah bei dem Scherenzer*) Walde, darin verhärmte er sich mit den zwölf Edelleuten.

525.

Heinrich mit dem goldenen Pfluge.

Eticho der Welf liebte die Freiheit dergestalt, daß er Heinrich, seinem Sohne, heftig abrieth, er möchte kein Land vom Kaiser zu Lehen tragen. Heinrich aber, durch Zuthun seiner Schwester Judith, die Ludwig dem Frommen die Hand gegeben hatte, that sich in des Kaisers Schutz und Dienst und erwarb von ihm die Zusage, daß ihm so viel Landes geschenkt sein solle, als er mit seinem Pfluge zur Mittagszeit umgehen könne. Heinrich ließ darauf einen goldenen Pflug schmieden, den er unter seinem Kleide barg; und zur Mittagszeit, da der Kaiser Schlaf hielt, fing er an, das Land zu umziehen. Er hatte auch an verschiedenen Orten Pferde bereit stehen, wenn sie ermüdeten, gleich umzuwechseln. Endlich, wie er eben einen Berg überreiten wollte, kam er an ein böses Mutterpferd, die gar nicht zu bezwingen war, so daß er sie nicht besteigen konnte. Daher der Berg davon Mährenberg heißt, bis auf den heutigen Tag; und die Ravensburger Herren das Recht behaupten, daß sie nicht genöthigt werden können, Stuten zu besteigen. Mittlerweile war der Kaiser aufgewacht, und Heinrich mußte einhalten. Er ging mit seinem Pfluge an den Hof und erinnerte Ludwig an das gegebene Wort. Dieser hielt es auch; wiewohl es ihm leid that, daß er so belistet und um ein großes Land gebracht worden. Seitdem führte Heinrich den Namen eines Herrn von Ravensburg; denn Ravensburg lag mit im umgepflügten Gebiet: da seine Vorfahren blos Herren von Altdorf geheißen hatten.

Als aber Eticho hörte, daß sich sein Sohn hatte belehnen lassen, machte er sich traurig auf aus Baiern, zog mit zwölfen seiner treusten Diener auf das Gebirg, ließ alle Zugänge sperren und blieb da bis in sein Lebensende. Späterhin hieß einer seiner Nachfahren, um Gewißheit dieser Sage zu erlangen, die Gräber auf dem Gebirg suchen und die Todtenbeine ausgraben. Da er nun die Wahrheit völlig daran erkannt hatte, ließ er an dem Ort eine Capelle bauen und sie da zusammen bestatten.

---

*) Scerenzerewald ist die älteste und beste Lesart: andere haben Scherendewald.

526.

Heinrich der Löwe.

Zu Braunschweig stehet aus Erz gegossen das Denkmal eines Helden, zu dessen Füßen ein Löwe liegt; auch hängt im Dom daselbst eines Greifen Klaue. Davon lautet folgende Sage: vor Zeiten zog Herzog Heinrich, der edle Welf, nach Abenteuern aus. Als er in einem Schiff das wilde Meer befuhr, erhub sich ein heftiger Sturm und verschlug den Herzogen; lange Tage und Nächte irrte er, ohne Land zu finden. Bald fing den Reisenden die Speise an auszugehen, und der Hunger quälte sie schrecklich. In dieser Noth wurde beschlossen, Loose in einen Hut zu werfen; und wessen Loos gezogen ward, der verlor das Leben und mußte der andern Mannschaft mit seinem Fleische zur Nahrung dienen; willig unterwarfen sich diese Unglücklichen und ließen sich für den geliebten Herrn und ihre Gefährten schlachten. So wurden die Uebrigen eine Zeit lang gefristet; doch schickte es die Vorsehung, daß niemals des Herzogen Loos herauskam. Aber das Elend wollte kein Ende nehmen; zuletzt war blos der Herzog mit einem einzigen Knecht noch auf dem ganzen Schiffe lebendig, und der schreckliche Hunger hielt nicht stille. Da sprach der Fürst: laß uns beide loosen, und auf wen es fällt, von dem speise sich der andere. Ueber diese Zumuthung erschrak der treue Knecht, doch so dachte er, es wurde ihn selbst betreffen und ließ es zu; siehe, da fiel das Loos auf seinen edlen, liebwerthen Herrn, den jetzt der Diener tödten sollte. Da sprach der Knecht: das thu ich nimmermehr, und wenn alles verloren ist, so habe ich noch ein andres ausgesonnen; ich will euch in einen ledernen Sack einnähen, wartet dann, was geschehen wird. Der Herzog gab seinen Willen dazu; der Knecht nahm die Haut eines Ochsen, den sie vordem auf dem Schiffe gespeist hatten, wickelte den Herzogen darein und nähte sie zusammen; doch hatte er sein Schwert neben ihn mit hinein gesteckt. Nicht lange, so kam der Vogel Greif geflogen, faßte den ledernen Sack in die Klauen und trug ihn durch die Lüfte über das weite Meer bis in sein Nest. Als der Vogel dies bewerkstelligt hatte, sann er auf einen neuen Fang, ließ die Haut liegen und flog wieder aus. Mittlerweile faßte Herzog Heinrich das Schwert und zerschnitt die Nähte des Sackes; als die jungen Greifen den lebendigen Menschen erblickten, fielen sie gierig und mit Geschrei über ihn her. Der theure Held wehrte sich tapfer und schlug sie sämmtlich zu Tode. Als er sich aus dieser Noth befreit sah, schnitt er eine Greifenklaue ab, die er zum Andenken mit sich nahm, stieg aus dem Neste den hohen Baum hernieder und befand sich in einem, weiten wilden Wald. In diesem Wald ging der Herzog eine gute Weile fort; da sah er einen fürchterlichen Lind=wurm wider einen Löwen streiten, und der Löwe schwebte in großer Noth zu unterliegen. Weil aber der Löwe insgemein für ein edles und treues Thier gehalten wird und der Wurm für ein böses, giftiges: säumte

Herzog Heinrich nicht, sondern sprang dem Löwen mit seiner Hülfe bei. Der Lindwurm schrie, daß es durch den Wald erscholl, und wehrte sich lange Zeit; endlich gelang es dem Helden, ihn mit seinem guten Schwerte zu tödten. Hierauf nahte sich der Löwe, legte sich zu des Herzogs Füßen neben den Schild auf den Boden und verließ ihn nimmermehr von dieser Stunde an. Denn als der Herzog nach Verlauf einiger Zeit, während welcher das treue Thier ihn mit gefangenem Hirsch und Wild ernähret hatte, überlegte, wie er aus dieser Einöde und der Gesellschaft des Löwen wieder unter die Menschen gelangen könnte, baute er sich eine Horde aus zusammengelegtem Holz mit Reiß durchflochten, und setzte sich aufs Meer. Als nun einmal der Löwe in den Wald zu jagen gegangen war, bestieg Heinrich sein Fahrzeug und stieß vom Ufer ab. Der Löwe aber, welcher zurückkehrte und seinen Herrn nicht mehr fand, kam zum Gestade und erblickte ihn aus weiter Ferne; alsbald sprang er in die Wogen und schwamm so lange, bis er auf dem Floß bei dem Herzogen war, zu dessen Füßen er sich ruhig niederlegte. Hierauf fuhren sie eine Zeit lang auf den Meereswellen, bald überkam sie Hunger und Elend. Der Held betete und wachte, hatte Tag und Nacht keine Ruh; da erschien ihm der böse Teufel und sprach: Herzog, ich bringe dir Botschaft; du schwebst hier in Pein und Noth auf dem offenen Meere, und daheim zu Braunschweig ist lauter Freude und Hochzeit; heute an diesem Abend hält ein Fürst aus fremden Landen Beilager mit deinem Weibe; denn die gesetzten sieben Jahre seit deiner Ausfahrt sind verstrichen. Traurig versetzte Heinrich: das möge wahr sein, doch wolle er sich zu Gott lenken, der alles wohl mache. „Du redest noch viel von Gott — sprach der Versucher — der hilft dir nichts aus diesen Wasserwogen; ich aber will dich noch heute zu deiner Gemahlin führen, wofern du mein sein willst." Sie hatten ein lang Gespräche, der Herr wollte sein Gelübde gegen Gott, dem ewigen Licht, nicht brechen; da schlug ihm der Teufel vor: er wolle ihn ohne Schaden sammt dem Löwen noch heut Abend auf den Giersberg vor Braunschweig tragen und hinlegen, da solle er seiner warten; finde er ihn nach der Zurückkunft schlafend, so sei er ihm und seinem Reiche verfallen. Der Herzog, welcher von heißer Sehnsucht nach seiner geliebten Gemahlin gequält wurde, ging dieses ein, und hoffte auf des Himmels Beistand wider alle Künste des Bösen. Alsbald ergriff ihn der Teufel, führte ihn schnell durch die Lüfte bis vor Braunschweig, legte ihn auf dem Giersberg nieder und rief: nun wache, Herr! ich kehre bald wieder. Heinrich aber war aufs höchste ermüdet, und der Schlaf setzte ihm mächtig zu. Nun fuhr der Teufel zurück und wollte den Löwen, wie er verheißen hatte, auch abholen; es währte nicht lange, so kam er mit dem treuen Thier daher geflogen. Als nun der Teufel, noch aus der Luft herunter, den Herzog in Müdigkeit versenkt auf dem Giersberge ruhen sah, freute er sich schon im Voraus; allein der Löwe, der seinen Herrn für todt hielt, hub laut zu schreien an, daß Heinrich in

demselben Augenblicke erwachte. Der böse Feind sah nun sein Spiel ver=
loren und bereute es zu spät, das wilde Thier herbeigeholt zu haben; er
warf den Löwen aus der Luft zu Boden, daß es krachte. Der Löwe kam
glücklich auf den Berg zu seinem Herrn, welcher Gott dankte und sich auf=
richtete, um weil es Abend werden wollte, hinab in die Stadt Braunschweig
zu gehen. Nach der Burg war sein Gang und der Löwe folgte ihm immer
nach, großes Getön scholl ihm entgegen. Er wollte in das Fürstenhaus
treten, da wiesen ihn die Diener zurück. Was heißt das Getön und
Pfeifen — rief Heinrich aus — sollte doch wahr sein, was mir der Teufel
gesagt? Und ist ein fremder Herr in diesem Haus? „Kein fremder — ant=
wortete man ihm — denn er ist unsrer gnädigen Frauen verlobt, und be=
kommt heute das braunschweiger Land:" „So bitte ich — sagte der Herzog —
die Braut um einen Trunk Weins, mein Herz ist mir ganz matt." Da
lief einer von den Leuten hinauf zur Fürstin und hinterbrachte, daß ein
fremder Gast, dem ein Löwe mit folge, um einen Trunk Wein bitten
lasse. Die Herzogin verwunderte sich, füllte ihm ein Geschirr mit
Wein und sandte es dem Pilgrim. „Wer magst du wohl sein — sprach
der Diener — daß du von diesem edlen Wein zu trinken begehrst, den
man allein der Herzogin einschenkt?" Der Pilgrim trank, nahm seinen
goldnen Ring, und warf ihn in den Becher und hieß diesen der Braut
znrücktragen. Als sie den Ring erblickte, worauf des Herzogs Schild und
Name geschnitten war, erbleichte sie, stund eilends auf und trat an die
Zinne, um nach dem Fremdling zu schauen. Sie ward den Herrn inne,
der da mit dem Löwen saß; darauf ließ sie ihn in den Saal entbieten
und fragen: wie er zu dem Ringe gekommen wäre, und warum er ihn in
den Becher gelegt hätte? „Von keinem hab' ich ihn bekommen, sondern ihn
selbst genommen, es sind nun länger als sieben Jahre; und den Ring hab'
ich hingeleget, wo er billig hingehört." Als man der Herzogin diese Ant=
wort hinterbrachte, schaute sie den Fremden an und fiel vor Freuden zur
Erde, weil sie ihren geliebten Gemahl erkannte; sie bot ihm ihre weiße
Hand und hieß ihn willkommen. Da entstand große Freude im ganzen
Saal, Herzog Heinrich setzte sich zu seiner Gemahlin an den Tisch; dem
jungen Bräutigam aber wurde ein schönes Fräulein aus Franken angetraut.
Hierauf regierte Herzog Heinrich lange und glücklich in seinem Reich; als
er in hohem Alter verstarb, legte sich der Löwe auf des Herrn Grab und
wich nicht davon, bis er auch verschied. Das Thier liegt auf der Burg
begraben, und seiner Treue zu Ehren wurde ihm eine Säule errichtet.

527.

Ursprung der Zähringer.

Die Sage ist, daß die Herzöge von Zähringen vor Zeiten Köhler sind gewesen und haben ihre Wohnung gehabt in dem Gebirg und den Wäldern hinter Zähring dem Schloß, da es dann jetzund stehet, und haben allda Kohlen gebrennt. Nun hat es sich begeben, daß der Köhler an einem Ort im Gebirg Kohlen brannte, Grund und Boden nahm und damit den Kohl= haufen, um ihn auszubrennen, bedeckte. Als er nun die Kohlen hinweg that, fand er am Boden eine schwere, geschmelzte Materie; und da er sie besichtigte, da ist es gut Silber gewesen. Also brennte er fürder immerbar an dem Orte seine Kohlen, deckte sie mit demselben Grund und Erdboden und fand aber Silber, wie zuvor. Dabei konnte er merken, daß es des Berges Schuld wäre, behielt es geheim, brannte von Tag zu Tag Kohlen da und brachte großen Schatz Silbers zusammen.

Nun hat es sich damals ereignet, daß ein König vertrieben ward vom Reich, und floh auf den Berg im Breisgau, genannt der Kaiserstuhl, mit Weib und Kindern und allem Gesinde, litt da viel Armuth mit den Seinen. Ließ darauf ausrufen, wer da wäre, der ihm wollte Hülfe thun, sein Reich wieder zu erlangen, der sollte zum Herzoge gemacht und eine Tochter des Kaisers ihm gegeben werden. Da der Köhler das vernahm, fügte sich's, daß er mit einer Bürde Silbers vor den König trat und begehrte: er wolle sein Sohn werden und des Königs Tochter ehelichen, auch dazu Land und Gegend — wo jetzt Zähringen, daß Schloß, und die Stadt Freiburg stehet — zu eigen haben; alsdann wolle er ihm einen solchen Schatz von Silber geben und überliefern, damit er sein ganzes Reich wieder gewinnen könne. Als der König solches vernahm, willigte er ein, empfing die Last Silbers und gab dem Köhler, den er zum Sohn annahm, die Tochter zur Ehe und die Gegend des Landes darzu, wie er begehret hatte. Da hub der Sohn an und ließ sein Erz schmelzen, überkam groß Gut damit und baute Zähringen sammt dem Schloß; da macht ihn der römische König, sein Schwäher, zu einem Herzogen von Zähringen. Der Herzog baute Freiburg und andere umliegende Städte und Schlösser mehr; und wie er nun mächtig ward, zunahm an Gut, Gewalt und Ehre, hub er an und ward stolz und frevelhaft. Eines Tages, so rief er seinen eignen Koch und gebot, daß er ihm einen jungen Knaben briete und zurichte; denn ihn gelüste zu schmecken, wie gut Menschenfleisch wäre. Der Koch vollbrachte alles nach seines Herrn Befehl und Willen, und da der Knab gebraten war und man ihn zu Tische trug dem Herrn, und er ihn sah vor sich stehen, da fiel Schrecken und Furcht in ihn, und empfand Reu und Leid um diese Sünde. Da ließ er zur Sühne zwei Klöster bauen, mit Namen das eine zu St. Ruprecht, und das andere zu St. Peter im Schwarzwald, damit ihm Gott der Herr barmherzig verzeihen möge und vergeben.

528.

Herr Peter Dimringer von Staufenberg.

In der Ortenau unweit Offenburg liegt Staufenberg, das Stamm=
schloß Ritter Peters Dimringer, von dem die Sage lautet: er hieß einen
Pfingsttag früh den Knecht das Pferd satteln und wollte von seiner Veste
gen Nußbach reiten, daselbst Metten zu hören. Der Knabe ritt voran,
unterwegs am Eingang des Waldes sah er auf einem Stein eine wunder=
schöne, reichgeschmückte Jungfrau mutterallein sitzen; sie grüßte ihn, der
Knecht ritt vorüber. Bald darauf kam Herr Peter selbst daher, sah sie mit
Freuden, grüßte und sprach die Jungfrau freundlich an. Sie neigte ihm
und sagte: Gott danke dir deines Grußes. Da stund Peter vom Pferde,
sie bot ihm ihre Hände und er hob sie vom Steine auf, mit Armen umfing
er sie; sie setzten sich beide ins Gras und redeten, was ihr Wille war.
„Gnade, schöne Fraue, darf ich fragen, was mir zu Herzen liegt, so sagt
mir: warum ihr hier so einsam sitzet und niemand bei euch ist?" — Das
sag ich dir, Feund, auf meine Treue: „weil ich hier dein warten wollte; ich
liebe dich, seit du je Pferd überschrittest; und überall in Kampf und in
Streit, in Weg und auf Straßen hab ich dich heimlich gepfleget und ge=
hütet mit meiner freien Hand, daß dir nie kein Leid geschah." Da antwortete
der Ritter tugendlich: daß ich euch erblickt habe, nichts liebers konnte mir
geschehen, und mein Wille wäre bei euch zu sein bis an den Tod. „Dies
mag wohl geschehen — sprach die Jungfrau — wenn du meiner Lehre
folgest: willst du mich lieb haben, darfst du fürder kein ehelich Weib nehmen,
und thätest du's doch, würde dein Leib den dritten Tag sterben. Wo
du aber allein bist und mein begehrest, da hast du mich gleich bei dir, und
lebest glücklich und in Wonne." Herr Peter sagte: „Frau, ist das alles
wahr?" Und sie gab ihm Gott zum Bürgen der Wahrheit und Treue.
Darauf versprach er sich ihr zu eigen, und beide verpflichteten sich zu ein=
ander. Die Hochzeit sollte auf der Frauen Bitte zu Staufenberg gehalten
werden; sie gab ihm einen schönen Ring, und nachdem sie sich tugendlich
angelacht und einander umfangen hatten, ritt Herr Peter weiter fort seine
Straße. In dem Dorfe hörte er eine Messe lesen und that sein Gebet,
kehrte alsdann heim auf seine Veste, und sobald er allein in der Kemenate
war, dachte er bei sich im Herzen: wenn ich doch nun meine liebe Braut
hier bei mir hätte, die ich draußen auf dem Stein fand! Und wie er das
Wort ausgespochen hatte, stand sie schon vor seinen Augen, sie küßten sich
und waren in Freuden beisammen.

Also lebten sie eine Weile, sie gab ihm auch Geld und Gut, daß er
fröhlich auf der Welt leben konnte. Nachher fuhr er aus in die Lande,
und wohin er kam, war seine Frau bei ihm, so oft er sie wünschte.

Endlich kehrte er wieder heim in seine Heimat. Da lagen ihm seine
Brüder und Freunde an, daß er ein ehelich Weib nehmen sollte; er erschrak

und suchte es auszureden. Sie ließen ihm aber härter zusetzen durch einen weisen Mann, auch aus seiner Sippe. Herr Peter antwortete: eh will ich meinen Leib in Riemen schneiden lassen, als ich mich vereheliche. Abends nun, wie er allein war, wußte es seine Frau schon, was sie mit ihm vor hatten, und er sagte ihr von neuem sein Wort zu. Es sollte aber zu da= mal der deutsche König in Frankfurt gewählt werden; dahin zog auch der Staufenberger unter viel andern Dienstmännern und Edelleuten. Da that er sich so heraus im Ritterspiel, daß er die Augen des Königs auf sich zog, und der König ihm endlich seine Muhme aus Kärnthen zur Ehe an= trug. Herr Peter geriet in heftigen Kummer und schlug das Erbieten aus; und weil alle Fürsten darin redeten und die Ursache wissen wollten, sprach er zuletzt: daß er schon eine schöne Frau und von ihr alles Gute hätte: aber um ihretwillen keine andere nehmen dürfte, sonst müßte er todt liegen innerhalb drei Tagen. Da sagte der Bischof: Herr, laßt mich die Frau sehen. Da sprach er: sie läßt sich vor niemand, denn vor mir sehen. So ist sie kein rechtes Weib — redeten sie alle — sondern vom Teufel; und daß ihr die Teufelin minnet mehr denn reine Frauen, das verdirbt euren Namen und eure Ehre vor aller Welt." Verwirrt durch diese Reden sagte der Staufenberger: „er wolle alles thun, was dem König gefalle," und alsobald war ihm die Jungfrau verlobet unter kostbaren königlichen Ge= schenken. Die Hochzeit sollte nach Peters Willen in der Ortenau gehalten werden. Als er seine Frau wieder das erste Mal bei sich hatte, that sie ihm klägliche Vorwürfe, daß er ihr Verbot und seine Zusage dennoch über= treten hätte, so sei nun sein junges Leben verloren „und zum Zeichen will ich dir Folgendes geben: wenn du meinen Fuß erblicken wirst und ihn alle andere sehen, Frauen und Männer, auf deiner Hochzeit, dann sollst du nicht säumen, sondern beichten und dich zum Tod bereiten." Da dachte aber Peter an der Pfaffen Worte, daß sie ihn vielleicht nur mit solchen Drohungen berücken wolle, und es eitel Lüge wäre. Als nun bald die junge Braut nach Staufenburg gebracht wurde, ein großes Fest gehalten wurde, und der Ritter ihr über Tafel gegenüber saß, da sah man plötzlich etwas durch die Bühne stoßen, einen wunderschönen Menschenfuß bis an die Knie, weiß wie Elfenbein. Der Ritter erblaßte und rief: weh, meine Freunde, ihr habt mich verderbet, und in drei Tagen bin ich des Todes. Der Fuß war wieder verschwunden, ohne ein Loch in der Bühne zurück zu lassen. Pfeifen, Tanzen und Singen lagen darnieder, ein Pfaff wurde gerufen, und nachdem er von seiner Braut Abschied genommen und seine Sünden gebeichtet hatte, brach sein Herz. Seine junge Ehefrau begab sich ins Kloster und betete zu Gott für seine Seele, und in allen deutschen Landen wurde der mannhafte Ritter beklagt.

Im 16. Jahrh. nach Fischarts Zeugniß, wußte das Volk der ganzen Gegend noch die Geschichte von Peter dem Staufenberger und der schönen Meerfei, wie man sie damals nannte. Noch jetzt ist der Zwölfstein

zwischen Staufenberg, Nußbach und Weilershofen zu sehen, wo sie ihm
das erste Mal erschienen war; und auf dem Schlosse wird die Stube ge=
zeigt, da sich die Meerfei soll unterweilen aufgehalten haben.

529.
Des edlen Möringers Wallfahrt.

Zu Mörungen an der Donau lebte vor Zeiten ein edler Ritter; der
lag eines Nachts bei seiner Frau und bat sie um Urlaub, weil er weit
hinziehen wollte in Sanct Thomas Land, befahl ihr Leute und Gut und
sagte, daß sie sieben Jahre seiner harren möchte. Früh Morgens stand er
auf, kleidete sich an und empfahl seinem Kämmerer, daß er sieben Jahre
lang seiner Frauen pflege, bis zu seiner Wiederkehr. Der Kämmerer
sprach: Frauen tragen lange Haar und kurzen Muth; fürwahr nicht länger
denn sieben Tage mag ich eurer Frauen pflegen. Da ging der edle Mö=
ringer hin zu dem Jungen von Neufen und bat, daß er sieben Jahre seiner
Gemahlin pflege; der sagts ihm zu und gelobte seine Treue.

Also zog der edle Möringer fern dahin, und ein Jahr verstrich um
das andere. Wie das siebente nun sich vollendete, lag er im Garten und
schlief. Da träumte ihm, wie daß ein Engel riefe und spräche: erwache
Möringer, es ist Zeit! kommst du heut nicht zu Land, so nimmt der junge
von Neufen dein Weib. Der Möringer raufte vor Leid seinen grauen
Bart und klagte flehentlich seine Noth Gott und dem heiligen Thomas;
in den schweren Sorgen entschlief er von neuem. Wie er aufwachte und
die Augen öffnete, wußte er nicht, wo er war; denn er sah sich daheim in
Schwaben, vor seiner Mühle, dankte Gott, jedoch traurig im Herzen und
ging zu der Mühle. Mutter — sprach er — was giebt's Neues in der
Burg? ich bin ein armer Pilgrim. Viel Neues — antwortete der Müller
— der von Neufen will heut des edlen Möringers Frau nehmen; leider
soll unser guter Herr todt sein. — Da ging der edle Möringer an sein
eigen Burgthor und klopfte hart dawider. Der Thorwart trat heraus: geh
und sag deiner Frauen an, hier stehe ein elender Pilgrim; nun bin ich
vom weiten Gehen so müde geworden, daß ich sie um ein Almosen bitte,
um Gottes und Sanct Thomas Willen, und des edlen Möringers Seele.
Und als das die Frau erhörte, hieß sie eilends aufthun, und solle er
Pilger zu essen geben ein ganzes Jahr.

Der edle Möringer trat in seine Burg, und es war ihm so leid und
schwer, daß ihn kein Mann empfing; er setzte sich nieder auf die Bank,
und als die Abendstunde kam, daß die Braut bald zu Bett gehen sollte,
redete ein Dienstmann und sprach: sonst hatte mein Herr Möring die
Sitte, daß kein fremder Pilgrim schlafen durfte, er sang denn zuvor ein
Lied. Das hörte der junge Herr von Neufen, der Bräutigam, und rief:

singt uns, Herr Gast, ein Liedelein, ich will euch reich begaben. Da hub der edle Möringer an und sang ein Lied, das anfängt: „eins langen Schweigens hatt ich mich bedacht, so muß ich aber singen als eh" u. s. w.*), und sang darin: daß ihn der junge Mann an der alten Braut rächen, und sie mit Sommerlatten (Ruthen) schlagen solle; ehemals sei er Herr gewesen und jetzt Knecht, und auf der Hochzeit ihm nun eine alte Schüssel vorgesetzt worden. Sobald die edle Frau das Lied hörte, trübten sich ihre klare Augen, und einen goldnen Becher setzte sie dem Pilgrim hin, in den schenkte sie klaren Wein. Möringer aber zog ein goldrothes Fingerlein von seiner Hand, womit ihm seine liebste Frau vermählt worden war, senkt' es in den Becher und gab ihn dem Weinschenken, daß er ihn der eblen Frau versetzen sollte. Der Weinschenk brachte ihn: das sendet euch der Pilger, laßt's euch nicht verschmähen, eble Frau. Und als sie trank und das Fingerlein im Becher sah, rief sie laut: mein Herr ist hier, der eble Möringer, stand auf und fiel ihm zu Füßen. Gott, willkommen, liebster Herr, und laßt euer Trauern sein! meine Ehre hab ich noch behalten, und hätt' ich sie verbrochen, so sollt ihr mich vermauern lassen. Aber der Herr von Neufen erschrak und fiel auf die Knie: liebster Herr, Treu und Eid hab ich gebrochen, darum schlagt mir ab mein Haupt! — Das soll nicht sein, Herr von Neufen! sondern ich will euren Kummer lindern und euch meine Tochter zur Ehe geben; nehmt sie und laßt mir meine alte Braut. Deß war der von Neufen froh und nahm die Tochter; Mutter und Tochter waren beide zarte Frauen, und beide Herren waren wohl geboren.

———

530.

Graf Hubert von Calw.

Vor alten Zeiten lebte zu Calw ein Graf in Wonne und Reichthum, bis ihn zuletzt sein Gewissen antrieb, und er zu seiner Gemahlin sprach: „nun ist von Nöthen, daß ich auch lerne, was Armuth heißt, wo ich nicht ganz will zu Grunde gehen." Hierauf sagte er ihr Lebewohl, nahm die Kleidung eines armen Pilgrims an und wanderte in die Gegend nach der Schweiz zu. In einem Dorfe, genannt Deislingen, wurde er Kuhhirt und weidete die ihm anvertraute Heerde auf einem nahegelegenen Berge mit allem Fleiß. Wiewohl nun das Vieh unter seiner Hut gedieh und fett ward: so verdroß es die Bauern, daß er sich immer auf dem nämlichen Berge hielt, und sie setzten ihn vom Amte ab. Da ging er wieder heim nach Calw und heischte das Almosen vor der Thüre seiner Gemahlin, die eben ihre Hochzeit mit einem andern Mann feierte. Als ihm nun ein

---

*) Vergl. Samml. von Minnesängern I. 124, wo das Lied merkwürdig dem Walther von der Vogelweide beigelegt wird.

Stück Brod herausgebracht wurde, weigerte er es anzunehmen, es wäre
dann, daß ihm auch der Gräfin Becher voll Wein dazu gespendet würde.
Man brachte ihm den Becher, und indem er trank, ließ er seinen gülbenen
Mahlring darein fallen und kehrte stillschweigend nach dem vorigen Dorfe
zurück.   Die Leute waren seiner Rückkunft froh, weil sie ihr Vieh unter=
dessen einem schlechten Hirten hatten untergeben müssen und setzten den
Grafen neuerdings in seine Stelle ein.   So hütete er bis zu seinem
Lebensende; als er sich dem Tode nah' fühlte, offenbarte er den Leuten,
wer und woher er wäre; auch verordnete er, daß sie seine Leiche von
Rindern ausfahren lassen, und da, wo diese stillstehen würden, beerdigen
sollten, daselbst aber eine Capelle bauen.   Sein Wille ward genau voll=
zogen, und über seinem Grabe ein Heiligthum errichtet, nach seinem Namen
Hubert oder Oberk „zu Sanct Huprecht“ geheißen.   Viele Menschen wall=
fahreten dahin und ließen zu seiner Minne Messen lesen; jeder Bürger
aus Calw, der da vorüber geht, hat das Recht, an der Capellenthüre an=
zuklopfen.

531.

Udalrich und Wendelgart und der ungeborne Burkard.

Udalrich Graf zu Buchhorn (am Bodensee) abstammend aus Karls
Geschlecht, war mit Wendilgart, Heinrich des Voglers Nichte, vermählt.
Zu seiner Zeit brachen die Heiden (Ungarn) in Baiern ein, Udalrich rückte
aus in den Krieg, wurde gefangen und weggeführt. Wendilgart, die ge=
hört hatte, daß er todt in der Schlacht geblieben, wollte nicht wieder hei=
rathen, sondern begab sich nach St. Gallen, wo sie still und eingezogen
lebte und für ihres Gemahls Seele den Armen Wohlthaten erwies. Weil
sie aber zart aufgezogen war, trug sie immer große Lust nach süßen Speisen.
Sie saß eines Tages bei Wiborad, einer frommen Klosterfrau, im Ge=
spräch und bat sie um süße Aepfel. „Ich habe schöne Aepfel, wie sie arme
Leute essen — sprach Wiborad — die will ich dir geben“ und zeigte ihr
wilde Holzäpfel. Wendilgart nahm sie gierig und biß darein; sie schmeckten
so herb, daß sie ihr den Mund zusammen zogen, warf sie weg und sagte:
„deine Aepfel sind sauer, Schwester; hätte der Schöpfer alle so erschaffen,
so würde Eva keinen gekostet haben.“ Mit Recht führst du Essen an —
sprach Wiborad — denn sie gelüstete gleich dir nach süßer Speise. Da
erröthete die edle Frau und that sich hernach Gewalt an, entwöhnte sich
aller Süßigkeiten und gedieh bald zu solcher Frömmigkeit, daß sie vom
Bischof den heiligen Schleier begehrte. Er wurde ihr gewährt, und sie
ließ sich einkleiden, lebte auch fortan in Tugend und Strenge. Vier Jahre
verflossen, da ging sie am Todestage Udalrichs ihres Gemahls nach Buch=
horn und beschenkte die Armen, wie sie alljährlich zu thun pflegte.
Udalrich war aber unterdessen glücklich aus der Gefangenschaft ent=

ronnen und hatte sich heimlich unter die übrigen verlumpten Bettler gestellt. Als Wendilgart hinzutrat, rief er laut um ein Kleid. Sie schalt, daß er ungestüm fordere, gab ihm aber doch das Kleid, als dessen er bedurfte. Er zog die Hand der Geberin mit dem Kleide an sich, umfaßte und küßte sie wider ihren Willen. Da warf er seine langen Haare mit der Hand hinter die Schulter, und sprach — indem einige Umstehende mit Schlägen drohten: verschont mich mit Schlägen, ich habe ihrer genug ausgehalten, und erkennt euren Udalrich! Das Volk hörte die Stimme des alten Herrn und erkannte sein Gesicht unter den wilden Haaren. Laut schrie ihm alles zu. Wendilgart war, gleichsam beschimpft, zurückgetreten: jetzt erst empfinde ich meines Gemahls gewissen Tod, da mir jemand Gewalt zu thun wagt. Er aber reichte ihr die Hand, um sie aufzuheben, an der Hand sah sie eine ihr wohlbekannte Wundennarbe. Wie vom Traum erwachend, rief sie: „mein Herr, den ich auf der Welt am liebsten habe, willkommen mein liebster Gemahl!" Und unter Küssen und Umarmungen „kleidet euern Herrn und richtet ihm ein Bad zu!" Als er angezogen war, sagte er: „laßt uns zur Kirche gehen." Unter dem Gehen sah er ihren Schleier und fragte: wer hat dein Haupt eingeschleiert? Und als sie antwortete „der Bischof in der Kirchenversammlung", sprach Udalrich zu sich selbst: nun darf ich dich erst mit der Kirche Erlaubniß umarmen. Geistlichkeit und Volk sangen Loblieder; darauf ging man ins Bad und zur Mahlzeit. Bald versammelte sich die Kirche, und Adalrich forderte seine Gemahlin zurück. Der Bischof löste ihr den Schleier und verschloß ihn im Schrein: damit, wann ihr Gemahl früher verstürbe, sie ihn wieder nehmen sollte. Die Hochzeit wurde von neuem gefeiert, und als Wendilgart sich nach einiger Zeit schwanger befand, ging sie mit dem Grafen nach St. Gallen und gelobte dem Kloster das Kind, wenn es ein Knabe wäre. Vierzehn Tage vor ihrer Niederkunft erkrankte plötzlich Wendilgart und starb. Das Kind aber wurde lebendig aus dem Leibe geschnitten und in eine frisch abgezogene Speckschweinschwarte gewickelt. So kam es auf, wurde Burkhard getauft und sorgsam im Kloster erzogen. Das Kind wuchs, zart von Leib, aber wunderschön; die Brüder pflegten ihn den ungeborenen (Burcardus ingenitus) zu nennen. Seine Haut blieb immer so fein, daß jeder Mückenstich Blut heraus zog, und ihn sein Meister mit der Ruthe gänzlich verschonen mußte. Burkard der ungeborne ward mit der Zeit ein gelehrter, tugendhafter Mann.

———

532.
Stiftung des Klosters Wettenhausen.

Zwischen Ulm und Augsburg, am Flüßchen Camlach, liegt das Augustinerkloster Wettenhausen. Es wurde im Jahre 982 von zwei Brüdern, Conrad und Wernher, Grafen von Rochenstain, oder vielmehr von deren Mutter Gertrud gestiftet. Diese verlangte und erhielt von ihren Söhnen so viel Lands zur Erbauung einer heiligen Stätte, als sie innerhalb eines Tages umpflügen könnte. Dann schaffte sie einen ganz kleinen Pflug, barg ihn in ihren Busen und umritt dergestalt das Gebiet, welches noch heutiges Tages dem Kloster unterworfen ist.

533.
Ritter Ulrich, Dienstmann zu Wirtenberg.

Eine Burg liegt in Schwabenland, geheißen Wirtenberg, auf der saß vor Zeiten Graf Hartmann, dessen Dienstmann, Ritter Ulrich, folgendes Abenteuer begegnete. Als er eines Freitags in den Wald zu jagen zog aber den ganzen Tag kein Wild treffen konnte, verirrte sich Ritter Ulrich auf unbekanntem Wege in eine öde Gegend, die sein Fuß noch nie betreten hatte. Nicht lange, so kamen ihm entgegen geritten ein Ritter und eine Frau, beide von edlem Aussehen; er grüßte sie höflich, aber sie schwiegen, ohne ihm zu neigen; da sah er derselben Leute noch mehr herbeiziehen. Ulrich hielt beiseit in dem Tann, bis fünfhundert Männer und eben so viel Weiber vorüber kamen, alle in stummer, schweigender Gebärde und ohne seine Grüße zu erwidern. Zu hinterst an der Schaar fuhr eine Frau allein, ohne Mann, die antwortete auf seinen Gruß: Gott vergelt's! Ritter Ulrich war froh, Gott nennen zu hören, und begann diese Frau weiter zu fragen nach dem Zuge, und was es für Leute wären, die ihm ihren Gruß nicht vergönnt hätten? „Laßt's euch nicht verdrießen, sagte die Frau — wir grüßen nicht, denn wir sind todte Leute." — „Wie kommt's aber, daß euer Mund frisch und roth steht?" — „das ist nur der Schein; vor dreißig Jahren war mein Leib schon erstorben und verweset, aber die Seele leidet Qual." — „Warum zoget ihr allein, das nimmt mich Wunder, da ich doch jede Frau sammt einem Ritter fahren sah? — „Der Ritter, den ich haben soll, der ist noch nicht todt, und gerne wollte ich lieber allein fahren, wenn er noch Buße thäte und seine Sünde bereute." — „Wie heißt er mit Namen?" — „Er ist genannt von Schenkenburg." — „Den kenne ich wohl, er hob mir ein Kind aus der Taufe; gern möchte ich ihm hinterbringen, was mir hier begegnet ist: aber wie wird er die Wahrheit glauben?" — „Sagt ihm zum Wahrzeichen dieses: mein Mann war ausgeritten, da ließ ich ihn ein in mein Haus, und er küßte mich an meinen Mund; da wurden wir einander bekannt, und er zog ein roth gülden Fingerlein von seiner Hand und schenkte mir's; wollte Gott, meine Augen hätten ihn nie gesehen!" — „Mag denn nichts eure Seele retten, Gebete und Wallfahrten?" — „Aller Pfaffen Zungen, die je lasen und sangen, können mir nicht helfen, darum, daß ich nicht zur Beichte gelangt bin und gebüßt habe vor meinem Tod; ich

scheute aber die Beichte; denn wäre meinem biberben Mann etwas zu
Ohren kommen von meiner Unzucht, es hätte mir das Leben gekoſtet."
      Ritter Ulrich betrachtete dieſe Frau, während ſie ihre jämmerliche
Geſchichte erzählte; an dem Leibe erſchien nicht das Ungemach ihrer Seele:
ſondern ſie war wohl ausſehend und reichlich gekleidet. Ulrich wollte mit
ihr dem andern Volk bis in die Herberge nachreiten; und als ihn die
Frau nicht von dieſem Vorſatz ablenken konnte, empfahl ſie ihm blos:
keine der Speiſen anzurühren, die man ihm bieten würde, auch ſich nicht
daran zu kehren, wie übel man dies zu nehmen ſcheine. Sie ritten
zuſammen über Holz und Feld, bis der ganze Haufen vor eine ſchön
erbaute Burg gelangte, wo die Frauen abgehoben, den Rittern die Pferde
und Sporen in Empfang genommen wurden. Darauf ſaßen ſie je zwei,
Ritter und Frauen, zuſammen auf das grüne Gras; denn es waren keine
Stühle vorhanden; jene elende Frau ſaß ganz allein am Ende und niemand
achtete ihrer. Goldne Gefäße wurden aufgetragen, Wildpret und Fiſche,
die edelſten Speiſen, die man erdenken konnte, weiße Semmel und Brod;
Schenken gingen und füllten die Becher mit kühlem Weine. Da wurde
auch dieſer Speiſen Ritter Ulrich vorgetragen, die ihn lieblich anrochen;
doch war er ſo weiſe, nichts davon zu berühren. Er ging zu der Frauen
ſitzen und vergaß ſich, daß er auf den Tiſch griff und einen gebratenen
Fiſch aufheben wollte; da verbrannten ihm ſchnell ſeiner Finger viere, wie
von hölliſchem Feuer, daß er laut ſchreien mußte. Kein Waſſer und kein
Wein konnte ihm dieſen Brand löſchen; die Frau, die neben ihm ſaß, ſah
ein Meſſer an ſeiner Seite hangen, griff ſchnell danach, ſchnitt ihm ein
Kreuz über die Hand und ſtieß das Meſſer wieder ein. Als das Blut
über die Hand floß, mußte das Feuer davor weichen, und Ritter Ulrich
kam mit dem Verluſte der Finger davon. Die Frau ſprach: jetzt wird
ein Turnier anheben, und euch ein edles Pferd vorgeführt, und ein gold=
beſchlagener Schild vorgetragen werden; davor hütet euch. Bald darauf
kam ein Knecht mit dem Roß und Schild vor den Ritter, und ſo gern
er's beſtiegen hätte, ließ er's doch ſtandhaft fahren. Nach dem Turnier
erklangen ſüße Töne, und der Tanz begann; die elende Frau hatte den
Ritter wieder davor gewarnt. Sie ſelbſt aber mußte mit anſtehen und
ſtellte ſich unten hin; als ſie Ritter Ulrich anſchaute, vergaß er alles, trat
hinzu und bot ihr die Hand. Kaum berührte er ſie, als er für todt
niederſank; ſchnell trug ſie ihn ſeitwärts auf einen Rain, grub ihm ein
Kraut und ſteckte es in ſeinen Mund, wovon er wieder auflebte. Da
ſprach die Frau: es nahet dem Tage, und wann der Hahn kräht, müſſen
wir alle von hinnen. Ulrich antwortete: iſt es denn Nacht? mir hat es
ſo geſchienen, als ob es die ganze Zeit heller Tag geweſen wäre. Sie
ſagte: der Wahn trügt euch; ihr werdet einen Waldſteig finden, auf dem
ihr ſicher zu dem Ausgang aus der Wildniß gelangen könnet. Ein Zelter
wurde der armen Frau vorgeführt, der braun als eine Gluth; wie ſie ihn

bestiegen hatte, streifte sie den Aermel zurück: da sah Ritter Ulrich das Feuer von ihrem bloßen Arm schießen, wie wenn die Flammen um ein brennendes Haus schlagen. Er segnete sie zum Abschied und kam auf dem angewiesenen Steige glücklich heim nach Wirtenberg geritten, zeigte dem Grafen die verbrannte Hand und machte sich auf zu der Burg, wo sein Gevatter saß. Dem offenbarte er, was ihm seine Buhlin entbieten ließ, sammt dem Wahrzeichen mit dem Fingerlein und den verbrannten Fingern. Auf diese Nachricht rüstete sich der von Schenkenburg sammt Ritter Ulrich; fuhren über Meer gegen die ungetauften Heiden, denen sie so viel Schaden, dem deutschen Hause zum Trost, anthaten, bis die Frau aus ihrer Pein erlöst worden war.

534.

Freiherr Albrecht von Simmern.

Albrecht Freiherr von Simmern war bei seinem Landesherrn Herzog Friedrich von Schwaben, der ihn auferzogen hatte, wohlgelitten und stand in besonderer Gnade. Einstmals that dieser in der Begleitung seiner Grafen und Ritter, unter welchen sich auch der Freiherr Albrecht befand, einen Lustritt zu dem Grafen Erchinger, bei dem er schon öfter gewesen und dessen Schloß Mogenheim im Zabergau lag. Der Graf war ein Mann von fröhlichem Gemüthe, der Jagd und andern ehrlichen Uebungen ergeben. Mit seiner Frau, Maria von Tübing, hatte er nur zwei Töchter und keinen Sohn erzeugt und sein gräflicher Stamm drohte zu erlöschen.

Nahe an dem Schlosse lag ein lustiges Gehölz, der Stromberg genannt; darin lief seit langer Zeit ein ansehnlicher großer Hirsch, den weder die Jäger noch Hofbediente je hatten fahen können. Als er sich eben jetzt wieder sehen ließ, freuten sich alle, besonders der Graf Erchinger, welcher die übrige Gesellschaft aufmahnte, sich mit dem gewöhnlichen Jägerzeuge dahin zu begeben. Unter dem Jagen kam der Freiherr Albrecht von den andern ab in eine besondere Gegend des Waldes, wo er eines großen und schönen Hirsches ansichtig ward, wie er noch nie glaubte einen gesehen zu haben. Er setzte ihm lange durch den Wald nach, bis er ihn ganz aus dem Gesicht verlor, und er nicht wußte, wo das Thier hingerathen war.

Indem trat ein Mann schrecklicher Gestalt vor ihn, und ob er gleich sonst beherzt und tapfer war, so entsetzte er sich doch heftig und wahrte sich wider ihn mit dem Zeichen des Kreuzes. Der Mann aber sprach: „Fürchte dich nicht! ich bin von Gott gesandt, dir etwas zu offenbaren. Folge mir nach, so sollst du wunderbare Dinge sehen, wie sie deine Augen noch nie erblickt haben, und soll dir kein Haar dabei gekrümmt werden." Der Freiherr willigte ein und folgte seinem Führer, der ihn aus dem Walde leitete. Als sie heraustraten, däuchte ihm, er sehe schöne Wiesen und eine überaus lustige Gegend. Ferner ein Schloß, das mit vielen Thürmen und anderer Zier so prangte, daß dergleichen seine Augen niemals gesehen. Indem sie sich diesem Schlosse nahten, kamen viele Leute, gleich als Hofdiener, entgegen. Keiner aber redete ein Wort, sondern als er bei dem Thor anlangte, nahm er sein Pferd ab, als wollte er es unterdessen halten. Sein Führer aber sprach; „laß dich ihr Schweigen nicht befremden; dagegen rede auch nicht mit ihnen, sondern allein mit mir und thue in allem, wie ich dir sagen werde.“

Nun traten sie ein und Herr Albrecht ward in einen großen, schönen Saal geführt, wo ein Fürst mit den Seinigen zu Tische saß. Alle standen auf und neigten sich ehrerbietig, gleich als wollten sie ihn willkommen heißen. Darauf setzten sie sich wieder, und thaten, als wenn sie äßen und tränken. Herr Albrecht blieb stehen, hielt sein Schwert in der Hand und wollte es nicht von sich lassen: indessen betrachtete er das wunderköstliche, silberne Tafelgeschirr, darin die Speisen auf= und abgetragen wurden, sammt den andern vorhandenen Gefäßen. Alles dieses geschah mit großem Stillschweigen; auch der Herr und seine Leute aßen für sich und bekümmerten sich nicht um ihn. Nachdem er also lange gestanden und alles angeschaut, erinnerte ihn der, welcher ihn hergeführt, daß er sich vor dem Herrn neigen und dessen Leute grüßen solle; dann wolle er ihn wieder heraus geleiten. Als er das gethan, stand der Herr mit allen seinen Leuten wiederum höflich auf, und sie neigten gleichfalls ihre Häupter gegen ihn. Darauf ward Herr Albrecht von seinem Führer zu der Schloßpforte gebracht. Hier stellten diejenigen, welche bisher sein Pferd gehalten, ihm selbes wieder zu, legten ihm aber dabei Stillschweigen auf; worauf sie ins Schloß zurück= kehrten. Nun gürtete Herr Albrecht sein Schwert wieder an und ward von seinem Gefährten auf dem vorigen Wege nach dem Stromberger Walde gebracht. Er fragte ihn, was das für ein Schloß, und wer dessen Ein= wohner wären, die darin zur Tafel gesessen? der Geist antwortete: „der Herr, welchen du gesehen, ist deines Vaters Bruder gewesen, ein gottes= fürchtiger Mann, welcher vielmals wider die Ungläubigen gefochten. Ich aber und die andern, die du gesehen, waren bei Leibes Leben seine Diener und müssen nun unaussprechlich harte Pein leiden. Er hat bei Lebzeiten seine Unterthanen mit unbilligen Auflagen sehr gedrückt und das Geld zum Krieg gegen die Ungläubigen angewendet: wir andern aber haben ihm dazu Rath und Anschläge gegeben und werden jetzt solcher Ungerechtigkeit willen hart gestraft. Dieses ist deiner Tugenden wegen offenbart, damit du vor solchen und ähnlichen Dingen dich hüten und dein Leben bessern mögest. Siehe, da ist der Weg, welcher dich wiederum durch den Wald an deinen vorigen Ort bringen wird; doch kannst du noch einmal zurückkehren, damit du siehest, in was für Elend und Jammer sich die vorige Glückseligkeit verkehrt hat.“ Wie der Geist dieses gesagt, war er verschwunden. Herr Albrecht aber kehrte wieder zu dem Schlosse zurück. Siehe, da war alles mit einander zu Feuer, Pech und Schwefel worden, davon ihm der Geruch entgegen qualmte; dabei hörte er ein jammervolles Schreien und Klagen, worüber er sich so sehr entsetzte, daß ihm die Haare zu Berge stunden. Darum wendete er schnell sein Pferd um und ritt des vorigen Weges wieder nach seiner Gesellschaft zu.

Als er anlangte, kam er allen so verändert und verstellet vor, daß sie ihn fast nicht erkannten. Denn ungeachtet er noch ein junger und frischer Mann war, hatte ihn doch Schrecken und Bestürzung zu einem eisgrauen umgestaltet; indem Haupthaar und Bart weiß wie der Schnee waren. Sie verwunderten sich zwar darüber nicht wenig, aber noch mehr über die durch seine veränderte Gestalt beglaubigte Erzählung, so daß sie insgesammt traurig nach Hause umkehrten.

Der Freiherr von Simmern beschloß, an dem Orte, wo sich das zu= getragen, zur Ehre Gottes eine Kirche zu erbauen. Graf Erchinger, auf dessen Gebiet er lag, gab gern seine Einwilligung, und er und seine Ge= mahlin versprachen Rath und Hülfe, damit daselbst ein Frauenkloster auf= gerichtet und Gott stets gedienet würde. Auch der Herzog Friedrich von Schwaben verhieß seinen Beistand zur Förderung des Baues und hat verschiedene Zehnden und Einkünfte dazu verordnet. Die Geschichte hat sich im Jahr 1134 unter Lothar dem zweiten begeben.

535.

Andreas von Sangerwitz, Comthur auf Christburg.

Im Jahr 1410 am 15. Juli, ward bei Tanneberg, zwischen den Kreuzherren in Preußen und Vladislav, Könige von Polen, eine große Schlacht geliefert. Sie endigte mit der Niederlage des ganzen Ordens= heeres; der Hochmeister Ulrich von Jungingen selbst fiel darin. Seinen Leichnam ließ der König den Brüdern zu Osterode zukommen, die ihn zu Marienburg begruben; das abgehauene Kinn aber mit dem Bart ward gen Krakau gebracht, wo es noch heutiges Tages (zu Caspar Schützens Zeit) gezeigt wird.

Als der Hochmeister mit den Gebietigern über diesen Krieg rath= schlagte, rieth der Comthur der Christburg, Andreas Sangerwitz, ein Deutscher von Adel, getreulich zum Frieden; unangesehen die andern fast alle zum Krieg stimmten und der Feind schon im Lande war; welches den Hochmeister übel verdroß, und rechnete es ihm zur Furcht und Zaghheit. Als aber, der nicht weniger Herz als Witz und Verstand hatte, sagte zu ihm: „ich habe Euer Gnaden zum Frieden gerathen, wie ich's am besten merk und verstehe, und bedünket mich, nach Frieden dienete uns dieser Zeit Gelegenheit am besten. Weil es aber Gott anders ausersehen, auch Euer Gnaden anders gefällt: so muß ich folgen, und will euch in künftiger

Schlacht, es laufe wie es wolle, so mannlich beistehen und mein Leib und Leben für euch lassen, als getreulich ich jetzt zum Frieden rathe." Welchem er auch als redlicher Mann nachgelebet, und ist nebst dem Hochmeister, nachdem er sich tapfer gegen den Feind gehalten, auf der Wahlstadt geblieben.

Da nun dieser Comthur zur Schlacht auszog und gewappnet aus dem Schlosse ritt, begegnete ihm ein Chorherr, der seiner spottete und ihn höhnisch fragte: „wem er das Schloß in seinem Abwesen befehlen wollte?" Da sprach er aus großem Zorn: „dir und allen Teufeln, die zu diesem Kriege gerathen haben!" Demnach, als die Schlacht geschehen und der Comthur umgekommen, hat solch eine Teufelei und Gespenst in dem Schlosse anfangen zu wanken und zu regieren, daß nachmals kein Mensch darinne bleiben und wohnen konnte. Denn so oft die Ordensbrüder im Schlosse aßen, so wurden alle Schüsseln und Trinkgeschirr voll Bluts; wann sie außerhalb des Schlosses aßen, widerfuhr ihnen nichts dergleichen. Wenn die Knechte wollten in den Stall gehen, kamen sie in den Keller und tranken so viel, daß sie nicht mehr wußten, was sie thaten. Wenn der Koch und sein Gesinde in die Küche ging, so fand er Pferde darin stehen und war ein Stall daraus worden. Wollte der Kellermeister seine Geschäfte im Keller verrichten, so fand er an der Stelle der Wein= und Bierfässer lauter Hafen, Töpfe, Bälge und Wassertröge; und dergleichen ging es in allen Dingen und Orten widersinnigs. Dem neuen Comthur, der aus Frauen= berg dahin kam, ging es noch viel wunderlicher und ärger: ein Mal ward er in den Schloßbrunnen an den Bart gehängt; das andre Mal ward er auf das oberste Dach im Schlosse gesetzt, da man ihn kaum ohne Lebens= gefahr herunter bringen konnte. Zum dritten Mal fing ihm der Bart von selbst an zu brennen, so daß ihm das Gesicht geschändet wurde; auch konnte ihm der Brand mit Wasser nicht gelöscht werden, und nur, als er aus dem verwünschten Schlosse herauslief, erlosch das Feuer. Derowegen fürder kein Comthur in dem Schlosse bleiben wollte, wurde auch von jeder= männiglich verlassen und nach des verstorbenen Comthurs Prophezeihung des Teufels Wohnung geheißen.

Zwei Jahre nach der Schlacht kam ein Bürger von Christburg wiederum zu Hause, der während der Zeit auf einer Wallfahrt nach Rom gewesen war. Als er von dem Gespenst des Schlosses hörte, ging er auf einen Mittag hinauf: sei es nun, daß er die Wahrheit selbst erfahren wollte, oder daß er vielleicht ein Heiligthum mit sich gebracht, das gegen die Ge= spenster dienen sollte. Auf der Brücke fand er stehen des Comthurs Bruder, welcher auch mit in der Schlacht geblieben war; er erkannte ihn alsbald, denn er hatte ihm ein Kind aus der Taufe gehoben, und hieß Otto von Sangerwitz; und weil er meinte, es wäre ein lebendiger Mensch, trat er auf ihn zu und sprach: „o Herr Gevatter, wie bin ich erfreut, daß ich euch frisch und gesund sehen mag; man hat mich überreden wollen, ihr wärt erschlagen worden; ich bin froh, daß es besser ist, als ich meinte.

Und wie stehet es doch in diesem Schlosse, davon man so wunderliche Dinge redet?" Das Teufelsgespenst sagte wieder zu ihm: „komm mit mir, so wirst du sehen, wie man allhier Haus hält." Der Schmied folgte ihm nach, die Wendeltreppe hinauf; da sie in das erste Gemach gingen, fanden sie einen Haufen Volks, die nichts anders thaten, denn mit Würfel und Karten spielen; etliche lachten, etliche fluchten Wunden und Marter. Im andern Gemach saßen sie zu Tische, da war nichts anders, denn Fressen und Saufen zu ganzen und halben; von dannen gingen sie in den großen Saal, da funden sie Männer, Weiber, Jungfrauen und junge Gesellen; da hörte man nichts, denn Saitenspiel, singen, tanzen und sahe nichts, denn Unzucht und Schande treiben. Nun gingen sie in die Kirche; da stund ein Pfaff vor dem Altar, als ob er Messe halten wollte; die Chorherren aber saßen rings umher in ihren Stühlen und schliefen. Darnach gingen sie wieder zum Schloß hinaus, alsbald hörte man in dem Schloß so jämmerlich heulen, weinen und Zetergeschrei, daß dem Schmied angst und bange ward, gedachte auch, es könnte in der Hölle nicht jämmerlicher sein. Da sprach sein Gevatter zu ihm: „gehe hin und zeige dem neuen Hoch-meister an, was du gesehen und gehört hast! Denn so ist unser Leben gewesen, wie du drinnen gesehen; das ist der erfolgte Jammer darauf, den du hier außen gehört hast." Mit den Worten verschwand er, der Schmied aber erschrak so, daß ihm zu allen Füßen kalt ward; dennoch wollt er den Befehl verrichten, ging zum neuen Hochmeister und erzählte ihm alles, wie es ergangen. Der Hochmeister ward zornig, sagte, es wäre erdichtet Ding, seinem hochwürdigen Orden zu Verdruß und Schanden, ließ den Schmied ins Wasser werfen und ersäufen.

536.

Der Virdunger Bürger.

Zu Rudolfs von Habsburg Zeiten saß in der Stadt Virdung (Verdun) ein Bürger, der verfiel in Armuth; und um aufs Neue zu Schätzen zu gelangen, versprach er sich mit Hülfe eines alten Weibes dem Teufel. Und als er sich Gott und allen himmlischen Gnaden abgesagt hatte, füllte ihm der Höllenrabe den Beutel mit Pfennigen, die nimmer all' wurden; denn so oft sie der Bürger ausgegeben hatte, lagen sie immer wieder unten. Da wurde seines Reichthums unmaßen viel; er erwarb Wiesen und Felder und lebte nach allen Gelüsten. Eines Tages, da er fröhlich bei seinen Freunden saß, kamen zwei Männer auf schwarzen Pferden angeritten; der eine zog bei der Hand ein gesatteltes und gezäumtes, brandschwarzes Roß, das führte er zu dem Bürger und mahnte, daß er ihnen folgen sollte, wo-hin er gelobt hätte. Traurig nahm der Bürger Abschied, bestieg das Roß und schied mit den Boten von dannen, im Angesicht von mehr als funfzig

Menschen und zweier seiner Kinder, die jämmerlich klagten und nicht
wußten, was aus ihrem Vater geworden sei. Da gingen sie beide zu einem
alten Weib, die viele Künste wußte, und verhießen ihr viel Geld, wenn
sie ihnen die rechte Wahrheit von ihrem Vater zeigen würde. Darauf nahm
das Weib die Jünglinge mit sich in einen Wald und beschwor den Erd=
boden, bis er sich aufthat und die zwei heraus kamen, mit welchen ihr
Vater fortgeritten war. Das Weib fragte: ob sie ihren Vater sehen
wollten? Da fürchtete sich der Aelteste; der Jüngere aber, welcher ein
männlicher Herz hatte, bestand bei seinem Vorsatz. Da gebot die Meisterin
den Höllenboten, daß sie das Kind unverletzt hin zu seinem Vater und
wieder zurück führeten. Die zwei führten ihn nun in ein schönes Haus,
da saß sein Vater ganz allein, in demselben Kleid und Gewand, in welchem
er abgeschieden war, und man sah kein Feuer, das ihn quälte. Der Jüng=
ling redete ihn an und fragte: Vater, wie steht es um dich, ist dir sanft
oder weh? Der Vater antwortete: weil ich die Armuth nicht ertragen
konnte, gab ich um irdisches Gut dem Teufel Leib und Seele dahin und
alles Recht, was Gott an mir hatte; darum, mein Sohn, behalte nichts
von dem Gut, das du von mir geerbt hast, sonst wirst du verloren gleich
mir. Der Sohn sprach: wie kommt's, daß man kein Feuer an dir brennen
siehet? Rühre mich mit der Spitze deines Fingers an — versetzte der
Vater — zuck aber schnell wieder weg! In dem Augenblick, wo es der
Sohn that, brannte er sich Hand und Arm bis an den Ellenbogen; da ließ
erst das Feuer nach. Gerührt von seines Vaters Qualen, sprach er: sag
an, mein Vater, giebt es nichts auf der Welt, das dir helfen möge, oder
irgend fromme? So wenig des Teufels selber Rath werden mag — sagte
der Vater — so wenig kann meiner Rath werden; du aber, mein Sohn,
thue so mit deinem Gut, daß deine Seele erhalten bleibe. Damit schieden
sie sich. Die zwei Führer brachten den Jüngling wieder heraus zu dem
Weib, dem er den verbrannten Arm zeigte. Darauf erzählte er Armen und
Reichen, was ihm widerfahren war, und wie es um seinen Vater stand;
begab sich alles seines Gutes und lebte freiwillig arm in einem Kloster
bis an sein Lebensende.

537.

Der Mann im Pflug.

Zu Metz in Lothringen lebte ein edler Ritter, Namens Alexander, mit
seiner schönen und tugendhaften Hausfrau Florentina. Dieser Ritter ge=
lobte eine Wallfahrt nach dem heiligen Grabe, und als ihn seine betrübte
Gemahlin nicht von dieser Reise abwenden konnte, machte sie ihm ein weißes
Hemde mit einem rothen Kreuz, das sie ihm zu tragen empfahl. Der
Ritter zog hierauf in jene Länder, wurde von den Ungläubigen gefangen,

und mit seinen Unglücksgefährten in den Pflug gespannt; unter harten
Geißelhieben mußten sie das Feld ackern, daß das Blut von ihren Leibern
lief. Wunderbarer Weise blieb nun jenes Hemd, welches Alexander von
seiner Frauen empfangen hatte und beständig trug, rein und unbefleckt,
ohne daß ihm Regen, Schweiß und Blut etwas schadeten; auch zerriß es
nicht. Dem Sultan selbst fiel diese Seltenheit auf, und er befragte den
Sclaven genau über seinen Namen und Herkunft und wer ihm das Hemd
gegeben habe? Der Ritter unterrichtete ihn von allem „und das Hemd habe
ich von meiner tugendsamen Frau erhalten; daß es so weiß bleibe, zeigt
mir ihre fortdauernde Treue und Keuschheit an." Der Heide, durch diese
Nachricht neugierig gemacht, beschloß, einen seiner Leute heimlich nach Metz
zu senden; der sollte kein Geld und Gut sparen, um des Ritters Frau zu
seinem Willen zu verführen: so würde sich nachher ausweisen, ob das Hemd
die Farbe verändere. Der Fremde kam nach Lothringen, kundschaftete die
Frau aus und hinterbrachte ihr, wie elendlich es ihrem Herrn in der
Heidenschaft ginge; worüber sie höchst betrübt wurde, aber sich so tugend=
haft bewies, daß der Abgesandte, nachdem er alles Geld verzehrt hatte,
wieder unausgerichteter Sache in die Türkei zurückreisen mußte. Bald dar=
auf nahm Florentina sich ein Pilgerkleid und eine Harfe, welche sie wohl
zu spielen verstand, und reiste dem fremden Heiden nach, holte ihn auch
noch zu Venedig ein und fuhr mit ihm in die Heidenschaft, ohne daß er
sie in der veränderten Tracht erkannt hätte. Als sie nun an des Heiden=
königs Hofe anlangte, wußte der Pilgrim diesen so mit seinem Gesang und
Spiel einzunehmen, daß ihm große Geschenke dargebracht wurden. Der
Pilgrim schlug diese alle aus und bat blos um einen von den gefangenen
Christen, die im Pfluge gingen. Die Bitte wurde bewilligt, und Florentina
ging unerkannt zu den Gefangenen, bis sie zuletzt zu dem Pflug kam, in
welchen ihr lieber Mann gespannt war. Darauf forderte und erhielt sie
diesen Gefangenen, und beide reisten zusammen über die See glücklich nach
Deutschland heim. Zwei Tagreisen vor Metz sagte der Pilgrim zu Alexander:
Bruder, jetzt scheiden sich unsere Wege; gieb mir zum Angedenken ein
Stücklein aus deinem Hemde, von dessen Wunder ich so viel habe reden
hören, damit ich's auch andern erzählen und beglaubigen kann. Diesem
willfahrte der Ritter, schnitt ein Stück aus dem Hemde und gab es dem
Pilgrim; sodann trennten sich beide. Florentina kam aber auf einem
kürzeren Wege einen ganzen Tag früher nach Metz, legte ihre gewöhnlichen
Frauenkleider an und erwartete ihres Gemahles Ankunft. Als diese er=
folgte, empfing Alexander seine Gemählin auf das Zärtlichste; bald aber
bliesen ihm seine Freunde und Verwandten in die Ohren „daß Florentina
als ein leichtfertiges Weib zwölf Monate lang in der Welt umhergezogen
sei und nichts habe von sich hören lassen." Alexander entbrannte vor
Zorn, ließ ein Gastmahl anstellen und hielt seiner Frau öffentlich ihren
geführten Lebenswandel vor. Sie trat schweigend aus dem Zimmer, ging

in ihre Kammer und legte das Pilgerkleid an, daß sie während der Zeit getragen hatte, nahm die Harfe zur Hand, und nun offenbarte sich, indem sie ihm das ausgeschnittene Stück von dem Hembe vorwies: wer sie gewesen war, und daß sie selbst als Pilgrim ihn aus dem Pflug erlöst hatte. Da verstummten ihre Ankläger, fielen der eblen Frau zu Füßen, und ihr Gemahl bat sie mit weinenden Augen um Verzeihung.

538.
Siegfried und Genofeva.

Zu den Zeiten Hildolfs, Erzbischofs von Trier, lebte daselbst Pfalzgraf Siegfried, mit Genofeva seiner Gemahlin, einer Herzogstochter aus Brabant, schön und fromm. Nun begab es sich, daß ein Zug wider die Heiden geschehen sollte, und Siegfried in den Krieg ziehen mußte; da befahl er Genofeven, im meifelder Gau auf seiner Burg Simmern, still und eingezogen zu wohnen; auch übertrug er einem seiner Dienstmänner, Namens Golo, auf den er zumal vertraute: daß er seine Gemahlin in besonderer Aufsicht hielte. Die letzte Nacht vor seiner Abreise hatte aber Genofeva einen Sohn von ihrem Gemahl empfangen. Als nun Siegfried abwesend war, dauerte es nicht lange, und Golo entbrann von sündlicher Liebe zu der schönen Genofeva, die er endlich nicht mehr zurück hielt, sondern der Pfalzgräfin erklärte. Sie aber wies ihn mit Abscheu zurück. Darauf schmiedete Golo falsche Briefe, als wenn Siegfried mit allen seinen Leuten im Meer ertrunken wäre, und las sie der Gräfin vor; jetzt gehöre ihm das ganze Reich zu, und sie dürfe ihn ohne Sünde lieben. Als er sie aber küssen wollte, schlug sie ihm hart mit der Faust ins Gesicht, und er merkte wohl, daß er nichts ausrichten konnte; da verwandelte er seinen Sinn, nahm der eblen Frau all ihre Diener und Mägde weg, daß sie in ihrer Schwangerschaft die größte Noth litt. Und als ihre Zeit heran rückte, gebar Genofeva einen schönen Sohn, und niemand, außer einer alten Waschfrau, stand ihr bei oder tröstete sie; endlich aber hörte sie, daß der Pfalzgraf lebe und bald zurückkehre; und sie fragte den Boten, wo Siegfried jeto sei? „Zu Straßburg" antwortete der Bote, und ging darauf zu Golo, dem er dieselbe Nachricht brachte. Golo erschrak heftig und hielt sich für verloren. Da redete eine alte Hexe mit ihm, was er sich Sorgen um diese Sache mache? Die Pfalzgräfin habe zu einer Zeit geboren, daß niemand wissen könne, ob nicht der Koch oder ein andrer des Kindes Vater sei; „sag nur dem Pfalzgrafen, daß sie mit dem Koch gebuhlt habe, so wird er sie tödten lassen, und du ruhig sein." Golo sagte „der Rathschlag ist gut" ging daher eilends seinem Herrn entgegen und erzählte ihm die ganze Lüge. Siegfried erschrak und seufzte aus tiefem Leid. Da sprach Golo: Herr, es ziemt dir nicht länger, diese zum Weibe zu haben. Der

Pfalzgraf sagte: was soll ich thun? Ich will — versetzte der Treulose — sie mit ihrem Kind an den See führen und im Wasser ersäufen. Als nun Siegfried eingewilligt hatte, ergriff Golo Genofeven und das Kind und übergab sie den Knechten, daß sie sie tödten sollten. Die Knechte führten sie in den Wald, da hub einer unter ihnen an: was haben diese Un= schuldigen gethan? Und es entstand ein Wortwechsel, keiner aber wußte Böses von der Pfalzgräfin zu sagen, und keinen Grund, warum sie sie tödten sollten; es ist besser — sprachen sie — daß wir sie hier von den wilden Thieren zerreißen lassen, als unsre Hände mit ihrem Blut zu be= flecken. Also ließen sie Genofeven allein in dem wilden Wald und gingen fort. Da sie aber ein Wahrzeichen haben mußten, das sie Golo mit= brächten: so rieth einer, dem mitlaufenden Hunde die Zunge auszuschneiden. Und als sie vor Golo kamen, sagte er: wo habt ihr sie gelassen? „Sie sind ermordet" antworteten sie und wiesen ihm Genofevens Zunge.

Genofeva aber weinte und betete in der öden Wildniß; ihr Kind war noch nicht dreißig Tage alt, und sie hatte keine Milch mehr in ihren Brüsten, womit sie es ernähren könnte. Wie sie nun die heilige Jungfrau um Beistand flehte, sprang plötzlich eine Hindin durchs Gesträuch und setzte sich neben das Kind nieder; Genofeva legte die Zitzen der Hindin in des Knäbleins Mund und es sog daraus. An diesem Orte blieb sie sechs Jahre und drei Monate; sie selbst aber nährte sich von Wurzeln und Kräutern, die sie im Walde fand; sie wohnten unter einer Schichte von Holzstämmen, welche die arme Frau, so gut sie konnte, mit Dörnern gebunden hatte.

Nach Verlauf dieser Zeit trug sich's zu, daß der Pfalzgraf gerade in diesem Wald eine große Jagd anstellte; und da die Jäger die Hunde hetzten, zeigte sich ihren Augen dieselbe Hirschkuh, die den Knaben mit ihrer Milch nährte. Die Jäger verfolgten sie; und weil sie zuletzt keinen andern Ausweg hatte, floh sie zu dem Lager, wohin sie täglich zu laufen pflegte, und warf sich, wie gewöhnlich, zu des Knaben Füßen. Die Hunde drangen nach, des Kindes Mutter nahm einen Stock und wehrte die Hunde ab. In diesem Augenblick kam der Pfalzgraf hinzu, sah das Wunder und befahl, die Hunde zurück zu rufen. Darauf fragte er die Frau, ob sie eine Christin wäre? Sie antwortete: ich bin eine Christin, aber ganz entblößt; leih mir deinen Mantel, daß ich meine Scham bedecke. Siegfried warf ihr den Mantel zu, und sie bedeckte sich damit. Weib, sagte er, warum schafftest du dir nicht Speise und Kleider? Sie sprach: Brot habe ich nicht, ich aß die Kräuter, die ich im Walde fand; mein Kleid ist vor Alter zerschlissen und auseinander gefallen. Wie viel Jahre sind's, seit du hierher ge= kommen? — Sechs, und drei Monden wohne ich hier. — Wem gehört der Knabe? — Es ist mein Sohn. — Wer ist des Kindes Vater? — Gott weiß es. — Wie kamst du hierher, und wie heißest du? — Mein Namen ist Genofeva. — Als der Pfalzgraf den Namen hörte, gedachte er seiner Gemahlin; und einer der Kämmerer trat hinzu und rief: bei Gott, das scheint mir unsre Frau zu sein, die schon lange gestorben ist, und sie hatte ein Mal im Gesicht. Da sahen sie alle, daß sie noch dasselbe Mal an sich trug. Hat sie auch noch den Trauring? sagte Siegfried. Da gingen zwei hinzu und fanden, daß sie noch den Ring trage. Alsobald umfing sie der Pfalzgraf und küßte sie, und nahm weinend den Knaben und sprach: das ist mein Gemahl, und das ist mein Kind. Die gute Frau erzählte nun allen, die da standen, von Wort zu Wort, was ihr begegnet war, und alle vergossen Freudenthränen; indem kam auch der treulose Golo dazu, da wollten sie alle auf ihn stürzen und ihn tödten. Der Pfalzgraf rief aber: haltet ihn, bis wir ausfinnen, welches Todes er würdig ist. Dies geschah; und nachher verordnete Siegfried, vier Ochsen zu nehmen, die noch vor keinem Pfluge gezogen hätten, und jeden Ochsen dem Missethäter an die vier Theile des Leibes zu spannen, zwei an die Füße, zwei an die Hände, und dann die Ochsen gehn zu lassen. Und als sie auf diese Weise festgebunden waren, ging jeder Ochse mit seinem Theile durch, und Golo's Leib wurde in vier Stücke gerissen.

Der Pfalzgraf wollte nunmehr seine geliebte Gemahlin nebst dem Söhnlein heimführen. Sie aber schlug es aus und sprach: an diesem Ort hat die heilige Jungfrau mich vor den wilden Thieren bewahrt und durch ein Wild mein Kind erhalten; von diesem Orte will ich nicht weichen, bis er ihr zu Ehren geweiht ist. Sogleich sandte der Pfalzgraf den Bischof Hildulf, welchem er alles berichtete; der Bischof war erfreut und weihte den Ort. Nach der Weihung führte Siegfried seine Gemahlin und seinen Sohn herzu und stellte ein feierliches Mahl an; sie bat, daß er hier eine Kirche bauen ließe, welches er zusagte. Die Pfalzgräfin konnte fürder keine Speisen mehr vertragen, sondern ließ sich im Walde die Kräuter sammeln, an welche sie gewohnt worden war. Allein sie lebte nur noch wenige Tage und wanderte selig zum Herrn; Siegfried ließ ihre Gebeine in der Waldkirche, die er zu bauen gelobt hatte, bestatten; diese Capelle hieß Frauenkirche (unweit Meyen), und manche Wunder geschahen daselbst.

539.
Karl Ynach, Salvius Brabon und Frau Schwan.

Gottfried, mit dem Zunamen der Karl, war König von Tongern und wohnte an der Maas auf seiner Burg Megen. Er hatte einen Sohn, Namens Karl Ynach, den verbannte er aus dem Land, weil er einer Jungfrau Gewalt gethan hatte. Karl Ynach floh nach Rom zu seinem Oheim Cloadich, welcher daselbst als Geißel gefangen lebte und wurde von diesem ehrenvoll empfangen. Karl Ynach wohnte zu Rom bei einem Senator, Namens Octavius, bis dieser vor des Sylla Grausamkeit aus der Stadt wich nach Arcadien. Hier aber lebte Lucius Julius Proconsul, welcher zwei Töchter hatte, die eine hieß Julia, die andere Germana. In diese Germana verliebte sich nun Karl Ynach, offenbarte ihr, daß er eines Königs Sohn wäre, und beredete sie zur Flucht. Eines Nachts nahmen sie die besten Kleinode aus ihrem Schatz, schifften sich heimlich ein und kamen nach Italien, nahe bei Venedig. Hier stiegen beide zu Pferd, ritten über Mailand durch Savoyen und Burgund ins Land Frankreich und trafen nach viel Tagefahrten zu Cambray ein. Von da gingen sie noch weiter an einen Ort, der damals das Schloß Senes hieß, und ruhten in einem schönen Thale aus. In diesem Thal auf einem lustigen Fluß schwammen Schwäne; einer ihrer Diener, der Bogenschütze war, spannte und schoß einen Pfeil. Aber er fehlte den Schwan, der erschrockene Vogel hob sich in die Luft, und flüchtete sich in der schönen Germana Schooß. Froh über dieses Wunder, und weil der Schwan ein Vogel guter Bedeutung ist, fragte fragte sie Karl Ynach, ihren Gemahl: wie der Vogel in seiner Landessprache heiße? In deutscher Sprache antwortete er, heißt man ihn Swana. So will ich — sagte sie — hinfüro nicht länger Germana, sondern Schwan heißen; denn sie befürchtete, eines Tages an ihrem rechten Namen erkannt zu werden. Der ganze Ort aber bekam von der Menge seiner Schwäne, den Namen Schwanenthal (vallis cignea, Valenciennes) an der Schelde. Jenen Schwan nahm die Frau mit, fütterte und pflag ihn sorgsam. Karl und Frau Schwan gelangten nach diesem bis zu dem Schlosse Florimont, unweit Brüssel; daselbst erfuhr er den Tod seines Vaters Godfried Karl, und zog sogleich dahin. Zu Löwen opferte er seinen Göttern und wurde in Tongern mit Jubel und Freude als König und Erbe empfangen. Karl Ynach herrschte hierauf eine Zeit lang in Frieden und zeugte mit seiner Gemahlin einen Sohn und eine Tochter. Der Sohn wurde Octavian, die Tochter wiederum Schwan benannt. Bald danach hatte Ariovist, König der Sachsen, Krieg mit Julius Cäsar und den Römern; Karl Ynach verband sich mit Ariovist und zog den Römern entgegen, blieb aber todt in einer Schlacht, die bei Besançon geliefert wurde. Frau Schwan, seine Wittwe, barg sich mit ihren Kindern in dem Schlosse Megen an der Maas und fürchtete, daß Julius Cäsar, ihr Bruder, sie auskundschaften möchte. Das Reich Tongern hatte sie an Ambiorix abgetreten, nahm aber ihren Schwan mit nach Megen, wo sie ihn auf den Burggraben setzte und oft mit eigner Hand fütterte, zum Angedenken ihres Gemahls.

Julius Cäsar hatte dazumal in seinem Heer einen Helden, Namens Salvius Brabon, der aus dem Geschlechte des Frankus, Hectors von Troja Sohn, abstammte. Julius Cäsar, um sich von der Arbeit des Krieges ein wenig auszuruhen, war ins Schloß Cleve gekommen; Salvius Brabon belustigte sich in der Gegend von Cleve mit Bogen und Pfeil, gedachte an sein bisheriges Leben und an einen bedeutenden Traum, den er eines Nachts gehabt. In diesen Gedanken befand er sich von ungefähr am Ufer des Rheins, der nicht weit von dem Schlosse Cleve fließt, und sah auf dem Strom einen schneeweißen Schwan; der spielte und biß mit seinem Schnabel in einen Kahn am Ufer. Salvius Brabon blickte mit Vergnügen und Verwunderung zu, und die glückliche Bedeutung dieses Vogels mit seinem Traum verbindend, trat er in das Schifflein; der Schwan ganz kirr und ohne scheu zu werden, flog ein wenig voraus und schien ihm den Weg zu weisen; der Ritter empfahl sich Gott, und beschloß, ihm zu folgen. Ganz ruhig geleitete ihn der Schwan den Lauf des Rheins entlang und Salvius schaute sich allenthalben um, ob er nichts sähe; so fuhren sie lang' und weit, bis endlich der Schwan das Schloß Megen erkannte, wo seine Herrin wohnte, kümmerlich als eine arme Wittwe, in fremdem Lande, ihre beiden Kinder auferziehend. Der Schwan, als er nun seinen gewohnten Aufenthalt erblickte, schlug die Flügel, erhob sich in die Lüfte und flog zum Graben, wo ihn die Frau aus ihrer Hand fressen ließ. Als sich aber Salvius von seinem Führer verlassen sah, wurde er betrübt, landete mit seinem Nachen und sprang ans Land; er hielt den Bogen gespannt und dachte den Schwan zu schießen, falls er ihn erreichen könnte. Wie er nun weiter ging und den Vogel im Schloßgraben fand, legte er den Pfeil auf und zielte. Indem war die Frau ans Fenster getreten, den Schwan zu liebkosen und sah einen fremden Mann darauf anlegen. Erschrocken rief sie laut in griechischer Sprache: Ritter ich beschwöre dich, tödte mir nicht diesen Schwan. Salvius Brabon, der sich mit diesen Worten in einem wildfremden Lande, und durch eine Frau in seiner Sprache anrufen hörte, war überaus betroffen, zog jedoch die Hand vom Bogen und that den Pfeil vom Strang; darauf fragte er die Frau auf griechisch, was sie in dem abgelegenen, wilden Lande mache? Sie aber war noch mehr erschrocken, sich in ihrer Muttersprache anreden zu hören, und lud ihn ein, „in die Burg zu treten, so würden sie sich vollständig einander Aufschluß geben können;" welches er auch mit Vergnügen annahm. Als er innen war, fragte sie ihn eine Menge Dinge und erfuhr auch Julius Cäsars Aufenthalt in Cleve. Weil sie aber hörte, daß der Ritter aus Arcadia stammte, nahm sie sich ein Herz und forderte ihm einen Eid ab „daß er ihr beistehn wolle, wie man Wittwen und Waisen soll"; darauf erzählte sie umständlich alle ihre Begebenheiten. Sie bat, daß er sie wieder mit ihrem Bruder aussöhnen möchte, und gab ihm für diesen zum Wahrzeichen ein goldnes Götzenbild, das ihr Julius Cäsar einstmals aufzuheben vertraut hatte, mit. Salvius Brabon versprach das Seinige zu thun und kehrte wieder zu seinem Herrn nach Cleve zurück. Er grüßte ihn von seiner Schwester und gab ihm das Goldbild, welches Julius Cäsar auf den ersten Blick erkannte. Sodann fragte er den Salvius, wo er sie gefunden hätte? Dieser erzählte ihr Leben und Schicksal und bat um Verzeihung. Cäsar wurde gerührt zum Erbarmen und bedauerte auch seines Schwagers, Karl Ynachs, Tod; hierauf wollte er sogleich seine Schwester und Neffen sehen; Salvius Brabon führte ihn mit Freuden nach dem

Schlosse Megen. Sie erkannten sich mit herzlicher Wonne; Salvius Brabon bat sich die junge Schwan, des Kaisers Nichte, zur Gemahlin aus, die ihm auch bewilligt wurde. Die Hochzeit geschah zu Löwen. Julius Cäsar verlieh seiner Nichte und ihrem Gemahl eine weite Strecke Landes als ein Herzogthum, von dem Meer mit dem Wald Soigne und dem Flusse Schelde, bis zu dem Bächlein, welches heißet Lace. Brabon war hier der erste Fürst und von ihm trägt dieses Land den Namen Brabant. Seinem Neffen Octavian gab der Kaiser das Königreich Agrippina am Rhein, ein weites Gebiet.

Tongern aber benannte er hinfüro nach dem Namen seiner Schwester Germana, Germania, und wollte auch, daß Octavian den Beinamen Germanicus führte. Seitdem heißen die Deutschen nun Germanen.

540.
Der Ritter mit dem Schwan.

Zu Flandern war vor Alters ein Königreich Lillefort, da wo jetzt die Städte Ryßel und Doway liegen; in demselben herrschte Pyrion mit Matabruna, seiner Gemahlin. Sie zeugten einen Sohn, Namens Oriant. Dieser jagte eines Tages im Walde einen Hirsch, der Hirsch entsprang ihm aber in ein Wasser, und Oriant setzte sich müde an einen schönen Brunnen, um dabei auszuruhen. Als er so allein saß, kam eine edle Jungfrau gegangen, die seine Hunde sah und ihn fragte: mit wessen Urlaub er in ihrem Wald jage? Diese Jungfrau hieß Beatrix, und Oriant wurde von ihrer wunderbaren Schönheit so getroffen, daß er ihr die Liebe erklärte und seine Hand auf der Stelle bot. Beatrix willigte ein, und der junge König nahm sie mit aus dem Wald nach Lillefort, um eine fröhliche Hochzeit zu feiern. Matabrun, seine Mutter, ging ihm aber entgegen und war der jungen Braut gram; darum, daß er sie nackt und blos heimgeführt hatte und niemand wußte, woher sie stammte. Nach einiger Zeit nun wurde die Königin schwanger; während dessen geschah's, daß sie von ungefähr am Fenster stand, und zwei Kindlein, die eine Frau auf einmal geboren hatte, zur Taufe tragen sah. Da rief sie heimlich ihren Gemahl und sprach: wie das möglich wäre, daß eine Frau zwei Kinder gebäre, ohne zwei Männer zu haben? Oriant antwortete: mit Gottes Gnaden kann eine Frau sieben Kinder auf einmal von ihrem Manne empfangen. Bald darnach mußte der König in den Krieg ziehen; da sich nun seine Gemahlin schwanger befand, empfahl er sie seiner Mutter zu sorgfältiger Obhut und nahm Abschied. Matabruna hingegen dachte auf nichts als Böses und beredete sich mit der Wehmutter: daß sie der Königin, wenn sie gebären würde, statt der Kinder junge Hunde unterschieben, die Kinder selbst tödten und Beatrix einer strafbaren Gemeinschaft mit Hunden anklagen wollten.

Als nun ihre Zeit heran rückte, ward Beatrix von sechs Söhnen und einer Tochter entbunden und jedem Kindlein lag um seinen Hals eine silberne Kette. Matabruna schaffte sogleich die Kinder weg und legte sieben Wölpe hin; die Wehfrau aber rief: ach Königin, was ist euch geschehen! ihr habt sieben scheußliche Wölpe geboren, thut sie weg und laßt sie unter die Erde graben, daß dem Könige seine Ehre bewahrt bleibe. Beatrix weinte und rang die Hände, daß es einen erbarmen mußte; die alte Königin aber hub an, sie heftig zu schelten und des schändlichsten Ehebruchs zu zeihen. Darauf ging Matabruna weg, rief einen vertrauten Diener, dem sie die sieben Kindlein übergab und sprach: die silbernen Ketten an dieser Brut bedeuten, daß sie dereinst Räuber und Mörder werden; darum muß man eilen, sie aus der Welt zu schaffen. Der Knecht nahm sie in seinen Mantel, ritt in den Wald und wollte sie tödten; als sie ihn aber anlachten, wurde er mitleidig, legte sie hin und empfahl sie der Barmherzigkeit Gottes. Darauf kehrte er an den Hof zurück und sagte der Alten, daß er ihren Befehl ausgerichtet, wofür sie ihm großen Lohn versprach. Die sieben Kinder schrien unterdessen vor Hunger im Walde; das hörte ein Einsiedler, Helias mit Nammen, der fand sie und trug sie in seinem Gewande mit sich in die Klause. Der alte Mann wußte aber nicht, wie er sie ernähren sollte; sie, da kam eine weiße Geiß gelaufen, bot den Kindern ihre Mammen, und sie sogen begierig daran. Diese Geiß stellte sich nun von Tag zu Tage ein, bis daß die Kinder wuchsen und größer wurden. Der Einsiedel machte ihnen dann kleine Röcklein von Blättern, sie gingen spielen im Gesträuch und suchten sich wilde Beeren, die sie aßen, und wurden auferzogen in Gottes Furcht und Gnade.

Der König, nachdem er den Feind besiegt hatte, kehrte heim und wurde mit Klagen empfangen; daß sein Gemahl von einem schändlichen Hunde sieben Wölpe geboren hätte, welche man weggeschafft. Da befiel ihn tiefer Schmerz; er versammelte seinen Rath und fragte, was zu thun wäre? Und einige riethen, die Königin zu verbrennen, andere aber, sie nur gefangen einzuschließen. Dieses Letztere gefiel dem Könige besser, weil er sie noch immer liebte. Also blieb die unschuldige Beatrix eingeschlossen, bis zur Zeit, daß sie wieder erlöst werden sollte.

Der Einsiedel hatte unterdessen die sieben Kinder getauft, und eines, das er besonders liebte, Helias nach seinem Namen geheißen. Die Kinder aber in ihren Blätterröcklein, barfuß und barhaupt, liefen stets mit einander im Wald herum. Es geschah, daß ein Jäger der alten Königin daselbst jagte, und die Kindlein alle sieben, mit ihren Silberketten um den Hals, unter einem Baum sitzen sah, von dem sie die wilden Aepfel abrupften und aßen. Der Jäger grüßte sie, da flohen die Kinder zu der Klause, und der Einsiedler bat, daß der Jäger ihnen kein Leid thun möcht'. Als dieser Jäger wieder nach Lillefort kam, erzählte er Matabrunen alles, was er gesehen hatte; sie wunderte sich und rieth wohl, daß es Oriants fieben Kinder wären, welche Gott beschirmt hatte. Da sprach sie auf der Stelle: „o guter Gesell, nehmt von euren Leuten und kehret mir eilends zum Wald, daß ihr die sieben Kinder tödtet, und bringt mir die sieben Ketten zum Wahrzeichen mit! Thut ihr das nicht, so ist's um euer eigen Leben geschehn, sonst aber sollt ihr großen Lohn haben." Der Jäger sagte „euer Wille soll befolgt werden", nahm sieben Männer, und machten sich auf den Weg nach dem Walde. Unterwegs mußten sie durch ein Dorf, wo ein großer Haufen Menschen versammelt war. Der Jäger fragte nach der Ursache, und erhielt zur Antwort: es soll eine Frau hin= gerichtet werden; weil sie ihr Kind ermordet hat. Ach — dachte der Jäger — diese Frau wird verbrennt, weil sie Ein Kind getödtet hat und ich gehe darauf aus, sieben Kinder zu morden; verflucht sei die Hand, die dergleichen vollbringt! Da sprachen alle Jäger: „wir wollen den Kindern kein Leid thun, sondern ihnen die Ketten ablösen, und sie der Königin bringen, zum Beweise, daß sie todt seien." Hierauf kamen sie in den Wald, und der Einsiedler war gerade ausgegangen, auf dem Dorfe Brod zu betteln, und hatte eins der Kinder mitgenommen, das ihm tragen helfen mußte. Die sechs andern schrien vor Furcht, wie sie die fremden Männer sahen. Fürchtet euch nicht, sprach der Jäger. Da nahmen sie die Kinder, und thaten ihnen die Ketten vom Hals; in demselben Augen= blick, wo dies geschah, wurden sie zu weißen Schwänen und flogen in die Luft. Die Jäger aber erschraken sehr, und zuletzt gingen sie nach Haus und brachten der alten Königin die sechs Ketten unter dem Vorgeben: die siebente hätten sie verloren. Darüber war Matabruna sehr bös, und entbot einen Goldschmied, aus den sechsen einen Napf zu schmieden. Der Goldschmied nahm eine der Ketten, und wollte sie im Feuer prüfen, ob das Silber gut wäre. Da wurde die Kette so schwer, daß sie allein mehr wog, als vorher die sechse zusammen. Der Schmied war verwundert, gab die fünfe seiner Frau, sie aufzuheben; und aus der sechsten, die geschmolzen war, wirkte er zwei Näpfe, jeden so groß, als ihn Matabrun begehrt hatte. Den einen Napf behielt er auch noch zu den Ketten, und den andern trug er der Königin hin, die sehr zufrieden mit seiner Schwere und Größe war.

Als nun die Kinder in weiße Schwäne verwandelt worden waren, kam der Einsiedler mit dem jungen Helias auch wieder heim und war erschrocken, daß die andern fehlten. Und sie suchten nach ihnen den lieben langen Tag, bis zum Abend, und fanden nichts, und waren sehr traurig. Morgens frühe begann der kleine Helias wieder nach seinen Geschwistern zu suchen, bis er zu einem Weiher kam, worauf sechs Schwäne schwammen, die zu ihm hin flossen, und sich mit Brod füttern ließen. Von nun ging er alle Tage zu dem Wasser und brachte den Schwänen Brod; es ver= strich eine geraume Zeit.

Während Beatrix gefangen saß, dachte Matabrun auf nichts anderes,

als sie durch den Tod wegzuräumen. Sie stiftete daher einen falschen
Zeugen an, welcher aussagte „den Hund gekannt zu haben, mit dem die
Königin Umgang gepflogen hätte." Oriant wurde dadurch von neuem
erbittert; und als der Zeuge sich erbot, seine Aussage gegen jedermann
im Gotteskampf zu bewähren, schwur der König: daß Beatrix sterben
solle, wenn kein Kämpfer für sie aufträte. In dieser Noth betete sie zu
Gott, der ihr Flehen hörte, und einen Engel zum Einsiedler sandte.
Dieser erfuhr nunmehr den ganzen Verlauf: wer die Schwäne wären, und
in welcher Gefahr ihre arme Mutter schwebte. Helias, der Jüngling, war
erfreut über diese Nachricht; und machte sich barfuß, barhaupt, und in
seinem Blätterkleid auf, an den Hof des Königs, seines Vaters, zu gehen.
Das Gericht war gerade versammelt, und der Verräther stand zum Kampfe
bereit. Helias erschien, seine einzige Waffe war eine hölzerne Keule.
Hierauf überwand der Jüngling seinen Gegner und that die Unschuld der
geliebten Mutter dar, die sogleich befreit, und in ihre vorige Rechte ein=
gesetzt wurde. Als sich nun die ganze Verrätherei enthüllt hatte, wurde
sogleich der Goldschmied gesandt, der die Schwanketten verschmieden sollte.
Er kam und brachte fünf Ketten und den Napf, der ihm von der sechsten
übergeschossen war. Helias nahm nun diese Ketten und war begierig,
seine Geschwister wieder zu erlösen; plötzlich sah man sechs Schwäne zu
dem Schloßweiher geflogen kommen. Da gingen Vater und Mutter mit
ihm hinaus und das Volk stand um das Ufer und wollte dem Wunder
zusehen. Sobald die Schwäne Helias erblickten, schwommen sie hinzu
und er strich ihnen die Federn und wies ihnen die Ketten. Hierauf legte
er einem nach dem andern die Kette um den Hals, augenblicklich standen
sie in menschlicher Gestalt vor ihm, vier Söhne und eine Tochter, und die
Aeltern liefen hinzu, ihre Kinder zu halsen und zu küssen. Als aber der
sechste Schwan sah, daß er allein übrig blieb und kein Mensch wurde,
war er tief betrübt und zog sich im Schmerz die Federn aus; Helias
weinte und ermahnte ihn tröstend zur Geduld. Der Schwan neigte mit
dem Hals, als ob er ihm dankte, und jedermann bemitleidete ihn. Die
fünf andern Kinder wurden darauf zur Kirche geführt und getauft; die
Tochter empfing den Namen Rose, die vier Brüder wurden hernachmals
fromme und tapfere Helden.

König Oriant nach diesen wunderbaren Begebenheiten gab nun die
Regierung des Reichs in seines Sohnes Helias Hände. Der junge König
aber beschloß, vor allem das Recht walten zu lassen, eroberte die feste Burg,
wohin Matabrun geflohen war, und überlieferte sie dem Gericht, welches
die Uebelthäterin zum Tode des Feuers verdammte. Dieses Urtheil wurde
sodann vollstreckt. Helias regierte nun eine Weile zu Lillefort; eines
Tages aber, da er den Schwan, seinen Bruder, auf dem Schloßweiher
einen Nachen ziehen sah, hatte er keine längre Ruhe, sondern hielt dies
für ein Zeichen des Himmels, daß er dem Schwan folgen und irgendwo

Ruhm und Ehre erwerben solle. Er versammelte daher Eltern und
Geschwister, entdeckte ihnen sein Vorhaben und küßte sie zum Abschied.
Dann ließ er sich Harnisch und Schild bringen. Oriant, sein Vater,
schenkte ihm ein Horn und sprach: dieses Horn bewahre wohl! denn alle,
die es blasen hören, denen mag kein Leid geschehen. Der Schwan schrie
drei oder vier Mal mit ganz seltsamer Stimme; da ging Helias zum
Gestade hinab; sogleich schlug der Vogel die Flügel, als ob er ihn fröhlich
bewillkommnete und neigte seinen Hals. Helias betrat den Nachen und
der Schwan stellte sich vornen hin und schwamm voraus; schnell flossen
sie davon, von Fluß in Fluß, von Strom in Strom, bis sie zu der
Stelle gelangten, wohin sie nach Gottes Willen beschieden waren.

Zu diesen Zeiten herrschte Otto der erste, Kaiser von Deutschland,
und unter ihm stand das Ardennerland, Lüttich und Namur. Dieser
hielt gerade seinen Reichstag zu Nimwegen, und wer über ein Unrecht
zu klagen hatte, der kam dahin und brachte seine Worte an. Es begab
sich nun, daß auch der Graf von Frankenburg vor den Kaiser trat,
und die Herzogin von Billon (Bouillon), Namens Clarissa, beschuldigte,
„ihren Gemahl vergiftet, und während seiner dreijährigen Meerfahrt eine
unrechte Tochter erzeugt zu haben; darum sei das Land nunmehr an ihn,
den Bruder des Herzogs verfallen.“ Die Herzogin verantwortete sich, so
gut sie konnte; aber das Gericht sprach einen Gotteskampf aus „und daß
sie sich einen Streiter gegen den Grafen von Frankenburg stellen müsse,
der ihre Unschuld darthun wolle.“ Die Herzogin sah sich aber vergebens
nach einem Retter um, indem hörten alle ein Horn blasen. Da schaute
der Kaiser zum Fenster, und man erblickte auf dem Wasser den Nachen
fahren, von dem Schwan geleitet, in welchem Helias gewappnet stand.
Kaiser Otto verwunderte sich und als das Fahrzeug anhielt, und der
Held landete, hieß er ihn sogleich vor sich führen. Die Herzogin sah ihn
auch kommen und erzählte ihrer Tochter einen Traum, den sie die letzte
Nacht gehabt hatte: „es träumte mir, daß ich vor Gericht mit dem Grafen
dingte, und ward verurtheilt, verbrannt zu werden. Und wie ich schon an
den Flammen stand, flog über meinem Haupt ein Schwan und brachte
Wasser zum Löschen des Feuers; aus dem Wasser stieg ein Fisch, vor
dem fürchteten sich alle, so daß sie bebten; darum hoffe ich, daß uns
dieser Ritter vom Tode erlösen wird.“ Helias grüßte den Kaiser und
sprach: ich bin ein armer Ritter, der durch Abenteuer hierher kommt, um
euch zu dienen. Der Kaiser antwortete: „Abenteuer habt ihr hier gefunden! hier stehet eine auf den Tod verklagte Herzogin; wollt ihr für sie
kämpfen, so könnt ihr sie retten, wenn ihre Sache gut ist.“ Helias sah
die Herzogin an, die ihm sehr ehrbar zu sein schien, und ihre Tochter
war von wunderbarer Schönheit, daß sie ihm herzlich wohlgefiel. Sie
aber schwur ihm mit Thränen, daß sie unschuldig wäre; und Helias
gelobte, ihr Kämpfer zu werden. Das Gefecht wurde hierauf anberaumt.

und nach einem gefährlichen Streite schlug der Ritter mit dem Schwan dem Grafen Otto das Haupt vom Halse, und der Herzogin Unschuld wurde offenbar. Der Kaiser begrüßte den Sieger; die Herzogin aber begab sich des Landes zu Gunsten ihrer Tochter Clarissa und vermählte sie mit dem Helden, der sie befreit hatte. Die Hochzeit wurde prächtig zu Nimwegen gefeiert; hernach zogen sie in ihr Land Billon, wo sie mit Freuden empfangen wurden. Nach neun Monaten gebar die Herzogin eine Tochter, welche den Namen Yda empfing, und späterhin die Mutter berühmter Helden ward. Eines Tages nun fragte die Herzogin ihren Gemahl nach seinen Freunden und Magen, und aus welchem Lande er gekommen wäre? Helias aber antwortete nichts, sondern verbot ihr diese Frage; sonst müsse er von ihr scheiden. Sie fragte ihn also nicht mehr und sechs Jahre lebten sie in Ruhe und Frieden zusammen.

Was man den Frauen verbietet, das thun sie zumeist und die Herzogin, als sie einer Nacht bei ihrem Gemahl zu Bette lag, sprach dennoch: „o mein Herr! ich möchte gerne wissen, von wannen ihr seid." Als dies Helias hörte, wurde er betrübt und antwortete: „ihr wißt, daß ihr das nicht wissen sollt; ich gelobe euch nun, morgen von Lande zu scheiden." Und wie viel sie und die Tochter klagten und weinten, stand der Herzog morgens auf, berief seine Mannen und gebot ihnen: Frau und Tochter nach Nimwegen zu geleiten, damit er sie dort dem Kaiser empfehlen könne; denn er kehre nimmermehr wieder. Unter diesen Reden hörte man schon den Schwan schreien, der sich über seines Bruders Wiederkunft freute, und Helias trat in den Nachen. Die Herzogin reiste mit ihrer Tochter zu Lande nach Nimwegen, dahin kam bald der Schwan geschwommen. Helias blies ins Horn, und trat vor den Kaiser, dem er sagte „daß er nothgedrungen sein Land verlassen müsse" und dringend seine Tochter Ida empfahl. Otto sagte es ihm zu und Helias, nachdem er Abschied genommen, Weib und Kind zärtlich geküßt hatte, fuhr in dem Nachen davon.

Der Schwan aber geleitete ihn wieder nach Lillefort, wo ihn alle, und zumal Beatrix, seine Mutter, fröhlich bewillkommten. Helias dachte vor allen Dingen, wie er seinen Bruder Schwan wieder lösen möchte. Er ließ daher den Goldschmied rufen und händigte ihm die Näpfe ein, mit dem Befehl: daraus eine Kette zu schmieden, wie die gewesen war, die er einstens geschmolzen hatte. Der Schmied that es, und brachte die Kette; Helias hängte sie dem Schwan um, der ward alsobald ein schöner Jüngling, wurde getauft, und Eßmer (nach andern Emeri, Emerich) genannt.

Einige Zeit darauf erzählte Helias seinen Verwandten die Begebenheit, die er im Lande Billon erfahren hatte; begab sich darauf der Welt und ging in ein Kloster, um da geistlich zu leben, bis an sein Ende. Aber zum Andenken ließ er ein Schloß bauen, ganz wie das in Ardennen, und nannte es auch mit demselben Namen, Billon.

Als nun Ida, Helias Tochter, vierzehn Jahre alt geworden war, ver=
mählte sie Kaiser Otto mit Eustachias, einem Grafen von Bonn. Ida lag
auf eine Zeit im Traum, da däuchte ihr: als wenn drei Kinder an ihrer
Brust lägen, jedes mit einer Krone auf dem Haupt; aber dem dritten zer=
brach die Krone, und sie hörte eine Stimme, die sprach „sie würde drei
Söhne gebären, von denen der Christenheit viel Frommen erwachsen
solle; nur müsse sie verhüten, daß sie keine andere Milch sögen, als ihre
eigene." Innerhalb drei Jahren brachte auch die Gräfin drei Söhne zur
Welt; der älteste hieß Gottfried, der zweite Baldewin, der dritte
Eustachias; alle aber zog sie sorgfältig mit ihrer Milch groß. Da be=
gab sich, daß auf einen Pfingsttag die Gräfin in der Kirche war und etwas
lange von ihrem Säugling Eustachias blieb; da weinte das Kind so, daß
eine andere Frau ihm zu säugen gab. Als die Gräfin zurückkehrte, und
ihren Sohn an der Frauen Brust fand, sprach sie: „ach, Frau, was habt
ihr gethan? Nun wird mein Kind seine Würdigkeit verlieren." Die Frau
sagte: ich meinte wohl zu thun, weil es so weinte, und dachte es zu stillen.
Die Gräfin aber war betrübt, aß und trank den ganzen Tag nicht und
grüßte die Leute nicht, die ihr vorgestellt wurden.

Die Herzogin, ihre Mutter, hätte unterdessen gar zu gern Kundschaft
von ihrem Gemahl gehabt, wohin er gekommen wäre; und sie sandte Pilger
aus, die ihn suchen sollten in allen Landen. Nun kam endlich einer dieser
Pilger vor ein Schloß, nach dessen Namen er fragte, und hörte mit Er=
staunen, daß es Billon hieße; da er doch wohl wußte, Billon liege noch
viel weiter. Die Landleute erzählten ihm aber, warum Helias diesen Bau
gestiftet und so benannt habe; und berichteten den Pilgrim der ganzen Ge=
schichte. Der Pilgrim dankte Gott, daß er endlich gefunden hatte, was er
so lange suchte; ließ sich bei dem König Oriant und seinen Söhnen
melden und erzählte, wie es um die Herzogin in Billon und ihre Tochter
stünde. Eßmer brachte dem Helias die frohe Botschaft in sein Kloster,
Helias gab dem Pilgrim seinen Trauring zum Wahrzeichen mit; auch
sandten die andern viele Kostbarkeiten ihren Freunden zu Billon. Der
Pilgrim fuhr damit in seine Heimath, und bald zogen die Herzogin und
die Gräfin hin zu ihrem Gemahl und Vater in sein Kloster. Helias
empfing sie fröhlich, starb aber nicht lange darnach; die Herzogin folgte
ihm aus Betrübniß. Die Gräfin aber, als ihre Eltern begraben waren,
zog wieder heim in ihr Land und unterwies ihre Söhne in aller Tugend
und Gottesfurcht. Diese Söhne gewannen hernachmals den Ungläubigen
das heilige Land ab, und Godfried und Baldwin wurden zu Jerusalem
als Könige gekrönt.

541.

Das Schwanschiff am Rhein.

Im Jahr 711 lebte Dietrichs, des Herzogen zu Cleve, einzige Tochter Beatrix, ihr Vater war gestorben, und sie war Frau über Cleve und viel Lande mehr. Zu einer Zeit saß diese Jungfrau auf der Burg von Nim= wegen, es war schön, klar Wetter, sie schaute in den Rhein und sah da ein wunderlich Ding. Ein weißer Schwan trieb den Fluß abwärts, und am Halse hatte er eine goldne Kette. An der Kette hing ein Schiffchen, das er fortzog, darin ein schöner Mann saß. Er hatte ein goldnes Schwert in der Hand, ein Jagdhorn um sich hängen und einen köstlichen Ring am Finger. Dieser Jüngling trat aus dem Schifflein ans Land und hatte viel Worte mit der Jungfrau und sagte: daß er ihr Land schirmen sollte und ihre Feinde vertreiben. Dieser Jüngling behagte ihr so wohl, daß sie ihn liebgewann und zum Manne nahm. Aber er sprach zu ihr: „fraget mich nie nach meinem Geschlecht und Herkommen; denn wo ihr danach fraget, werdet ihr mein los sein und ledig, und mich nimmer sehen." Und er sagte ihr, „daß er Helias hieße;" er war groß von Leibe, gleich einem Riesen. Sie hatten nun mehrere Kinder mit einander. Nach einer Zeit aber, so lag dieser Helias bei Nacht neben seiner Frau im Bette, und die Gräfin fragte unachtsam, und sprach: „Herr, solltet ihr euren Kindern nicht sagen wollen, wo ihr herstammet?" Ueber das Wort verließ er die Frau, sprang in das Schwanenschiff hinein und fuhr fort, wurde auch nicht wieder gesehen. Die Frau grämte sich und starb aus Reue noch das nämliche Jahr. Den Kindern aber soll er die drei Stücke, Schwert, Horn und Ring zurückgelassen haben. Seine Nachkommen sind noch vorhanden, und im Schoß zu Cleve stehet ein hoher Thurm, auf dessen Gipfel ein Schwan sich drehet; genannt der Schwanthurm, zum Andenken der Be= gebenheit.

542.

Lohengrin zu Brabant.

Der Herzog von Brabant und Limburg starb, ohne andere Erben, als eine junge Tochter Els oder Elsam zu hinterlassen: diese empfahl er auf dem Todbette einem seiner Dienstmannen, Friedrich von Telramund.*) Friedrich, sonst ein tapferer Held, der zu Stockholm in Schweden einen Drachen getödtet hatte, wurde übermüthig und warb um der jungen Herzogin Hand und Land unter dem falschen Vorgeben, daß sie ihm die Ehe gelobt hatte. Da sie sich standhaft weigerte, klagte Friedrich bei dem

---

*) Die Erzählung im Parcifal ist noch einfacher. Friedrich fehlt ganz, die demüthige Herzogin wird von Land und Leuten bedrängt, sich zu vermählen. Sie verschwört jeden Mann, außer den ihr Gott sende, und da schwimmt der Schwan herzu.

Kaiser Heinrich dem Vogler; und es wurde Recht gesprochen „daß sie sich im Gotteskampf durch einen Helden gegen ihn vertheidigen müsse." Als sich keiner finden wollte, betete die Herzogin inbrünstig zu Gott um Rettung. Da erscholl weit davon zu Montsalvatsch beim Gral der Laut der Glocke, zum Zeichen, daß jemand dringender Hülfe bedürfe: alsobald beschloß der Gral, den Sohn Parcifals Lohengrin darnach auszusenden. Eben wollte dieser seinen Fuß in den Stegreif setzen: da kam ein Schwan auf dem Wasser geflossen und zog hinter sich ein Schiff daher. Kaum erblickte ihn Lohengrin, als er rief: „bringt das Roß wieder zur Krippe; ich will nun mit diesem Vogel ziehen, wohin er mich führt." Speise im Vertrauen auf Gott nahm er nicht in das Schiff; nachdem sie fünf Tage über Meer gefahren hatten, fuhr der Schwan mit dem Schnabel ins Wasser, fing ein Fischlein auf, aß es halb, und gab dem Fürsten die andere Hälfte zu essen.

Unterdessen hatte Elsam ihre Fürsten und Mannen nach Antwerpen zu einer Landsprache berufen. Gerade am Tage der Versammlung sah man einen Schwan die Schelde herauf schwimmen, der ein Schifflein zog, in welchem Lohengrin auf sein Schild ausgestreckt schlief. Der Schwan landete bald am Gestade, und der Fürst wurde fröhlich empfangen; kaum hatte man ihm Helm, Schild und Schwert aus dem Schiff getragen, als der Schwan sogleich zurück fuhr. Lohengrin vernahm nun das Unrecht, welches die Herzogin litt, und übernahm es gerne, ihr Kämpfer zu sein. Elsam ließ hierauf alle ihre Verwandten und Unterthanen entbieten, die sich bereitwillig in großer Zahl einstellten; selbst König Gotthart, ihr mütterlicher Ahn, kam aus Engelland, durch Gundemar, Abt zu Clarbrunn, berufen. Der Zug machte sich auf den Weg, sammelte sich nachher vollständig zu Saarbrück und ging von da nach Mainz. Kaiser Heinrich, der sich zu Frankfurt aufhielt, kam nach Mainz entgegen; und in dieser Stadt wurde das Gestühl errichtet, wo Lohengrin und Friedrich kämpfen sollten. Der Held vom Gral überwand; Friedrich gestand, die Herzogin angelogen zu haben, und wurde mit Schlägel und Barte (Beil) gerichtet. Elsam fiel nun dem Lohengrin zu Theile, die sich längst einander liebten; doch behielt er sich insgeheim voraus, daß ihr Mund alle Fragen nach seiner Herkunft zu vermeiden habe: denn sonst müsse er sie augenblicklich verlassen.

Eine Zeitlang verlebten die Eheleute in ungestörtem Glück, und Lohengrin beherrschte das Land weise und mächtig; auch dem Kaiser leistete er, auf den Zügen gegen die Hunnen und Heiden, große Dienste. Es trug sich aber zu, daß er einmal im Speerwechsel den Herzog von Cleve herunter stach, und dieser den Arm zerbrach; neidisch redete da die Clever Herzogin laut unter den Frauen: „ein kühner Held mag Lohengrin sein, und Christenglauben scheint er zu haben; schade, daß Adels halben sein Ruhm gering ist; denn niemand weiß, woher er ans Land geschwommen kam." Dies Wort ging der Herzogin von Brabant durch das Herz, sie erröthete und erblich. Nachts im Bette, als ihr Gemahl sie in Armen hielt, weinte sie; er sprach: „Lieb, was wirret dir?" Sie antwortete „die Clever Herzogin hat mich zu tiefem Seufzen gebracht," aber Lohengrin schwieg und fragte nicht weiter. Die zweite Nacht weinte sie wieder; er aber merkte es wohl und stillte sie nochmals. Allein in der dritten Nacht konnte sich Elsam nicht länger halten und sprach: „Herr, zürnt mir nicht! ich wüßte gern, von wannen ihr geboren seid; denn mein Herz sagt mir, ihr seiet reich an Adel." Als nun der Tag anbrach, erklärte Lohengrin öffentlich, von woher er stammte: daß Parcifal sein Vater sei, und Gott ihn vom Grale hergesandt habe. Darauf ließ er seine beiden Kinder bringen, die ihm die Herzogin geboren, küßte sie und befahl „ihnen Horn und Schwert, das er zurück lasse, wohl aufzuheben"; der Herzogin ließ er das Fingerlein, das ihm einst seine Mutter geschenkt hatte. Da kam mit Eile sein Freund, der Schwan, geschwommen, hinter ihm das Schifflein; der Fürst trat hinein und fuhr wider Wasser und Wege in des Grales Amt. Elsam sank ohnmächtig nieder, daß man mit einem Keil ihre Zähne aufbrechen, und ihr Wasser eingießen mußte. Kaiser und Reich nahmen sich der Waisen an; die Kinder hießen Johann und Lohengrin. Die Wittwe aber weinte und klagte ihr übriges Leben lang um den geliebten Gemahl, der nimmer wiederkehrte.

<hr>

543.

Loherangrins Ende in Lothringen.

Als nun Loherangrin mit Zurücklassung des Schwerts, Hornes und Fingerlins aus Brabant fortgezogen war, kam er in das Land Lyzaborie (Luxenburg) und ward der schönen Belaye Gemahl; die sich wohl vor der Frage nach seiner Herkunft hütete und ihn über die Maßen liebte, so daß sie keine Stunde von ihm sein konnte, ohne zu siechen. Denn sie fürchtete seinen Wankelmuth und lag ihm beständig an zu Haus zu bleiben; der Fürst aber mochte ein so verzagtes Wesen nicht gerne leiden, sondern ritt oft zu birsen auf die Jagd. So lange er abwesend war, saß Belaye halb= todt und sprachlos daheim; sie kränkelte, und es schien ihr durch Zauberei etwas angethan. Nun wurde ihr von einem Kammerweib gerathen „wolle sie ihn fester an sich bannen: so müsse sie Loherangrin, wann er müde von der Jagd entschlafen sei, ein Stück Fleisch von dem Leibe schneiden und essen." Belaye aber verwarf den Rathschlag und sagte „eh' wollt ich mich begraben lassen, als daß ihm nur ein Finger schwüre!" zürnte dem Kammer= weib und verwies sie seitdem aus ihrer Huld. Giftig ging die Verrätherin hin zu Belayens Magen, die dem Helden die Königstochter neideten, und brachte ihnen falsche Lügen vor. Da berieth sich Belayens Sippschaft, daß sie aus Loherangrin das Fleisch, womit allein Belayens Noth gelindert werden könnte, schneiden wollten; und als er eines Tages wieder auf die

Jagd gegangen und entschlafen war, träumte ihm: tausend Schwerter
stünden zumal ob seinem einzigen Haupt gezückt. Erschrocken fuhr er auf,
und sah die Schwerter der Verräther. Alle bebten vor dem Helden, mit
seiner einen Hand erschlug er mehr denn hundert. Sie waren aber unter
einander zu fest verbunden und ließen nicht nach, ihn anzugreifen, bis ihm
ihrer zu viel wurde, und er eine Wunde durch den linken Arm empfing,
so schwer, daß sie kein Arzt heilen konnte. Als sie ihn todtwund sahen,
fielen sie ihm alle zu Füßen, seiner großen Tugend wegen. Belaye starb
nach empfangener Todesbotschaft alsbald vor Herzeleid. Loherangrin und
Belaye wurden gebalsamt und zusammen eingesargt, hernach ein Kloster
über ihren Gräbern gebauet; ihre Leichname werden da den Pilgrimen
noch gewiesen. Das Land, vorher Lyzaborie genannt, nahm von ihm den
Namen Lotharingen an. Diese Begebenheit hat sich ereignet nach Christi
Geburt fünfhundert Jahr.

544.
Der Schwanritter.

Herzog Gottfried von Brabant war gestorben, ohne männliche Erben
zu hinterlassen; er hatte aber in einer Urkunde gestiftet, daß sein Land der
Herzogin und seiner Tochter verbleiben sollte. Hieran kehrte sich jedoch
Gottfrieds Bruder, der mächtige Herzog von Sachsen, wenig: sondern be=
mächtigte sich, aller Klagen der Wittwe und Waise unerachtet, des Landes,
das nach deutschem Rechte auf keine Weiber erben könne.

Die Herzogin beschloß daher, bei dem König zu klagen; und als bald
darauf Karl nach Niederland zog und einen Tag zu Neumagen am
Rheine halten wollte, kam sie mit ihrer Tochter dahin und begehrte Recht.
dahin war auch der Sachsen Herzog gekommen und wollte der Klage zu
Antwort stehen. Es ereignete sich aber, daß der König durch ein Fenster
schaute; da erblickte er einen weißen Schwan, der schwamm den Rhein
herdan und zog an einer silbernen Kette, die hell glänzte, ein Schifflein
nach sich; in dem Schiff aber ruhte ein schlafender Ritter, sein Schild war
sein Hauptkissen und neben ihm lag Helm und Halsberg; der Schwan
steuerte gleich einem geschickten Seemann und brachte sein Schiff an das
Gestade. Karl und der ganze Hof verwunderten sich höchlich ob diesem
seltsamen Ereigniß; jedermann vergaß der Klage der Frauen und lief
hinab dem Ufer zu. Unterdessen war der Ritter erwacht und stieg aus der
Barke; wohl und herrlich empfing ihn der König, nahm ihn selbst zur
Hand und führte ihn gegen die Burg. Da sprach der Held zu dem Vogel:
flieg deinen Weg wohl, lieber Schwan! wann ich dein wieder bedarf, will
ich dir schon rufen. Sogleich schwang sich der Schwan, und fuhr mit dem
Schifflein aus aller Augen weg. Jedermann schaute den fremden Gast

neugierig an; Karl ging wieder ins Gestühl zu seinem Gericht, und wies jenem eine Stelle unter den andern Fürsten an.

Die Herzogin von Brabant, in Gegenwart ihrer schönen Tochter, hub nunmehr ausführlich zu klagen an, und hernach vertheidigte sich auch der Herzog von Sachsen. Endlich erbot er sich zum Kampf für sein Recht, und die Herzogin solle ihm einen Gegner stellen, das ihre zu bewähren. Da erschrak sie heftig; denn er war ein auserwählter Held, an den sich niemand wagen würde; vergebens ließ sie im ganzen Saal die Augen umgehen, keiner war da, der sich ihr erboten hätte. Ihre Tochter klagte laut und weinte; da erhob sich der Ritter, den der Schwan ins Land geführt hatte, und gelobte, ihr Kämpfer zu sein. Hierauf wurden sie von beiden Seiten zum Streit gerüstet, und nach einem langen und hartnäckigen Gefecht war der Sieg endlich auf Seiten des Schwanritters. Der Herzog von Sachsen verlor sein Leben, und der Herzogin Erbe wurde wieder frei und ledig. Da neigten sie und die Tochter dem Helden, der sie erlöst hatte, und er nahm die ihm angetragene Hand der Jungfrau mit dem Beding an: daß sie nie und zu keiner Zeit fragen solle „woher er gekommen, und welches sein Geschäft sei?" denn außerdem müsse sie ihn verlieren.

Der Herzog und die Herzogin zeugten zwei Kinder zusammen, die waren wohl gerathen; aber immer mehr fing es an, ihre Mutter zu drücken, daß sie gar nicht wußte, wer ihr Vater war; und endlich that sie an ihn die verbotene Frage. Der Ritter erschrak herzlich und sprach: nun hast du selbst unser Glück zerbrochen und mich am längsten gesehen. Die Herzogin bereute es aber zu spät, alle Leute fielen zu seinen Füßen und baten ihn zu bleiben. Der Held waffnete sich und der Schwan kam mit demselben Schifflein geschwommen; darauf küßte er beide Kinder, nahm Abschied von seinem Gemahl und segnete das ganze Volk: dann trat er ins Schiff, fuhr seine Straße und kehrte nimmer wieder. Der Frau ging der Kummer zu Bein und Herzen, doch zog sie fleißig ihre Kinder auf. Aus dem Saamen dieser Kinder stammen viel edle Geschlechter, die von Geldern sowohl als Cleve, auch die rieneker Grafen und manche andre; alle führen den Schwan im Wappen.

545.
Der gute Gerhard Schwan.

Eines Tages stand König Karl am Fenster einer Burg und sah hinaus auf den Rhein. Da sah er einen Schwan auf dem Wasser schwimmen kommen, der hatte einen Seidenstrang um den Hals und daran hing ein Boot; in dem Boot saß ein Ritter ganz gewaffnet, an seinem Hals hatte er eine Schrift. Und wie der Ritter ans Land kam, fuhr der Schwan mit dem Schiffe fort und wurde nimmermehr gesehen. Navilon (Nibelung), einer von des Königs Männern, ging dem Fremden entgegen, gab ihm die Hand und führte ihn vor den König. Da fragte Karl nach seinem Namen; aber der Ritter konnte nicht reden, sondern zeigte ihm die Schrift; und die Schrift besagte, daß Gerhard Schwan gekommen sei, ihm um ein Land und eine Frau zu dienen. Navilon nahm ihm darauf die Waffen ab und hob sie auf; aber Karl gab ihm einen guten Mantel und sie gingen dann zu Tisch. Als aber Rolland den Neukömmling sah, frug er: was er für ein Mann wäre? Karl antwortete „diesen Ritter hat mir Gott gesandt;" und Rolland sprach „er scheinet heldenmüthig." Der König befahl, ihn wohl zu bedienen. Gerhard war ein weiser Mann, diente dem König wohl und gefiel jedermann; schnell lernte er die Sprache. Der König wurde ihm sehr hold, vermählte ihm seine Schwester Adalis (im Dänischen: Elisa) und setzte ihn zu einem Herzog über Ardennenland.

546.
Die Schwanringe zu Plesse.

Die Herren von Schwanring zogen aus einem fremden Land in die Gegend von Plesse und wollten sich niederlassen. Im Jahr 892 bekamen sie Fehde mit denen von Beverstein; es waren ihrer drei Brüder: Siegfried, Sieghart und Gottschalk von Schwanring; und sie führten Schwanflügel und Ring in ihren Schilden. Bodo von Beverstein erschoß den Sieghart mit einem Pfeil und floh vor der Rache der Brüder nach Finnland, wo er sich niedersetzte. Und die andern Beversteine legten eine feste Burg an gegen die Schwanringe, geheißen Hardenberg, oder Beverstein. Gottschalk und Siegfried gingen aber damit um, eine Gegenburg anzulegen. Eines Tages jagten sie von Hökelheim aus in dem hohen Wald (der auch Lang=forst oder Plessenwald heißt), und mit ihnen war ihr Bastardbruder, ge=nannt Heiso Schwanenflügel, ein guter listiger Jäger, der Wege und Stege in Feld und Holz wohl erfahren; der wußte von den Anschlägen der Hardenberger. Dieser ersah ein gutes Plätzchen an einer Ecke, gegen die Leine, wies es seinen Brüdern; die sprachen: wohlan, ein gut gelagen Plätzken! Hier wollen wir Haus, Burg und Feste bauen. Also bauten sie an demselben Flecken; das Haus wurde Plätzken und nach und nach Plessen genannt; endlich nahmen die Schwanringe selbst den Namen der von Plesse an. Der Streit mit den Hardenbergern wurde vertragen. Die Schäfer zeigen noch die Stelle, wo Sieghart erschossen wurde (zwischen den Dörfern Angerstein und Parnhofen) und fügen hinzu: daß auch daselbst vor Zeiten ein steinern Kreuz gestanden habe, das schwanringer Kreuz genannt.

547.
Das Oldenburger Horn.

In dem Hause Oldenburg wurde sonst ein künstlich und mit viel Zierrathen gearbeitetes Trinkhorn sorgfältig bewahrt, das sich aber gegenwärtig zu Copenhagen befindet. Die Sage lautet so: im Jahr 990 (967) beherrschte Graf Otto das Land. Weil er, als ein guter Jäger, große Lust am Jagen hatte, begab er sich am 20. Juli gedachten Jahres mit vielen von seinen Edelleuten und Dienern auf die Jagd und wollte zuvörderst in dem Walde, Bernefeuer genannt, das Wild heimsuchen. Da nun der Graf selbst ein Reh hetzte und demselben vom Bernefeuersholze bis an den Osenberg allein nachrannte, verlor er sein ganzes Jagdgefolge aus Augen und Ohren, stand mit einem weißen Pferde mitten auf dem Berge und sah sich nach seinen Winden um, konnte aber auch nicht ein Mal einen lautenden (bellenden) Hund zu hören bekommen. Hierauf sprach er bei ihm selber, denn es eine große Hitze war: ach Gott, wer nur einen kühlen Trunk Wassers hätte! Sobald als der Graf das Wort gesprochen, that sich der Osenberg auf, und kommt aus der Kluft eine schöne Jungfrau wohl gezieret, mit schönen Kleidern angethan, auch schönen über die Achsel getheilten Haaren und einem Kränzlein darauf; und hatte ein köstlich silbern Geschirr, so vergüldt war, in Gestalt eines Jägerhorns, wohl und gar künstlich gemacht, in der Hand, das gefüllt war. Dieses Horn reichte sie dem Grafen und bat, daß er daraus trinken wolle, sich zu erquicken.

Als nun solches vergüldtes, silbern Horn der Graf von der Jungfrau auf und angenommen, den Deckel davon gethan und hinein gesehen: da hat ihm der Trank, oder was darinnen gewesen, welches er geschüttelt, nicht gefallen und deshalben solch Trinken der Jungfrau geweigert. Worauf aber die Jungfrau gesprochen: „mein lieber Herr, trinket nur auf meinen Glauben! denn es wird euch keinen Schaden geben, sondern zum Besten gereichen;" mit fernerer Anzeige, wo er, der Graf, draus trinken wolle, sollt's ihm, Graf Otten und den Seinen, auch folgendes dem ganzen Hause Oldenburg wohlgehn, und die Landschaft zunehmen und ein Gedeihen haben." Da aber der Graf ihr keinen Glauben zustellen noch daraus trinken würde, so sollte künftig im nachfolgenden gräflich oldenburgischen Geschlecht keine Einigkeit bleiben. Als aber der Graf auf solche Rede keine Acht gab, sondern bei ihm selber, wie nicht unbillig, ein groß Bedenken machte, daraus zu trinken: hat er das silbern vergüldte Horn in der Hand behalten und hinter sich geschwenket und ausgegossen, davon etwas auf das weiße Pferd gesprützet; und wo es begossen und naß worden, sind ihm die Haare abgangen. Da nun die Jungfrau solches gesehen, hat sie ihr Horn wieder begehret; aber der Graf hat mit dem Horn, so er in der Hand hatte, vom Berge abgeeilet, und als er sich wieder umgesehn, vermerkt, daß die Jungfrau wieder in den Berg gangen; und weil darüber dem Grafen

ein Schrecken ankommen, hat er sein Pferd zwischen die Sporn genommen
und im schnellen Lauf nach seinen Dienern geeilet; und denselbigen, was
sich zugetragen, vermeldet, das silbern vergülbte Horn gezeiget und also
mit nach Oldenburg genommen. Und ist dasselbige, weil er's so wunder=
barlich bekommen, vor ein köstlich Kleinod von ihm und allen folgenden
regierenden Herren des Hauses gehalten worden.

548.
Friedrich von Oldenburg.

Graf Huno von Oldenburg war ein frommer und rechter Mann. Als
zu seiner Zeit Kaiser Heinrich IV. einen großen Fürstentag in der Stadt
Goslar hielt, säumte Huno, weil er Gott und frommen Werken oblag,
dahin zu gehen. Da verleumdeten ihn falsche Ohrenbläser und klagten ihn
des Aufruhrs gegen das Reich an; der Kaiser aber verurtheilte ihn zum
Gottesurtheil durch Kampf, und kämpfen sollte er mit einem ungeheuern,
grausamen Löwen. Huno begab sich nebst Friedrich, seinem jungen Sohne,
in des Kaisers Hof; Friedrich wagte, mit dem Thier zu fechten. Vater
und Sohn flehten Gottes Beistand an und gelobten, der Jungfrau Maria
ein reiches Kloster zu stiften, wenn ihnen der Sieg zufiele. Friedrich ließ
einen Strohmann zimmern und gleich einem Menschen bewaffnen, den warf
er listig dem Löwen vor,. schreckte ihn und gewann unverletzt den Sieg.
Der Kaiser umarmte den Helden, schenkte ihm Gürtel und Ring und be=
lehnte ihn mit vielen Gütern vom Reich. — Die Friesen sangen Lieder
von dieser That.

549.
Die neun Kinder.

Zu Möllenbeck, einer Klosterkirche an der Weser, zeigt man das Holz=
bild einer Heiligen, die eine Kirche im Arm trägt. Die Sage lautet: Einst
kehrte Graf Uffo aus fernen Landen nach langer Abwesenheit in seine
Heimath wieder; unterwegs träumte ihm, Hildburg, seine Gemahlin, habe
ihm unterdessen neun Kinder geboren. Erschrocken beschleunigte er seine
Reise, und Hildburg kam ihm fröhlich mit den Worten entgegen: ich glaubte
dich todt; aber blieb nicht allein, sondern habe ihm neun Töchter geboren,
die sind alle Gott geweiht. Uffo antwortete: deine Kinder sind auch die
meinen, ich will sie ausstatten. Es waren aber neun Kirchen, darunter das
Kloster zu Möllenbeck, welche die fromme Frau gebaut und gestiftet hatte.

550.

Amalaberga von Thüringen.

In Thüringen herrschten drei Brüder, Baderich, Hermenfried und Berthar. Den jüngsten tödtete Hermenfried auf Anstiften seiner Gemahlin Amalaberga, einer Tochter Theodorichs von Franken. Darauf ruhte sie nicht, sondern reizte ihn auch, den ältesten wegzuräumen, und soll auf folgende listige Weise den Bruderkrieg erweckt haben. Als ihr Gemahl eines Tages zum Mahl kam, war der Tisch nur halb gedeckt. Hermenfried fragte: was dies zu bedeuten hätte? „Wer nur ein halbes Königreich besitzt — sprach sie — der muß sich auch mit einer halb gedeckten Tafel begnügen."

551.

Sage von Irmenfried, Iring und Dieterich.

Der Frankenkönig Hugo (Chlodwig) hinterließ keinen rechtmäßigen Erben, außer seiner Tochter Amelberg, die an Irminfried, König von Thüringen, vermählt war. Die Franken aber wählten seinen unehelichen Sohn Dieterich zum König; der schickte einen Gesandten zu Irmenfried, um Frieden und Freundschaft; auch empfing ihn derselbe mit allen Ehren, und hieß ihn eine Zeit lang an seinem Hofe bleiben. Allein die Königin von Thüringen, welche meinte, „daß ihr das Frankenreich mit Recht gehörte und Dietrich ihr Knecht wäre" berief Iring, den Rath des Königs, zu sich und bat ihn: ihrem Gemahl zuzureden, daß er sich nicht mit dem Botschafter eines Knechtes einlassen möchte. Dieser Iring war sehr stark und tapfer, klug und fein in allem Rathgeben und brachte also den König von dem Frieden mit Dietrich ab, wozu ihm die andern Räthe gerathen hatten. Daher trug Irminfried dem Abgesandten auf, seinem Herrn zu antworten: er möge doch eher sich die Freiheit, als ein Reich zu erwerben trachten. Worauf der Gesandte versetzte: ich wollte dir lieber mein Haupt geben, als solche Worte von dir gehört haben; ich weiß wohl, daß um derentwillen viel Blut der Franken und Thüringer fließen wird.

Wie Dieterich diese Botschaft vernommen, ward er erzürnt, zog mit einem starken Heere nach Thüringen und fand den Schwager bei Runibergun seiner warten. Am ersten und zweiten Tage ward ohne Entscheidung gefochten; am dritten aber verlor Irminfried die Schlacht und floh mit den übrig gebliebenen Leuten in seine Stadt Schiding, am Flusse Unstrot gelegen.

Da berief Dieterich seine Heerführer zusammen. Unter denen rieth Waldrich: nachdem man die Todten begraben und die Wunden gepflegt, mit dem übrigen Heere heimzukehren, das nicht hinreiche, den Krieg fort=

zuführen. Es hatte aber der König einen getreuen, erfahrenen Knecht, der gab andern Rathschlag und sagte: die Standhaftigkeit wäre in edlen Dingen das Schönste, wie bei den Vorfahren; man müßte aus dem eroberten Lande nicht weichen und die Besiegten wieder aufkommen lassen; die sonst durch neue Verbindungen gefährlich werden könnten, jetzt aber allein eingeschlossen wären. — Dieser Rath gefiel auch dem König am besten und er ließ den Sachsen durch Gesandte anbieten: wenn sie ihm ihre alten Feinde, die Thüringer, bezwingen hälfen, so wollte er ihnen deren Reich und Land auf ewig verleihen.

Die Sachsen ohne Säumen schickten neun Anführer, jeden mit tausend Mann, deren starke Leiber, fremde Sitten, Waffen und Kleider die Franken bewunderten. Sie lagerten sich aber nach Mittag zu, auf den Wiesen am Fluß, und stürmten am folgenden Morgen die Stadt; auf beiden Seiten wurde mit großer Tapferkeit gestritten, von den Thüringern für das Vaterland, von den Sachsen für den Erwerb des Landes. In dieser Noth schickte Irminfried den Iring ab, Schätze und Unterwerfung für den Frieden dem Frankenkönig anzubieten. Dieterichs Räthe mit Gold gewonnen, riethen um so mehr zur Willfahrung: da die Sachsen sehr gefährliche Nachbarn werden würden, wenn sie Thüringen einbekämen; und also versprach der König, morgenden Tages seinen Schwager wieder aufzunehmen und den Sachsen abzusagen. Iring blieb im Lager der Franken, und sandte seinem Herrn einen Boten, um die Stadt zu beruhigen; er selbst wollte sorgen, daß die Nacht die Gesinnungen nicht änderte.

Da nun die Bürger wieder sicher des Friedens waren, ging einer mit seinem Sperber heraus, ihm an dem Flußufer Futter zu suchen. Es geschah aber, daß der Vogel losgelassen auf die andere Seite des Wassers flog und von einem Sachsen gefangen wurde. Der Thüringer forderte ihn wieder, der Sachse weigerte ihn. Der Thüringer: ich will dir etwas offenbaren, wenn du mir den Vogel lässest, was dir und deinen Gesellen sehr nützlich ist. Der Sachse: so sage, wenn du haben willst, was du begehrst! So wisse — sprach der Thüringer — daß die Könige Frieden gemacht, und vorhaben, euch morgen im Lager zu fangen und zu erschlagen! Als er nun dieses dem Sachsen nochmals ernstlich betheuert und ihnen die Flucht angerathen hatte: so ließ dieser alsbald den Sperber los und verkündigte seinen Gefährten, was er vernommen.

Wie sie nun alle in Bestürzung und Zweifel waren, ergriff ein von allen geehrter Greis, genannt Hathugast, ihr heiliges Zeichen, welches eines Löwen und Drachen und darüber fliegenden Adlers Bild war, und sprach: bis hierher habe ich unter Sachsen gelebt und sie nie fliehen gesehen; so kann ich auch jetzt nicht genöthigt werden, das zu thun, was ich niemals gelernt. Kann ich nicht weiter leben, so ist es mir das Liebste, mit den Freunden zu fallen; die erschlagenen Genossen, welche hier liegen, sind mir ein Beispiel der alten Tugend; da sie lieber ihren Geist aufge geben haben, als vor dem Feinde gewichen sind. Deßwegen laßt uns heut in der Nacht die sichere Stadt überwältigen.

Beim Einbruche der Nacht drangen die Sachsen über die unbewachten Mauern in die Stadt, brachten die Erwachsenen zum Tod, und schonten nur die Kinder; Irminfried entfloh mit Weib und Kindern und weniger Begleitung. Die Schlacht geschah am 1. Oktober. Die Sachsen wurden von den Franken des Sieges gerühmt, freundlich empfangen und mit dem ganzen Lande auf ewig begabt. Den entronnenen König ließ Dieterich trüglich zurück rufen und beredete endlich den Iring mit falschen Versprechungen, seinen Herrn zu tödten. Als nun Irminfried zurück kam und sich vor Dieterich niederwarf, so stand Iring dabei und erschlug seinen eigenen Herrn. Alsbald verwies ihn der König aus seinen Augen und aus dem Reich, als der um der unnatürlichen That allen Menschen verhaßt sein müßte. Da versetzte Iring „ehe ich gehe, will ich meinen Herrn rächen" zog das Schwert und erstach den König Dieterich. Darauf legte er den Leib seines Herrn über den des Dieterich, auf daß der, welcher lebend überwunden worden, im Tod überwände; bahnte sich Weg mit dem Schwert und entrann.

Irings Ruhm ist so groß, daß der Milchkreis am Himmel Iringsstraße nach ihm benannt wird.*)

552.

Das Jagen im fremden Walde.

Friedrich, Pfalzgraf zu Sachsen, wohnete im Osterland bei Thüringen, auf Weissenburg an der Unstrut seinem schönen Schloß. Sein Gemahel war eine geborene Markgräfin zu Stade und Salzwedel, Adelheid genannt, ein junges, schönes Weib, brachte ihm keine Kinder. Heimlich aber buhlete sie mit Ludwig, Grafen zu Thüringen und Hessen, und verführt durch die Liebe zu ihm, trachtete sie hin und her: wie sie ihres alten Herrn abkommen möchte und den jungen Grafen, ihren Buhlen, erlangen. Da wurden sie einig, daß sie den Markgrafen umbrächten auf diese Weise: Ludwig sollte an bestimmtem Tage eingehen in ihres Herrn Forst und Gebiet, in das Holz, genannt „die Reißen, am Münchroder Feld (nach andern, bei Schipplitz)" und darin jagen, unbegrüßt und unbefragt; denn so wollte sie ihren Herrn reizen und bewegen, ihm die Jagd zu wehren; da möchte er dann seines Vortheils ersehen. Der Graf ließ sich vom Teufel und der Frauen Schöne blenden und sagte es zu. Als nun der mordliche Tag vorhanden war, richtete die Markgräfin ein Bad zu, ließ ihren Herrn darin wohl pflegen und warten. Unterdessen kam Graf Ludwig, ließ sein Hörnlein

---

*) Abweichende Darstellung der Sage bei Goldast script. rerum suevicarum p. 1—3, wo die Schwaben die Stelle der Sachsen einnehmen.

schallen und seine Hündlein bellen und jagte dem Pfalzgraf in dem Seinen, bis hart vor die Thür. Da lief Frau Adelheid heftig in das Bad zu Friedrichen, sprach: es jagen dir ander Leut freventlich auf dem Deinen; das darfst du nimmer gestatten, sondern mußt ernstlich halten über deiner Herrschaft Freiheit. Der Markgraf erzürnte, fuhr auf aus dem Bad, warf eilends den Mantel über das bloße Badhemd und fiel auf seinen Hengst, ungewappnet und ungerüstet. Nur wenig Diener und Hunde rennten mit ihm in den Wald; und da er den Grafen ersah, strafte er ihn mit harten Worten; der wandte sich, und stach ihn mit einem Schweinspieß durch seinen Leib, daß er todt vom Pferde sank. Ludwig ritt seinen Weg, die Diener brachten den Leichnam heim, und beklagten und betrauerten ihn sehr; die Pfalzgräfin rang die Hände, und raufte das Haar, und gebärdete sich gar kläglich, damit keine Inzicht auf sie falle. Friedrich wurde begraben, und an der Mordstätte ein steinern Kreuz gesetzt, welches noch bis auf den heutigen Tag stehet; auf der einen Seite ist ein Schweinspieß, auf der andern der lateinische Spruch ausgehauen: anno domini 1065 hic exspiravit palatinus Fridericus, hasta prostravit comes illum dum Ludovicus. Ehe das Jahr um war, führte Graf Ludwig Frau Adelheiden auf Schauenburg sein Schloß, und nahm sie zu seinem ehelichen Weib.

553.
Wie Ludwig Wartburg überkommen*).

Als der Bischof von Mainz Ludwigen, genannt den Springer, taufte, begabte er ihn mit allem Land, was dem Stift zuständig war, von der Hörsel bis an die Werra. Ludwig aber, nachdem er zu seinen Jahren kam, baute Wartburg bei Eisenach, und man sagt, es sei also gekommen: auf eine Zeit ritt er an die Berge aus jagen und folgte einem Stück Wild nach, bis an die Hörsel bei Niedereisenach, auf den Berg, da jetzo die Wartburg liegt. Da wartete Ludwig auf sein Gesinde und Dienerschaft. Der Berg aber gefiel ihm wohl, denn er war stickel und fest; gleichwohl oben räumig, und breit genug darauf zu bauen. Tag und Nacht trachtete er dahin, wie er ihn an sich bringen möchte: weil er nicht sein war, und zum Mittelstein**) gehörte, den die Herren von Frankenstein inne hatten. Er ersann eine List, nahm Volk zusammen, und ließ in einer Nacht Erde von seinem Grund in Körben auf den Berg tragen, und ihn ganz damit beschütten; zog darauf nach Schönburg, ließ einen Burgfrieden machen, und fing an, mit Gewalt auf jenem Berg zu bauen. Die Herren von Frankenstein verklagten ihn vor dem Reich, daß er sich des Ihren frevent-

*) Aehnliche Sage von Constantin und Byzanz. Cod. pal. 361. fol. 63 b.
**) Weil er die Fünffscheide macht zwischen Hessen, Thüringen, Franken, Buchen und Eichsfeld.

lich und mit Gewalt unternähme. Ludwig antwortete: „er baue auf das
Seine, und gehörte auch zu dem Seinen, und wollte das erhalten mit
Recht. Da ward zu Recht erkannt: wo er das erweisen und erhalten
könne, mit zwölf ehrbaren Leuten, hätte er's zu genießen. Und er bekam
zwölf Ritter, und trat mit ihnen auf den Berg, und sie zogen ihre Schwerter
aus und steckten sie in die Erde (die er darauf hatte tragen lassen),
schwuren: daß der Graf auf das Seine bauen, und der oberste Boden
hätte von Alters zum Land und Herrschaft gehört. Also verblieb ihm der
Berg, und die neue Burg benannte er Wartburg, darum, weil er auf
der Stätte seines Gesindes gewartet hatte.

554.

Ludwig der Springer.

Die Brüder und Freunde Markgraf Friedrichs, klagten Landgraf
Ludwigen zu Thüringen und Hessen vor dem Kaiser an, von wegen der
frevelen That, die er um des schönen Weibes willen begangen hatte. Sie
brachten auch so viel beim Kaiser aus, daß sie den Landgrafen, wo sie ihn
bekommen könnten, fahen sollten. Also ward er im Stift Magdeburg ge=
troffen und auf den Gibichenstein bei Halle an der Saal geführt, wo sie
ihn über zwei Jahre gefangen hielten in einer Kemnaten (Steinstube) ohne
Fessel. Wie er nun vernahm „daß er mit dem Leben nicht davon kommen
möchte" rief er Gott an und verhieß und gelobte eine Kirche zu bauen
in St. Ulrichs Ehr, in seine neulich erkaufte Stadt Sangerhausen, so ihm
aus der Noth geholfen würde. Weil er aber vor schwerem Kummer nicht
aß und nicht trank, war er siech geworden; da bat er, man möge ihm sein
Seelgeräthe*) setzen, eh' dann der Kaiser zu Lande käme und ihn tödten
ließe. Und ließ beschreiben einen seiner heimlichen Diener, mit dem legte
er an: wann er das Seelgeräthe von dannen führete, daß er den anderen
Tag um Mittag mit zwei Kleppern unter das Haus an die Saale käme,
und seiner wartete. Es saßen aber bei ihm auf der Kemnate sechs ehr=
bare Männer, die sein hüteten. Und als die angelegte Zeit herzu kam,
klagte er, daß ihn heftig fröre; that derwegen viel Kleider an, und ging
sänftiglich im Gemach auf und nieder. Die Männer spielten vor langer
Weile im Brett, hatten auf sein Herumgehen nicht sonderliche Achtung;
unterdessen gewahrte er unten seines Dieners mit den zwei Pferden, da lief
er zum Fenster, und sprang durch den hohen Stein in die Saale hinab.

Der Wind führte ihn, daß er nicht hart ins Wasser fiel, da schwemmte
der Diener mit dem ledigen Hengst zu ihm. Der Landgraf schwang sich
zu Pferd, warf der nassen Kleider ein Theil von sich, und rennte auf

---

*) Letzter Willen, Testament.

seinem weißen Hengst, den er den Schwan hieß, bis gen Sangerhausen. Von diesem Sprunge heißt er Ludwig der Springer; dankte Gott und baute eine schöne Kirche, wie er gelobet hatte. Gott gab ihm und seiner Gemahlin Gnad in ihr Herz, daß sie Reu und Leid ob ihrer Sünde hatten.

555.

Reinhartsbrunn.

Als Landgraf Ludwig nach Rom zog und vom Papst Buße empfangen hatte für seine und seines Weibes Sünde, war ihm aufgelegt worden: sich der Welt zu begeben, und eine Kirche zu bauen in Unser lieb Frauen und St. Johannes Minne, der mit ihr unterm Kreuze stand am stillen Freitag. Also fuhr er wiederum heim zu Lande, übergab das Reich seinem Sohne und suchte eine bequeme Baustätte aus. Und als er eine Zeit von Schön= berg nach der Wartburg ritt, da saß ein Töpfer bei einem großen Brunnen. Von dem vernahm der Graf, und auch sonst von etlichen Bauern zu Fricherode: daß sie alle Nacht zwei schöne Lichter brennen sähen, das eine an der Stätte, da das Münster liegt, das andere, da St. Johannes Capelle liegt. Da gedachte der Graf an sein Gelübde, und daß Gott, durch Offen= barung der Lichter, dahin die Kirche haben wollte; ließ sobald die Stätte räumen und die Bäume abhauen, und nahm des Bischofs von Halberstadt Rath zu dem Bau. Als das Gebäude fertig war, nannte er es von dem Töpfer und Brunnen „Reinhartsbrunn"; da liegen die alten Landgrafen zu Hessen und Thüringen mehrentheils bestattet.

556.

Der hart geschmiedete Landgraf.

Zu Ruhla im Thüringerwald liegt eine uralte Schmiede, und sprich= wörtlich pflegte man von langen Zeiten her einen strengen, unbiegsamen Mann zu bezeichnen: er ist in der Ruhla hart geschmiedet worden.

Landgraf Ludwig zu Thüringen und Hessen war anfänglich ein gar milder und weicher Herr, demüthig gegen jedermann; da huben seine Junkern und Edelinge an stolz zu werden, verschmähten ihn und seine Ge= bote; aber die Unterthanen drückten und schatzten sie aller Enden. Es trug sich einmal zu, daß der Landgraf jagen ritt auf dem Walde und traf ein Wild an; dem folgte er nach so lange, daß er sich verirrte, und ward benächtiget. Da gewahrte er eines Feuers durch die Bäume, richtete sich danach und kam in die Ruhla, zu einem Hammer oder Waldschmiede. Der Fürst war mit schlechten Kleidern angethan, hatte sein Jagdhorn umhängen. Der Schmied frug: wer er wäre? „Des Landgrafen Jäger." Da sprach der Schmied: „pfui des Landgrafen! wer ihn nennet, sollte allemal das Maul wischen, des barmherzigen Herrn!" Ludwig schwieg, und der Schmied sagte zuletzt: „herbergen will ich dich heunt; in der Schuppen da findest du Heu, magst dich mit deinem Pferde behelfen; aber um deines Herrn willen will ich dich nicht beherbergen." Der Landgraf ging beiseit, konnte nicht schlafen. Die ganze Nacht aber arbeitete der Schmied, und wenn er so mit dem großen Hammer das Eisen zusammen schlug, sprach er bei jedem Schlag: „Landgraf werde hart, Landgraf werde hart, wie dies Eisen!" und schalt ihn und sprach weiter: „du böser, unseliger Herr! was taugst du den armen Leuten zu leben? siehst du nicht, wie deine Räthe das Volk plagen und mähren dir im Munde?" Und erzählte also die liebelange Nacht, was die Beamten für Untugend mit den armen Unterthanen übeten. Klagten dann die Unterthanen, so wäre niemand, der ihnen Hülfe thäte; denn der Herr nähme es nicht an, die Ritterschaft spottete seiner hinter=rücks, nennten ihn Landgraf Metz und hielten ihn gar unwerth. Unser Fürst und seine Jäger treiben die Wölfe ins Garn, und die Amtleute die rothen Füchse (die Goldmünzen) in ihre Beutel. Mit solchen und andern Worten redete der Schmied die ganze lange Nacht zu dem Schmiedegesellen; und wenn die Hammerschläge kamen, schalt er den Herrn und hieß ihn hart werden wie Eisen. Das trieb er an bis zum Morgen; aber der Landgraf fassete alles zu Ohren und Herzen und ward seit der Zeit scharf und ernsthaftig in seinem Gemüth, begundte die Widerspenstigen zwingen und zum Gehorsam bringen. Das wollten etliche nicht leiden, sondern bunden sich zusammen und unterstunden sich gegen ihren Herrn zu wehren.

557.
Ludwig ackert mit seinen Adlichen.

Als nun Ludwig der eiserne seiner Ritter einen überzog, der sich wider ihn verbrochen hatte, sammneten sich die andern, und wollten's nicht leiden. Da kam er zu streiten mit ihnen bei der Naumburg an der Saal, bezwang und fing sie und führte sie zu der Burg; redete seine Nothdurft, und strafte sie hart mit Worten: „euren geleisteten Eid, so ihr mir ge=schworen und gelobet, habt ihr böslich gehalten. Nun wollte ich zwar euer Untreu wohl lohnen; wenn ich aber thäte, spräche man vielleicht „ich tödtete meine eigne Diener;" sollte ich euch schatzen, spräche man mir's auch nicht wohl; und ließe ich euch aber los, so achtetet ihr meines Zorns fürder nicht." Da nahm er sie und führte sie zu Felde und fand auf dem Acker einen Pflug; darein spannete er der ungehorsamen Edelleute je vier, ahr (riß, ackerte) mit ihnen eine Furche, und die Diener hielten den Pflug; er aber trieb mit der Geißel und hieb, daß sie sich beugten und oft auf die Erde fielen. Wann eine Furche geahren war, sandte er vier andere ein und ahrete dann also einen ganzen Acker, gleich als mit Pferden; und ließ darnach den Acker mit großen Steinen zeichnen zu einem ewigen Gedächtniß. Und den Acker machte er frei, dergestalt „daß ein jeder Uebelthäter, wie groß er auch wäre, wenn er darauf käme, daselbst solle frei sein; und wer diese Freiheit brechen würde, sollte den Hals verloren haben;" nannte den Acker den Edelacker, führte sie darauf wieder zur Naumburg, da mußten sie ihm auf ein neues schwören und hulden. Darnach ward der Landgraf im ganzen Lande gefürchtet; und wo die, so im Pflug gezogen hatten, seinen Namen hörten nennen, erseufzten sie und schämeten sich. Die Geschichte erscholl an allen Enden in deutschen Landen, und etliche scholten den Herrn darum, und wurden ihm gram; etliche scholten die Beamten, daß sie so untreu waren; etliche meinten auch, sie wollten sich eh' haben tödten lassen, dann in den Pflug spannen. Etliche auch demüthigten sich gegen ihren Herrn, denen that er gut und hatte sie lieb. Etliche aber wollten's ihm nicht vergessen, stunden ihm heimlich und öffentlich nach Leib und Leben. Und wenn er solche mit Wahrheit hinterkam, ließ er sie hängen, enthaupten und ertränken, und in den Stöcken sterben. Darum gewann er viel heimliche Neider von ihren Kindern und Freunden, ging derohalben mit seinen Dienern stetig in einem eisern Panzer, wo er hinging. Darum hieß man ihn den eisernen Landgrafen.

558.

Ludwig baut eine Mauer.

Ein Mal führte der eiserne Landgraf den Kaiser Friedrich Rothbart, seinen Schwager, nach Naumburg aufs Schloß; da ward der Kaiser von seiner Schwester freundlich empfangen und blieb eine Zeit lang da bei ihnen. Eines Morgens lustwandelte der Kaiser, besah die Gebäu und ihre Gelegenheit und kam hinaus auf den Berg, der sich vor dem Schloß ausbreitete. Und sprach: „eure Burg behaget mir wohl, ohne daß sie nicht Mauern hier vor der Kemnate hat, die sollte auch stark und feste sein." Der Landgraf erwiderte: „um die Mauern sorg' ich nicht, die kann ich schnell erschaffen, so bald ich ihrer bedarf." Da sprach der Kaiser: „wie bald kann eine gute Mauer hierum gemachet werden?" „Näher dann in drei Tagen" antwortete Ludwig. Der Kaiser lachte und sprach: „das wäre ja Wunder; und wenn alle Steinmetzen des deutschen Reiches hier beisammen wären: so möchte das kaum geschehen." — Es war aber an dem, daß der Kaiser zu Tisch ging; da bestellte der Landgraf heimlich mit seinen Schreibern und Dienern: daß man von Stund an Boten zu Roß aussandte zu allen Grafen und Herren in Thüringen und ihnen meldete, daß sie zur Nacht mit wenig Leuten in der besten Rüstung und Geschmuck auf die Burg kämen. Das geschah. Früh Morgens, als der Tag anbrach, richtete Landgraf Ludwig das also an, daß ein jeder auf den Graben um die Burg trat, gewappnet und geschmuckt in Gold, Sammt, Seiden und den Wappenröcken, als wenn man zu streiten auszieht; und jeder Graf oder Edelmann hatte seinen Knecht vor ihm, der das Wappen trug, und seinen Knecht hinter ihm, der den Helm trug; so daß man deutlich jedes Wappen und Kleinod erkennen konnte. So standen nun alle Dienstmannen rings um den Graben, hielten bloße Schwerter und Aexte in Händen, und wo ein Mauerthurm stehen sollte, da stand ein Freiherr oder Graf mit dem Banner. Als Ludwig alles dies stillschweigend bestellet hatte, ging er zu seinem Schwager und sagte: „die Mauer, die er sich gestern berühmt hätte zu machen, stehe bereit und fertig." Da sprach Friedrich: „ihr täuschet mich," und segnete sich, wenn er es etwa mit der schwarzen Kunst zuwege gebracht haben möchte. Und als er auswendig zu dem Graben trat und so viel Schmuck und Pracht erblickte, sagte er: „nun hab ich köstlicher, edler, theurer und besser Mauern zeit meines Lebens noch nicht gesehen; das will ich Gott und euch bekennen, lieber Schwäher; habt immer Dank, daß ihr mir solche gezeiget habt."

559.

Ludwigs Leichnam wird getragen.

Im Jahr 1173 befiel den Landgrafen schwere Krankheit, und lag auf der Neuenburg, hieß vor sich seine Ritterschaft, die ihm widerspenstig gewesen war, und sprach: ich weiß, daß ich sterben muß und mag dieser Krankheit nicht genesen. Darum so gebiete ich euch, so lieb euch euer Leben ist: daß ihr mich, wann ich gestorben bin, mit aller Ehrwürdigkeit begrabet und auf euern Hälsen von hinnen bis gen Reinhartsborn traget. Solches mußten sie ihm geloben bei Eiden und Treuen, denn sie fürchteten ihn mehr als den Teufel. Als er nun starb, leisteten sie die Gelübde und trugen ihn auf ihren Achseln weiter dann zehn Meilen Wegs.

560.

Wie es um Ludwigs Seele geschaffen war.

Als nun Ludwig der eiserne gestorben war, da hätte sein Sohn, Ludwig der Milde, gern erfahren von seines Vaters Seele: wie es um die gelegen wäre, gut oder bös. Das vernahm ein Ritter an des Fürsten Hofe, der war arm und hatte einen Bruder, der war ein Pfaffe und kundig der schwarzen Kunst. Der Ritter sprach zu seinem Bruder: lieber Bruder, ich bitte dich, daß du von dem Teufel erfahren wollest, wie es um des eisernen Landgrafen Seele sei? Da sprach der Pfaffe: ich will

es gerne thun, auf daß euch der neue Herr desto gütlicher handle. Der
Pfaffe lud den bösen Geist und fragte ihn um die Seele. Da antwortete
der Teufel: willt du mit mir darfahren, ich weise sie dir. Der Pfaffe
wollte das, so er's ohne Schaden thun möchte; der Teufel schwur, daß er
ihn gesund wiederbringen würde. Nach diesem saß er auf des Teufels
Hals, der führte ihn in kurzer Zeit an die Stätte der Pein. Da sah der
Pfaff gar mancherlei Pein, und in mancherlei Weise, davon erbebte er
sehr. Da rief ein ander Teufel und sprach: wer ist der, den du hast auf
deinem Halse sitzen, bringe ihn auch her? Es ist unser Freund — antwortete
jener — dem hab ich geschworen, daß ich ihn nicht letze, sondern daß ich
ihm des Landgrafen Seele weise. Zu Hand da wandte der Teufel einen
eisernen glühenden Deckel ab von einer Grube, da er aufsaß; und hatte
eine eherne Posaune, die steckte er in die Grube und blies darein also
sehr, daß dem Pfaffen däuchte, die ganze Welt erschölle und erbebete. Und
nach einer Weile, als viel Funken und Flammen mit Schwefelgestank
ausgingen, kam der Landgraf auch darin gefahren, gab sich dem Pfaffen
zu schauen und sprach: sieh, ich bin hier gegenwärtig, ich armer Landgraf,
weiland dein Herre; und wollte Gott, daß ich's nie gewesen wäre, so stäte
Pein muß ich drum leiden. Sprach der Pfaffe: Herr, ich bin zu euch
gesandt von eurem Sohne, daß ich ihm sagen sollte, wie's um euch gethan
wäre, ob er euch helfen möchte mit irgend etwas? Da antwortete er: wie
es mir geht, hast du wohl gesehn; jedoch solltu wissen, wär's, daß meine
Kinder den Gotteshäusern, Klöstern und andern Leuten ihr Geld wieder
gäben daß ich ihnen wider Recht mit Gewalt abgenommen habe, das wäre
meiner Seele eine große Hülfe. Da sprach der Pfaffe: sie glauben mir
dieser Rede nicht. Da sagte er ihm ein Wahrzeichen, das niemand wüßte,
als sie. Und da ward der Landgraf wieder zur Gruben gesenkt, und der
Teufel führte den Pfaffen wieder von dannen; der blieb gelb und bleich,
daß man ihn kaum erkannte, wiewohl er sein Leben nicht verlor. Da
offenbarte er die Worte und Wahrzeichen, die ihm ihr Vater gesagt hatte;
aber es ward seiner Seele wenig Nutzen, denn sie wollten das Gut nicht
wiederkehren. Darnach übergab der Pfaffe alle seine Lehen und ward ein
Mönch zu Volkeroda.

561.

Der Wartburger Krieg.

Auf der Wartburg bei Eisenach kamen im Jahr 1206 sechs tugendhafte
und vernünftige Männer mit Gesang zusammen und dichteten die Lieder,
welche man hernach nennte: den Krieg zu der Wartburg. Die Namen
der Meister waren: Heinrich Schreiber, Walter von der Vogelweide,
Reimar Zweter, Wolfram von Eschenbach, Biterolf und Heinrich von

Ofterdingen. Sie sangen aber und stritten von der Sonne und dem Tag, und die meisten verglichen Hermann, Landgrafen von Thüringen und Hessen, mit dem Tag und setzten ihn über alle Fürsten. Nur der einzige Ofterdingen pries Leopolden, Herzog von Oesterreich, noch höher und stellte ihn der Sonne gleich. Die Meisten hatten aber unter einander bedungen: wer im Streit des Singens unterliege, der solle des Haupts verfallen, und Stempfel, der Henker, mußte mit dem Strick daneben stehen, daß er ihn alsbald aufhänge. Heinrich von Ofterdingen sang nun klug und geschickt; allein zuletzt wurden ihm die andern überlegen und fingen ihn mit listigen Worten, weil sie ihn aus Neid gern von dem Thüringer Hof weggebracht hätten. Da klagte er, daß man ihm falsche Würfel vorgelegt, womit er habe verspielen müssen. Die fünf andern riefen Stempfel, der sollte Heinrich an einen Baum hängen. Heinrich aber floh zur Landgräfin Sophia und barg sich unter ihrem Mantel; da mußten sie ihn in Ruhe lassen, und er dingte mit ihnen, daß sie ihm ein Jahr Frist gäben: so wolle er sich auf= machen nach Ungern und Siebenbürgen und Meister Clingsor holen; was der urtheile über ihren Streit, das solle gelten. Dieser Clingsor galt damals für den berühmtesten deutschen Meistersänger; und weil die Land= gräfin dem Heinrich ihren Schutz bewilligt hatte, so ließen sie sich alle die Sache gefallen.

Heinrich von Ofterdingen wanderte fort, kam erst zum Herzogen nach Oesterreich, und mit dessen Briefen nach Siebenbürgen zu dem Meister, dem er die Ursache seiner Fahrt erzählte, und seine Lieder vorsang.

Clingsor lobte diese sehr und versprach ihm, mit nach Thüringen zu ziehen und den Streit der Sänger zu schlichten. Unterdessen verbrachten sie die Zeit mit mancherlei Kurzweil und die Frist, die man Heinrichen bewilligt hatte, nahte sich ihrem Ende. Weil aber Clingsor immer noch keine Anstalt zur Reise machte, so wurde Heinrich bang' und sprach; Meister, ich fürchte, ihr lasset mich im Stich, und ich muß allein und traurig meine Straße ziehen; dann bin ich ehrenlos und darf Zeitlebens nimmermehr nach Thüringen. Da antwortete Clingsor: sei unbesorgt! wir haben starke Pferde und einen leichten Wagen, wollen den Weg kürzlich gefahren haben.

Heinrich konnte vor Unruhe nicht schlafen; da gab ihm der Meister Abends einen Trank ein, daß er in tiefen Schlummer sank. Darauf legte er ihn in eine lederne Decke und sich dazu und befahl seinen Geistern: daß sie ihn schnell nach Eisenach in Thüringerland schaffen sollten, auch in das beste Wirthshaus niedersetzen. Das geschah und sie brachten ihn in Helgrevenhof, eh der Tag erschien. Im Morgenschlaf hörte Heinrich bekannte Glocken läuten, er sprach: mir ist, als ob ich das mehr gehört hätte und däucht, daß ich zu Eisenach wäre. Dir träumt wohl — sprach der Meister. Heinrich aber stand auf und sah sich um, da merkte er schon, daß er wirklich in Thüringen wäre. „Gott sei Lob, daß wir hier sind, das ist Helgrevenhaus, und hier sehe ich St. Georgen Thor und die Leute, die davor stehen und über Feld gehen wollen."

Bald wurde nun die Ankunft der beiden Gäste auf der Wartburg bekannt, der Landgraf befahl den fremden Meister ehrlich zu empfahen und ihm Geschenke zu tragen. Als man den Ofterdingen fragte, „wie es ihm ergangen und wo er gewesen", antwortete er: gestern ging ich zu Siebenbürgen schlafen und zur Metten war ich heute hier; wie das zuging, hab' ich nicht erfahren. So vergingen einige Tage, eh daß die Meister singen und Clingsor richten sollten; eines Abends saß er in seines Wirthes Garten und schaute unverwandt die Gestirne an. Die Herren fragten: was er am Himmel sähe? Clingsor sagte: wisset, daß in dieser Nacht dem König von Ungarn eine Tochter geboren werden soll; die wird schön, tugendreich und heilig und des Landgrafen Sohne zur Ehe vermählt werden.

Als diese Botschaft Landgraf Hermann hinterbracht worden war, freute er sich und entbot Clingsor zu sich auf die Wartburg, erwies ihm große Ehre und zog ihn zum fürstlichen Tische. Nach dem Essen ging er aufs Richterhaus (Ritterhaus), wo die Sänger saßen und wollte Heinrich von Ofterdingen ledig machen. Da sangen Clingsor und Wolfram mit Liedern gegen einander, aber Wolfram that so viel Sinn und Behendigkeit kund, daß ihn der Meister nicht überwinden mochte. Clingsor rief einen seiner Geiste, der kam in eines Jünglings Gestalt: ich bin müde worden vom Reden — sprach Clingsor — da bringe ich dir meinen Knecht, der mag eine Weile mit dir streiten, Wolfram. Da hub der Geist zu singen an, von dem Anbeginne der Welt bis auf die Zeit der Gnaden: aber Wolfram wandte sich zu der göttlichen Geburt des ewigen Wortes; und wie er kam, von der heiligen Wandlung des Brotes und Weines zu reden, mußte der Teufel schweigen und von dannen weichen. Clingsor hatte alles mit angehört, wie Wolfram mit gelehrten Worten das göttliche Geheimniß besungen hatte und glaubte, daß Wolfram wohl auch ein Gelehrter sein möge. Hierauf gingen sie auseinander. Wolfram hatte seine Herberge in Titzel Gottschalks Hause, dem Brotmarkt gegenüber mitten in der Stadt. Nachts wie er schlief, sandte ihm Clingsor von neuem seinen Teufel, daß er ihn prüfen sollte, ob er ein Gelehrter oder ein Laie wäre; Wolfram aber war blos gelehrt in Gottes Wort, einfältig und andrer Künste unerfahren. Da sang ihm der Teufel von den Sternen des Himmels und legte ihm Fragen vor, die der Meister nicht aufzulösen vermochte; und als er nun schwieg, lachte der Teufel laut und schrieb mit seinem Finger auf die steinerne Wand, als ob sie ein weicher Teig gewesen wäre: „Wolfram, du bist ein Laie Schnipfenschnapf!" Darauf entwich der Teufel, die Schrift aber blieb in der Wand stehen. Weil jedoch viele Leute kamen, die das Wunder sehen wollten, verdroß es den Hauswirth, ließ den Stein aus der Mauer brechen und in die Horsel werfen. Clingsor

aber, nachdem er dieses ausgerichtet hatte, beurlaubte sich von dem Land=
grafen und fuhr mit Geschenken und Gaben belohnt sammt seinen Knechten
in der Decke wieder weg, wie und woher er gekommen war.

562.

Doctor Luther zu Wartburg.

Doctor Luther saß auf der Wartburg und übersetzte die Bibel   Dem
Teufel war das unlieb und hätte gern das heilige Werk gestört; aber als
er ihn versuchen wollte, griff Luther das Dintenfaß, aus dem er schrieb,
und warf's dem Bösen an den Kopf. Noch zeigt man heutiges Tages die
Stube und den Stuhl, worauf Luther gesessen, auch den Flecken an der
Wand, wohin die Dinte gepflogen ist.

563.

Die Vermählung der Kinder Ludwig und Elisabeth.

Meister Clingsor hatte zu Wartburg in der Nacht, da Elisabeth zu
Ungarn geboren wurde, aus den Sternen gelesen, daß sie dem jungen
Ludwig von Thüringen vermählt werden sollte. Im Jahr 1211 sandte
der weitberühmte Landgraf Hermann herrliche Boten von Mann und
Weiben zu dem Könige in Ungarn um seine Tochter Elisabeth, daß er sie
nach Thüringen sendete, seinem Sohne zum Ehgemahl. Fröhlich zogen die
Boten zu Roß und Wagen und wurden unterwegs, durch welche Land=
schaft sie kamen, herrlich bewirthet, und als sie in Ungerland eintrafen,
von dem König und der Königin lieblich empfangen. Andreas war ein
guter, sittiger Mann, aber die Königin schmückte ihr Töchterlein mit Gold
und Silber zu der Reise und entsandte sie nach Thüringen in silberner
Wiege, mit silberner Badewanne und goldnen Ringen, auch köstlichen Decken
aus Purpur und Seide, Bettgewand, Kleinoden und allem Hausrath.
Dazu viel tausend Mark Golds, bis daß sie groß würde, begabte auch
die Boten gar reichlich und ließ dem Landgrafen sagen, daß er getrost
und in Frieden lebe. Als nun Elisabeth mit ihrer Amme in Thüringen
ankam, da war sie vier Jahre alt und Ludwig ihr Friedel war eilf Jahre
alt. Da wurde sie höchlich empfangen und auf die Wartburg gebracht,
auch mit allem Fleiß erzogen, bis daß die Kinder zu ihren Jahren kamen.
Von dem heiligen Leben dieser Elisabeth und den Wundern, die sie im
Lande Hessen und Thüringen zu Wartburg und Marburg verrichtet, wäre
viel zu schreiben.

564.

Heinrich das Kind von Brabant.

Als nach Landgrafen und Königs Heinrich*) Tode der thüringisch=
hessische Mannsstamm erloschen war, entspann sich langer Zwiespalt um
die Erbschaft, wodurch zuletzt Thüringen und Hessen von einander gerissen
wurde. Alle Hessen und auch viele Thüringer erklärten sich für Sophien,
Tochter der heiligen Elisabeth und vermählte Herzogin in Brabant; deren
unmündigen Sohn, genannt Heinrich das Kind (geb. 1244), sie für ihren
wahren Herrn erkannten. Der Markgraf von Meißen hingegen sprach
das Land an, weil es aus König Heinrichs Munde, dessen Schwestersohn
er war, erstorben wäre; und überfiel Thüringen mit Heereskraft. Damals
war allenthalben Krieg und Raub im Lande, und als der Markgraf Eisenach
eroberte, soll er, der Volkssage zufolge, einen Mann, der es mit dem
hessischen Theil gehalten, von dem Felsen der Wartburg herabschleudern
lassen, dieser aber in der Luft noch laut ausgerufen haben: „Thüringen
gehört doch dem Kinde von Brabant!"

Sophia zog aus Hessen vor Eisenach; da man die Thore verschlossen
und sie nicht einlassen wollte, nahm sie eine Art und hieb in St. Jörgen=
thor, daß man das Wahrzeichen zweihundert Jahre hernach noch in dem
Eichenholz sah.

Die Chroniker erzählen, jener Mann sei ein Bürger aus Eisennach,
Namens Welspeche gewesen; und weil er den Meißnern nicht huldigen
wollen, zweimal mit der Blide über die Burgmauer in die Stadt geworfen
worden, aber unverletzt geblieben. Als er immer standhaft bei seiner Aus=
sage verharrte, wurde er zum dritten Mal hinabgeschleudert und verlor
sein Leben.

565.

Frau Sophiens Handschuh.

Als Sophia mit ihrem dreijährigen Sohn aus Brabant nach Hessen
kam, zog sie gen Eisenach und hielt eine Sprache mit Heinrich, Markgraf
von Meißen, daß er ihr das Land Hessen wieder herausgäbe. Da ant=
wortete der Fürst: gern, allerliebste Base, meine getreue Hand soll dir und
deinem Sohne unbeschlossen sein. Wie er so im Reden stund, kam sein
Marschall Helwig von Schlotheim, zogen ihn zurück und sprachen: Herr
was wollt ihr thun? und wäre es möglich, daß ihr einen Fuß im Himmel

---

*) Er war Bruder Landgrafen Ludwigs, hatte die heilige Elisabeth dessen Wittwe hart
behandelt und Hermann ihren einzigen Sohn, der Sage nach, vergiften lassen.

hättet und den andern zu Wartburg; viel eher solltet ihr den aus dem Himmel ziehen und zu dem auf Wartburg setzen! Also kehrte sich der Fürst wieder zu Sophien und sprach: „liebe Base, ich muß mich in diesen Dingen bedenken und Rath meiner Getreuen haben" schied also von ihr, ohne ihrem Recht zu willfahren. Da ward die Landgräfin betrübt, weinte bitterlich, und zog den Handschuh von ihrer Hand und rief: „o du Feind aller Gerechtigkeit, ich meine dich Teufel! nimm hin den Handschuh mit den falschen Rathgebern!" warf ihn in die Luft. Da wurde der Handschuh weggeführt und nimmermehr gesehen. Auch sollen diese Räthe hernachmals keines guten Todes gestorben sein.

566.
Friedrich mit dem gebissenen Backen.

Landgraf Albrecht in Thüringen, der Unartige, vergaß aller ehlichen Lieb und Treue an seinem Gemahel und hing sich an ein ander Weibsbild, Gunda von Eisenberg genannt. Der Landgräfin hätte er gerne mit Gift vergeben, konnte aber nicht dazu kommen; verhieß also einem Eseltreiber, der ihm auf der Wartburg täglich das Küchenholz zuführte, Geld, daß er ihr Nachts den Hals brechen sollte, als ob es der Teufel gethan hätte. Als nun die dazu bestimmte Zeit kam, ward dem Eseltreiber bange und gedachte: ob ich wohl arm bin, hab ich doch fromme, ehrliche Eltern gehabt; soll ich nun ein Schalk werden und meine Fürstin tödten? Endlich mußte er daran, wurde heimlich in der Landgräfin Kammer geleitet, da fiel er vor dem Bette zu ihren Füßen und sagte: „gnadet liebe Fraue!" Sie sprach: „wer bist du?" er nannte sich. „Was hast du gethan, bist du trunken oder wahnsinnig? Der Eseltreiber antwortete: „schweiget und rathet mir! denn mein Herr hat mir euch zu tödten geheißen; was fangen wir jetzo an, daß wir beide das Leben behalten?" Da sprach sie: „gehe und heiß meinen Hofmeister zu mir kommen." Der Hofmeister gab ihr den Rath: sich zur Stunde aufzumachen und von ihren Kindern zu scheiden. Da setzte sich die Landgräfin an ihrer Söhnlein Bette und weinte; aber der Hofmeister und ihre Frauen drangen in sie, zu eilen. Da es nun nicht anders sein konnte, gesegnete sie ihre Kinder, ergriff das älteste, Namens Friedrich und küßte es oftermal; und aus sehnlichem, mütterlichen Herzen biß sie ihm in einen Backen, daß er davon eine Narbe bekam, die er zeitlebens behalten. Daher ihm auch erwachsen, daß man ihn genennet: Friedrich mit dem gebissenen Backen. Da wollte sie den andern Sohn auch beißen; das wehrt ihr der Hofmeister und sprach: „wollt ihr die Kinder umbringen?" Sie sprach: „ich hab ihn gebissen, wann er groß wird, daß er an meinen Jammer und dieses Scheiden gedenkt."

Also nahm sie ihre Kleinode und ging aufs Ritterhaus, wo sie der

Hofmeister mit einer Frauen, einer Magd und dem Eseltreiber an Seilen das Fenster hinab ließ. Noch dieselbe Nacht flüchtete sie auf den Kreinberg, der dazumal dem hersfelder Abt hörte; von da ließ sie der Amtmann geleiten bis nach Fulda. Der Abt empfing sie ehrbarlich und ließ sie sicher geleiten bis gen Frankfurt, wo sie in einem Jungfrauenkloster Herberge nahm, aber schon im folgenden Jahre vor Jammer starb. Sie liegt zu Frankfurt begraben.

567.

Markgraf Friedrich läßt seine Tochter säugen.

Dieser Friedrich mit dem Biß führte hernachmals Krieg wider seinen Vater und den römischen König und war auf der Wartburg eingeschlossen, denn der Gegentheil hielt die Stadt Eisenach hart besetzt. In dieser Noth gebar ihm seine Gemahlin eine junge Tochter. Als sie acht Tage alt war, und er nicht länger auf der Burg aushalten konnte, setzte er sich mit Hofgesinde, der Amme und dem Töchterlein selbzwölfte auf Pferde, ritten Nachts von der Burg in den Wald, doch nicht so heimlich, daß es nicht die eisenacher Wächter gewahrt hätten; sie jagten ihm schnell nach, in der Flucht begann das Kindlein heftig an zu schreien und weinen. Da rief Friedrich der Amme zu, die er vor sich her reiten ließ: „was dem Kinde wäre? sie sollte es schweigen." Die Amme sprach: „Herre, es schweiget nicht, es sauge denn." Da ließ er den ganzen Zug halten und sagte: „um dieser Jagd willen soll meine Tochter nichts entbehren und kostete es ganz Thüringerland! Da hielt er mit dem Kinde und stellte sich mit den Seinen zur Wehre so lange, bis sich die Tochter satt getrunken hatte; und es glückte, daß er die Feinde abhielt und ihnen hernach entrann.

568.

Otto der Schütze.

Landgraf Heinrich der eiserne zu Hessen zeugte zwei Söhne und eine Tochter; Heinrich, dem ältesten Sohne beschied er, sein Land nach ihm zu besitzen; Otto, den andern, sandte er auf die hohe Schule, zu studiren und darnach geistlich zu werden. Otto hatte aber zur Geistlichkeit wenig Lust, kaufte sich zwei gute Roß, nahm einen guten Harnisch und eine starke Armbrust und ritt unbewußt seinem Vater aus. Als er an den Rhein zu des Herzogen von Cleve Hof gekommen war, gab er sich für einen Bogenschützen aus und begehrte Dienst. Dem Herzog behagte seine feine, starke Gestalt und behielt ihn gern; auch zeigte sich Otto als ein künstlicher, geübter Schütze so wohl und redlich: daß ihn sein Herr bald hervor zog und ihm vor andern vertraute.

Unterdessen trug es sich zu, daß der junge Heinrich, sein Bruder, früh=
zeitig starb und der braunschweiger Herzog, dem des Landgrafen Tochter
vermählt worden war, begierig auf den Tod des alten Herrn wartete: weil
Otto, der andere Erbe, in die Welt gezogen war, niemand von ihm wußte
und allgemein für todt gehalten wurde. Darüber stand das Land Hessen
in großer Traurigkeit: denn alle hatten an dem Braunschweiger ein Miß=
fallen und zumeist der alte Landgraf, der lebte in großem Kummer.
Mittlerweile war Otto der Schütz guter Dinge zu Cleve und hatte ein
Liebesverständniß mit Elisabeth, des Herzogs Tochter, aber nichts von seiner
hohen Abkunft laut lassen werden.

Dies bestund etliche Jahre, bis das ein hessischer Edelmann, Heinrich
von Homburg genannt, weil er eine Wallfahrt nach Achen gelobt hatte,
unterwegs durch Cleve kam und den Herzog, den er von alten Zeiten her
kannte, besuchte. Als er bei Hof einritt, sah er Otten, kannte ihn augen=
blicklich und neigte sich, wie vor seinem Herrn gebührte. Der Herzog stand
gerade vor seinem Fenster und verwunderte sich über die Ehrerbietung, die
vom Ritter seinem Schützen bewiesen wurde, berief den Gast und erfuhr
von ihm die ganze Wahrheit und wie jetzt alles Erbe auf Otten stünde.
Da bewilligte ihm der Herzog mit Freuden seine Tochter und bald zog
Otto mit seiner Braut nach Marburg in Hessen ein. (Otto geb. 1322.
† 1366.)

569.

Landgraf Philips und die Bauersfrau.

Landgraf Philips pflegte gern unbekannter Weise in seinem Lande
umher zu ziehen und seiner Unterthanen Zustand zu forschen. Einmal ritt
er auf die Jagd und begegnete einer Bäuerin, die trug ein Gebund Leinen=
garn auf dem Kopfe. Was tragt ihr und wohin wollt ihr? frug der
Landgraf, den sie nicht erkannte, weil er in schlechten Kleidern einher ging.
Die Frau antwortete: ein Gebund Garn, damit will ich zur Stadt, daß
ich es verkaufe, und die Schatzung und Steuer bezahlen kann, die der
Landgraf hat lassen ausschreiben; des Garns muß ich selber wohl an zehn
Enden entrathen," klagte erbärmlich über die böse Zeit. Wie viel Steuer
trägt es euch? sprach der Fürst. „Einen Ortsgulden," sagte sie; da nahm
er sein Seckel, zog so viel heraus und gab ihr das Geld, damit sie ihr
Garn behalten könnte. „Ach, nun lohn's euch Gott, lieber Junker — rief
das Weib — ich wollte, der Landgraf hätte das Geld glühend auf seinem
Herzen!" Der leutselige Fürst ließ die Bäuerin ihres Weges ziehn, kehrte
sich gegen sein Gesinde um und sprach mit lachendem Munde: „schauet den
wunderlichen Handel! den bösen Wunsch hab ich mit meinem eigenen Geld
gekauft."

570.

In Ketten aufhängen.

Landgraf Philipp von Hessen mußte eine Zeitlang bei dem Kaiser ge=
fangen sitzen; mittlerweile überschwemmte das Kriegsvolk seine Länder und
schleifte ihm alle Festungen, ausgenommen Ziegenhain. Darin lag Heinz
von Lüder, hielt seinem Herrn rechte Treue und wollte die Veste um keinen
Preis übergeben, sondern lieber sich tapfer wehren. Als nun endlich der
Landgraf ledig wurde, sollte er auf des Kaisers Geheiß, sobald er nach
Hessen zurückkehren würde, diesen hartnäckigen Heinz von Lüder unter dem
Ziegenhainer Thore in Ketten aufhängen lassen, und zu dem Ende wurde
ein kaiserlicher Abgeordneter als Augenzeuge mitgegeben. Philipp, nachdem
er zu Ziegenhain eingetroffen, versammelte den Hof, die Ritterschaft und
des Kaisers Gesandten. Da nahm er eine güldene Kette, ließ seinen
Obersten daran an einer Wand, ohne ihm wehe zu thun, aufhängen,
gleich wieder abnehmen und verehrte ihm die goldene Kette unter großen
Lobsprüchen seiner Tapferkeit. Der kaiserliche Abgeordnete machte Ein=
wendungen, aber der Landgraf erklärte standhaft: daß er sein Wort, ihn
aufhängen zu lassen, streng gehalten und es nie anders gemeint habe. —
Das kostbare Kleinod ist bei dem Lüderschen Geschlecht in Ehren aufbewahrt
worden und jetzt, nach Erlöschung des Mannsstammes, an das adliche
Haus Schenk zu Wilmerode gekommen.

571.

Landgraf Moritz von Hessen.

Es war ein gemeiner Soldat, der diente beim Landgrafen Moritz,
ging gar wohl gekleidet und hatte immer Geld in der Tasche; und
doch war seine Löhnung nicht so groß, daß er sich, seine Frau und Kinder
so stolz hätte halten können. Nun wußten die andern Soldaten nicht, wo
er den Reichthum herkriegte, und sagten es dem Landgrafen. Der Landgraf
sprach: „das will ich wohl erfahren;" und als es Abend war, zog er
einen alten Linnenkittel an, hing einen rauhen Ranzen über, als wenn er
ein alter Bettelmann wäre, und ging zum Soldaten. Der Soldat fragte,
was sein Begehren wäre? „Ob er ihn nicht über Nacht behalten wollte?"
— „Ja, — sagte der Soldat — wenn er rein wäre und kein Ungeziefer
an sich trüge;" dann gab er ihm zu essen und zu trinken, und als er fertig
war, sprach er zu ihm: „kannst du schweigen, so sollst du in der Nacht
mit mir gehen, und da will ich dir etwas geben, daß du dein lebtag nicht
mehr zu betteln brauchst." Der Landgraf sprach: „ja, schweigen kann ich,
und durch mich soll nichts verrathen werden." Darauf wollten sie schlafen
gehen; aber der Soldat gab ihm erst ein rein Hemd, das sollte er an=

ziehen und seines aus, damit kein Ungeziefer in das Bett käme. Nun
legten sie sich nieder, bis Mitternacht kam; da weckte der Soldat den
Armen und sprach: „steh auf, zieh dich an und geh mit mir." Das that der
Landgraf, und sie gingen zusammen in Cassel herum. Der Soldat aber
hatte ein Stück Springwurzel, wenn er das vor die Schlösser der Kauf=
mannsläden hielt, sprangen sie auf. Nun gingen sie beide hinein; aber
der Soldat nahm nur vom Ueberschuß etwas, was einer durch die Elle
oder das Maaß herausgemessen hatte, vom Capital griff er nichts an. Da=
von nun gab er dem Bettelmann auch etwas in seinen Ranzen. Als sie
nun in Cassel herum waren, sprach der Bettelmann: „wenn wir doch dem
Landgrafen könnten über seine Schatzkammer kommen!" Der Soldat ant=
wortete: „die will ich dir auch wohl weisen; da liegt ein bischen mehr,
als bei den Kaufleuten." Da gingen sie nach dem Schloß zu, und der
Soldat hielt nur die Springwurzel gegen die vielen Eisenthüren, so thaten
sie sich auf: und sie gingen hindurch, bis sie in die Schatzkammer ge=
langten, wo die Goldhaufen aufgeschüttet waren. Nun that der Landgraf
als wollte er hinein greifen und eine Hand voll einstecken; der Soldat
aber, als er das sah, gab ihm drei gewaltige Ohrfeigen und sprach:
„meinem gnädigen Fürsten darfst du nichts nehmen, dem muß man getreu
sein!" „Nun sei nur nicht bös — sprach der Bettelmann — ich habe ja
noch nichts genommen." Darauf gingen sie zusammen nach Haus und
schliefen wieder bis der Tag anbrach; da gab der Soldat dem Armen erst
zu essen und zu trinken und noch etwas Geld dabei, sprach auch: „wenn
das all ist und du brauchst wieder, so komm nur getrost zu mir; betteln
sollst du nicht."

Der Landgraf aber ging in sein Schloß, zog den Linnenkittel aus
und seine fürstlichen Kleider an. Darauf ließ er den wachthabenden Haupt=
mann rufen und befahl, er sollte den und den Soldaten — und nannte
den, mit welchem er in der Nacht herum gegangen war — zur Wache an
seiner Thür beordern. „Ei — dachte der Soldat — was wird da los
sein, du hast noch niemals die Wache gethan; doch wenns dein gnädiger
Fürst befiehlt, ist's gut." Als er nun da stand, hieß der Landgraf ihn
hereintreten und fragte ihn: warum er sich so schön trüge, und wer ihm
das Geld dazu gäbe. „Ich und meine Frau, wir müssen's verdienen mit
arbeiten," antwortete der Soldat, und wollte weiter nichts gestehen. „Das
bringt so viel nicht ein — sprach der Landgraf — du mußt sonst was
haben." Der Soldat gab aber nichts zu. Da sprach der Landgraf end=
lich: „ich glaube gar, du gehst in meine Schatzkammer, und wenn ich da=
bei bin, giebst du mir eine Ohrfeige." Wie das der Soldat hörte, erschrak
er und fiel vor Schrecken zur Erde hin. Der Landgraf aber ließ ihn von
seinen Bedienten aufheben, und als der Soldat wieder zu sich selber ge=
kommen war und um eine gnädige Strafe bat, so sagte der Landgraf:

„weil du nichts angerührt haft, als es in deiner Gewalt stand, so will ich dir alles vergeben; und weil ich sehe, daß du treu gegen mich bist, so will ich für dich sorgen," und gab ihm eine gute Stelle, die er versehen konnte.

572.

Brot und Salz segnet Gott.

Es ist ein gemeiner Brauch unter uns Deutschen, daß der, welcher eine Gasterei hält, nach der Mahlzeit sagt: „es ist nicht viel zum Besten gewesen, nehmt so vorlieb." Nun trug es sich zu, daß ein Fürst auf der Jagd war, einem Wild nacheilte und von seinen Dienern abkam, also daß er einen Tag und eine Nacht im Walde herumirrte. Endlich gelangte er zu einer Köhlerhütte, und der Eigenthümer stand in der Thüre. Da sprach der Fürst, weil ihn hungerte: „Glück zu, Mann! was haft du zum Besten?" Der Köhler antwortete: „ick hebbe Gott un allewege wol (genug)." „So gib her, was du haft," sprach der Fürst. Da ging der Köhler und brachte in der einen Hand ein Stück Brot, in der andern einen Teller mit Salz; das nahm der Fürst und aß, denn er war hungrig. Er wollte gern dankbar sein, aber er hatte kein Geld bei sich; darum löste er den einen Steigbügel ab, der von Silber war, und gab ihn dem Köhler; dann bat er ihn, er möchte ihn wieder auf den rechten Weg bringen, was auch geschah.

Als der Fürst heim gekommen war, sandte er Diener aus, die mußten diesen Köhler holen. Der Köhler kam und brachte den geschenkten Steigbügel mit; der Fürst hieß ihn willkommen und zu Tische sitzen, auch getroft sein: es sollt ihm kein Leid widerfahren. Unter dem Essen fragte der Fürst: „Mann, es ist diese Tage ein Herr bei dir gewesen; sieh herum, ist derselbe hier mit über der Tafel?" Der Köhler antwortete: „mi ducht, ji sünd et wol sülvest," zog damit den Steigbügel hervor und sprach weiter: „will ji düt Ding wedder hebben?" „Nein — antwortete der Fürst — das soll dir geschenkt sein, laß dir's nur schmecken und sei luftig." Wie die Mahlzeit geschehen und man aufgestanden war, ging der Fürst zu dem Köhler, schlug ihn auf die Schulter und sprach: „nun, Mann, nimm so vorlieb, es ist nicht viel zum Besten gewesen." Da zitterte der Köhler; der Fürst fragte ihn, warum? er antwortete: er dürfte es nicht sagen. Als aber der Fürst darauf bestand, sprach er: „och Herre! afe ji säden, et wäre nig väle tom besten west, do stund de Düfel achter ju!" Ist das wahr — sagte der Fürst — so will ich dir auch sagen, was ich gesehen. Als ich vor deine Hütte kam und dich fragte, was du zum besten hätteft und du antwortetest: „Gott und allgenug!" da sah ich einen Engel Gottes hinter dir stehen. Darum aß ich von dem Brot und Salz und war zufrieden; will auch nun künftig hier nicht mehr sagen, daß nicht viel zum Besten gewesen.

573.

Nidda.

Eine Gräfin hatte das Gelübde gethan, an der Stelle, wo ihr Esel zuerst mit ihr stehen bliebe, ein Schloß zu erbauen. Als nun der Esel in einer sumpfigen Stelle stehen blieb, soll sie gerufen haben: „nit da, nit da!" Allein das fruchtete nichts, und das Thier war nicht von demselben Platz zu bringen. Also baute sie wirklich ihr Schloß dahin, welches gleich der später da herum entstandenen Stadt den Namen Nidda behielt, die nahgelegene Wiese aber den der Eselswiese.

Noch mehreres davon wußten die Spielknaben vor einem halben Jahr= hundert zu sagen, was damals unter dem Volk allgemein verbreitet war, jetzo vielleicht verschollen ist, und vermuthlich mit den abweichenden Um= ständen, die Winkelmann (Hessenlands Beschreib. Buch VI. S. 231. vgl. II. S. 193) wohl auch aus mündlicher Sage erzählt, näher eintrifft. Zu Zeiten Friedrich Rothbarts war Berthold, Graf zu Nidda, ein Raubritter, hatte seinen Pferden die Hufeisen umkehren lassen, um die Wandersleute sicher zu berücken, und durch sein Umschweifen in Land und Straßen großen Schaden gethan. Da zog des Kaisers Heer vor Altenburg, seine Raubfeste, und drängte ihn hart; allein Berthold wollte sich nicht ergeben. In der Noth unterhandelte die Gräfin auf freien Abzug aus der Burg und er= langte endlich vom Heerführer: daß sie mit ihrem beladenen Maulesel und dem, was sie auf ihren Schultern ertragen könnte, frei heraus gelassen werden sollte; mit ausdrücklicher Bedingung „daß sie nur ihre beste Sache trüge, auch der Graf selbst nicht auf dem Maulesel ritte." Hierauf nahm sie ihre drei Söhnlein, setzte sie zusammen auf das Thier, ihren Herrn aber hing sie über den Rücken und trug ihn den Berg hinab. So errettete sie ihn; allein bald ermatteten ihre Kräfte, daß sie nicht weiter konnte, und auch der müde Esel blieb im Sumpfe stecken. An der Stelle, wo sie nun diese Nacht zubrachten und ein Feuer angemacht, baute hernach die Gräfin drei Häuser ihren drei Söhnen auf, in der Gegend, wo jetzo Nieder=Nidda stehet. Die Altenburg ist zertrümmert, hat aber noch starke Gewölbe und Keller. Es geht gemeine Sage, daß da ein Schatz verborgen stecke; die Einwohner haben nachgegraben und Hufeisen gefunden, solche, die man den Pferden verkehrt aufnageln kann.

574.

Ursprung der von Malsburg.

Die von der Malsburg gehören zu dem ältesten Adel in Hessen und erzählen: zur Zeit Karl der Große den Brunsberg in Westphalen erobert, habe er seine treue und versuchte Diener belohnen wollen, einen Edelmann,

Namens Otto, im Feld vor sich gerufen und ihm erlaubt, daß er sich den
Fels und Berg, worauf er in der Ferne hindeute, ausmalen (d. h. ein=
grenzen, bezeichnen) und für sich und seine Erben eine Festung dahin bauen
dürfe. Der Edelmann bestieg den Felsen, um sich den Ort zu besehen,
auszumalen und zu beziehen; da fand er auf der Höhe einen Dorn=
strauch mit drei weißen Blumen, die nahm er zum Mal=, Kenn= und Merk=
zeichen. Als ihn der König hernach frug: wie ihm der Berg gefalle? er=
zählte er, daß er oben einen Dornbusch mit drei weißen Rosen gefunden.
Der König aber sonderte ihm sein gülden Schild in zwei gleiche Theile,
obenhin einen Löwen, und unten drei weiße Rosen. An dem ausgemalten
Ort baute Otto hernach seine Burg und nannte sie Malsburg, welcher
Name hernach bei dem Geschlecht geblieben ist, das auch den zugetheilten
Schild bis auf heute fortführt.

575.
Ursprung der Grafen von Mannsfeld.

Während einst Kaiser Heinrich sein Hoflager auf der Burg bei Wall=
hausen in der goldenen Aue hatte, bat sich einer seiner Mannen von ihm
ein Stück Feld zum Eigenthum aus, das an die goldne Aue gränzte und
so groß wäre, daß er es mit einem Scheffel Gerste umsäen könnte. Der
Kaiser, weil er den Ritter seiner Tapferkeit wegen liebte, bewilligte ihm
die Bitte, ohne sich zu bedenken. Dieser nahm einen Scheffel Gerste, und
umsäte damit die Gränzen der nachmaligen Grafschaft Mannsfeld.

Doch dies erregte den Neid der übrigen Mannen und sie hinterbrachten
dem Kaiser, daß seine Gnade durch eine falsche Deutung gemißbraucht
worden. Aber der Kaiser antwortete lachend: „Gesagt ist gesagt! Das ist
des Mannes Feld!" Daher der Name Mannsfeld, und in dem Gräflichen
Wappen die Gerstenkörner, welche die Wappenkünstler Wecken nennen.

576.
Henneberg.

Ein Herr von edlem Geschlecht zog um in Deutschland, suchte Frieden
und eine bequeme Stätte zu bauen; da kam er nach Franken an einen
Ort und fand einen Berg im Land, der ihm gefiel. Als er nun hinritt,
ihn zu beschauen, flog vor ihm auf eine Birkhenne, die hatte Junge; die
nahm er sich zum Wappen und nannte den Berg Hennenberg und baute
ein schön Schloß drauf, wie das noch vor Augen ist; und an dem Berge
war ein Köre (Kehre, wo man den Pflug wendet?), da baute er seinen
Dienern gar eine lustige Wohnung und nannte sie von der Köre.

577.
Die acht Brunos.

Zu alter Zeit herrschte Graf Gebhard mit seiner Gemahlin auf dem Hause Quernfurt in Sachsen. Diese gebar in Abwesenheit des Grafen neun Kinder auf ein Mal, worüber sie mit ihren Weibern heftig erschrak und wußten nicht, wie sie den Sachen immermehr thun sollten. Denn weil ihr Herr gar wunderlich war, besorgten sie, er würde schwerlich glauben, daß es mit rechten Dingen zugegangen sei, daß eine Frau auf ein Mal von einem Manne neun Kinder sollte haben können; sonderlich weil er zum oftern Mal beschwerliche Gedanken und Reden von den Weibern gehabt hatte, die zwei oder drei Kinder auf ein Mal zur Welt brachten und niemand ihn überreden mochte, dieselben für ehrlich zu halten. In dieser Furcht wurde die Gräfin mit ihren Weibern eins, dieser jungen Kindlein achte heimlich bei Seite zu schaffen und nur das neunte und stärkste zu behalten. (Dieses wurde Burkhart genannt und nachmals Großvater Kaiser Lothars.) Eines der Weiber empfing demnach Befehl, die acht Kinder in einem Kessel, darein man sie gelegt, fort zu tragen, im Teich über der Mühle unter dem Schlosse im Kessel mit Steinen zu beschweren, zu versenken und zu ertränken.

Das Weib nahm es auf sich und trug mit dem frühesten die Kinder aus der Burg. Nun war aber eben damals des Grafen Bruder, der heilige Bruno, mit dem Tage ins Feld gegangen, sein Gebet zu thun. Als er unterm Berge, bei dem schönen Quellbrunnen (hernach Brunnsbrunnen genannt) hin und her wandelte, stieß ihm das Weib auf und eilte stracks ihres Weges dahin, als fürchtete sie sich; im Vorübergehen hörte Bruno die Kindlein im Kessel unter ihrem Mantel winseln. Er wunderte sich und fragte: was sie da trüge? Ob nun gleich das Weib sagte: „junge Wölferlin oder Hündlein" so däuchte es Bruno doch nicht aller Dinge, als ob die Stimme wie junger Hündlein lautete; wollte deßwegen sehen, was es doch Wunders wäre. Als er ihr nun den Mantel aufrückte, sah er, daß sie acht junge Kindlein trage. Über die Maßen erschrocken, drang er in die vor Furcht erstarrte Frau, ihm alsbald anzuzeigen: woher sie mit den Kindlein komme, wem sie zuständig und was sie damit thun wolle? Zitternd berichtete sie ihm die ganze Wahrheit. Darauf verbot ihr Herr Bruno ernstlich, von dieser Sache keinem Menschen, auch der Mutter selbst nicht anders, als ob sie deren Befehl vollzogen, zu melden. Er aber nahm die Kinder, taufte sie bei dem Brunnen, nannte sie insgesammt mit Namen Bruno und schaffte, daß die armen Waisen untergebracht wurden, eins oder zwei in der Mühle unterm Schloß, die übrigen an andern Orten in der Nähe. Denen er die Kindlein aufzuziehen befahl, gab er Geld her, und hieß es heimlich halten, vertraute auch keinem Menschen davon; bis auf die Zeit, da er zum letzten Mal aus Quernfurt

13

ins Land Preußen ziehen mußte und dachte: er möchte nimmer wieder=
kehren. Da offenbarte er vernünftiglichen seinem Bruder Gebhard: was
sich zugetragen, wie die Kinder geboren und lebendig erhalten worden und
wo sie anzutreffen wären. Gebhard mußte sich aber zuvor verpflichten,
daß er es seiner Gemahlin nicht unfreundlich entgelten, sondern hierin
Gottes Wunder und Gnadenwerk erkennen wolle. Darauf ging der heilige
Bruno auch zu der Gemahlin hin, entdeckte ihr alles und strafte sie wegen
ihres sündlichen Argwohns. Da war groß Leid und Freud bei einander,
die acht Kindlein wurden geholt und alle gleich gekleidet ihren Eltern vor=
gestellt. Diesen wallte das väterliche und mütterliche Herz und spürte
man auch an Gestalt und Gebärden der Kindlein, daß sie des neunten
rechte Brüderlein waren. Den Kessel, darinnen das Weib diese acht Welfe
soll von der Burg getragen haben, zeigt man noch heutiges Tages zu
Quernfurt, da er in der Schloßkirche oben vor dem Chor in dem
steinernen Schwibbogen mit einer eisernen Kette angeschmiedet zum Gedächtniß
dieser Geschichte hängt. Der Teich aber heißt noch heutiges Tages der
Wölferteich, gemeinlich Wellerteich.

<hr>

578.

Die Eselswiese.

Osterdonnerstags, nach gesprochenem Segen, ritt der heilige Bruno
von seinem Bruder Gebhard weg, Willens, nach Preußen zur Bekehrung
der Heiden zu ziehen. Als er nun auf den grünen Anger hart vor
Quernfurt kam, wurde ihm das Maulthier oder der Esel stätig, wollte
weder vor noch hinter sich, alles Schlagens, Peitschens und Spornens un=
erachtet. Daraus schlossen Gebhard und andere, die ihn geleitet hatten:
es wäre nicht Gottes Wille, daß er diesen Zug thue und überredeten ihn
so lange, bis er wieder mit aufs Schloß Quernfurt zog. Die Nacht aber
überschlug der Heilige die Sache von neuem, gerieth in große Traurigkeit
und sein Herz hatte nicht Ruhe, bis er endlich den Zug doch unternahm
und in Preußen von den Heiden gefangen, gepeinigt und getödtet wurde
(im Jahr 1008 oder 1009). — Auf der Stelle, wo damals das Thier
stätig wurde, baute man nach seinem Tode ein Heilthum, genannt die
Capell zu Eselstett auf den heutigen Tag; und man ertheilte da jeden
Gründonnerstag sonderlichen Ablaß aus. Darum geschahen große Wall=
fahrten des Volkes auf die quernfurter Eselswiese und in spätern Zeiten
wurde ein Jahrmarkt daraus, dem von Sonnenauf= bis zum Sonnen=
niedergang eine lebendige Menge der umwohnenden Leute zuzuströmen
pflegen.

<hr>

579.

Thalmann von Lunderstedt.

Thalmann von Lunderstedt lebte in Feindschaft mit Erfurt, der Haupt=
stadt von Thüringen. Ein Mal wurde dieser Ritter von seinen Feinden
zwischen Jena und Kahla an der Saal bei dem Rothenstein hart bedrängt,
also daß es unmöglich schien, zu entrinnen. In der Noth sprengte aber
Thalmann mit dem Gaul vom Felsen in die Saal und entkam glücklich.
Dem Thalmann hatte es geglückt; hunderttausenden sollt' es wohl nicht
glücken.

580.

Hermann von Treffurt.

In der ersten Hälfte des 14. Jahrhunderts lebte zu Treffurt ein
Ritter, Hermann von Treffen genannt, der gern auf die Buhlschaft ge=
gangen und viel ehrbare Frauen und Jungfrauen um ihre Ehre gebracht:
also daß kein Mann in seinem Gebiet seine Tochter über zwölf Jahre
daheim behalten durfte. Daneben aber ist er andächtig gewesen, fleißig in
die Messe gegangen, hat auch die Gezeiten St. Marien mit großer Andacht
gesprochen. Dieser hat einsmals zu seiner Buhlschaft reiten wollen und
zuvor, seinem Gebrauch nach, die Gezeiten St. Marien mit großer Andacht
gesprochen; wie er nun in der Nacht im Finstern allein über den Heller=
stein geritten, hat er des rechten Weges gefehlt nnd ist auf den hohen
Felsen des Berges gekommen, wo das Pferd zwar stutzte, der Ritter aber
meinte, es scheue vor irgend einem Thier; gab ihm deßwegen im Zorn den
Sporn, also daß das Roß mit ihm den hohen Felsen hinabgesprungen
und sich zu Tod gefallen; auch ist der Sattel mit sammt dem Schwert in
der Scheide an vielen Stücken zerbrochen. Der Ritter aber hat in dem
Fall noch die Mutter Gottes angerufen und da hat ihn gedäucht: als
werde er von einer Frau empfangen, die ihn sanft und unverletzt auf die
Erde gesetzt.

Nach dieser wunderbaren Errettung ist er nach Eisenach in ein Kloster
gegangen, hat sein Leben gebessert, all sein Gut um Gottes Willen von
sich gegeben und als ein Mönch barfuß und in Wolle sein Brot gebettelt.
Auch, als 1347 sein Tod herannahete, hat er nicht bei andern frommen
Christen sein Ruhebettlein haben wollen: sondern an einem heimlichen,
unsaubern Orte, zwischen der Liebfrauenkirche und der Stadtmauer be=
graben sein wollen, seine unreine Thaten desto härter zu büßen; wie auch
geschehen ist.

581.
Der Graf von Gleichen.

Graf Ludwig von Gleichen zog im Jahr 1227 mit gegen die Un=
gläubigen, wurde aber gefangen und in die Knechtschaft geführt. Da er
seinen Stand verbarg, mußte er, gleich den übrigen Sclaven, die schwersten
Arbeiten thun: bis er endlich der schönen Tochter des Sultans in die
Augen fiel, wegen seiner besondern Geschicklichkeit und Anmuth zu allen
Dingen, so daß ihr Herz von Liebe entzündet wurde. Durch seinen mit=
gefangenen Diener erfuhr sie seinen Stand und nachdem sie mehrere Jahre
vertraulich mit ihm gelebt, verhieß sie, ihn frei zu machen und mit großen
Schätzen zu begaben: wenn er sie zur Ehe nehmen wolle. Graf Ludwig
hatte eine Gemahlin mit zwei Kindern zu Haus gelassen; doch siegte die
Liebe zur Freiheit und er sagte ihr alles zu, indem er des Papstes und
seiner ersten Gemahlin Einwilligung zu erwirken hoffte. Glücklich entflohen
sie darauf, langten in der Christenheit an und der Papst, indem sich die
schöne Heidin taufen ließ, willfahrte der gewünschten Vermählung. Beide
reisten nach Thüringen, wo sie im Jahre 1249 ankamen. Der Ort bei
Gleichen, wo die beiden Gemahlinnen zuerst zusammentrafen, wurde das
Freudenthal benannt und noch steht dabei ein Haus dieses Namens. Man
zeigt noch das breischläfrige Bett mit rundgewölbtem Himmel, grün an=
gestrichen; auch zu Tonna den türkischen Bund und das goldne Kreuz der
Sarazenin. Der Weg, den sie zu der Burg pflastern ließ, heißt bis auf
den heutigen Tag: der Türkenweg. Die Burggrafen von Kirchberg be=
sitzen auf Farrenrode, ihrer Burg bei Eisenach, alte Tapeten, worauf die
Geschichte eingewirkt ist. Auf dem Petersberge zu Erfurt liegen die drei
Gemahel begraben und ihre Bilder sind auf dem Grabsteine ausgehauen
(gestochen in Frankensteins annal. nordgaviens.).

582.
Hungersnoth im Grabfeld.

Als im Grabfeld große Hungersnoth herrschte, wanderte ein Mann
mit seiner Frau und einem zarten Kinde nach Thüringen, um dem Mangel
auszuweichen. Unterwegs in einem Wald übernahm ihn das Elend und
er sprach zur Frau: „thun wir nicht besser, daß wir unser Kind schlachten
und sein Fleisch essen, als daß wir selbst durch die Nahrungslosigkeit ver=
zehrt werden?" Die Frau widersetzte sich einem so großen Verbrechen;
zuletzt aber drückte ihn der Hunger so, daß er das Kind gewalsam aus
den Mutterarmen riß und seinen Willen durch die That ausgeführt hätte:
wenn nicht Gottes Erbarmen zuvorgekommen wäre. Denn indem er, wie
er hernachmals in Thüringen oft erzählte, das Schwert zog, um das

Söhnlein zu würgen, sah er in der Ferne zwei Wölfe über einer Hindin stehen und sie zerfleischen. Sogleich ließ er von seinem Kinde ab, scheuchte die Wölfe vom Aas weg, das sie kaum gekostet hatten und kam mit dem lebendigen Sohn und der gefundenen Speise zu seiner Frau wieder.

583.

Der Croppenstädter Vorrath.

Das Wahrzeichen des Städtchens Croppenstedt, im alten nieder=sächsischen Hartingau gelegen, ist ein großer silberner Becher, der Croppen=stedter Vorrath genannt und wird auf dem dortigen Rathhause auf=bewahrt. Man sieht in erhabener Arbeit dreizehn Wiegen und eine Wanne, worin vierzehn Kinder liegen, sauber abgebildet. Eine lateinische Inschrift besagt in gedrängten Zeilen, was das Volk in der Gegend umständlicher zu erzählen weiß: es lebte vorzeiten ein Kuhhirte an dem Ort, dem in einem Jahre von zwölf Frauen vierzehn Knaben geboren wurden. Die Mütter hatten sich aber nur auf dreizehn Wiegen geschickt und das vier=zehnte Kind mußte, weil sie nicht ausreichten, in eine Wanne oder Mulde gelegt werden.

584.

So viel Kinder, als Tag' im Jahr.

Eine Meile vom Haag liegt Loosdunnen (Leusden) ein kleines Dorf, in dessen Kirche man noch heutiges Tages zwei Taufbecken zeigt, mit der Inschrift: „in deze twee beckens zyn alle deze kinderen ghedoopt;" und auf einer dabei hangenden Tafel stehet in lateinischen und nieder=ländischen Versen das Andenken einer Begebenheit erhalten, wovon die Volkssage, wie folgt, berichtet. Vor alten Zeiten lebte in dem Dorfe eine Gräfin, Margaretha nach einigen, Mathilde nach anderen geheißen, Gemahlin Grafen Hermanns von Henneberg. Auch wird sie blos die „Gräfin von Holland" genannt. Zu der kam einst ein armes Weib, Zwillinge auf dem Arm tragend und sprach um ein mildes Almosen an. Die Gräfin aber schalt sie aus und sprach: „packt euch, unverschämte Bettlerin! es ist unmöglich, daß ein Weib zwei Kinder auf ein Mal von einem Vater habe!" Die arme Frau versetzte: „so bitte ich Gott, er lasse euch so viel Kinder auf ein Mal bringen, als das Jahr Tage hat!" Hernach wurde die Gräfin schwanger und gebar auf Einen Tag zur Welt dreihundert fünf und sechzig Kinder. Dies geschah im Jahr 1270 (1276) im 43sten Jahre der Gräfin. Diese Kinder wurden alle lebendig getauft von Guido, Bischof zu Utrecht, in zwei messingenen Becken, die Söhnlein Johannes, die Töchterlein Elisabeth sämmtlich genannt. Sie starben aber alle auf Einen Tag mit ihrer Mutter und liegen bei ihr in einem Grab in der Dorfkirche. — Auch in der Delfter Kirche soll ein Denkmal dieses Ereignisses vorhanden sein.

585.
Die Gräfin von Orlamünde.

Otto, Graf zu Orlamünde, starb 1340 (nach andern 1275. 1280. 1298) mit Hinterlassung einer jungen Wittwe, Agnes, einer gebornen Herzogin von Meran; mit welcher er zwei Kinder, ein Söhnlein von drei, und ein Töchterlein von zwei Jahren erzeugt hatte. Die Wittwe saß auf der Plassenburg und dachte daran, sich wieder zu vermählen. Einstens wurde ihr die Rede Albrechts des Schönen, Burggrafen zu Nürnberg, hinterbracht, der gesagt hatte: „gern wollt ich dem schönen Weib meinen Leib zuwenden, wo nicht vier Augen wären!" Die Gräfin glaubte, er meinte damit ihre zwei Kinder, sie ständen der neuen Ehe im Weg; da trug sie, blind von ihrer Leidenschaft, einem Dienstmanne, Hayder oder Hager genannt, auf, und gewann ihn mit reichen Gaben, daß er die beiden Kindlein umbringen möchte. Der Volkssage nach sollen nun die Kinder diesem Meuchelmörder geschmeichelt und ihn ängstlich gebeten haben: „lieber Hayder, laß mich leben! ich will dir Orlamünden geben, auch Plassenburg des neuen, es soll dich nicht gereuen" sprach das Knäblein; das Töchterlein aber „lieber Hayder, laß mich leben, ich will dir alle meine Docken geben." Der Mörder wurde hierdurch nicht gerührt und vollbrachte die Unthat; als er später noch andre Bubenstücke ausgerichtet hatte und gefangen auf der Folter lag, bekannte er „so sehr ihn der Mord des jungen Herrn reue, der in seinem Anbieten doch schon gewußt habe, daß er Herrschaften auszutheilen gehabt: so gereue ihn noch hundert Mal mehr, wenn er der unschuldigen Kinderworte des Mägdleins gedenke." Die Leichname der beiden Kinder wurden im Kloster Himmelskron beigesetzt und werden zum ewigen Andenken der Begebenheit als ein Heiligthum den Pilgrimmen gewiesen.

Nach einer andern Sage soll die Gräfin die Kinder selbst getödtet und zwar Nadeln in ihre zarte Hirnschalen gesteckt haben. Der Burggraf aber hatte unter den vier Augen die seiner beiden Eltern gemeint und heirathete hernach die Gräfin dennoch nicht. Einigen zufolge ging sie, von ihrem Gewissen gepeinigt, barfuß nach Rom und starb auf der Stelle, so bald sie heim kehrte, vor der Himmelskroner Kirchthüre. Noch gewöhnlicher aber wird erzählt: daß sie in Schuhen, inwendig mit Nadeln und Nägeln besetzt, anderthalb Meilen von Plassenburg nach Himmelskron ging und gleich beim Eintritt in die Kirche todt niederfiel. Ihr Geist soll in dem Schloß umgehen.

Inhalt, Quellen und Zusätze.

———

Handschriftliche Zusätze zu Seite 4. ‚Des von Absalon Gedicht über den edlen Staufere ist leider nicht mehr vorhanden.‘ ‚Merk= würdig die Sagen von Otto und dem guten Gerhard zu Cöln.‘ Zu Seite 5. ‚Witikindus corbej. ed. hervag. p. 11. Die Franken von den Sachsen bei Eresburg geschlagen, es blieben so viele, ut a mimis declamaretur, ubi tantus ille infernus esset, qui tantam multitudinem caesorum capere posset. Dasselbe Sigebertus gembl. ad a. 918 p. m. 808. aus Witechind, vgl. p. m. 820.‘ ‚In einem franz. Volksl. des 16. Jh. si on le çait, fera chanter aux carrois et aux rues.‘ ‚Friesisches Lied von Friedrichs Löwenkampf. Nr. 548.‘ ‚Sagen von Friedrich Telramund (unter Heinrich dem Vogler) „des wart in dütschen landen vil von im geseit“. Lohengr. 40.‘

Zu Seite 6, Anmerkung. ‚altera pars piratarum . . . . . . cum maxima captivorum multitudine pervenerunt ad paludem Glindes- mor. ubi cum quendam Saxonem militem captivum facerent ducem itineris, ille perduxit eos ad loca difficiliora paludis, in qua illi diu fatigati facile a Saxonibus qui insecuti sunt, disjecti sunt et perierunt ex eis XX milia. nomen militis qui deduxit eos ad in- virum fuit Herwardus, diu perenni Saxonum laude celebratus. Helmold chr. sl. I, 15 (circa a. 980).‘ Zu der Stelle aus Norb. vita Benn, ‚Vermuthlich Thaten auf dem Feldzuge nach Ungarn. (1051). Später war Benno, als Baumeister der königl. Burgen, den Sachsen verhaßt.‘ ‚Martini Galli chronicon, ed. Bandtke Varsoviae 1824, lib. 3 cap. 11. Cantilena alemannorum in laudem Bolezlavi. (a. 1109).‘

Zu Seite 7, Anmerkung. ‚Von S. Ulrich. Görres Meisterlieder von Kaiserin Adelheid. Volksbuch von G. Ernst in fine.‘

———

Tacitus ann. XIII, 57. Vgl. Plinius hist. nat. XXX, 39.

Tac. Germ. c. 40, [Sprichwort von Hertha in Pommern:
de Hertha gifft Gras
un füllt Schün u. Fass.
Hall. allg. Lit. 3. 1823. Febr. Col. 375.]

Seite

204

das bildnis des kaisers heimlich machen lassen und sendet es dem
sultan, damit er den kaiser kenne. der sultan sendet einen hinter-
halt und als der kaiser sich einmal mit seinem capellan im wasser
erkülen will, brechen die leute des sultans hervor und führen
beide gefangen fort. niemand erfährt, wo der kaiser ist, er bleibt
ein jahr bei dem sultan in gefangenschaft, der ihn gut behandelt,
endlich giebt er ihn unter bedingungen frei. die erzählung ist
sagenhaft. Barbarossa durch Joh. Adelffum, stadtarzt zu Schaff-
hausen. 1620. klein fol. f. 2. VI ff. das buch ist auf der berlin.
Bibl.]

Seite

monachus weingartensis in Germ. s. et prof. T. 2. p. 363. [ein
Welf von Swaben Man. 2. 64 a.]

14*

Seite

Rezens. von Arnim im Gesellschafter 1818. p. 532. no. 133.
Zeit. für die elegante Welt 1819. no. 65. S. 517 von Horn.
Mit Band I von Mone.
Jen. Lit.=Ztng. Nov. 1819. no. 267 von B. V.
Leipz. L.=3. 1820. no. 48. S. 384. Ganz kurz.

Von Wilhelms Hand auf dem ersten weißen Blatte vor dem Titel:
— nichts ja
weiß ich süßeres wo, als Vaterland zu erkennen.
Odyß. IX. 28.

Kroll's Buchdruckerei in Berlin S., Sebaftianftraße 76.

INTERNATIONAL FOLKLORE

An Arno Press Collection

Allies, Jabez. **On The Ancient British, Roman, and Saxon Antiquities and Folk-Lore of Worcestershire.** 1852

Blair, Walter and Franklin J. Meine, editors. **Half Horse Half Alligator.** 1956

Bompas, Cecil Henry, translator. **Folklore of the Santal Parganas.** 1909

Bourne, Henry. **Antiquitates Vulgares; Or, The Antiquities of the Common People.** 1725

Briggs, Katharine Mary. **The Anatomy of Puck.** 1959

Briggs, Katharine Mary. **Pale Hecate's Team.** 1962

Brown, Robert. **Semitic Influence in Hellenic Mythology.** 1898

Busk, Rachel Harriette. **The Folk-Songs of Italy.** 1887

Carey, George. **A Faraway Time and Place.** 1971

Christiansen, Reidar Th. **The Migratory Legends.** 1958

Clouston, William Alexander. **Flowers From a Persian Garden, and Other Papers.** 1890

Colcord, Joanna Carver. **Sea Language Comes Ashore.** 1945

Dorson, Richard Mercer, editor. **Davy Crockett.** 1939

Douglas, George Brisbane, editor. **Scottish Fairy and Folk Tales.** 1901

Gaidoz, Henri and Paul Sébillot. **Blason Populaire De La France.** 1884

Gardner, Emelyn Elizabeth. **Folklore From the Schoharie Hills, New York.** 1937

Gill, William Wyatt. **Myths and Songs From The South Pacific.** 1876

Gomme, George Laurence. **Folk-Lore Relics of Early Village Life.** 1883

Grimm, Jacob and Wilhelm. **Deutsche Sagen.** 1891

Gromme, Francis Hindes. **Gypsy Folk-Tales.** 1899

Hambruch, Paul. **Faraulip.** 1924

Ives, Edward Dawson. **Larry Gorman.** 1964

Jansen, William Hugh. **Abraham "Oregon" Smith.** 1977

Jenkins, John Geraint. **Studies in Folk Life.** 1969

Kingscote, Georgiana and Pandit Natêsá Sástrî, compilers. **Tales of the Sun.** 1890

Knowles, James Hinton. **Folk-Tales of Kashmir.** 1893

Lee, Hector Haight. **The Three Nephites.** 1949

MacDougall, James, compiler. **Folk Tales and Fairy Lore in Gaelic and English.** 1910

Mather, Increase. **Remarkable Providences Illustrative of the Earlier Days of American Colonisation.** 1856

McNair, John F.A. and Thomas Lambert Barlow. **Oral Tradition From the Indus.** 1908

McPherson, Joseph McKenzie. **Primitive Beliefs in the North-East of Scotland.** 1929

Miller, Hugh. **Scenes and Legends of the North of Scotland.** 1869

Müller, Friedrich Max. **Comparative Mythology.** 1909

Palmer, Abram Smythe. **The Samson-Saga and Its Place in Comparative Religion.** 1913

Parker, Henry. **Village Folk-Tales of Ceylon.** Three volumes. 1910-1914

Parkinson, Thomas. **Yorkshire Legends and Traditions.** 1888

Perrault, Charles. **Popular Tales.** 1888

Rael, Juan B. **Cuentos Españoles de Colorado y Nuevo Méjico.** Two volumes. 1957

Ralston, William Ralston Shedden. **Russian Folk-Tales.** 1873

Rhys Davids, Thomas William, translator. **Buddhist Birth Stories; Or, Jātaka Tales.** 1880

Ricks, George Robinson. **Some Aspects of the Religious Music of the United States Negro.** 1977

Swynnerton, Charles. **Indian Nights' Entertainment, Or Folk-Tales From the Upper Indus.** 1892

Sydow, Carl Wilhelm von. **Selected Papers on Folklore.** 1948

Taliaferro, Harden E. **Fisher's River (North Carolina) Scenes and Characters.** 1859

Temple, Richard Carnac. **The Legends of the Panjâb.** Three volumes. 1884-1903

Tully, Marjorie F. and Juan B. Rael. **An Annotated Bibliography of Spanish Folklore in New Mexico and Southern Colorado.** 1950

Wratislaw, Albert Henry, translator. **Sixty Folk-Tales From Exclusively Slavonic Sources.** 1889

Yates, Norris W. **William T. Porter and the Spirit of the Times.** 1957